U0837687

DK军事历史大百科

DK

DK军事历史大百科

英国DK公司 编著　　　袁月杨　王雪娇　董秋楠 译

電子工業出版社
Publishing House of Electronics Industry
北京·BEIJING

DK Penguin Random House

Original Title: The Military History Book
Copyright © 2012 Dorling Kindersley Limited

本书简体中文版专有出版权由Dorling Kindersley Limited授予电子工业出版社。未经许可，不得以任何方式复制或抄袭本书的任何部分。

版权贸易合同登记号 图字：01-2017-4204

图书在版编目（CIP）数据

DK军事历史大百科 / 英国DK公司编著；袁月杨，王雪娇，董秋楠译. —北京：电子工业出版社，2020.4

ISBN 978-7-121-38216-1

Ⅰ.①D… Ⅱ.①英… ②袁… ③王… ④董… Ⅲ.①军事史－世界－少儿读物 Ⅳ.①E19-49

中国版本图书馆CIP数据核字（2020）第008585号

策划编辑：苏 琪
责任编辑：苏 琪 文字编辑：杨 鸲
印 刷：北京华联印刷有限公司
装 订：北京华联印刷有限公司
出版发行：电子工业出版社
北京市海淀区万寿路173信箱
邮 编：100036
开 本：889×1194 1/12 印张：37
字 数：1339.5千字
版 次：2020年4月第1版
印 次：2022年1月第7次印刷
定 价：348.00元

凡所购买电子工业出版社图书有缺损问题，请向购买书店调换。
若书店售缺，请与本社发行部联系，联系及邮购电话：（010）88254888，88258888。
质量投诉请发邮件至 zlts@phei.com.cn，盗版侵权举报请发邮件至 dbqq@phei.com.cn。
本书咨询联系方式：（010）88254161 转1814，suq@phei.com.cn。

测量数据

本书中所给出的测量数据都采用公制度量衡以及对应的英制度量衡。然而，对口径和排水量测量有许多不同的惯例。更多细节请参考第440页。

For the curious
www.dk.com

FSC 混合产品 源自负责任的森林资源的纸张 FSC® C018179

英国皇家军械博物馆顾问

英国皇家军械博物馆

特别感谢英国皇家军械博物馆。英国皇家军械博物馆作为世界上收藏武器和盔甲最好的博物馆，为民众保存了有史以来最伟大和最全面的收藏——这是整个世界的重要财富。这些收藏将古代文化带入到现代，其中包括皇家盔甲，英国内战所使用的武器和盔甲，来自军械所和国防部的武器，民众狩猎和比赛器材，以及东方的武器和盔甲。

Thom Richardson，盔甲和东方藏品管理员
Robert C Woosnam-Savage，欧洲刃物武器馆馆长
Jonathan Ferguson，火器馆馆长
Mark Murray-Flutter，火器馆高级馆长
Trevor Weston，现代军事火器经理
Karen Watts，盔甲与艺术馆高级馆长
Nicholas Hall，火炮馆管理员
Philip Magrath，火炮馆馆长

其他顾问

Brian Lavery
格林尼治，国家海洋博物馆
海军历史馆馆长

Stephen Woolford MBE
Duxford，帝国战争博物馆翻译和收藏主任

其他贡献者

R G Grant，Philip Parker
Ian Bottomley，Charles Phillips
Roger Ford，Adrian Gilbert
Malcolm Claridge

中文版审阅者

毛凯，航天工程大学基础部军事教研室副教授，负责本书“战车与刀剑”“世界大战”部分审阅

楚桂华，国防大学联合作战学院联合指挥系作战构想与方案计划教研室副教授，负责本书“骑士与弓箭手”部分审阅

纪海涛，军事科学院军事法制研究院军事管理法规研究室副研究员，负责本书“长矛与火药”“燧发枪与刺刀”部分审阅

汪雄，国防大学联合勤务学院讲师，负责本书“工业与帝国主义”“核时代”部分审阅

感谢刘昱东、张天勇在本书翻译过程中给予的支持和帮助。

简介

武器和军备的发展是军事历史的核心。有史以来，人类历次发动战争的目的并无本质上的不同，但采用的武器和战术却一直在改进和发展，从而在战场上展现出的技术不断成熟，愈发致命。

最早的武器是石斧和棍棒，但随着青铜器与铁器的使用，石斧和棍棒经过改进后仍被彻底取代。从古埃及、亚述时期到中世纪盛期，刀剑、长矛和弓箭统治着战场，直到14世纪欧洲出现火药武器。火药的发明预示着战争的巨大变化，它助长了人类的力量，但很快又被化学和机械动力所替代。工业革命期间，武器的发展进程得以加速，海陆武器系统的射程和精确度都呈指数级增长。20世纪初，战争的范围延展到了空中，拓展了军事力量在全球所涉及的领域。1945年，核弹的出现使全面冲突的前景可怕到难以想象，但它并未阻止20世纪后期常规武器技术变革的步伐。在现代，越来越先进的“智能”武器预示着战争的新变化。我们已经进入了一个人类战士逐渐被计算机控制的机器所取代的时代。

本书对上述内容进行了详细的阐述，并配有精美插图，展示了5 000年来广大地域范围内重要的武器及其他军事装备。它堪称权威，是一流的军事历史作家与英国皇家军械博物馆、美国史密森尼博物馆及其他专业机构的专家顾问通力合作结出的硕果。这本书远不止是一份武器目录。它对重要战役、里程碑事件及对战争有重大影响的历史人物进行了扣人心弦的描述；探讨了技术和战术在决定战争结局时起到的作用；分析了上述要素如何影响着扩张与控制的平衡、民族与国家的兴衰以及人类历史的发展进程。

目录

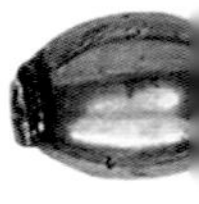

1500—1680年

长矛与火药

1680—1815年

燧发枪与刺刀

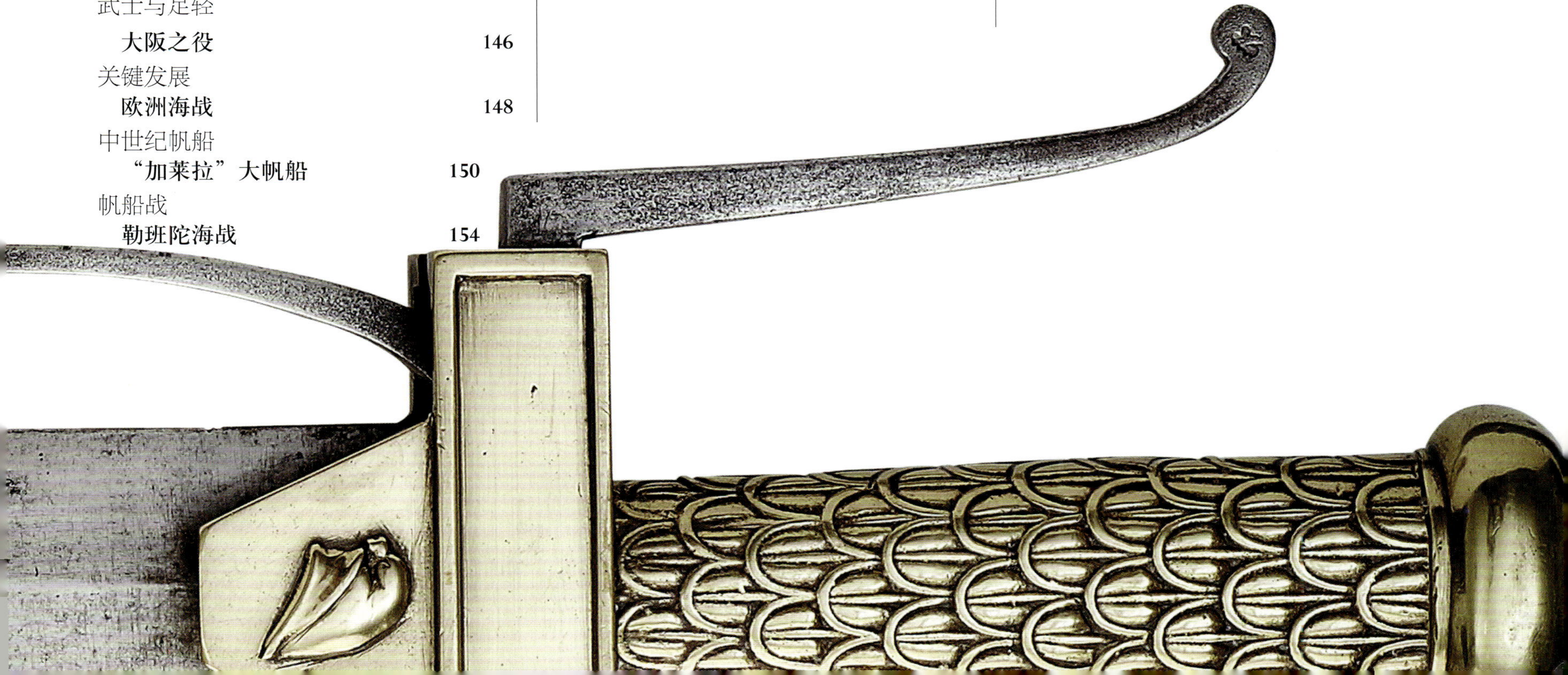

1815—1914年

工业与帝国主义

1914—1945年

世界大战

1945年至今

核时代

从史前到公元500年

战车与刀剑

导言

早期的人类为了打猎和搏斗，发明了木质和石质武器，例如棍棒、斧头、矛和简单的弓箭。大约公元前3000年，随着文明的发展，武器的技术和组织形式都有了进步。

最初的军事发展是很缓慢的，经历了几个世纪，甚至上千年。石质武器逐渐被更为有效的材质制作的武器所取代——首先是铜和青铜，然后是铁和钢。同时，随着复合弓的出现，投射武器的射程和穿透力逐渐增强。随后，又出现了弩。轮式车辆的发明，以及对马的驯化，导致了战车的出现。战车统治了从埃及到中国的战场，直到定居文明模仿中亚骑兵，学会了在马背上进行战斗。防御工事的修筑使围城战出现了新的艺术。到公元前8世纪，带桨的战船将战场进一步延伸至地中海的海面。

在古老的战争中，通常战斗的方法和组织比领先的技术更加关乎成败。在公元前1千纪内，古亚述人用世界上第一支正式的职业军队征服了一个帝国，古罗马人用一支职业军团统治了最为著名的古代帝国。古罗马军团的士兵同时还是优秀的军事工程兵，他们擅长修筑道路、桥梁、堡垒和边境防御工事。在同一时期，希腊人将步兵排成密集的方阵队形，并在海上操纵他们轻量级的3层桨战船，这些战术技巧也为他们赢得了声誉。

然而，没有哪一种定居文明能够在他们的边境之外安全地对抗被称为“蛮族”的游牧民族。扭力投石机和弩拥有的“文明的”技术优势在成群结队的骑兵面前几乎毫无价值。这些骑兵劫掠和伏击的技术相当熟练，东亚和西亚、印度和欧洲全都有中亚游牧民族骑兵入侵这一严重问题。

关键时期

公元前3000年

约公元前3000年 青铜武器在美索不达米亚地区开始使用。

约公元前2500年 人类有记载的第一场战争发生在苏美尔人的两个城邦拉格什和乌玛之间。

约公元前1600年 赫梯人和埃及人用战车搭载装备有复合弓的弓箭手。

约公元前1275年 赫梯人和埃及人使用战车在如今的叙利亚境内交战，这就是卡迭石战役。

公元前1210年 赫梯人和塞浦路斯人在塞浦路斯岛附近的海面上交战，这是人类有记载的第一场海战。

约公元前1200年 人类制造出第一批铁制武器。

约公元前1000年 亚述人建立了强大的军事帝国。

约公元前900年 在马背上作战的塞西亚人组成了第一支骑兵队。

约公元前701年 亚述人围攻犹大王国的拉吉城。

公元前700年 希腊城邦国创造了方阵战术。

公元前632年 在中国的城濮之战中，有几百辆战车参与战争。

约公元前550年 居鲁士大帝建立了波斯帝国。

公元前480年 发生在希腊海面上的萨拉米斯海战中，希腊舰队的3层桨战船击败了波斯舰队。

约公元前450年 中国发明了弩。

公元前431—公元前404年 斯巴达与雅典爆发伯罗奔尼撒战争。

约公元前400年 锡拉库萨（旧译叙拉古）的统治者狄奥尼西奥斯将投石器用于实战。

埃及法老图坦卡蒙，约公元前1300年

摩诃婆罗多战役，约公元前1300年

拉吉围城战，公元前701年

公元前333—公元前331年 马其顿王国的亚历山大大帝经过几次大战击败了波斯帝国：战场靠近特洛伊的格拉尼卡斯河战役、安纳托利亚半岛的伊苏斯会战，以及波斯的高加米拉会战。

约公元前310年 旃陀罗笈多率领配有战象的军队，在印度北部创立了孔雀王朝。

公元前264—公元前241年 在第一次布匿战争中，罗马击败迦太基。

约公元前220年 中国修筑了最早的长城。

公元前218年 迦太基统帅汉尼拔率领军队翻越阿尔卑斯山攻击罗马军队。

约公元前210年 中国为秦始皇制作兵马俑。

公元前202年 在扎马战役中，罗马击败迦太基，结束了第二次布匿战争。

公元前107年 马略改革创建了专业的古罗马军团，并装备了剑、矛和盾。

公元前52年 在阿莱西亚围城战中，罗马大将尤利乌斯·恺撒击败了由韦辛格托里克斯领导的高卢人。

公元前31年 屋大维，也就是后来的罗马皇帝奥古斯都，在希腊海岸发生的阿克提姆海战中击败了马克·安东尼和埃及女王克利奥帕特拉。

公元122年 罗马人开始在不列颠境内建造哈德良长城。

公元208年 中国长江岸边爆发赤壁之战。

公元260年 波斯萨珊王朝沙普尔一世进攻美索不达米亚的埃德萨，击败并俘虏了罗马皇帝瓦莱里安。

公元378年 在发生在色雷斯的阿德里安堡战役中，罗马帝国皇帝瓦伦斯被哥特人彻底击败。

公元451—452年 来自中亚的游牧民族匈奴人入侵西欧。

公元476年 西罗马帝国灭亡。

公元500年

希腊重装步兵，约公元前500年

秦始皇兵马俑，约公元前210年

马萨达围城战，公元73年

关键人物

拉美西斯二世

在位时间：公元前1279—公元前1213年

拉美西斯二世是统治埃及时间最长的法老之一。他领导了多次军事运动，率领军队打进东部的叙利亚古国、西部的利比亚古国和远在南方的努比亚古国。他最大的敌人是赫梯的统治者穆塔瓦里斯国王。他所领导的第二次叙利亚战争的巅峰是公元前1275年的卡迭石战役，这是一场与赫梯人的交锋，双方都使用了大量战车。赫梯人的战车组织了一次毁灭性的突击，拉美西斯二世在险境中全身而退，赫梯人丢掉了原本唾手可得的胜利。

▲图片为拉美西斯二世巨型雕像的头部，其位于埃及南部的阿布辛拜勒神庙中。

▶ **图坦卡蒙**

图中描画的是埃及法老图坦卡蒙（公元前1332—公元前1322年在位）连续拉弓射箭，射中逃跑的敌兵。而事实上，这位国王当时还是个小男孩，根本无法带兵打仗。

关键发展

最早出现的战士

大约在公元前3000年，近东地区的先进文明诞生，预示着有组织性的军事力量的出现。随后的3000年中，一系列技术发展引领着武器的革新，从而促进了军事战术的发展。

在农耕形成之前，成群结队的猎人之间很可能也发生过某些争斗。但是，永久的战士阶级是在最初的农村公社形成之后才出现的，因为公社需要保护他们的粮食盈余。最早的农业社会修建防御工事（例如约公元前8000年修建的耶利哥城墙），并改良狩猎的石器工具用于战事，从而引发了如狼牙棒等武器的发明。但直到公元前4千纪的后期，苏美尔城邦出现，真正有组织性的军队才逐渐开始形成。

争夺铜的竞争

约公元前4500年，由于发明了铜的冶炼技术，第一批金属武器得以生产，同时也引起了城邦之间对安纳托利亚铜矿的竞争。这两个因素直接导致了在公元前4千纪和3千纪期间，苏美尔的地方邦国如乌鲁克（Uruk）、乌尔（Ur）和基什（Kish）之间不断发生战争。苏美尔的战士作战时主要靠步行，他们装备着长矛，排列成整齐的方阵，形成密集的军队队形。由野驴（一种近似于马科动物的物种）拉着的笨重的四轮战车给他们做支持。

▼ **埃及的矛尖**

这种穿透力很强的矛是埃及步兵的主要武器，尤其是在古王国时期（公元前2686—公元前2181年）。与许多古代军队一样，埃及人排列成方阵进行决斗。摆出这种阵形，对手很难刺伤方阵内的士兵。

大约公元前2350年，阿卡德人战胜了苏美尔人。在名叫萨尔贡（Sargon）的领袖的带领下，阿卡德人在近东建立了第一个帝国，统一了许多城邦的土地。萨尔贡是第一位大规模使用弓箭手的军事领袖，因此，相比于他们没那么灵活的敌人，阿卡德人获取了决定性的优势。

青铜器的出现

在公元前2千纪，两个技术革新的出现，引发了在随后的一千年中，远古近东地区所发生的战争。第一个技术革新是发展出青铜。这种铜锡合金出现于公元前2800年左右，比起纯铜制品，能使武器拥有更为耐用和锋利的刀刃。尽管青铜制作工艺被广泛流传，但是青铜的制作仍然昂贵得离谱。然而到大约公元前1800年，青铜已经逐渐替代了纯铜，成为武器制作的主要金属材料。大约在同一时期，两轮的马拉战车也出现了，这种新式战车在战争中体现出更高的灵活性和方位感。

大约在公元前1300年，在外来入侵者希克索斯人的影响下，埃及军队进行了彻底的重组。在此之前，埃及军队几乎全是步兵部队，而希克索斯人已经开始引进战车、青铜剑及金属鱼鳞铠甲。这与埃及开启霸权时代正好发生在同一时期。这一时期，拉美西斯二世等法老的军队挺进黎凡特（Levant），并深陷于与赫梯国等敌国艰苦的斗争中。

铁的时代

大约在公元前1000年，比青铜更坚硬的铁成为了制作武器的金属。亚述人利用铁来制作能致人死地的武器。在国王提格拉特-帕拉沙尔三世（Tiglath-Pileser Ⅲ）统治时期（公元前745—公元前727年），亚述建立了第一支常规军，人数迅速超过10万人。他们挥舞着只有用铁才能制作成的长长的利剑，穿着及膝的金属长袍护体。亚述人的战术是先推进精心排列的巨大步兵方阵，结合弓箭手和投石兵的火力支持，并辅助以装甲骑兵和战车进行袭击。因为命令传达准确清晰，并且对待敌人凶猛残暴，亚述军队成为了远古世纪最可怕的战斗力量。

▲亚述人的胜利

这个浮雕记录了在提尔吐巴（Til Tuba）之役（公元前655年）中，亚述的弓箭手和矛兵将埃兰敌人赶进乌莱（Ulai）河的场面。

关键**事件**

公元前2600—公元前750年

- **公元前2600年** 由苏美尔人制作的被称为“乌尔军旗”的手工制品，对有组织的军队进行了最早的描绘。该制品用马赛克的镶嵌手法，描绘了成列的步兵队伍，他们手持长矛和战斧，还有驴拉四轮战车同行。步兵队伍并未装备盾牌和盔甲。
- **公元前2000年** 最早的金属剑出现在美索不达米亚地区。随着青铜制作技术的传播，这种金属的生产变得越来越便宜。
- **约公元前1300—公元前1250年** 新建立的埃及王国进入了最大规模的扩张时期，双轮战车在战争中的使用达到了顶峰。在近东地区混乱地统治了一个时期之后，赫梯帝国土崩瓦解。
- **约公元前1000—公元前750年** 铁制武器的引进帮助了亚述帝国的扩张。一直到公元前750年，亚述都是近东地区最厉害的军事力量。

“我拆毁了……他们的城镇，放火烧掉他们，把他们变成被人**遗忘的土堆。”**

亚述的统治者西拿基立，关于迦勒底人的反抗，公元前703年

石质和骨质武器

人类最早使用的工具都是由石头、骨头或者木头制作而成的。最初是由简单的鹅卵石制作而成的砍砸器和刮削器。直到大约175万年前，这些工具逐步发展成为最早的手斧——一种特定形状的刀身，能够被牢固地握在手中攻击敌人。随着时间的推移，刀身逐渐变得越来越窄，越来越锋利。大部分手斧由燧石制作而成。燧石是一种非常坚硬但很容易造型的石头。木制的手柄与锋利的刀身捆绑到一起，形成斧子和长矛，并随着弓的发明，最终演变成箭头，大大地延伸了士兵能够攻击的范围。大部分早期的石质武器在制作时都考虑到了多种功能，既能用于打猎，也能用于战争。

▼ 梭标投射器

时期：约公元前10500年
来源地：法国
长度：未知

梭标投射器，又被称为投矛器，在大约公元前2万年发展起来。这种投射器能增加长矛的速度和射程，允许持矛者从更远的距离杀死猎物。图中的驯鹿长牙制作的投矛器被雕刻成了猛犸象的模样。

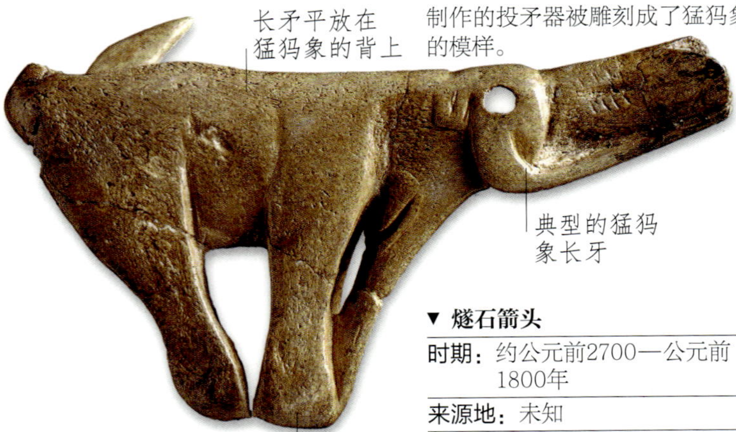

▼ 燧石箭头

时期：约公元前2700—公元前1800年
来源地：未知
长度：5厘米（2英寸）

旧石器时代弓的发明，使人类能够远距离准确射击飞行物体。图中这些燧石箭头有倒钩，能够很深地嵌入被射击者的肉中。

▼ 石质斧头

时期：公元前4000—公元前2000年
来源地：英国
长度：20厘米（7.9英寸）

在安装了木质手柄之后，斧头的适用范围更大，力量更强。持斧头的人能够从更安全的距离进行攻击。这把石质斧头是从伦敦的泰晤士河中挖掘出来的。

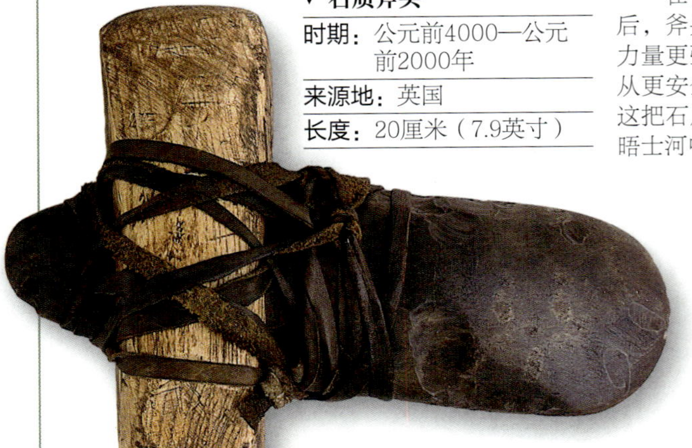

▼ 奥杜瓦砍砸器

时期：250万年前
来源地：非洲
长度：未知

奥杜瓦工具是已知的人类最早进行造型的物品，出现在约250万年前。如图所示，此类砍砸器具有多种功能，可用来切割、刮削，还可以用来击打猎物。

▼ 锯齿状燧石刀

时期：公元前150万—公元前1万年
来源地：未知
长度：20厘米（7.9英寸）

为了锯断骨头或者其他坚硬的材料，石刀发展形成了锯齿状边缘。图中的燧石刀参差不齐的边缘也能够造成严重的伤口。

► 燧石手持匕首

时期：约公元前2000年
来源地：未知
长度：30厘米（11.8英寸）

给燧石制作的刀身添加上木柄，并用动物筋腱或皮带固定，就创造出了尖锐的矛。持矛者能够使用全部手臂力量进行攻击。

▲ 骨质鱼叉

时期：约公元前28000—公元前13000年

来源地：未知

长度：未知

石器时代的猎人不仅使用石头，同时还使用骨头制作工具。最后一个冰河世纪的末期，即3万年到1万5千年之前的许多骨质武器得以留存，如上图所示这件鱼叉，可能曾被用于捕鱼。

◄ 手斧

时期：公元前25万—公元前7万年

来源地：未知

长度：15厘米（5.9英寸）

手斧是最早的手持武器，本质上是小块的岩石，被打磨出了手柄和刀身的形状。这种手斧既是在家中使用的工具，又可用来攻击敌人。

► 小型克洛维斯矛尖

时期：约公元前1万年

来源地：北美洲

长度：10厘米（3.9英寸）

克洛维斯矛尖是通过有选择性地剥掉岩石两面的小片制作而成的，并最终形成有凹槽的边缘。大约1万5千年以前，它们是北美洲原住民所使用的典型武器。8千年前，克洛维斯矛尖被更短、更薄的福尔松矛尖所替代。

► 燧石匕首前端

时期：约公元前2000年

来源地：未知

长度：15厘米（5.9英寸）

到新石器时代，人类已经能够制作出如图中所示匕首前端一般做工良好的刀身。通过击打一块坚硬的燧石核，剥离碎片，可以制造出锋利扁平的刀身。

► 勒瓦娄哇尖状器

时期：公元前30万年末期

来源地：未知

长度：未知

勒瓦娄哇尖状器通过从燧石核上剥离尖锐的碎片，形成想要的形状，然后敲打，直到制作出最终的物件。勒瓦娄哇尖状器表面有明显的划痕。

早期的金属武器

最早的有组织性的军队是苏美尔人的军队，据记载出现在大约公元前3000年。当时笨重的四轮战车已经开始使用，但是苏美尔人作战时仍主要靠步行，并携带长矛和盾牌。随着辐条式车轮的发展，人类造出了更轻、更快的车辆——敞篷式双轮战车，弓箭手能够在车上对敌人射出大量的箭。因此，公元前2千纪，双轮战车逐渐统治了近东地区发生的战争。但随着马匹养殖技术的不断进步，强壮的马匹更多了，骑射弓箭手也随之逐渐多了起来。他们比双轮战车速度更快，马匹也更好操纵。对于一个区域的军队而言，骑射弓箭手能与装备了长矛、剑和匕首的步兵队伍很好配合，比双轮战车更有价值。

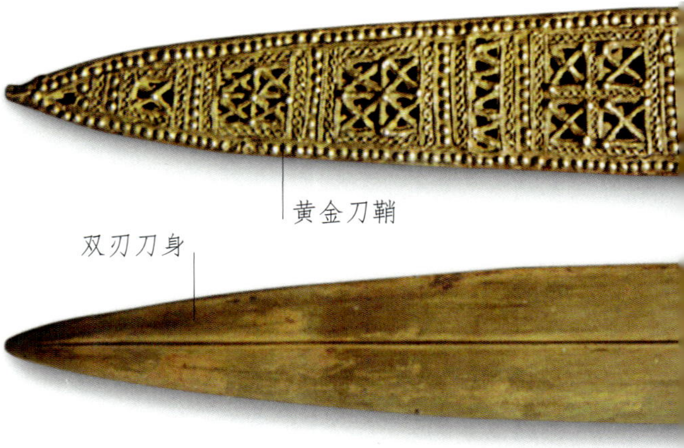

▲ 苏美尔匕首

时期：	约公元前2500年
来源地：	苏美尔
长度：	20～30厘米（7.9～14.7英寸）

图中这把华丽精美的匕首是从乌尔古城的普阿比（Pu-Abi）皇后墓中挖掘出来的。匕首的刀身和刀鞘都用黄金打造，刀柄由青金石制作，加以黄金装饰而成。

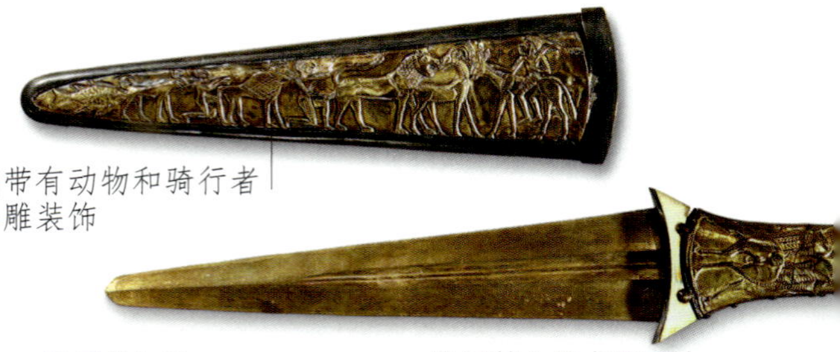

▲ 腓尼基匕首

时期：	公元前18世纪
来源地：	腓尼基
长度：	39.3厘米（15.5英寸）

腓尼基人曾占领了地中海东部沿海的商业城市，他们以商人的身份而非战士闻名于世。图中这把精美绝伦的黄金象牙匕首和刀鞘彰显着佩带者的财富，它并非用于战场。

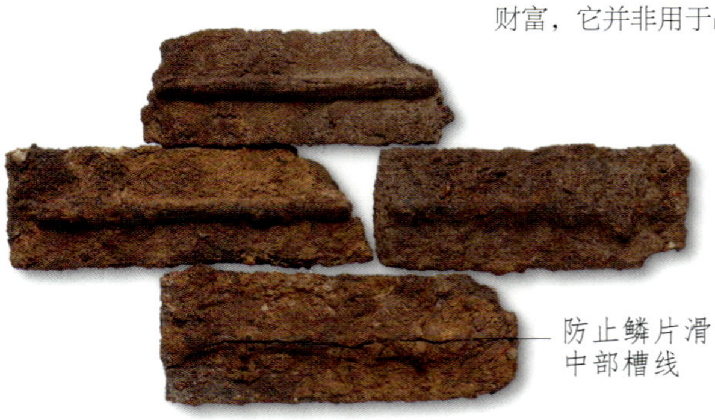

▲ 亚述鱼鳞铠甲

时期：	公元前1800—公元前620年
来源地：	亚述
长度：	5厘米（2英寸）

亚述士兵身穿“萨利姆”——一种由薄片状的金属鳞片制作而成的长外套。绳子穿过图中这些青铜鳞片一侧的孔洞，将鳞片系在一起。一套完整的铠甲由多达1 000片的鳞片组装而成，重达15～25千克（33～55磅）。

▲ 麦斯卡拉姆杜格头盔

时期：	约公元前2500年
来源地：	苏美尔
长度：	22厘米（8.7英寸）
材料：	金、银

这个用金银合金制作而成的礼仪性头盔，是在位于苏美尔的乌尔城麦斯卡拉姆杜格（Meskalam-dug）墓里发现的。因为头盔上有雕刻精致的仿造头发的纹理，它又被称为假发头盔。

◄ 波斯青铜斧头

时期：	公元前10世纪—公元前7世纪
来源地：	波斯
长度：	20.5厘米（8.1英寸）

图中的刀身与联排长钉状的斧柄之间有一个倾斜的角度，这种设计并不适用于战场。有学者认为，这把斧头只在特定仪式中使用。

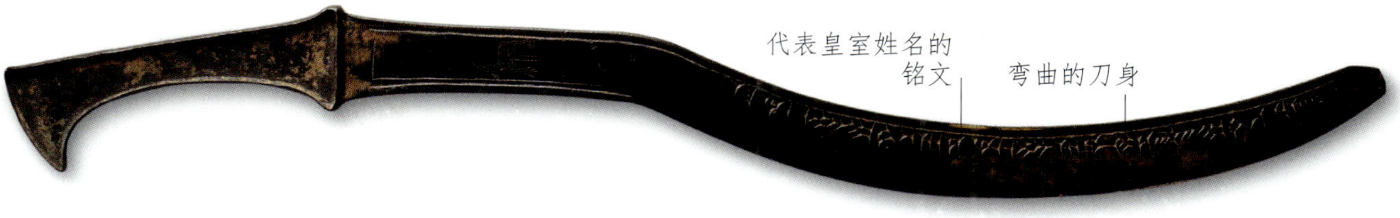

▲ 亚述镰形剑

时期：	约公元前1300年
来源地：	亚述
长度：	51.3厘米（20.2英寸）

镰形剑是亚述步兵使用的一种典型武器。图中的镰形剑上刻有楔形铭文，表明这把剑可能曾经属于亚述国王阿达德尼拉里一世（Adad-nirari I，约公元前1307—公元前1275年在位）。

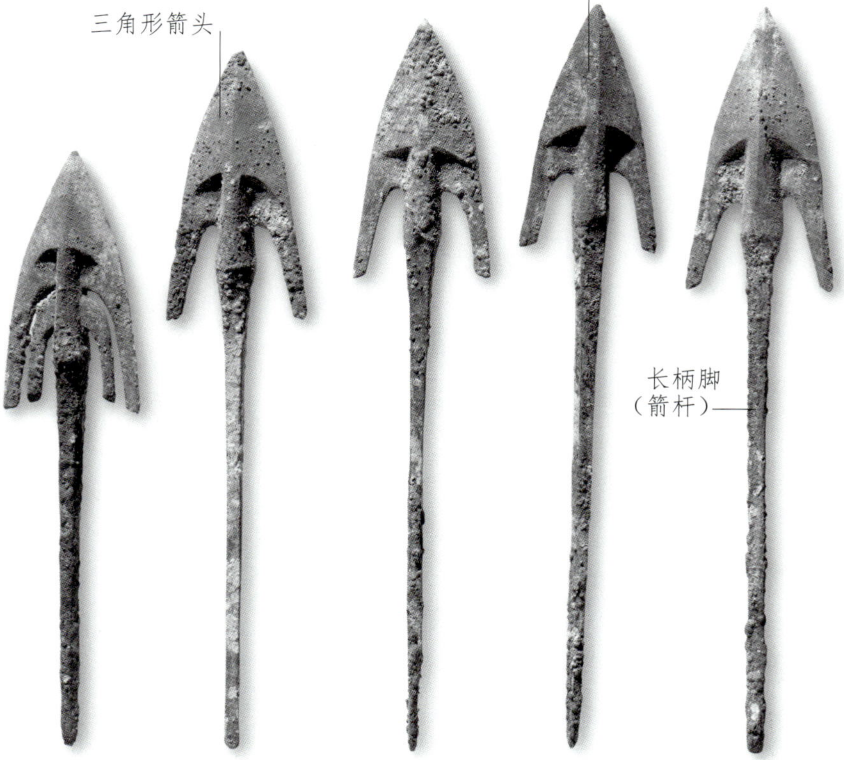

◄ 高加索箭头

时期：	约公元前1000年
来源地：	高加索南部
长度：	17.1厘米（6.7英寸）

高加索南部发掘出大量青铜铸造的箭头。这表明，从高加索南部一直到亚述国北部整个区域的军队，都非常依赖于弓箭手。

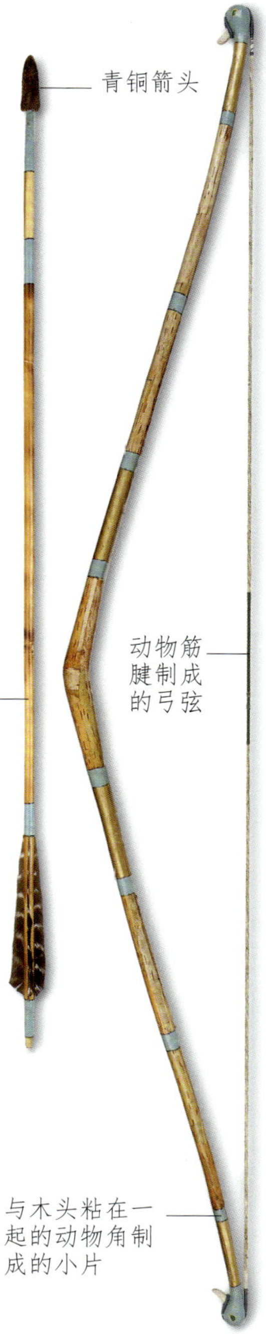

► 亚述弓箭

时期：	约公元前750年
来源地：	亚述
长度：	（弓）1.42米（4.7英尺）

弓箭手是亚述步兵队伍的主要组成部分。他们两人一组，一人负责使用盾牌进行保护，另一人使用如图中所示的弓箭。图中为复制品，由动物的角、筋腱以及木头制作而成。

► 亚述箭头

时期：	约公元前700年
来源地：	亚述
长度：	3厘米（1.2英寸）

这些严重腐蚀的铁质箭头是在犹太王国的拉吉城找到的。公元前701年，在一次血腥的围城战之后，这个城镇被亚述人占领。在当时，亚述人使用的弓的射程已经能够超过250米（820英尺）。

◄ 波斯短剑

时期：	公元前550—公元前350年
来源地：	波斯
长度：	34厘米（13.4英寸）

除了长矛，步兵还随身携带短剑，用于近距离格斗，便于刺杀（佩带于他们身体的右边）。波斯艺术品中所描绘的高级官员，常常佩带着这种短剑。

古代围城战

拉吉围城战

到公元前8世纪，亚述帝国已经拥有了一支规模空前、效率很高的军队。这支军队对要塞拉吉城（Lachish）进行了攻击，这一事件被记录在位于尼尼微的亚述宫殿内的浮雕上。如果这些记录真实可信的话，说明亚述的攻城技巧已经相当精巧复杂，并蓄意使用了恐怖战术。

公元前701年，亚述国王西拿基立（Sennacherib，又译辛那赫里布）带领军队攻打到犹大王国。军队由步兵、车兵和骑兵组成。军中还有专门的工程兵队伍，擅长修筑土木工事和建造攻城用的机器。军队的任务是镇压由犹大国王希西家（Hezekiah，又译希则克雅）领导的叛乱，防止其他地区对亚述帝国的统治进行进一步反抗，起到杀一儆百的警示作用。

亚述人主要的远程投射武器是复合弓。这种弓能够射出带有金属箭头的箭，有效射程超过250米（820英尺），由车兵和骑兵使用，同时步兵队伍也能使用。亚述的步兵也使用弹弓，这种弹弓能将特定形状的石头射出，射程达到100米（328英尺）。这些都是致命的杀伤性武器。在围城战中，将箭头浸入易燃的沥青中，点燃后射出去的箭就变成了燃烧弹。但无论是箭还是石头，都无法对拉吉城高高的土墙产生任何威胁。即便是数量远远超过守城者的武装进攻部队，要攻下这土墙也是非常艰巨的挑战。

为了强行进入有城墙保护的城镇，亚述军队不得不向城墙靠近，找出方法打开缺口或越过城墙。亚述人的工程兵已经研发出一系列快速攻击防御工事的技术——他们能够挖掘城墙底部，从而破坏城墙；能够倚靠城墙或高塔修筑坡道，使得军队能够直接攻上城垛的最高处；能够用攻城塔和带有金属尖端的攻城槌攻破城墙。或者用更简单的办法，利用长梯，让武装了长矛和剑的军队攀爬上城墙或其他防御工事。

攻城塔和步兵队伍

在拉吉城，亚述的工程兵们用岩石和泥土修建了一个斜坡，高度达到了城墙的一半。同时，他们还装配了一个巨大的攻城塔，在塔的底层装上攻城槌。这个木制塔底部装了4个轮子，塔身被覆盖上兽皮和粗帆布。当亚述人准备进攻时，士兵推动高塔，用攻城槌撞击城墙。当攻城塔上层的弓箭手射击守城者的时候，底层的士兵用攻城槌猛烈地撞击失去防护的城墙。守城兵也全力反击，把石头和燃烧的火把扔到塔上，但是亚述士兵准备了装满水的水桶，不断灭火。同时，组织严密的大队步兵对城墙展开第二次进攻，他们装备了长矛，并有盾牌和铠甲的保护。亚述的弓箭手对准城墙上的守城者射出大量弓箭，帮助步兵向前推进。每个弓箭手旁边都有一位持盾兵，手举芦苇帘制成的内曲的盾牌，用来保护弓箭手。

随后发生的导致拉吉城最终陷落的确切事件已无从得知，但可以肯定的是，亚述人最终突破了拉吉城的防卫。浮雕描述了在成功攻下拉吉城之后，亚述国王非常高兴，屠杀了大量犹太人，流放了战争中的幸存者。

围城战之下的拉吉城

这幅浮雕是亚述国王西拿基立位于尼尼微（如今伊拉克境内）的宫殿墙壁上的装饰。浮雕展现了带有攻城槌的亚述攻城塔猛击防御城墙，与此同时弓箭手射击守城者的情景。

古代埃及兵器

埃及军队士兵的主要来源是农民。在公元前1500年之前，他们作战时仍然几乎全靠步行。弓箭手是军队最重要的组成部分，他们携带轻型弓箭，射程大约为50米（164英尺）。另外一支步兵队伍是近战步兵， 他们使用战斧和长矛，被称为“强大武力的少年”。这两种类型的战士都佩带有皮质鞘的匕首，匕首通常被绑在小臂上。为了保护自己，弓箭手穿着皮质裙甲，而步兵携带覆盖着牛皮的木框大盾牌。在新王国时期的最初阶段（约公元前1550年），埃及军队开始使用双轮战车，通常将其作为弓箭手开火射击的移动平台。

▼ **青铜矛头**

时期：	约公元前2000年
来源地：	埃及
长度：	25厘米（9.8英寸）

古埃及的步兵通常配备用于戳刺而非投掷的长矛。在大约公元前1500年以前，长矛的矛头都不是插在矛柄的套筒中，而是捆绑在柄上的。

▲ **石箭头**

时期：	公元前5500—公元前3100年
来源地：	埃及
质量：	2~2.5克（0.07~0.09盎司）
长度：	6.1厘米（2.4英寸）

弓箭手是埃及军队至关重要的组成部分。他们携带的简易弓约1.5米（4.9英尺）长，由皂荚木制成。箭头由骨头、燧石、乌木或铜制成，尖端为三角形或带倒钩。

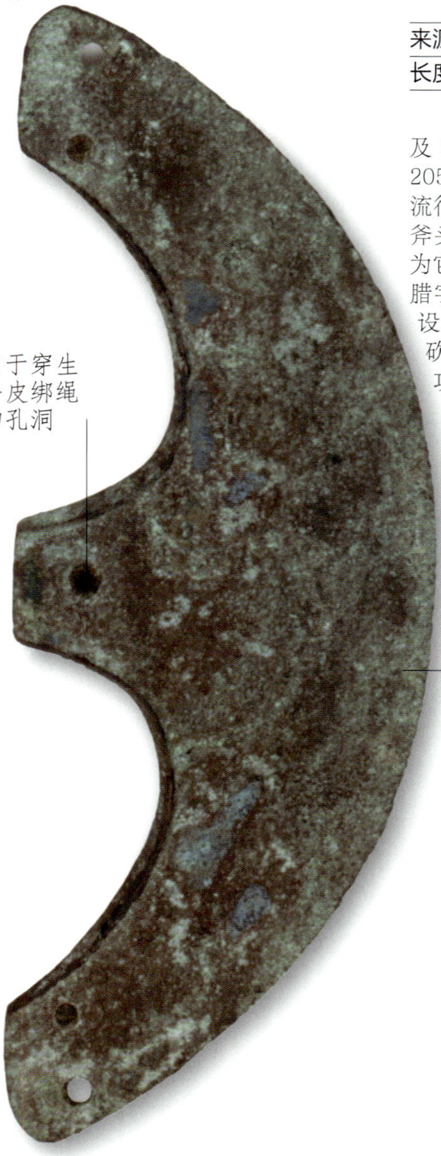

◀ **铜斧头**

时期：	公元前2055—公元前1650年
来源地：	埃及
长度：	17.1厘米（6.8英寸）

宽大的圆形斧头在古埃及中王国时期（公元前2055—公元前1650年）非常流行。图中这个宽大的扇形斧头被称为“字母E”，因为它有3个柄脚，形状酷似希腊字母“E”。这种形状的设计有利于完成大幅度的劈砍动作，能够非常有效地攻击未穿着铠甲的敌人。

▲ **战斧**

时期：	公元前1630—公元前1520年
来源地：	埃及
长度：	41.1厘米（16.2英寸）

古埃及的斧子有一个标志性的沉重的D形青铜斧子头。图中这个斧子头被新鲜的生兽皮带绑在了斧柄上，这样能够固定得更为牢固。斧柄的底部常常要宽一些，并缠上了亚麻线，这样是为了让使用者能够握得更紧。

▼ **长剑**

时期：	公元前1539—公元前1075年
来源地：	埃及
长度：	40.6厘米（16英寸）

图中这把双刃铜剑可追溯到新王国时期，士兵可用带子将其佩带在腰间。笔直的剑身使其更适用于戳刺而非劈砍。镀金的剑柄表明，这把剑是为一位优秀的战士精心打造的。

▲ 短剑

时期：	公元前1539—公元前1075年
来源地：	埃及
长度：	32.3厘米（12.7英寸）

很可能是在古埃及新王国时期，来自地中海东部被称为“海上民族”的入侵者将剑引入到了埃及。图中这把剑身宽大的短剑是一把展示性武器，可能属于皇室家族的某位成员。

▲ 镰形剑

时期：	公元前1200—公元前1000年
来源地：	埃及
长度：	60厘米（23.6英寸）

在新王国时期初期，镰形剑（khepsh）开始投入使用。弯曲的剑身外圈全是刀刃。使用这种武器时不像是在使用剑，更像是在挥舞斧头。而比图中样本更重的镰形剑，能用来撕裂敌人的铠甲，使敌人暴露在利剑之下。

► 狮子盾牌

时期：	约公元前1325年
来源地：	埃及
宽度：	54厘米（21.3英寸）

这块士兵的盾牌有一个略微凸起的弧度。这种形状能保护盾牌后面士兵的身体，并帮助他推开密集的敌人队列。图中用于展示的华丽盾牌来自图坦卡蒙法老的墓。盾牌上描绘的是法老化身为狮身人面兽，正在踩踏他的敌人。

▲ 法老的匕首

时期：	约公元前1325年
来源地：	埃及
长度：	31.9厘米（12.6英寸）

图中的匕首是在图坦卡蒙法老的木乃伊中找到的。其金质刀身和华丽的金质刀鞘说明该匕首是在典礼仪式上使用的。柄上的猎鹰图案象征着对法老死后的保护。

关键**战役**

萨拉米斯战役

公元前480年

在波斯第二次远征希腊期间，雅典舰队统帅地米斯托克利（Themistocles）将波斯王薛西斯一世的小型舰队诱骗至萨拉米斯海峡。当时希腊舰队仅有378艘3层桨战船，而薛西斯的战船数量是其3倍。在萨拉米斯海峡的狭窄水域，波斯战船很难发挥它的数量优势，最终受到希腊战船的猛烈攻击。

▲希腊海军充分利用地形和水域优势，在萨拉米斯海峡取得胜利。

关键发展

古代希腊的重装步兵与方阵

大约公元前700年，一种新式步兵——重装步兵出现在希腊。他们装备了长矛、利剑、精致的青铜铠甲和头盔，以及巨大的木制盾牌（aspis或hoplon）。在之后的500年中，他们将成为希腊军队的中坚力量。

最早出现的重装步兵的装备可追溯到约公元前710年。在之后的半个世纪，如同花瓶上的图案所展示的那样，重装步兵在作战时，会使用极具鲜明特征的战术阵形——方阵。方阵由成排挥舞着长矛的重装步兵组成，一般纵深为8排。长矛大约长240～270厘米（94.5～106.3英寸），因此只有前3排的士兵能够接触到敌人战线，但是方阵的结构本身就形成了可怕的屏障。

重装步兵的时代

在公元前六七世纪，重装步兵最常用的战术就是组成方阵，与敌人方阵相撞，随后齐心协力向前推动，戳刺对面的敌人，直到对方崩溃逃窜。整个战斗过程几乎没有任何复杂战术可言。在盾牌后方，步兵身体的左侧得到了完全保护，而右侧身体的保护全依靠身边同伴的盾牌。因此，方阵常常会向右偏移，因为每个士兵都会试图移动到身边同伴的盾牌后方，保护自己。

到公元前5世纪早期，青铜盔甲已经被亚麻铠甲或鱼鳞皮铠甲所取代，穿戴新式铠甲的战士能够更为自由地活动。公元前490年，波斯王大流士一世入侵希腊。轻装的希腊方阵在马拉松平原攻击波斯的弓箭手，使得波斯军队无法发挥关键优势。最终，面对强大对手，希腊不可思议地取得了胜利。11年以后，在普拉提亚（Plataea），波斯再一次入侵希腊，但被斯巴达的重装步兵击败。斯巴达是一个盛行军国主义的希腊城邦，城内的孩童从小开始接受训练，成长为斯巴达的战士。斯巴达的竞争对手雅典，也参与到了反对波斯的战役中。雅典最有价值的贡献是提供了一支3层桨战船的舰队（3层桨战船由3排划桨手划动，速度很快）从而击败波斯，在公元前480年取得了萨拉米斯（Salamis）战役的胜利。波斯人被打败以后，斯巴达和雅典随后开始了近80年的连续战争，最终以伯罗奔尼撒战争（公元前431—公元前404年）结束。战争尽管血腥，但是装备和战术得到了一些创新。军队开始更多地使用弓箭

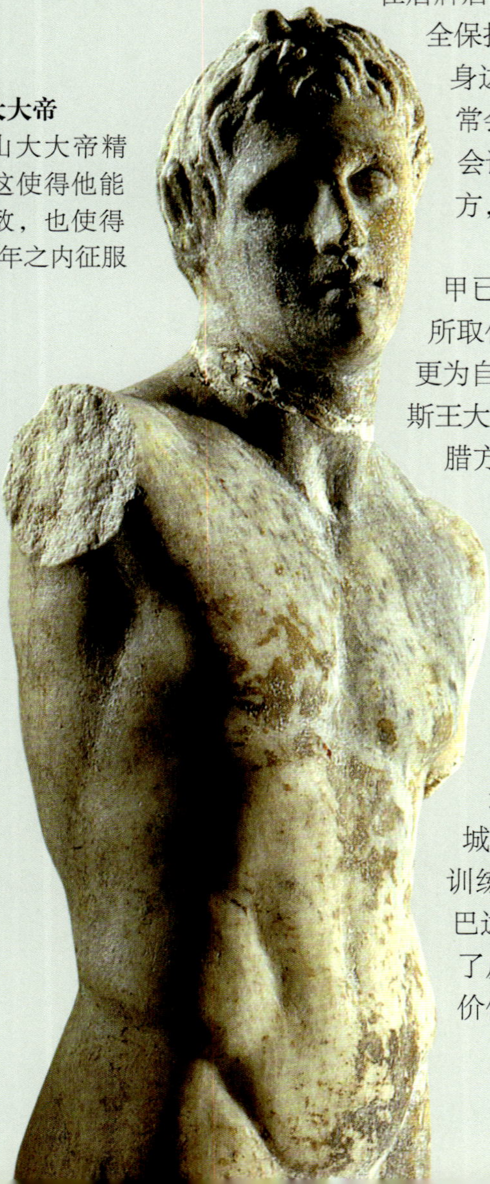

▸ **亚历山大大帝**

亚历山大大帝精通战术，这使得他能够击败强敌，也使得他能够在3年之内征服波斯帝国。

手，雇佣灵活机动的被称为“轻盾兵”的轻装步兵。作为散兵，他们装备了标枪和剑。公元前404年，斯巴达取得战争胜利。然而，斯巴达的权势很快就受到了由伊巴密浓达（Epaminondas）率领的底比斯人的挑战。

方阵的演变

底比斯人将他们的方阵纵深增加至12排甚至更多。他们充分利用骑兵，训练了一支被称为“神圣军”的精锐部队。这些战术的改变使得他们在公元前371年的留克特拉（Leuctra）战役中取得了惊人的胜利，并最终使斯巴达霸权瓦解。然而，底比斯人称霸的时间很短暂。不久，希腊陷入内战，最终在腓力二世和随后的亚历山大大帝的领导下，马其顿王国崛起，内战结束。

马其顿人进一步加深了方阵的纵深，达到16排。他们的士兵携带长达6米（19.7英尺）的萨里沙长矛，使得方阵前5排都能够攻击到敌人。在这些全副武装的方阵步兵牵制敌人步兵的同时，重装骑兵、投石兵和轻盾兵也开展他们的进攻。

“如同陷入困境的**凶猛野兽，竖起身上的毛发。**”

希腊历史学家普鲁塔克（Plutarch），形容开战的方阵士兵，约公元100年

关键**事件**

公元前725—公元前300年

■ **约公元前725—公元前700年** 最早的希腊城邦之间的战争：卡尔基斯（Chalcis）与埃雷特里亚（Eretria）之间的利兰丁（Lelantine）战争被认为发生在这一时期。重装步兵的装备也被认为起源于这一时期。

■ **约公元前650年** 在艺术作品中对重装步兵最早的描述显示，他们没有装备剑，但携带两支矛，一支用来戳刺，一支用来投掷。

■ **公元前492—公元前490年** 第一次波希战争发生。波斯王大流士一世入侵希腊，吸引了一些北方的联盟，但最终在马拉松战役（公元前490年）中，被雅典人和普拉提亚人的盟军击败。在这场战役中，普拉提亚人的重装步兵突袭了波斯人的阵列。

■ **公元前431—公元前404年** 斯巴达和雅典的军队开始了伯罗奔尼撒战争。

■ **公元前480年** 波斯王薛西斯一世发起了波斯对希腊的第二次远征。波斯人在塞莫皮莱（Thermopylae），即温泉关，遭到斯巴达军队的全力反抗，远征被延缓。随后，他们在萨拉米斯被雅典海军击败。在普拉提亚（公元前479年），斯巴达的重装步兵撕裂了波斯人的阵线，波斯军队溃败逃散。

■ **公元前378年** 底比斯人在伊巴密浓达的带领下，在留克特拉战役中摧毁了斯巴达的军队，这标志着传统重装步兵队伍开始逐渐淡出历史舞台。

■ **公元前338年** 在喀罗尼亚（Chaeronea）战役中，马其顿国王腓力二世通过假装撤退，追击底比斯军队的一翼，从而打败了底比斯人。腓力的儿子亚历山大则用骑兵攻击，击溃了敌军的左翼部队。底比斯神圣军被摧毁。

■ **公元前331年** 高加米拉（Gaugamela）战役发生。马其顿军队攻击了波斯军队的左翼，在他们的阵列中撕开一道口子，亚历山大的军队因此向前挺进。这种灵活的方法远远超前于传统的重装步兵的战术。

◀ **重装步兵的进攻**

这个瓶子上的图案显示，希腊重装步兵正在战斗。他们佩戴的科林斯式头盔、马鬃顶饰、青铜护腿及长矛都清晰可见。作画的画家并没有描绘方阵中其他排的士兵，使得这画面看起来更加令人生畏。

重装步兵的装备与武器

在公元前700年之后的4个世纪，希腊城邦的军队由全副武装的公民士兵组成，他们被称为重装步兵（“武装的人”）。通常，每个士兵都要自己花钱负担个人所有的装备和武器：青铜盔甲（钟形的护胸甲和护背甲）、头盔、护腿、剑、矛和圆形大盾牌，以便在密集的方阵中作战时能得到很好的保护。但是在包围敌军战线之前，士兵的腹部和喉部附近仍然很容易被矛刺伤，也很容易受到投射物的伤害。

◀ 科林斯式头盔

时期：公元前7世纪晚期

来源地：希腊

材质：青铜

科林斯式头盔是重装步兵最常用的头盔样式。整个头盔由一整片青铜制成，能保护整个头部，只在眼部、鼻子和嘴部的位置有一个T形开口。头盔的衬里能够减少佩戴者头部与头盔之间的摩擦。

▶ 后期的科林斯式头盔

时期：公元前6世纪

来源地：希腊

材质：青铜

如图所示，科林斯式头盔发展到后期，侧面带有尖角，护鼻更薄、更精致，护颈则更为突出。科林斯人的古瓶子上最常描绘的就是这种样式的头盔。

▲ 青铜胸甲

时期：公元前8世纪

来源地：希腊

材质：青铜

重装步兵胸甲的后甲的固定方法是用皮绳绑在前甲的铰链和圆环上。胸甲的前甲被铸造成穿着者身躯的轮廓，因此这些胸甲很可能是根据个人定制的。到公元前500年，整片的胸板甲已不再流行。

◀ 阿提卡头盔

时期：公元前5世纪

来源地：希腊

材质：青铜

阿提卡头盔是卡尔西迪式头盔发展而成的样式，护颊片比科林斯式头盔更为圆滑。然而，阿提卡头盔的保护性能要差一些，因为在耳部和带铰链的护颊片周围露出的地方更多。头盔前面的顶部常有装饰。

◀ 青铜护腿

时期：公元前6世纪

来源地：希腊

材质：青铜

盾牌能够保护重装步兵的大腿，护腿则能够保护他们的膝盖和小腿。护腿很薄，制作成佩戴者小腿的形状，因此不需要绳带捆绑，护腿就能直接卡到小腿上。

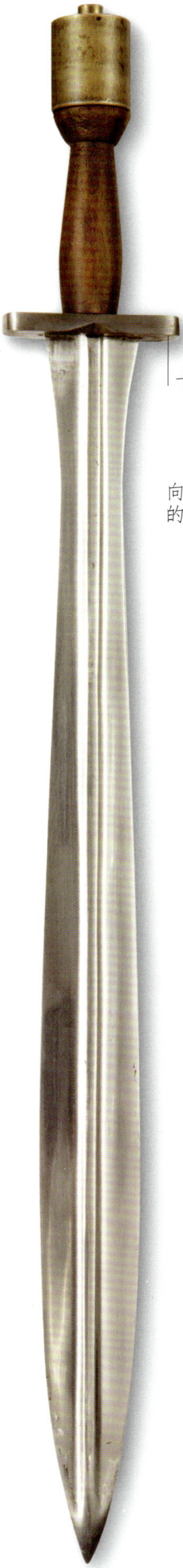

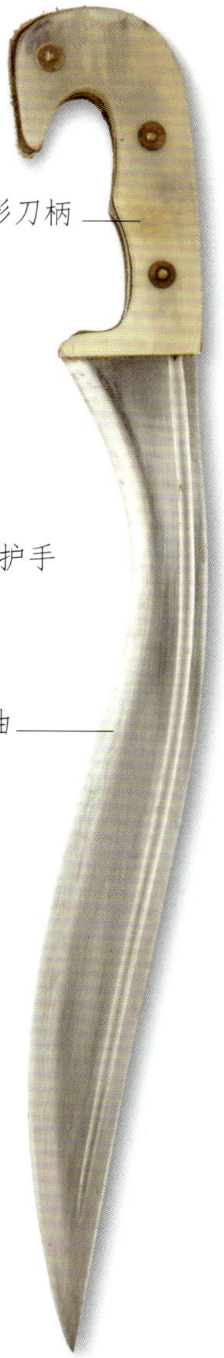

▲ **希腊矛头**

时期：公元前6世纪—公元前5世纪	
来源地：希腊	
质量：370克（13盎司）	
长度：31厘米（12.2英寸）	

矛是重装步兵的主要武器。在战争中只有当长矛折断的情况下，才使用“科庇斯弯刀”（短剑）。最初，重装步兵携带的两支矛只用于投掷，但后来两支矛被一支用于戳刺的长矛代替。

▲ **重装步兵矛柄**

时期：公元前4世纪	
来源地：马其顿	
长度：38厘米（15英寸）	

尤其是从公元前4世纪起，马其顿国王腓力二世和亚历山大大帝的方阵中，重装步兵的矛变得越来越长。这需要在矛另一端安装配重来平衡矛头的质量，矛柄就起到了这种作用。而且一旦矛头折断，矛柄也能用作武器。

◀ **科庇斯弯刀**

时期：公元前5世纪	
来源地：希腊	
材质：铁	

“科庇斯弯刀”（Kopis）出现在公元前6世纪晚期，替代了早期出现的用于挥砍的更宽的刀身。从图中的现代复制品可以看出，弧形刀身的设计是为了向下猛砍造成更大伤害，而凸起的刀身和后沿（无刀刃）是为了砍击其他武器时，刀尖施加的力量更大。

◀ **西佛斯剑**

时期：公元前6世纪早期	
来源地：希腊	
材质：铁	

在公元前6世纪早期，“西佛斯剑”（拉丁语Xiphos）是重装步兵佩带的一种最常见的剑。厚厚的剑柄有一个十字形的护手，剑身曲线逐渐外扩，于近剑尖处达到最宽。这种设计使其成为了一种非常强大的武器。这种剑在近战中用于戳刺，携带于左臂下方的剑鞘中。图中的样式是现代的复制品。

▶ **圆形盾**

时期：约公元前500年	
来源地：希腊	
材质：木头、青铜	

图中这个圆形盾是现代仿制品，由木头制作而成。圆形盾表面常覆盖一层青铜，其边缘也用青铜进一步加固。整个盾面直径达1米（3.28英尺），通常朝内弯曲，以保护盾后面的士兵。盾的背面有一个把手和一个青铜环，这种设计使得士兵用一只手就能同时携带武器和盾牌。

亚历山大大帝的石棺

这幅关于伊苏斯战役的浮雕出现在公元前4世纪的一具石棺上。亚历山大大帝在取得伊苏斯战役的胜利后，最终于公元前331年在高加米拉战役中打败了大流士三世。

伊苏斯战役

公元前4世纪，亚历山大大帝率领的马其顿军队入侵并摧毁了强大的波斯帝国，取得了举世瞩目的胜利。公元前333年，亚历山大在伊苏斯（Issus）战役中将重装骑兵部署于步兵方阵的侧翼，最终击败了波斯人。该布局后成为马其顿人运用步兵方阵的经典范例。

当亚历山大大帝沿着地中海东岸前进时，波斯国王大流士三世率领一支军队穿过叙利亚，到达了亚历山大军队行军路线后方的海岸，截断了其交通线。马其顿人的军队折回伊苏斯，决定在海洋和阿曼（Amanus）山脉的丘陵之间的一片平原上与大流士三世进行决战。亚历山大的军队人数远远不及大流士三世的军队——可能是马其顿4万人对阵波斯10万人。但是，由于受到战场限制，大流士三世很难发挥其兵力强大的优势，对马其顿军队进行包抄。

波斯人占领了一条河流后方的位置，并用木头栅栏巩固了河岸。在河的对岸，亚历山大用传统方式部署了自己的兵力。靠近丘陵的右翼是他亲率的精锐王伴骑兵，靠近海洋的左翼是同盟附属国的塞萨利骑兵，中央是步兵，其中大部分被编成密集型方阵，装备了长长的双手武器萨里沙长枪。马其顿方阵通常纵深16排，但是在伊苏斯纵深被减为8排，从而将战斗方阵延伸得更宽。马其顿人也部署了更为灵活的精锐持盾步兵，装备了更短的矛、剑和枪；还部署了小型的轻装游击部队，装备了弓、标枪和投石器。

大流士三世率先发动了战斗。他派遣士兵越过山丘，潜入马其顿阵营，马其顿的游击兵奋力反击，用弓箭和石头阻止了波斯人的进攻，大流士三世这一包围迂回的策略宣告失败。波斯的投石兵在马匹旁跑动，配合重装骑兵的主力，沿着海滩向马其顿阵营左翼进军，但遭遇到塞萨利骑兵的牵制，随后被击退。在中部，大流士三世雇佣的希腊重装步兵排成方阵，携带他们传统的青铜盔甲、盾牌和长矛。亚历山大大帝指挥着他的步兵对波斯人的战线进攻。马其顿的步兵开始涉水渡河，拆除了河对岸的木栅栏，手持长枪的希腊雇佣军方阵阵脚大乱，防线被撕开一个大缺口，让敌军能够长驱直入。

战术勇猛超凡

然而，亚历山大大帝的主要策略并不在于中部的厮杀——他计划通过右翼骑兵的进攻取得胜利。亚历山大大帝亲自率领王伴骑兵勇往直前。骑兵穿着青铜护胸甲和头盔，但并没有携带盾牌。每个人都装备了一支长矛和一把刀剑，其中大部分是科庇斯弯刀。马匹上既没有安装马鞍也没有马镫，骑兵们用膝盖牢牢夹紧他们的坐骑，冲进波斯人的复合方阵——方阵由轻装步兵、弓箭手和骑兵组成。每个攻击点都是经过精心挑选的。面对这次猛攻，波斯军队的左翼阵线土崩瓦解。此时，大流士三世的希腊雇佣军主力正面正深陷于与马其顿步兵方阵的胶着战，如今侧面和后方又暴露于敌军骑兵的攻击之下。坐在军队后方指挥战车上的大流士三世本人的性命也受到了威胁。这位波斯国王从战场逃走，而他那些留在战场的士兵，或惨遭屠杀，或四处逃散。

希腊3层桨战船

奥林匹亚号战船

希腊人的海军使用被称为“3层桨战船”的轻便快速的桨帆船，其勇猛闻名于世。古代的3层桨战船并没有遗留至今，但根据历史依据，人们重建了奥林匹亚号战船。

希腊的3层桨战船吃水浅，大约35米（115英尺）长，不足6米（20英尺）宽。平时扬帆而行，但在战时，由自由市民组成的170名桨手分为3层：62名上排桨手，54名中排桨手，54名下排桨手，同时划动船只。战船上还有大约30名船员，其中包括船兵和弓箭手。这艘拥挤的战船只有少量空间用来携带极少的基本生活用品。即便全体船员睡在甲板上，也没有足够的地方。奥林匹亚号战船于1985年至1987年修建于雅典的比雷埃夫斯港，这艘战船在海上试航时，操作性能很好，靠划桨其速度能达到近8节（约14.8千米/时），能以两倍于自己的长度转弯。在航行中，技巧熟练的舵手和有纪律的船员操纵3层桨战船，撞击敌人船只，或压制敌方的桨，从而调转敌船的方向，使其瘫痪在水中。如果船体被打出孔洞，3层桨战船也不会沉没，因为它是由有浮力的木头如松树、杨树或冷杉制作而成的。

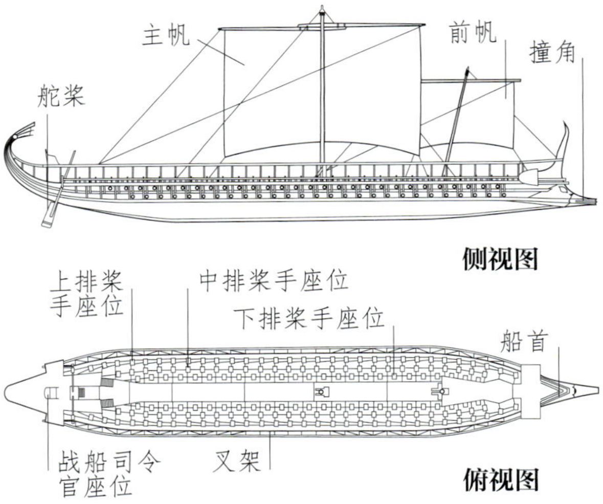

▲ **奥林匹亚号战船**
侧视图显示出两面帆以及3排用于出桨的舷窗的排列。俯视图显示出每位桨手的座位所在的位置。

船首和船身

◄ **铜撞角**
3层桨战船的船首有包了青铜外壳的撞角，用于在战争中击穿敌方战舰的船体。奥林匹亚号战船上的青铜撞角重达200千克（441磅）。

▲ **耳台和锚**
水手在船首附近的被称为耳台的地方将锚扔出。耳台还能保护其后方的上排桨手。

► **叉架**
叉架增建在船身外面，上排桨手能够在船身外侧的位置一字排开，而下面两层桨手则坐在船内。

► **快速航行**
如果扬起帆，并且在顺风的情况下，奥林匹亚号的速度能够达到差不多11节（约20千米/时）。

桨和桨手

▲ **上排桨手的凳子**

由于桨入水的角度大，位于最高一排的桨手（也就是上排桨手）的工作最为辛苦，因此他们所获得的薪酬也比其他两排的桨手要高。

▲ **桨手的座位**

桨手所处的环境非常局促。每个座位与下一排桨手肩膀的高度在同一水平线上。

▲ **脚蹬板**

奥林匹亚号上的船员尝试过各种各样的划桨技巧，包括将一只脚固定在脚蹬板上。

▲ **桨的排列**

每排桨的位置都是交错的，这样能够防止桨相互碰撞。最下层的桨带有皮质护套，防止水进入船体。

战船的操控

▲ **船尾的视角**

舵手通过操控一对舵柄来掌控战船。他能够俯瞰甲板之间的中部狭槽。桅杆在不使用时会被存放在此处。

▲ **舵柄**

通常只有一位舵手操控两支舵柄，但如果需要更大的力量，就会有两位舵手，一人控制一支舵柄。

▲ **舵桨**

舵桨由舵柄控制。一对舵桨（船舵）也能够被用来制动，减缓战船前进的速度。

关键发展

罗马的战争机器

罗马军团组成了古代世界中最强大的军队，直到公元5世纪西罗马帝国覆灭。在罗马帝国统治时期，以步兵为主的罗马军团经历了一系列改变。

早期的罗马军队是由市民组成的民兵武装，他们主要来自富裕阶层。罗马军队早期之所以所向披靡，归功于其在战时能够征召大量新兵，同时战术组织严密、训练严格，这些都远远优越于他们的敌人。早期的罗马军团有3种类别的重装步兵：经验最少的青年兵（拉丁文：hastati）、最精锐的壮年兵（拉丁文：principes），以及由老兵组成的成年兵（拉丁文：triarii）。其中青年兵和壮年兵装备的是重标枪，成年兵装备的是用于戳刺的长矛。军团的士兵头戴青铜头盔，手持半圆柱体形状的防身盾牌。从公元前3世纪中叶开始，他们都装备有一把短剑——西班牙短剑（拉丁文：gladius hispaniensis），并从此以这种剑作为自己的主战兵器。罗马军团在作战时排列成3排，每排约150人，分为10个中队（分队）。其作战方式和许多古老军队是一样的：如果骑兵和轻步兵试着攻击敌军侧翼，那么重装步兵将会努力攻破敌军战线。在当时，很少有军队能够在数量上或作战技能上与罗马军队相提并论，但在第二次布匿（Punic）战争中，罗马军团在对阵迦太基的统帅汉尼拔（Hannibal）这位军事战术天才时，遭受了巨大挫折。

马略改革

尽管罗马军队最终赢得了第二次布匿战争，但是它在公元前2世纪的表现乏善可陈。在西班

关键**人物**

尤利乌斯·恺撒

公元前100—公元前44年

从公元前58到公元前50年，罗马统帅尤利乌斯·恺撒（Julius Caesar）在高卢的一系列战争中大胜，捍卫了自己的声誉，为罗马获得并守卫了大片新的行省。凯撒性格顽强并且精通战术，他无情地镇压了那些反对他的部落，例如贝尔格族和内尔维人。他还被推举为终身独裁官，然而不久就被人刺杀身亡。

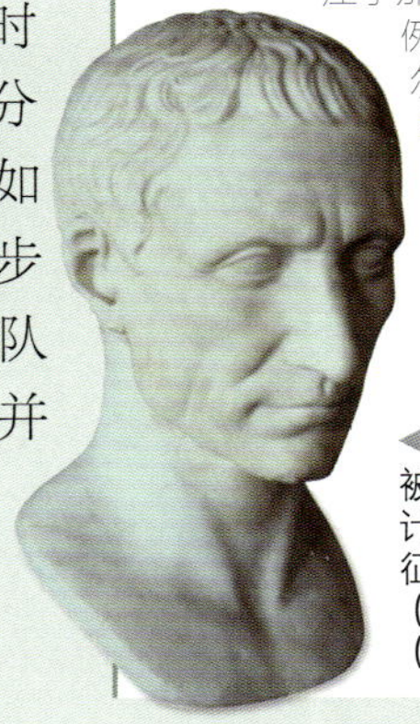

◀尤利乌斯·恺撒在被刺杀期间，正在计划更远的军事远征——征服达契亚（大夏）和帕提亚（安息帝国）。

▼ 特拉比亚战役

公元前218年，汉尼拔通过击败罗马军队的骑兵，从侧翼包抄，然后从后方袭击敌军。

“罗马人不仅仅给士兵的身体，同时也给他们的灵魂灌输了坚忍不拔的勇气。”

约瑟夫斯（Josephus），《犹太战记》（*The Jewish War*），约公元75年

牙与努曼提亚人进行的战争，以及在北非与努米底亚国王朱古达（Jugurtha）的战争中，罗马的军队深陷泥潭，苦苦挣扎。从公元前107年开始，罗马统帅马略（Marius）对罗马进行了一系列军事改革。军队变成了职业化常设军事力量，不再是每次战争爆发时才重新征召士兵。同时，所有人都可以应征参军，而不再仅仅局限于富裕阶层。改革后，只有重装步兵一个兵种，并且统一配发标准化装备——投枪、短剑、链甲，以及长形盾（一种长矩形的盾牌）。兵团开始使用更为灵活的战术分组——步兵大队。步兵大队由480人组成，被分为6个百人队(每个百人队80人)。

帝制下的军团

改革后的新军队训练有序，纪律严明。军队能够挺进到距离敌军15米（49.2英尺）的地方，然后投射出大量标枪，之后再发起冲锋。一旦与敌人近距离交战，军团士兵就会使用他们的盾牌去撞击敌人，然后用短剑戳刺敌人的腹部。他们排成方阵，使用标枪杀敌。由于接受过严格的训练，他们甚至能够经受住骑兵的攻击。在野外战场与步兵队伍对抗时，他们很少失败。在围城战时，罗马军团的作战技能高超，只有具有战略纵深的机动性很强的对手，例如帕提亚帝国的骑射手，才有能力抵挡他们。专业的辅助军——投石兵、弓箭手，甚至是专业的骆驼部队，装备着各种不同的武器，给罗马军团提供援助，帮助其征服了大部分欧洲、北非和中东。

后期的罗马军队

在罗马帝国后期，罗马军队变得更为多样，由更小的建制单位组成。长形盾牌被更小的椭圆形或圆形的盾牌所替代，标枪被更为轻巧的长矛（拉丁文：lancea）所替代。甲胄（重骑兵穿戴）开始投入使用。军队变得更适应卫戍罗马帝国的边境，而不再适应具有侵略性的野外战争。军队对外国雇佣军（主要是日耳曼人）的依赖性越来越强，这意味着到公元5世纪，罗马帝国的西部省份已经很少有自己的军事资源能够抵御卷土重来的蛮族入侵者。这也成为了公元476年西罗马帝国覆灭的一个因素。

▼ 罗马炮

罗马军团随军会携带野战炮，其中大部分都是弩炮——一种巨大的扭力操作机器，能够发射带有铅制箭头的弩箭。

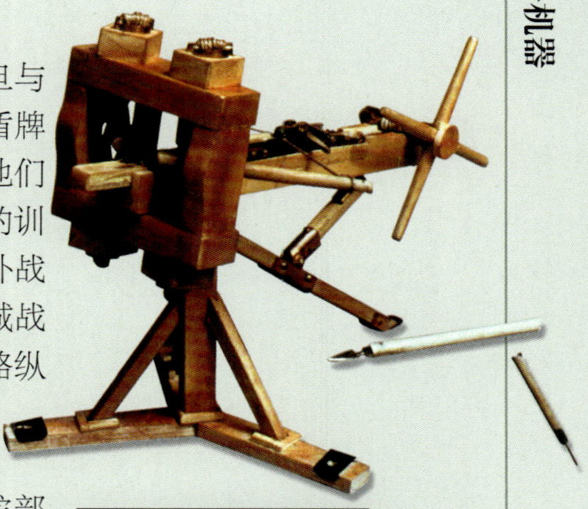

关键事件

公元前264—公元378年

- **公元前264—公元前261年、公元前218—公元前201年、公元前149—公元前146年** 罗马和迦太基在北非爆发布匿战争，最终罗马取胜。在第二次布匿战争中，迦太基主帅汉尼拔越过阿尔卑斯山进入意大利，在特雷比亚（Trebia）和坎尼（Cannae）击败了罗马人，但是并没有成功夺取罗马。
- **公元前102年** 在六水河战役中，罗马统帅马略击败了入侵的条顿人，条顿人曾威胁要彻底击败意大利。这是罗马军队在改革后取得的首次胜利。
- **公元前58—公元前50年** 尤利乌斯·恺撒征服了高卢，击败了众多部落，最终在决定性的阿莱西亚围城战中，战胜了高卢领袖韦辛格托里克斯（又译维钦托利）。
- **公元前27年** 屋大维（Augustus）成为罗马帝国的首位皇帝。经过长期内战，他将罗马军团的数量从约60个裁减为28个。剩下的所有军团发誓对皇帝效忠，而不再是对各位将军效忠。
- **公元101—102年、105—106年** 皇帝图拉真（Trajan）在达契亚战争中击败了达契亚国王德塞巴鲁斯（Decebalus）。达契亚省成为了罗马帝国版图上的一块突出部分。
- **公元378年** 在阿德里安堡（Adrianople）战役中，哥特的蛮族击败了东罗马帝国的主力野战军，皇帝瓦伦斯（Valens）在战争中死亡。这成为了近400年来，罗马遭受的最惨重的军事灾难。

◀ 图拉真作战

图中是公元105—106年，国王图拉真抵御达契亚人的场景，展示了罗马人挡住了敌人从野战工事发起的一次攻击。

罗马军团的盔甲与武器

罗马军团是罗马军队的中坚力量，以军团为单位作战，每个军团有大约5 000名身强力壮的士兵。他们的装备能够很好地适用于密集队形。每个士兵装备有两支用于投掷的标枪，一把用于近身肉搏的西班牙短剑（一种短小尖利的剑），而且装备的尺寸规格随着时间的推移不断发生改变——一种长度更长且便于挥砍的斯帕达剑（拉丁文：spatha）逐渐变得比西班牙短剑更受欢迎。

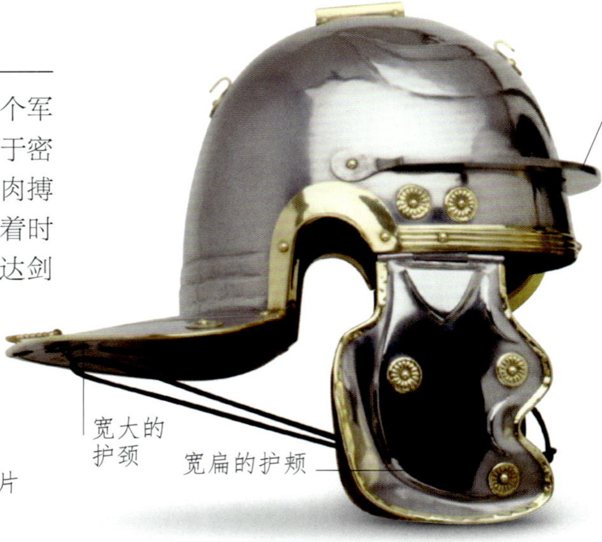

◀ **高卢式头盔**

时期：公元1世纪晚期

来源地：罗马帝国

材料：铁

从图中这个现代复制品可以看出，罗马帝国的高卢式头盔受到了凯尔特式头盔的影响，比早期的罗马头盔的护颈更深，这使得穿戴者更难做出低头的动作，但其形象也更为英武挺拔。

▲ **鳞甲**

时期：公元1世纪

来源地：罗马帝国

材料：铁

兵团的士兵经常穿着由重叠的金属鳞片制成的盔甲。鳞片只有几厘米长，由铜或铁制成，用铁丝穿在一起，并缝在了内衬上。直到公元1世纪后期，这种鳞甲逐渐被板条甲取代。

◀ **长形盾**

时期：公元1世纪

来源地：罗马帝国

质量：6.8～9千克（15～19.8磅）

宽度：73厘米（28.7英寸）

长形盾（罗马兵团使用的盾牌）是长方形的，向内弯曲形成圆柱形的一部分，能够给它的携带者提供很好的保护。图中是一个现代复制品，我们可以看到盾牌装饰了军团的徽章。当不使用的时候，长形盾被放置在皮套中。

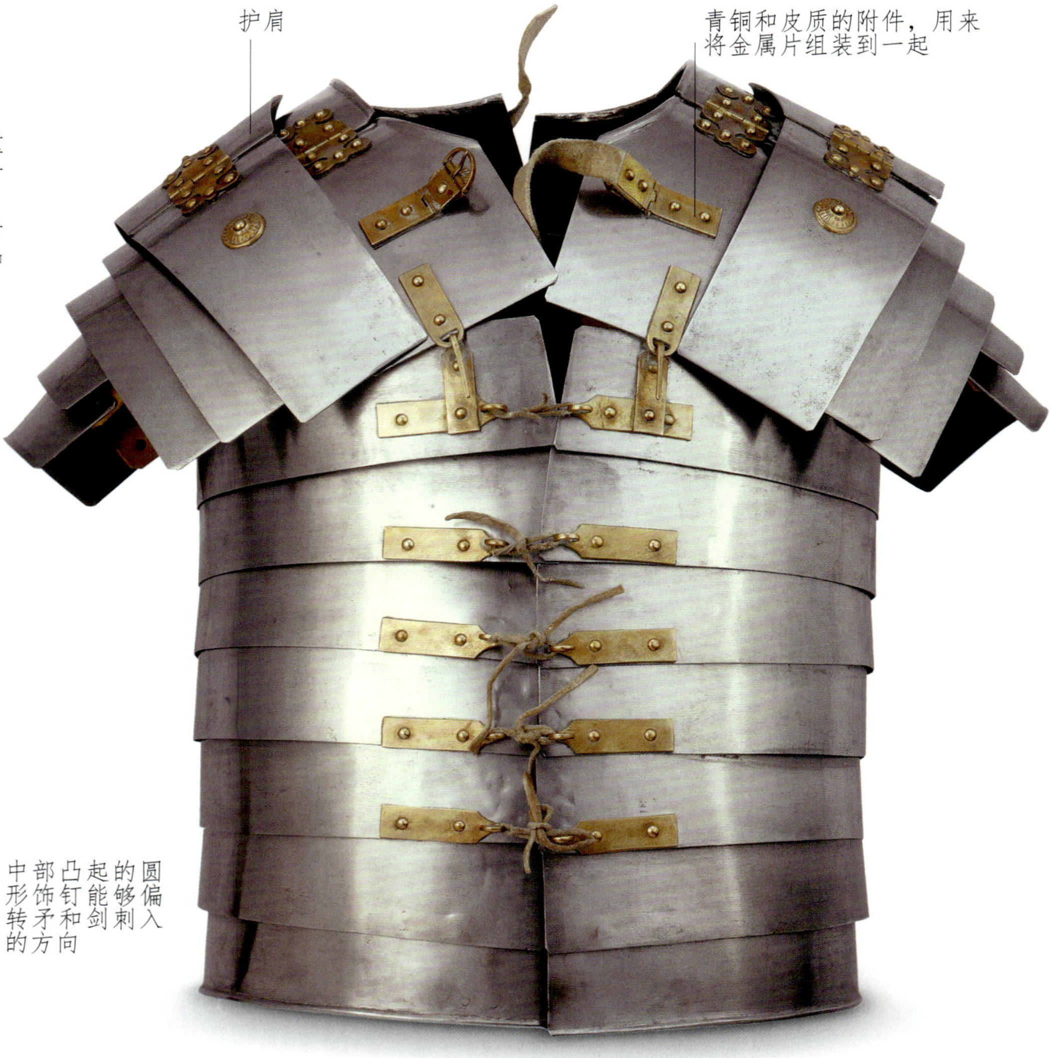

▲ **板条甲**

时期：公元1世纪晚期

来源地：罗马帝国

材料：铁、青铜、皮革

图中这个罗马盔甲的现代复制品是由相叠的铁条和穿在下面的皮带组成的，可能起源于角斗士的装备。尽管这种盔甲能够给穿戴者提供很好的保护，但由于装配复杂，很难进行维护和保养。

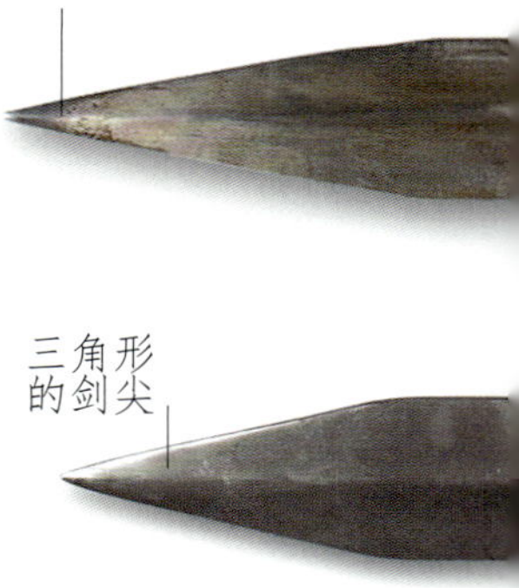

◀ 西班牙短剑和剑鞘

时期：约公元15年

来源地：罗马

长度：57.5厘米（22.6英寸）

这把西班牙短剑（军团使用的剑）及其装饰豪华的剑鞘，可能是皇帝提比略（Tiberius）赠予一位爱将的。装饰图显示出罗马皇帝正在把胜利献给他的继父屋大维。

▲ 罗马匕首

时期：公元1世纪

来源地：罗马帝国

材料：钢铁

当剑无法施展开时，军团的士兵会使用一种备用武器，即被称为“Pugio”的匕首。普通士兵将匕首携带在身体的左边。匕首通常装饰有镶嵌金属或珐琅的鞘套。图中是一个现代复制品。

▲ 用于骑兵运动的面具

时期：公元前1世纪—公元1世纪

来源地：意大利，诺拉

材料：青铜

在军事表演中，骑兵通常在参与模拟战时戴着装饰华丽的头盔和面具。穿戴者用皮带将面具绑在头盔的主体上，同时为了能够更加醒目，还会在面具上安装顶饰和彩带。

▶ 投石索弹丸

时期：公元前3世纪—公元前1世纪

来源地：罗马帝国

质量：37.5～64.5克（1.3～2.3盎司）

长度：3.2～4.4厘米（1.3～1.7英寸）

罗马军队中有轻装部队，他们的武器包括投石索，用来投射如图所示这些铅制的小弹丸。军团同样也有一些更重的弩炮，能够发射更大、更尖锐的弩箭。

▶ 标枪和矛

时期：公元1世纪晚期

来源地：罗马帝国

长度：2米（6.6英尺）

罗马的军用标枪“Pilum”是一种投掷武器。当撞击到目标物时，其尖锐的箭头会被折断，这种设计使得它不可能被投掷回来。“Hasta”（用于戳刺的长矛）是一种更为实质性的长矛，用于近距离战争。图中是现代仿制品。

◀ 西班牙短剑

时期：公元1—3世纪

来源地：罗马帝国

质量：700～900克（24.7～31.7盎司）

长度：65～70厘米（25.6～27.6英寸）

西班牙短剑是基于一种短小的西班牙剑发展而成的，剑身较窄，剑尖很长，使得其能够有效地进行戳刺。从图中的现代复制品可以看出，西班牙短剑的剑身形状多种多样，有腰状的“Mainz”型，有直边的“Pompeii”型，之后发展成为长度更长、剑身笔直的斯帕达剑（spatha，意为用于猛砍的利剑）。

关键事件

公元前146—公元124年

- **约公元前146年** 厄纳齐雅大道（Via Egnatia）开始修建。罗马军队能够通过这条道路从意大利到达巴尔干的大部分地区。
- **公元前134—公元前133年** 由“非洲的征服者西庇阿”（Scipio Africanus）率领的罗马军队，围攻了克尔特伊比利亚人的首府努曼提亚城，用防御工事进行围城，并使用攻城塔进行攻击。16个月以后，努曼提亚城陷落。
- **公元前52年** 尤利乌斯·恺撒在阿莱西亚城诱捕了高卢起义的领袖韦辛格托里克斯。罗马的工程兵们建造了复杂的攻城设施，防止救援部队帮助守城者。
- **公元73年** 弗拉维斯·席尔瓦（Flavius Silva）在第十军团的工程兵队伍的帮助下，征服了山地要塞马萨达（Masada）。
- **公元122—124年** 哈德良长城成为了罗马最为复杂的边界体系。它长117千米（73英里），每隔一段距离就设有堡垒。

关键发展

罗马征服中所建的工程

罗马军团不仅仅擅长作战，他们同时也是具有高超技艺的军事工程兵。他们修建堡垒、道路和攻城武器，所建的工程遍及整个罗马帝国。

据说，对于一位罗马军团士兵而言，他的挖壕工具就如同他的宝剑一样珍贵。当战争开始后，每到晚上军团就会修筑军队营地，营地都是程式化设计，能够容纳多达5 000名士兵。营地驻扎在平坦的地面上，通常为长方形，四周有V形壕沟和防御土墙，土墙上布满了军团士兵随身携带的木制长矛。

某个地区一旦被攻克，就会修建更为结实耐用的堡垒。这些堡垒的修筑同样也是基于这种“扑克牌设计”，如此得名是因为堡垒有圆形的拐角。每个堡垒都有4个主城门，其中的罗马城门（porta praetoria）面向敌人的领土；有的城门面向道路网络；有的城门面向中心建筑物。中心建筑物里有司令部（指挥官的房子）、指挥部及安放军团旗帜的神龛。

建造的堡垒大小不一，有的能够容纳整个军团，而有的只能容纳人数更少的辅助步兵大队（大约500人）。这些堡垒有时候会成为复杂的线性防御中的一部分，甚至成为长城（例如不列颠的哈德良长城）中的一部分。随着时间的推移，许多最初用沙土和泥浆建造的堡垒逐渐被石头堡垒代替。到了帝国后期，城墙变得更加结实，并设计有城角楼，这样可以交叉射击。这些发展反映出一个事实，那就是堡垒已经成为军队需要防卫的地方，而不再是控制四周领土的军事基地。

罗马人的围城战

罗马军团建造防御工事和壁垒时，将他们的技能发挥得淋漓尽致，这些防御工事在围城战中也发挥了很好的效果。他们遭遇到的敌人堡垒多种多样，有高卢和大不列颠的高山堡垒，也有犹地亚地区精心修建的城墙。如果一个敌人的堡垒不能被暗中夺取，那就不得不围城，用饥饿迫使敌人投降，或者在万不得已的情况下进行强攻。为了隔离敌人的阵地，罗马人修建了复杂的防御土墙作为攻城设施，这些设施通常带有高塔，并可以使用重型投石车在其上进行发射。在阿莱西亚（Alesia）围城战中，尤利乌斯·恺撒修建了35千米（55英里）长的防御土墙，包围了高卢人的领袖韦辛格托里克斯，并切断了他们的供给。被称为攻击斜坡的巨大土方工程威胁到了被包围

▼ 军团徽章

罗马帝国军团以他们的身份为荣。这块徽章是二十军团的象征，他们参与镇压了公元60—61年爱西尼人在不列颠发起的反叛运动。

“还有一座高达**60腕尺的塔**，外部**贴有铁片。罗马人**躲在里面向外**投掷飞镖和石头。**”

约瑟夫斯，《犹太战记》，约公元75年

的部队，使得攻击者能够接近城墙进行炮攻并形成一个平台，便于进行最后的突击。

除了保存下来的罗马人的堡垒遗迹，罗马人建造的巨大的公路网更好地证明了罗马人在军事工程方面的技能。这些公路网有些长达12万千米（约75 000英里），目的是为了巩固他们的统治。最早的公路网是阿庇亚古道（Via Appia），开始修建于公元前331年，最初从罗马一直修到了加普亚（Capua）。大路连接着各大城镇，这使得部队能够快速移动，并形成有效的邮政网络。军用道路修建在重要的边界要塞的后方，例如大不列颠和德国。不论当地的地形如何，罗马大道通常是笔直的，通过架设桥梁或高架桥越过河流和沼泽。这些道路经久耐用，这主要归功于罗马人优秀的建造技能。他们在粗沙砾层上方铺上细沙砾层，形成路基，然后将大块的玄武岩铺于顶层，形成路面。

◀ **马萨达围城战**

公元73年，为了攻占很难靠近的山地要塞马萨达（Masada）——这是犹太起义的最后一个据点，罗马人不得不修建带有高塔的城墙和一个能够安装攻城槌的攻击斜坡。这个斜坡长达225米（738英尺），宽达200米（656英尺）。

◀ **征服达契亚**

在图拉真圆柱（现位于罗马，建于公元113年）上刻画着这样的场景：公元101—102年，在图拉真指挥下的达契亚战争最初阶段，罗马军团正在离开堡垒，通过由船只搭建的桥梁，越过多瑙河。

关键**人物**

哈德良

公元76—138年

罗马皇帝哈德良（Hadrian）命令不断扩张的罗马军队从苏格兰撤退，并修建长城，用以标注罗马在大不列颠北部的边界。长城建有一系列复杂的要塞、里堡和炮楼，用来保护罗马边境。

▲哈德良不再一味地扩张罗马帝国的版图，而是对边境进行巩固。他甚至下令部队从一些领土中撤出。

阿拜亚城堡

罗马军队建造了古代世界最伟大的防御工事。军团的士兵不像是普通士兵，更像是战地工程兵，他们接受训练学习战争艺术，同时也学习建筑技能。

在战争中，军团每到一个地方，就会用木头搭建营地，四周修建防御土墙。永久性的防御工事最初也是用木头和泥土建造的，但是后来出现的都用石头建造而成，例如位于英格兰东北部的重建的阿拜亚（Arbeia）城堡。在潜在的敌方领土上，军团保留着这些军事存在来作为营房、行政中心和补给仓库使用。

作为罗马文明的前哨，这些防御工事并不会因当地气候或文化进行改变，因此在整个帝国都呈现出相似的特征。士兵的居住条件朴素而拥挤。8个士兵组成的小队被称为十人队（拉丁文：contubernia），或者“共帐小队”。他们在军营中共同居住在有两个小房间的小套房中。但是，军营配有提供热水的浴室以及用流动水冲洗的公共厕所，卫生标准是相对较高的。

阿拜亚是一个小型的堡垒，为600名辅助部队的官兵提供住所，其中包括步兵和骑兵。它修建于公元2世纪，是哈德良长城上部队通向北方的一个重要补给中心。

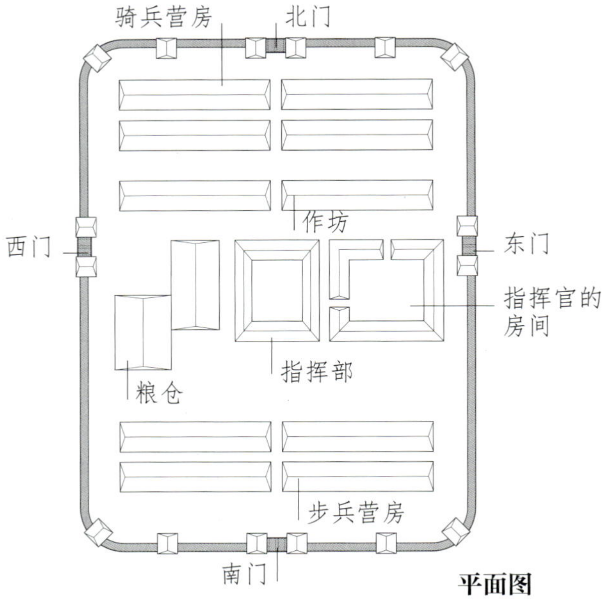

平面图

▲ 罗马城堡的布局

无论大小，大部分的罗马城堡都是按照类似的结构来建造的，有骑兵和步兵的营房、作坊、粮仓，还有一个独立的指挥部。

城堡入口

▲ 门楼的牌匾

牌匾上显示，在大不列颠总督塞克斯都·阿格里科拉（Sextus Calpurnius Agricola，约公元163—166年在位）的带领下，城堡由罗马第六胜利军团建造而成。

▲ 大门和墙壁

坚实的石头墙壁和厚实的木质大门能够抵挡住大批的部族战士。他们偶尔会在罗马统治下的不列颠境内发起突袭。

► 门楼

尽管阿拜亚城堡的门楼非常壮观，但是比起其他一些罗马城堡和城墙而言，它们就显得小了很多。

十人队套间

▲ **营房**
每个涂上了灰泥的石头房里有5个十人队套间。房间的窗户很小，通风设施安装在地板上。

◀ **宿舍**
一个十人队实则只有8名士兵，他们睡在套间中较大的那一间。他们要么睡在简易床上，盖着羊毛毯子；要么睡在地板上，在铺位上填满干草作为垫子。

◀ **房间**
十人队套间中较小的那间房子被用作客厅或者是存放士兵军事装备的储藏空间。

▲ **营房墙体的内部构造**
内部的墙体由枝条和灰泥砌成：首先编织好木质格栅，再涂上由干草、泥土和动物粪便混合而成的灰泥。

▲ **公共澡堂和厕所**
在城堡之外，很有可能有供部队使用的公共澡堂。公共厕所缺乏隐私，但是拥有高质量的给水和排水装置。

军官的住房

▲ **庭院**
在城堡中，指挥官的住房条件很舒适。他们拥有开放的庭院，以及通往柱廊走道的房间。

▲ **加热的房间**
指挥官的卧室很大，装饰华丽，并有火炕供暖（在地板下方加热）。他们的床常常有华丽的雕饰或者图案。

罗马的敌人

罗马从一个意大利中部的小国发展成了一个统治巨大国家的帝国霸权，它的影响力不断扩张，这也使得罗马军队必须面对各种不同的敌人。尽管大部分敌军使用的个人装备可能都非常好，但是他们的训练和组织几乎总是不如罗马军队。在很长一段时间里，罗马步兵与波斯的骑兵和匈奴的弓箭手进行着艰苦卓绝的斗争。到了公元4世纪法兰克人时期，东哥特人和其他日耳曼部族开始不断进攻罗马帝国，而此时的罗马军队已经不再强大，已无法抵抗他们的进攻。

▼ 撒姆尼青铜护胸甲

时期：公元前4世纪

来源地：意大利中部

材料：青铜

这种护胸甲由3个凸面的青铜圆盘组成，与外形相似的护背甲配套使用。这种盔甲由撒姆尼部族穿着。他们是罗马的敌人，曾在公元前343—公元前290年间，在意大利中部与罗马人发生过3次战争。

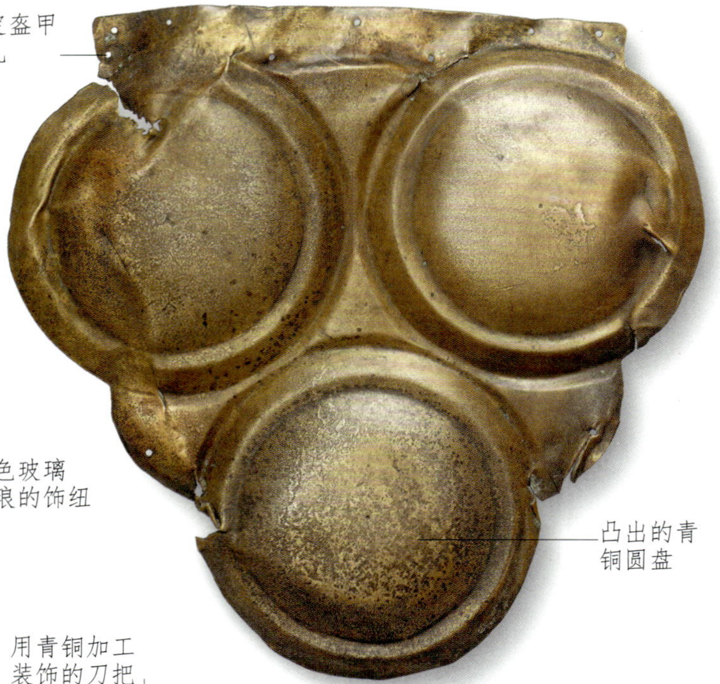

◀ 巴特西盾牌

时期：公元前350—公元前50年

来源地：英格兰

质量：3.4千克（7.5磅）

直径：35.7厘米（14英寸）

这个装饰华丽、表面覆有青铜的木制盾牌，是在伦敦巴特西的泰晤士河中发现的。盾牌很可能用于阅兵。它由4片青铜组成，青铜片之间用铆钉连接。

▲ 凯尔特匕首

时期：公元前250—公元前50年

来源地：英格兰

长度：27.8厘米（11英寸）

这把凯尔特匕首有着复杂的螺旋状的装饰，表明它很可能是用于葬礼或展示，而并非用于战争。其尖锥状的刀身是典型的日常武器的特征。

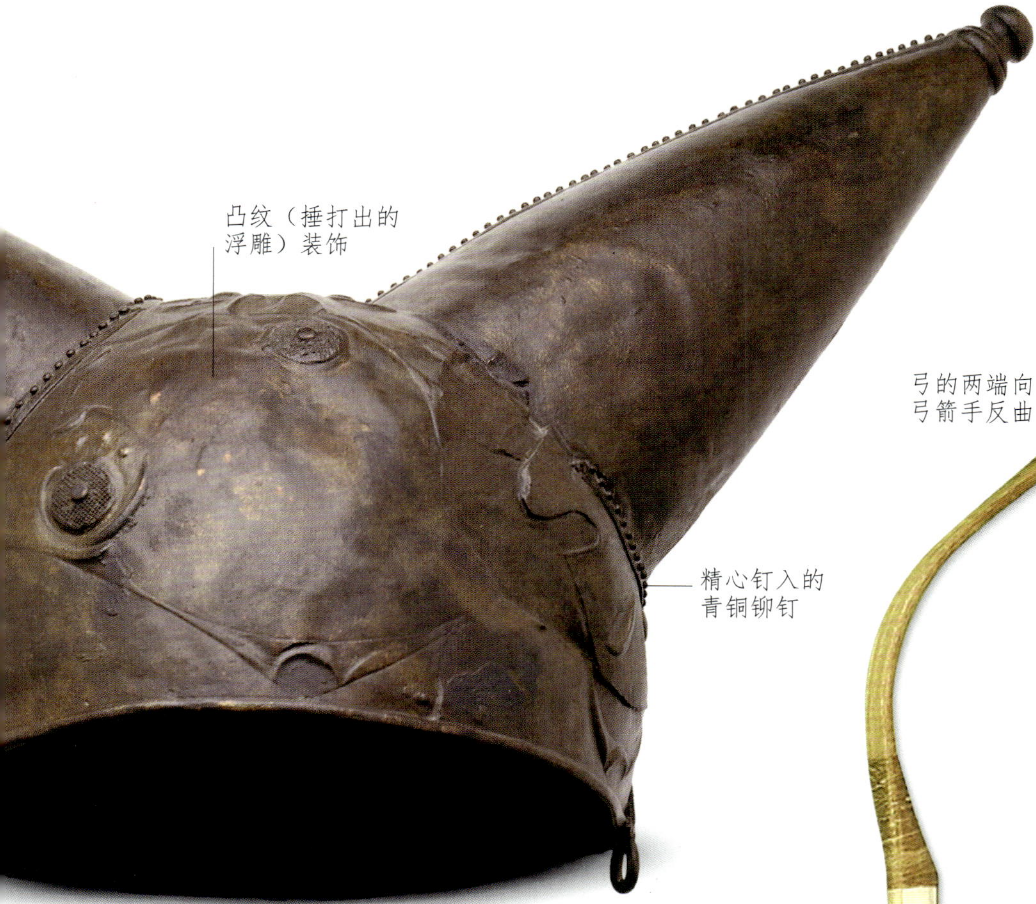

▲ 青铜头盔

时期： 公元前250—公元前50年	
来源地： 英格兰	
材料： 青铜	

这种带角的头盔，在欧洲仅发现了这唯一的一个。它很有可能用于某种仪式，而非用于战争。头盔由青铜板制成，用铆钉接合。

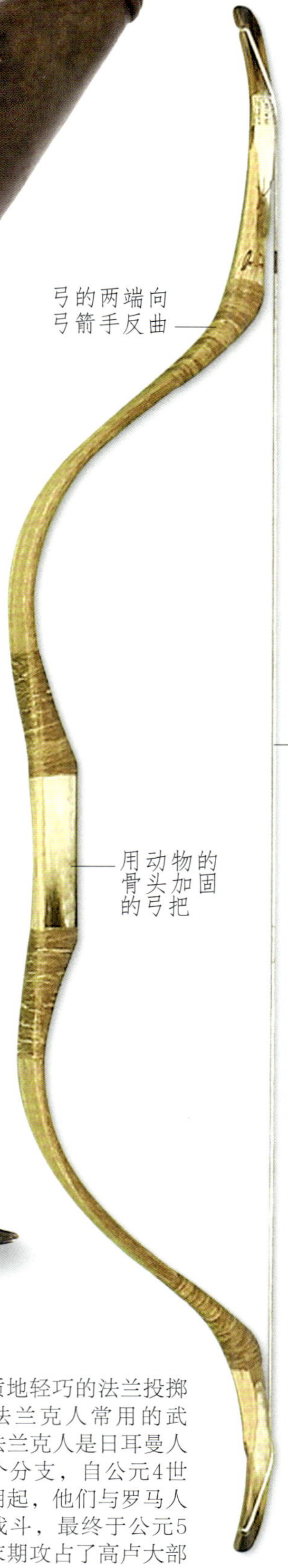

▲ 匈奴弓

时期： 公元5世纪	
来源地： 中欧	
长度： 1.25～1.65米（4.1～5.4英尺）	

匈奴人使用复合弓，由动物的角和木头制作而成，比简易弓的射程要远得多。公元5世纪，匈奴人在与罗马人的战斗中，依靠马背上的快速火力，取得了军事胜利。图中的这把弓为现代复制品。

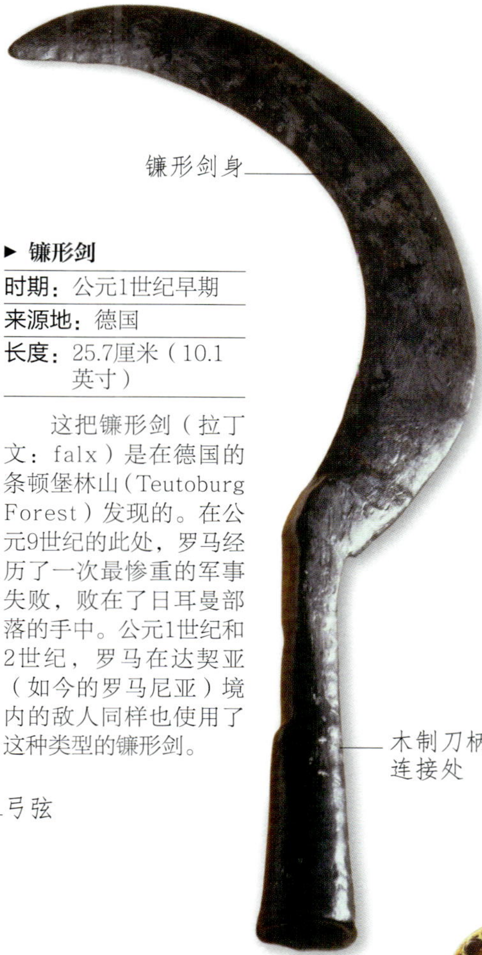

► 镰形剑

时期： 公元1世纪早期	
来源地： 德国	
长度： 25.7厘米（10.1英寸）	

这把镰形剑（拉丁文：falx）是在德国的条顿堡林山（Teutoburg Forest）发现的。在公元9世纪的此处，罗马经历了一次最惨重的军事失败，败在了日耳曼部落的手中。公元1世纪和2世纪，罗马在达契亚（如今的罗马尼亚）境内的敌人同样也使用了这种类型的镰形剑。

► 鹰形别针

时期： 约公元500年	
来源地： 意大利	
材料： 黄金、掐丝珐琅	

这枚鹰形别针很可能是用来固定一位高级将士的斗篷的。它来自于东哥特部族，这个部族从公元5世纪后期开始占领意大利。

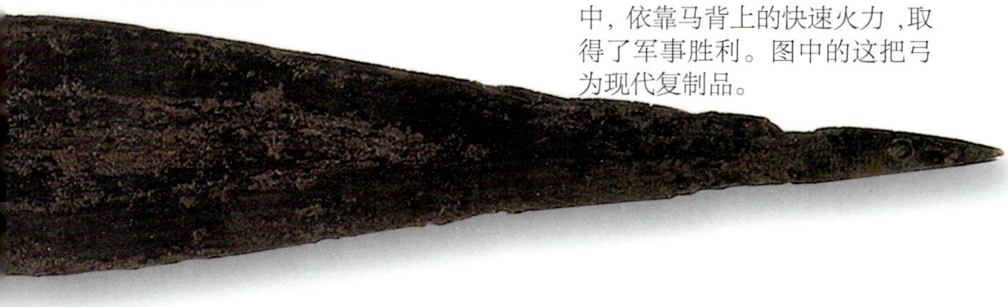

▼ 萨珊波斯剑

时期： 公元6—7世纪	
来源地： 波斯	
长度： 1.05米（3.4英尺）	

后期的萨珊波斯剑拥有窄长剑身。剑鞘上的两个皮扣用来拴住和悬挂皮带，防止剑鞘掉到地上，同时保证剑身能迅速抽出。

▼ 法兰投掷斧

时期： 公元500—600年	
来源地： 欧洲	
质量： 430克（15.2盎司）	
长度： 16.5厘米（6.5英寸）	

质地轻巧的法兰投掷斧是法兰克人常用的武器。法兰克人是日耳曼人的一个分支，自公元4世纪中期起，他们与罗马人不断战斗，最终于公元5世纪末期攻占了高卢大部分地区。

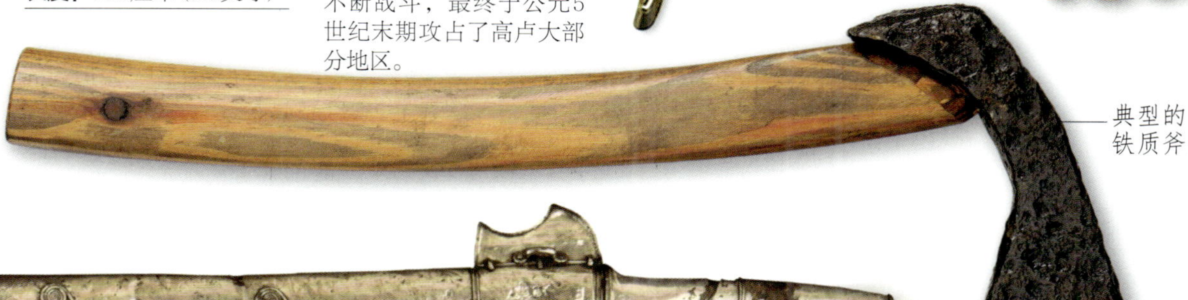

关键**战役**

赤壁之战

公元208年

赤壁之战是中国北方统帅曹操和南方对手孙权之间的巅峰对决。虽然曹操战败，其舰队也毁于大火，但他成功地逃脱了，并且继续统治着中国的北方。

▲赤壁之战爆发前夜，曹操乘船抵达。

关键发展

亚洲的传统

亚洲社会，尤其是印度和中国，具有自己与众不同的军事传统。从公元前6世纪以来，在这些地区开始出现有能力部署庞大军力的大国。然而，中国和印度的军队都在为打败来自中亚的游牧民族而苦苦战斗。

从很早以前，中国就成为了交战各方激烈斗争的大舞台。中国第一个朝代商朝（公元前1766—公元前1122年）设立了朝廷的兵器作坊，生产青铜戈、箭头、头盔及盾牌。早期的编年史也曾记载，在与来自北方、被称为“土方”的敌人的战斗中，商朝集结了多达5000人的兵力。在随后的西周时期，军队规模不断扩大。到春秋时期（公元前776—公元前403年），开始进行更有组织的军事行动。

春秋时期的军队整合了战车和步兵。乘坐战车的高级战士配备有弓箭，而步兵则用长矛作战。这种模式在战国时期（公元前403—公元前221年）发生转变。这一时期的敌对势力，如赵国、齐国和秦国之间不断爆发战争。当交战双方的军队人数达到10万人时，军队逐渐更倾向于以步兵为基础，传统武器变得更长，例如矛和戈，这样的改进是为了使人数众多的部队使用起来更为有效。

弩的出现增加了军队破坏力的射程，而且军队的组织形式变得更为复杂。大约公元前500年，第一本军事战略著作《孙子兵法》问世。公元前221年，秦朝完成统一大业，中国变为统一的国家。随后出现的朝代汉朝，实行战争赋税，并且新兵储备达到百万人，能够进一步征集到更多的军事资源。之后，汉朝将战争深入到了中亚，并将战场扩展到了越南（公元前111年）。

▲ **参与战争的战象**

公元前1000年的《摩诃婆罗多》中第一次提到了战象，随后亚历山大大帝开始使用战象。其他许多军队，例如汉尼拔率领的迦太基人，也在战争中使用过战象。

印度的斗争

最早关于印度战争的考古遗迹来自于印度河流域文明。在摩亨佐-达罗的历史遗迹中找到的箭头和扁斧，可追溯到公元前3千纪末期。在吠陀诗歌（大约公元前1500—公元前1000年）中描述的印度与中国拥有相似的贵族传统，乘坐战车的贵族装备了弓箭，他们是最重要的军队力量。在如《摩诃婆罗多》（大约公元前900年）等史诗中描述的那个时代，战争已经变得更为多样，步兵人数更多，并第一次出现了剑。在公元前600年之后，随着早期的国邦合并统一，更多现实的历史记录开始出现，讲述了例如摩揭陀国（Maghada）的频婆娑罗王和阿阇世王与尾耆（Vriji）王邦之间的战争。据说，摩揭陀国当时已经使用了大型的投石机来投掷石头，同时也使用一种安装了狼牙棒的双轮战车，能够在敌人的队列中杀出血路。从公元前5世纪早期开始，难陀王朝（Nanda Dynasty）的领土

不断扩张，能够部署由2万名骑兵和20万辆战车，以及3千头战象组成的强大军力。公元前327年，亚历山大大帝的军队入侵印度，这些希腊人第一次遭遇到的就是这样的军队。

马背上的入侵者

印度的各个王朝逐渐丧失了国家北方的领土，被中亚的游牧民族占领，例如月氏，以及之后的萨迦人（Sakas，塞种人）和匈奴人。这些骑马的弓箭手士兵能够快速移动，应对人数更多的印度军队的骚扰，从而赢得战争。然而已有一些亚洲大国发现，运用传统的军事战术很难击退游牧民族的进攻。在中国，汉朝陷入了与西北部的游牧民族匈奴人的长期斗争之中。在公元前2世纪，匈奴人曾经几度取得对战略要地塔里木盆地的控制权。直到公元5世纪，他们和很多其他的部落一起，仍然继续沿着边境线侵扰中国。

> “故其疾如**风**，其徐如**林**，侵掠如**火**……”
>
> 孙子，《孙子兵法》

▲ **兵马俑跪姿射俑**

通常而言，中国军队中的弓箭手是贵族战士，也是军队的精英。但随着精英步兵和战国时期（公元前403—公元前221年）弩等武器的出现，这一现状得到了改变。

◀ **史诗般的战争**

图为《摩诃婆罗多》中的战争场景，描述的是一次古印度的史诗般的战争。两支军队在德里区发生战争，战争持续18天后结束。

关键事件

公元前2600—公元前100年

- **约公元前1000年**　发生在俱卢族（Kauravas）和般度族（Pandavas）之间传奇般的摩诃婆罗多战争，是印度历史中有记载的第一次战争。
- **公元前221年**　经过一系列的长期战争，秦始皇领导的秦国征服了战国时期的其他国家，第一次完成了中国的统一大业。
- **公元前261年**　在征服陵伽国（Kalinga，如今位于印度的奥里萨邦）的一次血腥的战争中，孔雀王朝的军队屠杀了大约10万陵伽国的士兵。之后，取得胜利的孔雀王朝统治者阿育王宣布停止战争，并信奉非暴力的佛教。
- **公元前202年**　垓下之战中，刘邦率领的汉军在一个峡谷中设下陷阱，包围了项羽率领的楚军，并屠杀了大部分士兵。不久，楚国投降，刘邦成为汉朝的开国皇帝。
- **公元前127年**　汉朝的卫青大将军进攻位于中国边境线以北的匈奴领地，揭开了汉匈战争的序幕。战争间歇性地持续到公元89年才结束。

秦始皇兵马俑

与真人一样大小的秦始皇兵马俑由胳膊、腿、头部和躯干组装而成，这些部件都是分开来大量制作而成的。每个兵马俑都具有独特的面部特征，使得这支静态的军队栩栩如生。

一支古老的中国军队

秦始皇兵马俑

1974年，埋于土下的雕塑群——世界闻名的秦始皇兵马俑，在陕西省的骊山附近被发掘，从而为了解2000多年前自称“始皇帝”的秦始皇统治下的中国军队历史，打开了一个角度独特的窗口。

秦始皇，作为中国历史上一个伟大的人物，使用军事力量，无情地打败对手，终于在公元前221年，统一了整个中国。作为皇帝，他建立集权，镇压异党，兴建大型建筑，包括首次尝试修建完整的长城，阻止草原游牧民族的侵扰。兵马俑是秦始皇陪葬品的一部分，包括8 000多名士兵俑、150匹骑兵战马、130辆战车，每辆战车由4匹马牵引。

这只军队中的大部分雕塑都是农民步兵。尽管头盔在秦俑上没有体现，但是经过后来考古发现，他们身穿的甲片细密的铠甲（实战中应该由青铜或者坚硬的皮革制成）中还包括头盔。秦俑都装备有真实的武器，其中一些碎片保留了下来。其他来源表明，步兵装备有各种各样的青铜斧和青铜剑，以及其他常用武器，最有代表性的就是“戈”。戈是一种长长的矛，顶端绑有锋利的横刃，用于戳刺或者像大镰刀一样挥舞。秦俑中很多士兵装备了弩，它在中国战争中是一种基本的重要武器。随着兵马俑的发掘，具有精巧的青铜触发装置的弩才被发现。

骑兵是秦始皇所做的最新改革，帮助他达到了军事支配优势。由于本土并没有骑马传统，中国人在与草原游牧民族的战争中才逐步了解到骑兵部队的重要性，一些骑兵还装备了各种不同的弓箭。双轮战车代表了西方对中国军队的影响。到这个时期，战车还没有作为突击力量使用，在战场上主要作为贵族和高级将领的移动指挥平台，一直位于作战部队的后方。确实，兵马俑中的高级军吏俑要比普通士兵高大些，也可以通过他们的双层长袍和更加精致的盔甲分辨出来。

密集整齐的队列

兵马俑整齐的队列暗示着大量纪律严明的士兵在训练中步调一致地向前行军。根据古老的文字记载，在中国最大的战争中，成百上千的士兵会在战场拼杀。即使可能会有一定程度的夸张，但这种大规模的农民军队指挥起来肯定还是非常困难的。旗帜被用来向整个战场发出信息，击鼓标志着进军，而敲钲意味着撤退。弩很可能用于大型队伍，士兵们依次向空中射出弩箭，一排士兵射出弩箭的同时，另一排进行装填。比起近距离的搏杀，远距离地进行弹药的交火可能更加符合积极性不高的农民应征兵的想法。在古代的军事著作中，强调兵不厌诈，而非激烈的对阵，可能是因为尽管军力庞大但却难以操控，在决战沙场时准确地执行命令比较困难。

500—1500年

骑士与弓箭手

导言

在欧洲中世纪时期，战争由马背勇士——欧洲铠甲骑士和草原骑士所主导。军事技术演进缓慢，在很长一段时期内，较之于新式的火药武器，弓箭仍然具有更大的影响力。

人口聚集的文明中心在面对突袭时通常较为脆弱，或容易被劫掠成性的武士部族所占领。同样，宗教狂热也被证明与技术优势同等重要：大约在公元600年，伊斯兰教的创立刺激了阿拉伯的扩张主义热潮；自1090年起，好战的基督教徒开始了针对巴勒斯坦的十字军东征，并将西班牙从穆斯林统治中夺取回来。这个不安定的时代见证了许多城堡与其他防御工事的修建，而它们随即又成为了攻城机械的目标。在这一时期，冶金技术的发展提高了用于制作刀剑和铠甲的钢铁的质量。在西欧，被日益精巧的铠甲所包裹的马背勇士，是战斗力高超的战士，同时成为了骑士文化中心人物形象。

同样，欧洲战场也反复证明了那些训练有素的徒步士兵的能力——从热那亚的弩手，到英国国王们的长弓手，再到手持长矛的瑞士人。在这个时代，火药也逐渐在战争中得到使用。然而，火药最初只是一种并不重要的新鲜玩意儿，相对于实际效果，人们更看重的是其闪光与巨响令人措手不及。15世纪的欧洲，随着金属大炮铸造技术的完善和火药质量的提高，为围城战和防御工事发生根本性变化带来了潜在的可能。16世纪，大炮淘汰了中世纪城堡的高大石墙。然而，铠甲勇士退出战场仍需要更长的时间。

关键时期

500年

533年 拜占庭帝国将军贝利撒留（Belisarius）试图在意大利和北非恢复罗马帝国。

632年 从中亚到西班牙，阿拉伯人为期一个世纪的对外征服开始了。

672年 在抵御阿拉伯人对君士坦丁堡的攻击中，拜占庭人使用了燃烧武器"希腊燃烧剂"。

732年 在查尔斯·马特尔的领导下，法兰克人在法国中部图尔附近击败了穆斯林军队。

793年 海上掠夺者维京人洗劫了英格兰北部的林蒂斯法恩。

约800年 马镫的使用从亚洲传入西欧。

900年 法兰克人与诺曼人在马背上交战时开始使用马镫。

955年 欧洲重骑兵在德国莱希费尔德击败了马扎尔人。

约1050年 中国人在战争中首次使用了火药。

1066年 在诺曼底公爵威廉的带领下，诺曼人在英格兰黑斯廷斯战斗中击败了盎格鲁-撒克逊人。

1096—1099年 在第一次十字军东征中，欧洲骑士来到巴勒斯坦并占领了耶路撒冷。

约1100年 拜占庭人首次将平衡式投石机作为攻城机械使用。

约1132年 中国南部的宋朝统治者建立了常设性水军。

1156年 日本武士部落开始内战。

1187年 穆斯林战士在临近以色列中部太巴列的哈廷战斗中打败了一队十字军战士。

1206年 蒙古领导人成吉思汗统一了草原部落，并开始了征战进程。

普瓦捷战役（图尔），732年

黑斯廷斯战役，1066年

战争中的蒙古人，13世纪

1279年 蒙古领导人忽必烈完成了对中原地区的征服。

1281年 日本人击退了蒙古人的全面入侵。

1291年 阿卡城的陷落标志着十字军王国的终结。

1302年 在比利时西佛兰德斯发生的库特赖战役中，法国骑士被佛兰德斯步兵击败。

1324年 有记载的西欧军队第一次使用大炮是在法国梅斯围城战中。

1346年 在法国的克雷西战役中，英国国王爱德华三世大规模使用长弓击败了法国人。

约1380—1405年 中亚领导者帖木儿开始了从印度北部到土耳其的征服历程。

约1400年 大多数欧洲骑士将板甲作为标准装备。

约1420年 粒状火药改善了火药武器的效率。

1421年 在波希米亚库特拉霍拉战役中，胡斯教徒在战车上使用了火药武器。

1428年 阿兹特克帝国在墨西哥建立。

1453年 法国人在百年战争中取得胜利。

1453年 奥斯曼土耳其人在夺取君士坦丁堡时使用了重型火炮。

1474年 在中国，明朝开始重建长城。

1476年 瑞士人在穆尔滕对勃艮第人的胜利证明了大规模长矛兵的能力。

1494年 法国国王查理八世带领一列炮兵辎重进军意大利。

1500年

日本武士，13世纪

阿尔茹巴罗塔战役，1385年

胡斯战车，15世纪

关键**战役**

普瓦捷战役（图尔）

732年

732年，一队由来自阿拉伯和西班牙的柏柏尔骑兵组成的军队进攻了法兰克的领土。彼时，西班牙刚被穆斯林所占领。法兰克领袖查尔斯·马特尔（Charles Martel）在普瓦捷（Poitiers）和图尔（Tours）之间遭遇敌人。在一个拥挤的广场上，法兰克战士下马应战，他们手持刀剑、长矛和盾牌冲向穆斯林，在这场著名的防御战中取得了胜利。

▲在这幅19世纪的想象画中，查尔斯·马特尔骑着白马。这幅画描述了一场战役，据说这场战役挽救了基督教，使其免受穆斯林的统治。

▼ 维京剑

擅长于海上航行的斯堪的纳维亚人，也就是大家所知的古代挪威人或维京人，他们装备有剑、斧、长矛、标枪及弓箭等，其中有些人还身穿链甲。他们的部分剑是焊接而成的，拥有更大的强度。

关键发展

欧洲中世纪早期武器

从公元500年至1000年，相对孱弱的西欧国家通常会成为入侵者的猎物。然而，到11世纪，铠甲骑兵在骑乘战斗中更好的应用成为了战场中的重要因素。

公元5世纪，罗马帝国在西欧倒台后，随之而来的是政治组织与技术的普遍倒退。然而，对于罗马帝国在东部的继承者——拜占庭帝国来说，情况并非如此。尽管遭遇了诸多倒退，拜占庭的帝国体系仍然保留了足够的资源与合理的体制，使其能够部署一支以重装骑兵（也就是重骑兵）为核心的大规模陆军。此外，拜占庭帝国还维持了一支强大的海军，甚至还设计了先进的秘密武器：名为“希腊燃烧剂”的燃烧液体——凝固汽油弹的前身。拜占庭舰船在其舰首安装以泵管，向敌方舰船喷射火焰流。

市民武装

后罗马时代的西欧不如拜占庭帝国精致巧妙。即使是罗马帝国最繁荣的继承者法兰克王国，起初也仅拥有一个部落战斗团体可供军队使用。公元800年，在查理曼大帝的统治下，法兰克王国统治了西欧较大区域后，才有足够的勇气宣布神圣罗马帝国的成立。然而，他们需要维持的是一个常设性武装部队，而不是依靠强制体系要求地方贵族、他们的追随者和征召的士兵在参加军队时需要自备全部装备。但他们缺乏资源以维持常设性部队。在盎格鲁-撒克逊人的英格兰，地方贵族或“领主”在他们的区域内集结武装人员。这些人被称作“英国民兵”，是兼职武装人员。他们虽然装备了刀剑、标枪和简单的弓箭，也有链甲、铁头盔和盾牌防护，但面对强大的敌军时，他们仍缺乏守卫海岸或不确定的陆地边界的能力。

维京人崛起

公元8世纪末期，斯堪的纳维亚半岛的维京人首次作为海上劫掠者出现于欧洲编年史中。他们乘坐长船，针对海岸目标采取“打了就跑”的战术，并沿河流深入内陆地区。随后，他们成为了定居者和征服者，统治了不列颠群岛的大部分地区及法国北部部分地区。针对维京人侵袭的反制手段却十分有限：法兰克人建造了带有防御工事的桥梁以便在河流设防；爱尔兰人建造高塔作为哨岗；盎格鲁-撒克逊人创造了带有防御工事的居民点网络——“山丘堡垒”。然而，在战斗中，维京人的斧头和刀剑可以与那些定居王国任何可用的技术旗鼓相当。

在整个10世纪和11世纪，西欧战争中出现了

“刀剑暴怒出鞘之时，盾牌、头盔以及铠甲都在颤抖；有些人则随着他的盾牌一头栽倒在地上。”

奥尔德里克·维塔利斯（Orderic Vitalis）
关于征服者威廉在黑斯廷斯战斗的论述，1130年

▲ 莱希费尔德战役
公元955年，奥托大帝（一世）率领欧洲铠甲骑兵在莱希费尔德（Lechfeld）击败了此前战无不胜的马扎尔轻骑兵。胜利得益于决定性的骑兵冲锋，以及马镫的辅助作用。

◀ 黑斯廷斯战役
1066年，诺曼底公爵威廉入侵英格兰，盎格鲁-撒克逊以及诺曼骑兵与步兵在黑斯廷斯交战。

关键事件

500—1100年

- **自533年起** 查士丁尼皇帝试图在北非和意大利恢复罗马帝国，但他失败了；罗马帝国东部成为了拜占庭帝国。
- **约677年** 在应付阿拉伯人围攻君士坦丁堡的战斗中，拜占庭人使用了名为“希腊燃烧剂”的燃烧武器。
- **752年** “矮子”丕平成为了法兰克加洛林王朝的第一位国王。
- **793年** 维京人使用长船穿越北海，洗劫了英格兰北部林蒂斯法恩（Lindisfarne）的修道院。这昭示着维京人围绕欧洲海岸劫掠时代的到来。
- **约800年** 法兰克人发明了由硬化钢和回火钢制作的高质量剑。
- **800年** 法国国王查理曼大帝在罗马被教皇利奥三世加冕为罗马人的皇帝。
- **900年** 法兰克人与诺曼人借助马镫和改良的马鞍开始了骑乘战斗。
- **911年** 维京人在法国北部创建了诺曼底公国。
- **1015—1026年** 丹麦武士卡努特（Canute）创建了北海帝国，统治了英格兰与斯堪的纳维亚。

一种新的推动力。硬化的淬火钢日益频繁地用于刀剑铸造，弩开始出现。城寨堡垒也已出现，虽仍由木头建造，但其立于土丘顶部，也是一种重要的战略据点。直至10世纪，骑士们大部分徒步战斗。后来马镫传入欧洲，加之新式马鞍（前鞍与后鞍抬升）的采用，使马成为了一种有效的战斗平台。骑乘战斗的效率在公元955年得到印证，德国奥托大帝（一世）借助铠甲骑兵的冲锋击败了马扎尔人。起初，骑兵将长矛过肩举起，如同1066年黑斯廷斯（Hastings）战役中诺曼人攻击盎格鲁-撒克逊步兵盾墙一样。但15年后，在意大利南部的都拉基乌姆（Dyrrachium）战役中，诺曼骑兵则是将标枪持于腋下——这种战术成为了欧洲中世纪后期战争的标志。

维京武器与铠甲

维京人是来自于斯堪的纳维亚半岛的武士。在公元800年至1050年期间，他们在西北欧、俄罗斯、冰岛和格陵兰岛开展了一系列劫掠活动。他们以单兵作战能力强而闻名于世。在攻击敌人之前，他们都躲在盾墙之后。虽然许多人都携带较长的双刃直剑，但也有一些人手持较短的单刃剑。许多人仅仅身披皮革，也有人偶尔身着甲胄，手持重型盾牌。

▲ 焊接剑

时期：700—800年
来源地：丹麦
质量：1.5千克（3.3磅）
长度：90厘米（35.4英寸）

如图所示，许多维京剑都是焊接而成的。在焊接过程中，需要向烧得红热的铁块上添加碳。一定数量的铁杆被扭结在一起，并被反复捶打至扁平，令其呈花纹状。

▲ 双刃剑

时期：800—1100年
来源地：丹麦
质量：1.5千克（3.3磅）
长度：90厘米（35.4英寸）

如大多数维京剑一样，双刃剑的剑身在顶端处并不锋利。这是因为它主要用来挥砍和切削而非刺杀。剑身上与其长度相等的槽使得这把剑更为轻便，使用起来也相对容易。

◄ 甲胄

时期：约1000年
来源地：北欧
材料：铁

如图中现代复制品所示，甲胄由铁链条构成。在制作时，先将铁丝牢固地缠绕在一个金属杆上，随后在螺旋形的铁丝上剪下一个又一个铁环。甲胄的质量可达14千克（30磅），通常仅富裕的维京人才能穿得起它。

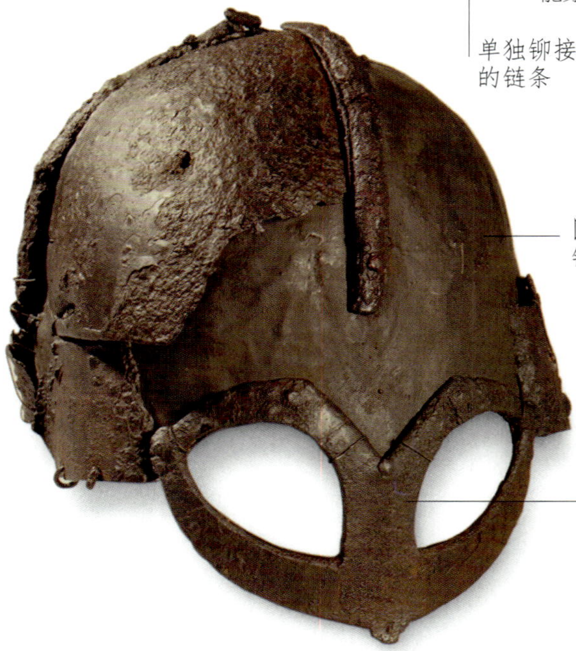

▲ 杰曼戴布头盔

时期：约875年
来源地：挪威
材料：铁

1943年，在挪威杰曼戴布（Gjermundbu）发现该头盔。它由4块铁板组成。据悉，古挪威人在维京时代使用过该头盔。

► 瑞典头盔

时期：700—800年
来源地：瑞典
材料：铁

这个带有护目面甲的头盔是在瑞典凡德尔（Vendel）一个墓穴中发现的。较之于斧头与刀剑，被发现的维京头盔数量很少。

▼ 带翼矛尖

时期：	700—800年
来源地：	北欧
长度：	47厘米（18.5英寸）

图中带有手柄或“翼”的铁制矛尖拥有一个叶片形状的刃及一个锥形铁套结。矛身上的双翼可以防止矛刃被卡在敌人身体中，或被盾牌钩住。

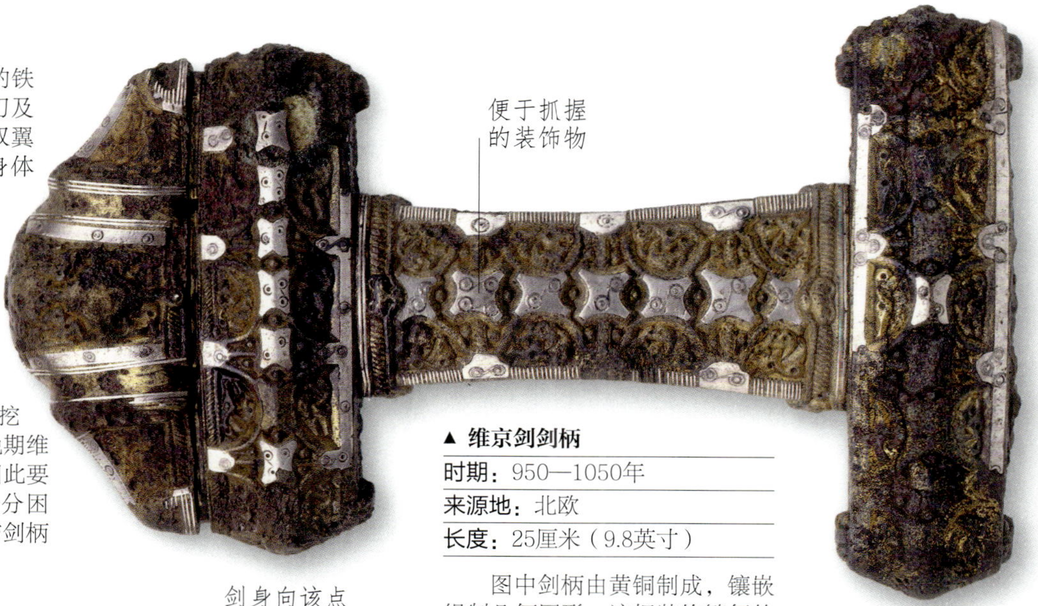

▲ 维京剑剑柄

时期：	950—1050年
来源地：	北欧
长度：	25厘米（9.8英寸）

图中剑柄由黄铜制成，镶嵌银制几何图形。这把装饰繁复的剑柄过于华丽，不适合战场使用，极有可能属于某位首领。

▼ 晚期维京剑

时期：	900—1000年
来源地：	北欧
质量：	1.5千克（3.3磅）
长度：	80～100厘米（31.5～39.4英寸）

如同大多数在考古遗址被挖掘的维京剑一样，图中这把晚期维京剑的剑刃已经严重腐蚀，因此要解读剑刃上的北欧古文字十分困难。此外，该剑的木质剑鞘与剑柄也腐坏了。

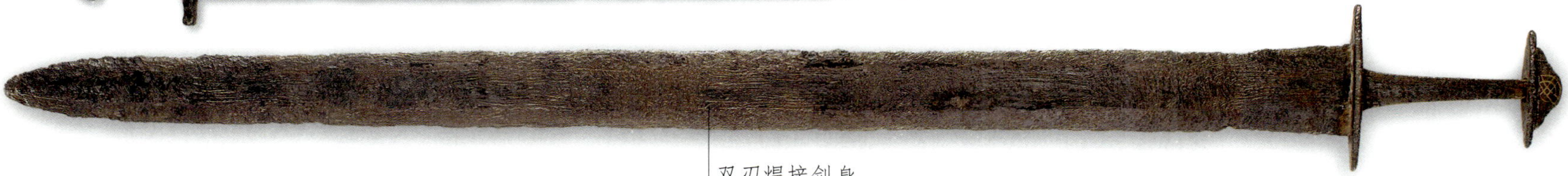

▲ 直剑

时期：	900—1000年
来源地：	斯堪的纳维亚
质量：	1.5千克（3.3磅）
长度：	90厘米（35.4英寸）

图中的剑是一种典型的维京武器。这类武器大部分都是笔直的，尺寸也相差无几，带有简洁的十字形护手和剑柄首。其剑身上镶嵌着由8个符号构成的标志。

▼ 锥形剑

时期：	900—1100年
来源地：	斯堪的纳维亚
质量：	1.5千克（3.3磅）
长度：	90厘米（35.4英寸）

图中这把宽阔、笔直的双刃剑，镶嵌着现在无法解读的文字。它拥有一个卷轴形设计的柄首，但是它的剑柄已经遗失。较之于早期的剑，图中这把锥度更大。

◀ 铁斧

时期：	约900年
来源地：	欧洲

图中展示的铁斧是3种典型维京斧中的一种——“胡须斧”。由于其细长的下缘与倾斜的斧锋，因此特别适合向下砍击。

▶ 木制描画盾牌

时期：	900—1000年
来源地：	北欧
质量：	5千克（11磅）
直径：	70～100厘米（27.6～39.4英寸）

维京盾牌由木头制成，外表包裹着皮革。在盾牌中央有一个铁制凸起部分，可用来攻击敌人。图中的维京盾是现代复制品。

维京长船

格兰达洛“海上种马”

维京长船是一种快速、坚固的多用途海船。它既可由风帆驱动，也可由桨划动，是那个时代速度最快的船，能够在广阔的大海上远距离航行。

维京长船吃水较浅，该特点可使它逆流而上深入腹地，或迅速驶上沙滩实施攻击，还可将其从两条水路之间的地峡拖过，这是两栖攻击的早期形式。维京长船所载的战士们大多数时候开展陆地攻击活动，偶尔也会进行简单的海战，相互投掷一些投射武器或者用手持武器交战。

图中的维京长船名为格兰达洛“海上种马”，是发掘于丹麦罗斯基勒峡湾（Roskilde Fjord）古船的复制品。它建造于1042年左右。复制工程尽可能使用维京时代的技术、工具和材料，包括取自300棵橡树的木材。维京长船由边舵掌控方向，拥有坚硬的龙骨，船首与船尾高高耸起，曲线堪称完美。它遵循鱼鳞叠接的造船工艺，这就意味着它的船体是由重叠的木板或者“列板”通过铁钉衔接打造而成的。一艘维京长船上大概有60名划手，数量是开展攻击行动的战士的两倍。这些划手肌肉的力量转化成长船5～6海里/时的稳定速度。如果风帆升起，且顺风而行，维京长船的速度有可能达到17海里/时。

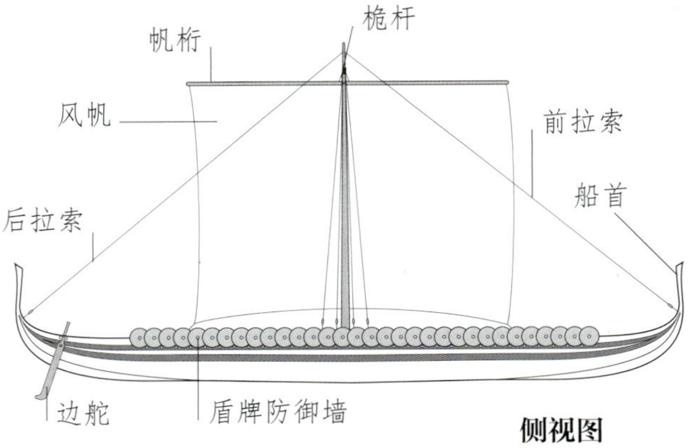

侧视图

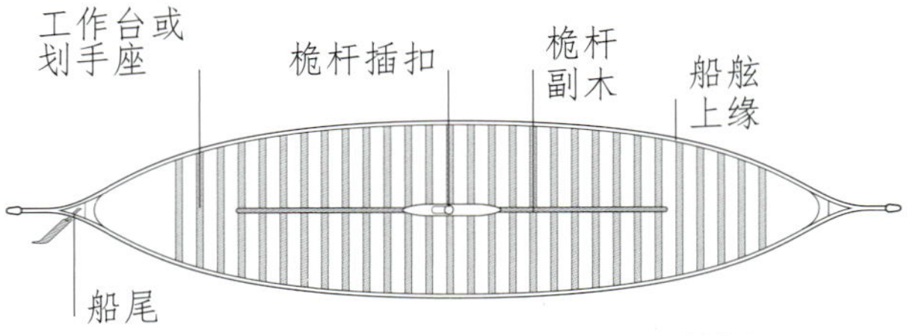

俯视图

▲ **长船轮廓图**

“海上种马”大概有30米长（98.4英尺），但仅有3.8米宽（12.5英尺）。这种狭长形状可使它快速航行，并能在水深为1米（3.3英尺）的水中行驶。

长船结构

▲ **桁桅滑环**

它是一种由绳索固定的马蹄形木制器具，名为桁桅滑环，用途是将帆桁固定在桅杆上。维京船上使用的绳索材料通常来自植物或动物纤维。

◄ **系缆墩**

控制风帆与帆桁（风帆的水平木质桁）的绳子被固定在一种夹具上，这种被称作“系缆墩”的夹具排列在船体上。

► **强化木料**

被称为顶肋的垂直木料对船体的上层结构有加固作用。它们对接在船头上，并向下延伸至第三块列板处，由铁钉固定。

► **桅杆与桅杆副木**

在船体底部，桅杆被插入到一块木头的插扣之中，这块木头被称作内龙骨（kelson）。然后，桅杆在甲板上被一块横木固定住，这块横木叫桅杆副木。

桨与桨手

◀ **桨堆**

“海上种马”的桨大约有4.5米（14.8英尺）长，桨面宽度大约为15厘米。研究表明，这是海上长途航行效率最高的桨面宽度。

▲ **桨口**

对于桨面而言，桨口足够宽大，为桨提供自由划动的空间。当船扬帆航行，船桨闲置不用时，就用特殊的锁将桨口封起来。

▲ **桨手座**

虽然工作台较为狭窄，但桨手仍可以在漫长的航行途中定期移动位置。有些时候，桨手直接坐在储物箱上而非工作台上。

▲ **划向岸边**

当他们到达敌方海岸附近时，维京战士将盾牌固定在船舷上缘，造就了一种令人印象深刻的景象。这些盾牌还可以抵御标枪和弓箭。

◀ **扬帆航行的船**

在远海，维京水手依赖一种大型的矩形风帆。当在沿海海域及逆河流而上之时，他们就会降下风帆划桨前行。

盎格鲁-撒克逊人与诺曼人

盎格鲁-撒克逊这个术语指的是各种诺曼人部族。从公元5世纪中期开始，他们入侵并占领了不列颠群岛。虽然他们的精英部队拥有精良的铠甲和焊接剑，但大多数还是装备标枪和短刀的步兵战士。诺曼人起初是来自斯堪的纳维亚半岛的维京人团体。自公元911年起，诺曼人部落开始在法国北部建立，他们在11世纪初期占领了西西里和意大利南部的部分地区，在1066年入侵了英格兰。较之于盎格鲁-撒克逊人，诺曼人的军队拥有更多的骑兵，对于弓箭的使用效率也更高。

▲ 撒克逊长矛

时期：400—500年
来源地：北欧
长度：48厘米（18.9英寸）

图中的长矛是盎格鲁-撒克逊战士的主要武器。其中许多长矛带有叶片状的矛刃和由白蜡树制成的木制矛柄。一般情况下，战士们一只手举着长矛，另一只手则拿着盾牌。

▲ 盎格鲁-撒克逊剑

时期：500—600年
来源地：英格兰
长度：1.05米（3.4英尺）

盎格鲁-撒克逊剑的设计用途主要为砍杀，大多数情况下是砍向颈部——这通常是致命的，或是砍向敌人的腿和持剑臂（通常是右臂），使敌人致残。持剑人利用圆环将剑鞘挂在腰带上。

► 萨顿胡头盔

时期：约625年
来源地：英格兰
材料：锡、铜和银

该头盔发掘于英格兰萨顿胡（Sutton Hoo）的皇家船葬地。这是目前发现的制作最为精巧的诺曼头盔之一。它的贴腮片、面罩及护颈都由镀锡青铜箔装饰。

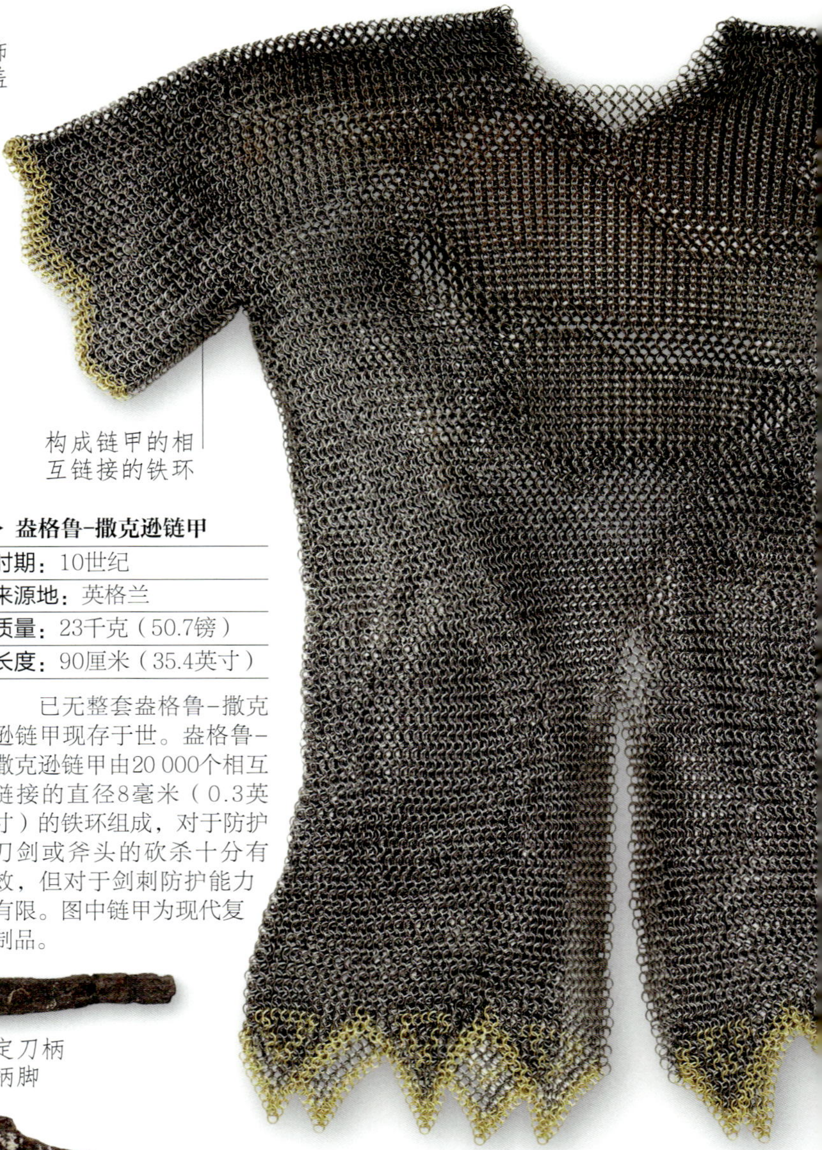

► 盎格鲁-撒克逊链甲

时期：10世纪
来源地：英格兰
质量：23千克（50.7磅）
长度：90厘米（35.4英寸）

已无整套盎格鲁-撒克逊链甲现存于世。盎格鲁-撒克逊链甲由20 000个相互链接的直径8毫米（0.3英寸）的铁环组成，对于防护刀剑或斧头的砍杀十分有效，但对于剑刺防护能力有限。图中链甲为现代复制品。

▲ 撒克逊长刀

时期：600—1000年
来源地：英格兰北部
质量：62克（2.2盎司）
长度：24.76厘米（9.75英寸）

撒克逊刀（seax）是一种单刃刀，更像是家用工具而非战争武器。一般而言，人们会在柄脚处贴上木料或骨头构成刀柄，但图中长刀的刀柄已经遗失。

▲ 撒克逊短刀

时间：600—1000年
来源地：北欧
质量：56克（2盎司）
长度：19厘米（7.5英寸）

大多数撒克逊格斗用刀是由弯曲的锻接热铁条或热钢条制成的，这是一种名为模式焊接的过程，以打造锋利耐久的刀刃。

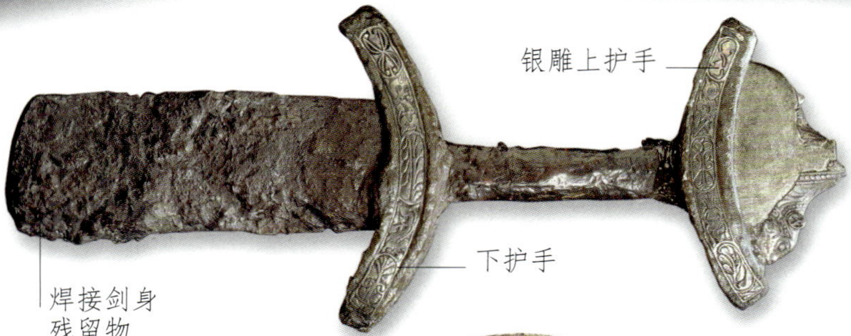

◀ **晚期盎格鲁-撒克逊剑**

时期：	900—1050年
来源地：	英格兰
长度（现存的）：	50厘米（19.7英寸）

图中焊接剑的剑身大部分已经残蚀，上下护手向相反方向弯曲。盎格鲁-撒克逊剑在剑刃中央保持平衡，这样的特点使其能够更好地发挥砍杀力。

▲ **装饰精良的盎格鲁-撒克逊剑柄**

时期：	8世纪中期
来源地：	英格兰
材料：	银丝、金丝

图中装饰华丽的早期盎格鲁-撒克逊剑带有精致的金丝剑柄。在剑柄中央，在葡萄藤状背景下，蛇与葡萄相互交缠。图中的剑柄应该属于一位高阶武士或者贵族。

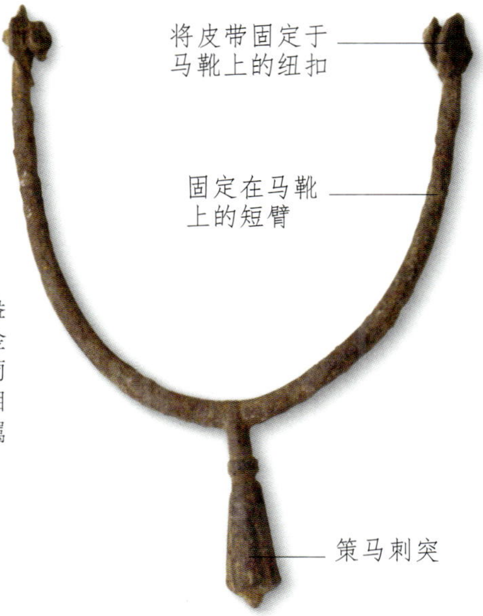

◀ **诺曼马刺**

时期：	11世纪
来源地：	英格兰
材料：	铁

马上骑士在诺曼军队中扮演着关键的角色。这些骑士的马靴配备有带有尖头的马刺，以帮助其控制马奔跑的方向。

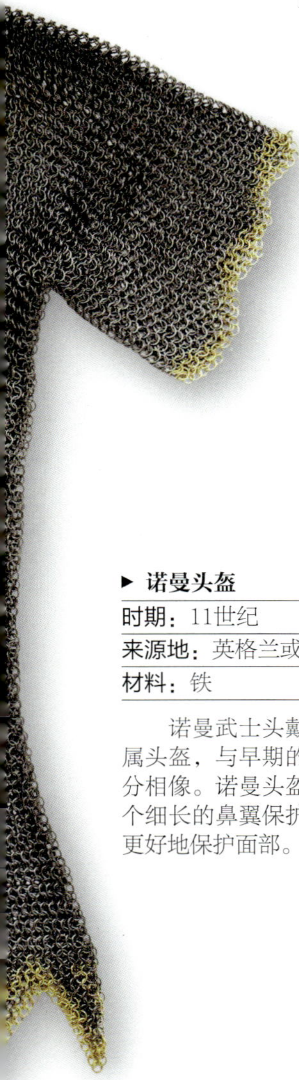

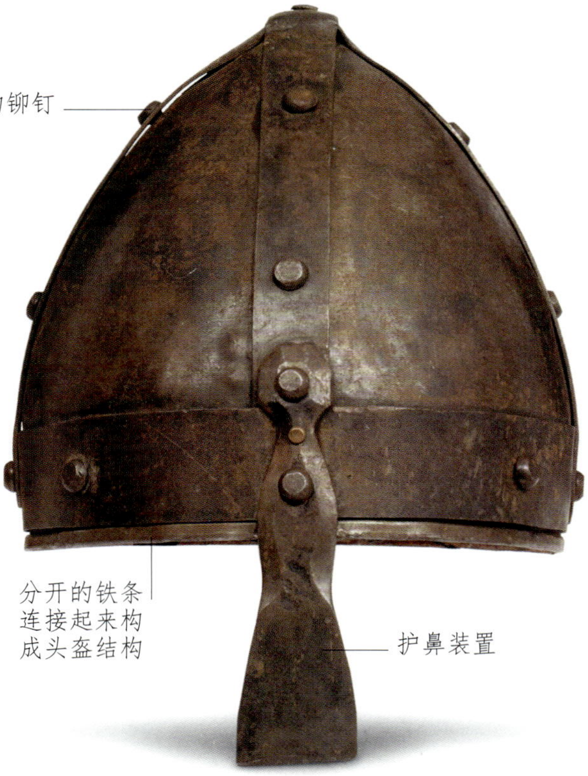

▶ **诺曼头盔**

时期：	11世纪
来源地：	英格兰或法国北部
材料：	铁

诺曼武士头戴圆锥形金属头盔，与早期的星形盔十分相像。诺曼头盔还带有一个细长的鼻翼保护装置，以更好地保护面部。

▼ **诺曼箭**

时期：	11—12世纪
来源地：	英格兰

诺曼箭狭窄而凸起的尖头状设计可刺破链甲。虽然它们在战场上效率很高，但在1066年与英格兰人的黑斯廷斯战役之前，诺曼人很少使用这种箭。

◀ **诺曼剑**

时期：	约1100年
来源地：	英格兰
质量：	1.28千克（2.8磅）
长度：	96.5厘米（38英寸）

诺曼剑通常装有一个巴西胡桃状柄首、长而扁平的十字形护手及宽而扁平的剑面，既适合在马背上使用又适合在徒步时使用。

黑斯廷斯战役

1066年10月14日，诺曼底公爵威廉在黑斯廷斯战役中击败了盎格鲁-撒克逊国王哈罗德二世。这对于英国历史来说是一个转折点。在这场奋力厮杀的战役中，面对诺曼骑士和弓箭手，盎格鲁-撒克逊人未能守住他们的土地。

1066年1月，盎格鲁-撒克逊国王“忏悔者”爱德华的去世触发了继承之争。韦塞克斯伯爵哈罗德·葛温森（Harold Godwinson）加冕为国王，然而他却受到他兄弟托斯蒂格（Tostig）和诺曼底公爵威廉的威胁。诺曼底公爵威廉很快就在滨海迪沃（Dives-sur-Mer）集结了入侵舰队。8月，威廉准备扬帆出征，但是大风使出征延期，但也正是这场大风令其受益。哈罗德的农民军队——英国民兵，在整个夏天都在应对入侵，但秋收时节的到来使他们不得不解散；同时托斯蒂格争取到了挪威国王哈拉尔·哈德拉达（Harald Hardrada，意为“无情者”哈拉尔，即哈拉尔三世——译者注）的支援。9月，哈拉尔三世率领自己的入侵军队穿过了北海，而哈罗德则带领他的个人武装，也就是他的侍卫和仓促征募的军队向北进军，并在斯坦福德布里奇（Stamford Bridge）击败了哈拉尔三世。但这使得英国南部海岸门户大开。

诺曼入侵

威廉扬帆穿过海峡，700艘船满载着他的战士与战马，并在苏塞克斯的佩文西（Pevensey）顺利登陆，未遭遇任何抵抗。他沿着海岸一路前进至黑斯廷斯，哈罗德此时急忙率部南下迎敌。10月13日，威廉听闻盎格鲁-撒克逊人已临近，两军于翌日晨遭遇。

双方的军队实力并没有详细记载，估计各方实力在数千至数万人马之间。哈罗德在森拉克山脉（Senlac Ridge）顶部摆开了稳固的防御姿态。在由北向南的长途跋涉之后，他的军队虽人困马乏，但却众志成城。他们聚集在密集阵形中，徒步作战，双手挥舞斧头或长矛，以盾牌和铠甲作为防护。威廉拥有一支由步兵与骑兵组成的混合部队：他们本可以对山顶发起攻击，却希望借助弓箭和骑兵的冲击攻破盎格鲁-撒克逊人的密集阵形。

黄道吉日

诺曼弓箭手率先开战，试图利用猎弓和弩削弱敌人实力，随后穿着铠甲的步兵向山顶移动，骑兵紧随其后。诺曼人虽然对盎格鲁-撒克逊人的盾牌墙发起了猛攻，但盎格鲁-撒克逊人岿然不动。威廉位于行动的中心位置。据说当有些战士开始混乱后退时，这名诺曼人领袖拿下头盔将面部示于众人，并号召战士们重新组织进攻。最后，在战斗胶着之际，一些盎格鲁-撒克逊人看到诺曼人在明显地后退，他们受此引诱开始向前冲击，但诺曼人的反击反而将他们的队形切断了。随着盎格鲁-撒克逊军队被逐步削弱、丢失了阵形，诺曼骑兵就能够穿透他们的阵形行列，这对盎格鲁-撒克逊军队造成了严重的打击。在撤退过程中，盎格鲁-撒克逊侍卫们组成了一个紧密的圆圈，将他们的国王围在中间。诺曼人的弓箭则如雨点般射向他们身上。据传说，哈罗德也命丧黄泉，但他是否被弓箭射中了眼睛尚存争议。一天下来，诺曼人最终占领了阵地。

骑兵冲锋

黑斯廷斯战役被绣在了贝叶挂毯上以作纪念。从挂毯上的场景来看，手持风筝形状盾牌的诺曼骑兵向双手握持斧头的盎格鲁–撒克逊侍卫们发起了冲击。

关键部队

圣殿骑士团

1119—1312年

“圣殿骑士团”是十字军东征期间在耶路撒冷建立的一个军事组织，其目的是保卫基督教。“圣殿骑士团”的成员们遵从宗教行为准则，同时也是十字军东征期间与穆斯林军队交战的精英战士。1291年，他们参与了保卫最后一个十字军王国的战事，但却失败了。在此之后，他们被罗马教皇所镇压，其财富也被法国国王腓力四世所掠夺。

▲图中骑士手持长矛准备行动。其盾牌上的十字象征着他是十字军战士。

关键发展

中世纪欧洲的铠甲骑士

在公元11—12世纪，身穿铠甲的骑士开始作为关键人物出现在西欧战场。这些精英战士的铠甲和武器都在持续改良，以寻求更好的防护和更为有力的攻击。

重装骑兵首先在亚洲得到发展。自公元3世纪起，此类骑兵才通过罗马帝国与萨珊波斯的交战传入欧洲。因此，拜占庭帝国部署了铁甲骑兵（早期的重装骑兵），作为其战场威慑力量。铁甲骑兵和他们的战马都被鳞片盔甲——由重叠的金属片制成的防御装备所包裹，他们的主要武器是长矛。要维持这样一个部队，需要专门饲养的大批马匹、熟练的金属工人及相应的大量资源。

铠甲的发展

骑兵在西欧的发展是独立的，但也受到了拜占庭的影响。12世纪，马上的部队对其长矛进行了改良，但是他们的铠甲仍然相对落后。骑兵们身体由锁子甲包裹，其头部受到圆锥形的头盔保护，除鼻部由一个位于中央的金属护罩保护以外，面部其余部位裸露。在1191—1192年第三次十字军东征时，那些为狮心王理查战斗的武士们，其头部被圆柱形的大头盔完全覆盖。这虽然改善了防护能力，但也对武士们的全面视野造成了障碍，同时阻碍了他们的呼吸。多年后，板甲首先被添加在大腿、手臂和肩膀上，大头盔也被带有铰链式面甲的圆头中头盔所取代。

到15世纪，全套板甲得到普遍应用。制作精良的铠甲质量均衡分配，在无辅助的情况下也不会阻碍骑士上马，更不会对步行作战形成障碍。它的主要缺点是会导致温度过高。从制作技巧、设计复杂程度及装饰来讲，铠甲和头盔都在不停发展，其精巧程度在16世纪达到了巅峰。在那个时代，外观与实际的防御能力同样重要。

战斗中的骑士

铠甲的发展同样导致了武器装备的变化。理想的骑士格斗——很少在室外的格斗比赛中遇到——开始是手握长矛冲锋（保持水平进攻姿势），然后是近身肉搏。在链甲时代，骑士手持阔剑向对方砍去，同时用盾牌抵挡对方攻击。随后，骑士们采用了全套板甲。由于板甲与剑身在硬度上差别不大，其弯曲度还能使攻击的力度偏转，因此盾牌就显得多余了。用剑杀伤骑士的唯一方法就是利用剑的尖头刺向板甲的连接处。更有效的武器是狼牙棒和令人生畏的战锤。用这其

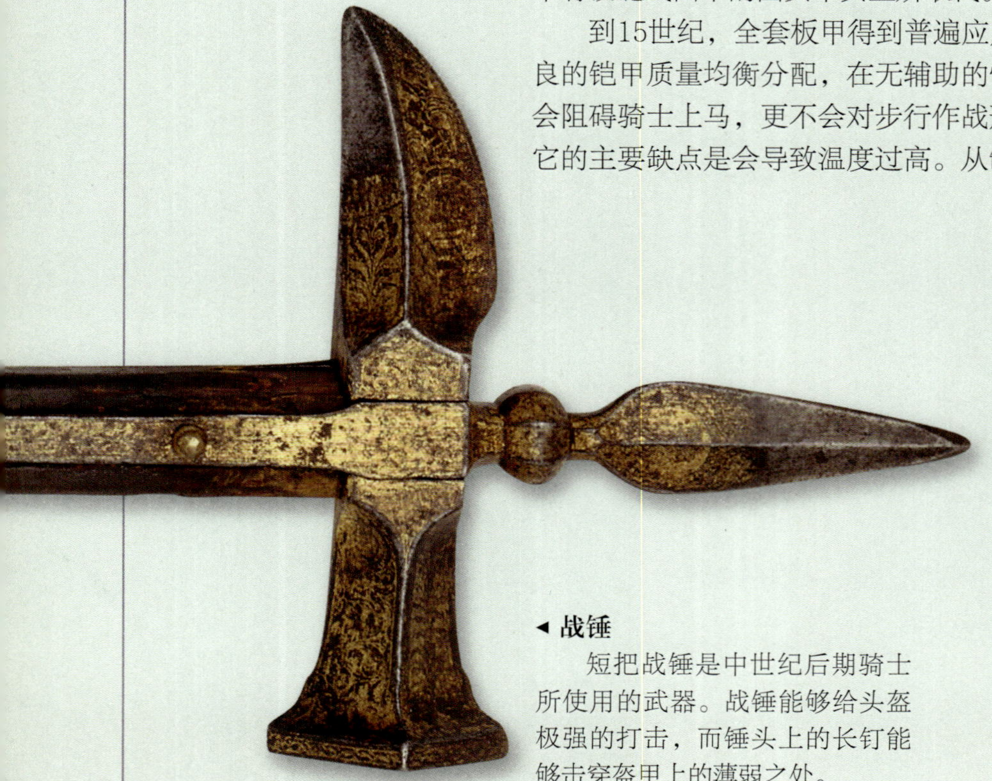

◀ **战锤**

短把战锤是中世纪后期骑士所使用的武器。战锤能够给头盔极强的打击，而锤头上的长钉能够击穿盔甲上的薄弱之处。

中的某种敲击武器对头盔进行攻击，可以使骑士晕厥，从而在不刺穿其盔甲的情况下使其失去行动能力。令马背上的骑士感到羞耻的是，他们相对于步行的士兵是十分脆弱的。他们很难对其战马实施成功的防护，特别是针对弓箭的防护。在战斗期间从马上摔下通常是致命的。实际上，特别是在欧洲，越来越多的骑士选择下马作战，像身着铠甲的步兵那样战斗。

◂ **纹章标志**

这幅15世纪的图画画的是一名骑着马的骑士。图中的马身着红色马衣。盾牌展现了一种纹章图案：这种图案既是一种地位的象征，也是一种具有实际意义的身份标识。

“当**战斗**进入**胶着**状态时，所有的**贵族骑士**都不应考虑**断头**或**断臂**的问题，因为**战死**总比被生擒要好。”

伯特朗·德·菩恩（Bertran de Born），法国行吟诗人，1140—1215年

关键事件

1000—1500年

- **1081年** 诺曼骑士在都拉基乌姆战役中手握长矛向拜占庭军队发起冲锋。
- **自1096年起** 欧洲骑士开始十字军东征，以在巴勒斯坦和叙利亚保卫基督教国家。
- **1000—1500年** 西班牙骑士开展收复失地的战争，与穆斯林争夺利比里亚。
- **1350年** 带有面甲的中头盔成为骑士的标准装备。
- **约1350年** 欧洲骑士开始普遍使用全套板甲；同时，战争中也引入了战锤用以攻击板甲。
- **1337—1453年** 英国国王与法国国王发生了一系列战争，这就是后来人们所熟知的百年战争。

◂ **刀剑之战**

这幅14世纪的图画展现了手持刀剑，头戴头盔，身穿链甲，借助板甲防护薄弱的手臂、躯干和腿的骑士们。铠甲外的布套有助于在阳光底下降低铠甲的温度。

骑士的铠甲与武器

中世纪早期，铠甲最为普遍的形式是由铁环铆合的甲胄。到13世纪，铠甲变为更加精致的链甲，可对从脚趾到头部的所有身体部位实施防护。14世纪，铠甲开始使用实心的金属，从身体薄弱位置用小块板甲防护开始，到15世纪发展为更为完整的板甲：链甲仅仅保留在铠甲暴露的连接处后面。最为精致的铠甲制造于16世纪，但在这个时期，火器让大量铠甲被弃用。

▸ 链甲头巾

时期：中世纪
来源地：欧洲
材料：铁

链甲头巾是一种紧贴头部的兜帽，戴于头盔里面，仅余鼻部与眼部未受保护。起初，它被系在甲胄或锁子甲上，但后来改成了分离式的。图中展示的链甲头巾为复制品。

▾ 锁子甲

时期：11—12世纪
来源地：北欧
材料：铁

图中展示的锁子甲或铠甲复制品是一种长度及膝的铁链衣。它是11世纪和12世纪的主要铠甲。在这种铠甲里面，骑士们一般都穿着一种被称为“阿基顿”的带衬里的内衣。

▾ 锁子甲和板甲

时期：14世纪晚期
来源地：意大利
材料：铁和钢

14世纪中期，骑士们开始在链甲上添加钢薄板。最初添加的为腹甲，后来在薄弱处也添加了防护性的金属板。图中展示的样品为过渡时期的铠甲，其中在躯干下部，以及上臂、胸部、腿的上部等地方仍保留了锁子甲。

▲ **长矛尖头**

时期：12—13世纪

来源地：欧洲

质量：90克（3.2盎司）

长度：19.4厘米（7.6英寸）

在战斗冲锋后或比赛中，长矛通常被当作一种冲击武器使用。如图中所示的金属战斗长矛尖头，它可以刺破板甲的缝隙，给敌方造成严重伤害。

◀ **铠甲式马饰**

时期：约1480年

来源地：北欧

材料：钢

铠甲式马饰，或战马铠甲，在13世纪之前很少使用。最初，它只含有链式护面甲对战马面部实施防护。之后，煮硬的牛皮片（坚硬的皮革）或金属片作为马胸甲对马的胸部实施防护，还出现了肋部防护皮革。图中展示的是一种装饰精良的哥特式铠甲式马饰。

▶ **腿甲与护膝铠甲**

时期：16世纪

来源地：欧洲

材料：钢

腿甲是一种片状物，可对下腿实施防护，用搭扣将其固定。在14世纪，腿甲被普遍使用，通常是由两块单独的金属片组成的，这样可以获得更大的灵活性。护膝铠甲主要对膝盖实施防护。

▲ **针状马刺**

时期：11世纪

来源地：欧洲

材料：铁

针状马刺拥有一个铁尖头。骑士们利用尖头刺激马的肋部，从而引导马行进的方向。在13世纪晚期齿轮马刺问世之前，针状马刺的使用最为普遍。齿轮马刺上有多个凸出部。

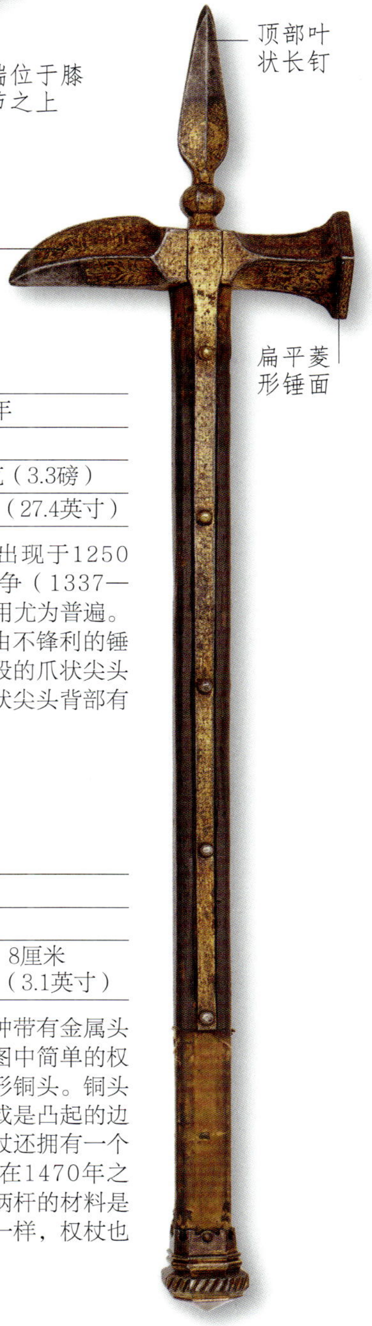

▶ **战锤**

时期：约1490年

来源地：欧洲

质量：1.51千克（3.3磅）

长度：69.5厘米（27.4英寸）

战锤大约出现于1250年，在百年战争（1337—1453年）中使用尤为普遍。一般而言，它由不锋利的锤头或者位于前段的爪状尖头所组成，在爪状尖头背部有一个锋利的镐。

◀ **铜制权杖**

时期：14世纪

来源地：欧洲

长度（头部）：8厘米（3.1英寸）

权杖是一种带有金属头的棒式武器。图中简单的权杖包含一个圆形铜头。铜头上有垂直的脊或是凸起的边缘。此外，权杖还拥有一个粗木柄。大约在1470年之后，有的权杖柄杆的材料是金属。与战锤一样，权杖也很受骑兵欢迎。

全钢板甲防护

中世纪铠甲

15世纪晚期，骑士们穿着的全钢板甲为他们提供了卓越的防护能力。头盔呈弧线状，以便将诸如权杖一类的重击性武器的冲击力引至他处，而来自于刀剑的砍杀力也几乎都会从板甲表面擦过。除弩箭之外，全钢板甲能为士兵提供十分有效的防护。此类哥特风格的铠甲制造于德国，其细节处装饰十分精美。

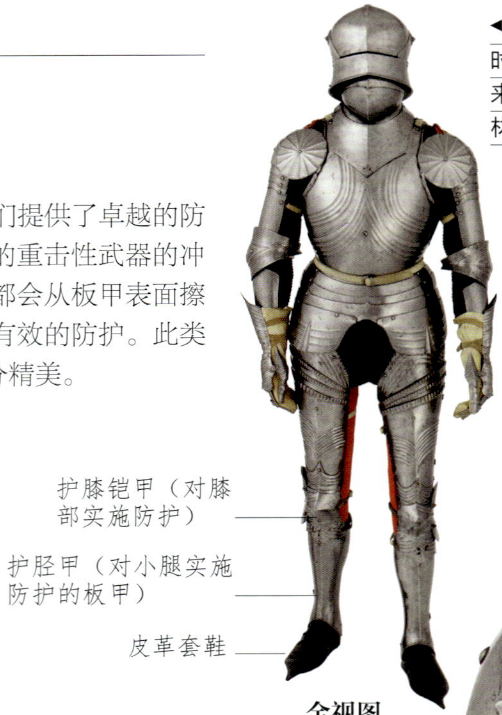

全视图

◂ **板甲**

时期：15世纪

来源地：德国

材料：钢

▸ **铠甲**

根据设计，全套板甲可为其用户提供很好的灵活性。身着全套板甲的用户既可徒步也可在马背上与敌近战。它质量很轻，大约为18千克（40磅）。对于刀剑和其他锋利武器，它可提供很好的防护，这也就使得战锤一类的重击性武器使用越来越广泛。

◂ **护腋盾片**

这些圆形小护罩被固定在肩部的搭扣上，以便对腋窝实施防护。虽然它在14世纪并不常见，但它们经常在后世的铠甲中重复出现。

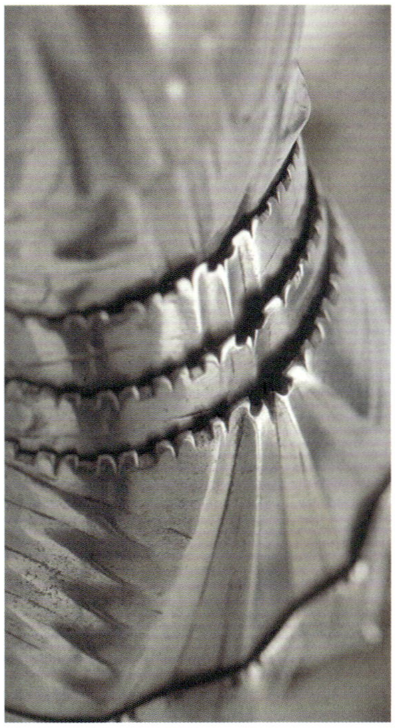

◂ ▴ **金属手套**

图中对手实施防护的铠甲拥有很多相互铰接的金属板，便于用户手部灵活移动。

▶ **面甲玫瑰装饰**

虽然板甲主要注重实效，但也同样拥有一些装饰性的花纹，如图中位于轻盔面甲铰接处的玫瑰形装饰。

◀ **搭扣**

位于胸板上的搭扣将其固定在靠背板上。

◀ **链甲**

链甲防护暴露的区域，如内臂。全链甲衣偶尔也会穿在板甲里面。

▼ **腿甲**

根据法语词“大腿”而命名。根据设计，这种位于大腿部位的铠甲可用来防护前冲敌人的攻击，还可为马背上的人防护自下而上的攻击。

实战

战斗中的铠甲

有时候骑士会将链甲和板甲穿在一起，将带有面甲的中头盔和锁子甲面罩戴于头部，在织物覆盖的板甲里面穿上锁子甲。虽然板甲能够为穿着者提供较好的防护，但也经常出现伤亡情况，因为马上骑士经常会受到持有远射武器的步兵的伤害。

▲如果骑士从马上摔下，那么全套板甲能够提供的防护也是十分有限的。

骑士头盔

诺曼人在11世纪与12世纪戴的头盔与黑暗时代的星形头盔并无太多区别。星形头盔是一种高耸的、带有护鼻的圆锥形金属帽。自12世纪起，圆形头盔开始进化，最终可以覆盖整个面部。这些巨大的头盔被证明十分笨拙，并在14世纪时被中头盔所取代。中头盔在牺牲防护性能的情况下，使其穿戴者的头部享有更多的活动空间和更好的视野。15世纪，头盔的形式更多，出现了开面盔、质量更轻的轻盔及阿尔梅特活动头盔。阿尔梅特活动头盔具备处于下巴下方的相互铰接的贴腮片。

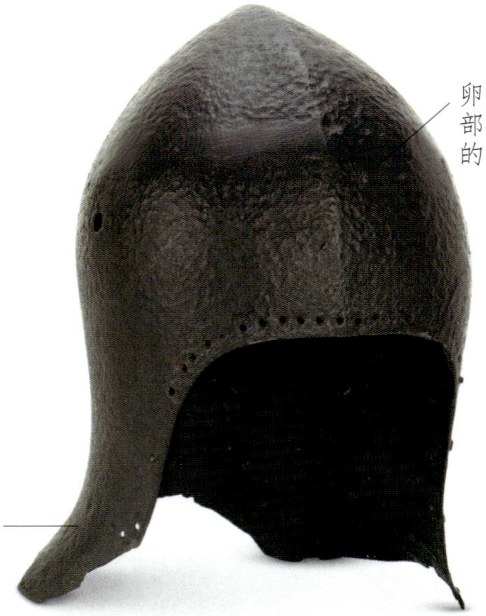

▲ 上等中头盔

时期： 14世纪晚期

来源地： 英格兰

材料： 钢

中头盔最初是链甲头巾内的金属无檐帽，通常位于重型头盔内部。铆钉状金属钉的洞口是可见的。铆钉状金属钉的用途是将中头盔固定在锁子甲面罩上。

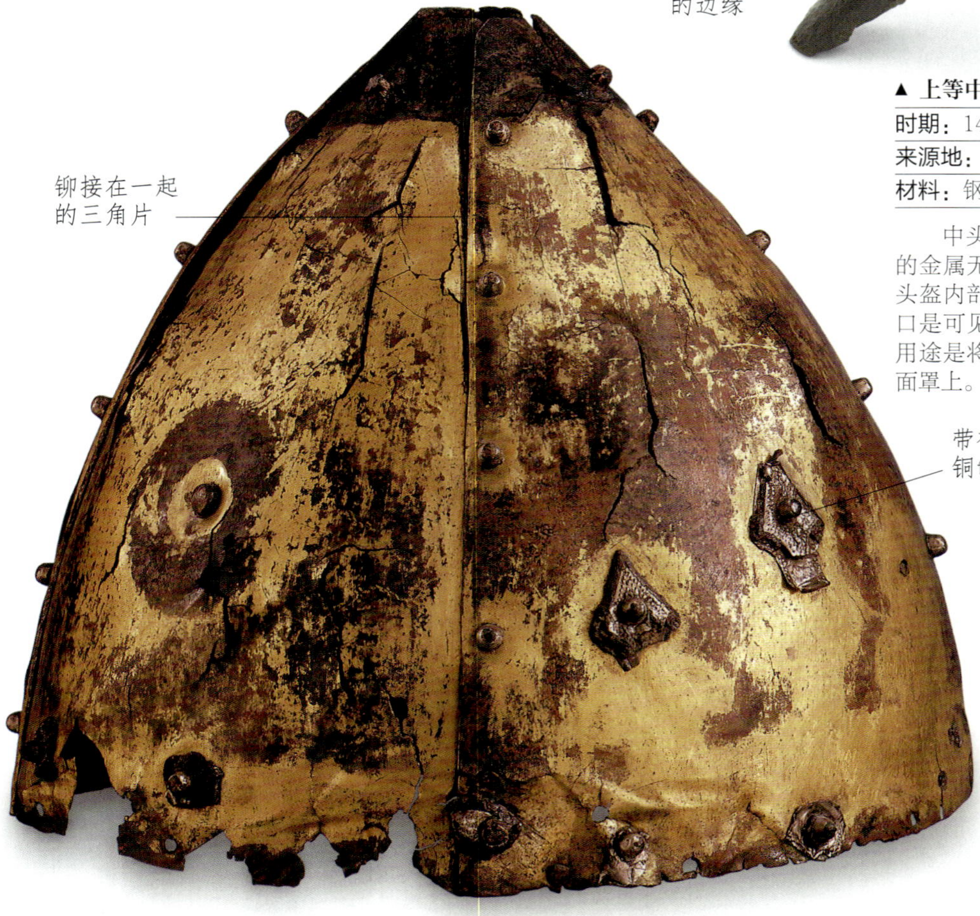

◄ 分片式头盔

时期： 11世纪

来源地： 波兰

材料： 铁、铜

分片式头盔是典型的中世纪初期设计。这种头盔由4个三角形铁片制成，最初由镀金铜片所覆盖，由铜铆钉所铆接。

▲ 涂有花纹的轻头盔

时期： 1490年

来源地： 北欧

材料： 钢

轻头盔是一种由中头盔发展而来的轻型头盔。通常这种头盔尾部较长，可对颈部实施防护。图中的轻头盔涂有花纹，但其他轻头盔都被织物覆盖。

▲ 短尾轻头盔

时期： 约1440年

来源地： 意大利北部

材料： 钢

短尾头盔最初出自意大利，步兵与骑士皆可穿戴。该型头盔尾部较许多其他类型的头盔更短，也没有面甲。

◀ **重型头盔**

时期：约1350年

来源地：英格兰

材料：钢

重型头盔可以覆盖整个面部与头部，并在12世纪开始普遍流行。它由3块钢片制成，顶部突出，并有圆形的头盔盖以便引开击打力。头盔上仅有狭窄的视野缝隙。

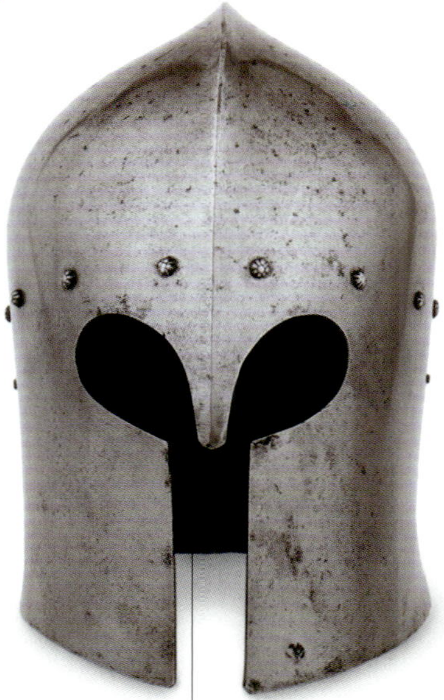

◀ **开面盔**

时期：约1445年

来源地：意大利

材料：钢

开面盔拥有凸起的顶部、圆形的贴腮片，但没有帽舌，这为面部区域留有一定的开阔空间。由于图中的开面盔与经典的希腊头盔较为相似，因此被称为“科林斯开面盔”。

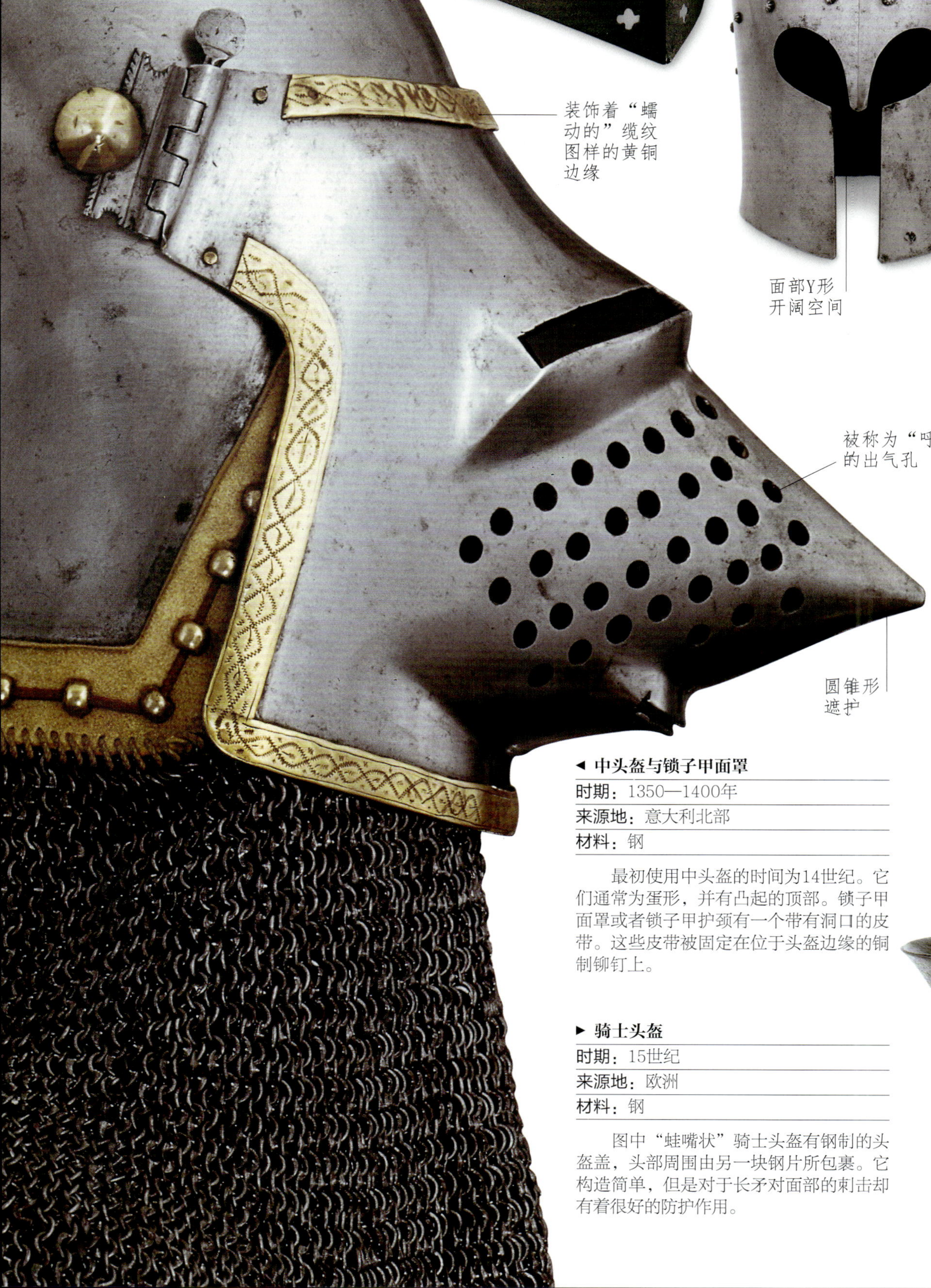

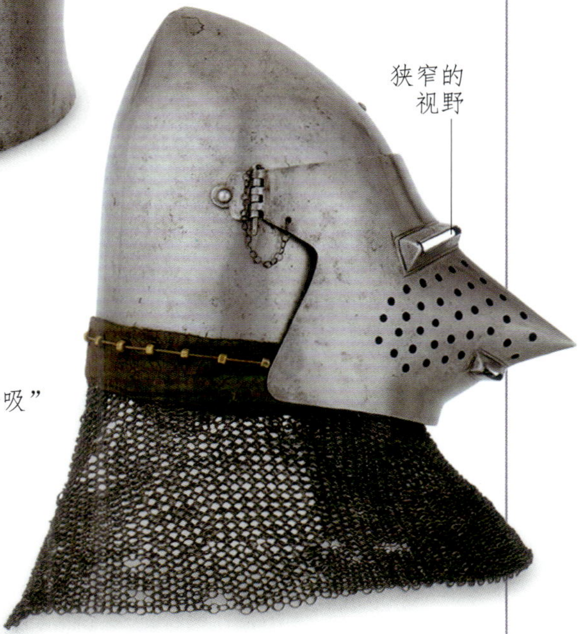

▲ **尖嘴中头盔**

时期：1350—1400年

来源地：意大利

材料：钢

尖嘴中头盔，其名源于德语“狗面”的变体，这是由于其突出的遮护形状与狗面相似。它拥有典型的锁子甲面罩或锁子甲护颈，以对穿戴者的颈部和肩部实施防护。

◀ **中头盔与锁子甲面罩**

时期：1350—1400年

来源地：意大利北部

材料：钢

最初使用中头盔的时间为14世纪。它们通常为蛋形，并有凸起的顶部。锁子甲面罩或者锁子甲护颈有一个带有洞口的皮带。这些皮带被固定在位于头盔边缘的铜制铆钉上。

▶ **骑士头盔**

时期：15世纪

来源地：欧洲

材料：钢

图中“蛙嘴状”骑士头盔有钢制的头盔盖，头部周围由另一块钢片所包裹。它构造简单，但是对于长矛对面部的刺击却有着很好的防护作用。

骑士间的冲突

布汶战役

虽然中世纪的统治者们经常发起军事行动，但它们对于激烈的战斗也还是相当谨慎的。1214年，欧洲军队在布汶（Bouvines）的交锋是大规模骑兵之间一次罕见的冲突，这是一场精心安排的战斗，展现了铠甲骑士时代的战斗方式。

1214年夏，法国国王腓力二世遭遇了神圣罗马帝国皇帝奥托四世与佛兰德斯伯爵费迪南德率领的军队。7月27日，两军在佛兰德斯的布汶附近遭遇，随即展开了战斗。法国国王的军队由封建领主及其追随者和来自于城镇的公民民兵组成；帝国军队则由日耳曼人、佛拉芒人和英国人组成，其军队结构与法国军队结构类似，既有贵族，也有来自于佛兰德斯的武装工匠。双方都使用了雇佣兵，这些雇佣兵为报酬或战利品而战。

这是一场势均力敌的战斗，双方的武器（主要是锋利的或重击的近战武器）、战术甚至军事密码都是一样的，双方军队也都被对方的骑兵所牵制。贵族、骑士和未骑马的军士位于阵形侧翼，而步兵则位于阵形中央。法国国王和神圣罗马帝国皇帝不约而同派出步兵，周围围绕着王室骑士。这些王室骑士们构成了骑兵预备队。战场上插满了旗帜，这是不同封建领主部队的视觉分辨标志。神圣罗马帝国皇帝的军队规模更大一些，人数大约为25 000人，而法王的军队才15 000余人，但是双方骑兵数量大致相同，都为4 000人。腓力二世的军队稀疏地散开，其散开长度与敌人战线长度一致，以避免被从侧翼包围。

短兵相接

战斗开始之时并没有明确的计划或中央指挥所。伴随着喇叭刺耳的声音、大声的对骂、低声的祈祷，军队中的有些部分展开攻击，而另一些则迟疑不决或固守防线。骑士们放低长矛，向正面的骑兵们发起了冲击，但他们的长矛在碰撞中破碎。而其中有一些贵族则寻找着特定的令他们充满忌恨的敌人。虽然骑士们并不羞于与步兵作战，但他们还是希望与对等的敌人开战。有时，与比自己社会地位低的敌人战斗被视为颜面尽失。然而，随着大规模的短兵相接在战场上爆发，这种区别也就不存在了。骑士们使用刀剑、匕首、斧头及权杖相互攻击。他们的链甲和板甲可以抵挡大部分击打，但他们的战马更易受到伤害。许多严重受伤的战马倒下，将它们身上的骑士摔在地上。步兵被证明在攻击马下的骑士方面同样十分熟练。他们使用钩子和矛刺剜下骑士们的铠甲。腓力二世在战斗中被佛兰德斯步兵击落马下，但十分幸运地逃生了。

最终，法国人占据了上风，他们的骑士们以胜利的姿态出现在神圣罗马帝国皇帝的周围。奥托四世最终被击落马下，他的旗帜也被收缴。最后还在神圣罗马帝国皇帝周围坚守的是来自布洛涅的雷诺（Renaud of Boulogne），他是一名勇敢的战士。他令700名长矛兵组成一个圆圈，将法国骑士堵在低洼处。当这些长矛兵失败之时，战斗才宣告结束。其中3名伯爵、25名男爵及100名骑士被作为拥有特权的俘虏：投降并不被认为是可耻的，这是因为从赎金的经济利益来考虑，投降通常是可以为人所接受的。因此，很少有贵族或骑士战死。

战斗中的骑士

图中14世纪的画展示了布汶战役中的骑士，其中法国国王腓力·奥古斯都（即腓力二世）位于最显著的位置。虽然布汶战役以激烈的近战为主，但是骑士与贵族的伤亡很少。

欧洲剑

剑是欧洲中世纪武士们最为宝贵的武器。华丽的剑通常是世代相传的，也是骑士们地位与荣耀的象征。通过用剑轻触肩膀的仪式，一个人被授予骑士称号。中世纪早期的剑被设计为一种劈砍式武器，以对付直至13世纪中期还甚为流行的链甲。然而，在1275年至1350年间，剑逐步具备了更为锋利的尖头，剑身也更长，可以更加有效地对付板甲。

▲ 德国维京剑

时期：约900年

来源地：北欧

长度：76厘米（30英寸）

大约公元900年左右，一种新型的剑出现了，它与其前身凯尔特剑长度一样，但其尖端更为锋利，在接近剑柄处有一个平衡点。通过镌刻于许多剑身上的铸剑师名字来看，此类武器中的一部分被称为维京剑。

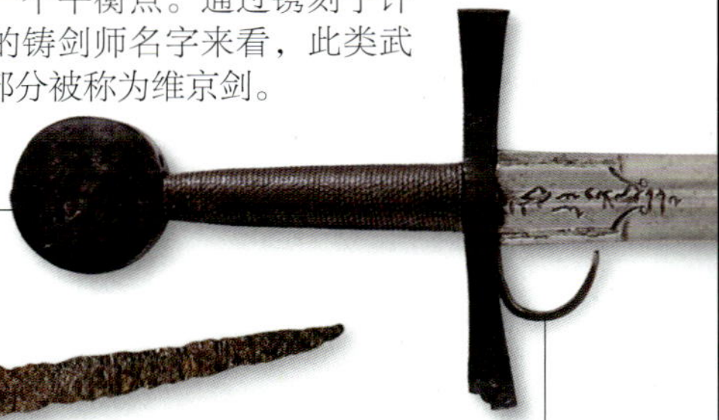

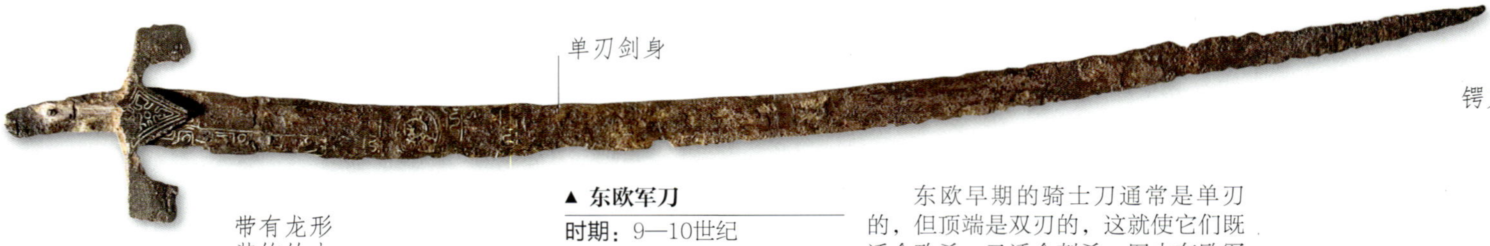

▲ 东欧军刀

时期：9—10世纪

来源地：东欧

长度：95厘米（37.4英寸）

东欧早期的骑士刀通常是单刃的，但顶端是双刃的，这就使它们既适合砍杀，又适合刺杀。图中东欧军刀的刀身上有一种旭日形的图案，短形的锷叉相对较短。

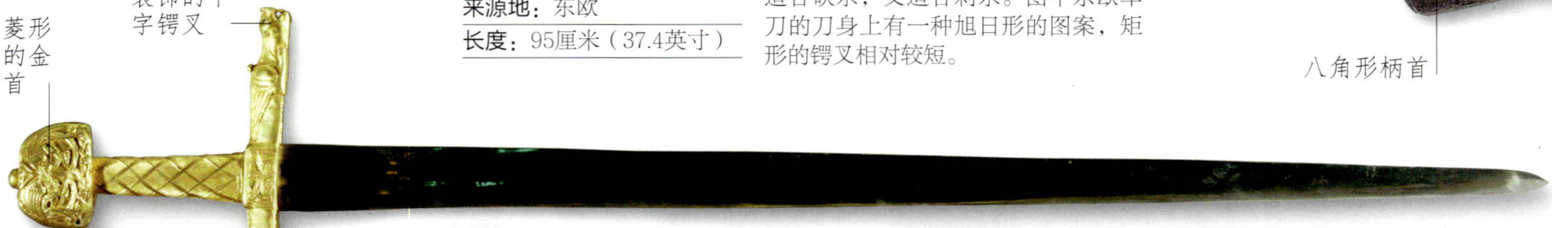

► 法国加冕礼剑与剑鞘

时期：12世纪

来源地：法国

长度：1.05米（3.4英尺）

从传统上讲，图中这把复合剑被称为“欢悦之剑”。根据记录，这把查理曼大帝之剑被最初作为加冕礼之剑使用，是在1271年腓力二世的加冕礼上。

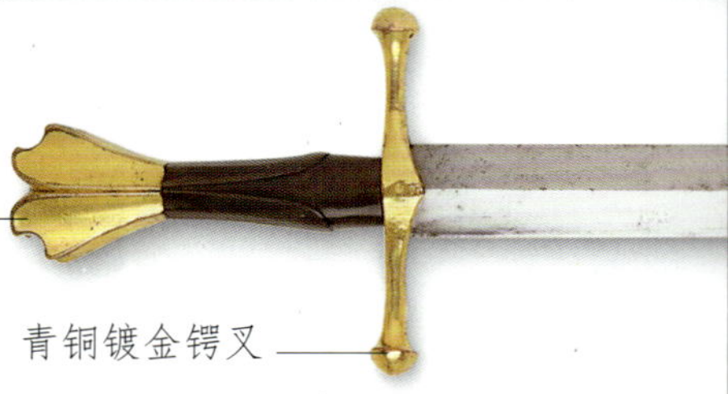

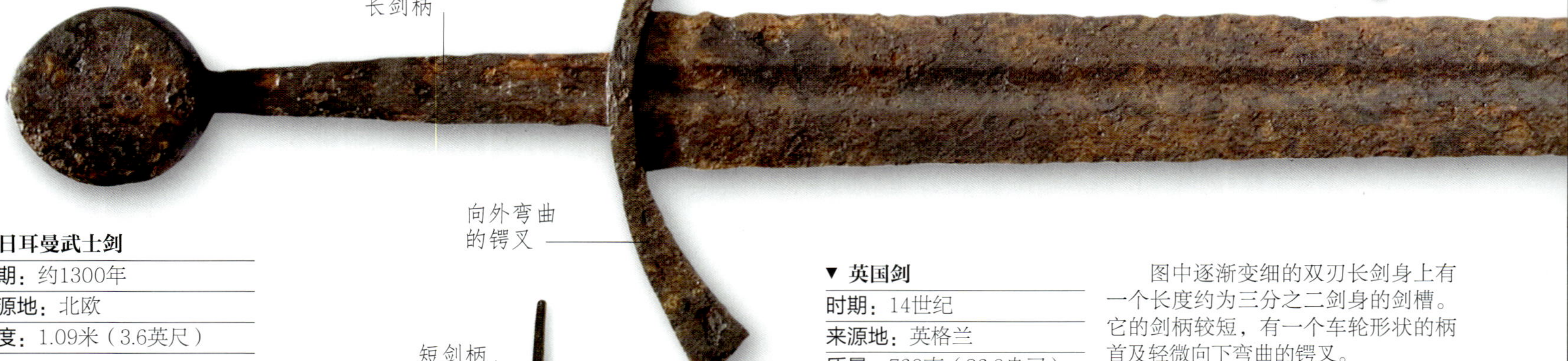

▲ 日耳曼武士剑

时期：约1300年

来源地：北欧

长度：1.09米（3.6英尺）

图中的日耳曼武士剑是在剑头变得更为锋利之前的最后一代，图中的剑有宽阔的剑身、向前弯曲的十字锷叉，以及扁平的圆盘状柄首。它来自于帕邵镇（Passau，位于当今德国），该镇以铸剑师闻名。

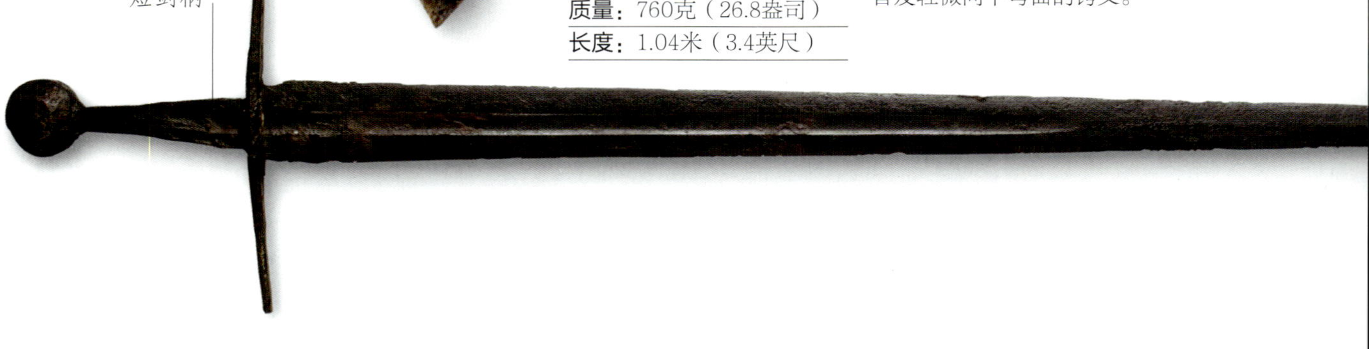

▼ 英国剑

时期：14世纪

来源地：英格兰

质量：760克（26.8盎司）

长度：1.04米（3.4英尺）

图中逐渐变细的双刃长剑身上有一个长度约为三分之二剑身的剑槽。它的剑柄较短，有一个车轮形状的柄首及轻微向下弯曲的锷叉。

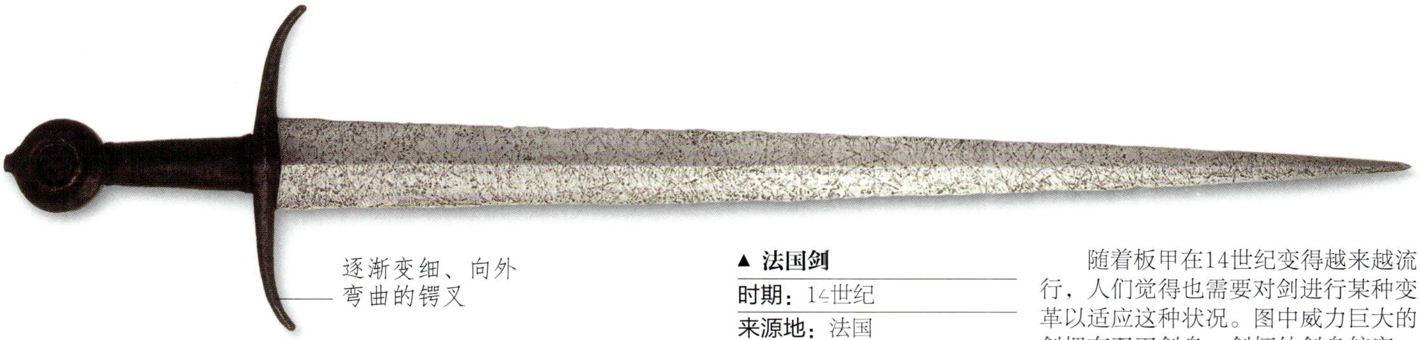

▲ **法国剑**

时期：	14世纪
来源地：	法国
质量：	1.16千克（2.6磅）
长度：	85.7厘米（33.7英寸）

随着板甲在14世纪变得越来越流行，人们觉得也需要对剑进行某种变革以适应这种状况。图中威力巨大的剑拥有双刃剑身，剑柄处剑身较宽，而后迅速变细，其顶端有一个锋利的剑头，能够刺穿敌人铠甲的缝隙处。

▲ **意大利剑**

时期：	约1400年
来源地：	意大利
质量：	760克（26.8盎司）
长度：	1.04米（3.4英尺）

图中的意大利剑由埃及的马穆鲁克苏丹于1432年存放于亚历山大港的武器库中。其剑身宽阔而扁平，剑头短小而锋利，这种风格在16世纪中期十分普遍。

▼ **英国手半剑**

时期：	15世纪早期
来源地：	英格兰
质量：	1.54千克（3.4磅）
长度：	1.19米（3.9英尺）

英国手半剑也被称为“混用剑”。此类武器有一个细长的剑身，主要用来刺杀敌人。在护手之下，它有一个较长的剑锋无刃处，因此持有者可以用左手握住这个区域，进行第二次有力的刺杀。

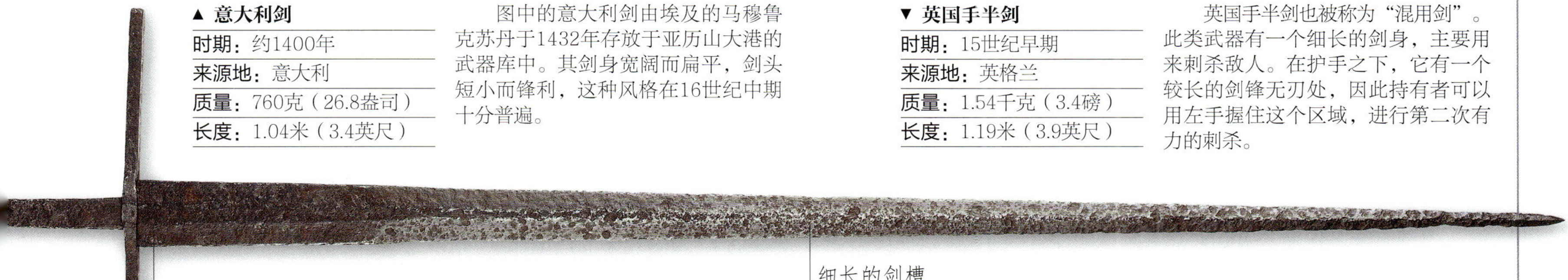

▲ **英国卡斯蒂永剑**

时期：	15世纪中期
来源地：	英格兰
质量：	1千克（2.2磅）
长度：	1.09米（3.6英尺）

这是在法国卡斯蒂永（Castilon）战场附近发现的80把剑中的一把。1453年，法军在卡斯蒂永打败英军。这些剑大部分都有锋利的锥形剑头。虽然图示的剑身已被严重腐蚀，但是它原本的木质剑柄上的花纹与镀金还是保留了下来。

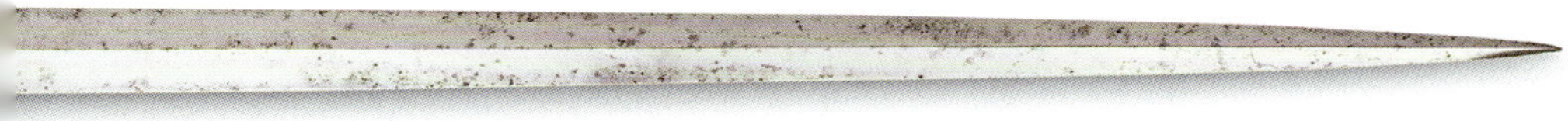

◀ **佛兰德斯剑**

时期：	1460年
来源地：	南欧
质量：	1.34千克（3磅）
长度：	88.3厘米（34.8英寸）

图中的剑经过精心装饰，剑柄与柄首都是镀金的。黑色角质物雕刻的剑柄与鱼尾形柄首自然连接。双刃剑身有4个剑脊，逐步变细，以形成十分锋利的剑头。

▼ **英国短剑**

时期：	1480—1520年
来源地：	英格兰
质量：	570克（20.1盎司）
长度：	69厘米（27.2英寸）

在对付穿有轻型铠甲的敌人时，单刃短剑是十分理想而有效的武器。这种剑在14世纪和15世纪的西北欧通常由普通士兵使用。向后弯曲的锷叉可为持剑手提供更多的防护。

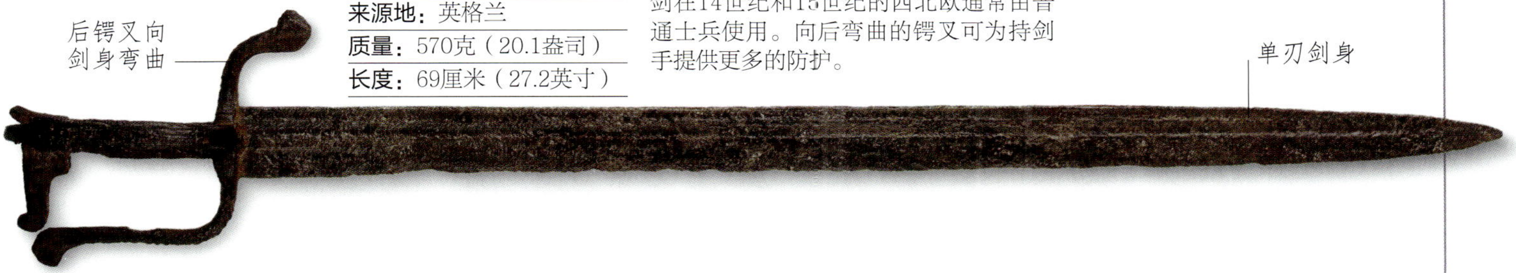

关键事件

11—15世纪

■ 11世纪 弩开始在欧洲战场出现，主要由热那亚人使用。

■ 1139年 教皇英诺森二世禁止使用弩（以及其他的弓），原因是弩杀死的基督教骑士过多。但是这个禁令并未奏效。

■ 1176年 莱尼亚诺（Legnano）战役中，米兰步兵击败了德皇腓特烈一世的骑兵，这展现了密集阵形中装备长矛的步兵的强大能力。

■ 1333年 佛兰德斯步兵在库特赖击败了法国骑兵。

■ 1333年 英国国王爱德华三世首次部署了大规模长弓手，从侧翼对下马的骑士实施了攻击。

■ 1476年 瑞士联邦步兵在穆尔滕（Murten）击败了“大胆”查理。这些步兵手持长矛与戟，编队发起攻势。

关键发展

中世纪步兵

在中世纪欧洲的战争理念中，步兵是马背上骑士的支援力量，其层次较低。然而，在实战中，当这些步兵采用得当战术充分利用他们的武器时，通常被证明具有决定性作用。

大多数步兵有可能是繁荣城市中的民兵，也有可能是被当地领主逼迫参军的农民，因此，他们的装备质量直接取决于可用的资金。1302年，来自佛兰德斯城邦的资金充裕的步兵在库特赖（Courtrai）击败了法国骑士。他们穿戴着锁子甲、钢制头盔、盾牌和金属护手，因此具有良好的防护能力。他们的武器有弓箭、弩、长矛，以及名为“古藤塔克长矛”的极具特色的单兵武器（一种长而厚实的木制武器，镶有致命的钢钉，既可作为长矛使用，又可作为权杖使用）。然而，对于那些缺乏金属铠甲防护，手持最为简单的长矛进入战场的中世纪农民兵员而言，是很难得到这些装备的。步兵对骑兵能够取得胜利取决于多种因素，他们以纪律严明的紧密阵形与骑兵交战，交战场地也是经过精心挑选的，场地内挖满沟壕或者种满了锋利的木桩，扩大了自然障碍物的阻遏能效。

弩

毫无疑问，弓箭手是中世纪步兵中的精英。在步兵使用的武器中，弩也是最为复杂和最具威力的。即使是早期的弓箭也能射穿链甲，其受害者包括1199年的英格兰“狮心王”理查一世。最初，欧洲弓箭手拉动早期的弩，使其向前弯曲，

“混乱的暴力如此可怕，**活着的人跌落在死亡的人身上**，跌落在活着的人身上的一些人则已死去。”

热斯塔·昂里希（Gesta Henrici），描述阿金库尔战役，1417年

▸ **热那亚弩手**

来自意大利热那亚的弩手成为欧洲最为炙手可热的雇佣兵，他们的雇主主要是法国国王们。他们参加了第一次十字军东征，并在其他陆战和海战中作战，一直到16世纪。

并将脚放在脚镫内，将绳子系在皮带钩上；当他伸直后背，系于皮带钩上的绳子将向上拉升，从而将弩“拉动”。自14世纪起，弩开始引入机械装置。最初是绞盘与滑轮，随后是名为“齿轨”的棘齿。利用这些装置可以制造出力量更大的复合弓和钢制弓，这些武器在战场上使用的效果是极其可怕的。

弓箭手与长矛兵

弩的主要缺点是其发射速率较慢。经验丰富的弩手也只能在每分钟内发射一到两枚次。通常而言，弩在围城战中的效果要好于在开阔战场。另一方面，14世纪和15世纪英国军队大批使用长弓，对欧洲战场产生了巨大的影响。首选材料为紫衫木的“自制战弓”（由一根木料制成的弓）要求弓箭手有巨大的体能并且经常练习。它的效能取决于弓箭手，而经验丰富的弓箭手可在1分钟内发射大约17枚弓箭。英国的国王们发现，从现代的角度来看，向战场上投放成千上万的长弓可以制造一种巨大的密集火力，几乎与机关枪的效果类似。在1346年克雷西（Crécy）战役中、1356年普瓦捷战役中，以及1415年阿金库尔（Agincourt）战役中，长弓取得了巨大的成功。

15世纪末期，瑞士长矛兵证明了将当时的军事技术结合起来使用的重要性。长矛是一种极其简单的武器，但是瑞士人发明了一种“咄咄逼人”的新使用方法。他们将步兵编组，在长矛兵以密集阵形向敌人压迫的同时进行战斗。从某种程度而言，这种战法的意义可能比火药武器的意义更大，他们在15世纪70年代的胜利为步兵战斗开创了一个新纪元。

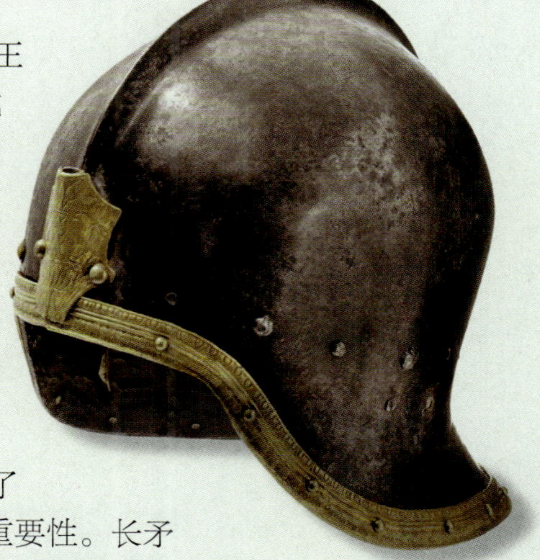

▲ **轻便头盔**

图中的轻便头盔在15世纪被引入，为步兵所广泛使用，能够为颈部提供十分卓越的防护效果。

◄ **激战中的弓箭手**

图中是1385年阿尔巴罗塔（Aljubarotta）战役，展现了弓箭手在不可思议的近距离内射箭。图中的铠甲在15世纪晚期更为流行。

关键**战役**

班诺克本战役

1314年6月24日

发生于1314年6月24日的班诺克本（Bannockburn）战役是苏格兰步兵著名的胜利。苏格兰步兵在罗伯特·布鲁斯（Robert Bruce）的率领下，击败了国王爱德华二世的英国骑兵。苏格兰人占领了溪流之上的斜坡上的数个据点。他们未穿铠甲的步兵们组成了苏格兰传统的长矛阵，这是一种紧密的阵形，其中树立着密密麻麻的长矛。苏格兰长矛阵抵挡住英国骑兵的反复冲锋后，最终使这些骑兵杂乱无章地逃离战场。

▲现代绘画展示了班诺克本战役中跌落下马的骑士和倒下的战马所引发的混乱。

步兵铠甲与武器

中世纪早期，装备有长矛和斧头的步兵在战场上发挥着重要的作用。随着骑兵逐步成为占据主导地位的军事力量，步兵则逐步被边缘化。但是，长柄战斧和钩镰的发展使得步兵具备了更远的作战距离，也使他们具备了压制骑兵前进的能力，这使得步兵在13世纪后经历了复兴。在1302年的库特赖战役中，装备有“日安”连枷的佛兰德斯军队（由城镇居民和农民组成）击败了由封建骑士组成的法国军队，标志着步兵新的黄金时期的到来。

▲ **镶甲**

时期： 16世纪早期	
来源地： 欧洲	
材料： 帆布、丝绒、钢	

在15世纪和16世纪，镶甲在雇佣兵的步兵中十分流行。它是由帆布和钢片组成的轻型铠甲，通常由丰富的材料覆盖（图中的镶甲由深红色的丝绒覆盖，但是颜色已基本消失）。

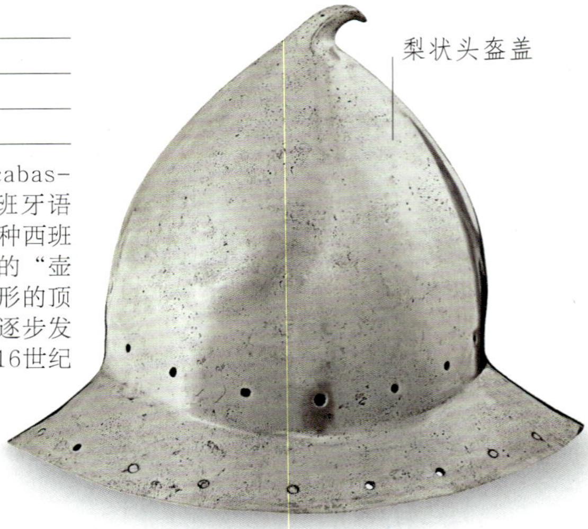

► **小型高顶盔**

时期： 约1470年	
来源地： 西班牙	
材料： 钢	

小型高顶盔（或cabasset），其名源于西班牙语“Cabeza”——是一种西班牙和葡萄牙士兵穿戴的“壶状”头盔。它有圆锥形的顶部和狭窄的边缘，并逐步发展成无面甲头盔，在16世纪成为流行的步兵装备。

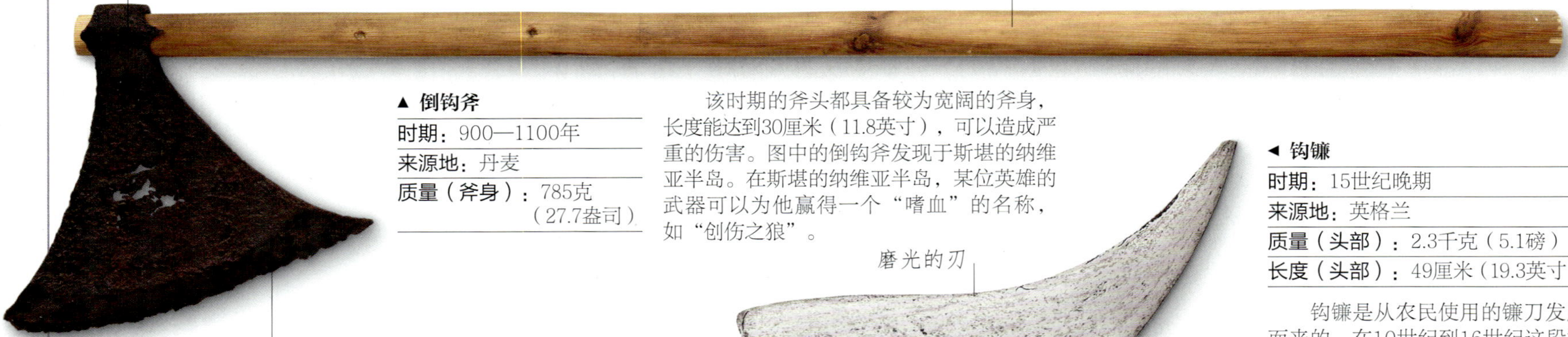

▲ **倒钩斧**

时期： 900—1100年	
来源地： 丹麦	
质量（斧身）： 785克（27.7盎司）	

该时期的斧头都具备较为宽阔的斧身，长度能达到30厘米（11.8英寸），可以造成严重的伤害。图中的倒钩斧发现于斯堪的纳维亚半岛。在斯堪的纳维亚半岛，某位英雄的武器可以为他赢得一个“嗜血”的名称，如“创伤之狼”。

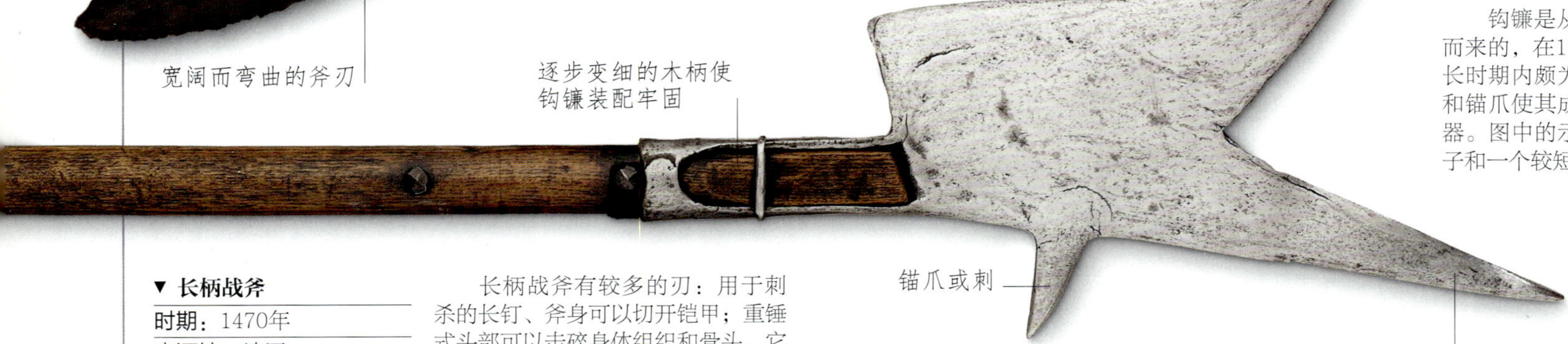

◄ **钩镰**

时期： 15世纪晚期	
来源地： 英格兰	
质量（头部）： 2.3千克（5.1磅）	
长度（头部）： 49厘米（19.3英寸）	

钩镰是从农民使用的镰刀发展而来的，在10世纪到16世纪这段漫长时期内颇为流行。钩镰上的钉子和锚爪使其成为十分有效的避挡武器。图中的示例有两枚三角形的钉子和一个较短的三角形锚爪。

▼ **长柄战斧**

时期： 1470年	
来源地： 法国	
长度（头部）： 32厘米（12.6）英寸	

长柄战斧有较多的刃：用于刺杀的长钉、斧身可以切开铠甲；重锤式头部可以击碎身体组织和骨头。它主要由步兵使用，大约从1350年起，骑士在马下也使用这种武器。

▲ 宽刃刀

时期：约1250—1500年
来源地：苏格兰
质量：2.7千克（6磅）
长度（头部）：79厘米（31英寸）

宽刃刀的刀身与现代厨房菜刀类似，它有锋利的顶端及相对宽阔的弯曲的刀刃。

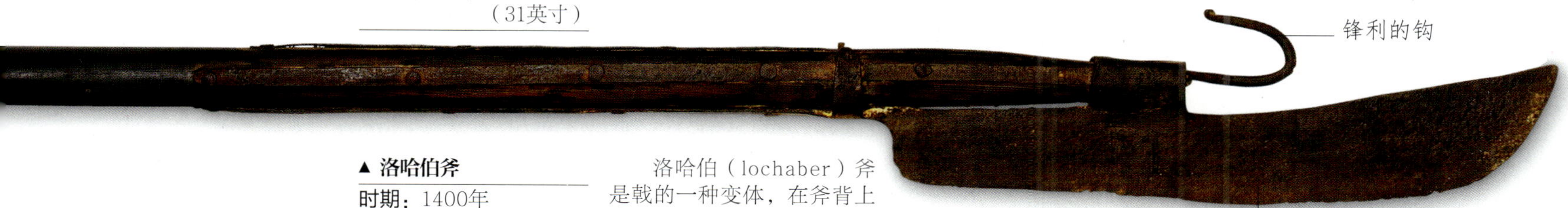

▲ 洛哈伯斧

时期：1400年
来源地：苏格兰
质量：2.3千克（5.1磅）
长度（头部）：45厘米（17.7英寸）

洛哈伯（lochaber）斧是戟的一种变体，在斧背上有一个锋利的钩，可用于近战，也可用于将骑兵从马背上钩下。

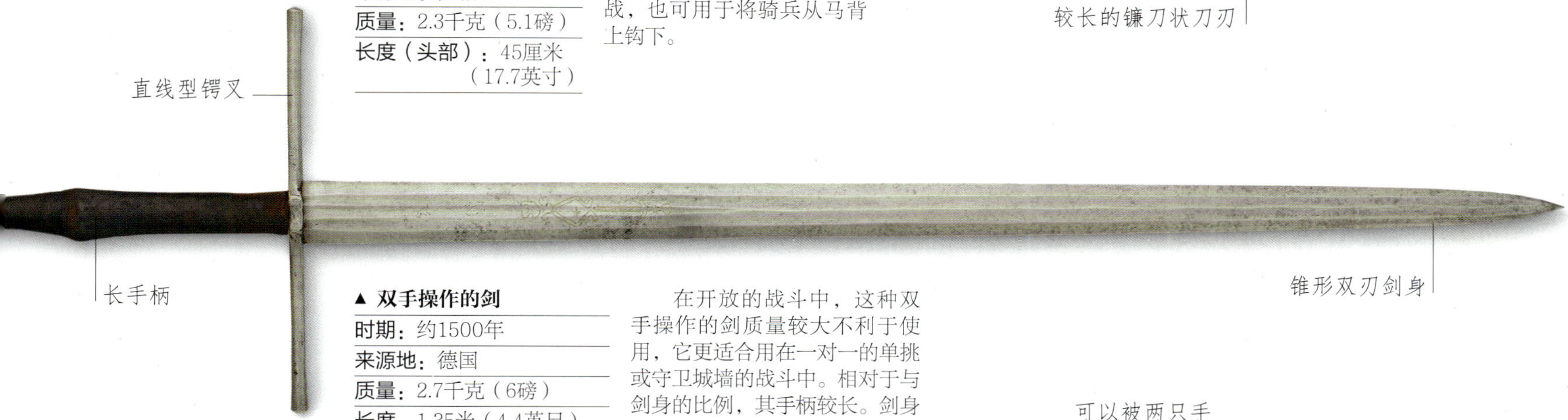

▲ 双手操作的剑

时期：约1500年
来源地：德国
质量：2.7千克（6磅）
长度：1.35米（4.4英尺）

在开放的战斗中，这种双手操作的剑质量较大不利于使用，它更适合用在一对一的单挑或守卫城墙的战斗中。相对于与剑身的比例，其手柄较长。剑身的锥形顶端异常锋利。

▲ 长矛

时期：约1500年
来源地：德国
质量（头部）：57克（2盎司）
长度：4~5米（13.1~16.4英尺）

长矛从步兵长标枪发展而来，到了15世纪，瑞士人开始在军队阵形中使用它，其长度还在不断变长。瑞士人沿用古希腊重装步兵的密集方阵，加之对长矛的使用，对方骑兵很难穿透方阵。

▲ 月牙砍刀

时期：约1580年
来源地：俄罗斯
质量：2.5千克（5.5磅）
长度（头部）：77厘米（30.3英寸）

月牙砍刀在斯堪的纳维亚半岛、东欧和俄罗斯十分流行。它有一个细长的刀刃，但没有支耳或钩（与戟不一样），刀身下半部分被固定在木柄上。

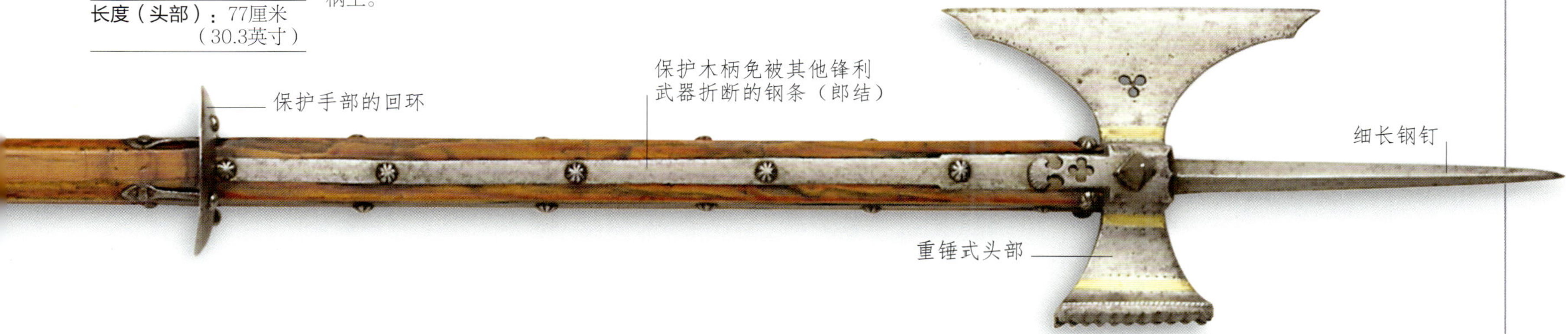

中世纪弓箭手

中世纪的军队充分利用了弓箭手，虽然他们使用的弓箭较为简单，发射的火力也有一定程度的限制。12世纪和13世纪，弩开始普遍使用。然而在14世纪中期，特别是英国，开始使用一种威力巨大的新型武器——长弓。它超远的射程解除了铠甲骑兵的优势。此外，当弓箭手的弓箭数量不足以击退攻击者时，他们还可以使用短剑在近战中防身。

▲ **锷叉短剑**

时期：14世纪

来源地：英格兰

质量：110克（3.9盎司）

长度：30.8厘米（12.1英寸）

图中的短剑有引人注目的锷叉，它们朝剑身的方向弯曲。它们非典型的柄首展示了与锷叉类似的弯曲效果。在军衔较高的人中十分流行佩带此类短剑，特别是当他们穿着平民服装时。

▲ **圆柄短剑**

时期：15世纪

来源地：英格兰

质量：230克（8.1盎司）

长度：35厘米（13.8英寸）

圆柄短剑是15世纪早期最主要的军用短剑，其主要特色是由圆形碟状金属构成的锷叉和柄首。它在具有较高社会地位的人群中十分受欢迎。

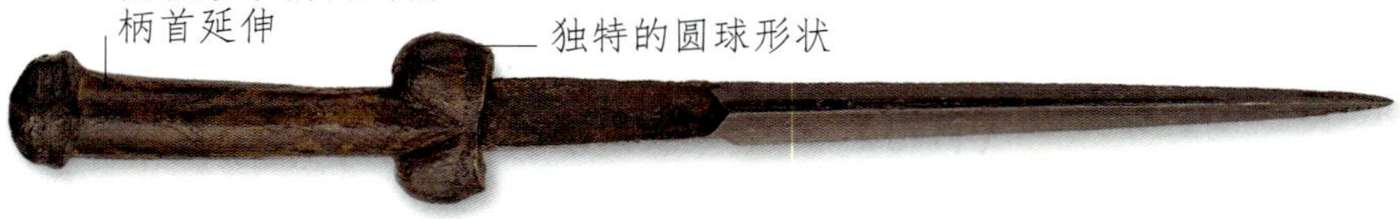

▲ **睾丸短剑**

时期：约1500年

来源地：英格兰

质量：170克（6盎司）

长度：34.9厘米（13.7英寸）

这种剑另名为“肾脏短剑”，它的名字来源于其锷叉（两个圆形小球）的特殊形状。它在英格兰和低地国家十分流行。大部分情况下人们都在着平民服装时携带它，而非着铠甲时。

► **小圆盾**

时期：约1500年

来源地：英格兰

直径：15~45厘米（5.9~17.7英寸）

顾名思义，小圆盾即为小尺寸的圆形盾牌，这是弓箭手白刃战时装备的一部分。它可以抵挡来自于权杖或刀剑的较轻的攻击。同时，从图中的现代复制品也可看出，可以利用其隆起的中央部位打击敌人。

▲ **大盾**

时期：15世纪中期

来源地：波希米亚

质量：9.7千克（21.4磅）

长度：1.13米（3.7英尺）

大盾（Pavise，根据意大利城市帕维亚命名）是用来防护弓箭手特别是弩手的木制凸面盾牌。这是因为弓箭手与弩手发射弓箭时速率较慢，使其较易受到攻击。图中的大盾是瑞士城市茨维考（Zwickau）在1441年定做的40个大盾之一。

▲ **弩**

时期：1460年

来源地：欧洲

质量：4.4千克（9.7磅）

长度：72厘米（28.3英寸）

自12世纪起，弩在欧洲广泛使用。它从肩部发射时，对身着铠甲的骑士具有很好的杀伤力。虽然弩箭发射之时具有巨大的力，但弩的装填速度很慢，因此它的发射速率远低于长弓。

◀ **弩箭**

时期：约1500年

来源地：德国

质量：70~90克（2.5~3.2盎司）

长度：37厘米（14.5英寸）

弩箭比长弓所用的弓箭更短，但质量更重。弩箭根据不同的功效需求有不同的尖头。带刺的宽箭头弩箭主要用于打猎；凿形箭头主要用来打击身着铠甲的士兵。在瞄准时，弩箭尖头可充当瞄准器。

▶ **长弓**

时期：约1540年

来源地：英格兰

质量：730克（25.7盎司）

长度：2米（6.6英尺）

虽然长弓早在“迁移时期”（400—800年）于北欧起源，但迟至13世纪晚期才得到普遍使用。将长弓拉至耳边（而非面颊处），弓弦所产生的极大压力使得弓箭射程更远。现代弓箭手使用复制弓（原型从亨利八世的玛丽·罗斯号残骸发掘，玛丽·罗斯号于1545年沉没）能够将一枚弓箭射出328米（359码）的距离。

◀ **强化弓箭箭头**

时期：15世纪

来源地：欧洲

质量：7克（0.25盎司）

长度：12厘米（4.7英寸）

强化弓箭箭头具有锋利的尖头，可以击破链甲并穿透板甲的脆弱部位。在战斗中，弓箭手可通过向身前发射弓箭以更加顺利地前进。

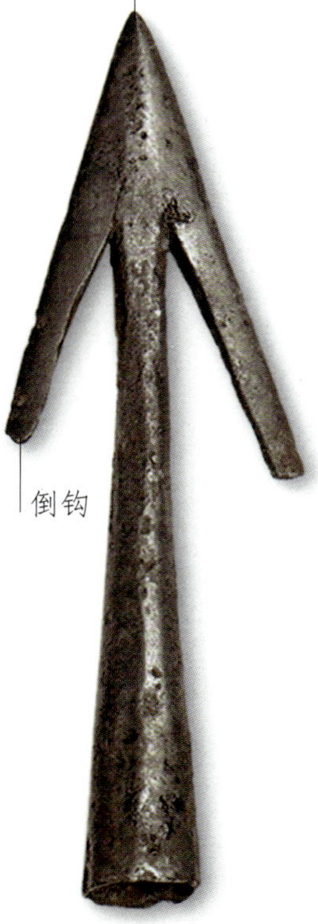

▶ **长弓弓箭**

时期：约1520年

来源地：英格兰

质量：42克（1.5盎司）

长度：75厘米（29.5英寸）

长弓弓箭同时也被称作“布码”（根据14世纪早期布的标准长度命名）弓箭。在中世纪的英格兰，人们大批量生产长弓弓箭以供应给国王的长弓手们。箭羽（羽毛）用来在飞行过程中使弓箭保持稳定。

◀ **宽箭头**

时期：约1500年

来源地：欧洲

质量：28克（1盎司）

长度：4.5厘米（1.8英寸）

带有倒钩的铁制宽箭头可以造成又深又宽的伤口。当箭头切断人体组织时，将对受害者造成极大的伤害。

弩

图中典型的欧洲中世纪晚期的弩可以将一枚弩箭射出300米（328码）。其复合弓由木制压条、弓弦（筋条）及角状物构成。对于无助力协助的人而言，弓的拉力（大约为550千克，也就是1200磅左右）显然太大导致难以拉开。弩手使用一个齿条与齿轮构成的装置，用齿轮将弓弦回拉至弓根部并将其钩在此处，随即按压位于弩木架下方的长扳机以发射弩箭。弩手将弩托起扛在肩上，以弩箭的尖端作为准星沿木架瞄准目标。

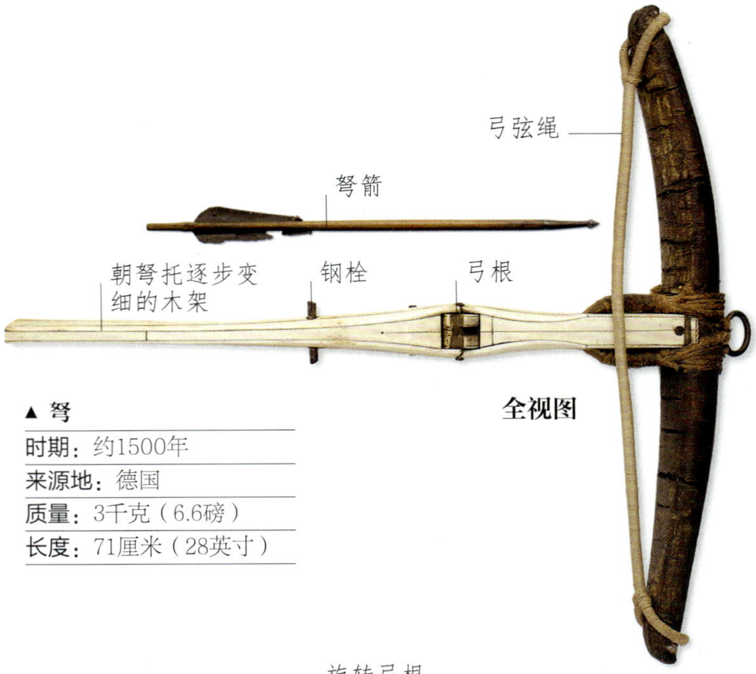

▲ 弩

时期：	约1500年
来源地：	德国
质量：	3千克（6.6磅）
长度：	71厘米（28英寸）

▼ 弩

图中的德国弩拥有一个漂亮的骨饰面，可能曾经被一个以打猎为乐的富人所拥有。它由一个小型的齿轨（在下方）拉伸。

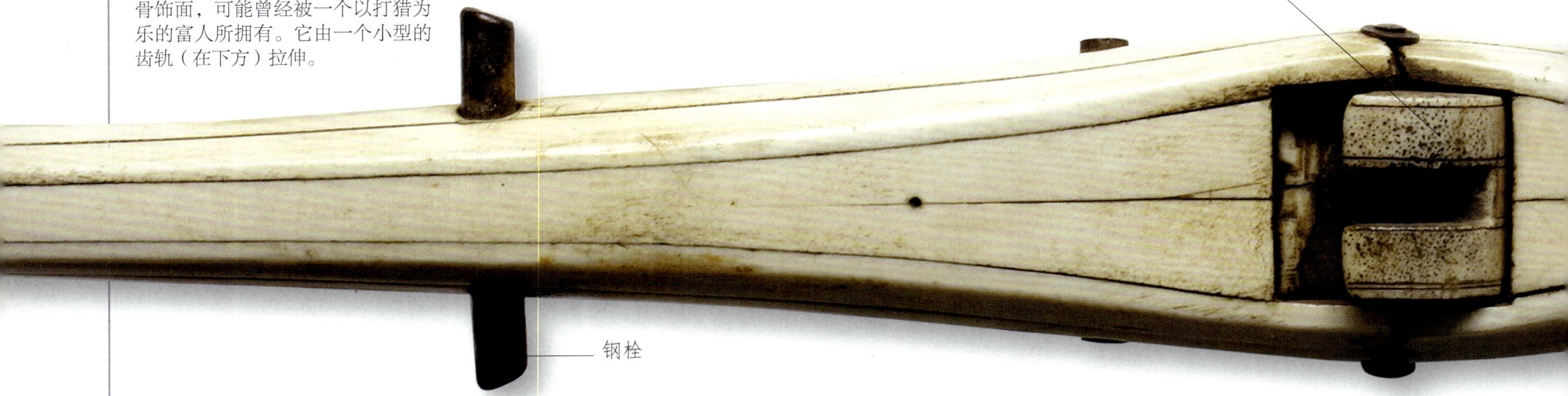

▲ 弩箭

通常，弩箭的质量是长弓弓箭的两倍。其皮质尾翼由木、纸或者皮革构成。只有两支箭被使用，因为第三支箭挂在弓根上。

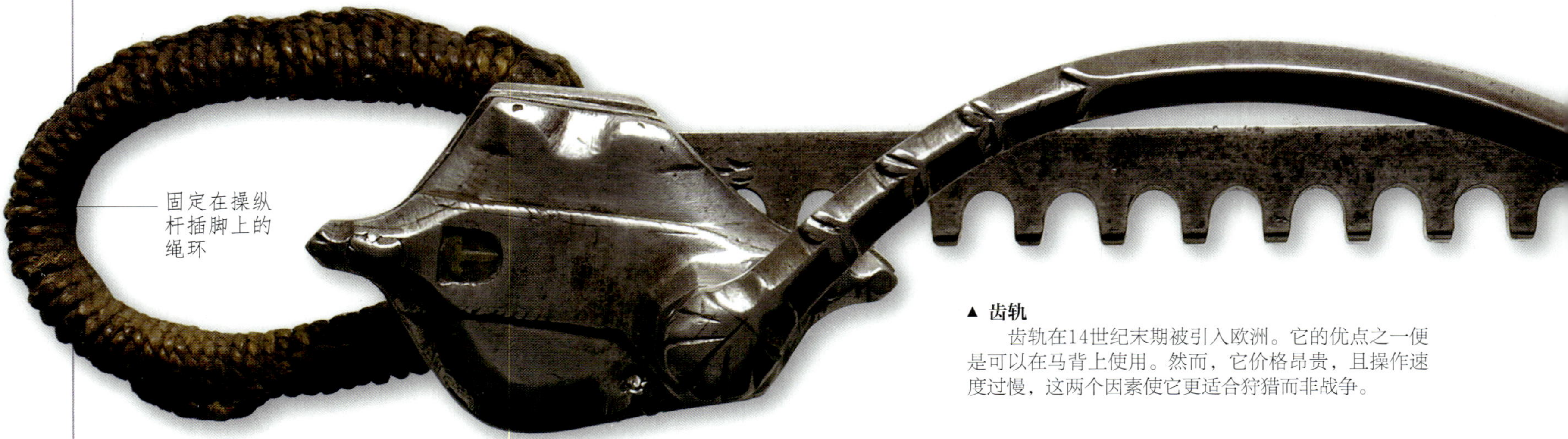

▲ 齿轨

齿轨在14世纪末期被引入欧洲。它的优点之一便是可以在马背上使用。然而，它价格昂贵，且操作速度过慢，这两个因素使它更适合狩猎而非战争。

实战

为弩装上弩箭

首先要为弩的操作做好准备。弓箭手将齿轨固定在弩上，方法是将绳子环绕在把手的钢栓上，并将弯曲钳放在弓弦上方牙齿状机架的前端末尾。弓箭手转动齿轨把手，将齿轮向齿条架相反的方向旋转，将弓弦回拉，使弓弯曲。当弓弦被挂在弓根部时，弓箭手移除齿轨，在箭槽内放入一根弩箭，随即便可以射击了。

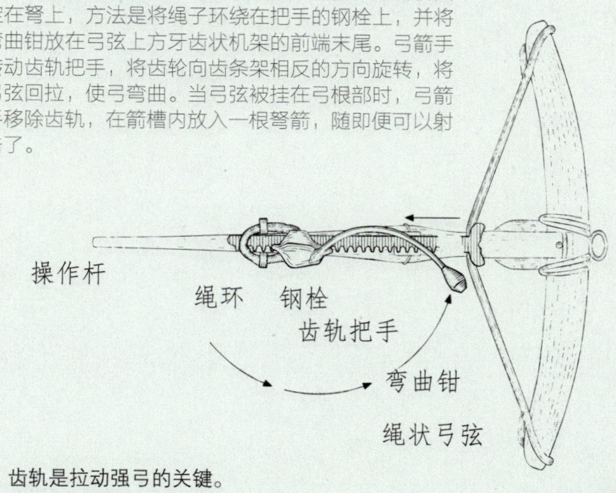

▶ 齿轨是拉动强弓的关键。

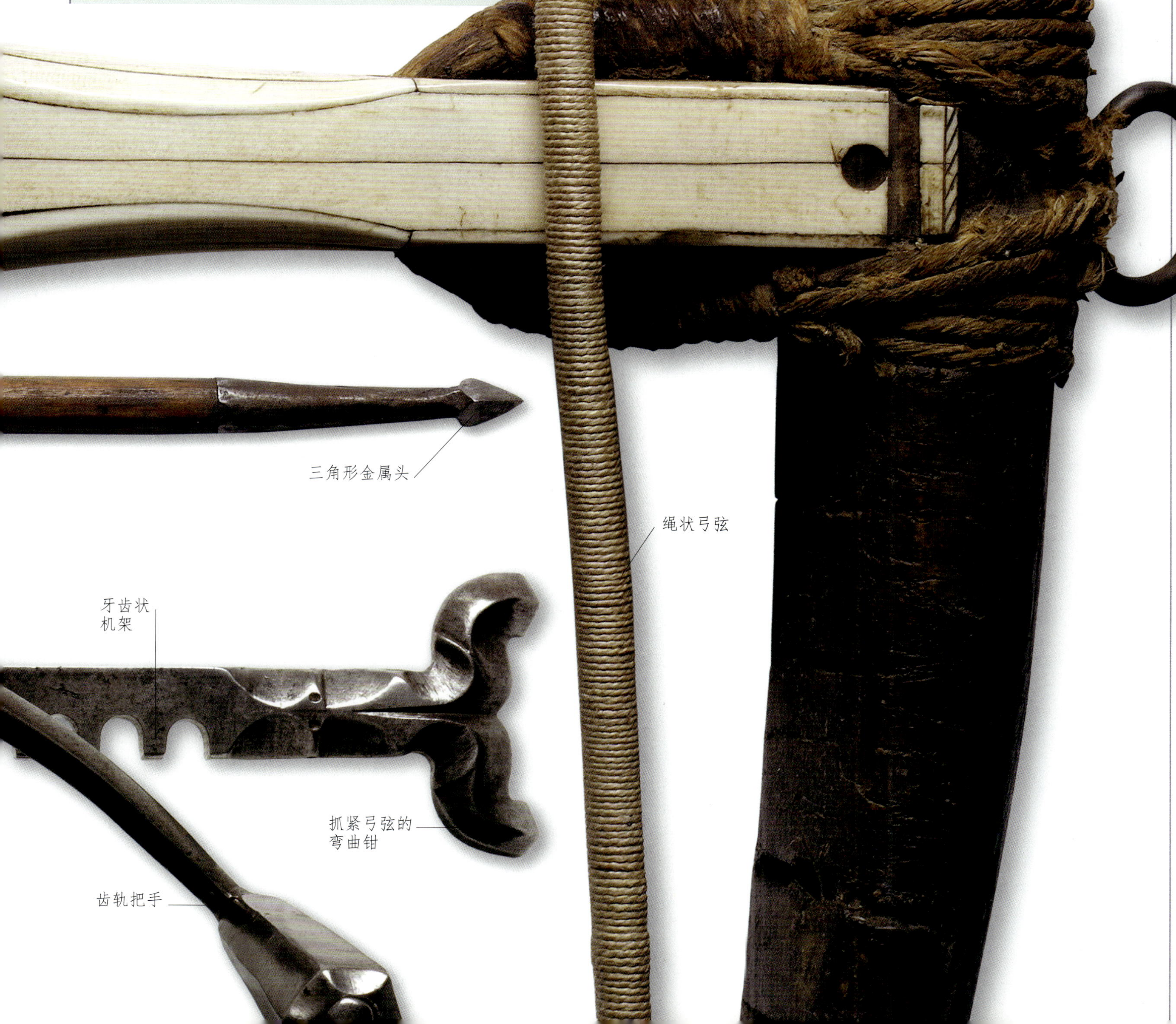

对抗的弓箭手

英国人在克雷西战役中取胜的关键在于其长弓的使用及热那亚弩手的低效。在这幅15世纪末期的图画中，长弓与弩展开了一场不可思议的近距离决斗。

克雷西战役

在百年战争期间，法国国王与英格兰国王在1337年到1453年间发生了多次冲突。在这一时期，骑士对欧洲战争的主导也开始逐渐衰落。1346年的克雷西战役中，很多骑士都被普通的弓箭手从马上射下。

在中世纪欧洲，骑士与重骑兵都是社会与军队的精英，从传统而言他们在战场上获得荣耀。当时人们一致认为战役应当由雷霆般的冲击赢得。在冲击中，贵族们在马背上交战时展现出了高超的技艺。在14世纪初期，英格兰与苏格兰的一系列战争中，英格兰人认识到不同战术有不同的效率。他们将骑士与徒步的重骑兵主要以防守的角色进行部署，还使用了大量配备有速射长弓的弓箭手以造成混乱。

长弓占据优势

1346年，英国国王爱德华三世率领大约7 000名长弓手、4 000名骑士和重骑兵及数千名各式各样的徒步士兵在法国登陆。爱德华三世还带来了一些小型的大炮，这些是将在欧洲使用的最早期的火药武器。法国国王腓力六世则能够部署一支更大的军队，仅他的骑士与重骑兵数量就达到了12 000人。他在加来南部拦截到了爱德华，迫使他与自己交战。英国国王在克雷西与瓦迪库特（Wadicourt）之间的山丘上将其部队置于防守阵形，使其徒步骑士和重骑兵位于3个方阵，这又叫“战斗阵”。

这场遭遇战以腓力六世的弓箭手（装备有长弓的热那亚雇佣兵）和爱德华三世的长弓手之间的对决开始。热那亚人的弩箭效果甚微，当他们停下来重整状态时，英国人利用长弓开始进行长时间的反击。编年史作家让·弗鲁瓦萨尔（Jean Froissart）指出：“英国弓箭手每前进一步，都把他们的弓箭十分快速地射出，就像是下雪一样。”

被大量弓箭完全压制，热那亚人节节败退。法国人的纪律性很差，他们士气高昂的贵族自认为是欧洲最好的骑士，相比于听从国王的指挥，他们更关心自己的个人荣誉。所以不等国王下达号令，他们便穿过逃跑的热那亚人队伍开始了零星的冲击。当骑士们在山上缓慢移动时，英国用弓箭将人和马一同拿下，将冲击带来的混乱降得更低。少量大炮发射所造成的毁灭性效果，也仅仅是成千上万弓箭手所带来的效果的陪衬，这些弓箭手每分钟可以射出5支箭。爱德华三世的步兵装备有长矛和刀剑，他们向前冲去，结果了那些跌落马下的法国人的生命。

英国人的胜利并不容易。直至夜幕降临，战斗还在继续，法国骑士们在近战中挥舞着他们的剑、权杖以及战锤。弗鲁瓦萨尔描述道，那些法国贵族们将很多活下来的士兵召集在自己的旗帜周围，针对不断前进的敌人进行顽强的抵抗。最终，法王腓力六世逃离了战场，超过1 000名骑士战死。在1356年的普瓦捷战役和1415年的阿金库尔战役中，再次印证了大规模长弓对铠甲骑士的优势。这也打击了马上精英的荣誉与地位。这说明骑兵和步兵在战争中的地位已经发生了微妙的变化，从此步兵能够战胜骑兵的意识被全面普及。

关键发展

围城战与修建防御工事的技巧

城堡与围城战在中世纪时期兴起，主要是因为普遍的不安全感与政治权威的分裂。攻城技术和战术的不断演进也推动了城堡与城市城墙的设计不断发展。

在11世纪，西欧大部分城堡都是土木结构的。当第一批十字军部队在1096年至1099年间踏上圣地之时，他们被防御建筑震撼了——地中海以东的大城市（如君士坦丁堡和耶路撒冷）都被巨石所构筑的防御工事所环绕。在接下来的一个世纪里，由石头构筑的城堡将成为整个西欧地区以及东部十字军国家的标准。最初，这些石头城堡大都十分简单，仅仅是一道高耸的护墙围绕着一个石头城堡主楼。这为装备有投石机（由罗马人传承而来的一种可以投掷石头的石弩）的围城部队提出了诸多难题。由于无法在城墙上打开缺口，因此部队大都会选择将城堡围住，以实施长期的封锁。

加强的防御

12世纪，平衡投石机的采用改变了攻城者与守城者之间的平衡。这些巨大的机器能够投掷质量超过100千克（220磅）的巨石，这让护墙显得极度脆弱。对此，城堡的设计者创造了同心构造，使外墙仅发挥第一道防线的作用，在外墙后面有更高、更厚的防御工事，内城堡位于防御工事之后。城垛中的塔楼是圆形的而非方形，以抵消飞石的冲击力。城堡大都有护城河围绕，护城河可能是干涸的，也可能填充着水流，加之加强的外垒，使得攻城者在抬升攻城槌或攻击塔楼时更加困难。潜在的脆弱点，尤其是主城门都设有额外的工事以加强防守。从城墙上和塔楼上的弓箭射孔可以直接射向正在前进的或已成功突破城堡的部队。

攻城后勤保障

中世纪的围城战是一项重大的活动，对一座城堡实施封锁将对军队的资源产生重大考验。攻城者在加固阵地周围分散排布，当面对防御方，也就是守城部队的突然袭击时则会变得十分脆弱，也难以防范城垛中弓箭手的狙击。如果投石器和投石机未能在城墙上打开缺口，攻城方就会使用攻城槌对城墙实施攻击，或者开挖地道以破坏城墙的地基。当部队携带攻城槌前进或用镐挖墙时，会使用便携式的“遮顶”以抵御从天而降的投射物。攻城者可以通过梯子翻过城墙或推动高大的木制攻城塔，因此攻城者针对完整城墙的进攻偶尔可能会获得成功。在大多数情况下，防守一方的薄弱环节可能会导致防守失败，如城门未锁，或者防守者一方叛变。

15世纪，大炮的出现对围城战产生了革命性的根本影响。在15世纪40年代和50年代，法国人在火炮方面的优势使得他们迅速攻克了英国的许多由石头构成的据点。石头城堡很快过时，但是工事设计方面的另一场革命——角垒的采用，仍令围城战与以往一样充满艰难。

◀ **投石机**

石弩利用的是扭结绳索所带来的牵引力。发射时，其臂杆向上弹射，使投射物猛击目标——通常是城堡的围墙。

▼ **十字军城堡**

克拉克城堡被认为是世界上最为坚固的防御工事，它曾属于自1099年起存在至今的宗教与军事组织“医院骑士团”。1271年，它落入穆斯林领导者拜伯尔斯（Baybars）手中，将其作为了对海岸边十字军据点发起攻击的基地。

关键战役

鲁昂围城之战

1418—1419年

1418年7月，法国鲁昂城（Rouen）被英国国王亨利五世所率领的军队包围。法国弩手将攻击者死死压制，而英国原始的大炮也未能在坚固的砖石结构城墙上打开缺口。在6个月“密不透风”的封锁之后，守城者因为饥饿不得不投降。

▲本图于1480年左右绘制，在这幅法国攻城图中，攻击者试图用大炮攻破城墙。

◂ **对防御工事的进攻**

这幅图画是14世纪欧洲艺术家的杰作，展示了正在进行的围城战。图中，身着链甲与外套的徒步重骑兵尝试爬上梯子，装备有长弓的弓箭手则为他们提供掩护火力。在残酷的进攻中，攻守双方都遭受了严重的伤亡。

关键事件

11—15世纪

- **1078—1090年** 征服者威廉在英格兰伦敦和罗切斯特建造了石头城堡。
- **1096—1099年** 第一次十字军东征使欧洲士兵见识了东地中海地区先进的防御工事。
- **12世纪20—30年代** 在巴勒斯坦与叙利亚，穆斯林与基督教徒之间的战争中，开始使用平衡式投石机。
- **1143年** 医院骑士团下令将叙利亚境内的克拉克城堡改造成最令人瞩目的十字军城堡。
- **1196年** 在诺曼底地区，盖拉德城堡（Chateau Gaillard）的建造工作开始。这是早期高墙环绕中间城堡主楼的示例。
- **约1450年** 法国人和奥斯曼土耳其人在围城战中使用大炮，使得中世纪巨石防御工事过时。

“军人们开展了令人**恐惧的攻击**，用他们的**投石机发射巨石等投射物**。”

《理查国王行记》（*Itinerariu0002m Regis Ricardi*），描述1191年的阿卡（Acre）围城战，约1220年

中世纪工事

博迪亚姆城堡

欧洲中世纪较大的城堡一般都是军事据点和行政中心。较小的城堡，如英格兰南部的博迪亚姆城堡，一般是富有的骑士们的充满军事风格的家。

早期的欧洲城堡一般是土木结构。11世纪，采用石头作为建筑材料，使得城堡的建筑费用越来越昂贵，但同时也使得城堡的存续时间更长，更能经受住火灾与腐蚀的考验。最初的石头城堡拥有一个位于中心位置的塔楼或“城堡主楼”，其四周被防御性围墙所围绕。直至1385年，爱德华·达林里奇（Edward Dallingridge）爵士建造博迪亚姆城堡，塔楼被融合入围墙，门楼成为城堡防守最为严密的部位。

一座城堡既是其所有者财富和声望的象征，也为其内部居住者提供最好的防护以抵挡敌人的进攻。城堡的围墙和塔楼必须能够应对投石攻城机械的攻击，也应为地道挖掘工程师破坏其地基造成巨大的困难。然而，随着15世纪越来越多的军队使用火药与大炮，城堡再也难以抵抗威力巨大的火炮的攻击。

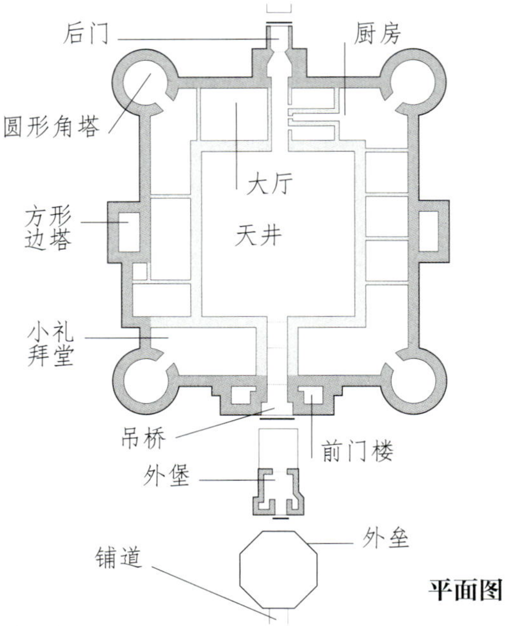

▲ **城堡布局**
围绕着天井，博迪亚姆古堡在每一个角上都建有一座圆形塔楼。城墙的每一边则都建有方形塔楼。城堡前后还建有起防御作用的城门。

主要入口

▲ **主城门**
主城门是一个潜在的脆弱点，较易受到攻城槌的伤害。可以通过放下铁闸门的方法对主城门实施更好的防护。

▲ **主城门上的盾牌**
纹章盾牌令到访来客印象深刻。家族纹章表明了其所有者是谁以及所有者在封建社会中的地位。

► **四周由水环绕**
护城河迫使攻击者不得不通过城堡前的长堤或城堡后部的木桥接近城堡。这同时也是令人印象深刻的装饰性工程，使得城堡看起来比实际规模要大。

城堡防御

▲ **城垛**

城垛由名为枕梁的凸起物所支撑。城垛上布有射击孔，弓箭手可以通过这些射击孔瞄准城堡下的攻击者。

► **角楼**

圆形的角楼是观测周边环境的最佳位置。角楼弯曲的表面可将投石机发射的投掷物引向其他地方。

▼ **门楼堞口**

守城者可以通过枕梁之间名为“堞口”的开口处向敌人大量发射投射物。

▼ **枪眼**

城墙上布满了枪眼和狭窄的切口，守城者可以通过此处向外射击。

城堡内部

▲ **大厅窗户**

大厅是城堡的主要房间，是以当时的哥特式风格设计的，带有拱形的窗户。

▲ **穹形天花板**

城堡内室有装饰精良的天花板，以凸显所有者的财富与品位。

▲ **坚固的城墙**

较深的窗口射击孔展示了城堡外墙惊人的厚度。

关键事件

11—15世纪

- **1044年** 一部为中国皇帝撰写的文献中描述了攻城用烟雾弹和燃烧装置中的黑火药。
- **1231年** “火枪”——原始的火焰喷射器及“震天雷”被用于保卫开封抵御蒙古铁骑的防御战之中。
- **1326年** 意大利佛罗伦萨政府命令使用铁制加农炮和弹药保卫佛罗伦萨城。
- **1346年** 英格兰国王爱德华三世在与法国的克雷西战役中使用了小型的野战加农炮。
- **约1350年** 中国军队在野战和攻城战中已经开始正式部署数百门加农炮和原始的火枪。
- **14世纪80年代** 大型的攻城炮已经在欧洲出现，其中某些攻城炮可以发射重达230千克（500磅）的石头。
- **1421年** 胡斯派在扬·杰士卡（Jan Zizka）的领导下开始使用手枪，并在马车上加装加农炮。在库特纳霍拉（Kutna Hora）战役中，击败了匈牙利和波希米亚国王西吉斯孟三世（Sigismund）率领的部队。
- **1439—1453年** 让·比罗和加斯帕德·比罗兄弟为法国国王查理七世创造了威力巨大的炮兵纵列，协助查理七世在英法百年战争中击败英国。
- **1453年** 奥斯曼苏丹穆罕默德二世在围攻君士坦丁堡的过程中使用的大型加农炮起到了决定性作用。

关键发展

火药显露头角

通常，人们认为火药出现的时间大约为1453年。在那一年，苏丹穆罕默德二世的大规模炮群攻破了君士坦丁堡的城墙，而君士坦丁堡在此前1000年内都未被攻破过。然而此时，中国将火药用于军事已经大约4个世纪。

木炭、硫磺与硝石混合起来具备爆炸的特性，是中国的炼金术士在唐代（618—907年）发现的。11世纪中国宋代的文献中提到了将在箭头上沾了火药的弓箭作为纵火设备，并用石弩向被围攻的城市发射火药燃烧弹。

在接下来的几个世纪里，火药武器家族得到全面发展，出现了发射火焰的“火枪”到手榴弹、火箭、手持枪支及最原始的大炮。这些装置并没有改变中国战争的实质，但这些装置也为自己赢得了极为重要的地位，除了作为传统武器的辅助外，通常用于心理威慑。

新技术

火药新技术在12世纪和13世纪传入西亚的穆斯林军队和信奉基督教的欧洲，最初它的影响还很小。与弓箭手长弓的威力相比，1346年克雷西战役中部署的小型火炮的效果十分有限。之后，欧洲的军事工匠及其雇主们认识到了大型火炮在攻城战中的潜力。因此，在15世纪时，射石炮（大型攻城炮）出现。射石炮通常有许多由铁箍绑在一起的锻铁炮管。这些威力巨大但笨拙的火炮利用“颗粒”状火药更大的冲击力射出巨石，并使巨石对包括城堡和城镇在内的大型建筑结构产生巨大的破坏力，从而使早期的攻城战更加顺利。1453年，在苏丹穆罕默德二世围攻君士坦丁堡的战斗中使用的大炮，是由一个叛变的匈牙利基督教专家制造的。这种炮十分巨大，需要用由50头牛拉动的运载车搭载，发射的石头足有半吨重。

在很短的一段时间内，重炮是决定性武器。在穆罕默德二世占领君士坦丁堡的同时，由让·比罗和加斯帕德·比罗（Brothers Jean and Gaspard Bureau）兄弟创建的法国皇家炮兵，在百年战争末期击败英国人的战斗中做出了决定性的贡献。然而，防御工事方面的革命很快就“驯服”了攻城炮。16世纪，中世纪城堡的高大护墙被厚实且带有堡垒的较矮的墙式防御工事所取代。防御工事中的堡垒为守城者提供了反击的炮台，可用大炮对试图发起攻击的敌人进行扫射。即使是在火药的另一种用法

▸ **简单的火器**

以后来的标准判断，最初大部分火器都是十分粗糙的，也难以对人造成较大的人身伤害，它们对于敌人的影响主要是心理上的。

> “我们能够人工合成**远距离发射的火力**……借助这样的火力，**摧毁一座城池或者一支军队**便成为了可能。”
>
> 罗杰·培根（Roger Bacon），《大著作》（*Opus Maior*），1248年

（将火药放入在护墙底下挖掘的地道中并将其引爆，以攻破城墙）被发明之后，攻城部队通常也难以占到优势。

火绳钩枪的使用

随后，可供战场使用的一系列尺寸更小、移动性更强的炮，以及一些手持式步兵和骑兵火药武器被发明出来。在16世纪，一种名为火绳钩枪的武器和一种带有火绳装置的火器，在从西欧到印度和日本的军队步兵中广泛装备。虽然发射缓慢，精度不高，可靠性也不好，但火绳钩枪与火绳枪最终还是取代了长矛、带刃的武器及弓弩，开始主导战场，并与它们共存。手持式枪支和火炮并没有立即使得中世纪铠甲武士变得多余。直至16世纪末期，骑士挥舞长矛发起冲击的战法仍得到沿用。火器的使用是一个渐进的过程，从16世纪40年代起，簧轮枪才成为骑兵的标准装备；直至17世纪末期，所有的骑兵才装备上火器。

◂ **胡斯派马车**

胡斯派马车是现代装甲战车的先驱。胡斯派士兵携带简单的火药武器乘坐这样的马车进入战场，马车可以提供防护和机动性。

关键**人物**

织田信长

1534—1582年

在16世纪日本封建体制的背景下，头脑冷静的大名织田信长打破了流行的武士青睐刀剑和弓箭的传统。1575年在长岛之战中，他利用火绳枪群击败了敌对的武田氏，证明了火药是战斗中的重要力量。

▲织田信长采用火器交替齐射的战术，并用木制栅栏防守。

◂ **君士坦丁堡陷落**

在占领君士坦丁堡及随后拜占庭帝国灭亡的过程中，土耳其人威力巨大的大炮发挥了重要作用。

攻城机械与早期大炮

在中世纪，较之于正面作战，攻城是一种远为普遍的作战形式。利用可攻破防御工事的颇具威胁的攻城机械，攻城部队就可以突破敌人的防守。自14世纪初期开始，火药武器不断向前发展，极大地提升了攻城战的心理威慑——这种新型火器的毁灭性作用，将极大缩短攻城战的时间。

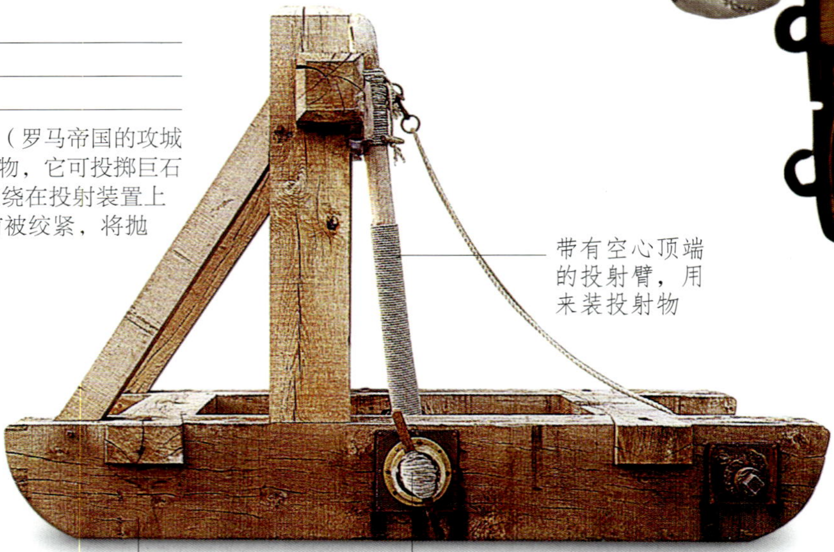

▶ **投石机**

时期：中世纪

来源地：欧洲

投石机是弩炮（罗马帝国的攻城机械）的一种衍生物，它可投掷巨石或其他抛射物。缠绕在投射装置上的绳索在放开之前被绞紧，将抛射物抛向空中。

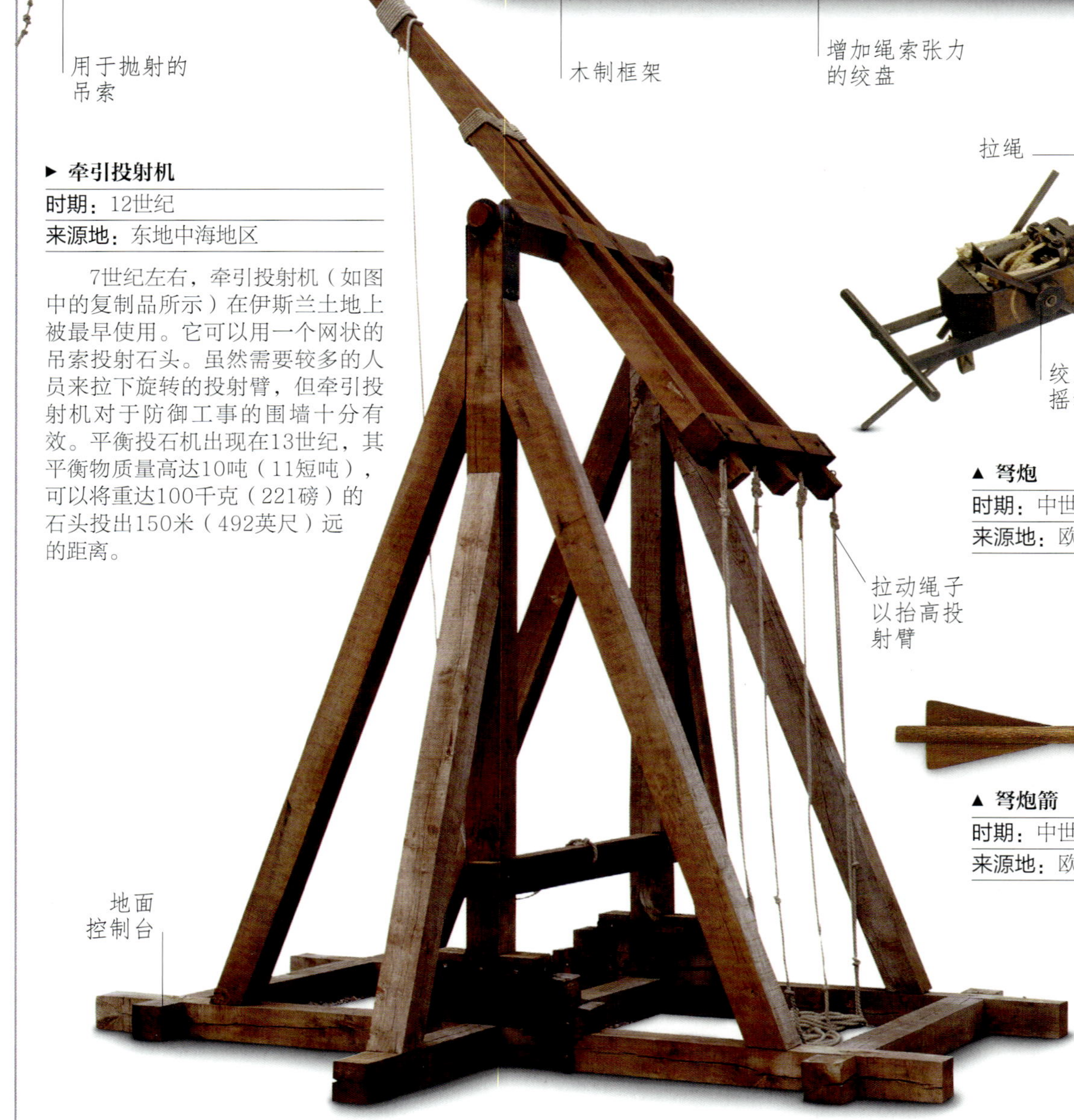

▶ **牵引投射机**

时期：12世纪

来源地：东地中海地区

7世纪左右，牵引投射机（如图中的复制品所示）在伊斯兰土地上被最早使用。它可以用一个网状的吊索投射石头。虽然需要较多的人员来拉下旋转的投射臂，但牵引投射机对于防御工事的围墙十分有效。平衡投石机出现在13世纪，其平衡物质量高达10吨（11短吨），可以将重达100千克（221磅）的石头投出150米（492英尺）远的距离。

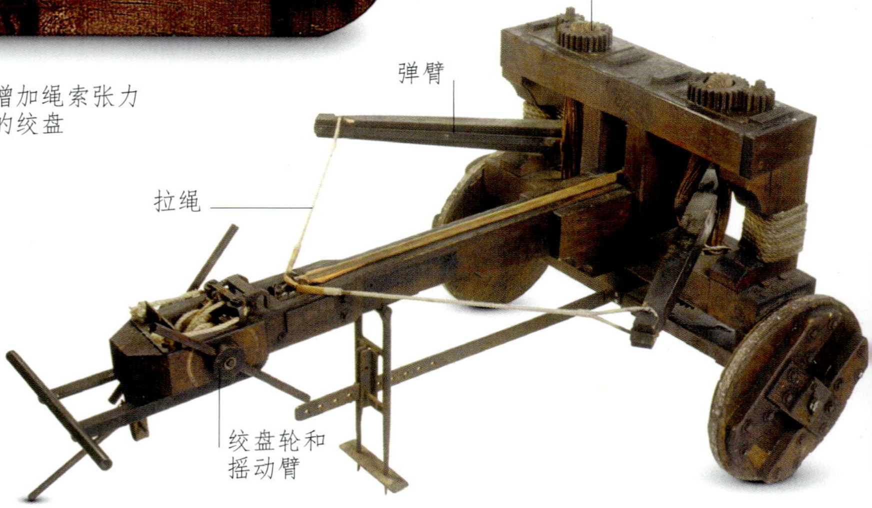

▲ **弩炮**

时期：中世纪

来源地：欧洲

弩炮由古希腊和罗马时期发明的一种武器发展而来，它是带有弩箭的巨型弩。其操作方法是首先向内弯曲拉绳，随即利用杠杆释放压力。它主要用于杀伤人员，而不是攻击防御工事。

▲ **弩炮箭**

时期：中世纪

来源地：欧洲

用弩炮弹射器发射的弩箭在飞行中具有很大的冲击力，一枚弩箭足以一次射穿3个人。然而弩箭在攻击砖石结构时效果不佳。

◀ 芒斯蒙哥大炮

时期：1449年
来源地：佛兰德斯
质量：5.08吨（5.6短吨）
长度：4.04米（13.3英尺）
口径：49.6厘米
射程：2.61千米（1.6英里）

图中的大炮在1457年被送给苏格兰的詹姆斯二世。它可以发射重达200千克（441磅）的石球，但是它异常笨重，一天仅能移动5千米（3.1英里），难以发挥正常作用。

▼ 佛兰德斯射石炮

时期：15世纪早期
来源地：佛兰德斯
材料：锻造环管状铁
发射物：石球

名为佛兰德斯射石炮的中世纪大型攻城炮是一种前膛炮。在装填火药之后，通过前膛装填石球。在制造该型大炮的佛兰德斯地区拥有很强的铸炮传统，特别是在“大胆”查理（1433—1477年）的统治之下时。

▲ 迫击炮

时期：15—16世纪
来源地：英格兰
长度：1.25米（4.1英尺）
口径：36厘米

图中的迫击炮于英格兰博迪亚姆的护城河中被发现。它的原理是通过引燃炮管末端的导火索将该炮点燃，以急剧上升的角度发射诸如石头或燃烧弹之类的抛射物。

▼ 英国回旋炮

时期：15世纪末期
来源地：英格兰
长度：1.36米（4.5英尺）
口径：2英寸

回旋炮经常为海军所用。该型大炮被装在舰船的船舷上缘，其发射物可以划出一个高质量弧线并对敌人舰船进行扫射。与大部分回旋炮一样，它是一种后膛炮。

▶ 炮弹

时期：14—16世纪
来源地：意大利
材料：石头

在大炮发展的最初时期，发射物最为普遍的形式为石球。最大的射石炮所用的炮弹可以重达200千克（440磅），能对城市围墙产生毁灭性的破坏。

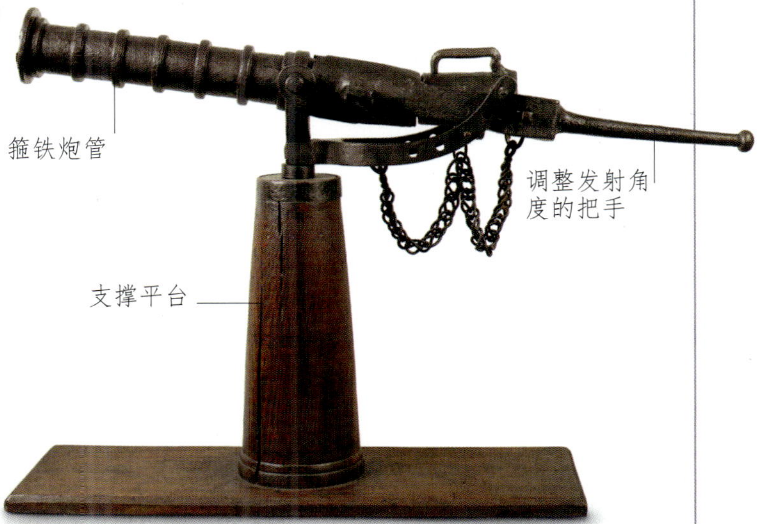

◀ 瑞典回旋炮

时期：约1500年
来源地：瑞典
材料：铁
发射物：圆形石球或霰弹

回旋炮最早出现在14世纪末期，能够形成更大的发射弧线。它们主要由后膛装填，在射击孔背后的膛内有预装的弹药。这些瑞典回旋炮可以装在船上或者建筑物上。

关键事件

7–15世纪

■ **634—636年** 阿拉伯军队开始了他们的征服之旅，在对抗波斯萨珊王朝和基督教拜占庭帝国的军队时都取得了决定性的胜利。

■ **648年** 占领埃及之后，阿拉伯人开始建造战舰舰队，这使他们成为了地中海地区的一支海上力量。

■ **9世纪** 在巴格达发号施令的阿拉伯阿巴斯哈里发将土耳其奴隶士兵作为其军队的核心力量。

■ **1071年** 土耳其塞尔柱骑兵在曼兹科特以策略击败并摧毁了拜占庭军队。

■ **1095—1291年** 十字军东征引发了穆斯林军队与基督教军队在东地中海地区漫长的战斗。

■ **1396年** 在尼科波利斯战役中，苏丹巴耶塞特一世的奥斯曼土耳其军队相比于欧洲重装骑士的优势体现了出来。

■ **1453年** 奥斯曼土耳其人用重炮攻破了君士坦丁堡以前固若金汤的城墙，并占领了该城市。

关键发展

阿拉伯与土耳其的冲突

从7世纪起，阿拉伯与土耳其军队占领了亚洲、非洲和欧洲的广大地区。这些穆斯林军队是彼时军事方面的集大成者，包括战术的精妙、战斗的精神和对于当时现有武器技术的熟练使用。

公元7世纪初期，先知穆罕默德在阿拉伯地区创建了伊斯兰教，不仅产生了巨大的宗教影响，还产生了极为深刻的军事影响。从634年起，阿拉伯穆斯林军队开始了一系列征服行动，横扫东至阿富汗、西至伊比利亚半岛的广袤区域。

最初，阿拉伯军队利用骆驼搭载徒步士兵和给养。但他们迅速自我证明他们十分擅长从其击败的国家吸收新技术与新战术。很快，骑兵就成为阿拉伯军队显著的特色，包括轻装弓箭手和携带标枪与长矛的重装骑兵。同时，他们所占领城市的工匠们也制造了高质量的刀剑，如来自叙利亚大马士革的“大马士革钢”以其弹性与锋刃著名。阿拉伯人本不擅长航海，但在占领埃及和巴勒斯坦的港口之后，他们借助造船者与水手们的专业知识创造了海军。他们还从其基督教敌人那里学习并采用了攻城机械，如平衡式投石机。

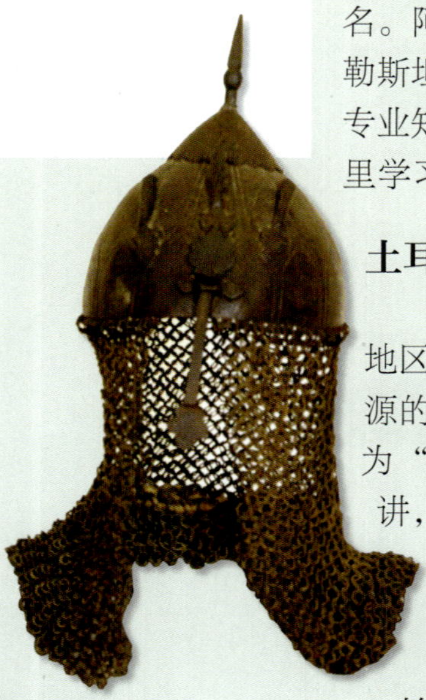

▲ **铠装武士头盔**

十字军东征期间（1099—1291年），穆斯林武士穿着链甲，头戴如图中所示的带有尖顶的极具特色的头盔。

土耳其军队

流浪中的土耳其人居住在亚洲中部的广袤地区，自9世纪起成为了阿拉伯国家军事人力资源的来源。他们在精英型专业常规部队中被作为“马穆鲁克”（奴隶士兵）使用。从传统上讲，土耳其人是中亚的骑士，他们装备有复合弓，如同快速移动的轻骑兵。并且他们与阿拉伯人类似，非常擅长从定居文明中吸收有用的技术和战术。在10世纪，他们开始信奉伊斯兰教，其中有些族群，如迦色尼和塞尔柱，在阿拉伯王朝开始衰落和瓦解的时候，开始自己创建新的王朝。1071年，塞尔柱联合部队在阿尔普·阿尔斯兰（Alp Arslan）的率领下于曼兹科特（Manzikert，位于现代土耳其境内）对战拜占庭军队，并取得了压倒性的胜利，这是拜占庭帝国遭受的一次重大挫折，自此再未恢复元气。

11世纪末期至13世纪末期，基督教对东地中海地区的入侵，也就是十字军东征，使得许多穆斯林军队与西欧军队交战。较之于基督教骑士，虽然埃及与叙利亚的库尔德统治者撒拉丁（Saladin）率领部队所穿着的铠甲较为轻盈，但在对抗这些十字军的重骑兵的战斗中却取得了一系列胜利。穆斯林军队灵活的战术以快速机动为

> “在**特定的信号**下，突厥人骑着马奔腾而来，就像是大群的黄蜂袭来，全然不顾四面八方**奔泻而下的箭**。”
>
> 拜占庭历史学家 安娜·科穆宁娜（Anna Comnena），《阿莱克修斯传》（*The Alexiad*），约1140年

基础，如轻型骑兵“打了就跑”的攻击。此外，只有当穆斯林军队占据优势时，才会与敌人短兵相接。

奥斯曼帝国的兴起

在14世纪，一队土耳其武士在安纳托利亚——旧拜占庭帝国的中心建立了政权。在苏丹奥斯曼的率领下，他们成为了后世所熟知的奥斯曼土耳其人。他们在军事上所取得的成功很快使他们深入东南欧的腹地。奥斯曼土耳其人最初是马上的弓箭手，但他们也很快学着使用新的军事技术，并在15世纪将火药武器引入军火库。与同时代的其他穆斯林军队不同，他们对于徒步士兵和马上部队的使用都很成功。1453年，奥斯曼土耳其苏丹穆罕默德二世利用大炮攻克了拜占庭帝国首都君士坦丁堡，这是使用大炮方面的突破性进展。直至20世纪初期，君士坦丁堡都是奥斯曼土耳其帝国的首都。

▲ **阿拉伯骑兵**

这幅11世纪的拜占庭绘画展示了装备有标枪的阿拉伯马上部队。他们身上的铠甲通常为链甲，头戴极具特色的尖顶头盔和锁子甲面罩以保护颈部。

◀ **哈丁战役**

如这幅15世纪的图画所展示的那样，1187年，撒拉丁率领的穆斯林军队在巴勒斯坦哈丁（Hattin）包围并击败了一支十字军骑士部队。

关键人物

巴耶塞特一世

1360—1403年

巴耶塞特一世（Bayezid Ⅰ）是1389年至1403年间的奥斯曼土耳其苏丹。借助一系列侵略性的征战，他将奥斯曼土耳其的统治范围扩展到了巴尔干地区，并威胁到了匈牙利。欧洲的武士们组织了一支军队在多瑙河流域发起反击，但是巴耶塞特一世的军队于1396年在尼科波利斯（Nicopolis）屠杀了这支多国部队。1402年，他的军队在安卡拉战役中遭遇了鞑靼武士帖木儿（Timur），这是他所面对的真正对手。奥斯曼土耳其人在安卡拉战役中败北，巴耶塞特一世被俘为囚，随后在关押期间死亡。

▲ 苏丹巴耶塞特一世因其残忍和发动战争的果断而被冠以“霹雳”的称号。

中东

在11世纪与16世纪之间，虽然伊斯兰世界里最为普遍的铠甲形式是甲胄，与欧洲骑士的链甲存在很多相似点，但伊斯兰世界的武器与铠甲较之于西方的同类而言展现出了更多的变化。大部分伊斯兰头盔通常是圆锥形、蛋形或头巾形的，其材料可以是金属也可以是有机材料。11世纪，在因土耳其的影响而产生的骑兵军刀出现之前，伊斯兰刀剑一般都是笔直且拥有双刃的。伊斯兰军队通常会使用大量骑射手和携带长矛与刀剑的骑兵，步兵则装备权杖或其他类型的长戟类武器。

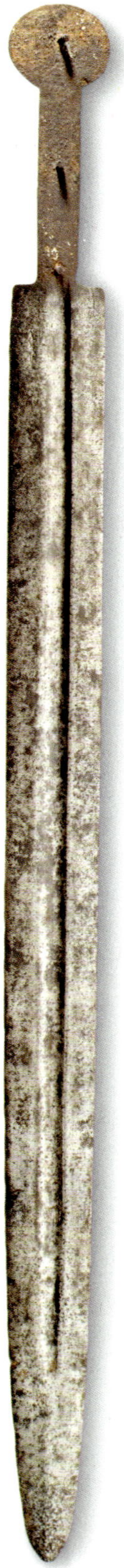

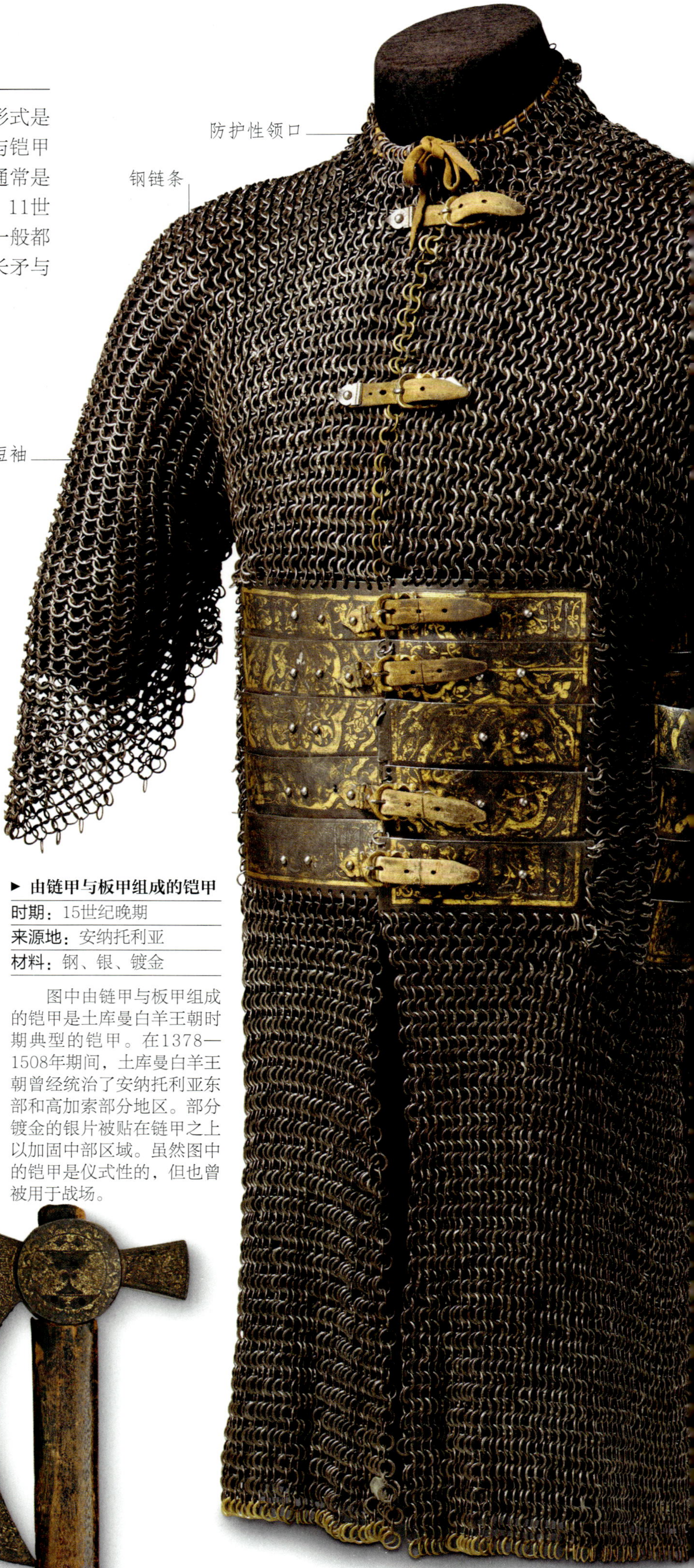

▲ 奇恰克头盔

时期： 约1525—1550年
来源地： 安纳托利亚
材料： 钢、银、镀金

图中的奇恰克头盔被做成头巾形状，是许多伊斯兰头盔的代表。这顶阅兵用的头盔曾经被奥斯曼土耳其苏莱曼苏丹的大维齐尔（伊斯兰国家历史上对宫廷大臣或宰相的称谓——译者注）所拥有。它由金色的可兰经铭文和阿拉伯式花纹所装饰。

◄ 伊斯兰剑

时期： 12—13世纪
来源地： 西班牙或西西里
长度： 89.5厘米（35.2英寸）

大多数早期的伊斯兰剑是笔直而非弯曲的。图中的剑有宽阔的双刃刀片、圆盘状的柄首，但没有护手，可能是由皮革制成的剑握把同样也遗失了。在刀片的两面刻有波斯文铭文。

► 由链甲与板甲组成的铠甲

时期： 15世纪晚期
来源地： 安纳托利亚
材料： 钢、银、镀金

图中由链甲与板甲组成的铠甲是土库曼白羊王朝时期典型的铠甲。在1378—1508年期间，土库曼白羊王朝曾经统治了安纳托利亚东部和高加索部分地区。部分镀金的银片被贴在链甲之上以加固中部区域。虽然图中的铠甲是仪式性的，但也曾被用于战场。

► 马穆鲁克斧

时期： 约1400年
来源地： 叙利亚
长度： 69厘米（27.2英寸）

图中的斧头有着非对称的月牙形斧身，充满了仪式感，可能曾为马穆鲁克埃米尔纳鲁尔·阿尔·哈菲兹（Nawruz al-Hafizi）所拥有。在1413—1414年间，他因为发动针对苏丹的反叛行动而被处决。

◀ **土耳其弯刀**

时期：约1500年
来源地：安纳托利亚
质量：1.15千克（2.5磅）
长度：95厘米（37.4英寸）

图中的单刃刀长度较长，从刀柄处开始轻微弯曲，是中亚突厥部落的典型刀具。它名为“土耳其弯刀”，从11世纪开始在伊斯兰世界中得到普遍使用。

▲ **马穆鲁克头盔**

时期：15世纪
来源地：安纳托利亚
材料：铁

图中头巾状的铁制头盔是典型的马穆鲁克防御性头盔。虽然头盔上有丰富的银制花纹和银制铭文，但它是用于战场的，并且还可配备金属锁子甲面罩。

► **铁链衣**

时期：15世纪末期
来源地：安纳托利亚
材料：铁

图中的铁链衣名为“zirh”，在15世纪之前的数个世纪里，它在安纳托利亚和黎凡特地区特别流行。铁环被铆接在一起。

► **伊斯兰盾牌**

时期：15世纪末期
来源地：安纳托利亚
质量：1.67千克（3.7磅）
直径：45.8厘米（18英寸）

图中的盾牌是白羊王朝骑兵所使用的典型盾牌。它有一个铁的高高的凸起部。在战斗中，携带者通常用左手持盾。盾牌上还有几何形状的浮雕。

十字军东征

在整个十字军东征时代（从1095年到1291年阿卡陷落），那些构成十字军精英的骑士们的武器相对变化不大。在大规模冲击的震撼战术中，长矛发挥了关键性的作用；但在近距离格斗中，剑是十字军骑士们最为宝贵的武器。骑士们的剑一般是笔直的双刃剑，经过改良之后可以用来对付链甲。随后，在黎凡特地区，骑士们利用短剑（这在西欧被认为是没有骑士风度的）作为其长剑的补充。13世纪，骑士们则使用斧头、连枷和权杖作为其长剑的补充。

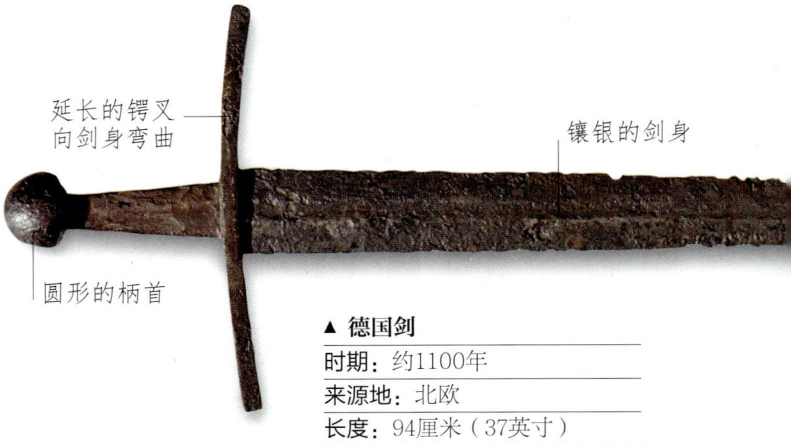

▲ 德国剑

时期：约1100年
来源地：北欧
长度：94厘米（37英寸）

图中厚重的剑可能是第一次（1096—1099年）和第二次（1147—1149年）十字军东征中使用的典型的剑。其剑锋狭窄，护手宽阔并向剑身弯曲。

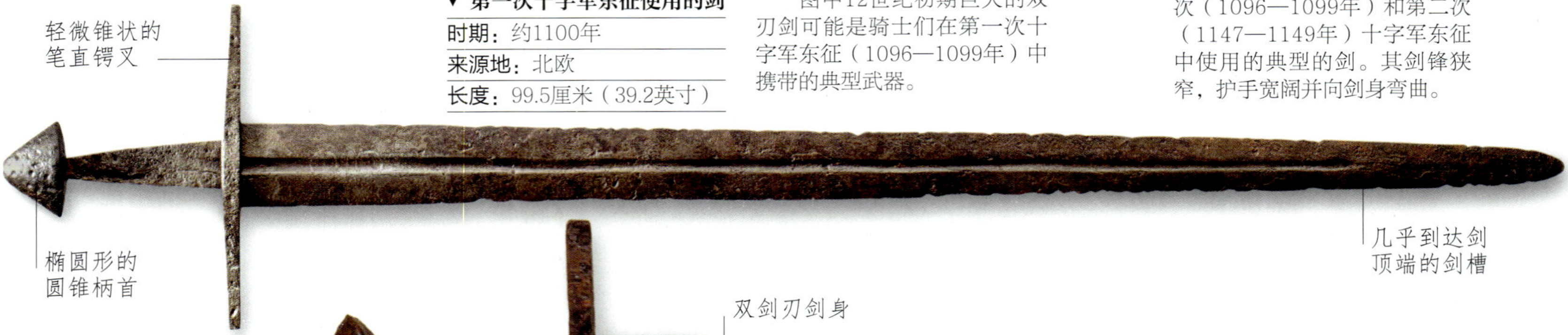

▼ 第一次十字军东征使用的剑

时期：约1100年
来源地：北欧
长度：99.5厘米（39.2英寸）

图中12世纪初期巨大的双刃剑可能是骑士们在第一次十字军东征（1096—1099年）中携带的典型武器。

▶ 双刃剑

时期：1150—1200年
来源地：北欧
质量：1.95千克（4.3磅）
长度：82.2厘米（32.4英寸）

图中较大的砍杀剑长度较长，且有两个剑刃。它是12世纪较为典型的剑，带有简单的十字护手、较短的剑柄及巴西胡桃状的柄首。

▲ 欧洲剑

时期：13世纪早期
起源：欧洲
质量：1.2千克（2.5磅）
长度：1米（3.3英尺）

图中名为“X形”的剑拥有宽阔的剑身和巴西胡桃状的柄首，在10世纪至14世纪间十分普遍。较之于之前的维京剑，它的十字护手更为狭长。

▶ 北欧剑

时期：1280—1320年
来源地：北欧
质量：1.2千克（2.6磅）
长度：91.4厘米（36英寸）

在13世纪，板甲愈发普遍，因此硬度更强、带有锋利剑身的剑得到了发展，因为它们能够更好地刺穿板甲，挑开板甲之间的缝隙。

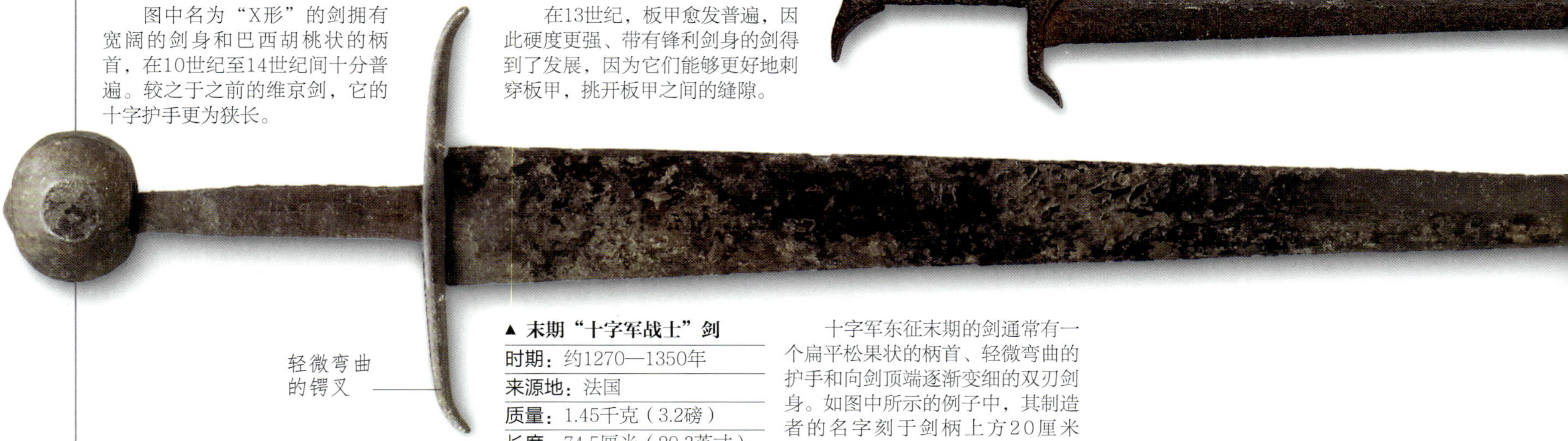

▲ 末期“十字军战士”剑

时期：约1270—1350年
来源地：法国
质量：1.45千克（3.2磅）
长度：74.5厘米（29.3英寸）

十字军东征末期的剑通常有一个扁平松果状的柄首、轻微弯曲的护手和向剑顶端逐渐变细的双刃剑身。如图中所示的例子中，其制造者的名字刻于剑柄上方20厘米（7.9英寸）处。

▲ **剑柄首**

时期：1250年

来源地：法国或英格兰

材料：铁、珐琅

图中剑柄首上有德勒家族的珐琅纹章，因此该剑柄首很有可能来自于布列塔尼公爵皮特·德·德勒（Peter de Dreux）的剑。1250年，在第七次十字军东征中，他在灾难性的曼苏拉（Mansourah）战役中与法国国王路易九世并肩作战。

▲ **“十字军战士”剑**

时期：12世纪

来源地：西欧

质量：1.27千克（2.8磅）

长度：96.5厘米（38英寸）

在十字军东征期间，带有宽阔剑身、简单护手和剑柄首的剑受到了十字军战士的欢迎。这种剑在欧洲被广泛使用。

▶ **十字军头盔**

时期：1250—1300年

来源地：北欧

材料：铁

图中圆柱形的大头盔又叫“一字军头盔”，在第三次十字军东征（1189—1192年）及其以后的一个世纪里被使用。这种头盔将其穿戴者面部完全覆盖，在战斗中十分窒闷。狭窄的视线槽限制了穿戴者的视野。

▶ **链甲**

时期：1339—1365年

来源地：奥地利

材料：铁

图中的链甲由成百上千个相互链接的铁环组成。由于下摆较短，其穿着者可能还会穿上额外的板甲以获得更好的保护。头部由中头盔和锁子甲面罩保护。

关键人物

成吉思汗

1162—1227年

成吉思汗原名铁木真，是蒙古帝国的缔造者，他在1206年统一了草原部落之后，获得了成吉思汗的称号。到他死时，他的骑兵已经向西征战至黑海岸边，并开始了征服中国中原地区的进程。

▲成吉思汗用其雄心壮志激励着草原骑兵去创建一个世界性的帝国。

关键发展

东亚战争

在中世纪的东亚地区，武器与战争以3种截然不同的途径发展：草原部落民众主要借助战马和复合弓；中原民族则将先进的技术与人数众多的农民结合起来；日本则发展了一种怪异的、高度仪式化的武士战斗风格。

在唐（618—907年）、宋（960—1279年）时期，中国是技术创新的世界领导者。然而，在漫长的边境线上抵抗装备弓箭的游牧骑兵的进攻，通常将耗尽这个国家的军事资源。

宋朝部署了一支由征召的徒步士兵组成的大型军队。他们之中的大部分人都配备了包括戟在内的基本杆状武器，还使用了一系列令人印象深刻的弓弩，包括从简单的手持弓到可在20秒内发射10枚弩箭的大型杠杆操作连射弩。到了13世纪，宋朝军队拥有了原始的火药武器，但这些武器收效甚微。

入侵军队

虽然中原民族拥有技术和数量上的优势，但依旧经常被草原民族入侵。12世纪，中国北部的控制权被草原民族联盟——最初是女真，随后是蒙古获取。宋朝的脆弱性一部分源于其军事上的失误——主要是缺乏骑兵，这也反映了草原武士卓越的效率。当一名领袖将这些人数众多的草原民众统一起来，他们的远程征战能力和战斗中致命的高效率使得他们能够征服广袤的地区。他们还向西征战直至匈牙利和波兰。在14世纪80年代到1405年之间，号称是成吉思汗后裔的帖木儿从印度的德里到土耳其的安卡拉一路征战，高奏凯歌。宋朝通过利用其在长江的水军力量重新掌握了对中国南方的控制权，而长江则是对中国北方的一道天然屏障。宋朝常设水军创建于1132年，军队拥有很多种类的舰船，包括装备有各种弩炮的多层甲板“楼船”。其中有些战舰是由人力桨轮推动的，另外一些则是能够快速移动的桨船。但宋朝却难以抵抗忽必烈的蒙古军队。忽必烈创建了自己的水军舰队，并在1279年占领了中国南方。随后，忽必烈的舰队开往日本和爪哇，这一传统被中国下一个朝代明朝（1368—1644年）所继承。从1405年至1433年，航海家三宝太监郑和带领明朝舰队驶向东非。但是，明朝很快又将注意力转向草原边境，将资源投入到修建长城之上。

同时，一种独特的军事文化在日本发展起来。10世纪，日本武士崛起，逐步成为日本君主的士兵。随着时间的推移，他们组成了以地方势力为基础的武士部落。在12世纪的源平战争中，源赖（Minamoto）和平良（Taira）逐渐崛起，成为日本的军事统治阶层——幕府将军。

在这期间，武士主要是骑射手，日本制剑工艺仅仅在中世纪末期得到发展。武士战是高度程

▼ **帖木儿**

帖木儿是一名来自现乌兹别克斯坦的“突厥-蒙古”武士，他击败了蒙古金帐汗国、埃及马穆鲁克人以及奥斯曼土耳其人。他于1405年去世，此前他正在计划入侵中原。

式化的：战斗以贵族武士间互射弓箭开始，失败一方将进行仪式性的自杀（切腹）。然而当忽必烈试图在1274年和1281年从海上入侵日本时，他发现日本人是难以对付的敌人，加之糟糕的天气损坏了入侵的舰队，蒙古人遂被击退。

◂ **武士仪式性的斩首**

图中的场景是日本中世纪时期的习俗，武士在战斗中被其敌人斩首而亡。随后，将斩下的头颅放置在钉板上，并将其交还给被斩首者的亲属。

“他们如**闪电般迅疾**而来，劫掠屠杀成性，将所有人都笼罩在**无与伦比的恐惧之下**。”

英国修道士马修·帕里斯（Mathew Paris），关于蒙古人的描述，1250年

◂ **艾因贾鲁战役**

1260年，蒙古人寥寥无几的失败中的一次发生在巴勒斯坦艾因贾鲁（Ain Jalut）。因为草原骑兵不熟悉埃及马穆鲁克人的战斗方式，所以遭到后者的痛击。

关键事件

10—15世纪

- **10世纪** 武士首次作为日本天皇的卫兵被提及。
- **11世纪** 在中国，火药首次被用于战争。
- **1132年** 南宋统治者创建了常设性水军。
- **1180—1185年** 武士部落之间的源平战争推动了日本源氏幕府的建立。
- **1241年** 在波兰利格尼茨（Liegnitz）战役和匈牙利莫希（Mohi）战役中，蒙古骑兵证明了他们相比于欧洲骑士更有军事优势。
- **1385—1405年** 帖木儿在横跨亚洲的大部分地区内征战。
- **1474年** 中国明朝开始重建长城，以抵抗草原骑兵的攻击。

蒙古铠甲与武器

13世纪横扫中亚、东欧与中国的蒙古战士遵循着游牧民族重视机动性与远程打击的传统。蒙古人的纪律十分残酷——对那些未经许可的劫掠者，军队通常会施以死刑。蒙古军队被编组为“图门”（tumen，一万人组成的部队），围绕在帝国卫队周围。蒙古人擅长马上作战，装备有射程为200米（656英尺）的复合弓。此外，他们将射程更远的轻型箭和具备极强穿透能力的重型箭结合在一起使用。当敌人遭遇“万箭齐发”而逐步瓦解之时，重装骑兵便手持弯刀进入阵地了结幸存者的性命。

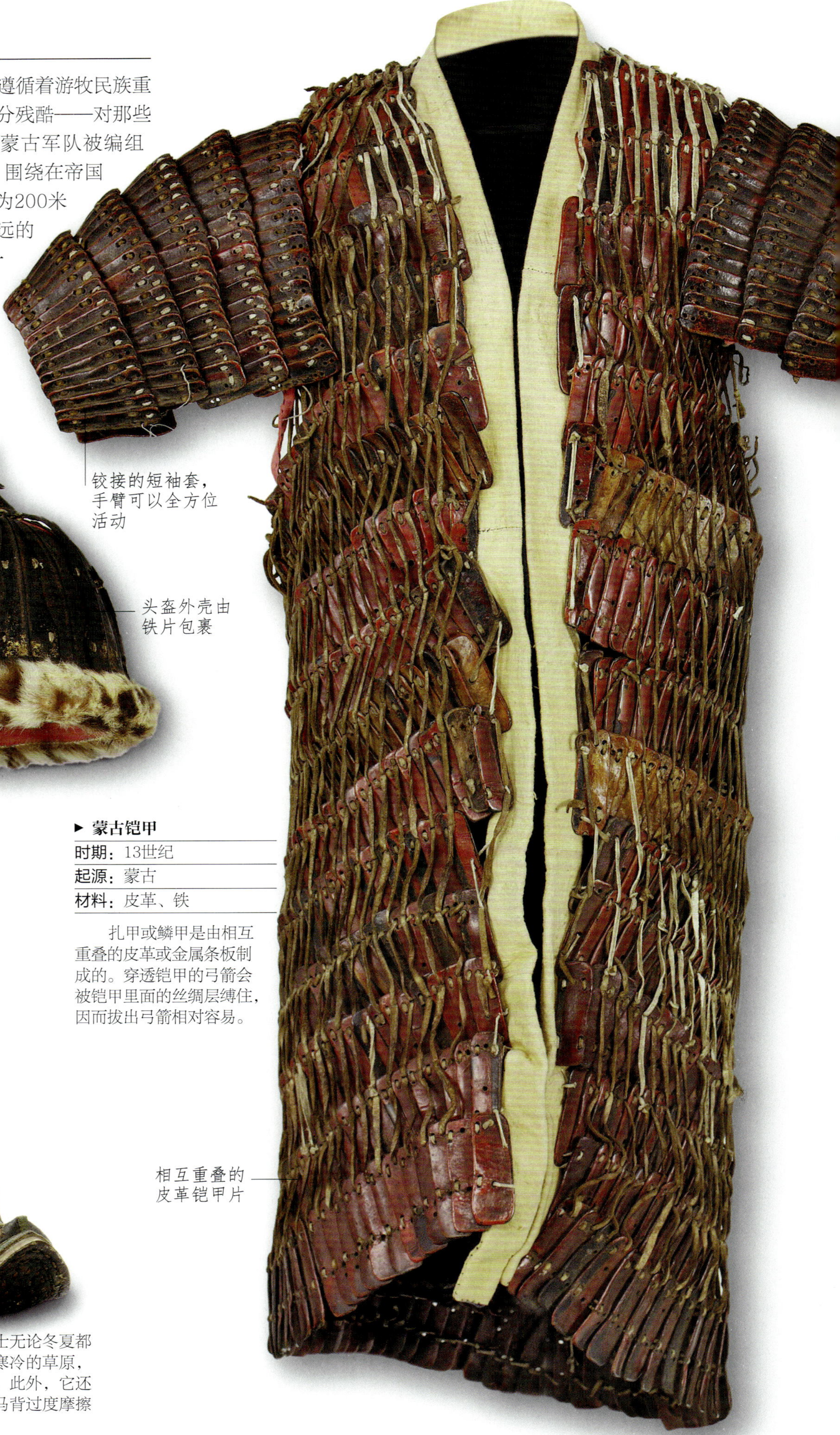

铰接的短袖套，手臂可以全方位活动

相互重叠的皮革铠甲片

▶ **蒙古铠甲**

时期：13世纪

起源：蒙古

材料：皮革、铁

扎甲或鳞甲是由相互重叠的皮革或金属条板制成的。穿透铠甲的弓箭会被铠甲里面的丝绸层缚住，因而拔出弓箭相对容易。

头盔顶端依循传统游牧民族毡房房顶式样

头盔外壳由铁片包裹

▶ **蒙古头盔**

时期：13世纪

来源地：蒙古

材料：铁、皮革、羽毛

蒙古武士头盔是传统的圆锥形，边缘由圆形皮毛衬里包裹，既舒适又能防御极寒。

▲ **蒙古皮靴**

时期：18世纪

来源地：蒙古

材料：皮革、毛毡

一般而言，蒙古战士无论冬夏都穿着毛毡皮靴。在极度寒冷的草原，它可以起到防寒的作用。此外，它还能防止蒙古士兵的腿被马背过度摩擦而发炎。

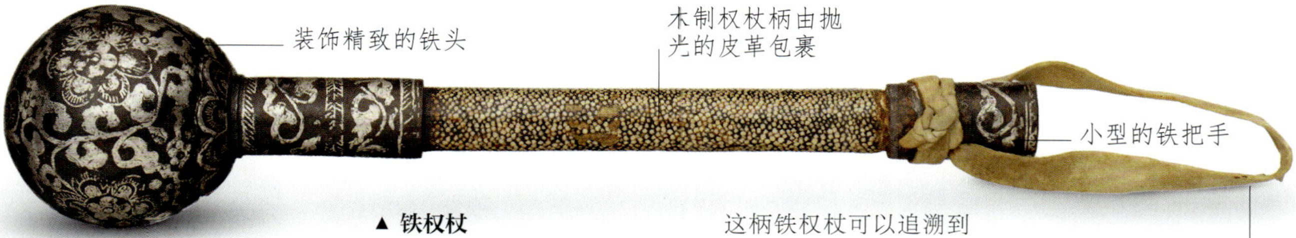

▲ **铁权杖**

时期：14世纪
来源地：中国或蒙古
质量：1.17千克（2.6磅）
长度：40厘米（15.7英寸）

这柄铁权杖可以追溯到忽必烈统治下的蒙古人推翻中国的统治王朝并夺取政权的时期。权杖上精致的装饰意味着它曾属于一位地位较高的武士。

▲ **蒙古匕首**

时期：14世纪
起源：蒙古

蒙古武士在近战中使用各种各样的短剑和匕首。这是14世纪风格匕首的现代复制品。

▲ **弓袋**

时期：15世纪
来源地：蒙古
材料：皮革

蒙古战士将其宝贵的复合弓装在皮质弓袋内。他们骑马时通常将弓袋挂在左侧，因此可以很容易地取弓。

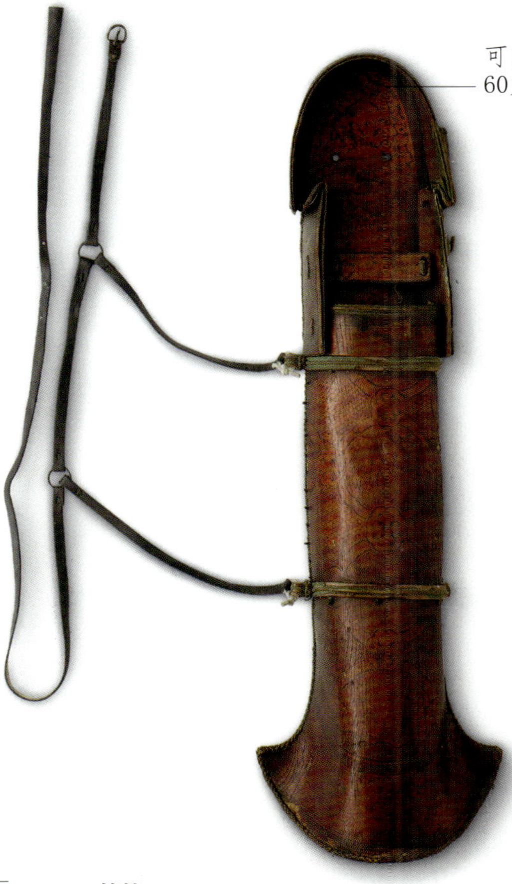

◀ **蒙古风格的弓**

时期：18世纪
来源地：中国
质量：1.07千克（2.4磅）
长度：79.4厘米（31.3英寸）

蒙古人使用的复合弓是由木头、动物角和筋腱组成的。这种复合材料使它比单一的木制弓具有更好的弹性和更远的射程。最短的拉弓距离，可以使弓具备最大的弹射力，这在马背上征战时是非常可贵的特点。

▲ **箭筒**

时期：15世纪
来源地：蒙古
材料：皮革

蒙古箭筒被分为数个部分，士兵可以根据不同的目的选择不同的箭——刺透铠甲的重箭或更远射程的轻箭。具备剪刀形状的箭头可以使敌人遭受很深的皮肉伤。

▲ **鞑靼族头盔**

时期：16世纪晚期
来源地：俄罗斯
材料：钢、铁、银

蒙古末期的鞑靼人（成吉思汗后人）头盔保留了早期头盔的圆锥形状，但其护颈部位是链甲而非皮革。

草原之战

成吉思汗死后，蒙古人浴血奋战。图中，蒙古骑兵挥舞长刀追逐败北之敌，而敌人则正在用复合弓还击。

战争中的蒙古人

从13世纪初期开始，在成吉思汗的率领下蒙古人缔造了历史上最大的帝国。他们的秘诀是将传统的游牧民族骑兵的战斗技术与他们所征服的定居文明的技术融合在一起。

部落首领之子铁木真，也就是未来的成吉思汗，用了20年的时间将中亚东部多个蒙古和突厥部落统一在一起。虽然他们有着相似的生活方式——与其马匹相邻、居住在帐篷内，但从传统上讲，蒙古人、克列惕人（Keraits）、奈曼人（Naiman）、蔑儿乞人（Meraits）、鞑靼人（Tatars）和维吾尔人（Uighurs）是相互敌对的。铁木真却借助野蛮的战争与狡猾的外交策略，将这些人统一为了一个巨大的草原同盟。1206年，这些部落正式承认铁木真的权威，他也获得了成吉思汗（“所有人的领主”）的称号。成吉思汗掌控了巨大的军队之后，开始了从中国北京到富饶的中亚城市撒马尔罕（Samarkand）和布哈拉（Bukhara）（均在现代乌兹别克斯坦境内）的征服历程，直至他1227年逝世。

蒙古人的作战方式源于狩猎。有着威力巨大的复合弓、强健而敏捷的战马和一大群骑手的他们在草原上追逐牧群，将动物围起来并用弓箭将它们杀死，这也是其杀戮敌人的方式。蒙古人对个人的勇气和荣耀并不如同时期的中世纪欧洲骑士那样着迷，要知道个人荣耀对欧洲骑士是有着支配性影响的。传统的草原骑士可在任何可能的时候远距离用箭射杀对方，而非冒着生命危险与敌方近战。同样，蒙古指挥官会从一个安全的地方，用旗子、烟幕信号和小号传达号令、指挥战斗，他们认为冒着个人危险带领士兵战斗是十分愚蠢的。但他们也在用刀剑和长矛等骑兵装备来加强他们传统的骑射手，用金属铠甲替代他们常规的毛毡和束腰宽松外衣。这些重骑兵并不回避近战，他们会对已经被弓箭手削弱的敌人发起冲击，为他们送上最后的致命一击。

总而言之，他们所奉行的战争方法是无情而实际的：将敌人引至薄弱之处，进而摧毁他们。机动速度是蒙古军队的精华，轻装行军、以地为生的方式使他们能够战胜定居文明庞大而笨重的军队。

新旧交替

然而，如果传统草原战是成吉思汗帝国的根基，那么他的扩张则更多地以从中国和穆斯林世界征服的土地上吸收的新技术为基础。从1214年至1215年的北京到1258年的巴格达，蒙古人展现了他们在攻城战中的技巧——用投石机发射投掷物猛击城墙。在将火药作为军事爆炸物和燃烧材料方面，他们也是先锋。他们利用弩炮和手持式装置发射原始的炸弹，而这些手持式装置则是火焰喷射器和手枪的“原型”。

在蒙古人的顶峰时期，他们的军队似乎停不下来，但是很高的伤亡率则阻碍了他们长期巩固广袤国土的努力。在14世纪末期，成吉思汗巧妙缔造的巨大帝国分崩离析。

东亚武器与铠甲

由矩形小铁片、皮革或铜片叠加在一起制成的扎甲（鳞甲）起源于古典时期，但在日本受到青睐：从11世纪起，贵族阶层开始穿着为骑射手特别设计的大铠（o-yoroi）；14世纪，日本刀剑设计达到顶峰，一把上等太刀（tachi）或弯刀配上昂贵的刀柄和刀鞘是高地位的象征。武士带刀并不只是在战场上，他们在身着平民服装时也带着刀。在中国，扎甲被铠甲所取代。这些铠甲由铆接在织物衬垫上的甲片构成，与欧洲的锁子甲类似。在蒙古人13世纪入侵中原后，受到草原马刀影响的弯刀与经典的直刃剑一起得到了广泛使用。明朝（1368—1644年）中期，中国从日本进口了很多刀剑。也正是在这个时期，中国的火药武器首次在战斗中被使用。

► **大铠**

时期：约1340年

来源地：日本

材料：铁、镀铜、生皮、丝绸、皮革、亮漆

大铠的胸甲由两部分构成，在身体左侧贴有不同的铁片。当士兵抬臂拉弓之时，肩带处的凸缘可以避免护肩甲板伤害颈部。

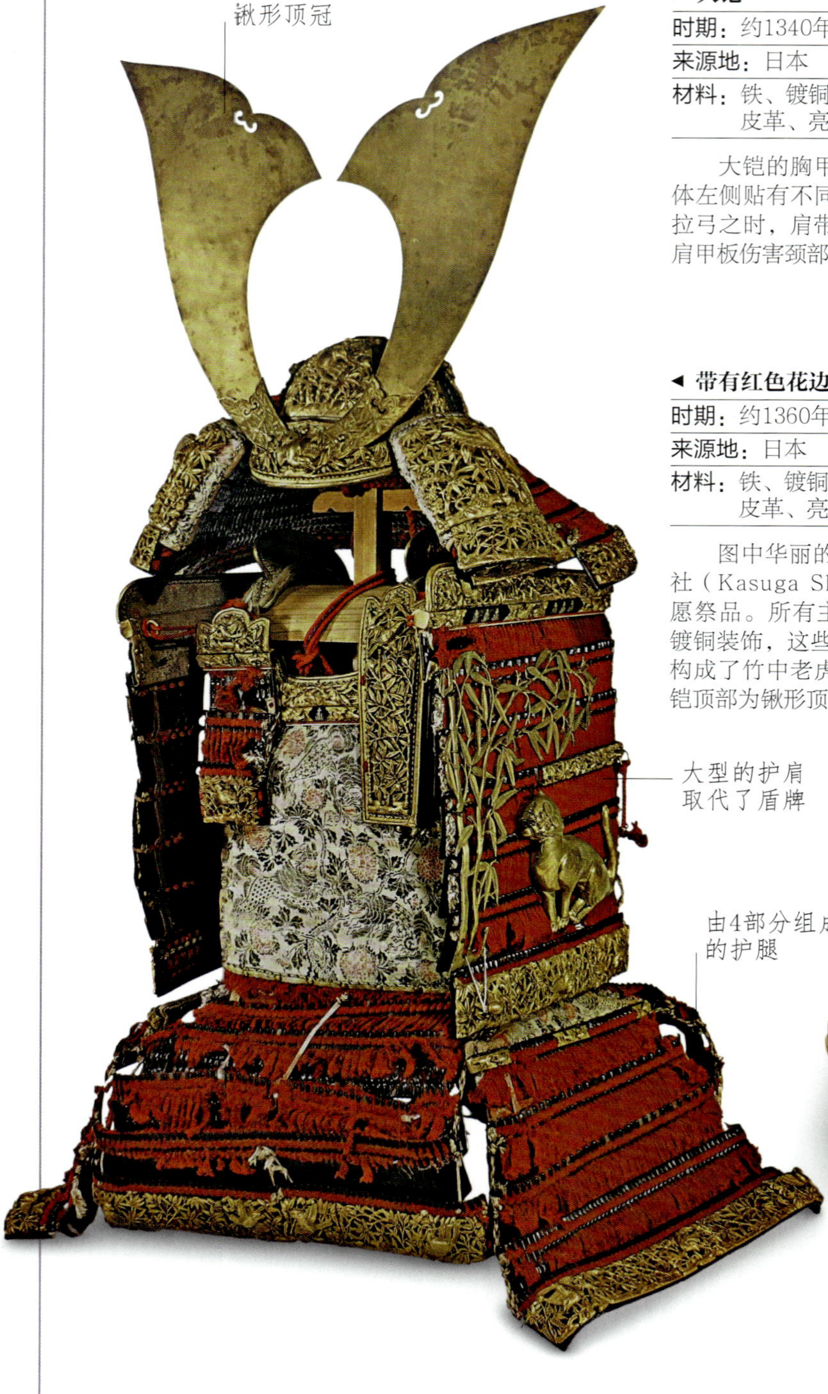

◄ **带有红色花边的大铠**

时期：约1360年

来源地：日本

材料：铁、镀铜、生皮、丝绸、皮革、亮漆

图中华丽的大铠是为春日大社（Kasuga Shrine）制作的还愿祭品。所有主要的部分都由镀铜装饰，这些镀铜装饰一同构成了竹中老虎的画面。大铠顶部为锹形顶冠所装饰。

▶ 川崎假面

时期：15—16世纪
来源地：日本
材料：铁、镀铜、生皮、丝绸、皮革、亮漆

图中的头盔是一种高边且多镶嵌物（可包含多达2 000枚铆钉）的川崎假面风格头盔。对于一个优良的头盔而言，再次被利用十分平常，本田家族就用新的护颈、护面甲和顶端装饰对图中的头盔进行了翻新。

▶ 和弓

时期：19世纪
来源地：日本
质量：220克（7.8盎司）
长度：1.36米（4.5英尺）

至少从1000年前开始，和弓（日本弓）的设计就没有变化过。它是由首尾粘合的竹子制成。握把位于接近较低一端的位置，便于骑士在马背上使用。

▲ 日本短刀

时期：1400年
来源地：日本
质量：145克（5.1盎司）
长度：21.8厘米（8.6英寸）

当身着铠甲之时，匕首是从位于左侧的腰带处刺出的。日本短刀硬度较高且十分锋利，当与敌人进行近距离白刃战时，可用短刀刺穿敌人铠甲。

▶ 铁炮

时期：约1400年
来源地：中国
长度：47厘米（18.5英寸）
口径：10厘米

这门小炮是从一个像栈桥的架子上发射的。它拥有一个球状后膛区以抵抗压力，而且每次并非仅发射一枚炮弹，而是会发射很多较小的投射物。

▲ 中国剑

时期：15世纪早期
来源地：中国
质量：1.3千克（2.9磅）
长度：90.3厘米（35.6英寸）

剑（中国直剑）是道教和佛教神话人物最喜欢使用的武器。图中的剑拥有丰富的装饰性镀金和剑鞘，是在西藏寺庙内展示所用的。

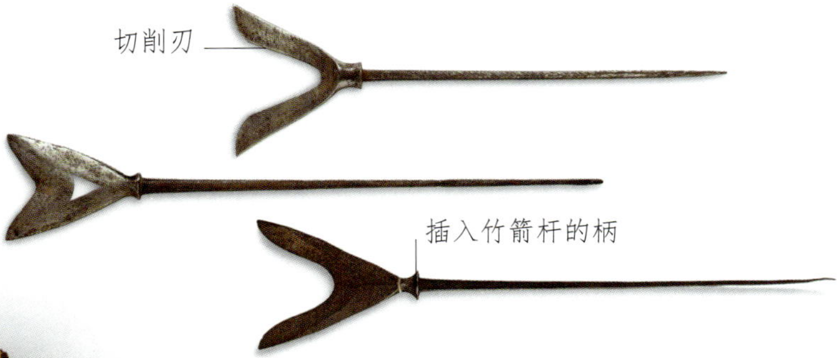

▲ 日本箭头

时期：18世纪
来源地：日本
质量：20～40克（0.7～1.4盎司）
长度：18～24厘米（7.1～9.5英寸）

日本弓箭手使用各种形状的箭头。图中展示的是名为卡里马塔（Kari-mata）的叉状箭头，它们有较长的柄，便于将其插在竹箭杆上。

▼ 日本太刀

时期：18世纪
来源地：日本
质量：130克（4.6盎司）
长度：74.5厘米（29.3英寸）

日本太刀是一种长刀，通过刀鞘上的绳子系于腰带上并垂下。虽然武士穿着平民服装时会用武士刀替代太刀，但太刀依然是穿着铠甲时最合适的武器。

史诗般的防御工事

长城

中国长城是迄今为止人类修建的最长的防御工事，它能够抵御草原骑兵的入侵，保卫中国北方领土。它首次修建于两千多年以前，并在15世纪得到重建。它是规模无与伦比的军事基础设施。

亚洲内陆北部与西部的广袤区域内，游荡着擅长骑射的游牧民族。对中原定居文明而言，它们是一次又一次的梦魇。在很长的时间里，中国城池与农业土地的富饶吸引着那些高度机动的，包括匈奴、女真、蒙古及满族在内的草原劫掠者。秦始皇在公元前221年统一了中国，因此被称为中国的第一位皇帝。他将当时存在的许多工事（其中有一些在当时就已有500年历史）连接起来，从而创建了最初的长城。最初的长城大部分由夯土构筑，辅以木料与石头，在接下来的多个世纪里，秦长城仅得到部分零星的维护，这使中国北方暴露在劫掠之下。

防御的需求

14世纪，明朝掌握政权。从最初前景来看，明朝表现出了一定的扩张倾向，希望借助海洋力量将中国影响推向印度洋深处，通过陆地征服将国土扩展至中亚地区。然而，制服草原部落的雄心壮志在1449年停止。那一年，明朝皇帝朱祁镇（“正统”年间）于土木堡大败，并被卫拉特蒙古（Orait，瓦刺）生俘。除此次军事上的灾难之外，明朝还在1421年将都城从南京迁往北部城市北京，抵御草原骑兵的需求就愈发突出。实际上，北京是一个边境重镇，严重暴露于攻击的威胁之下。不过草原士兵的弓箭和刀虽然在近战中具有致命威胁，但不适合攻击防御工事。

1474年，修建新长城的工作开始。新长城是砖石结构所以足够结实，可以抵抗骑兵的攻击。新长城的修建大部分沿用秦长城的线路，在许多地方利用秦长城的夯土结构作为其基础。因为要修建长达5 650千米的工事且大部分处于险要的地形上，明朝投入了巨大的人力资源。虽然，在一定程度上长城的功效仅是象征性的——标记着长城以内为中华文明所占据的领土，但是，它主要还是一种实用的、功利主义的军事设施。作为一个屏障，它足够坚固，所以可以击退携带复合弓与刀刃武器的骑兵。牢固的要塞保卫着关键的城镇、山口或河流桥渡等。装备有标枪、刀剑和弩的小规模守军驻守在超过7 000座烽火台中，时刻提防入侵者，并在遭受袭击的情况下发出增援信号。长城顶端的步道可以使得步兵从兵营或要塞快速机动地到达受到攻击的任何地点。

明朝在17世纪分崩瓦解，但它延长了长城的存续时间。入侵的满族骑兵得以占领中原的原因是守卫长城山海关的明朝将领吴三桂直接打开了城门，使得清军直捣北京。然而，从军事工程的角度而言，长城本身是一项影响巨大的伟业。

大山的防御

长城的建筑者广泛利用了自然特点，如山川与河流，以提高防御的效率。长城顶端的步道为在如此险要的地形中调动部队提供了有效的途径。

关键发展

前哥伦布时期美洲大陆的武士

关于中美洲战争最初的大量记录都与玛雅人有关。从大约公元250年起，玛雅人就统治着墨西哥、危地马拉和洪都拉斯的部分地区。西班牙征服者16世纪抵达该地区，宣告了玛雅人统治时代的落幕。

自公元250年到900年，玛雅低地被分割为蒂卡尔（Tikal）、科潘（Copan）和亚斯奇兰（Yaxchilan）等城邦国家，这些城邦国家之间长期相互征战。在战斗中，玛雅武士使用标枪，有时候还会使用插入石头或黑曜石刃的木棒。记录证明，玛雅武士极少使用铠甲和盾牌，他们的武器似乎更适合于零星的突袭而非大规模的战斗。玛雅军队通常由贵族组成，规模较小。其中，蒂卡尔军队规模最大，即便如此其人数也不会超过1 000人。

阿兹特克传统

阿兹特克（墨西哥）人发端于墨西哥谷地，最终于1325年定居于他们未来的首都——特诺奇蒂特兰城，但直至15世纪中期才作为帝国崛起。他们建立了一个朝贡体制，将武士们册封为贵族，建立了崇尚军事训练的社会，鼓励普通人加入阿兹特克军队。以一部分训练有素的老兵为核心，加之现成的新兵兵源，阿兹特克可以部署超过8 000人的军队，并仅靠军队数量就能压垮对手。在战斗中，他们首先借助弓箭与石弹密集齐射，随后装备有斧头、权杖和木棒的战士们以密集阵形前进。战士们穿着由棉花或皮革制成的胸甲，而精英战士们则以野兽皮毛披身，犹如一只只美洲豹。

印加帝国

从1438年开始，在帕查库提（Pachacutí）的率领下，控制秘鲁库斯科地区小城邦的印加开始接管安第斯山脉中部地区，还吸收了其他文明，如秘鲁北部的奇穆（Chimú）文明。除了劫掠奇穆首都昌昌（Chan Chan）珍贵的黄金和奇石之外，印加还学习了奇穆组织体系中的某些方面以巩固他们的统治，将对这个不断扩张的帝国的控制权分发给世袭贵族。一系列完善的道路将帝国的所有部分连接起来，而驿站网络使得在帝国范围内传递信件成为可能。为了有利于控制从厄瓜多尔到智利北部的广袤地区，印加人在帝国边境地区（如玻利维亚南部）修建了山顶要塞和加固的前哨基地。

印加军队在战场上的胜利并不是依赖于先进的武器设备，而是靠着数字上的优势和对战术更合理的利用。印加军队的装备与其敌人的装备差不多，甚至还要劣于敌人；与邻近的亚马孙部落不同，他们甚至不使用弓箭。印加武士在战斗中主要使用棍状武器（最初是石棍，随后是带有石钉的铜棍）、投石器和较短的木制矛状武器。他们利用垫甲保护自己。为了扩大军队，他们建立了一个强制性的兵役制度，强迫所有年龄在25岁至50岁之间的男性入伍，因此具有巨大的兵源潜力；战斗中，在相互接近进行白刃战之前，武士们可以使用远程武器（主要是投石器）。如果他们在某一方面遭受了挫折，便可以在帝国其他地方动用大量的军事资源。正如阿兹特克人进行了“鲜花之战”一样，印加人似乎也参加了一种仪式性的战争“廷凯”（tinkuy）。据信，溅落于地面的鲜血是为了确保大地的肥沃，因此这类

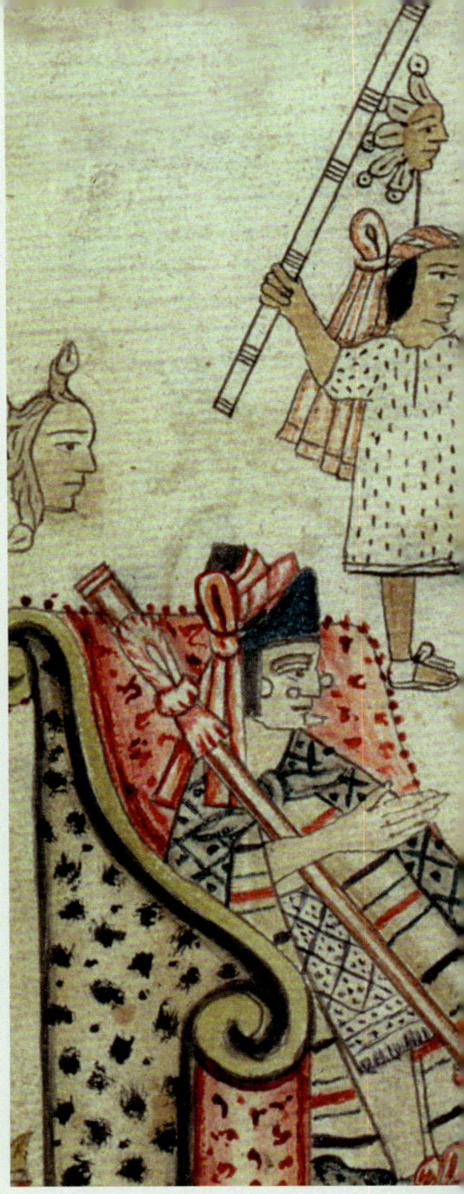

▲ 阿兹特克统治者阿克萨雅卡托（Axaya
catl，1468—1481年在位）在阿兹特克
都特诺奇蒂特兰的主神威齐洛波契特
（Huitzilopochtli）金字塔主持一场俘虏
人祭。祭品的人头被放在神庙台阶脚下
架子上。

“那些野狗们狂暴地**还击**，用他们的**长矛和双手剑**伤害并杀死我们。”

伯纳尔·迪亚兹·德尔·卡斯蒂略（Bernal Díaz del Castillo）
《征服墨西哥的真实历史》（*The true history of the conquest of Mexico*），1568年

◂ **黑曜石矛**

印加士兵通常会携带一到两支木制掷矛，矛的边缘镶嵌着锋利的石片，能给人造成很深的伤口。

冲突的目的并不是直接的征服。在主要的战斗中，印加军队在人数上的优势也帮助他们赢得了这种仪式性的战斗。

欧洲人的到来

1519年欧洲人抵达墨西哥，1532年又抵达秘鲁，这预告着前哥伦布时期主要文明的瓦解。虽然西班牙人的军事技术占优——他们拥有火器、战马和铁甲，但他们的人数处于绝对劣势。借助先进的武器，通过军事扩张，蔑视阿兹特克和印加的仪式规矩（如在新月时，印加人不愿战争），利用这两个帝国统治下人民之间的仇恨，西班牙人取得了一系列胜利。一旦确定了印加和阿兹特克帝国皇帝们的弱点，数量上越来越多的西班牙人就再也不会让他们的敌人重获力量了。阿兹特克帝国被西班牙人推翻，它仅仅存续到了1521年；1572年，印加帝国最后的据点陷落。

◄ **战神**

米斯科特尔（Mixcotal）是阿兹特克狩猎与战争之神。在图片中，米斯科特尔一般都身着盛装，手持弓箭及猎获物。

关键事件

800—1500年

- **约800—830年** 传统的玛雅文明瓦解。玛雅的主要城市——卡拉克穆尔（Calakmul）、蒂卡尔和亚斯奇兰被逐一遗弃。这些城市被遗弃的原因不明，有可能是贫瘠的土地难以承载过多的人口。
- **1428年** 阿兹特克特诺奇蒂特兰与邻近的城邦国家特斯科科和塔库巴组成三边联盟，标志着阿兹特克在墨西哥山谷建立霸权。
- **约1470年** 在一系列征战之后，印加统治者帕查库提占领了奇穆首都昌昌城，这使印加在安第斯山脉占据了主导地位。
- **1519—1521年** 西班牙人在埃尔南·科尔特斯（Hernan Cortes）的指挥下推翻了阿兹特克帝国。
- **1529—1533年** 西班牙人在弗朗西斯科·皮萨罗（Francisco Pizarro）的带领下推翻了印加帝国，俘虏并杀害了印加皇帝阿塔瓦尔帕（Atahualpa）。

关键传统

阿兹特克“鲜花之战”

阿兹特克人与邻近的部落沉溺于一种仪式性的战斗，也就是“鲜花之战”。在约定的时间和地点，一定数量的武士携带非致命武器进行战斗。战斗结束后，双方的俘虏将被带走，用作活人祭品。

▲《门多萨手抄本》（*Codex Mendoza*）中的阿兹特克武士。《门多萨手抄本》是大约于1541年编撰的一部图片记录。

前哥伦布时期的武器

在15世纪末期欧洲人与美洲人密切接触之前的数千年里，美洲的武器技术并没有取得重大进步。这一时期，美洲最为普遍的武器是掷矛、投石器和木棒，武士们则用棉甲防护身体的主要部位。14世纪和15世纪之前，战争虽然普遍（特别是中美洲玛雅城邦之间）但规模较小。在这一时期，组织更加有序的印加和阿兹特克兴起，并创建了巨大的帝国，分别控制了秘鲁和墨西哥的大部分地区。但真正确保他们霸权的因素是有效分配资源的能力，而非强大的军事技术。

▸ 阿兹特克切马利盾牌

时期：1400—1500年
来源地：墨西哥
直径：75厘米（30英寸）

阿兹特克武士切马利（chimalli）盾牌通常是将烧硬的竹子用龙舌兰纤维绑制而成的，其衬里贴有棉花或皮革，用羽毛覆盖其表面，还有羽毛悬于盾牌下方，末端结有流苏。图中的切马利盾牌为复制品。

▸ 玛雅斧头头部

时期：9世纪
来源地：墨西哥
长度：32厘米（12.6英寸）
材料：黑曜石

玛雅武士在战斗中不常使用斧头。图中带有人形轮廓的斧头头部极有可能用于某种仪式。玛雅人主要使用的是矛和长棍。

▴ 仪式用杜米刀

时期：9—11世纪
来源地：秘鲁
长度：约35厘米（13.8英寸）
材料：黄金、青铜

杜米刀（tumi）是一种拥有半圆形刀片的仪式用刀，具备明显的西坎（Sicán）和莫希（Moche）文化特色，这二者均为印加帝国之前的秘鲁人。这些刀描绘了神话中西坎的创始者——西坎领主，并被用于献祭活动，以切开人祭的喉咙。

▾ 米斯特克黄金胸甲

时期：1300—1450年
来源地：墨西哥
材料：黄金

图中天神形状的黄金胸甲来源于阿尔班山（Monte Alban）的米斯特克（Mixtec）人。阿尔班山在现代瓦哈卡（Oaxaca）附近。米斯特克贵族在战斗中使用刺杀矛，而普通人则使用投石机和阿特拉托（atlatl，梭镖投射器）。

▲ 阿兹特克玛喀霍特战棍

时期：	1400—1500年
来源地：	墨西哥
长度：	约60厘米（23.6英寸）
材料：	木头、黑曜石

玛喀霍特战棍（Ma-quahuitl）是一种较长的木棍，是阿兹特克士兵主要的震慑武器。虽然是由木头制成的，但战棍上却布满了由黑曜石或燧石制成的刮刀状薄片。

▲ 阿兹特克燧石刀

时期：	1400—1530年
来源地：	墨西哥
长度：	约20厘米（7.9英寸）
材料：	燧石

较之于木头和燧石制作的玛喀霍特战棍，燧石刀是较早的类型。锋利的石刃可以造成又长又深的伤口。但与木制大刀相比，燧石刀难于修复。

▲ 阿兹特克阿特拉托（梭镖投射器）

时期：	1400—1500年
来源地：	墨西哥
长度：	60厘米（23.6英寸）
材料：	木头

阿特拉托是一种投射装置，可以将标枪或长飞镖等投射物装入其中。当甩出投射物之时，需将阿特拉托握在手中。较之于一般的投掷，它可以增加60%的力量。标枪或飞镖平时是握在手中的，并不装在箭筒中。

◀ 阿兹特克投石器

时期：	1400—1530年
来源地：	墨西哥
长度：	约50厘米（19.7英寸）
材料：	龙舌兰植物纤维

投石器是一种主要的远程投射武器，是对弓箭的一种补充。它由龙舌兰植物纤维制成，用来投射特别形状的球形石头以达到最大效果，其最远射程大约为200米（656英尺）。

▶ 蒙特祖玛羽冠

时期：	1500—1520年
来源地：	墨西哥
材料：	黄金、羽毛

图中复制头盔的原型据说曾经为阿兹特克最后的统治者蒙特祖玛（Moctezuma）所拥有。它由黄金及400支用珠饰组合在一起的神圣的绿咬鹃羽毛所制成。

蒙特祖玛宫殿

西班牙人在蒙特祖玛的宫殿内挟持着他作为人质，而阿兹特克武士则对宫殿形成了围攻之势。但阿兹特克人很难适应欧洲入侵者及其战斗方式，这是阿兹特克人之前的经验中从未有过的。

征服新世界

阿兹特克人与西班牙征服者

从1519年起，阿兹特克帝国开始面临西班牙征服者的入侵。西班牙征服者拥有不同的军事传统，具备更先进的技术。在对于阿兹特克首都特诺奇蒂特兰城的争夺中，阿兹特克军队暴露出其对石头武器的依赖，以及他们对于战争僵化的态度。

最初，阿兹特克皇帝蒙特祖玛二世是欢迎西班牙人和印第安盟友特拉斯卡拉人（Tlaxcaltec）进入他位于特诺奇蒂特兰的皇宫的。然而他们之间的关系迅速恶化，西班牙人将蒙特祖玛劫持为人质，阿兹特克人对西班牙人愈发充满敌意。1520年6月，战斗爆发，蒙特祖玛被杀，但究竟是被西班牙人还是他的子民所杀就无从得知了，而西班牙人被围困在皇宫中。6月30日夜晚，西班牙人试图通过连接城市（建于特斯科科湖中的岛屿上）与岸边的堤道逃脱，阿兹特克武士随即乘坐作战独木舟对西班牙人发起攻击，向其放箭并爬上堤道用战棍打击西班牙人。在战斗中，大约有三分之二，也就是1 000名西班牙征服者被杀、被俘或受伤。

对新皇帝的冲击

在新皇帝奎特拉瓦克（Cuitlahuac）的率领下，阿兹特克人试图追击西班牙残余部队。一队阿兹特克士兵以壮观的阵列出发，军官们穿着精心制作的羽毛装（粘在竹框架外），以丰富多彩的标准前进，并在奥登巴（Otumba）平原追上了西班牙人。阿兹特克军队人数远远超过西班牙人，其人数比大约是20 : 1。阿兹特克的贵族武士自幼年起便进入战场，可谓久经沙场，从身体而言是无畏的战士。他们虽然没有金属武器，但他们的木棒与矛的边缘都布满了刮刀状黑曜石薄片。除弓箭之外，他们还可利用飞棍或阿特拉托将标枪投射至很远的距离。阿兹特克武士的主要目的并不是杀死敌人，而是使其残废并活捉他们。战斗开始之后，西班牙人损耗巨大，让西班牙征服者扭转这一颓势的既不是他们少得可怜的火药武器，也不是他们的铁剑，而是他们的战马——在欧洲人到来之前，马匹对于阿兹特克人来说是未知的物种。西班牙指挥官埃尔南·科尔特斯率领一小队骑兵向阿兹特克阵形发起冲击，并撞倒了阿兹特克人的指挥官。这种大胆且出乎意料的行动对阿兹特克人的心理产生了极大的冲击，并使其溃不成军，最终慌乱地撤离了战场。

占领特诺奇蒂特兰

在后来的一年里，在大量特拉斯卡拉人和其他当地盟友的增援下，科尔特斯将特诺奇蒂特兰包围起来。在保卫城市的战斗中，阿兹特克人表现出了比野外战场上更为坚定的决心。他们勇敢战斗以保卫横穿湖泊连接城市的堤道，直到西班牙人船只上携带的小型火炮的火力使他们无法抵抗。随后，他们便通过巷战保卫城市。面对弩、火绳钩枪、铁制刀剑等武器，阿兹特克人用他们的木制武器和石头武器，通过从屋顶抛射投射物，伏击孤立的小队士兵，一次又一次击败了西班牙人及其盟友的袭击。直至围城的第10周，阿兹特克人都未被击败。然而，西班牙人最终封锁了城市，使城市陷入食物短缺，从而迫使他们投降。1521年8月，阿兹特克文明落下帷幕。

导言

在1500年左右，战争进入了一个密集创新的阶段。火药武器不断增强的影响，导致了人们对围城战、战场战术和士兵训练的重新评估。在海上，装备有大炮的帆船使得欧洲对海洋保持了前所未有的控制权。。

虽然军事发展在世界范围内存在着不同的形态，但也总有相对稳定的趋势。譬如，16世纪的日本指挥官们认识到，如果给徒步农民士兵配备火器，并对其进行一定的训练，他们的战斗力甚至可以媲美骑着战马的精英武士。类似的观点也出现在欧洲严格的军事训练中：装备火枪的步兵在接受训练之后学会了齐射和统一机动。在欧洲，大规模使用长矛兵成为了一种标准，但如何将火枪与长矛结合起来使用，曾经困扰了欧洲的军事理论家们一个半世纪。然而，17世纪末期，刺刀的出现使得这个问题变得多余。

16世纪20年代和30年代，西班牙小型部队征服阿兹特克与印加帝国是一种非典型的欧洲军事成就。据称奥斯曼土耳其帝国军队是16世纪欧洲最为高效的军队。虽然17世纪最大的战争由中国满族发起，但欧洲持续不断的宗教和王朝冲突则是技术发展的促进因素。

铠甲骑士演变为装备手枪和刀剑的骑兵。为了成功应对大炮带来的威胁，防御工事就如同攻城技术一样，变得越来越复杂精巧。在地中海地区，战舰舰队仍包含桨船。但在大西洋海域，帆船已经演变为卓越的武器平台，单艘舰船甚至可以搭载与一支地面部队数量相同的大炮。训练有素、纪律严明、整齐划一的常设军队最终取代了之前雇佣兵、领主家臣、临时征兵及民兵组织的欧洲军事传统，中央集权程度不断提高的欧洲国家也拥有足够的财力来维持这些不断扩张的军事机制。

关键时期

1500年

约1500年 意大利要塞式风格工事体系在欧洲传播开。

1503年 西班牙人在意大利切里尼奥拉充分利用位于野战工事后面的大炮与火器。

1509年 在阿拉伯海第乌战役之后，葡萄牙帆船控制了印度洋。

1511年 英国的玛丽·罗斯号是第一艘建有炮门的舰船。

1516—1517年 装备大炮与火器之后，奥斯曼土耳其占领了叙利亚与埃及。

1519—1521年 在埃尔南·科尔特斯的率领下，西班牙征服者摧毁了墨西哥境内的阿兹特克帝国。

1525年 在意大利帕维亚西班牙击败法国的战斗中，火绳枪兵和长矛兵发挥了重要作用。

1526年 苏莱曼大帝的土耳其军队在匈牙利莫哈奇战役中击败了匈牙利军队。

1526年 在印度，帕尼帕特战役的胜利使得巴卑尔创建了莫卧儿帝国。

约1530年 欧洲开始使用火绳枪。

1543年 葡萄牙水手将火器引入日本。

约1560年 在应对簧轮枪的战斗中，德国骑兵采用了“战马半旋转”战术。

1568年 荷兰人的反抗开启了对西班牙在尼德兰地区统治的漫长独立运动。

1571年 穆斯林与基督教战船舰队在地中海发生冲突——勒班陀海战。

1575年 日本军阀织田信长在长筱之战中使用的火器起到了决定性作用。

1582年 第一次远海战斗发生在亚速尔群岛，法国与葡萄牙之间。

苏莱曼一世，1494—1566年

莫哈奇战役，1526年

长筱之战，1575年

- **1587年** 在波斯，沙阿阿巴斯一世利用欧洲专家对萨非王朝军队进行现代化改造。
- **1588年** 西班牙试图利用无敌舰队入侵英格兰的行动归于失败。
- **1592年** 朝鲜海军大将李舜臣在击败日本舰队的战斗中使用了铁板包裹的“龟船”。
- **约1600年** 荷兰执政官拿骚的莫里斯亲王改进了长矛与火绳枪步兵的训练方法。
- **1600年** 欧洲军队推行龙骑兵团——持卡宾枪徒步作战的骑兵。
- **1615年** 大阪城之围终结了日本内战。
- **1620年** 怀特山之战是欧洲30年战争中第一次具有决定性意义的遭遇战。
- **1631年** 瑞典国王古斯塔夫·阿道夫在德国布赖滕费尔德战役中使用骑兵冲锋和野战炮兵，并取得胜利。
- **1639年** 荷兰海军上将马顿·特罗普在唐斯之战中借助合适的战术击败了西班牙舰队。
- **1643年** 在法国罗克鲁瓦之战中，法国军队终结了西班牙步兵方阵对欧洲战场的统治。
- **1644年** 清军占领了北京。
- **1645年** 英国内战中，议会派创建了新型军队。
- **1652—1674年** 在英荷战争中，英国与荷兰为争夺海上霸权而争斗。
- **约1660年** 沃邦成为法国国内最优秀的要塞设计师，也是最好的围城战指挥官。
- **约1670年** 欧洲战场上采用插入式刺刀。
- **1673年** 沃邦为法国国王路易十四成功实施马斯特里赫特围城战。
- **1680年**

西班牙无敌舰队，1588年

怀特山之战，1620年

布赖滕费尔德战役，1631年

关键发展

长矛与火绳枪

在16世纪和17世纪，欧洲大陆几乎一直战火纷飞。在这个充满冲突的时代里，欧洲军队尝试着一些新的战法，为装备有长矛与火器的步兵赋予了新的重要性。

欧洲中世纪的徒步士兵们通常具备较高效率，但他们的地位并不高。16世纪初期，古希腊和古罗马军事技术（希腊方阵与罗马军团）的“文艺复兴”使得步兵在突然之间成为关注的焦点。16世纪欧洲最令人赞赏的徒步军队（如德国雇佣步兵和西班牙方阵）都大规模使用长矛兵。瑞士人首先引用了这一战术，随后军队又使用了火器：虽然某些步兵仍然继续使用弓，但在意大利战争（1494—1559年）中火绳钩枪取代了弓箭，成为了步兵最为主要的发射武器。火绳钩枪既不精确也缺乏足够威力，但它能够削弱敌方长矛兵方阵，或有助于抵抗骑兵冲锋。发射铁制炮弹的铜制移动野战火炮也开始在战场上崭露头角。

步兵训练

在16世纪，步兵已经买得起昂贵的片甲，以防御来自火绳钩枪、长矛、刀剑和长戟的攻击。然而，在16世纪下半叶，火绳枪开始得到应用。火绳枪是一种相对较重的武器，须靠在分叉的支架上以瞄准目标。在一般射程上，它能够穿透几乎所有的片甲，步兵携带该武器的比例也在不断提高。训练在步兵与长矛兵方阵中已经表现出了明显不同的效率。手持长度为5.5米的长矛，作为紧密方阵中的一员具有令人可畏的战斗力，但是作为个体存在时却战力不佳。随着火器使用的增加，军事训练中对更高精度的需求也在不断提高：将枪支上膛并击发枪支是一种复杂的行动，特别是所有人同时

▲ **火枪手装备**

在英国内战中（1642—1651年）火绳枪兵很少穿着铠甲。图中红色的外套是议会“新模范军”的制服。

> “在敌人**火绳枪射程**内行军，**双方的步兵**都开始开火。”
>
> 英格兰储君詹姆斯二世，描述边山（Edgehill）之战，1642年

▼ **马里尼亚诺之战**

法国国王弗朗索瓦一世的坟墓上雕刻着他在1515年取得马里尼亚诺（Marignano）之战胜利时的盛况。在雕像中，面对由野战炮兵支援的瑞士长矛兵，弗朗索瓦一世率领骑士们端着标枪向他们冲锋。

◀ **西班牙泰尔乔（大方阵）**
在与荷兰人的八十年战争中（1568—1648年），西班牙部队通常以大纵深长矛兵方阵出战。西班牙泰尔乔被认为是欧洲最优秀的步兵。

上膛击发时，因此成功就依赖于严密的训练。所以，在17世纪，装备有火绳枪的部队方阵在长矛方队旁边移动，举枪齐射，既可震慑敌人，又能通过依次齐射以保持持续的火力。

然而，火药武器对欧洲围城战的影响速度要远快于战场。16世纪，高大的石头城堡就已经过时。在意大利战争期间，石头城堡被星形要塞所取代。星形要塞的设计不仅可以抵御大炮的轰击，防御者还能依托它优化使用大炮和火器。因此，围城战时间较以往更长，难度也更大，那些攻城的士兵们不得不在壕沟中躲藏数月以防止被防御一方的火器所击中。

关键**事件**

16—17世纪

- **1503年** 在意大利切里尼奥拉（Cerignola），西班牙人证明了在野战工事背后将大炮与火器防御性地进行配置所能取得的效果。
- **1513年** 瑞士长矛兵在诺瓦拉（Novara）以密集的纵列发起进攻，击败了法国人。
- **1525年** 哈布斯堡军队在帕维亚（Pavia）击败弗朗索瓦一世部队的战斗中，西班牙火绳枪兵重创了法国装甲骑兵，使其遭受重大损失。
- **16世纪80年代** 火绳滑膛枪开始投入使用。
- **约1600年** 荷兰执政官拿骚的莫里斯亲王以特别的方式训练他的长矛兵和滑膛枪兵，使其能够在战场上灵活机动。
- **1619—1648年** 装备滑膛枪的部队比例逐步上升，在有些时候甚至超过了长矛兵的比例。
- **约1660年** 燧发枪开始取代火绳滑膛枪，成为欧洲步兵的关键装备。

关键**结构**

星形要塞

星形要塞最初被称为"意大利轮廓"。防御者在星形要塞突出的三角形棱堡内可以通过相互交汇的火绳枪火力覆盖接近城墙的所有通道。这些城墙本身又矮又厚，由宽阔的壕沟与斜堤所围绕。

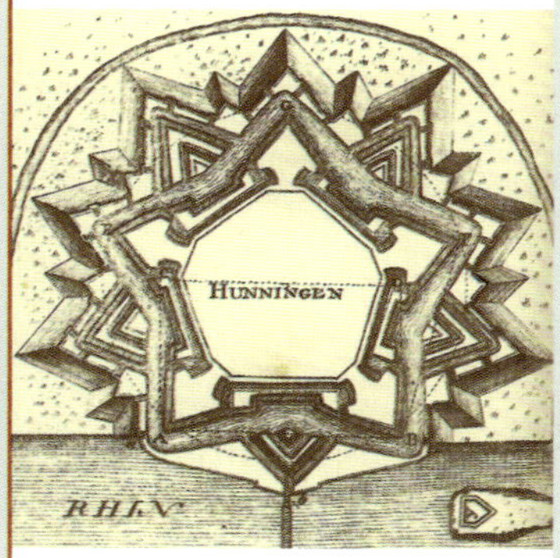

▲图中亨宁根要塞的平面图是在17世纪70年代绘制的。通常星形要塞都有一些排水设施，如图中的排水设施穿过了莱茵河。

野战炮与海炮

在16世纪早期，炮兵被确立为一种有效的野战力量，并推动了一系列军械的出现，包括野战炮及海军用的相对较轻的炮种。铸炮技术的提高使得铸造炮管的熟铁被更为坚硬的青铜所取代。16世纪晚期，随着更为先进的颗粒状火药问世，建造长度更短但射程更远的大炮成为可能。在欧洲三十年战争（1618—1648年）和英国内战（1642—1651年）期间，炮兵稳稳地占据着重要地位，而火枪部队则被编入步兵部队。

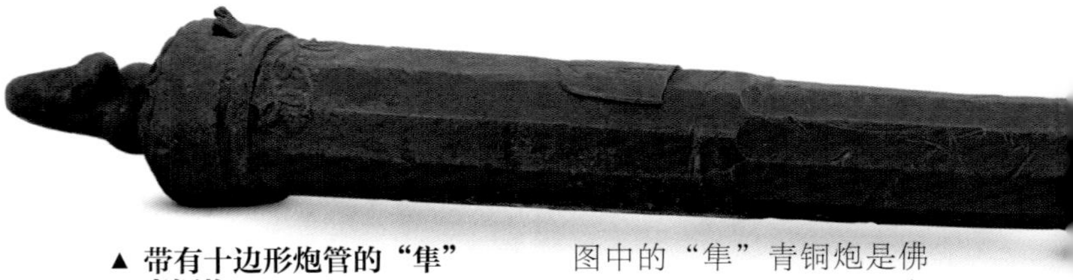

▲ 带有十边形炮管的“隼”青铜炮

时期：约1520年	
来源地：英格兰或佛兰德斯	
长度：2.78米（9.1英尺）	
口径：6.6厘米	
射程：240米（262.5码）	

图中的“隼”青铜炮是佛兰德斯枪炮铸造师向亨利八世交付的一批28门火炮中的一门。它可发射质量为1千克（2.2磅）的圆球形炮弹。

▲ “隼”青铜炮

时期：约1520年	
来源地：佛兰德斯或法国	
长度：2.54米（8.3英尺）	
口径：6.3厘米	
发射质量：1.3千克（2.9磅）	

图中的“隼”是16世纪早期典型的轻型炮。图中模型的原型可能是亨利八世从佛兰德斯订购的，因为那时候英国没有制炮工业。

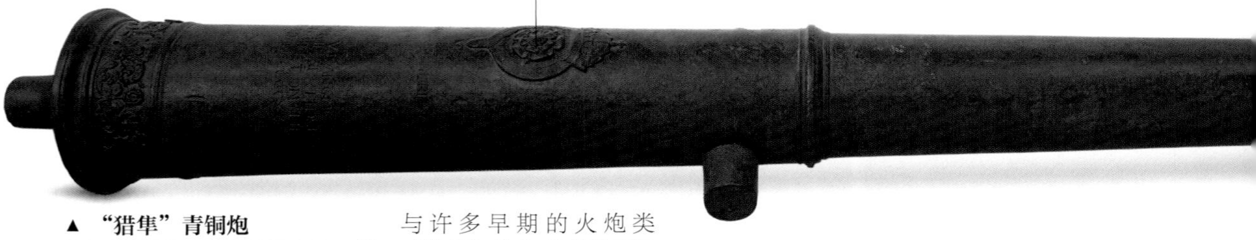

▲ “猎隼”青铜炮

时期：1529年	
来源地：英格兰	
长度：2.23米（7.3英尺）	
口径：9.5厘米	
射程：2千米（1.2英里）	

与许多早期的火炮类似，“猎隼”这个名字是根据猛禽而命名的。图中这枚“猎隼”火炮是亨利八世为了扩大炮兵部队从一名具备高超技艺的意大利工匠手中购得的。

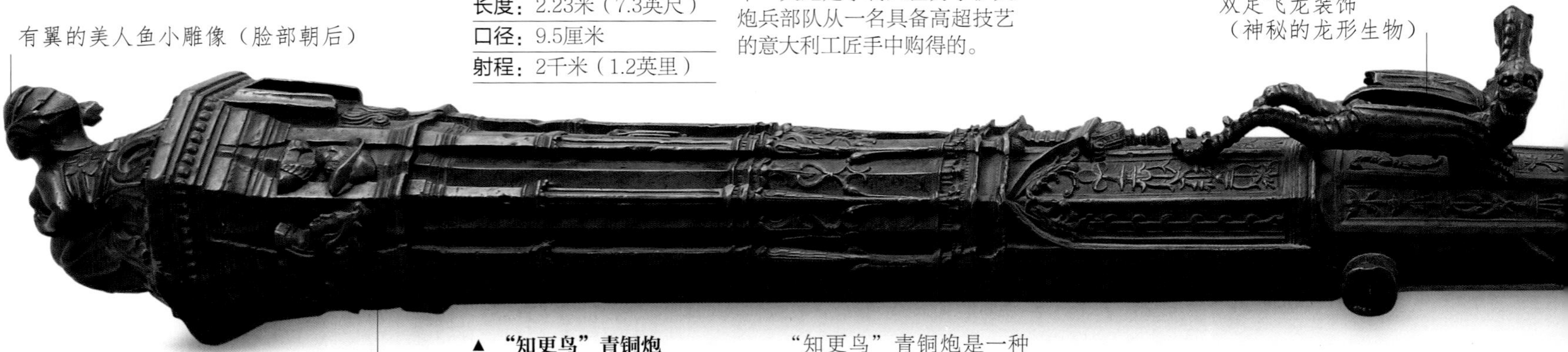

▲ “知更鸟”青铜炮

时期：1535年	
来源地：法国	
长度：2.39米（7.8英尺）	
口径：4.3厘米	
发射质量：0.45千克（1磅）	

“知更鸟”青铜炮是一种轻型加农炮。图中这枚“知更鸟”青铜炮，质量为193千克（425.5磅），炮身装饰极为精细。图中“知更鸟”青铜炮的原型产自法国梅斯（Metz），于1815年被反法同盟部队所夺取。

▲ “宠臣”青铜炮

时期：约1550年	
来源地：意大利	
长度：2.5米（8.2英尺）	
口径：7.6厘米	
发射质量：1.5千克（3.3磅）	

“宠臣”炮是一种轻型加农炮，尤其适合于海战。在英国舰船与西班牙无敌舰队的交战中，多见于英国舰船之上。

▼ 铁制后膛装填回旋炮

时期：16世纪	
来源地：欧洲	
长度：1.63米（5.3英尺）	
口径：7.6厘米	
发射质量：1.5千克（3.3磅）或葡萄弹	

炮身的枢轴可使火炮发射范围形成一个宽广的弧线，这样就把固定的炮管变为了回旋炮。这种回旋炮被安装在船上且向其他移动船只开火时效率最高。图中的回旋炮发射石弹，主要用来杀伤敌方人员。

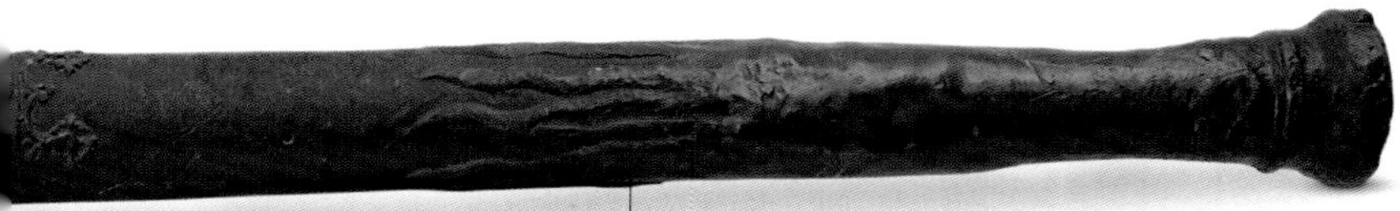

▼ **青铜小型长管炮**

时期：1636年	
来源地：法国	
长度：2.92米（9.6英尺）	
口径：11厘米	
发射质量：4千克（8.8磅）	

图中的青铜小型长管炮为海军所用，是一种中型加农炮，为红衣主教黎塞留所铸造。黎塞留重整法国舰队，并在勒阿弗尔（Le Havre）建造了一个铸造厂。

▼ **青铜半加农炮**

时期：1643年	
来源地：佛兰德斯	
长度：3.12米（10.2英尺）	
口径：15.2厘米	
发射质量：12千克（26.4磅）	

图中的半加农炮为海军使用的重型火炮，在佛兰德斯马林斯（Malines）著名的铸造厂建造。它能够发射质量很大的炮弹，在短距离内就能够造成毁灭性的损伤。

► **马来西亚“猎隼”青铜炮**

时期：约1650年	
来源地：马来西亚	
长度：2.29米（7.5英尺）	
口径：8.9厘米	
发射质量：2千克（4.4磅）	

此类轻型加农炮的设计用途是远程攻击。图中装饰精美的“猎隼”青铜炮铸造于马来西亚马六甲地区，可能是由当地的工匠模仿荷兰炮制成的。

◄ **青铜后膛装填回旋炮**

时期：约1670年	
来源地：尼德兰	
长度：1.22米（4英尺）	
口径：7.4厘米	
发射质量：1.16千克（2.6磅）或葡萄弹	

图中的回旋炮为荷兰东印度公司所有，极有可能是一种杀伤人员等有生力量的武器。

欧洲步兵铠甲与武器

16世纪之前，很少有军队在和平年代存在：专业部队要么承担卫士职责，或受雇以承担守备任务。然而，在战时，部队会受到征召，雇佣兵也会找到雇主。常规步兵部队，诸如西班牙“泰尔乔”，大约在16世纪初期建立，他们接受战术演练和有效使用武器方面的训练。这样的部队加之手持枪的不断普及，对全身由铠甲覆盖的骑士们产生了极大的挑战。意大利、德国和低地国家的工匠们提高了刀剑、长柄武器、手持枪及铠甲的产量，这些武器在全欧洲范围内流通，被新型军事力量所装备。

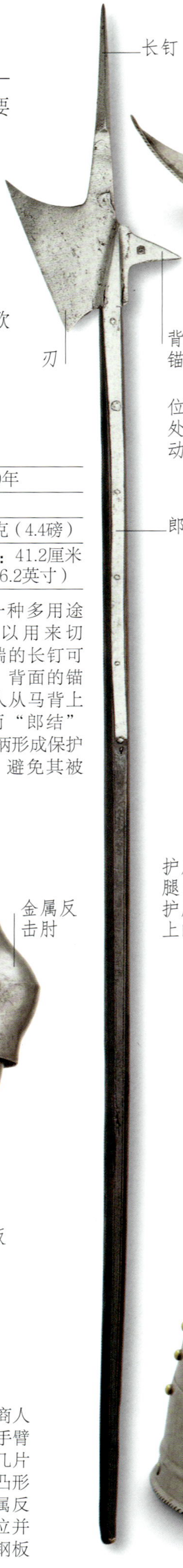

▸ **长戟**

时期：约1500年

来源地：德国

质量：2.01千克（4.4磅）

长度（头部）：41.2厘米（16.2英寸）

长戟是一种多用途武器，刃可以用来切割，位于顶端的长钉可以用来刺杀，背面的锚爪则可将人从马背上钩下。而“郎结”则对长柄形成保护作用，避免其被砍断。

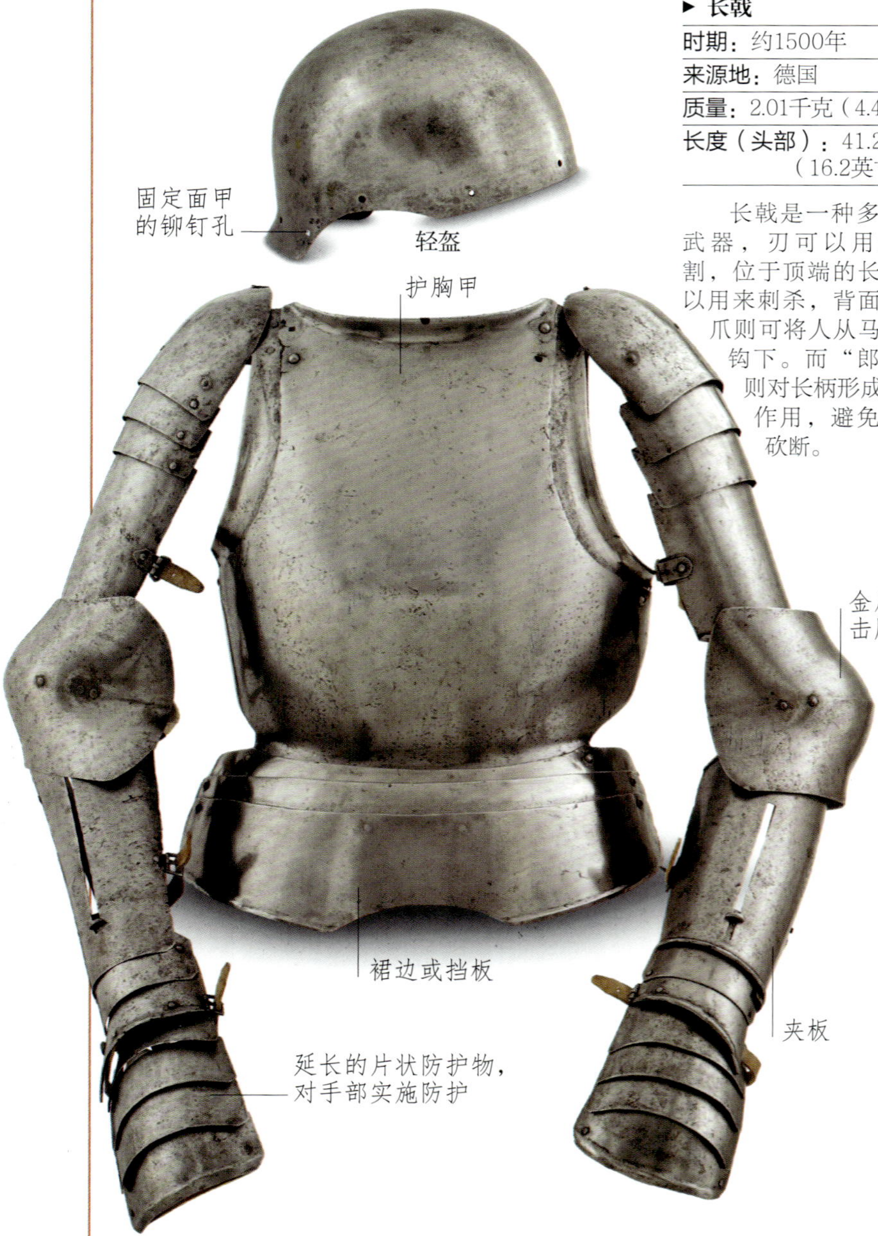

▲ **阿尔曼半身铆甲（军用铠甲）**

时期：约1520年

来源地：意大利

材料：铁、皮革

1512年，亨利八世从佛罗伦萨商人处订购了2 000套图中所示的铠甲。手臂部位的防护物被称为“夹板”，由几片槽形的金属板固定在位于胳膊处的凸形金属反击肘上。金属片与凸形金属反击肘在内侧由皮革连接。手掌部位并未安装金属手套，而是由多片层叠钢板覆盖。

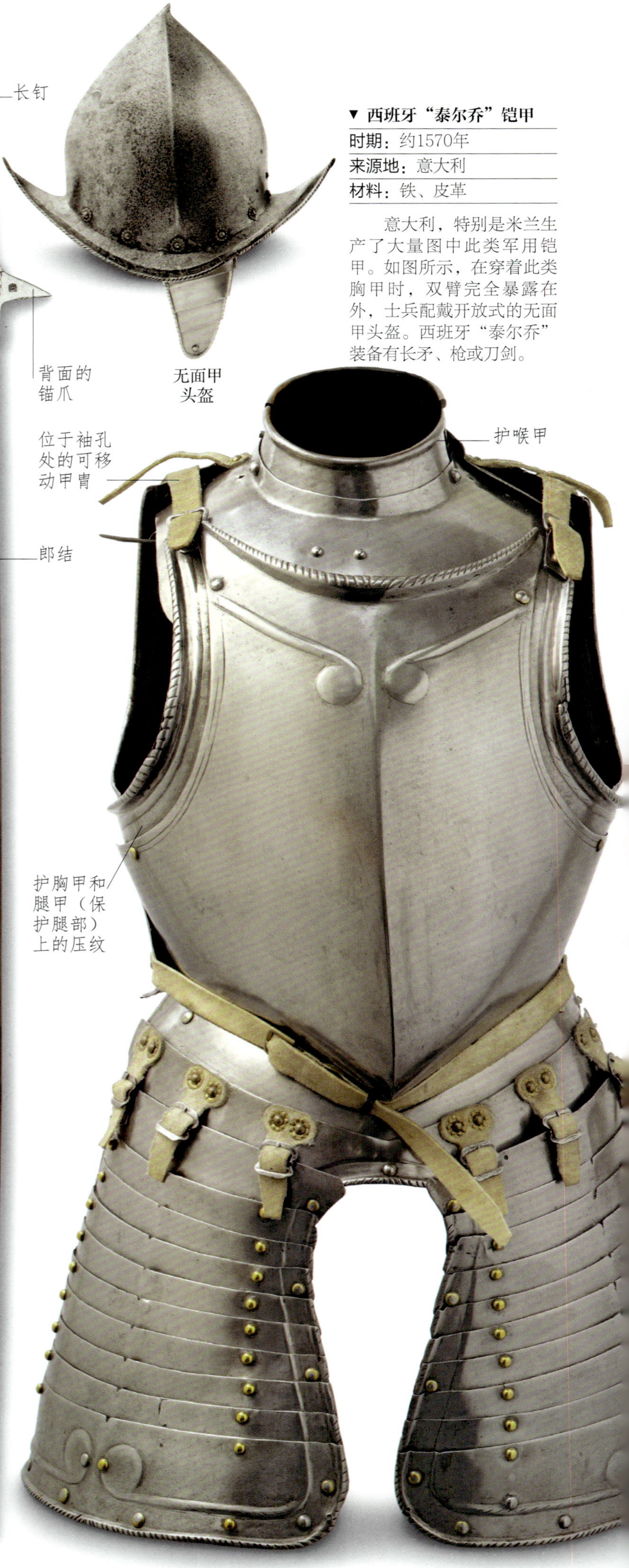

▼ **西班牙“泰尔乔”铠甲**

时期：约1570年

来源地：意大利

材料：铁、皮革

意大利，特别是米兰生产了大量图中此类军用铠甲。如图所示，在穿着此类胸甲时，双臂完全暴露在外，士兵配戴开放式的无面甲头盔。西班牙“泰尔乔”装备有长矛、枪或刀剑。

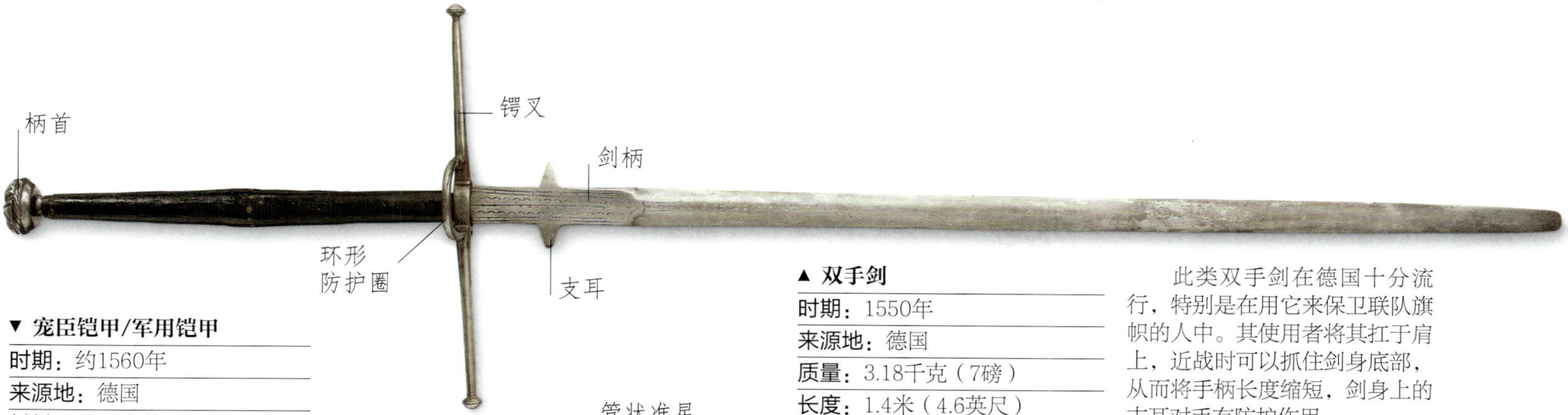

▲ 双手剑

时期：1550年
来源地：德国
质量：3.18千克（7磅）
长度：1.4米（4.6英尺）

此类双手剑在德国十分流行，特别是在用它来保卫联队旗帜的人中。其使用者将其扛于肩上，近战时可以抓住剑身底部，从而将手柄长度缩短，剑身上的支耳对手有防护作用。

▲ 弹簧火绳枪

时期：约1540年
来源地：意大利
质量：3.5千克（7.7磅）
枪管长度：1.05米（3.4英尺）
口径：0.47英寸

亨利八世曾于1544年从威尼斯共和国订购了1 500支此类枪支。一年后，亨利八世的旗舰玛丽·罗斯号沉没时，这批枪有一部分就在该船上。利用现代复制品对该型枪支进行试验，证明其可在27米（30码）的距离外击穿6毫米（0.2英寸）厚的钢板。

▼ 宠臣铠甲/军用铠甲

时期：约1560年
来源地：德国
材料：铁、皮革

步兵铠甲是德国铠甲生产中心的主要产品。它们的配置与质量各有差异，以满足顾客之需。许多铠甲，如图中示例，由磨光的镶边所装饰，表面的其余部分为黑色。

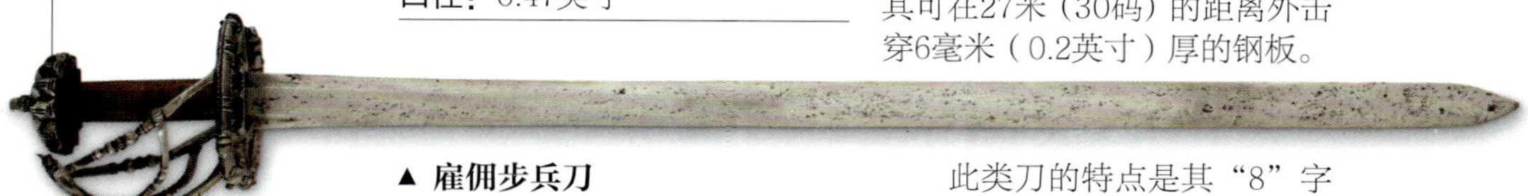

▲ 雇佣步兵刀

时期：约1550年
来源地：德国
质量：1.54千克（3.4磅）
长度：96厘米（37.8英尺）

此类刀的特点是其“8”字形的护手。图中的刀带有篮子形状的刀柄护罩，在德国和意大利北部的步兵中广泛使用。

▲ 雇佣兵匕首

时期：约1520年
来源地：德国
质量：330克（11.6盎司）
长度：31厘米（12.2英寸）

此类武器虽然简单，但在欧洲大部分地区却广受欢迎，因为它在白刃战中十分实用。大部分雇佣兵匕首都是双刃的，其刀身截面呈菱形。随着时间不断推移，刀身逐渐变细。

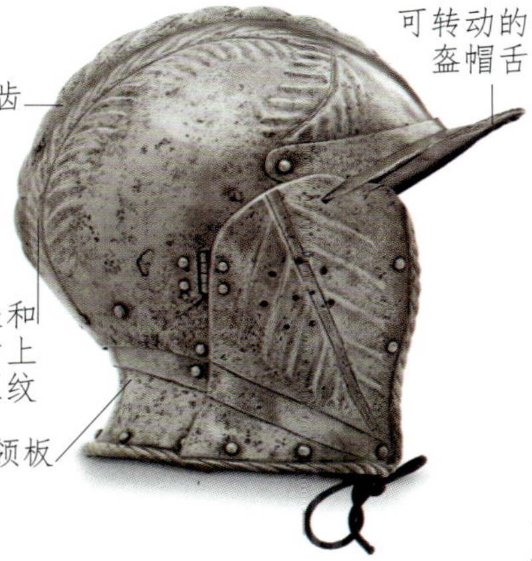

◀ 轻盔

时期：约1570年
来源地：德国
材料：铁、皮革

带有绳状梳齿和压纹金属薄片装饰的轻盔一定是高级铠甲的组成部分。它与“宠臣面甲”不同，铰接的金属薄片在背后形成饰领板，并带有可以转动的盔帽舌。

▶ 莫里翁鸡冠头盔（壶形头盔）

时期：约1580年
来源地：意大利
材料：铁、皮革

莫里翁头盔最终发展成为长矛兵的装备。早期的莫里翁鸡冠头盔其冠状凸起、头盔盖和头盔边缘都是在一整块金属板上锻造而成的，后期的莫里翁头盔由两部分组成。图中头盔的耳罩已经遗失。

简单但高效的火器

火绳枪

火绳枪或火绳钩枪（arquebus）发明的确切年代已难以考证。但有证据表明，它应当是在1475年左右在德国出现的。其火源为一段阴燃“火柴”——浸在硝酸钠中的导火芯。扣动扳机时，位于旋转支架上的火绳将向下转动，并触发弹药盘中的少量起爆炸药，主要的火药随即从一个狭窄的点火孔射出。17世纪早期，火绳被燧石发火装置所取代，但由于火绳枪使用便利，以及相对低廉的价格，直至17世纪末期仍为人所使用。

▸ 火绳枪

时期：	17世纪中期
来源地：	英国
质量：	6.05千克（13.3磅）
枪管长度：	126厘米（49.6英寸）
口径：	0.75英寸

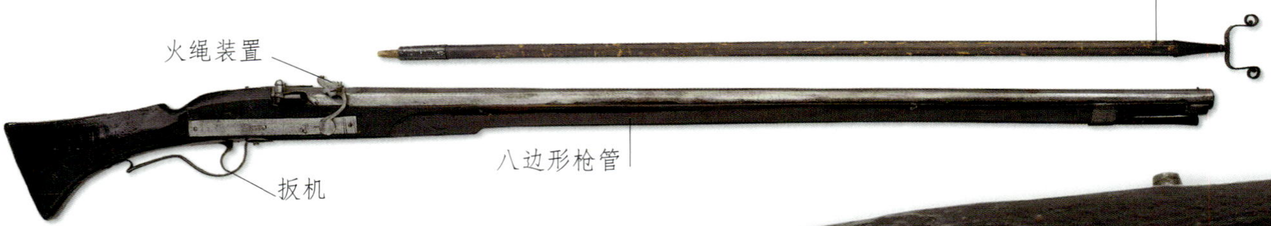

全视图

▴ 火绳枪

虽然火绳装置对于手持枪而言是一种重大的技术进步，但火绳枪仍然是一种笨拙的武器。初期的火绳枪不仅不实用，而且不是很精确，即使是在干燥的天气情况下，火绳也极易熄灭。火绳枪末端温度很高，在夜间容易暴露。

▸ 子弹链

图中的“领药”一般是成对角线地挎在肩上，可以携带大约12个木制火药瓶，每个火药瓶中装的火药刚好为每次射击的火药量。

实战

火绳枪演练

文中的4幅图片来自于荷兰的一本演练手册。第一幅图片中，火绳枪手左手的火绳已经点燃；第二幅图片中，他从子弹链中取出火药瓶，并将其灌入枪管；第三幅图片中，在加入起爆炸药之前，他将发射的火绳弹压入枪管，左手中的阴燃火绳与枪管保持了一定的安全距离。

▶ 在野外使用火绳装置需要身手敏捷。

▼ **火绳枪托架**

最初的军用火绳枪枪身巨大，需要借助一种枪托架。然而，枪托架设计十分笨重，增加了枪手的负担。直到大约1650年，军用火绳枪已经变得足够轻便，枪托架也就失去了存在的价值。

▶ **火药瓶**

图中的火药瓶是由木头制成的，其外部包裹了丝绒，并由铁加固。其设计用途是装盛细颗粒的起爆炸药——狭窄的喷口便于向火药盆中倾倒火药。

▼ **铅球**

火绳枪发射一种直径比枪管稍小的铅球。因为燃烧火药的残余会很快污染枪管，加大了装填火药的难度。

山顶的战斗

在怀特山之战中，帝国天主教骑兵向山顶的波希米亚新教徒军队发起攻击。火枪发射时，由火药产生的浓烟笼罩了战场中央。

长矛与火绳枪

怀特山之战

在中欧1618年至1648年的三十年战争期间，所有的部队都使用了装备有长矛和火绳枪的步兵。怀特山之战是这种特殊作战方式的典型例证，它是这场冲突开始阶段的一次重要遭遇战。

1620年11月8日，在布拉格郊外发生了怀特山（White Mountain）之战，反抗神圣罗马帝国统治的波希米亚新教徒遭遇了帝国天主教军队。双方部队人数都在20 000到30 000人之间，以当时的标准来看，这可是大规模作战。在安哈尔特（Anhalt）的基督徒率领下，波希米亚新教徒在高地占据了防御优势位置，但提利伯爵约翰·采克拉斯（Johann Tserclaes，Count von Tilly）率领的天主教军队经验更为丰富，士气更为高涨。

长矛阵

双方的长矛兵都构成了紧密的阵形，在长达一个世纪的时期内，这种阵法在欧洲是主流。装备有火器（主要是火绳枪）的、数量较少的步兵则位于长矛阵外围的“袖口”处，或者在长矛阵的4个角上摆出“触角”形。由于受到当时荷兰战术发展的影响，新教徒们的长矛阵较薄，也就是其阵形中的行数比天主教徒的阵形更少。与步兵一样，骑兵的阵形也很严密。每个骑兵都携带了数把预先上膛的簧轮枪，以便交战时使用。与中世纪骑士相比，这些骑兵们的铠甲相对较小也相对简单，但是铠甲上的钢片还是能为他们提供一定的防护，甚至是应对火绳枪子弹。

短暂的交战

新教徒军队首先发起了攻势。军士们位于进攻队伍侧翼，手中挥舞着长戟，指挥长矛兵方阵从山上向山下发起冲击。长矛兵将他们长而笨重的长矛放低，希望与敌方步兵在近距离上开展肉搏战。并排骑着战马的骑兵们并未策马奔腾，而是稳定而有节奏地前行。骑兵们遵循长久以来练就的战术，手持手枪面对敌方长矛阵行进。当他们与敌方长矛阵的距离位于手枪射程之内时，便举枪齐射，随后掉头离开。

然而，提利伯爵对其军队的素质充满了信心，并不愿意处于守势，他命令骑兵和步兵冲上斜坡顶端。新教徒火绳枪部队训练有素，能够熟练地依批次齐射——前排枪手齐射后立即后退重新装弹，第二排枪手同时前移齐射，依次往复以弥补重新装弹的时间劣势。从理论上讲，这可以保持火力的持续性，然而天主教军队则勇猛地穿过由火药产生的厚厚烟幕，他们的骑兵冲击使得新教徒骑兵四处逃散。

面对坚毅的天主教长矛兵和近在咫尺的装备有手枪的骑兵，又缺乏相应的支援，新教徒长矛兵难以为继，随即瓦解并四散逃窜以求生路。这场战斗令大约5 000人阵亡，天主教军队在不到两个小时的时间内便取得了胜利。

关键人物

古斯塔夫·阿道夫（古斯塔夫二世）

1594—1632年

瑞典国王古斯塔夫二世，也就是人们所知的古斯塔夫·阿道夫，是一名极具创新精神的战术家。他强调骑兵冲锋在战场上的核心作用。自1630年起，他干预了德国境内的三十年战争。他在最初获得了胜利，但在1632年的吕岑（Lützen）之战中阵亡。

▲古斯塔夫二世崇尚荣耀，生性好战，被称为“北方之狮”。

▸ **骑兵与炮兵**

1631年，瑞典国王古斯塔夫二世赢得了布赖滕费尔德（Breitenfeld）之战。这场战斗证明了：当骑兵与长矛兵和火绳枪步兵及炮兵并肩作战时，骑兵将发挥极大的威力。

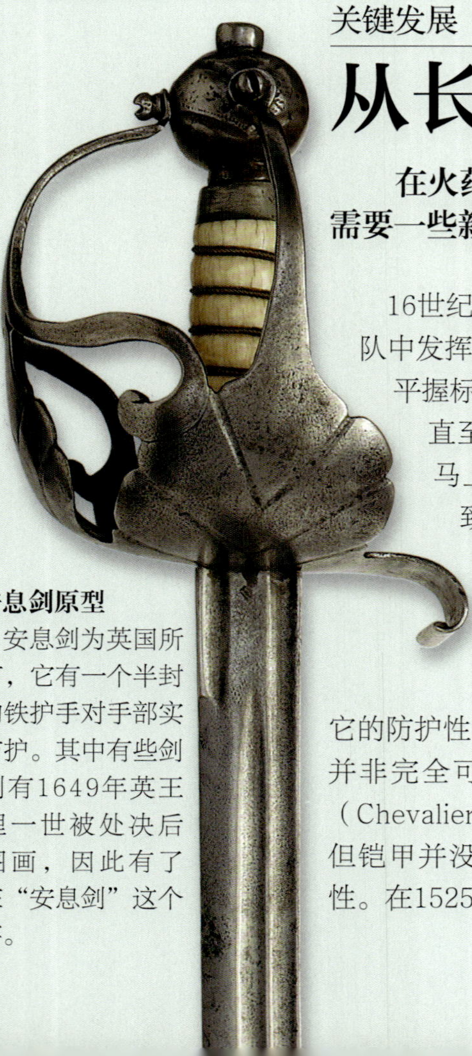

▸ **安息剑原型**

安息剑为英国所独有，它有一个半封闭的铁护手对手部实施防护。其中有些剑上刻有1649年英王查理一世被处决后的图画，因此有了现在“安息剑”这个名字。

关键发展

从长矛到手枪

在火药时代，骑兵失去了在欧洲战场上的主导地位，与步兵和炮兵并肩作战。他们需要一些新的战术以重获关键地位。

16世纪之初，马背上的勇士们依然在欧洲军队中发挥着领袖作用。他们身裹华丽的铠甲，平握标枪（攻击姿势），向敌人发起冲击。直至1559年，法国国王亨利二世在一次马上长矛格斗中，被一支长矛插入面甲致死，但此类传统仍然是骑士们最喜好的作战方式。

人们期望全身的铠甲可以防护火器的攻击。铠甲的制造者们用火枪向护胸甲发射球形子弹，以测试它的防护性。但是在实际战斗中，铠甲的防护性并非完全可靠。1524年，法国著名骑士巴亚（Chevalier de Bayard）被一枚火枪子弹射中，但铠甲并没能让他活命，这表现了铠甲的局限性。在1525年意大利战争中的帕维亚之战中，法国贵族骑士也栽在了火绳枪兵手中。自16世纪50年代开始，能够防护子弹的、更加厚重的铠甲开始出现。

新纪元

随着步兵地位提高，长矛逐步过时，新的技术和战术开始出现。火绳枪需要双手操作，而骑兵们则需要用一只手来控制其战马，因此他们无法使用火绳枪。然而，随着自发火簧轮枪的问世，手持枪也就成了骑兵们的装备。16世纪40年代，德国雇佣骑兵开始使用火器，并降低了铠甲的繁复程度，仅保留了头盔、胸甲和手臂上的护甲。在与长矛兵方阵交战时，他们发明了一种名为“战马半旋转”的机动方式——一位骑兵将其战马拉向一侧，另一位骑兵则向左右击发手枪。

关键事件

1500—1650年

- **1515年** 法王弗朗索瓦一世指挥身着全身铠甲的骑士平握长矛，在马里尼亚诺战役中取胜。
- **约1540年** 德国黑骑兵将簧轮枪作为他们的主要武器。
- **1562年** 骑兵在法国宗教战争中的德勒（Dreux）战役中采用“战马半旋转”战术。
- **1590年** 亨利四世（Henry of Navarre）利用装备手枪和刀剑的骑兵冲锋，在伊夫里（Ivry）战役中获胜。
- **约1600年** 欧洲军队引入了龙骑兵——使用卡宾枪（较短的火枪）在马下作战的骑兵。
- **1610年** 波兰轻骑兵在克鲁辛诺（Klushino）战役中击败了俄罗斯人和瑞典人。
- **1630年** 在欧洲三十年战争中，瑞典人将骑兵与其他兵种混合使用。
- **17世纪40年代** 在英国内战中，奥利弗·克伦威尔的铁骑兵采用纪律严明的密集阵形战术。

手持手枪的骑兵以纵列冲向长矛兵，在近距离向他们射击后退回重新装弹，另一队骑兵随之重复上一队骑兵的动作。

自17世纪开始，欧洲骑兵基本上放弃了长矛，以及那些曾经对于全身铠甲十分有效的敲击武器，如战锤。骑兵的装备包括刀剑和武器，在某些时候还有一些可以重复装弹的手枪。龙骑兵连队虽然策马进入战场，但他们手持火器下马作战，就如火绳枪手一样。然而，指挥官们不愿意放弃骑兵冲锋的战术：因为骑兵冲锋看起来仍旧充满魅力，有时候也能在战斗中发挥决定性作用。

在诸如瑞典国王古斯塔夫二世等领袖的领导下，骑兵恢复了其震慑作用。骑兵们一般部署在步兵的侧翼，首先向对方的骑兵发起冲击；在击发火器之后，他们会用刀剑继续攻击；冲破敌阵可以占领敌方的火炮。火绳枪兵出击，对马上的火力形成增援，将敌方骑兵赶出战场，令敌方步兵暴露在攻击之中。

> “在**我们的刀剑下**，上帝让他们变成了残株。我们的战马冲向他们的步兵，令他们所有的人都**四散逃窜**。”
>
> **奥利弗·克伦威尔（Oliver Cromwell）**，记于马斯顿荒原战役后，1644年

◂ **骑兵冲击**

1644年7月，英国内战中的马斯顿荒原（Marston Moor）战役中，由于克伦威尔铁骑兵的成功，议会派取得胜利。铁骑兵的冲锋驱散了保皇派的马匹，使皇家步兵暴露在攻击之下。

骑兵铠甲与武器

随着火器的使用越来越普遍，铠甲变得越来越厚，它的一些次要功能也被放弃以减轻质量。17世纪初期，装备有簧轮手枪和刀剑的骑兵仍然穿着长度及膝的铠甲。为击败长矛兵，新战术不断出现。如“战马半旋转”，就涉及到一拨接一拨的骑兵击发火器，并随之退到队伍尾部重新装填弹药。17世纪中叶，大部分骑兵因其所用武器而被称为火绳枪兵，他们所穿着的铠甲仅包含厚重的胸甲和以水牛皮为衬里的开放式头盔。

▲ 佛兰德斯胸甲头盔

时期：约1600年
来源地：荷兰
材料：铁、皮革

这个时期的大部分头盔都由两个部分组成。这两个部分沿头盔顶端梳状凸起部分相互连接。颈甲覆盖着下巴，头盔帽舌指向下巴。附着在头盔帽舌上的是一块几乎扁平的铁板，将面部完全罩住；铁板上有便于观察和呼吸的镂孔。

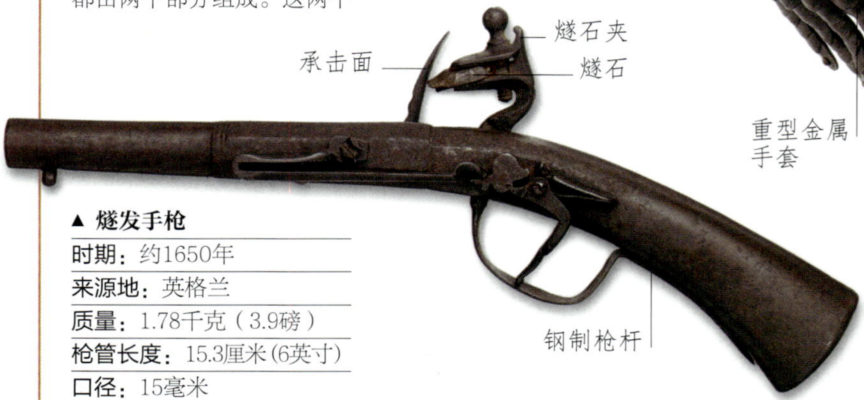

▲ 燧发手枪

时期：约1650年
来源地：英格兰
质量：1.78千克（3.9磅）
枪管长度：15.3厘米(6英寸)
口径：15毫米

图中这把全钢手枪比较有趣，它的击发机制位于枪杆外部。当扳动扳机时，在枪杆上活动的弹簧式机心掌控着燧石夹的击发运动。

▶ 野战铠甲

时期：约1630年
来源地：德国
材料：铁、皮革

在17世纪初期，重胸甲骑兵穿着这种大半身的铠甲，借助马靴防护腿的下半部分。为了更好地使用刀剑及手枪，长矛已经被弃用。重胸甲骑兵通常将两把手枪放置在位于马鞍上的枪套内。

▸ 水牛皮外套

时期：约1640年
来源地：英格兰
材料：水牛皮

这些外套由水牛皮制成，厚度约3～4毫米（0.25英寸）。它们能针对刀剑和远距离的手枪攻击提供较好的防护。为了更为美观，图中水牛皮外套上增添了系带，最初的系结为钩眼扣。

◂ 带栅格防护的壶形头盔

时期：约1640年
来源地：英格兰
材料：铁、皮革

在英国内战期间，对战双方的骑兵都戴着这种简单的头盔。这种头盔由两个盔盖组成，盔盖上有压花装饰。头盔还有一个可上下移动的帽舌，帽舌上附有由3根铁条构成的栅格形护面罩。此外，头盔还有贴腮片和护颈。

◂ 火绳枪兵使用的胸甲

时期：约1640年
来源地：英格兰
材料：铁、皮革

图中简单的胸甲穿着在水牛皮外套外。胸甲较厚，有些情况下还是两层铁片层叠，具备防弹功能。背部的甲片相对较薄，但也足够坚硬，能够抵抗近距离冲突中的刀剑突刺。

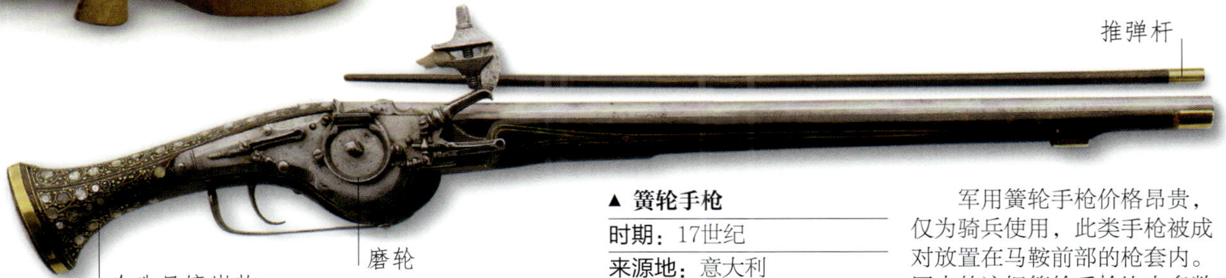

▴ 簧轮手枪

时期：17世纪
来源地：意大利

军用簧轮手枪价格昂贵，仅为骑兵使用，此类手枪被成对放置在马鞍前部的枪套内。图中的这把簧轮手枪比大多数都要精美，在枪把上镶有珍珠母。

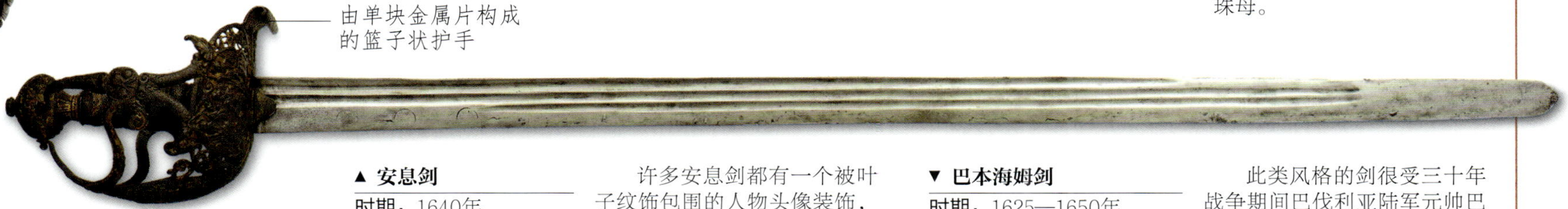

▴ 安息剑

时期：1640年
来源地：英格兰
质量：0.89千克（2磅）
长度：92.1厘米（36.2英寸）

许多安息剑都有一个被叶子纹饰包围的人物头像装饰，图中的装饰可能是被处决的查理一世的头像，这把安息剑也以查理一世命名。英国内战中交战双方都使用安息剑。

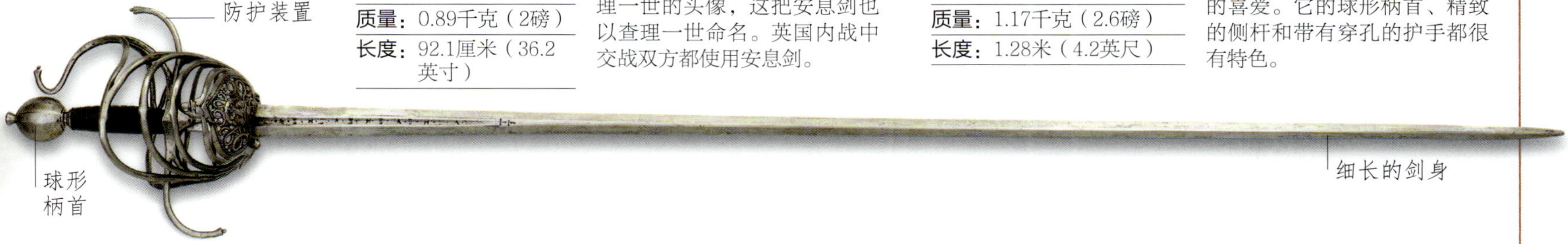

▾ 巴本海姆剑

时期：1625—1650年
来源地：北欧
质量：1.17千克（2.6磅）
长度：1.28米（4.2英尺）

此类风格的剑很受三十年战争期间巴伐利亚陆军元帅巴本海姆（Pappenheimer）伯爵的喜爱。它的球形柄首、精致的侧杆和带有穿孔的护手都很有特色。

关键发展

战争中的伊斯兰帝国

在16和17世纪，奥斯曼、莫卧儿和萨非等伊斯兰帝国统治了欧亚大陆广袤的土地。他们的军队传承了亚洲部落传统，这表现在对携带火药武器的骑兵的重视上。

莫卧儿人起源于中亚，在查希尔-乌德-丁·穆罕默德·巴卑尔（Zahir-ud-Din Babur）率领下，他们在16世纪初期占领了阿富汗和印度北部，创建了莫卧儿帝国。之后在巴卑尔继任者们的带领下，莫卧儿帝国几乎不停地扩张，将其版图延伸至印度次大陆。

莫卧儿帝国的皇帝们从中亚征召游牧民族部落勇士，他们如同轻骑兵一样携带复合弓作战。莫卧儿军队同样也吸收了被征服的印度国家的士兵，如拉其普特人——佩带刀剑和匕首的印度贵族武士。其他的印度贵族则在自己的土地上挑选农民步兵，并将他们贡献给莫卧儿帝国。

莫卧儿帝国的徒步士兵装备着仿造外国的火绳枪，他们还使用青铜与黄铜大炮。战斗中，火绳枪部队或长矛兵部队列队于野战炮侧面，在指挥官前构成方阵。而指挥官则骑在他们的移动指挥所——大象上。位于侧翼的轻骑兵冲向敌阵，将弓箭如雨点般射向敌人，随后位于队伍中央，手持权杖、刀剑和长矛，身着铠甲的骑兵开始冲锋。莫卧儿帝国的工程师们修建道路，并在攻城战时沿敌方城墙开挖地道。他们主要的薄弱点是步兵，是一群地位低下、缺乏训练的乌合之众。

奥斯曼人

奥斯曼土耳其人最初起源于中亚地区，但是他们在16世纪时已经控制土耳其和巴尔干地区的大部分土地超过100年。16世纪，他们将帝国扩展至匈牙利、波斯帝国边境地区的西亚、埃及和北非。

奥斯曼军队由步兵、骑兵和炮兵组成。他们的精英步兵名为“禁卫军”，“禁卫军”的组成人员曾是巴尔干地区天主教徒家庭的孩子，他们被奥斯曼人抓过来，并被当作穆斯林奴隶养大。他们装备有火器，组成纪律严明的火枪部队，这是苏丹皇家卫队的组成部分。苏丹皇家卫队的特点是以“西帕希”骑兵（Sipahis）为核心，他们服役的回报是获得提高地租的权利。他们身着板甲，装备有长矛、标枪和刀剑，还有备有复合弓的轻骑兵为他们提供支援，而轻骑兵的角色既是侦察兵，又是掠夺者，还是突击手。奥斯曼人大炮的威力十分著名，到16世纪末期，他们扬言炮兵拥有3000门大炮。同时，他们的海军也控制着东地中海。

萨非人

1501年，萨非人在波斯取得了统治权。最初，他们的部队是由部落骑兵“凯兹莱巴什”（Kizilbash，意为“红头”——译者注）构成。由于缺乏火器，他们的两个帝国都在边境地区败于奥斯曼人。但是萨非君主阿巴斯一世（1587—1629年在位）创建了一支常设军队，包含骑兵、火枪步兵和火炮兵等兵种，都采用了欧洲的专门技术。这种更为平衡的军队结构使得萨非王朝一直维持到1732年。

▲ **莫卧儿战象**

大象在莫卧儿军队中得到广泛使用。指挥官们不仅骑着大象战斗，还将它们作为重骑兵使用，更可以利用它们的高度作为观察和指挥战斗的优势位置。

◀ **奥斯曼禁卫军**

奥斯曼精英禁卫军根据鼓点声音策马进入战场。奥斯曼军人以其良好的纪律和高昂的士气而闻名。

关键**人物**

苏莱曼一世

1494—1566年

苏莱曼一世（又称苏莱曼大帝）自1520年开始统治奥斯曼帝国。他轮番对欧洲和萨非波斯发动进攻。他的胜绩有：在1526年征服匈牙利，在1534年占领巴格达。但1565年，他却在夺取马耳他岛的战争中铩羽而归。

▲苏莱曼一世年轻的时候气宇轩昂，以其骑士精神和勇猛闻名于世。在后来的岁月里，他被糟糕的健康状况所折磨。

> “我是**苏丹之王**，天之君主，是**真主**在地球的庇护之神。”
>
> 苏莱曼一世，给法国国王的信，1536年

◂ **莫卧儿人的冲锋**

16世纪60年代，莫卧儿统治者阿克巴（Akbar）大帝的铠甲骑兵手持刀剑与长矛向敌人冲锋。阿克巴大帝对战象情有独钟，虽然据传战象容易受到火药武器的惊吓，但阿克巴大帝阵中还是有5000头战象。

关键**事件**

16—18世纪

■ **1514—1517年** 奥斯曼土耳其人在乍得击败萨非波斯，在莱丹尼亚（Raydaniya）击败埃及马穆鲁克人。在战争中，奥斯曼土耳其利用火药武器的优势，而这正是他们的对手所缺少的。

■ **1526年** 在巴卑尔的率领下，莫卧儿人在帕尼帕特（Panipat）之战中击败了德里苏丹国。战争中，莫卧儿人的火炮使苏丹的战象部队惊恐不堪。

■ **1571年** 缺乏火药武器的奥斯曼战舰被天主教舰队在勒班陀击败。

■ **1587年** 阿巴斯一世在波斯启用了欧洲军事专家，开始实现萨非武装部队现代化的进程。

■ **1658—1707年** 在奥朗则布（Aurangzeb）的领导下，莫卧儿帝国的疆域范围达到顶点。在奥朗则布死后，莫卧儿帝国开始逐步衰落。

■ **1683年** 奥斯曼人围攻维也纳失败后，其陆军成就便进入了急速且不可逆转的衰退期。

奥斯曼铠甲与武器

16世纪，奥斯曼帝国处于顶峰，其领土西至当今的阿尔及利亚，东至里海，北达中欧。土耳其禁卫军是收入颇丰且装备精良的步兵军团，为帝国的成功立下了汗马功劳。他们最初是弓箭手，后来在战斗中使用火枪与极具特色的弯刀（yatagans）。骑兵被分为两个集群：一个是“阿金基”（akinji）轻装弓箭骑兵，他们的主要作用为侦察和骚扰敌军；另一个是“西帕希”重骑兵，他们身着链甲，骑着由铠甲保护的战马，在战斗中，他们或策马拉弓，或挥舞长矛，或投掷标枪，或提斧杀敌。

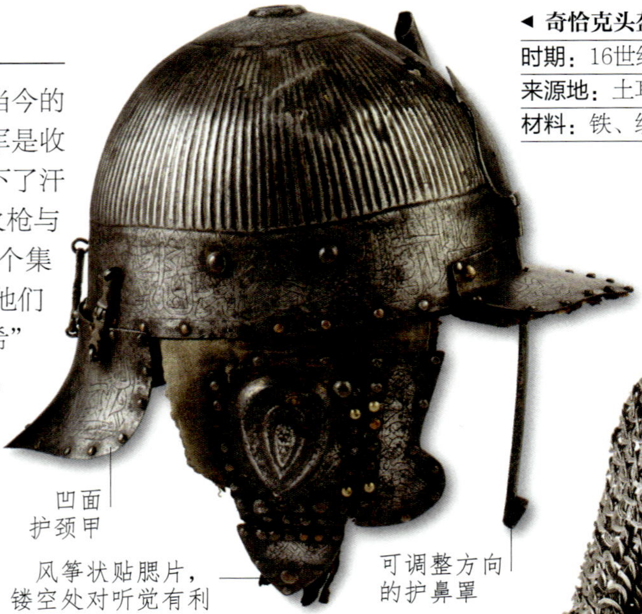

◂ **奇恰克头盔**

时期：16世纪

来源地：土耳其

材料：铁、织物

该型头盔（cicak）由单块头盔盖制成，具备面部、颈部和耳部防护功能。头盔盖、耳罩和帽舌仍然保留着缝制的红色织物衬里。位于头盔中央的铁条和护颈部位刻有可兰经文字。

◂ **“坎嘉尔”刀**

时期：约1520年

来源地：土耳其

质量：376克（13.3盎司）

长度：39厘米（15.4英寸）

“坎嘉尔”(khanjar)刀身具备坚硬的横截面，其设计用途是刺穿链甲。位于护手下方刀身不锋利的部位便于士兵在接近护手的位置抓握，可以对刀进行更好的控制。

▸ **西帕希铠甲**

时期：16世纪早期

来源地：土耳其

材料：黑色金属、铜合金、皮革、织物

图中展现了一个携带卡尔卡恩（kalkan）盾牌、弓袋、箭筒和早期直刃剑的西帕希重骑兵。中世纪波斯头盔在土耳其得到改良，加装了帽舌、护鼻杆和耳罩。

▸ **土耳其契尔锁链甲**

时期：15世纪晚期

来源地：土耳其

材料：黑色金属、铜合金、皮革

土耳其契尔锁链甲（zirh gomlek）由一排排相互焊接和铆接的金属环组成，上面还插入了相互重叠的板甲。它还被称为波斯板条甲，是西帕希重骑兵所用的一种铠甲。有些铠甲的金属环上印有宗教铭文。

▸ 基里克马刀

时期：1625年
来源地：土耳其
质量：750克（26.5盎司）
长度：71厘米（28英寸）

基里克马刀（kilic）是奥斯曼人极具特色的刀具。为便于切割，其剖面较大。刀柄由牛角制成，护手则由铜镀金制成。刀身轮廓鲜明，刀身加强部分刻有花纹。

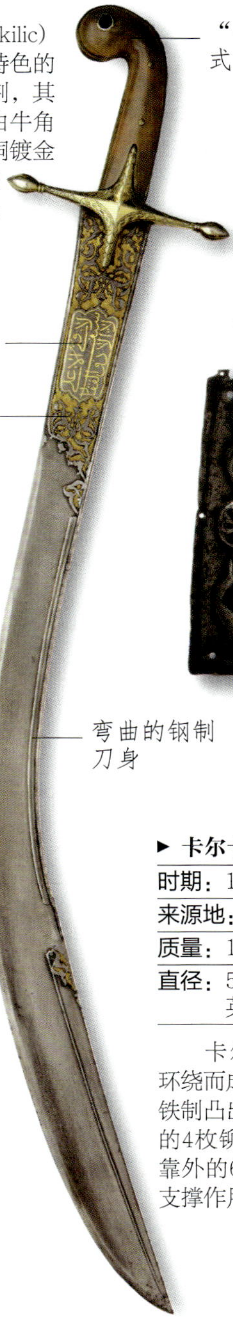

◂ 科拉津骑兵甲

时期：约1656年
来源地：土耳其

科拉津骑兵甲（korazin）是一种由链条和金属板构成的胸甲，穿着于甲胄之外，并用金属板防护骑兵颈部和背部。它的前后部分由细密的铁环固定起来，所以在穿着该铠甲时，士兵还需戴上头盔、管状手臂防护片和腿部防护片。

▸ 卡尔卡恩盾牌

时期：17世纪
来源地：土耳其
质量：1.9千克（4.2磅）
直径：52.5厘米（20.7英寸）

卡尔卡恩盾牌由藤条环绕而成，中心部位有一个铁制凸出部。盾牌外侧靠内的4枚铆钉用来固定握柄，靠外的6枚铆钉则对盾牌起支撑作用。

▾ 燧发步枪

时期：18世纪
来源地：土耳其
质量：2.39千克（5.3磅）
枪管长度：78.5厘米（30.9英寸）
口径：16毫米

17世纪时，奥斯曼军队采用地中海式的燧发枪作为其火器。这些枪的大多数质量都很好，拥有膛线枪管和有精美镶嵌物的枪托。图中这把枪的枪机与支架上都十分奢侈地装饰有黄金镶嵌物，枪管箍则是银制的。

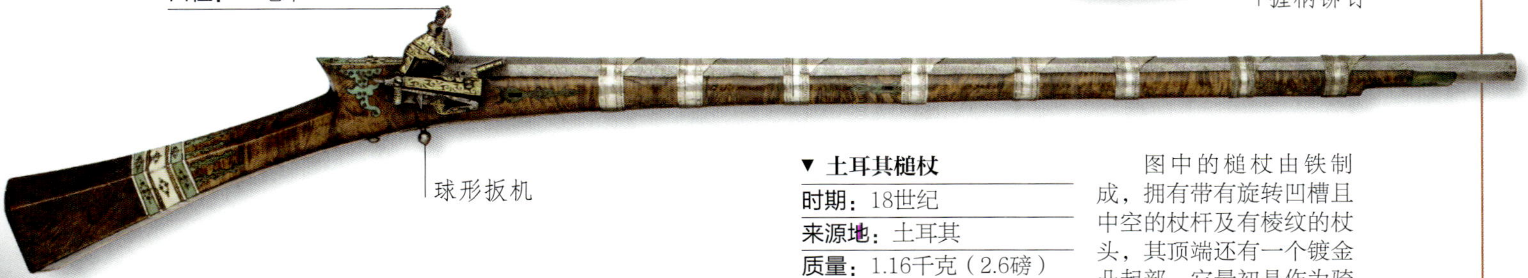

▾ 土耳其槌杖

时期：18世纪
来源地：土耳其
质量：1.16千克（2.6磅）
长度：70厘米（27.6英寸）

图中的槌杖由铁制成，拥有带有旋转凹槽且中空的杖杆及有棱纹的杖头，其顶端还有一个镀金凸起部。它最初是作为骑兵武器出现的。

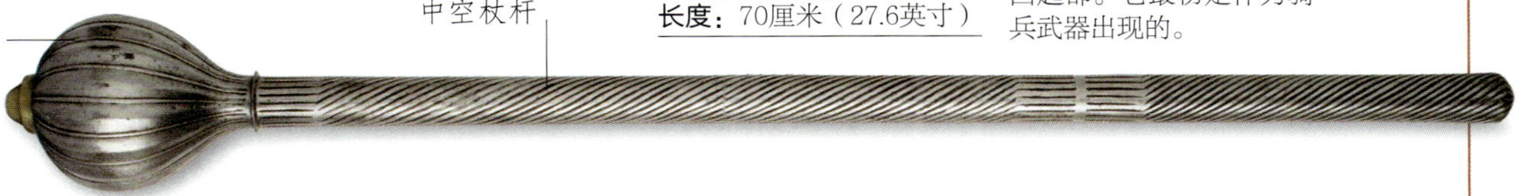

苏莱曼大帝在莫哈奇战役中

苏莱曼大帝坐在白马上，观察着炮手们开炮和禁卫军开枪。相对于基督教军队，奥斯曼人展现出了远为良好的战术灵活性。

莫哈奇战役

1526年，奥斯曼土耳其帝国苏丹苏莱曼大帝率强兵进入匈牙利国王路易二世的领土和波希米亚领地。苏莱曼大帝的军队在莫哈奇（Mohacs）与路易二世的军队相遇，他们灵活使用各种武器，借助传统的战斗技巧，成功抵抗住了路易二世军队的攻击。

当苏莱曼大帝在1526年4月16日率军离开君士坦丁堡时，他的目标早已路人皆知。他意在东南欧扩张他的帝国版图，并早在1521年便占领了塞尔维亚首都贝尔格莱德。对于他的终极目标维也纳哈布斯堡城，匈牙利无疑成为了他的下一个绊脚石。在土耳其人向北进军时，路易二世拥有足够的时间来应战。他向其他基督教领袖寻求军事支援，但未得到他们的理睬，就连应该效忠于路易二世的匈牙利贵族也不情愿接受他的领导。

苏莱曼大帝的军队沿多瑙河堤岸前行，河中则游弋着一队补给船。潮湿的夏季使得行军颇费周章。8月14日，苏莱曼大帝的军队抵达多瑙河支流德拉瓦（Drava）河，这条河构成了匈牙利的自然边界。由于连日降雨，洪流湍急，路易二世最好的策略本应是沿河流设防，但奥斯曼的军队毫不费力地跨过了河流。奥斯曼人大约花费了5天时间熟练地架起了舟桥，300门大炮及大约50 000～100 000人渡过了河流。此时，路易二世在莫哈奇附近等待着他的敌人，封锁了通往首都布达城的道路。

骑士和大炮

战役在8月29日打响。路易二世虽然也有相当数量的大炮，但他的军队大多由铠甲骑士构成。根据基督教欧洲的传统，他将赌注压在其骑士冲锋所产生的震慑效果之上。苏莱曼大帝对此了然于心，并将其他兵种部队精心安排：将大炮连接在一起，形成了令人惊叹的炮兵阵列，加之装备有火绳枪的精英禁卫军步兵，似乎是在战场上迎面设立了一道屏障。西帕希重骑兵部署在火药武器阵线前方，但是他们的铠甲劣于基督教骑兵，装备的复合弓也源于古老的亚洲祖先。在侧翼，灵活多变的阿金基轻骑兵则等待着骚扰、追逐和屠杀敌人。而苏莱曼大帝本人则位于队伍尾部，周边围绕着保护他的皇家卫队骑兵。

匈牙利人首先开炮打响了战斗。随后，铠甲骑士向奥斯曼军队发起了雷鸣般的冲击，路易二世本人亦亲自上阵，位于冲击队形中央。几乎是与提前设计好的战术计划一样，位于路易二世骑士们猛攻阵线正对面的西帕希重骑兵迅速消失，露出了他们后面的炮阵。在骑士们冲向炮口之时，奥斯曼人开火。大量匈牙利战马和跌落马下的骑士们遭到屠杀，冲锋戛然而止。奥斯曼骑兵随即发动反攻，随后就发生了残忍而野蛮的混战。同时，阿金基轻骑兵则摸到基督教军队的尾部，对营地进行了劫掠，并屠杀了随军谋生的平民。

路易二世国王的军队土崩瓦解。个别幸存者试图通过树林和沼泽逃生，国王本人也在逃逸的过程中身亡——他的尸体经过数月才被找到。布达城被占领，匈牙利成为了奥斯曼帝国的领土。

莫卧儿武器与铠甲

莫卧儿帝国发端于1526年。在这一年，来自中亚的草原部落从西北部进入并席卷印度，在17世纪末期占据了南亚次大陆的大部分土地。他们深受波斯影响，携带着与波斯人类似的武器，如火枪。莫卧儿军队由骑兵、步兵和炮兵构成。与马穆鲁克人的风格相似，莫卧儿重骑兵也身着链甲与片甲，其战马也为铠甲所包裹。在战斗中，他们使用弓箭、长矛和刀剑。身着铠甲的大象使用度有限，因为它们可靠性不高，也难于控制。步兵作战时主要使用火枪与刀剑，但由于缺乏协调的指挥体系，他们的威力受到限制。

▲ **顶部头盔**

时期：17世纪

来源地：印度

材料：黑色金属、织物（衬里部分）

此头盔用链环相互连接竖直排列的铁板，构成横向的环带。该头盔最初拥有一个充分填充的衬里，三角形的链甲垂于面部前方。

▼ **大象铠甲**

时期：约1600年

来源地：印度

材料：黑色金属、铜合金、皮革

大象铠甲主要由链甲和片甲组成。图中的大象铠甲嵌有花朵、鱼形及奔跑的大象形象的装饰。在象牙上部位置可以插入两把剑。

▶ **印度板链甲**

时期：17世纪早期

来源地：印度

材料：黑色金属、铜合金、皮革、红色丝绸、金线

莫卧儿帝国骑兵穿着附有金属板胸甲的链甲外套，其长度及膝。此类板链甲通常是镀锌的，以避免锈蚀，防止对穿着在里面的衣服造成损伤。虽然它不能达到全身板甲的防护水平，但它相对较轻也很灵活。

▼ 塔瓦弯刀

时期： 17世纪早期

来源地： 印度

质量： 1.04千克（2.3磅）

长度： 95.7厘米（37.7英寸）

图中精雕细刻的象牙刀柄与装在塔瓦弯刀（talwar）上常见的印度-穆斯林刀柄不同，但也反映了莫卧儿王朝奢华的品位。如图中所示早期的刀身，比之于稍晚时期的刀身，其上雕刻较少。

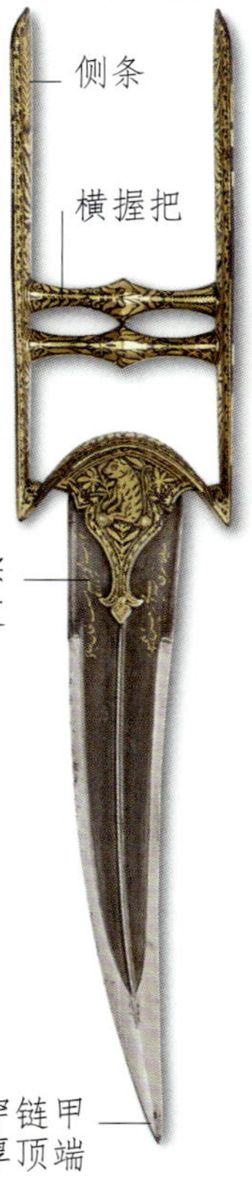

◀ 印度手刺

时期： 1760年

来源地： 印度

质量： 525克（18.5盎司）

长度： 44.6厘米（17.6英寸）

弯曲刀身的顶端进行了加粗处理，以便刺穿链甲。刀身表面凹陷处的外层已被除去，以展示乌兹钢的结构。印度手刺（katar）的抓握方法是用手握住横握把。横握把的侧条在手腕两侧向后延伸。

▶ 达尔盾牌

时期： 18世纪

来源地： 印度

质量： 2.5千克（5.5磅）

直径： 60厘米（23.6英寸）

图中带有半球隆起的达尔盾牌（dahl）由厚牛皮制成：将牛皮放置于模具内干燥，并涂上亮漆以将水分逼出。图中4个嵌有纯金纹饰的铁制凸出物用于固定盾牌内部的把手。

▶ 印度塔卡什箭袋与蒂尔箭

时期： 18世纪

来源地： 印度

质量： 710克（25盎司）；（弓箭）18克（0.63盎司）

长度： （弓箭）73厘米（28.7英寸）

图中所示天鹅绒刺绣箭袋（tarkash）一般携带于臀部右侧，左侧则由一个与之匹配的弓袋平衡。刷有油漆的竹箭（tir）装有由象牙制成的凹口、3枚箭羽及一个可以穿透铠甲的箭头。

◀ 喀曼弓

时期： 18世纪

来源地： 印度北部

质量： 550克（19.4盎司）

长度（弓弦）： 95厘米（37.4英寸）

莫卧儿喀曼弓（kaman）由牛角和粘贴于木芯上的筋腱组成。拉弓之时，弓弦被拉向反方向。弓臂末端为实心，可以充当杠杆并在拉弓时提供助力。

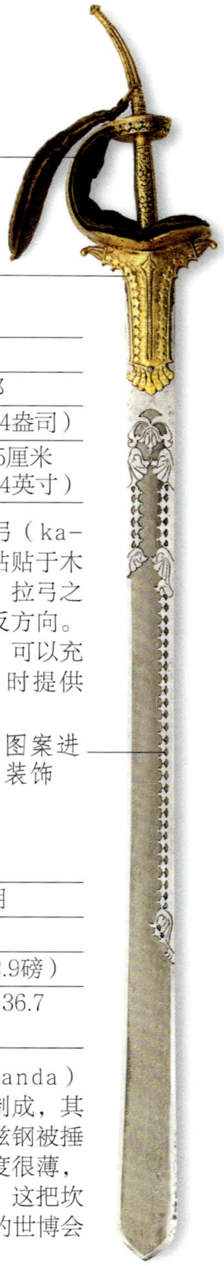

▶ 坎达刀

时期： 19世纪早期

来源地： 印度

质量： 1.3千克（2.9磅）

长度： 93.3厘米（36.7英寸）

坎达刀（khanda）的刀身由乌兹钢制成，其产量很小。当乌兹钢被捶打成刀时，其厚度很薄，不得不对其加固。这把坎达刀是为1851年的世博会所制的。

关键发展

东亚的战斗

16世纪与17世纪，在日本、朝鲜、中国及东南亚爆发了一系列大规模的战争。创新性的技术也在许多战争中得到使用，如早期的火药武器和重装甲舰。

日本在1467年至1615年是人们所知的战国时代，“在这个时代，整个国家都陷于战火之中”。在战国时代，那些强大的地方武士——大名经常相互残杀。其中，最为野心勃勃的当属织田信长和丰臣秀吉，他们都希望将日本统治在自己手中，但这个目标最终被德川家康所实现，他是日本历史中历时最长久的德川幕府时代的创始人。

日本武士与足轻

军阀部队中的日本武士曾经是马上的弓箭手，但他们放弃了传统，更偏向使用长矛和刀剑徒步战斗。他们主要的刀具是双手持握的武士刀。武士刀刃向上，武士在单个的挥刀与拉刀的过程中就可施以砍伤。武士单兵因其作战勇猛而成为传说，农民徒步部队——足轻，也成为了著名的武装力量。最初，他们使用的是中国的火器，但自1640年起足轻便采用了欧洲火绳枪。如果是训练有素、纪律严明的小队使用这种武器，那么它的威力便能达到最大程度。城堡建设同样是这个时代的另一个重要特点，许多复杂的石木结构在这一时期得以修建，通常还带有外垒。

火药与舰船

16世纪90年代，日本在丰臣秀吉的率领下试图两次入侵朝鲜。中国军队协助朝鲜御敌，并成功击退入侵者。朝鲜和中国陆军部队拥有以火箭车为代表的具备优势的火药武器。火箭车是一种多重火箭发射器，能够发射上百批次的燃烧火箭弹。然而，朝鲜取得战争胜利的主要原因是他们海军的骁勇。朝鲜海军在1592至1598年达到顶峰，朝鲜将领李舜臣在这一时期利用装备有大炮的桨船——板屋船和铁甲龟船取得了一系列胜利。

1615年之后，德川幕府终结了日本的内战时代，但中国的17世纪仍是战事连连。满族，也就是长城以北女真族部落的联合体创建了名为八旗的军事组织结构。1644年，满族人利用明朝瓦解所导致的政治混乱占领了北京，并创建了清王

关键事件

16—17世纪

- **1543年** 葡萄牙航海者在日本南部登陆，为日本带来了火绳枪。随后，日本的工匠们迅速地仿制了这一武器。
- **1592年** 朝鲜李舜臣将军在闲山岛战役中压倒性地击败了日本海军，迫使日本放弃了对朝鲜的第一次侵略。
- **1598年** 日本第二次入侵朝鲜，在蔚山之战和露梁海战中，朝鲜人败下阵来。
- **1600年** 德川家康在关原之战中取得胜利，从而夺取了日本的最高统治权。之后他创建了德川幕府。
- **约1615年** 女真族将领努尔哈赤创建了满族八旗制度。八旗制度实质上是一种军事组织，在满人与汉人战斗时表现出了极高的效率。
- **1644年** 满族人在明朝叛变将领的帮助下通过了长城，占领了北京并建立了清朝。
- **1673—1683年** 中国康熙大帝平定三藩之乱，并击败了台湾岛上忠于明朝的武装力量。

▼ **朝鲜龟船** 16世纪90年代，朝鲜龟船被用于与日本人的战争中。朝鲜龟船上层甲板包裹有贴片和刺钉，火炮则从舷窗发射。

“若能**以一当十**，则千人可败万人。”

宫本武藏（Miyamoto Musashi），《五轮书》（*The Book of Five Rings*），约1645年

朝。但清朝仍花了40年的时间将其统治拓展到整个中国。满族人最初是手操弓箭、刀剑和长矛的草原骑士，后来也不得不开始使用大规模农民军队，在江河湖海开展水战，并使用一系列中国火药武器。然而1683年，清朝通过海上进攻占领了台湾，这标志着满族的康熙皇帝击败了明朝遗族，实现了最终胜利。

同时，在东南亚地区，处于战争中的缅甸与暹罗则保持了与上述国家完全不同的战斗传统。他们的军队大规模地使用战象，并将其作为震慑力量。

▲ **康熙大帝的海军**

1683年，康熙大帝的海军在澎湖之战中击败了台湾岛上的抵抗力量。

◀ **长篠之战**

1575年，日本长篠之战因军阀织田信长使用火器而闻名。在木制栅栏的防护下，织田信长指挥大规模徒步士兵手持火绳枪交替齐射，粉碎了武田胜赖的骑兵冲锋。

关键**人物**

丰臣秀吉

1536—1598年

日本军阀丰臣秀吉是农民出身，在织田信长的军队内颇具声望。1582年织田信长死亡之后，丰臣秀吉成为日本最有权势的人物。虽然两次入侵朝鲜都归于失败，但他一直掌权直到去世。

▲ 在丰臣秀吉统治之时，他试图通过禁止农民持有武器而平息日本内战。

东亚刀剑

中国最早的剑为双刃直线型。最初的单刃剑要追溯到汉朝（公元前202—公元220年）末年，它们的刀刃演化成了各种形状。最初，日本从中国进口刀剑，但在公元1000年左右，他们形成了自己的风格——单刃且弯曲的刀身。这种风格在接下来的1000年时间内没有发生实质性的变化。日本刀身的设计可以使刀身从刀的其余部分拆卸下来，使得同一把刀身可以沿用数代人，成为一个家族的传家宝。刀身可以被装在新的配件上，包括大束（tsuka，刀柄或把手）、津叶（tsuba，护手）和沙耶（saya，刀鞘）等。其中有一些刀，特别是短刀和匕首，在刀鞘内还设有口袋，用于装载小柄（小刀）和笄（一种梳头用的钎状工具）。

▲ 武士刀刀身

时期：	15世纪
来源地：	日本
质量：	630克（22.2盎司）
长度：	87厘米（34.2英寸）

图中的刀身已经从它的固定配件中取下。刀身通过刀柄脚上的锥拔和竹钉固定在刀柄之上，竹钉同时穿过刀柄和刀柄脚上的孔，从而将它们固定起来。

► 刀

时期：	17世纪
来源地：	中国
质量：	520克（18.3盎司）
长度：	64厘米（25.2英寸）

图中长度较短且单刃的刀有近直线的雁翎形刀身。它主要是一种骑兵武器，其单刃用于切割，刀的尖头可用于刺杀。

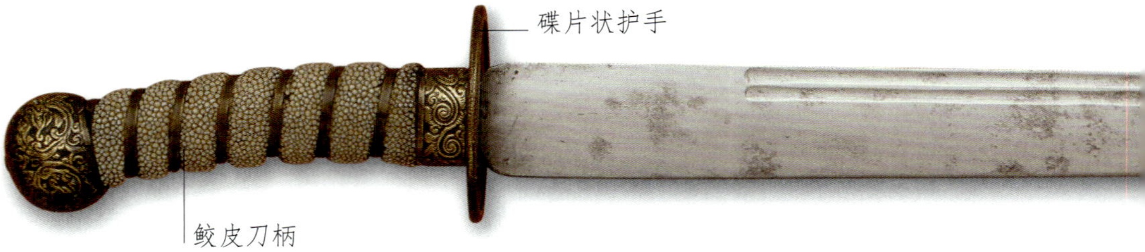

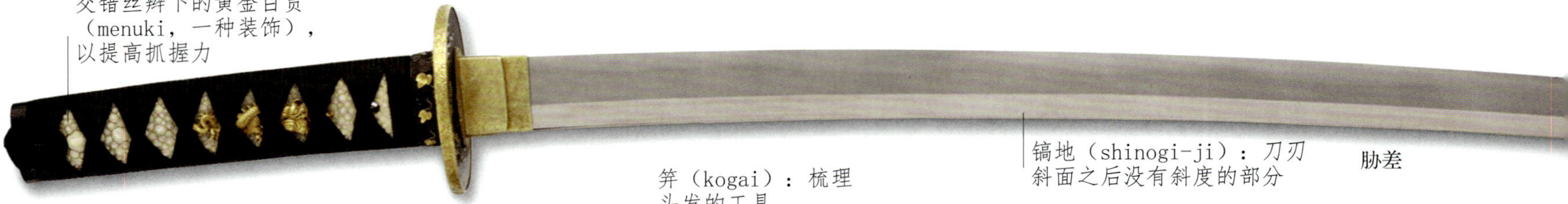

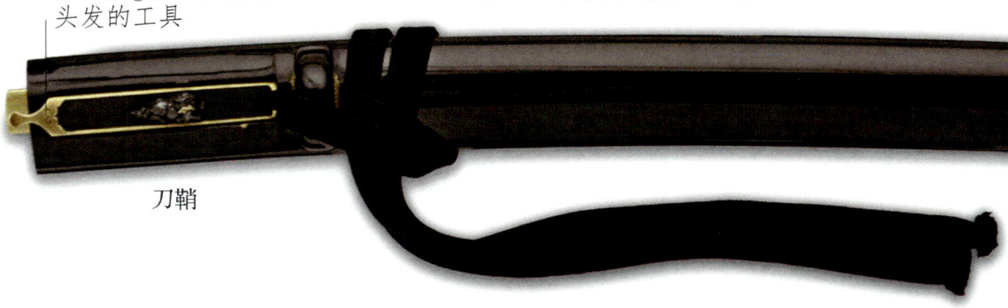

▲ 胁差

时期：	约1640年
来源地：	日本
质量：	480克（17盎司）
长度：	53.4厘米（21英寸）

武士携带胁差（wakizashi，短刀）作为武士刀的补充武器。这也是唯一可以由其他社会阶层的人所佩带的一种刀具。

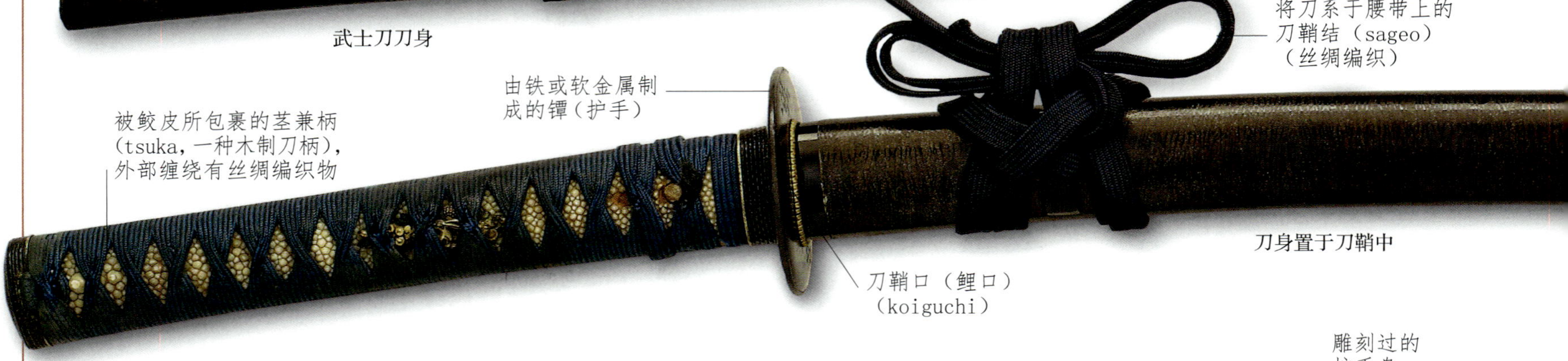

▲ 日本江户时代武士刀刀身及其镶嵌物

时期：	17世纪
来源地：	日本
质量：	1.3千克（2.9磅）
长度：	1.06米（3.5英尺）

16世纪，武士开始在其腰带上佩带打刀（一种战刀），推刃朝上。与他们之前所悬挂的太刀（长刀）相比，打刀更易抽出。此类刀具后来被称为武士刀，且仅能由武士阶层佩带。

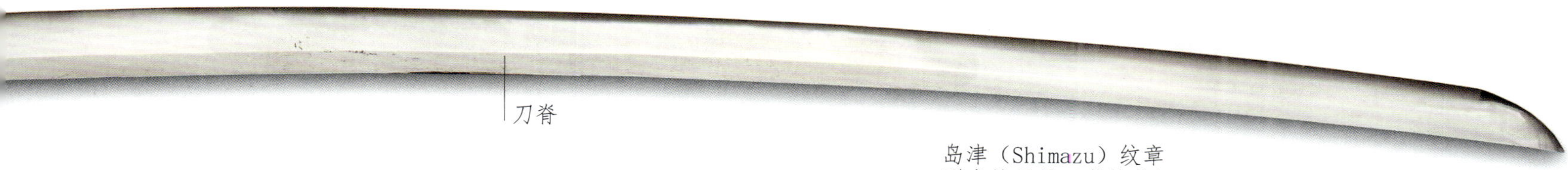

刀脊

岛津（Shimazu）纹章形式的目贯（装饰物）

▸ **短刀**

时期： 1792年	
来源地： 日本	
长度： 28.5厘米（11.2英寸）	

短刀（tanto）是一种刀身长度不足31厘米（12.2英寸）的刀或匕首。它通常作为肋差的替代物配备。图中的短刀涂有黑漆，其刀鞘外部配有一个笄，末端还配有一个小柄（kozuka）。

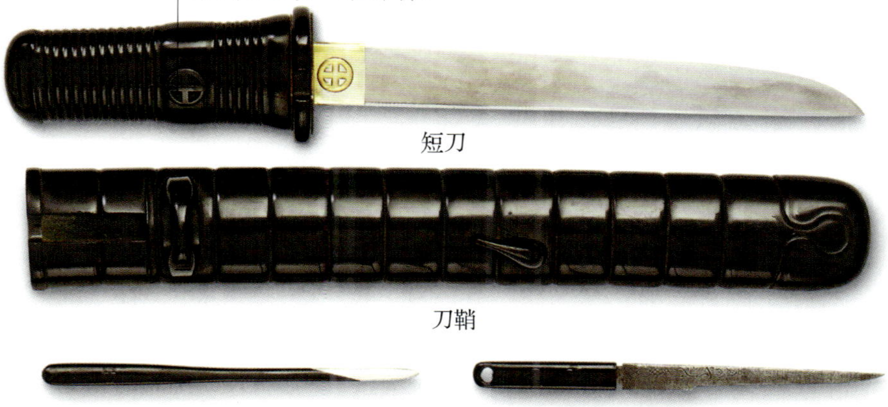

短刀

刀鞘

笄

小柄

刀身为钢铁合金制成

切先（kissaki）：刀尖部位

涂有黑漆的木制刀鞘

▸ **锷（护手）**

时期： 19世纪	
来源地： 日本	
材料： 铁、金	
直径： 6.5～7厘米（2.6～2.8英寸）	

最初，刀锷（tsuba，护手）相对较为平淡朴素，随后逐渐具备装饰功能。图中的刀锷带有仙鹤在月前飞翔的轮廓，而仙鹤旁的云彩则被黄金提色。右边的刀锷带有的花纹装饰是由铁片凿刻而成的。

可能是尾张派（Owari school）装饰

刻有铸剑大师砂川正吉（Masayoshi）的名字

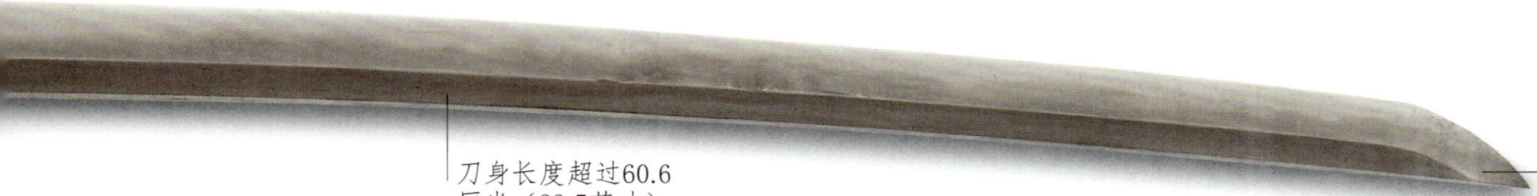

刀身长度超过60.6厘米（23.5英寸）

切先：刀尖部位

涂漆木制刀鞘

▾ **剑**

时期： 19世纪	
来源地： 中国	
质量： 950克（33.5盎司）	
长度： 88厘米（34.6英寸）	

线条笔直的双刃剑在中国使用了超过2500年的时间，被认为是中国四大传统武器之一。剑身由硬钢制成，在剑身两侧都焊有较软的铁片。许多剑上都有中脊。

中脊

东亚武器

在单兵武器中，弓箭与枪是日本与中国军队所使用的最主要武器，而并非刀剑。虽然日本与中国在技术上领先，但东亚军队的火力仍较为有限：中国发明了火药，但他们在16世纪从中东和欧洲重新引进了更有威力的火药武器。大约在同一时代，火绳枪于1543年进入日本，随后被大规模使用。然而，在日本平静的江户时期（1603—1868年），制枪业在日本几近停滞。

▶ **长矛**

时间：	16世纪
来源地：	日本
长度：	1～6米（3.3～19.7英尺）

长矛（yari）是一种直线型的标枪。其长度介于1～6米之间。更长的版本被称为近江矛（omi no yari），而短一点的被称为麻糬（mochi）或者太矛（tae yari）。一般而言，步兵手持的是最长的长矛，而武士手持的稍短一些。

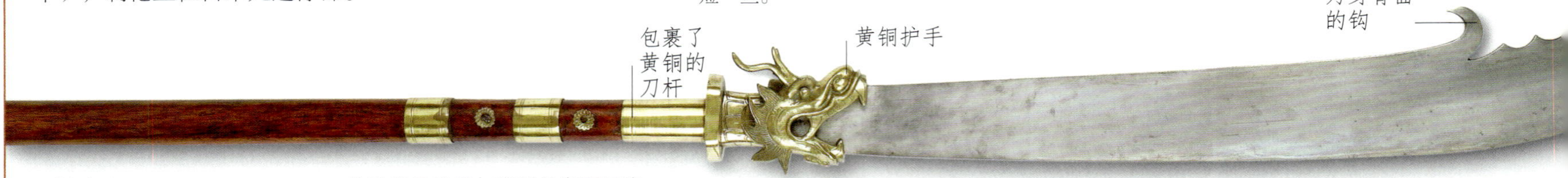

▲ **偃月刀**

时期：	19世纪
来源地：	中国
质量：	5.2千克（11.5磅）
长度：	2.52米（8.3英尺）

此类单兵武器与欧洲的宽刃刀类似，在中国使用了数个世纪。图中这把偃月刀体现了16世纪的武器风格，其柔韧的刀身从龙头形状的生黄铜护手处延伸而来。

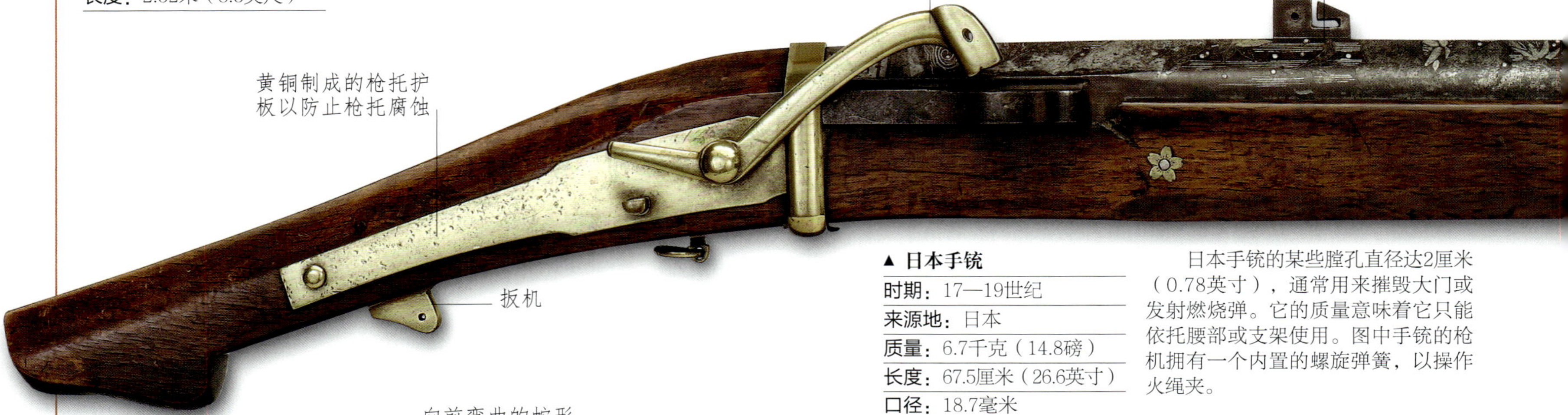

▲ **日本手铳**

时期：	17—19世纪
来源地：	日本
质量：	6.7千克（14.8磅）
长度：	67.5厘米（26.6英寸）
口径：	18.7毫米

日本手铳的某些膛孔直径达2厘米（0.78英寸），通常用来摧毁大门或发射燃烧弹。它的质量意味着它只能依托腰部或支架使用。图中手铳的枪机拥有一个内置的螺旋弹簧，以操作火绳夹。

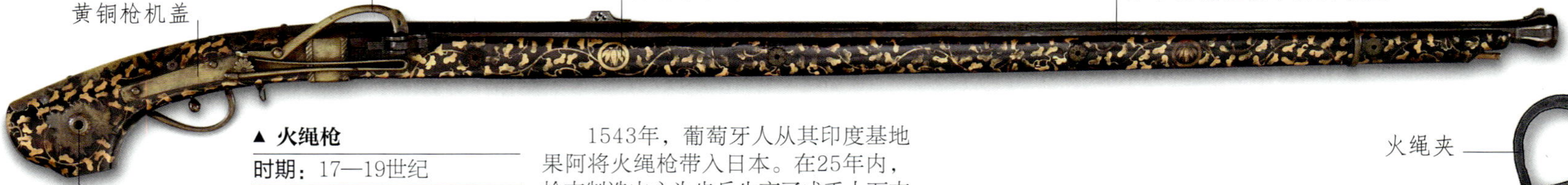

▲ **火绳枪**

时期：	17—19世纪
来源地：	日本
质量：	1.29千克（2.8磅）
枪管长度：	93.7厘米（36.9英寸）
口径：	15毫米

1543年，葡萄牙人从其印度基地果阿将火绳枪带入日本。在25年内，枪支制造中心为步兵生产了成千上万支此类火绳枪，它也成为了战场中的决定性因素。黑色与金色的油漆装饰是后来增添的。

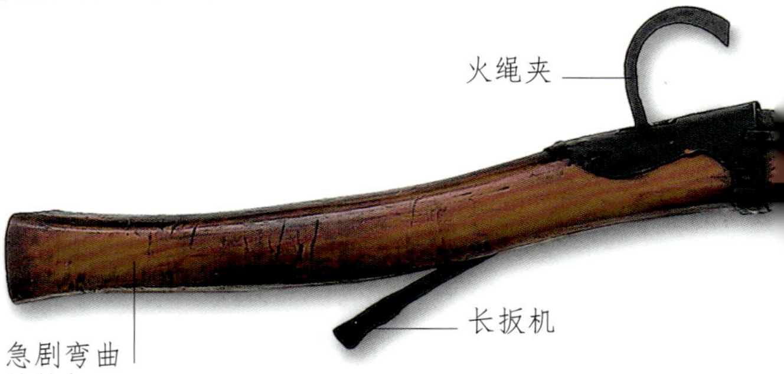

▲ **长刀**

时期：	16世纪
来源地：	中国
质量：	2.72千克（6磅）
长度：	1.57米（5.2英尺）

此类中国长刀与日本大太刀相似。然而与大太刀不一样的是，中国长刀有一个通过黄铜刀柄头铆接的长刀柄。

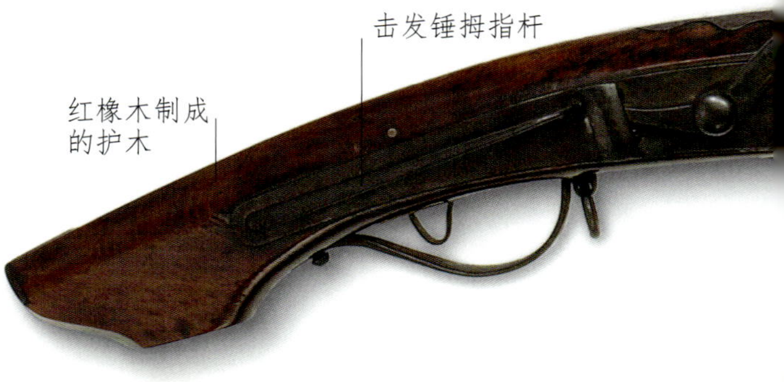

▲ 薙刀

时期：	19世纪
来源地：	日本
质量：	1.95千克（4.3磅）
长度：	2.75米（9英尺）

安装在长度为2米的椭圆形木制刀柄上的薙刀，是中世纪时期日本徒步士兵的标准武器。它们通常被当作长矛或战棍使用，与僧兵如影随形。

◀ 中国丝绸火铳

时期：	约1825年
来源地：	中国
质量：	1.42千克（3.1磅）
长度：	83.2厘米（32.8英寸）
口径：	63.5毫米

图中火铳的设计便于携带，铳管由铜制成，其外部包裹有铁丝和丝绸绳。此类火铳源于中国早期所使用的竹制火铳，其外部由绳索包裹。在中国图画中，有步兵手持此类火铳卧地射击的画面。

▶ 袖搦

时期：	19世纪
来源地：	日本
质量：	1.36千克（3磅）
长度：	69厘米（27.2英寸）

袖搦（tsukubo）在日本并非主要用于战争，此类工具（推杆）多被用于制服或扣押犯人。在日本城镇，此类工具被放置在衙门口或具有象征意义的位置，主要用来震慑罪犯。

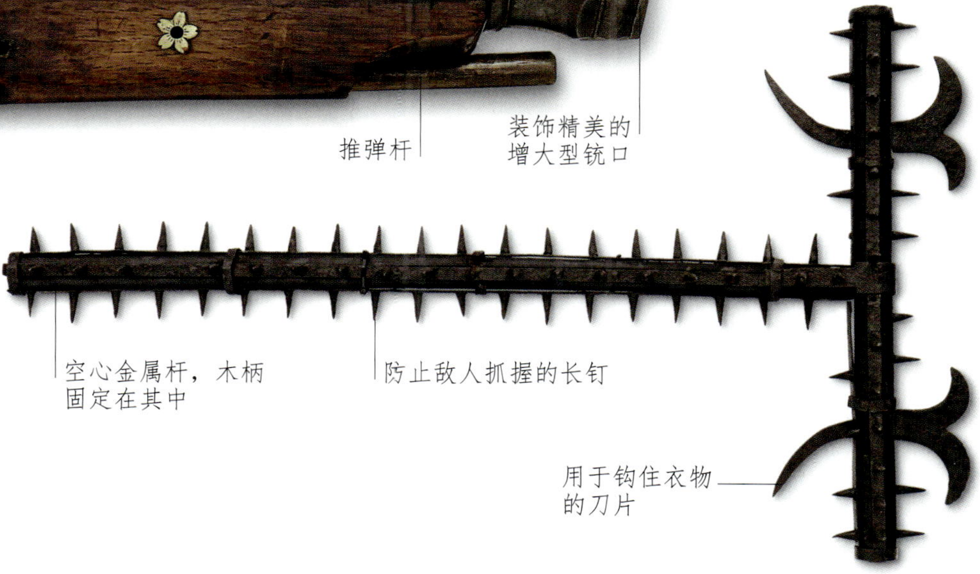

▲ 中国火绳枪

时期：	约1830年
来源地：	中国
质量：	8.6千克（19磅）
枪管长度：	1.6米（5.2英尺）
口径：	15毫米

与日本使用的火绳枪不同，中国大部分火绳枪的扳机与火绳夹由同一块金属片构成。因此，当扣动扳机时，火绳夹会自动倾倒为点火孔供火。这是一种简洁而实用的火绳枪，护木上没有装饰，但涂有红色油漆。

▼ 日本弹丸-枪机卡宾枪

时期：	约1850年
来源地：	日本
质量：	3.64千克（8磅）
枪管长度：	67厘米（26.4英寸）
口径：	12.5毫米

1853年，美国海军战舰迫使日本开放部分贸易港口，同时也为日本带来了新技术。在数年内，日本的枪支都采用了敲击点火装置。图中的实例拥有一个引爆弹丸（引发剂）的自动弹药分配器。

武士与足轻

大阪之役

日本战国时代是一个长达150年的内战时期。在这个时代，大名（封建领主）与他们的武士争夺统治权。1614年至1615年的大阪之役使这个时代达到了动荡的顶点。

大名德川家康是日本自1600年之后真正的统治者，为德川家族争得了幕府将军的名号。令人惊叹的大阪城则是其主要竞争对手丰臣氏的大本营。从世袭的角度而言，丰臣氏的首领丰臣秀赖比德川家康更应获得征夷大将军的名号。1614年，德川家康纠集大约19万精兵，编造借口向丰臣氏发动攻击。对德川家族统治感到不满的大名与武士们纷纷去往大阪城加入丰臣家族，这些人当中有许多流浪武士——浪人。负责大阪城城防加固工程的是经验丰富的武士真田信繁（Sanada Yukimura），他下令在城墙外开挖壕沟，兴建土木外堡。

围城始于1614年11月。起初，德川家族占领了大阪城周边乡村的许多战略要地。随后，真田信繁坚固的土木工事横亘在德川家族面前，使得他们的攻城武器——从欧洲进口的大量重炮及数百门中国和日本制造的火炮威力骤减。德川家族决定发起进攻，命令装备有长矛或火绳枪的成千上万足轻向前涌去，而武士们则下马挥舞着刀剑与长矛。武士们身着精良铠甲，成千上万足轻背后的大旗迎风摆动，场景令人惊叹。然而，当这些进攻者借助梯子爬上围墙时，从工事顶部射击孔伸出的火绳枪突然开火，将他们纷纷击落。当他们突破外城墙后，发现自己被围困在内部防御工事中，还被四面八方而来的子弹攻击。德川家族遭遇重大损失，决定放弃攻击并撤退至他们扎营的围攻阵线处，遭受寒冬的折磨。而守城者则居于城墙内，依靠储存的大量食物过活。

阴险的协议

随后，丰臣秀赖决定与德川家康缔结和平协议，而这正是他所犯下的致命错误。丰臣秀赖的部队解散后，德川家康将大阪城外的壕沟填高，使其与防御工事的高度保持一致。1615年春，德川家康编造了另一个发起战争的理由，并重新发动攻势。大阪城终于不再坚不可摧，丰臣秀赖重新集结的军队选择主动出击，并希望在开阔的战场获得胜利。这就是1615年6月初著名的天王寺冈山之战。丰臣秀赖采取了一个计划，利用部分军队从侧面迂回至德川家康部队尾部，随后在战争关键时刻扭转战局。但对于他那涣散的军队而言，这个战略显然过于复杂，许多浪人都是依照自己的意志作战，而本应听取号令的火绳枪兵则在下达号令前就开火射击了。在混乱的战斗中，真田信繁阵亡，他被割下的头颅严重打击了丰臣秀赖部队的士气。随后，丰臣秀赖亲率守卫部队冲出大阪城，但大势已去，一切为时已晚，不得已再次退回城内。德川家康的火炮击毁了大阪城的石头城墙，使得城堡着火，丰臣秀赖切腹自杀。随后，德川家康家族又将征夷大将军的名号保持了250年。

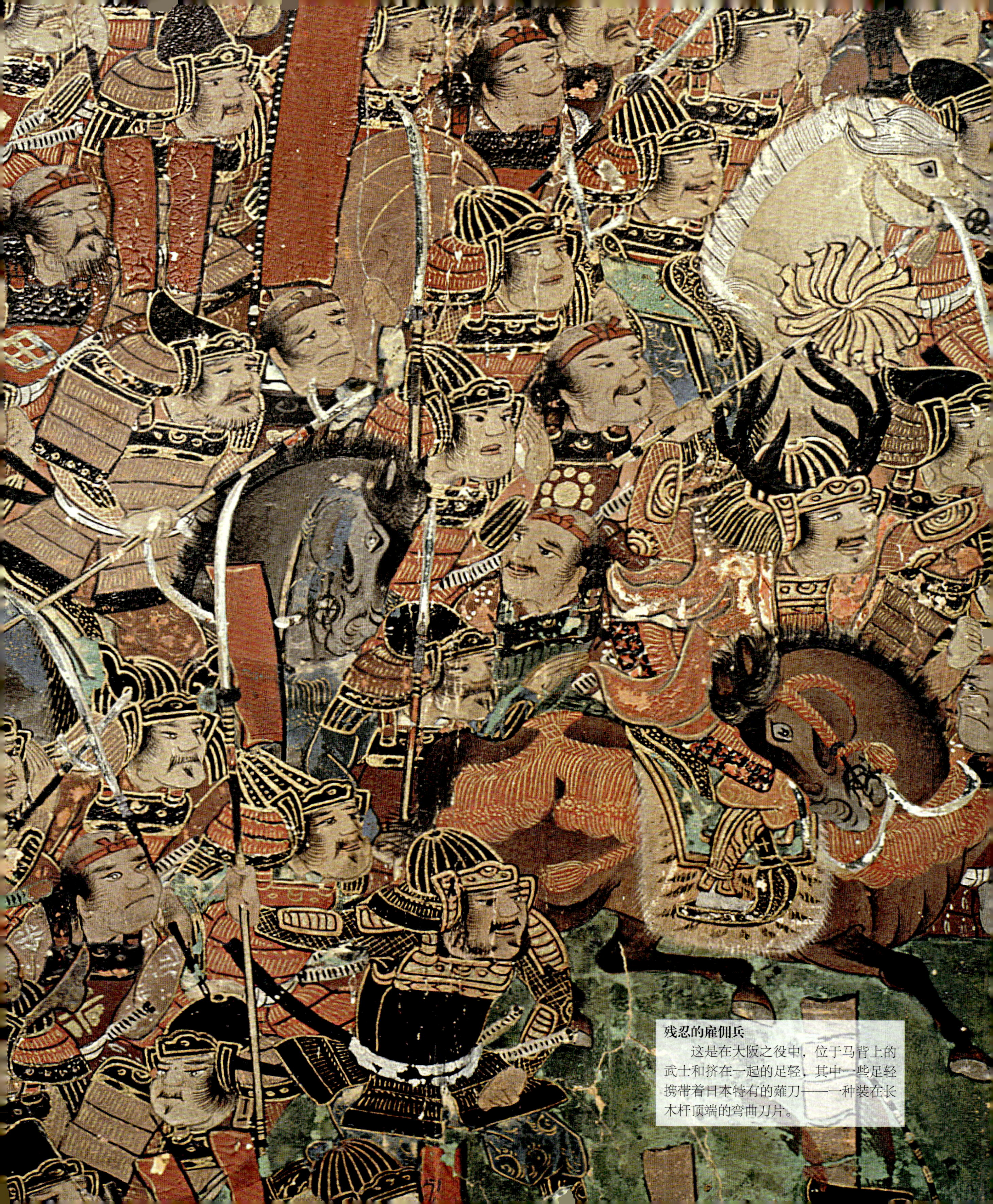

残忍的雇佣兵

这是在大阪之役中，位于马背上的武士和挤在一起的足轻，其中一些足轻携带着日本特有的薙刀——一种装在长木杆顶端的弯曲刀片。

关键人物

弗朗西斯·德雷克爵士

1540—1596年

16世纪70年代，英国的弗朗西斯·德雷克爵士（Sir Francis Drake）率劫掠船多次打劫西班牙殖民地，并在加勒比海地区和太平洋航行。据说他于1587年对加的斯（Cadiz）的洗劫"把西班牙国王的胡须都烧焦了"。德雷克被任命为英国舰队中将，与西班牙无敌舰队展开斗争。

▲德雷克在1580年被授予爵士爵位，是第一个环世界航行的英国人。

▶ **西班牙无敌舰队**

1588年春，西班牙腓力二世"战无不胜的无敌舰队"接受打通入侵英格兰通道的任务，在格拉沃利讷（Gravelines）之战中与英国"加利恩"帆船交锋。

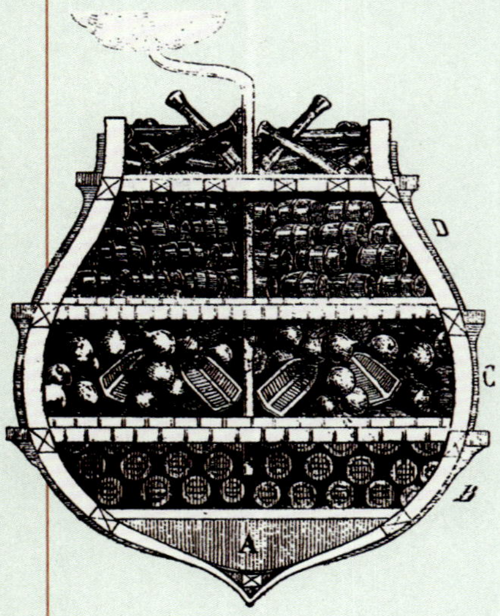

▲ **法国火攻船**

这是一种装有易燃物质的船只，将其点燃之后，径直冲向敌方舰船。

关键发展

欧洲海战

自16世纪末期开始，欧洲的水手们建立了连接欧亚美三大洲的航海路线。远洋航船的出现将海战引入了一个全新的阶段，也就是桨帆船争夺地中海主导权的时代。

16世纪，奥斯曼人在劫掠船的帮助下，试图夺取对地中海的控制权，在这期间帆船作战达到顶峰。穆斯林帆船对意大利沿海地区进行劫掠，并将军队派往基督教控制的岛屿上，如罗兹岛、马耳他和塞浦路斯。而基督教国家则使用由囚徒推动的笨重而强劲的"梯队系统"（sclaccio）来划动大型帆船，每个巨大的船桨由5～7个人来划动。帆船上装有大炮，船上的士兵们还携带了火器。然而这样的火力并不是成功的保证。虽然基督教联盟在1571年勒班陀（Lepanto）大海战中取得了胜利，但是穆斯林总体上还是占有海上优势。

在17世纪晚期，由于传统观念认为远航船对风的依赖使侧翼容易被更为灵巧的桨船所包围，导致在战斗中作用受限，因此大帆船在地中海占据主导作用。但实际上大帆船在大海中难以为继。16世纪，大西洋沿岸的欧洲国家已经发展出一种名为"克拉克"（carrack）的大帆船：这是一种在船体前后都有船楼（多层甲板结构）的商战两用船。它们是十分有效的战舰，"克拉克"

船也被称为“大船”，成为了16世纪君主至高无上的象征。

不断演进的舰船

从16世纪中叶开始，“克拉克”帆船线条更窄、速度更快的版本——“加利恩”（galleon）帆船成为了当时最为重要的舰船。炮门的发明使得更多的重炮可以被安装在船的下甲板上，炮火从舷侧发射也成为了一种标准规范。在17世纪，“加利恩”帆船发展成为战列舰级，成排战斗，从舷侧发射炮火，由小型护卫舰和火攻船支援。

由于西欧与北欧国家利用战船争夺贸易路线和殖民地，因此战船对这些国家而言十分关键，但是维持一支常设性海军耗费颇巨。几乎所有的国家都将武装商船征募入海军，同时对武装民船（政府许可的对外国船队和殖民地进行劫掠的民间船只）也颇为依赖。

16世纪，西班牙在地中海使用大帆船，在大西洋使用“加利恩”帆船，因而成为了海上霸主。17世纪，荷兰与英国争夺海上优势，在1650年至1670年的英荷战争中爆发了一系列大型海战。而法国，仅仅在17世纪60年代路易十四时期才真正投入了一定资源发展海军力量。

帆船之间交战策略的发展带有一种自发的特质。1588年，西班牙派遣无敌舰队攻击英格兰，而英国“加利恩”船则试图用大炮进攻。西班牙的舰船上都装载着士兵，因此他们更希望登上敌船；用大炮击沉一艘木制帆船十分困难，因而登船占领就成了一种主要的策略。17世纪，海战形成了一种主要的形式：舷侧互射。即便如此，由于巨大的炮火数量，海战仍然是十分残酷的。

“每一中队都应与其首领**保持一致，除非首领受伤或残废**（而这是上帝不允许的）！”

英国舰队战斗指令，1653年3月

▲ **正面交锋**

英荷之战中的最后一次海上遭遇战是1673年8月在荷兰海岸边发生的特塞尔（Texel）之战。虽然此次海战并不是决定性的战役，但交战双方大炮猛烈互射，刀光剑影，战况异常激烈。

关键**事件**

1500—1700年

■ **1509年** 葡萄牙舰队在第乌（Diu）之战中击败了奥斯曼土耳其、埃及和古吉拉特（位于印度西部）舰队，使欧洲帆船在印度洋建立了优势。

■ **1511年** 英国玛丽·罗斯号“克拉克”帆船成为第一艘建有炮门的舰船。

■ **1571年** 勒班陀海战打响。基督教与穆斯林舰队在地中海交战，超过400艘桨船和十多万人投身此次战役。

■ **1582年** 西班牙“加利恩”帆船在北大西洋亚速尔群岛附近痛击了法国与葡萄牙的舰队。这是首次在海中央打响的海战。

■ **1588年** 西班牙无敌舰队纠集了130艘舰船驶向英吉利海峡，但由于风暴大作，致使无敌舰队损失惨重，仅有不足半数返航。

■ **1639年** 荷兰海军将领马腾·特罗普（Maarten Tromp）通过有效使用火攻船在唐斯（Downs）海战中击败了西班牙舰队。此次战争标志着西班牙海上霸权时代的终结。

■ **1653年** 英国海军上将罗伯特·布莱克（Robert Blake，被尊为英国皇家海军之父）为英国皇家海军撰写了《战斗指令》，命令英国皇家海军舰长组织纪律严明的战斗队形进入战场。

中世纪帆船

“加莱拉”大帆船

“加莱拉”大帆船（Galera Real）并不是普通的战舰。它宏伟而华丽，是神圣同盟海军舰队指挥官奥籍海军将领堂·约翰（Don John）的旗舰。堂·约翰率领神圣同盟海军舰队在1571年勒班陀海战中击败了奥斯曼土耳其海军。

“加莱拉”大帆船载员多达400余人，其中236人为桨手，4人划动一条船桨。船上还有一批经验丰富的水手，以掌控两套斜挂大三角帆。此外，还有一队驻船士兵，大部分都配备有火绳枪。在船首楼下方设有一个抬升的战斗平台，平台中央装备了1门大炮及4门中等尺寸的火炮，在桨台处设有4门小炮，此外在船的四角还各设有两门火炮。在勒班陀海战的准备阶段，士兵们将船首尾部（悬挂有经典的人像装饰）卸掉，使得位于战斗平台中央的大炮可以自由移动，从而更好地瞄准敌舰。战斗中，奥斯曼旗舰“苏尔坦”的船首撞击进入“加莱拉”大帆船桨台的位置。土耳其士兵登上“加莱拉”大帆船，但很快被击退。

图中“加莱拉”大帆船的复制品是为巴塞罗那海军博物馆所制，以纪念勒班陀海战400周年。

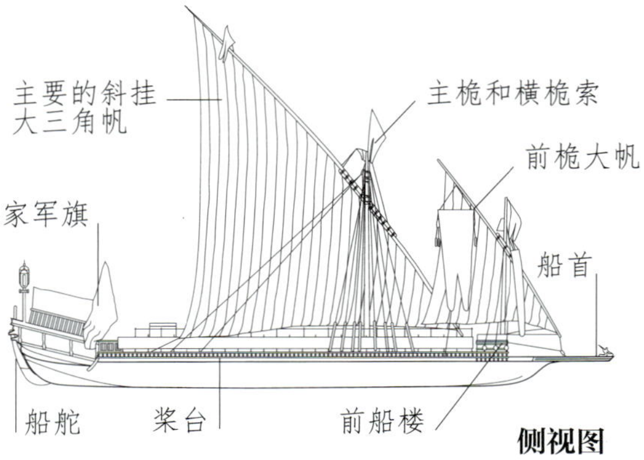

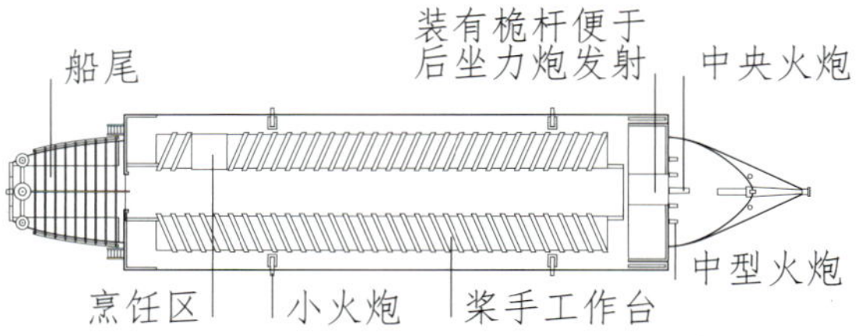

▲ **“加莱拉”大帆船**
宫殿般雄伟的旗舰长度约60米（197英尺），宽6.2米（20.3英尺）。风帆在远海航行时使用，在战斗中船只由桨手划桨推动。

船四周

▲ **备用炮**
图中小型的后装式火炮位于帆船两侧，可以在其炮台上旋转。此类小型火炮使用小炮弹，主要杀伤敌方甲板上的人员。

▲ **装饰华丽的排水孔**
便于水从甲板流出的小型排水孔。

▲ **甲板炊具**
堂·约翰“加莱拉”大帆船的奢华表现之一就是在船尾处设有烹饪区。战斗时，烹饪区的工作暂停。

▲ **后方视角**
文艺复兴时期西班牙顶尖的雕刻家在“加莱拉”大帆船上刻有雕塑与浮雕。从船尾处甲板外延出一个舷外支架，以托起长桨。

船桨和划手

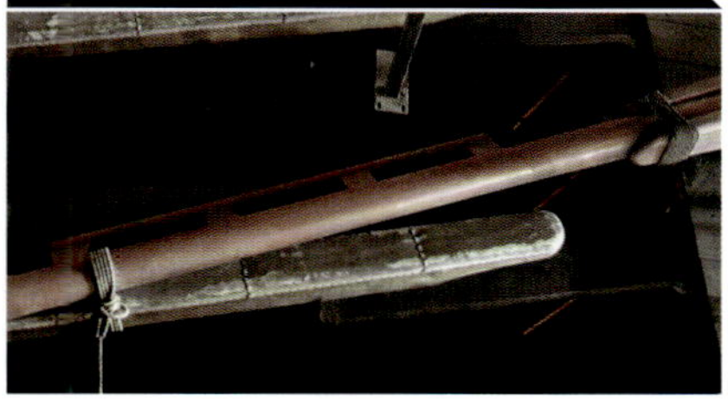

▲ **划桨工作台和船桨**

最有经验的桨手坐在靠里的位置，向其他3位桨手下达划船节奏的指令。

▲ **船桨拼接**

山毛榉船桨长度达11.2米（36.7英尺）。由一块木料制成的船桨容易断裂，因此它们通常是由两块木料拼接而成的。

◄ **前方视角**

船首楼内设有主炮，位于长船首之后。

▼ **桨叉**

船桨被放置在名为“桨叉”的木桩旁，船桨与桨叉仅由绳子固定。

► **盾形纹章**

“加莱拉”大帆船是西班牙国王腓力二世送给其同父异母的兄弟堂·约翰的礼物。船首处有两个男性人鱼托起的国王盾形纹章。

► **经典的船首人形装饰**

船首末端装饰有华丽的人形镀金尼普顿——罗马神话中的海神，他坐在海豚上挥舞着三叉戟。在勒班陀海战之前，船首人形装饰被卸下。

船尾、尾楼和货舱

“加莱拉”大帆船最令人惊奇的特点是其装饰精美的排水孔。图中的排水孔是根据当时的描述尽力复制的。虽然尾楼装饰十分精美，但如果敌人登船，尾楼位置通常是抵抗敌人的中心场所，战斗人员会聚集于此以保卫指挥官和旗帜。“加莱拉”大帆船的储藏室比一般的船都大，拥有巨大的储存空间。

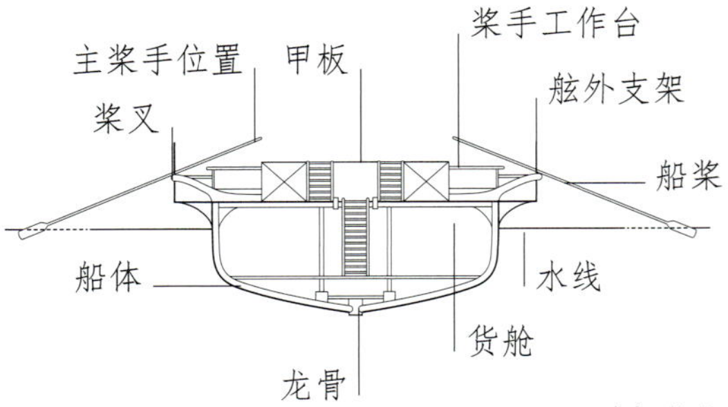

剖面图

厨房货舱

▲ **宽敞的货舱**

货舱可以储存食物、饮用水、武器、弹药、帆布、帆杆、衣物、绳子，以及很多上锁的储物箱，此外还设有火药室和手术室。

▲ **基本储物**

谷物、葡萄酒和饮用水是基本储物。船上的人们时不时就会补充新鲜的蔬菜与面包。

船尾厨房

▲ **装饰华丽的船尾**

“加莱拉”大帆船于1568年在巴塞罗那制造，在塞维利亚装饰。船尾顶部的雕带展示了赫利克勒斯在金苹果花园中的场景。下面，两只狮子托着奥地利盾徽和金羊毛勋章，4尊女性雕塑代表基督教的美德。

▶ **镀金栏杆柱**

舰队司令一般住在船尾部，在此处任何细节都被充分地雕饰、镀金，或绘有图画。

▶ **鹰**

船尾处镀金的鹰形装饰表明了罗马帝国和信仰基督教的欧洲希望从奥斯曼土耳其人处夺回罗马帝国之前的土地。

◀ **美杜莎面部**

蛇发女妖从“加莱拉”船尾部位突出，意为将厄运和毁灭性打击带给堂·约翰的敌人。

船尾甲板

▲ **登船台阶**

一对有雕刻装饰的梯子分别位于船尾两侧，用于登船和下船。

▼ **夜灯**

船尾处舵手位置上方装有3盏装饰华美的大灯。在夜间，它们可以被当作灯塔以使其他船只保持阵形。

▼ **拉丁文格言**

船舵上的拉丁文格言高度赞扬了隐忍与力量，据说这是掌控波涛需要的美德。

▲ **船舵**

“加莱拉”大帆船上的船舵小于其他舰船，呈弯曲状。

▲ **船尾布置与华盖**

长条凳的靠背上绘有希腊神话中的片断，大部分都具有海洋主题，起到提振士气的作用。华盖上方铺有凉棚以抵御风吹日晒和雨淋，并在战斗中具有一定的防护作用。

帆船战

勒班陀海战

1571年10月7日，在希腊海岸外爆发了勒班陀海战，超过400艘带桨战舰参与了近战，这是地中海帆船战时代的顶点。这场战斗造就了信仰基督教的欧洲对奥斯曼土耳其最伟大的胜利。

16世纪，穆斯林海上力量——资金充裕的奥斯曼帝国舰队及北非伊斯兰教地区的海盗船一直都在试图夺取地中海的控制权。信仰基督教的欧洲国家很难联合起来应对这一威胁。然而在1571年，他们组成了一个神圣同盟以对抗奥斯曼人对塞浦路斯的进攻。西班牙哈布斯堡王朝、威尼斯、热那亚、萨伏依、圣约翰骑士团，以及教皇的舰船，都在奥籍海军将领堂·约翰（西班牙国王腓力二世同父异母的兄弟）的率领下驶向东地中海地区，在佩特雷（Patras）海湾遭遇奥斯曼舰队和北非伊斯兰海盗船。

帆船装载了大量战士，但是他们使用的武器还是显示出了差别。大多数基督教士兵都身着铠甲并携带火绳枪，而穆斯林士兵防护相对较少且装备着复合弓。从传统而言，帆船战通常涉及到帆船之间的近距离交锋，因此士兵可以登上敌舰并发动攻击。然而彼时的基督教舰队极度依赖海军大炮的威力：他们在其舰船船首位置安装了大炮和对敌舰甲板进行扫射的小型回旋枪。基督教军队还建造了6艘威尼斯三桅帆装军舰，这是一种装有重炮的战斗平台。此类三桅帆装军舰在行动时，其船队前方需要强有力的支援，因此并不是很实用。穆斯林帆船则更小、更轻，通过灵活机动以获取优势。至于基督教军舰，仅有威尼斯的帆船由自由的桨手划动，能够灵活移动；而堂·约翰舰队的其他舰船则装有重炮，载有大量拥挤的囚犯和奴隶以对侧翼进行防护，并使其向前发射的火炮威力最大化。

进入战斗

奥斯曼与北非伊斯兰地区的舰队在阿里帕夏（Ali Pasha）的指挥下占得了先机。他们以新月形的阵形向前移动，试图对威尼斯舰船的左侧、热那亚舰船的右侧发动攻击。奥斯曼舰队迎着三桅帆装军舰的炮火前行，遭受了重大损失。但阿里帕夏并未因此胆怯，执意冲向位于基督教舰队中央的堂·约翰的旗舰。很快，大量帆船纠结在一起，残忍的近战爆发，双方的士兵们在甲板上进行着血腥的白刃战。北非海盗船指挥官大卡甸·阿里（Uluj Ali）对热那亚舰队侧翼发起了攻击，危及基督教舰队右翼；在左侧，威尼斯舰队指挥官阿戈斯蒂诺·巴尔巴里戈（Agostino Barbarigo）眼部中箭而亡；而在中央位置，奥斯曼禁卫军登上了“加莱拉”大帆船。

经验丰富的哈布斯堡海军上将阿尔瓦罗·巴桑（Alvaro de Bazan）拯救了基督教舰队。他率领帆船后备力量，在战事最紧急的时刻投入战斗，对堂·约翰旗舰的侧翼进行保护，并使旗舰转危为安。随后，基督教士兵登上并抢占了阿里帕夏的旗舰“苏尔坦”，把他的头颅割下并挂在长矛上，这是战事的转折点。穆斯林舰队顷刻间土崩瓦解，仅有大卡甸·阿里的舰船从溃败中成功逃离。

海上的战斗

在勒班陀，基督教大帆船与穆斯林舰队交战。图中，桨手挤在位于甲板下方的工作台上，而士兵则在他们上方战斗。

1680—1815年

燧发枪与刺刀

0 TOMAS
1841

导言

从17世纪末期到19世纪初期，军事技术并没有出现太多巨大的变革。基本的步兵武器为配备有刺刀的燧发枪，炮兵的武器主要是无膛线前装式加农炮。然而，战争的性质在组织、观念、战略和战术等方面上都发生了变化。

18世纪时，欧洲国家保持着由军官指挥的常设军队，没有军团及正规的军衔制度。步兵身着制服，配备有标准的装备，并受严苛的纪律制约，他们所接受的训练使其在行军和战斗时会自发地保持阵形。骑兵从侦察、冲锋到追击敌人等很多方面都发挥着作用，同时野战炮兵也成为了军队的关键组成部分。一线作战军舰在船舷处配备有70～130门火炮。然而非欧洲国家，如奥斯曼土耳其或印度王国则发现自己在军事上处于劣势。

自18世纪下半叶起，欧洲的战场上出现了一种新的精神，这与18世纪70年代横扫美洲大陆及1789年后法国的革命风潮息息相关。虽然美国针对英国发动的独立战争大多数情况下都是与英国的常规部队交战，但美国装备来复枪的非正规部队也展示了他们的威力。这鼓励了欧洲国家的军队更好地利用散兵作为战列步兵的有益补充，并为他们的军队装配来复枪。1793年，法国革命政府基于“人应当受爱国主义热情激励而非对惩罚的恐惧而战斗”的理念，创建了大规模国家军队。1799年拿破仑上台之后，他将法国军队重组为由4个军团组成的统一部队，这4个军团都可以开展独立行动。与英国皇家海军上将纳尔逊一样，拿破仑在海战中更青睐攻击性策略和攻势性战术。1815年，欧洲国家军队规模发展至前所未有的程度，并展现出巨大的资源动员能力。

关键时期

1680年

1683年 奥斯曼土耳其维也纳之围的失败标志着其对欧洲威胁的消失。

1692年 那慕尔之围展示了高度仪式化的攻城战。

约1700年 火绳枪与插座式刺刀成为欧洲军队的标配武器。

1704年 英国马尔伯勒公爵在德国布伦海姆大胜法国。

1709年 俄罗斯在波尔塔瓦（现在乌克兰境内）击败瑞典军队，标志着俄罗斯作为军事大国的新地位。

1713—1740年 弗里德里希·威廉一世将普鲁士变为一个军国主义国家。

1739年 伊朗统治者那迪尔·沙击败莫卧儿军队并洗劫了德里。

18世纪40年代 铁制推弹杆与纸质弹壳提高了火绳枪装弹与发射的效率。

1745年 比利时丰特努瓦之战展示了欧洲的火绳枪与刺刀战术。

1756—1763年 欧洲七年战争有时会被人视为“第一次世界大战”。

1757年 普鲁士弗里德里希大帝在罗斯巴赫和洛伊滕会战（分别在德国萨克森州和波兰境内）中痛击法奥联军。

1759年 英国通过魁北克战役的胜利取得了对加拿大的控制。

1763年 法国海军采用信号旗改善海上通信。

约1770年 英国海军使用了名为“臼炮”的新型海战火炮。

1775—1783年 美国军队在法国的支持下取得了美国独立战争的胜利。

马格德堡遭受洗劫，1631年

那慕尔之围，1692年

约克镇战役，1781年

1776年 美国人在波士顿使用“海龟”潜水器攻击英国舰船。

1776年 让·巴蒂斯特·格里博弗尔采用标准口径对法国军队的武器进行改革。

1780年 印度迈索尔土邦王公海德尔·阿里使用铁铸火箭弹对英国军队发起进攻。

1791年 旗语电报系统问世。

1792年 法国革命战争爆发，将法兰西共和国推向了欧洲王朝的对立面。

1793年 法兰西共和国借助“全民防御”创建了一支革命公民军队。

1794年 法国人在比利时弗勒吕斯之战中使用了观测气球。

1798年 在尼罗河河口海战中，纳尔逊在阿布基尔湾击溃了法国舰队。

1803年 英国军队采用“榴霰弹”。

1805年 拿破仑在奥斯特利茨击败了俄罗斯与奥地利。

1805年 英国人在特拉法尔加击败了法国与西班牙舰队。

1807年 英国人在进攻丹麦哥本哈根时使用了康格里夫火箭。

1808年 西班牙人针对法国占领部队展开了游击战。

1812年 拿破仑在入侵俄罗斯的过程中遭遇严冬而不得已从莫斯科撤回，同时损失了大部分兵力。

1812—1815年 美国与英国发生了一场战争。

1815年 拿破仑在滑铁卢被英奥联军击败。

1815年

尼罗河河口海战，1798年

奥斯特利茨之战，1805年

滑铁卢之战，1815年

关键人物

弗里德里希大帝

1740—1786年

弗里德里希大帝（普鲁士国王弗里德里希二世）是那个时代最受人爱戴的军事指挥官。他取得的最伟大的胜利是七年战争期间1757年11月与12月的罗斯巴赫（Rossbach）及洛伊滕（Leuthen）战役。他借助极具侵略性的战场机动取胜，且每次取得的胜利都是以少胜多。

▲弗里德里希大帝亲自指挥部队，因其灵活高超地协调使用炮兵、骑兵和普鲁士步兵而闻名于世。

关键发展

18世纪制服军队

在西班牙继承战争（1701—1714年）、奥地利继承战争（1740—1748年）、七年战争（1756—1763年）及美国独立战争（1775—1783年）中，参战军队都遵循了穿制服常规军队的传统，拥有正规的军衔等级。

拥有独特旗帜、制服及其他特征的永久性兵团，是最为忠诚的团体。具备崇高地位的骑兵被赋予重要的任务：轻骑兵主要执行侦察与袭扰行动；重骑兵主要用于阵地战中，手持军刀冲向敌人。虽然战地炮兵的使用频率有所上升，但无线膛炮仍然仅仅承担支援性任务。因此，军队的胜负主要还是取决于其步兵。

火枪与来复枪

大约在18世纪初期，欧洲步兵采用了燧发枪和插座式刺刀。刺刀取代了长矛，实际上使得每一名徒步士兵都成为了火枪手。这些徒步士兵通常都征召于社会底层，需要遵循严格的纪律并接受残酷的训练，以便能够无条件地执行任务。他们接受训练，以机械般的精准度开展机动，以纵列队形行进，以横列队形战斗，最大限度地发射火力。由于士兵不再装备铠甲，他们就在无防护的状态下进入敌人的火枪与火炮的射程内，同时还保持着密集队形。他们根据指令齐射火枪，看重的是火力的集中而非单兵射击技术。在欧洲军队的阵形中，线列步兵两侧部署的是轻步兵，他们的作用相对自由。其中一些国家的轻步兵，尤其是奥地利和普鲁士的猎兵（Jager）都装备有来复枪。线列步兵的训练科目中并没有瞄准射击，因此他们的射术不可能十分精良。猎兵中有许多神枪手，能够对敌人进行精准的狙击并能十分巧妙地施射掩护火力。在美国，装备有来复枪的美国边远居民在战胜英国军队的美国独立战争后赢得了颇为传奇的名声。

伤亡惨重

在这一时期，战斗伤亡十分严重。七年战争中的1758年措恩多夫（Zorndorf）战役，人数为36 000人的普鲁士军队伤亡人数达到了11 000人，而43 000人的俄罗斯军队则损失了22 000人。诸如弗里德里希大帝一样的指挥官则喜欢利用全面而彻底的机动战术，协调使用步兵、骑兵和炮兵以达成战斗的胜利。然而，有一些战斗则完全退化成了混战，被枪炮的层层浓烟所笼罩。虽然许多欧洲军队都已经发展成为极度高效的杀人机器，但指挥官却很难将战场上的胜利转化为永久性的战略成果。

▸ **重骑兵制服**

法国重骑兵头戴羽毛装饰的头盔。他们所穿着的短上衣虽不如轻骑兵的制服华美，但他们一般都身穿胸甲与背甲。

▸ **布伦海姆战役**

在1704年的西班牙继承战争中，马尔伯勒（Marlborough）公爵率领的英国军队和萨伏依的尤金率领的奥地利军队在布伦海姆（Blenheim）击败了法国和巴伐利亚联军。在这一天的战斗中，超过30 000名士兵伤亡。

◂ **约克镇战役**

1781年，美国革命战争中最后一战，美法联军对阵英国军队。虽然美国人对英国军队的仪式不屑一顾，但他们也创造了纪律严明、身穿制服的军队。

关键**事件**

1700—1800年

- **约1700年** 欧洲军队抛弃了标枪，开始使用装配在燧发枪上的插座式刺刀。
- **1713—1740年** 通过采用严苛的惩罚制度，普鲁士国王弗里德里希·威廉一世将普鲁士军队打造为欧洲纪律最为严明的部队。
- **18世纪40年代** 由铁而非木头制成的推弹杆和弹药筒开始投入使用。这些创新改善了火药枪装弹与击发的速度。
- **1744年** 普鲁士国王弗里德里希大帝（弗里德里希·威廉一世之子）将猎人征召入普鲁士军队，使其成为轻装来复枪士兵。
- **1775年** 美国大陆军总指挥乔治·华盛顿（George Washington）创建的大陆军队在独立战争期间与英国人作战。这是一支装备有火枪的欧式制服部队。
- **1776年** 法国将军让·巴蒂斯特·德·格里博弗尔（Jean Baptiste de Gribeauval）对法国炮兵进行了大规模改革，采用标准化的规格和轻型炮马车以提高炮兵的机动性。

“如果我的士兵**开始思考**，那么他们全都不会**留在军队**中。”

弗里德里希大帝（普鲁士国王弗里德里希二世），约18世纪

欧洲军队制服

18世纪时的欧洲军队制服主要采用三角帽、马甲、帆布脚盖和带有长袖的外套。步兵所穿服装的颜色通常是其国家的颜色，如普鲁士的蓝、俄罗斯的绿、英国的红。制服上十分显著的一个部分是加长的无边掷弹兵帽。16世纪中期到末期，掷弹兵是欧洲步兵中的精英部队，由最高和最强壮的军人组成，他们通常位于步兵方阵的最前列，向敌人投掷手榴弹。他们头戴无檐帽，以便将火枪悬挂在肩部并能更为方便地投掷手榴弹。

◀ **俄罗斯掷弹兵帽**

时期：1762年

来源地：俄罗斯

材料：镀银黄铜

掷弹兵帽上的镀银黄铜前夹板上镌刻有俄罗斯皇帝彼得三世的花押字。在短暂的6个月执政之后，他被其夫人叶卡捷琳娜二世（叶卡捷琳娜大帝）所取代。

▲ **俄罗斯军官制服**

时期：1687年

来源地：俄罗斯

材料：细平布、丝绸

图中普列奥布拉任斯基兵团军官制服与三角帽的主人是彼得一世（彼得大帝），他在1687年创建了普列奥布拉任斯基兵团。在1700年至1721年的北方战争中，普列奥布拉任斯基兵团取得了击败瑞典军队的重大胜利，随后该兵团成为了叶卡捷琳娜女皇的贴身卫队。

▶ **俄国将军军服**

时期：1760年

来源地：俄国

材质：羊毛、丝绸

图中华丽的制服为俄国将军亚历山大·苏沃洛夫（Alexander Suvorov）所有。戎马一生的他从未有过败绩。1799年，他艺术性地指挥了俄国军队从阿尔卑斯山的撤退。1800年，在去世不久前他成为了沙俄帝国元帅，负责指挥俄国所有军队。

◀ **普鲁士掷弹兵帽**

时期：1713年
来源地：普鲁士
材料：羊毛

图中为勃兰登堡总督弗里德里希·亨利的步兵掷弹兵团在1713年所装备的帽子。亨利当时年仅4岁，在他叔叔弗里德里希一世的监护之下。

▶ **掷弹兵小袋**

时期：1750年
来源地：英格兰
材料：皮革、黄铜

掷弹兵携带皮革小袋，内装战场上使用的基本装备。黄铜饰面描绘了一名头戴高帽的掷弹兵，在敌人面前威风凛凛。

▶ **普鲁士军官护喉**

时期：1750年
来源地：普鲁士
材料：黄铜

在18和19世纪，军队军官都佩戴有一种饰领，材质为金属，最初设计目的是保护喉咙，后来变成了身份的象征。

▲ **英国掷弹兵帽**

时期：1746年
来源地：英格兰
材料：羊毛

图中的帽子为诺维奇炮兵连队中军官所有，帽上绘有约翰·霍巴特（John Hobart）爵士的个人纹章。1746年，他为诺维奇炮兵连队提供给养并死守城市，以抵御詹姆斯二世党人的叛乱。

▼ **普鲁士步兵制服**

时期：1740年
来源地：普鲁士
材料：羊毛

弗里德里希大帝领导的普鲁士步兵身穿长款深蓝外套，配有红色饰面和衬里。他们手持燧发枪，纪律严明，训练有素。

▲ **弗里德里希大帝的军外套**

时期：1760年
来源地：普鲁士
材料：羊毛

弗里德里希大帝通常亲自率领士兵，经常身着普通的蓝色军装和外套。他因其高超的战场策略而广受赞美。实际上，拿破仑·波拿巴认为弗里德里希大帝是历史上最伟大的军事战术家。

插头式刺刀、插座式刺刀及刀形刺刀

持火枪作战的士兵较为脆弱，特别是射击之后装填弹药时极易受到敌人攻击，因此他们最初是与长矛兵配合作战的。17世纪末期，火枪兵的自卫武器——刺刀问世。其最初形式为插头刺刀，是插入火枪枪口的短刀。在击发火枪之前，需要将它们从枪口取下。随后，它们被插座式刺刀所取代。插座式刺刀固定在金属管中，该金属管则通过螺钉固定在枪管之上。19世纪初期，许多国家的军队引入了尺寸更长的刀形刺刀。这是一种多用途武器，可以将其从枪管上取下，用于近战厮杀。

▲ 英国军官插座式刺刀

时期：约1680年

来源地：英国

质量：600克（21.2盎司）

长度：44厘米（17.3英寸）

除了可以作为武器使用之外，还可将刺刀从枪上取下，发挥更多实际作用。军官刺刀上会有装饰性特征，如刀片护手上的小天使。

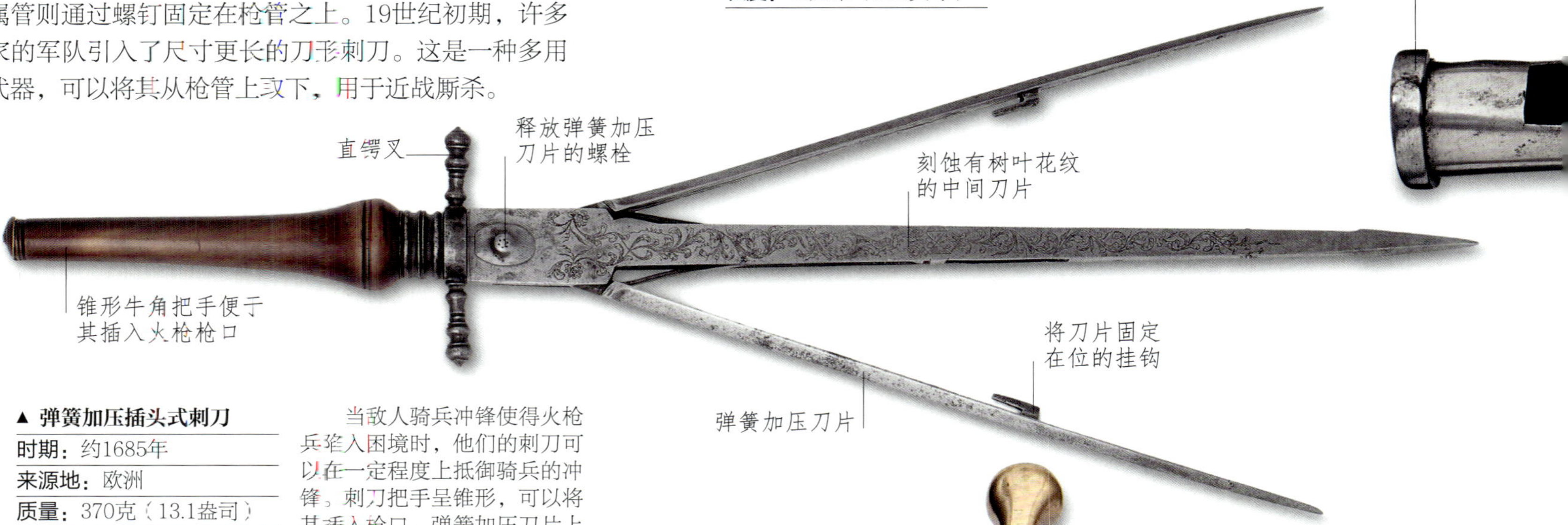

▲ 弹簧加压插头式刺刀

时期：约1685年

来源地：欧洲

质量：370克（13.1盎司）

长度：48.2厘米（19英寸）

当敌人骑兵冲锋使得火枪兵陷入困境时，他们的刺刀可以在一定程度上抵御骑兵的冲锋。刺刀把手呈锥形，可以将其插入枪口。弹簧加压刀片上的挂钩将刀片固定在位。

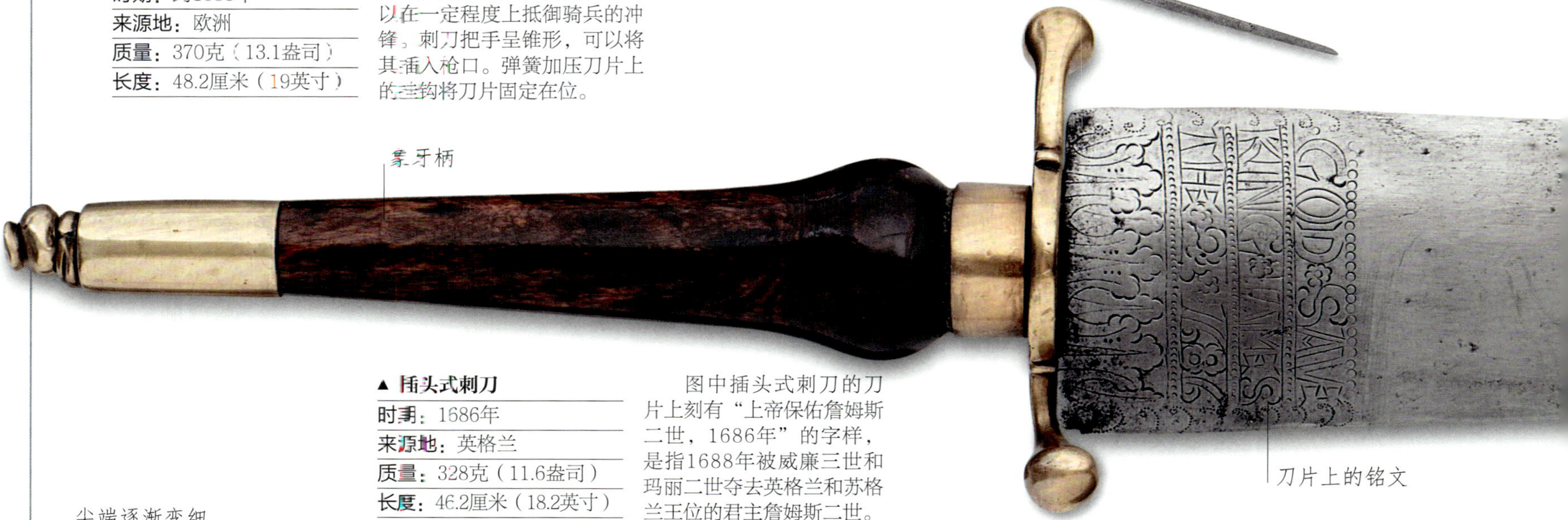

▲ 插头式刺刀

时期：1686年

来源地：英格兰

质量：328克（11.6盎司）

长度：46.2厘米（18.2英寸）

图中插头式刺刀的刀片上刻有“上帝保佑詹姆斯二世，1686年”的字样，是指1688年被威廉三世和玛丽二世夺去英格兰和苏格兰王位的君主詹姆斯二世。

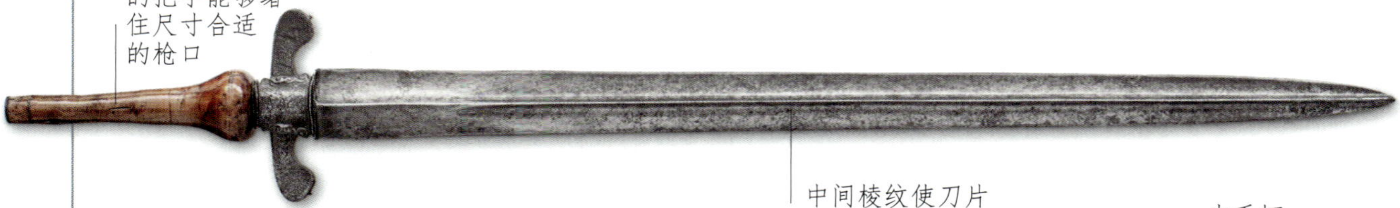

▲ 军官插头式刺刀

时期：1695年

来源地：英格兰

质量：700克（24.7盎司）

长度：64厘米（25.2英寸）

在使用之前，必须将图中的此类刺刀装入枪管内。1689年，英国皇家部队在苏格兰基利克兰基（Killiecrankie）之战中遭遇败仗，原因就是他们在战斗最为激烈之时装刺刀的速度太慢。

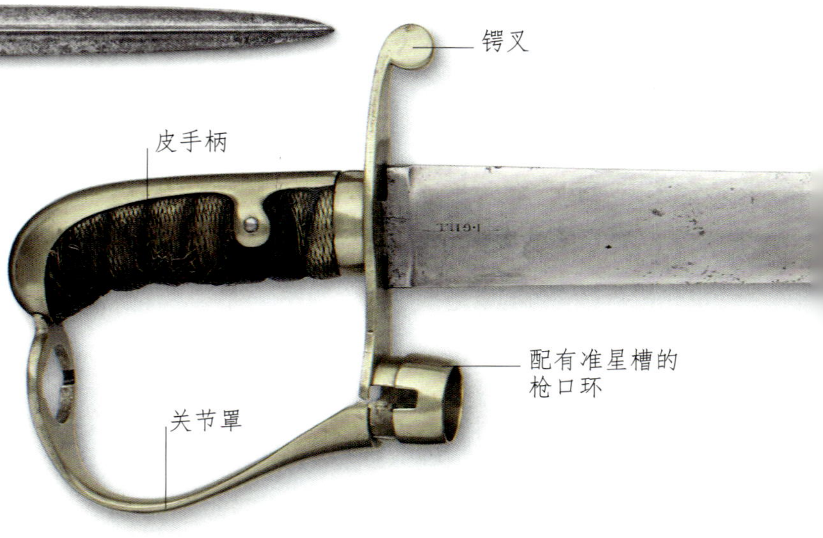

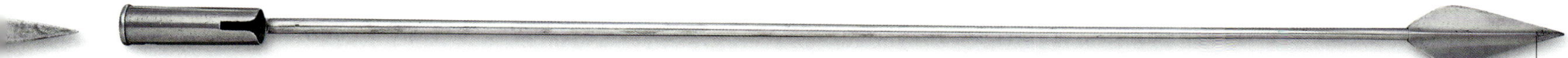

▲ **杜尔斯·艾格卡宾枪上的标枪式刺刀**

时期：1784年

来源地：英格兰

质量：454克（16盎司）

长度：65.1厘米（25.6英寸）

伦敦制枪师杜尔斯·艾格（Durrs Egg）为其1784型卡宾枪制作了图中的标枪式刺刀。骑兵们在发射卡宾枪之后，将其作为长矛使用。

▶ **虎式刺刀**

时期：约1785年

来源地：印度

质量：829克（29.2盎司）

长度：14.4厘米（5.7英寸）

图中刺刀的插座形状如虎头，它来自提普苏丹（Tipu Sultan）的军火库。提普苏丹又被称作“迈索尔之虎”，于1782年至1789年统治印度南部。

▲ **插座式刺刀**

时期：约1790年

来源地：英格兰

质量：454克（16盎司）

长度：33厘米（13英寸）

图中的插座式刺刀最初于17世纪70年代被用于法国军队中，通过一个插槽将其与枪管内的螺栓连接。

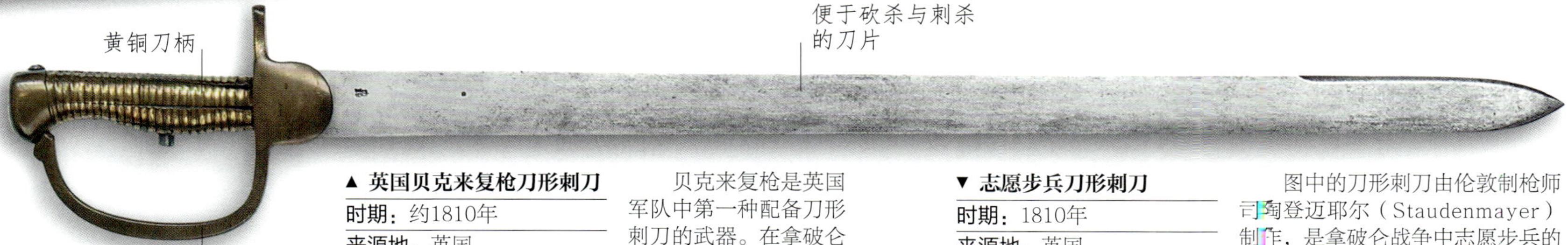

▲ **英国贝克来复枪刀形刺刀**

时期：约1810年

来源地：英国

质量：907克（32盎司）

长度：61厘米（24英寸）

贝克来复枪是英国军队中第一种配备刀形刺刀的武器。在拿破仑战争时期，常规部队的士兵都配备有贝克来复枪和刀形刺刀。

▼ **志愿步兵刀形刺刀**

时期：1810年

来源地：英国

质量：500克（17.6盎司）

长度：77.5厘米（30.5英寸）

图中的刀形刺刀由伦敦制枪师司陶登迈耶尔（Staudenmayer）制作，是拿破仑战争中志愿步兵的装备。图中的刺刀使用关节罩将来复枪锁定在刺刀上。

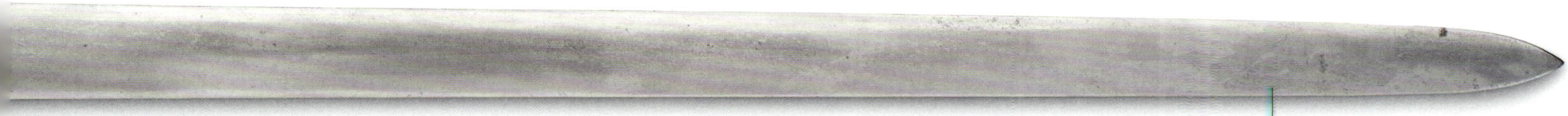

18世纪军刀

在整个18世纪，军刀虽然仍然被轻骑兵和重骑兵所倚重，但它作为步兵武器却在逐渐没落，通常只是承担庆典与礼仪任务。在中国的4种主战武器（棍、长矛、单刃刀和双刃剑）中，军刀（剑）占据了两个重要的位置。西藏人也有制刀传统，他们的设计与中原军刀类型较为相似。奥斯曼帝国的制刀工匠主要由从中亚移民到安纳托利亚的土耳其人组成，他们对13世纪的土耳其-蒙古马刀青睐有加，因此喜欢制作弯刀。

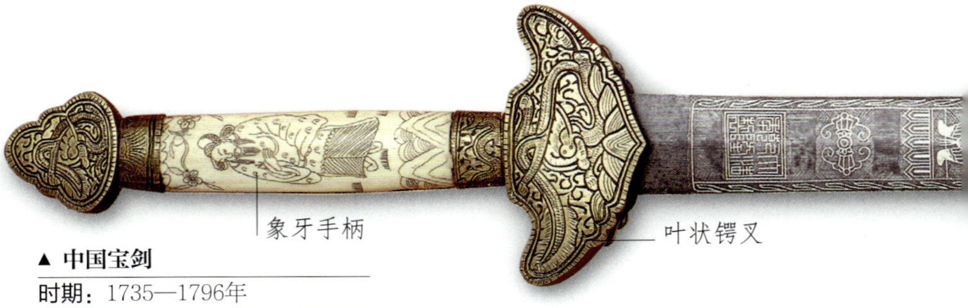

▲ **中国宝剑**

时期：1735—1796年
来源地：中国
质量：1.25千克（2.8磅）
长度：1.07米（3.5英尺）

中国剑客通常选择图中的双刃直剑以展现他们的技巧。图中的剑可追溯至清朝乾隆皇帝年间（1735—1796年在位）。

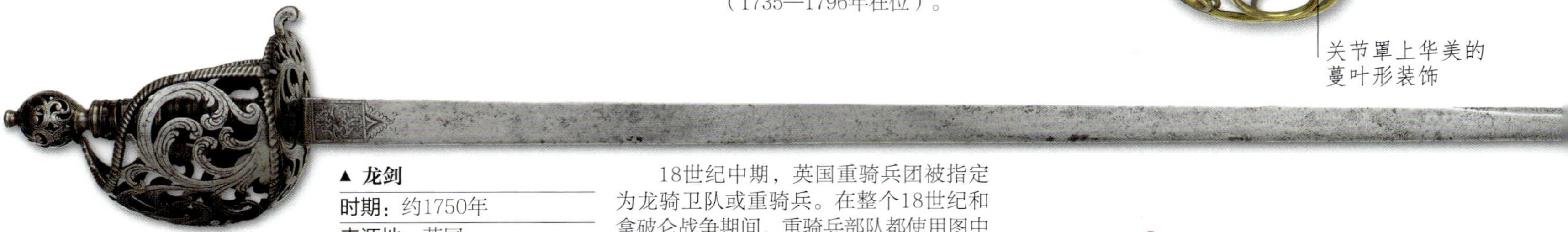

▲ **龙剑**

时期：约1750年
来源地：英国
质量：1.15千克（2.5磅）
长度：1.13米（3.7英尺）

18世纪中期，英国重骑兵团被指定为龙骑卫队或重骑兵。在整个18世纪和拿破仑战争期间，重骑兵部队都使用图中的单刃长剑。

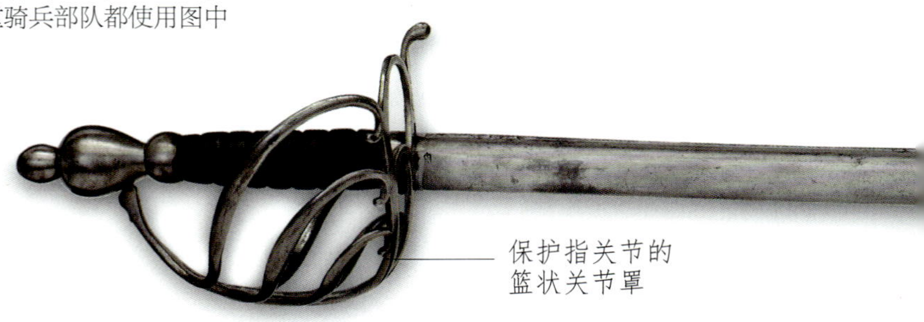

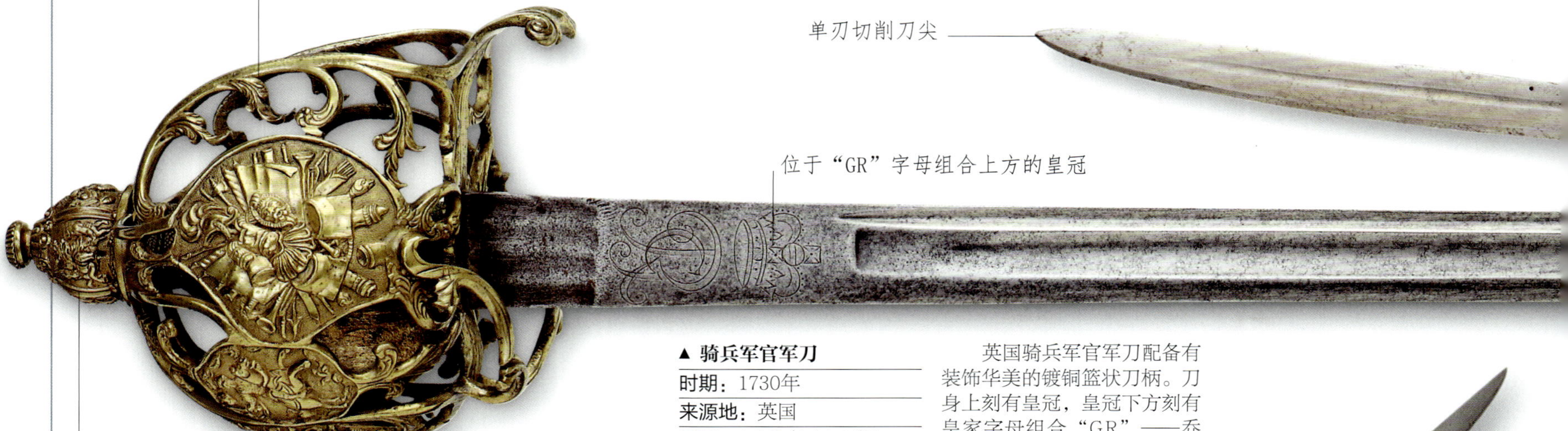

▲ **骑兵军官军刀**

时期：1730年
来源地：英国
质量：1.6千克（3.5磅）
长度：86厘米（33.9英寸）

英国骑兵军官军刀配备有装饰华美的镀铜篮状刀柄。刀身上刻有皇冠，皇冠下方刻有皇家字母组合“GR”——乔治二世国王。

▼ **舍施尔弯刀**

时期：18世纪
来源地：波斯
质量：890克（31.4盎司）
长度：93厘米（36.6英寸）

图中的舍施尔弯刀（shamshir）具有弯曲的单刃刀锋，它在欧洲流传更广的名字为“半月弯刀”（scimitar）。它是一种十分优良的砍杀武器，但不适用于刺杀。

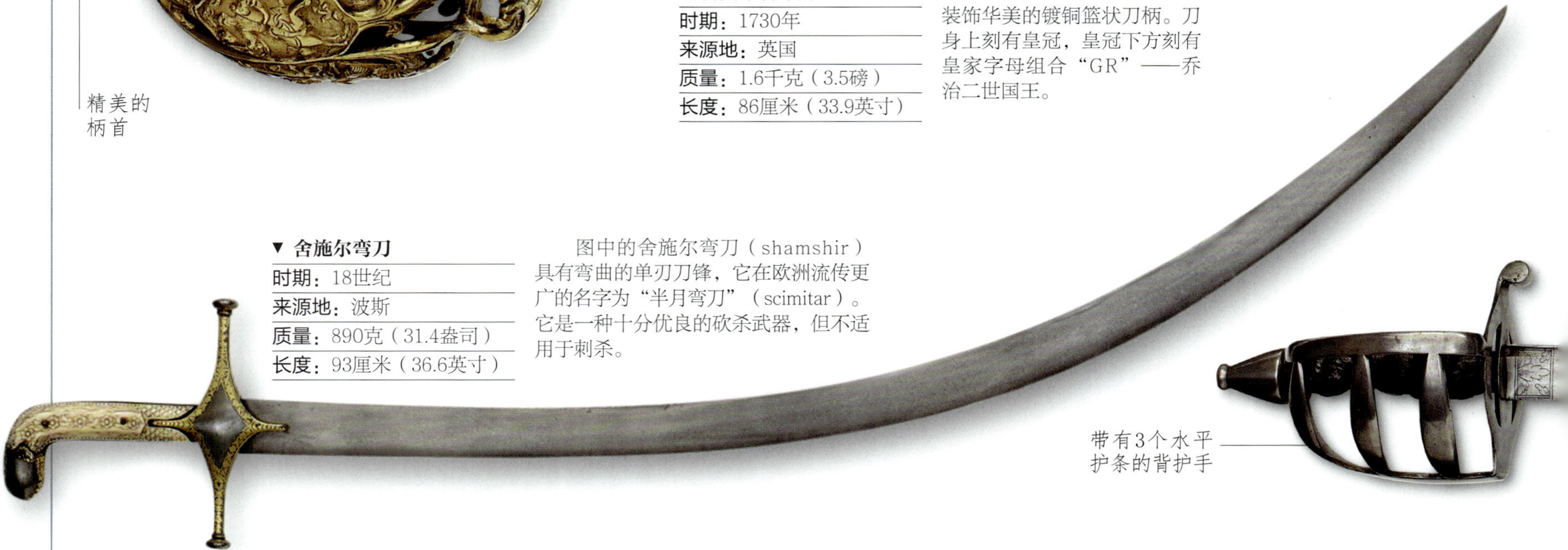

▼ 重骑兵军刀

时期：1750年

来源地：英国

质量：1.36千克（3磅）

长度：1米（3.3英尺）

图中骑兵直线形重型长刀上的单一刀槽（刀身背面的槽）表明它为单刃军刀。虽然重骑兵偏好此类军刀，但轻骑兵则偏好于弯刀。

▲ 奥达·卡蒂军刀

时期：18世纪

来源地：印度

质量：1.15千克（2.5磅）

长度：59.5厘米（23.4英寸）

奥达·卡蒂（ayudha katti）军刀，也被称为印度莫普拉刀，是印度西南马拉巴（Malabar）海岸穆斯林所用的武器。它源自于用来对浓密低矮树丛进行砍割的工具。

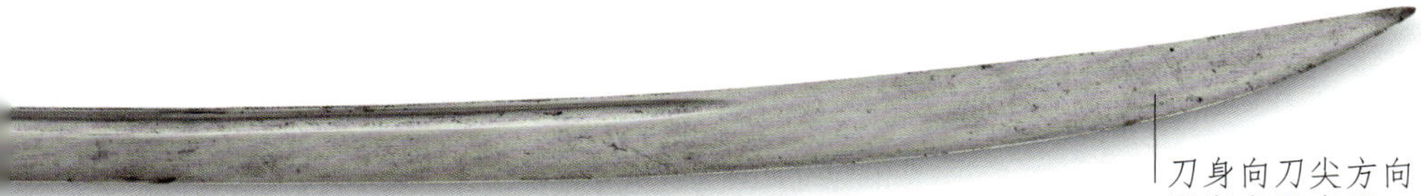

▲ 骑兵军刀

时期：1770—1790年

来源地：英国

质量：1千克（2.25磅）

长度：82厘米（32.25英寸）

图中的骑兵军刀或许是为东印度公司制作的。东印度公司是英国在1600年成立的一家公司，其业务是与亚洲国家开展贸易往来。图中军刀包含刀柄在内的总体长度为102厘米（40英寸）。

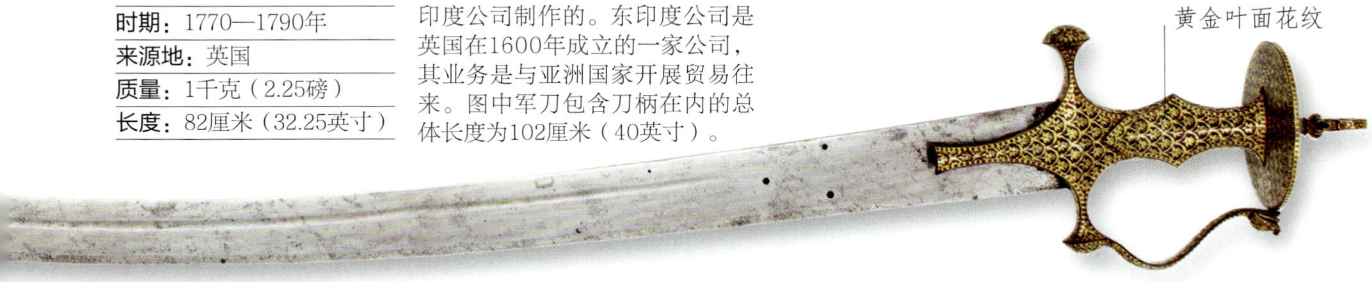

◂ 尼扎姆的塔瓦尔刀

时期：18世纪

来源地：印度

质量：1.1千克（2.4磅）

长度：94.9厘米（37.4英寸）

图中印度塔瓦尔刀（talwar）刀身上的刻字表示该刀是为海德拉巴穆斯林王子尼扎姆所制作的，他从1724年开始统治印度南部部分区域。

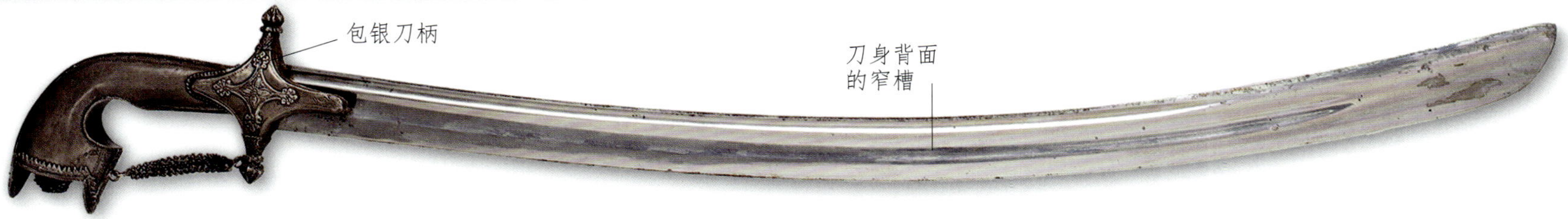

▲ 北非赛义夫军刀

时期：18世纪晚期

来源地：北非

质量：700克（24.7盎司）

长度：83.5厘米（32.9英寸）

赛义夫（阿拉伯语“剑”的意思）军刀产自北非地区。自16世纪开始，北非包括也门地区便成为奥斯曼土耳其帝国的一部分。

▼ 半篮状骑兵刀

时期：约1780年

来源地：英国

质量：1.1千克（2.4磅）

长度：92厘米（36.2英寸）

半篮状骑兵刀是一种单刃军刀，刀身上刻有“吉尔斯授权”的字样。伯明翰的制刀师吉尔斯（Gills）是17世纪晚期骑兵部队军刀的主要供应商。

18世纪枪械

在18世纪的欧洲，燧发枪已经发展到一个很高的标准，其中的一个例子就是“褐贝丝”（Brown Bess）大陆型火枪。自1722年至1838年，“褐贝丝”火枪一直都是英国步兵的精选武器。在日本和印度，火绳枪仍然在火器中占据主导地位。1543年，日本贸易商首次接触到葡萄牙的火绳枪，随后几年日本的工匠就开始生产此类枪械。由于日本随后的闭关政策，直至19世纪，火绳枪仍然是日本枪械的主要设计。印度火绳枪通常制作十分华美，使用镶嵌的象牙、黄金或动物骨骼对枪械进行装饰。

▲ 日本火绳枪（米沢铁炮）

时期：	18世纪早期
来源地：	日本
质量：	4.14千克（9.1磅）
枪管长度：	1.03米（3.4英尺）
口径：	13.3毫米

日本火绳枪可以在1分钟内发射3枚子弹，并在大约50米外的距离穿透典型的武士铠甲。图中的火绳枪由日本西部的国友腾平所制作。虽然图中的火绳枪装饰并不繁杂，但其红色橡木枪杆体现了浓厚的日本坂井派的影响。

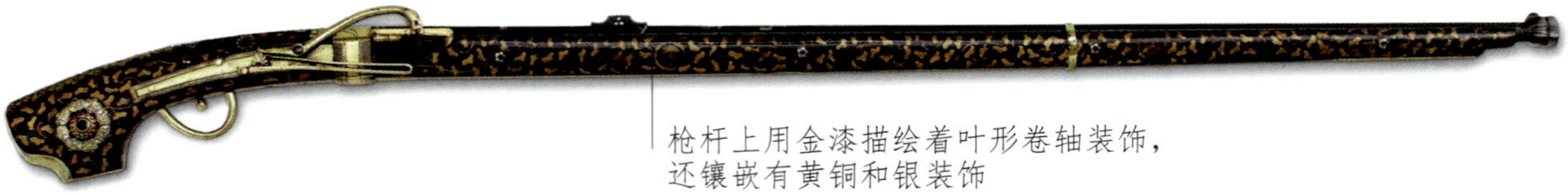

▲ 日本火绳枪

时期：	约1700年
来源地：	日本
质量：	2.77千克（6.1磅）
枪管长度：	100厘米（39.4英寸）
口径：	11.4毫米

图中18世纪早期的火绳枪是坂井江南信国（Enami）家族的作品。江南信国家族是日本前工业时代广受赞誉的制枪家族。此枪枪杆由红色橡木制成，枪杆上的装饰可能是后来添加的。

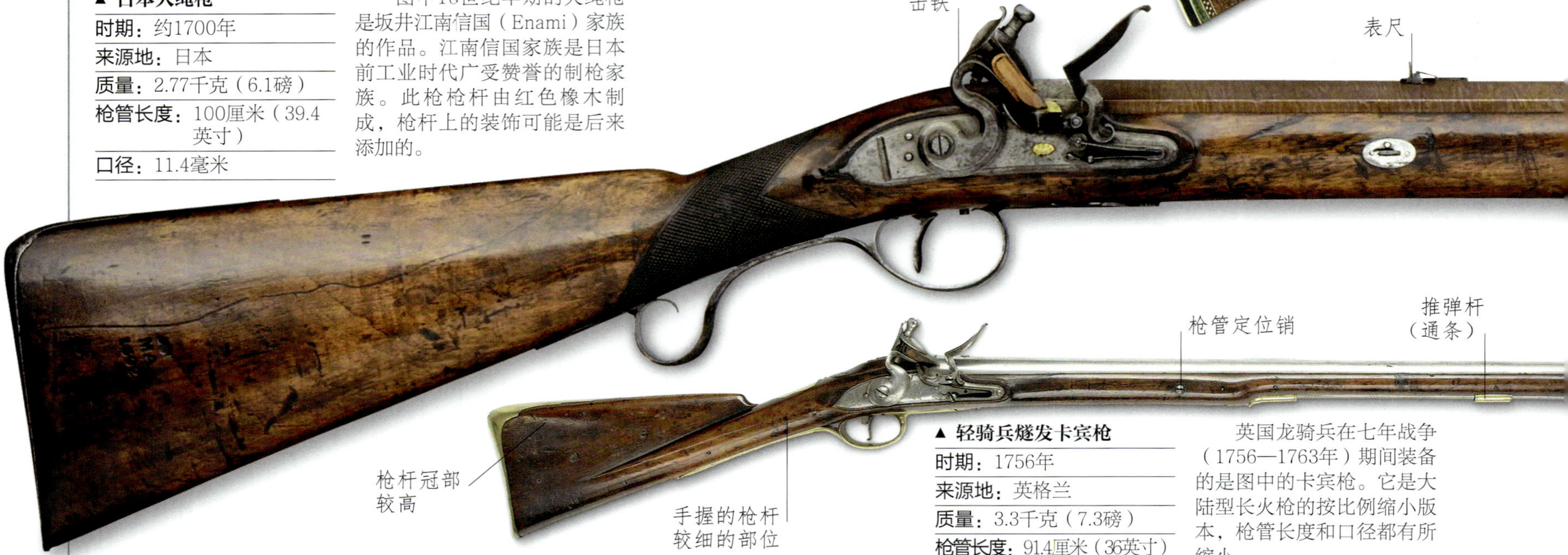

▲ 轻骑兵燧发卡宾枪

时期：	1756年
来源地：	英格兰
质量：	3.3千克（7.3磅）
枪管长度：	91.4厘米（36英寸）
口径：	15号

英国龙骑兵在七年战争（1756—1763年）期间装备的是图中的卡宾枪。它是大陆型长火枪的按比例缩小版本，枪管长度和口径都有所缩小。

▲ 普鲁士内螺纹燧发卡宾枪

时期：	1722年
来源地：	普鲁士
质量：	3.37千克（7.5磅）
枪管长度：	94厘米（37英寸）
口径：	15号

图中的卡宾枪是1774年在普鲁士城市波茨坦（现为德国北部城市）的国家军火库生产的。对枪托握把尺寸进行重新设计以适合抓握，图中燧发卡宾枪的名字被贴在锁板之上。

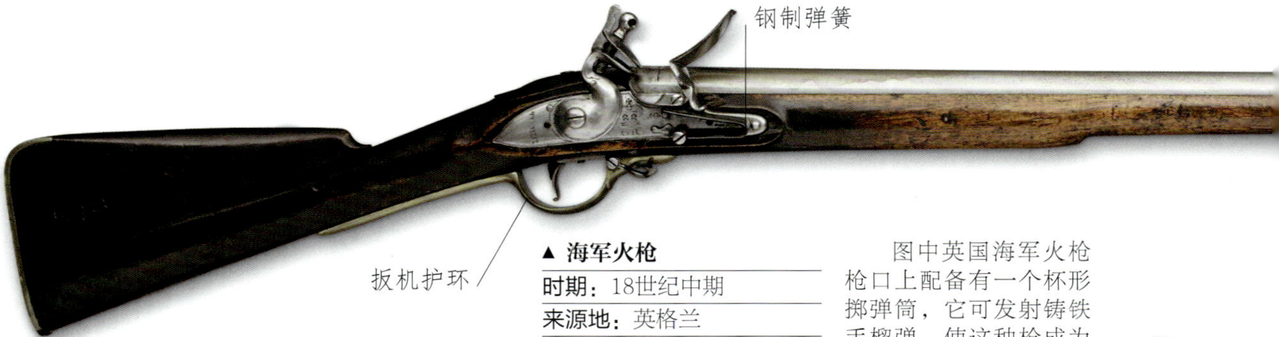

▲ 海军火枪

时期：	18世纪中期
来源地：	英格兰
质量：	4千克（8.8磅）
枪管长度：	94厘米（37英寸）
口径：	0.75英寸

图中英国海军火枪枪口上配备有一个杯形掷弹筒，它可发射铸铁手榴弹，使这种枪成为登上敌舰前十分理想的武器。

▲ **西藏鸟铳**

时期：约1780年
来源地：中国西藏
质量：4.15千克（9.1磅）
枪管长度：1.11米（3.6英尺）
口径：17毫米

西藏与世界其他地方相互隔绝，但也与印度和中国中原地区开展贸易往来。图中的鸟铳（火绳枪）的形状和色彩体现了中原文化对西藏的影响力。附着在枪管前部的是一种独特的支架。图中的推弹杆是现代的复制品。

▲ **土耳其燧发枪**

时期：18世纪晚期
来源地：土耳其
质量：2.69千克（5.9磅）
枪管长度：72.4厘米（28.5英寸）

土耳其火枪枪柄呈五角形截面，但其枪管则是八边形的。该型火枪的燧发装置出现较早，但在16世纪初期就在北欧被弃用。

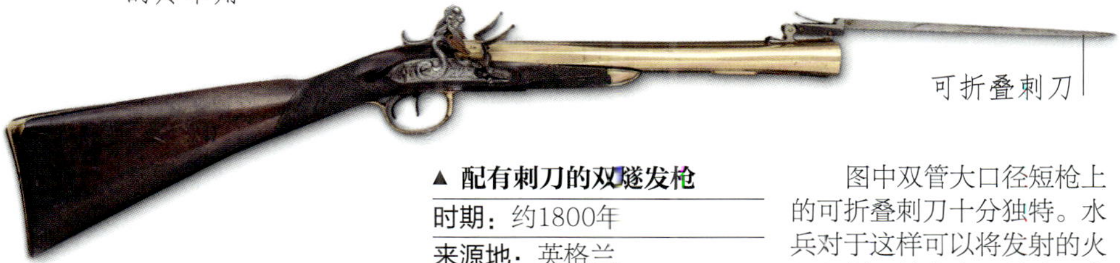

▲ **配有刺刀的双燧发枪**

时期：约1800年
来源地：英格兰

图中双管大口径短枪上的可折叠刺刀十分独特。水兵对于这样可以将发射的火器与刺刀整合在一种武器中的设计青睐有加。

▲ **英国燧发来复枪**

时期：1791年
来源地：英格兰
质量：3.5千克（7.7磅）
枪管长度：81厘米（31.9英寸）
口径：0.68英寸

极具创新精神的伦敦制枪师亨利・诺克（Henry Nock）为英国皇家海军制造了很多齐射枪，并在这些枪上标有“伊齐基尔・贝克”（Ezekiel Baker）字样。图中由诺克设计的燧发枪很有可能为某名军官私人所有，枪上有9条槽膛线。

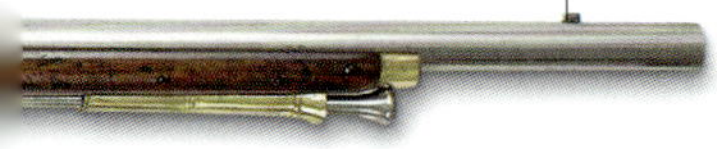

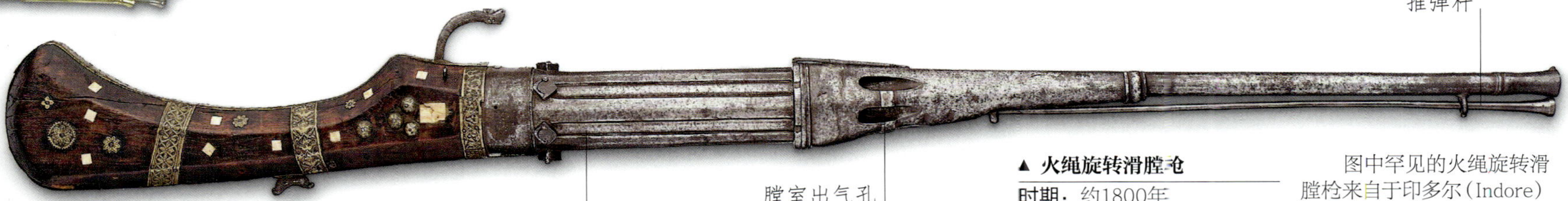

▲ **火绳旋转滑膛枪**

时期：约1800年
来源地：印度
质量：5.9千克（13磅）
枪管长度：62厘米（24.4英寸）
口径：0.6英寸

图中罕见的火绳旋转滑膛枪来自于印多尔（Indore）城。该型枪使用了复杂的机械装置。这种装置有时可能会使用在欧洲的燧发枪中：借助旋转柱体以实现多弹丸发射。柱体被手工编号。

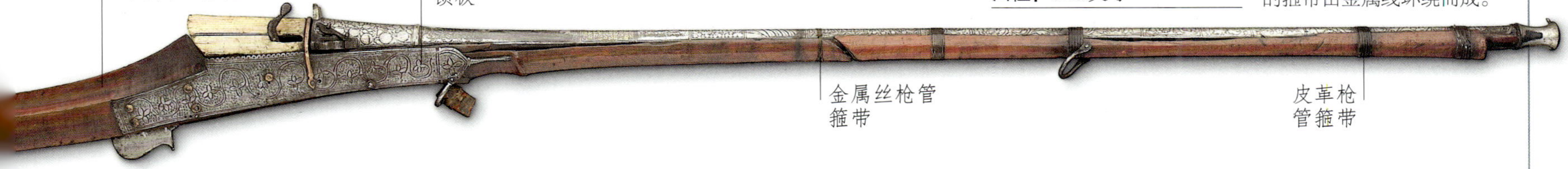

▼ **印度火绳枪**

时期：约1800年
来源地：印度
质量：3.4千克（7.5磅）
枪管长度：1.12米（3.7英尺）
口径：0.55英寸

图中简洁的火绳枪（toradar）来自于印度中部城市印多尔，其枪托处明显向后弯曲。枪管上的4根由皮革和金属制成的带环充当枪管箍带，靠近后膛位置的箍带由金属线环绕而成。

丰特努瓦战役

18世纪中叶，欧洲的战争既有文明的仪式又有残酷的杀戮。丰特努瓦（Fontenoy）战役是这个时代的经典战例。在战斗中，纪律严明的步兵持枪齐射，不顾惨重的伤亡，仍以精确的阅兵队形前进。

1745年，在奥地利王位继承战争中，萨克斯伯爵带领一队法国军人在佛兰德斯征战。其敌对方是由荷兰军队、英国军队、奥地利军队以及汉诺威军队组成的国事遗诏军，统帅则为乔治二世国王之子坎伯兰公爵。萨克斯伯爵率先对图尔奈（Tournai）要塞发起围攻，从而占据了战略上的主动权。国事遗诏军不得不对图尔奈进行驰援，萨克斯伯爵因而就可在其选定的地点与他们对战。萨克斯伯爵沿图尔奈城前的山脊摆开了防御阵形，其右侧为斯海尔德（Scheldt）河，其左侧为大片灌木。他对安托万（Antoing）和丰特努瓦这两个村庄加强了防守，并在其防线前方修筑了5个多面堡，即土木据点。在筋疲力尽的行军之后，国事遗诏军于5月9日靠近丰特努瓦。5月11日，国事遗诏军甚至还未对萨克斯据点的坚固程度进行评估，军队的统帅便下令对据点发起攻击。

坚守阵地

对阵双方的兵力大约都为5万余人。尚武的军官们率领着大部分专业的士兵，而步兵则配备着燧发枪和刺刀。法国人拥有100门大炮，在数量上可能要优于对手，其炮术也要相对更高明。国事遗诏军将荷兰与奥地利军队部署在其左侧，把汉诺威军队与英国军队部署在右侧。进攻的发起比较糟糕：在一通重炮徒劳无益地乱轰之后，位于前列的步兵对法军右翼发起攻击，旋即被毁灭性的炮火击溃。在法军左翼，其多面堡却完好无损，这是因为受命夺取该据点的英军军官拒绝前行。显然，他们对藏在附近灌木丛中的法军浑然不觉。

在对法军左翼与右翼的进攻都失败之后，坎伯兰公爵仍然决定前进。英国步兵迅速登上丰特努瓦与另一个完好无损的据点之间的山顶。此时，从两侧据点发射的炮弹将英军步兵队形生生切断，但英国步兵对此毫无畏惧，依然登上了山脊的顶端并与法军步兵正面相遇。法国作家伏尔泰记叙道，英国与法国军队的指挥官都礼貌性地让对方打响第一枪。随后，双方直截了当地开火，成堆的士兵纷纷倒下，单次齐射就导致成百上千的士兵伤亡，战场礼仪随之结束。英军摆出野战炮，发射霰弹，敌方法军应声成排倒下。

萨克斯集合其步兵与骑兵后备队孤注一掷发起反攻。英军深入法军腹地，面临着来自侧翼与前方的进攻。爱尔兰旅——俗称“野鹅”，在法军阵中如同雇佣军一样战斗，向英军发起了毁灭性的冲锋。英军被迫撤退，其步兵试图在骑兵的掩护下有序退场。法军守住了阵地，声称获得了战争的胜利。当天的战斗使得大约5 000人丧生，约两倍于此的人受伤。他们当中的大部分人在重度残疾中度过了余生。

战场全景
法国国王路易十五经历了这场战斗。在萨克斯伯爵组织反击的危难之际，他选择一走了之。

美国独立战争中的枪手

1775年美国独立战争开始之际，美国北部殖民地民众组建的第一批军队中有许多娴熟的枪手，他们与英国军队及其忠诚的支持者交战。这些枪手源自于美国边疆地区的猎人和农民，他们依靠使用长筒猎枪的技巧在荒野之中得以生存。其中有一些枪手被编入乔治·华盛顿的队伍，其他一些枪手则身穿便装且使用自己的武器，保持了一定程度的独立精神。事实证明，他们是高效的狙击手和突击手。

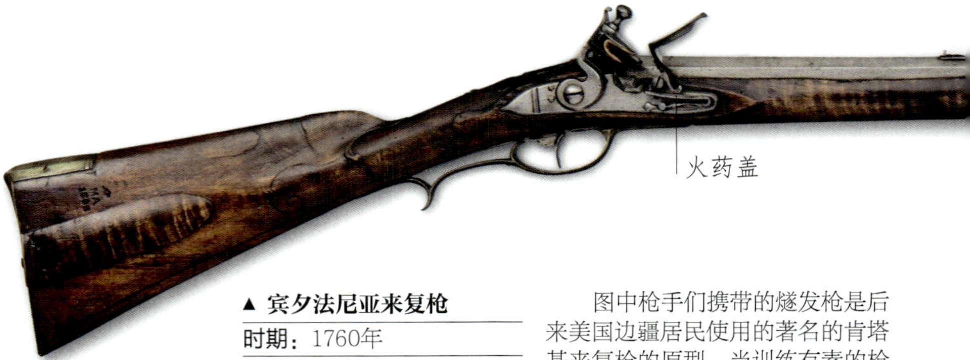

▲ **宾夕法尼亚来复枪**

时期：	1760年
来源地：	美国
质量：	3.8千克（8.4磅）
枪管长度：	1.14米（3.7英尺）
口径：	0.45英寸

图中枪手们携带的燧发枪是后来美国边疆居民使用的著名的肯塔基来复枪的原型。当训练有素的枪手们使用该枪时，其精确射程可以达到365米（约1 200英尺）。带有膛线的长枪管使其比欧洲军队使用的滑膛枪要精确得多。

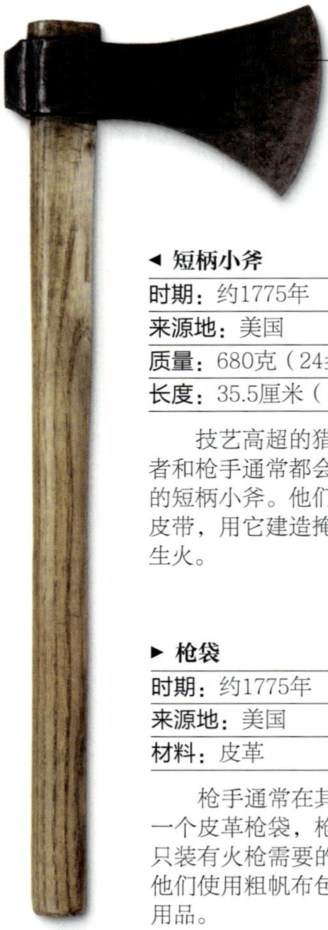

◀ **短柄小斧**

时期：	约1775年
来源地：	美国
质量：	680克（24盎司）
长度：	35.5厘米（14英寸）

技艺高超的猎手、伐木者和枪手通常都会携带这样的短柄小斧。他们将它扎入皮带，用它建造掩体并用其生火。

▶ **枪袋**

时期：	约1775年
来源地：	美国
材料：	皮革

枪手通常在其肩上悬挂一个皮革枪袋，枪袋中通常只装有火枪需要的必备品。他们使用粗帆布包来装个人用品。

▲ **火石袋**

时期：	约1775年
来源地：	美国
材料：	皮革

枪手使用大麻或亚麻的柔软纤维来捕捉从燧石或钢铁划出的火花，并以此来点火。他们通常还携带一个装有干引火柴的袋子。

▲ **狩猎衫**

时期：	约1775年
来源地：	美国
材料：	亚麻

许多枪手都喜欢腰间由带子固定的、带有流苏装饰的亚麻衫。这些亚麻衫通常会被染上自然的暗棕色或绿色以便伪装。

◄ **呢帽**

时期：约1775年

来源地：美国

材料：毛毡

枪手们颜色艳丽的头饰反映了他们战前的狩猎生活。许多枪手利用动物尾巴而非羽毛来装饰他们的帽子。

► **牛角制火药筒**

时期：约1775年

来源地：美国

材料：牛角

枪手们将火药放置在牛角筒中。他们配出主装药和底火所需用量，并将其倒入枪口和火药盘。

► **餐盒**

时期：约1775年

来源地：美国

材料：木头

枪手们的餐盒像一个带有边板的圆筒。只要有可能，就必须将其装满，否则木头餐盒可能会收缩，并导致渗漏。

◄ **马裤**

时期：约1775年

来源地：美国

材料：羊毛

枪手们身穿羊毛马裤，使用兽皮或羊毛材料制成的绑腿。他们在腰间、口袋、前门襟贴片和膝盖等地方使用锡镴扣固定。

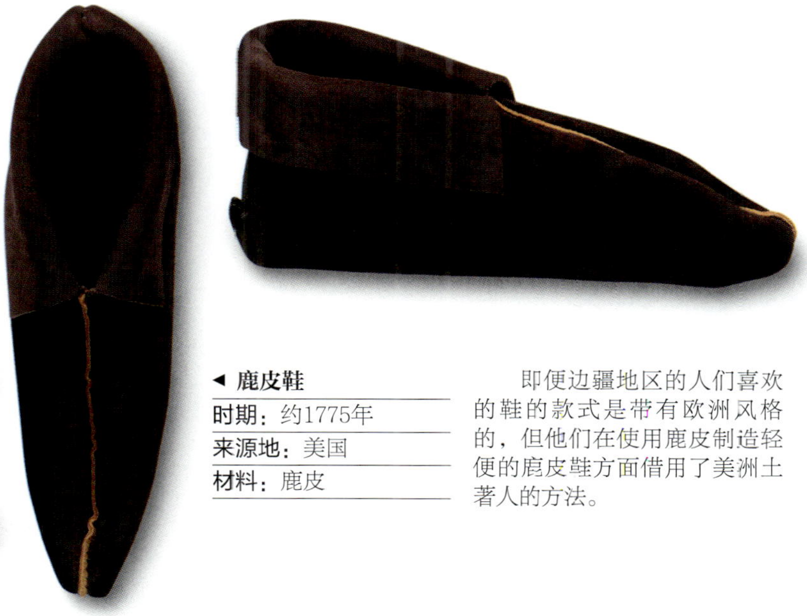

◄ **鹿皮鞋**

时期：约1775年

来源地：美国

材料：鹿皮

即便边疆地区的人们喜欢的鞋的款式是带有欧洲风格的，但他们在使用鹿皮制造轻便的鹿皮鞋方面借用了美洲土著人的方法。

美国独立战争时期的武器、军装与工具

1775年6月，在大陆会议期间，反抗英国统治的13个美国殖民地决定组建一支军队，并由乔治·华盛顿将军领导。大陆军最初是由新英格兰的民兵和其他13个州的志愿枪手组成的。对页展示的大陆军军装是马里兰州第四独立连的军装，该连在1776年1月组建。大量的美国人加入了大陆军以抵抗英国军队，还有一些忠于英国的人则组成了英国团，另外一些人则以游击队的身份进行战斗。此处展示的军装为王后游骑兵所有。王后游骑兵是忠于英国的人1776年在纽约组建的一支部队。

▲ **王后游骑兵羽毛帽**

时期：1776年

来源地：美国

材料：皮革、羽毛

王后游骑兵名称的来历是为了纪念乔治三世的夫人卡罗琳王后。他们的皮帽上贴着汉诺威皇室的黑色帽徽。

▶ **王后游骑兵的夹克与裤子**

时期：1776年

来源地：美国

材料：亚麻、帆布

王后游骑兵是英国军队中第一支穿绿色军装的部队，其目的是为了伪装。图中的绿色短款夹克就是人们所熟知的“圆夹克”。

弹药盒

背包

▲ **王后游骑兵背包和弹药盒**

时期：1776年

来源地：美国

材料：帆布、皮革

图中的背包与弹药盒都带有乔治三世皇冠的标志。弹药盒上的黄铜徽章有GR字样（乔治国王的首字母）。

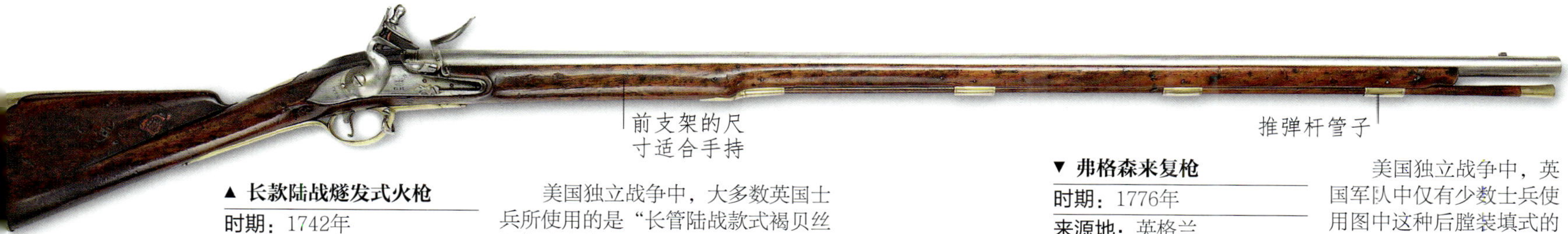

▲ **长款陆战燧发式火枪**

时期： 1742年	
来源地： 英格兰	
质量： 4.7千克（10.4磅）	
枪管长度： 1.17米（3.8英尺）	
口径： 10号	

美国独立战争中，大多数英国士兵所使用的是“长管陆战款式褐贝丝燧发式火枪”。该款火枪的长款首次出现在1722年，在1768年和1797年分别出现了该火枪的两种短款。

▼ **弗格森来复枪**

时期： 1776年	
来源地： 英格兰	
质量： 3.5千克（7.7磅）	
长度： 1.21～1.52米（4～5英尺）	
口径： 0.65英寸	

美国独立战争中，英国军队中仅有少数士兵使用图中这种后膛装填式的弗格森来复枪。该款来复枪由苏格兰军官帕特里克·弗格森（Patrick Ferguson）少校设计。

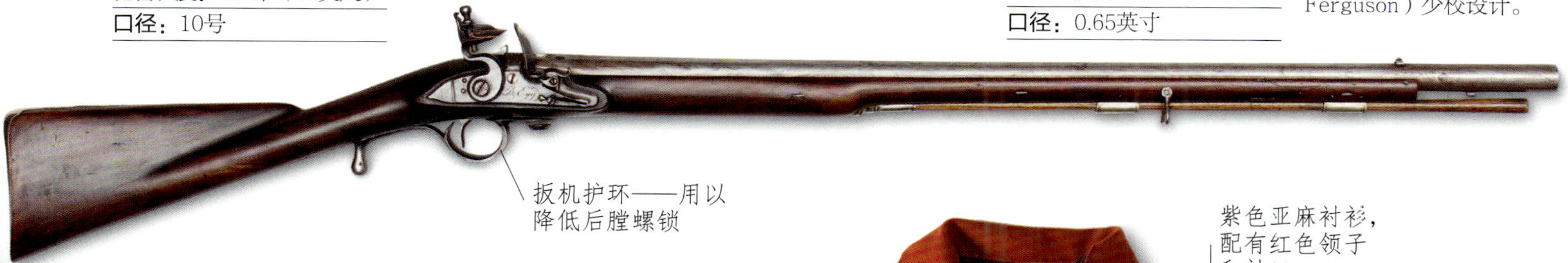

▶ **马里兰州独立连衬衫和马甲**

时期： 1776年	
来源地： 美国	
材料： 亚麻	

马里兰州第四独立连的士兵穿着紫色狩猎衬衫和白色马甲。这支部队是马里兰州批准建立的7支100人的连队之一。

▲ **马里兰州独立连三角帽**

时间： 1776年	
来源地： 美国	
材质： 羊毛、亚麻	

马里兰州独立连士兵佩戴的三角帽与英国正规军所戴的帽子在款式上很相似。1776年春，9个连队组成了马里兰州第一团，由威廉·斯莫尔伍德（William Smallwood）上校率领。

▶ **马里兰州独立连背包和腰带**

时间： 1776年	
来源地： 美国	
材质： 帆布、皮革	

1776年8月的长岛之战为马里兰州部队赢得了声誉。在此之后，乔治·华盛顿将军一直十分看重这支部队。背包上纹有该连队的标志。

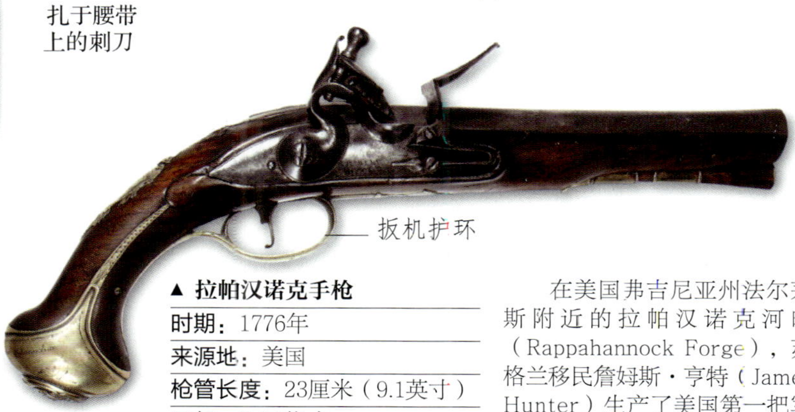

▲ **拉帕汉诺克手枪**

时期： 1776年	
来源地： 美国	
枪管长度： 23厘米（9.1英寸）	
口径： 0.69英寸	

在美国弗吉尼亚州法尔茅斯附近的拉帕汉诺克河畔（Rappahannock Forge），苏格兰移民詹姆斯·亨特（James Hunter）生产了美国第一把军用手枪。它是英国轻骑兵手枪的复制品，被大陆军轻骑兵所使用。

关键人物

沃邦侯爵

1633—1707年

沃邦侯爵是法国最伟大的军事工程师，他在1657年24岁的时候便指挥了第一次攻城战。在获得路易十四的信任之后，他监督了37座法国要塞的建筑工程并改造了300多座要塞。然而更为重要的是他利用坑道系统而开展的具有创造性和侵略性的攻城战，他也因此享有盛名。

▲在职业生涯中指导了48次攻城战之后，身为元帅的沃邦于1703年退休。

关键发展

攻城战的发展

17世纪末期，要塞的建造和攻城战在欧洲已经变得越来越复杂，并有向程序化和正规化发展的趋势，也逐渐成为享有盛名的工程师的研究主题和军事斗争的焦点所在。

自15世纪大炮被引入欧洲攻城战中以来，防御性工事也就进入了快速发展变化的时期。挑战在于需要建造一种堡垒，具备较原有石头城堡更强的炮火防护能力，并同时具备发射大炮开展防御作战的能力。军事工程师设计了一种名为“星堡”的低矮防御工事，以取代高大的城堡。这是一种多边形的工事，半埋在又深又宽的壕沟中，其棱堡向四周延伸。棱堡为一种楔形炮台，可以提供全角度炮击视线，因此对城墙发起攻击的士兵可能会遭到来自侧翼或后方棱堡的炮火攻击。壕沟之前的土坡或斜堤可以为城墙提供进一步的防护。最初的“星堡”很快得到了进一步发展，并被建造在工事之外的外堡，这种要塞可以迟滞或抵御攻城军队将炮火和士兵推进至主城墙的脚步。

新式结构

17世纪，大型防御工事的复杂结构使“星堡”变得过时。被称为“半月堡”的三角形防御工事或外堡，在两个棱堡之间向前凸出。薄弱的点由“角堡”所防护，“角堡”是一种由两个棱堡组成的防御性结构，中间由短墙所连接。城塞位于要塞城之内，是一种后备型的堡垒，当城镇陷落之后，驻军还可依托它开展抵抗。这些复杂要塞的建造与维护耗费颇多，它们主要由荷兰共和国所建造，八十年战争（1568—1648年）中西班牙的攻击对它们造成了威胁，随后路易十四（1643—1715年在位）发起的战争也对这些要塞展开了攻击。同时，路易十四还授权他的首席工程师在法国边境地区构建了一连串的要塞。

路易十四执政时期，攻城战是冲突中的焦点所在。在九年战争（1688—1697年）中，法国与包括荷兰在内的伟大联盟交战。在这期间，总共有21场攻城战，因此发起野战主要是为了缓解攻城战的压力。

▲ **迫击炮弹**

迫击炮发射的爆炸炮弹是一种内部填有火药的圆形铁壳，由燃烧的导火索引燃。在攻城战中，它们被频繁使用。

战争武器

攻城战催生了一些特殊武器的演进，如向城墙或壕沟发射炮弹的迫击炮，以及新型精英士兵——掷弹兵，还有投掷的手榴弹。诸如沃邦（Vauban）及其荷兰同行库霍恩男爵（Menno van Coehoorn）等工程师则在论文中都对攻城战的实施进行了讨论，并为攻城战总结了一些礼仪性的程序。尽管存在着这些礼仪性的程序，路易十四的攻城战策略仍是极具侵略性的，并力求在很短的时间内取得结果。他的策略包括在朝向敌人工事的方向挖掘“之”字形壕沟，因此战火就

不会在壕沟内从头烧到尾。在间歇期，工程师开挖“横向”的壕沟以方便大炮向前推进。在沃邦的工程中，总共有3条横向的壕沟，士兵们可以从壕沟中一跃而起，而掷弹兵则位于前方，对敌方所控制的、位于工事沟渠外缘的防御据点实施攻击。一旦夺取这些据点，攻城所用的大炮便会被推进至距离城墙很近的位置，防御者因此不得不放下武器。当然，真正的攻城战只是大致地近似这些模式：如挖地道的工兵可能使用炸药轰塌城墙，或抽干护城河中的水或借助木筏通过护城河。

讽刺的是，尽管这些防御工事耗费了大量的钱财，但在18世纪时，对攻城战的抵御并不会维持很长时间。因此攻城战与防御工事的黄金时代在18世纪20年代便结束了。

“我们使用的**火药越多**，那么我们所流的**鲜血就越少**。”

沃邦侯爵，沙勒罗瓦（Charleroi）攻城战，1693年

◀ **马格德堡之劫**

如果防御者拒绝投降，那么当工事被攻破后，他们将面临屠杀。1631年，马格德堡（Magdeburg）在6个月的攻城战后陷落，超过20 000人被屠杀。

◀ **马斯特里赫特之围**

1673年6月，法国国王路易十四入侵荷兰，用45 000人的大军围攻马斯特里赫特城（Maastricht）。沃邦指挥了攻城战，在一个月内便击败了防御者。

关键事件

1650—1700年

■ **1667年** 法国军队挑选擅长投弹的士兵组成了专门的部队，这是掷弹兵的首次出现。

■ **1674年** 荷兰军事工程师库霍恩男爵发明了一种用于攻城战的移动式迫击炮。

■ **1678年** 法国国王路易十四任命沃邦为工事总监，开始在法国边境地区建设大规模的工事。

■ **1685年** 库霍恩男爵发表了具有重要影响力的、名为《新型工事建设》(*New Fortress Construction*)的论文。

■ **1692年** 沃邦指挥了那慕尔攻城战，而库霍恩则指挥了这场战争的防御行动。5个星期之后，那慕尔陷落。

■ **1695年** 在率领伟大联盟军队对那慕尔进行了两个月的围攻之后，库霍恩从法国人手中重新夺回了那慕尔。

野战炮与攻城炮

在17世纪与18世纪，炮兵继续使用铸铜和铸铁无膛线炮发射石头或铸铁炮弹。19世纪中期，膛线炮的出现、火药质量的改善、延长的射程以及特别的工具为炮兵带来了另一次重大突破。枪械的射击轨道是直线水平的，但短炮管的轻型迫击炮的射击轨迹则为不断上升的射线，其轨迹的上升角度一般会超过45度。同时小型的手持迫击炮也被研制出来，以发射带有导火索的手榴弹。这些武器都以荷兰军事工程师库霍恩男爵命名，因为这些武器的设计者正是他。

▸ **炮手千分尺**

时期：18世纪

来源地：英格兰

千分尺可以用来测量炮弹的直径。当千分尺的两臂相交时，就可以对物品的内部进行测量，如加农炮的炮膛。

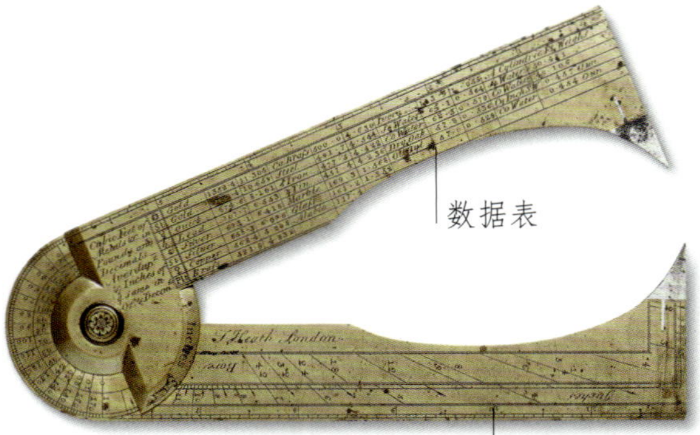

▴ **炮手短剑**

时期：18世纪

来源地：意大利

质量：150克（5.3盎司）

长度：34厘米（13.4英寸）

炮兵使用这种特制的短剑来测量大炮的口径及炮弹的尺寸。在近战中，它还可被用于自卫。

▴ **炮手圆规**

时期：18世纪

来源地：英格兰

长度：44厘米（17.3英寸）

使用圆规和尺子对工事的比例进行测量。钢制圆规脚上有方向相反的护手，这说明当炮兵阵地遭受攻击时，它可被当作短剑使用。

▴ **印度六磅炮**

时期：1693—1743年

来源地：印度

质量：3.4吨（3.75短吨）

长度：3.86米（12.7英寸）

口径：9.5厘米

图中大炮的炮膛套有铁管。这些铁管是由类似的铁条焊接而成的，这使得大炮与炮膛的使用时间更长，特别是大炮发射石弹时。

▾ **青铜三管炮**

时期：1704年

来源地：法国

质量：905千克（1995磅）

长度：1.62米（5.3英尺）

口径：11.5厘米

3个炮管被铸在一起，其排列方式是两个并排，第三个在上面，可以一次从一个炮管发射或同时从这3个炮管发射。由于装填炮弹难度较大，并且炮身过重难以机动，使这种有趣的设计在实战中的效果并不好。

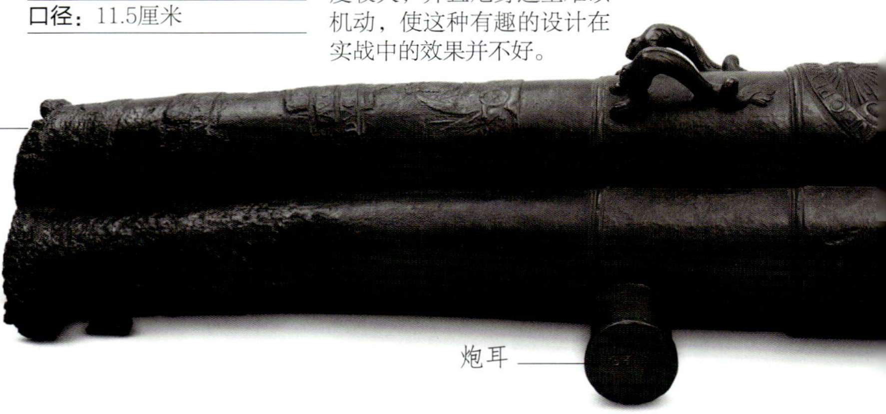

◂ **库霍恩迫击炮**

时期：约1720年

来源地：英格兰

质量：39千克（86磅）

长度：32厘米（12.6英寸）

口径：4.5英寸

库霍恩迫击炮是一种小型可移动式的迫击炮，主要用途是发射手榴弹。皇家黄铜锻造场的第一位大师，瑞士人安德鲁·沙尔奇（Andrew Schalch）锻造了图中的迫击炮。图中的迫击炮被装在其原有的木制座架上。木制座架的尺寸为30厘米（11.8英寸）宽、51厘米（20英寸）长。

◀ 英国迫击炮

时期：1760年
来源地：英格兰
质量：1.27吨（1.4短吨）
长度：70厘米（27.6英寸）
口径：33厘米

图中的迫击炮为一种前装滑膛炮，自15世纪开始投入使用，特别用于攻城战中。该迫击炮服役时间大约为100年，是英国军队中最大的迫击炮。

▲ 法国6磅野战炮

时期：1813年
来源地：法国
质量：383千克（844.4磅）
长度：1.68米（5.5英尺）
口径：9.6厘米

8名炮兵可以在1分钟内发射两次图中的6磅野战炮。炮车上刻有“缴获于滑铁卢”的字样。

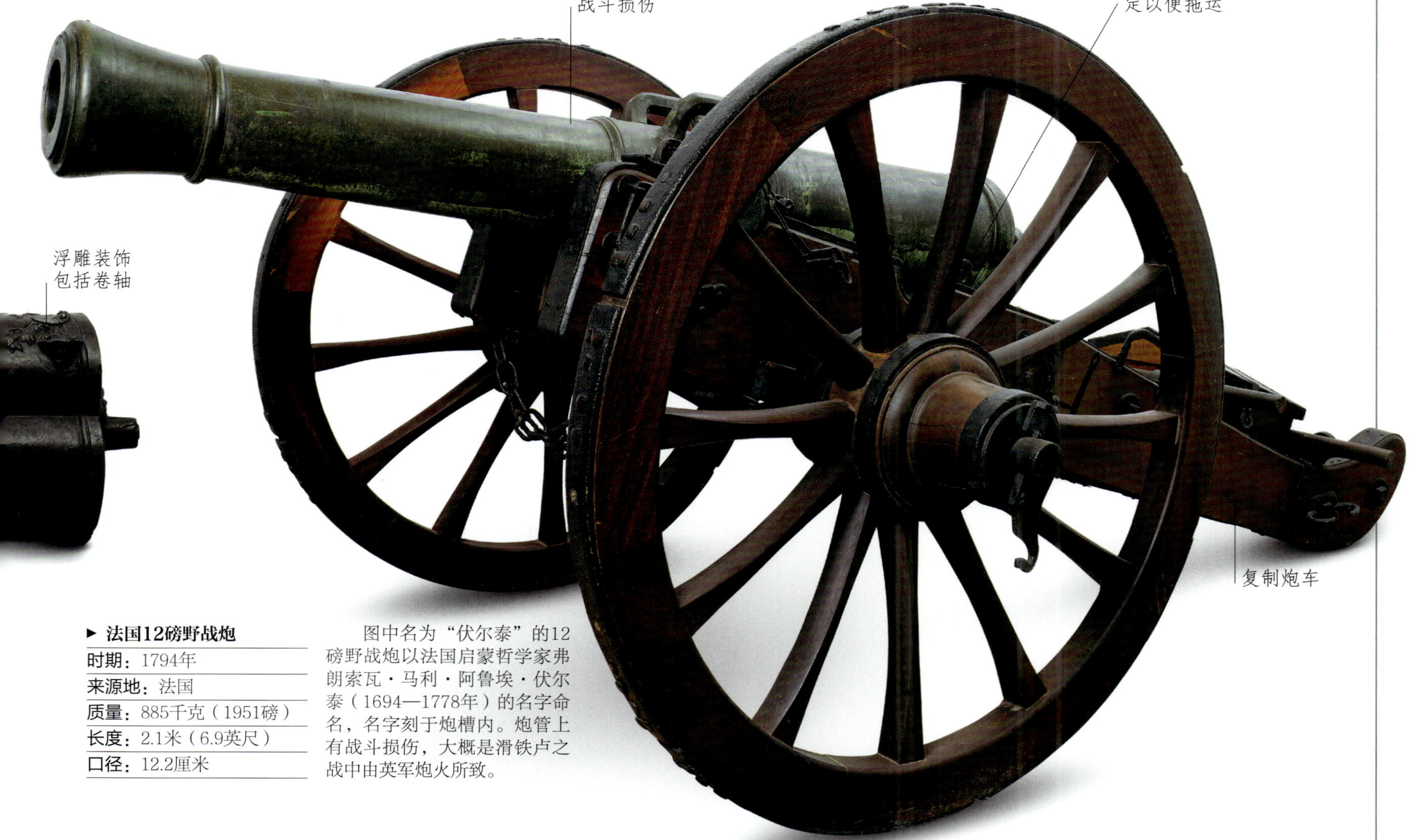

▶ 法国12磅野战炮

时期：1794年
来源地：法国
质量：885千克（1951磅）
长度：2.1米（6.9英尺）
口径：12.2厘米

图中名为“伏尔泰”的12磅野战炮以法国启蒙哲学家弗朗索瓦·马利·阿鲁埃·伏尔泰（1694—1778年）的名字命名，名字刻于炮槽内。炮管上有战斗损伤，大概是滑铁卢之战中由英军炮火所致。

攻城战中的法王

法国国王路易十四（着蓝衣者）与其随行人员观摩那慕尔攻城战。棱堡从那慕尔城城墙向四面八方延伸，其后是位于石头山上的城堡。

早期现代攻城战

那慕尔之围

在法国国王路易十四当政时期（1643—1715年），攻城战是欧洲最具特色的一种战争形式。1692年的那慕尔（Namur）之围是这种极具仪式化的战争的经典战例。在这场攻城战中，攻城一方恰恰是设计了工事的军事工程师。

九年战争期间，佛兰德斯的那慕尔是伟大联盟（由英国、荷兰、奥地利和西班牙组成）的一处战略要地，其对手是法国人。那慕尔要塞城位于桑布尔（Sambre）河北侧堤岸的平地处，工事则建于石头山之上，设计精良而复杂，位于桑布尔河南侧。

1692年5月，路易十四现场督战，他的军队在首席工程师沃邦侯爵的率领下攻破了那慕尔。那慕尔要塞防御行动的组织者则是荷兰工程师库霍恩男爵。

在攻城之时，沃邦依日沿袭了他的标准程序：自5月25日起，他围绕那慕尔城挖掘了两道土木壕沟，他的军队则驻扎在这两道壕沟之间，因此在封锁那慕尔的同时又防止了伟大联盟增援部队对自己进行攻击。随后，法国士兵在包围圈内面向防御薄弱的地点开挖了“之”字形战壕。在这些战壕之间，还开挖了横向的战壕，法国士兵则利用这些横向的战壕建立了炮台。随后火炮被移至横向战壕内，从而逐渐接近敌方的工事。法国炮兵最初的目标是清除炮兵工事。沃邦采用跳弹射击的战术，使炮弹反弹入防御工事内，迫使防御一方放弃他们的防御点。

那慕尔城前方低矮的工事前设置了壕沟和土坡，这对于攻城一方来说是毫无价值的目标，对于守城一方而言则是炮击的开阔场地：位于战壕内的法军士兵因高抛物线的迫击炮和榴弹炮的轰炸而伤亡惨重。

尽管敌方炮火猛烈，法国人开挖的战壕仍然密集相连，其部队因而可以利用其攻城炮对城墙的缺口进行猛攻。一旦城墙缺口被打开之后，守城部队就不得不谈判将那慕尔城拱手让给法国人。

城堡之争

然而守军撤退到城堡之后，激烈战火重燃，攻城战并未就此结束。根据投降协议，法国人同意不从离那慕尔城最近的一侧对城堡发起攻击，因为此处的防御最为薄弱。因此，法国人不得不攻克主城堡前面精心设计的众多外堡。

库霍恩在防御最强的外堡——威廉堡指挥了防御战。在沃邦开挖战壕和沟渠的同时，法军的炸弹越过城墙轰炸了守军。6月22日，在法军的攻击之后，库霍恩交出了威廉堡，被俘成囚，然而主城堡则依旧岿然不动。

在这时候，法军则遭遇了补给上的难题：缺乏足够的草料，数千匹战马开始因饥饿而死亡；持续的潮湿天气将地面变为一片泥淖，马车难以将笨重的弹药运送至炮台。就在此时，城堡守军中有人变节，部分地段防御被撤、主城堡被破，沃邦和路易十四如释重负。6月30日，守军正式投降，在战鼓奏响和军旗飘扬中迈步出城，倒是没有失掉战争的荣誉。

关键**人物**

拿破仑·波拿巴
1769—1821年

出身于科西嘉岛的拿破仑·波拿巴本为法国炮兵的一名军官，随后在法国革命军中成为了最有魅力的将军。1799年，他在一场军事政变中夺取了政权，并于1804年宣布自己为法国国王。1815年，他在滑铁卢之战中败北，随后卒于英国监狱内。

▲拿破仑是一位激进的冒险者，他在战场上将骑兵和炮兵作为突击力量使用。他总共参与了50场战役，并在其中的大部分战役中取得了胜利。

关键发展

革命时代的军队

1789年，法国大革命的爆发预示着大众军队新时代的到来，也昭示着战争的规模之大前所未有。法国国王，同时也是军事天才的拿破仑·波拿巴，从大革命中建立了他的王朝，同时也给欧洲战场带来了崭新的活力。

1792年至1815年，法国革命战争和拿破仑发动的战争几乎将整个欧洲拖入了持续不断的战争状态。在这一时期，出现了很多技术上的革新，其中一些对战争产生了巨大的影响。1792年，法国人发明了沙普电报系统，使得通过一系列臂板信号系统远距离快速传递信息成为现实，这对于军事指挥官来说是具有重大价值的发明。1794年，在弗勒吕斯（Fleurus）战役中，法国人还对利用载人热气球进行侦察进行了试验——这是最早的空战形式。在其他的地方，英国人则采用了榴霰弹，将其作为杀伤敌方有生力量的武器。此外，英国人还发明了康格里夫火箭，以此作为炮兵的辅助力量。然而，虽然这些发明对战争产生了巨大影响，但军事编制体制和军事战术上的变化使得这些发明黯然失色。

战时全国总动员

1793年，在面临联合敌对力量的威胁时，法兰西共和国革命政府发布了一项全国总动员令——对全国年龄低于25岁的健康男性征兵，这就是后来被称为“总体战”的呼吁：其余的人则为战争做出自己应有的贡献。人们期望这些由市

▸ **奥斯特利茨战役**
1805年，骑着战马、挥舞着马刀的俄国皇家卫队与装备有火枪和刺刀的拿破仑军队在奥斯特利茨交战。

关键**事件**

1792—1815年

- **1792年** 法国向奥地利宣战，法国革命战争爆发。
- **1793—1794年** 法兰西共和国战争部长拉扎尔·卡诺（Lazare Carnot）下达“全国征兵令”，组建了一支人数大约为150万的大军。
- **1805—1806年** 拿破仑的大集团军在奥斯特利茨（Austerlitz）战役中取得了对奥地利、俄国军队的胜利，并在耶拿-奥尔斯塔特（Jena-Auerstadt）战胜普鲁士。从此，拿破仑的大集团军建立了绝对优势。
- **1807年** 普鲁士借助“全国征兵令”对其军队进行改组，终结了体罚，并采用不同军种合同作战的战术。
- **1812年** 拿破仑率领50万军队入侵俄国。在撤退之时，仅有五分之一的人存活。
- **1815年** 英国威灵顿公爵率领英军、普鲁士陆军元帅格布哈德·列博莱希特·冯·布吕歇尔率领普鲁士军队在滑铁卢大败拿破仑。

> “他们大声地**叫嚣着、呐喊着**，冲向我们的**刺刀**。”

英国军官托马斯·波科克（Thomas Pococke）上尉，描述维米卢（Vimiero）战役中的法军，1808年

民组成的士兵为国家或者为革命捐躯——他们走上战场并不是出于对鞭挞的恐惧。此外，之前由贵族所垄断的军官阶层，此时也向来自社会所有阶层的能征善战的士兵张开了怀抱。

大集团军

法国革命所带来的新的政治气候将法国演变为一个崇尚扩张主义的国家。拿破仑·波拿巴将他自己塑造成为全国最受欢迎的将军，实际上也就变成了一位军事独裁者。至1805年，他组建了“大集团军”。这是一种由包含所有兵种的6个军团组成的集团军，6个军团都能够独立机动。从其依赖的给养供应的土地上解放出来，拿破仑指挥其军队快速机动，将敌人拖入战争并摧毁敌人。在战场上，他推崇攻击：装备有火枪的步兵以密集的阵形向前移动，在他们之前是成群的游散兵，胸甲骑兵（装甲重骑兵）则向前发起密集的冲锋。炮手们则极具侵略性地部署炮阵——拿破仑认为炮兵是战场上潜在的胜负手，而非仅仅是对步兵和骑兵的支援。

虽然法国的敌人们在适应这种新的编制体制和战术上耗费了大量的时间，但他们随后也能发动自己的“总体战”。西班牙从1808年开始、俄国从1812年开始，也动员了“总体战”。随后，法国在游击战和阵地战方面遭遇了极其顽强的抵抗。1813年，欧洲爆发了有史以来最大规模的战争，拿破仑率领20万大军，但他所面对的敌人则有40万之众。在“全国总动员令”和不断改进的武器的影响下，欧洲社会开始进入军事化的时代，而这最终在20世纪使得欧洲各国尝尽了苦果。

▲ **康格里夫火箭**

在受到印度迈索尔王国使用火箭炮部队的启发后，英国人在康格里夫火箭上装配爆炸弹头，并用黑火药发射火箭。

▼ **瓦尔米战役**

1792年9月的瓦尔米（Valmy）战役是法国革命战争中的第一场战役。在这场战役中，法国炮兵在防御瓦尔米高地的行动中取得了胜利。

法国大革命与拿破仑的步兵

在法国大革命以及拿破仑所发动的战争中，步兵主要使用无膛线燧发火枪与刺刀，他们当中的大多数人还携带刀剑。他们身着白色裤子与上衣，并佩戴名为“沙科”的筒形军帽，帽上别有军团徽章和绒球。拿破仑的步兵包含由燧发枪手组成的连队，他们与掷弹兵一同作战。掷弹兵是较为高级的兵种，他们通常装备精良。1805年之后，燧发枪连队与散兵（体形较矮的法国军人，擅长突袭和侦察）一同战斗。拿破仑的“大集团军”不仅因其纪律严明、勇猛无比和赤胆忠心而闻名，还因其华丽的军装而声名远扬。

▼ **步兵沙科帽**

时期：1806年
来源地：法国
材料：毛毡、皮革

沙科帽于1806年取代了法国步兵早期的双角帽。在这款军帽的前面印有帝国雄鹰、团号及3种颜色组成的帽徽。

◀ **掷弹兵军官制服**

时期：约1810年
来源地：法国
材料：羊毛、亚麻

图中的制服是拿破仑皇家卫队掷弹兵军官的军装。法国军人称皇家卫队为“不死者”。对比大部队，他们有更精良的装备、更高的地位及更舒适的营房。

▶ **拿破仑步兵制服**

时期：约1810年
来源地：法国
材料：羊毛、亚麻

拿破仑的步兵身穿深蓝色的束腰外衣，外衣正前方是白色饰面，有红色领子和袖口。宽大的白色裤子长度过膝。图中的军装绣有下士条纹。

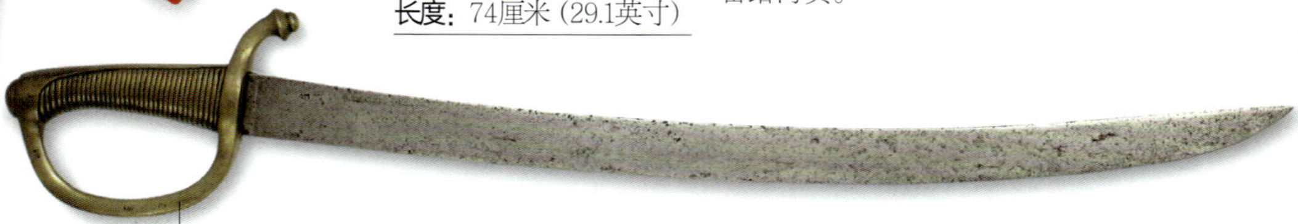

▼ **拿破仑步兵军刀**

时间：约1800年
来源地：法国
质量：900克（31.7盎司）
长度：74厘米（29.1英寸）

步兵佩带的军刀有一个简易的一体式黄铜刀柄，以及弯曲的钢刀刃。这种军刀同样也装备给海员。

▼ **沙勒维尔型步枪1777型**

时间：1777年
来源地：法国
质量：4.5千克（9.9磅）
枪管：1.13米（3.7英尺）
口径：17.5毫米

1777年出产的沙勒维尔步枪是对法国沙勒维尔无膛线枪的若干改良的一种。之所以起这样的名字是因为其大部分都生产于沙勒维尔兵工厂。在法国大革命中，这种枪被步兵广泛使用。步兵用这样的枪每分钟可以发射3发子弹。

▼ 游行军帽

时期：1806年

来源地：法国

材料：毛毡、皮革

图中的沙科军帽由毡制成，有时还会包有皮革。帽顶还进行了特殊处理，以使其具备防雨功能。游行时，军帽上会附有束带，白色的代表燧发枪兵，红色的代表掷弹兵，黄色的代表散兵。

◀ 燧发枪兵马甲

时期：约1810年

来源地：法国

材料：皮革

马甲，也就是穿着在军装外套内侧的上衣，有多种颜色和多种材质。燧发枪兵通常穿白色马甲，在白天他们一般会脱下外衣，着马甲作战。

▶ 燧发枪兵外套

时期：约1810年

来源地：法国

材料：羊毛、亚麻

拿破仑军队中的燧发枪兵身穿带有红色领子和袖口的深蓝色军装外套，该外套还有奶油色的镶边与衬里。一般而言，燧发枪兵还会戴上白色的交叉皮带，穿上白色的裤子。军队在作战时，沙子、淤泥、雨水、血水通常会改变军装的颜色。

▲ 士兵背包

时期：约1810年

来源地：法国

材料：皮革

士兵们所使用的紧凑背包可用来储存其他衣物和军粮补给。借助肩带将背包牢固地固定。图中背包的特点是：其顶端还有一个装载空间，用来携带士兵的大衣外套。

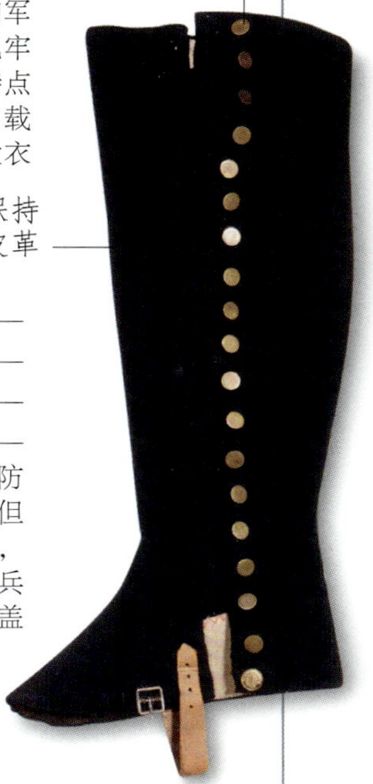

▶ 燧发枪兵靴子

时期：约1810年

来源地：法国

材料：皮革

燧发枪兵穿上靴子以防止沙子和石头进入其中。但这些靴子太长，长度过膝，并不是很合脚，因此士兵们通常会将其裁短至膝盖以下。

法国轻骑兵与胸甲骑兵军装

拿破仑·波拿巴依赖其轻骑兵与胸甲骑兵发起冲锋，并对溃不成军的敌人穷追不舍，从而获取决定性的优势。图中为法国轻骑兵与胸甲骑兵的军装。轻骑兵的军装大约为1806年第二轻骑兵连的装备。而胸甲骑兵则为中世纪铠甲骑士的后继者，他们也被称为胸甲骑士，这个名字源于他们所穿着的胸甲。在使用铠甲的胸甲骑兵逐步走向衰落之际，拿破仑为他的胸甲骑兵赋予了十分重要的任务。

▲ **沙科军帽**

时期：约1806年

来源地：法国

材料：毛毡、皮革

17世纪晚期，欧洲许多骑兵和步兵部队都采用了沙科军帽。胸甲骑兵沙科军帽配有防水的帽顶，并通过铜条固定。

▲ **礼服沙科帽**

时期：约1806年

来源地：法国

材料：毛毡、皮革

在接受检阅时，轻骑兵将战时使用的绒球从其沙科帽上取下，在帽顶插上羽毛取而代之。图为轻骑兵第一团礼服沙科帽。

► **轻骑兵军装**

时期：约1806年

来源地：法国

材料：羊毛

在紧身的编织夹克，也就是所谓的多尔门长袍（土耳其式长袍）之下，轻骑兵穿着一件红色的马甲。在马甲里面，是一件扎进马裤内的白色棉布长衬衫，在两腿间系紧。衣领由一条低调的黑色硬领巾固定。

► **马靴**

时期：约1806年

来源地：法国

材料：皮革

图中制作精良、带有流苏的轻骑兵马靴带有铁制或铜制马刺。图中的马靴由软皮制成，沿袭了匈牙利轻骑兵的传统款式。

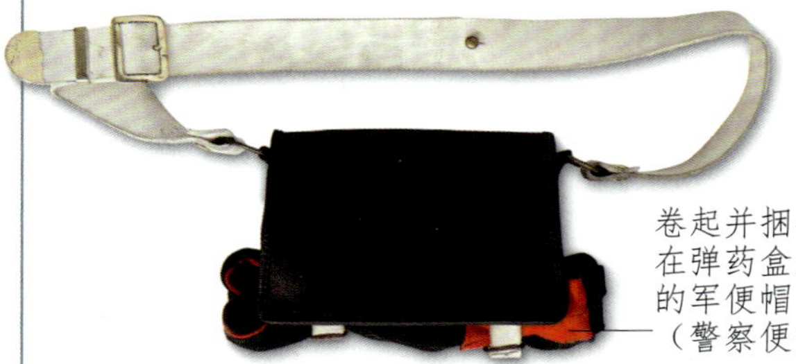

▲ **弹药盒**

时期：约1806年

来源地：法国

材料：皮革

轻骑兵携带的弹药盒内装有为卡宾枪与手枪所准备好的子弹。轻骑兵一般将这个弹药盒斜挂在左肩上。

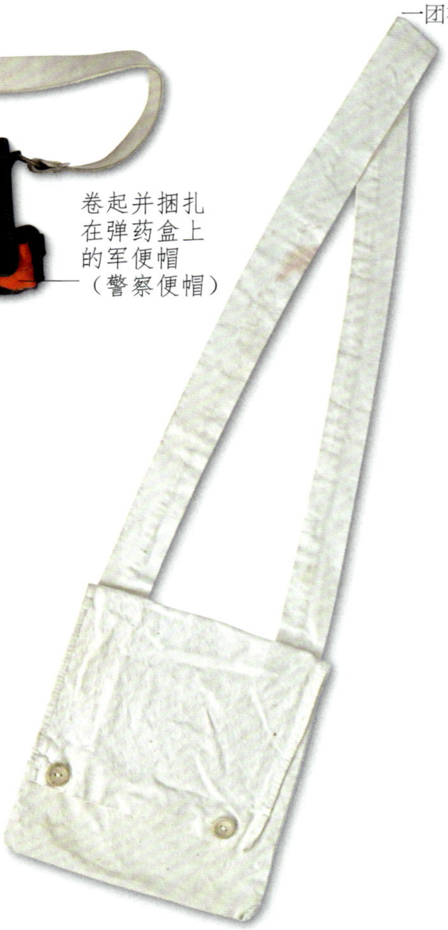

► **面包袋**

时期：约1806年

来源地：法国

材料：亚麻

图中的袋子是轻骑兵用来携带口粮的轻便织物袋。一般不给轻骑兵发放水瓶，他们都有自己的皮制红酒袋。

◄ 带有羽毛的胸甲骑兵头盔

时期：约1810年

来源地：法国

材料：黄铜、紫铜、毛皮、羽毛和马鬃

胸甲骑兵带有羽毛饰物的头盔是一种尖顶状的铜冠铁盔。其上饰有毛皮装饰、羽毛饰品、马鬃羽冠（位于前方）和马鬃尾（位于后方）。

◄ 胸甲骑兵制服

时期：约1800年

来源地：法国

材料：羊毛、亚麻

相对于轻骑兵制服而言，胸甲骑兵制服没有那么华丽，其上身通常由铠甲覆盖。此外该制服通常还配有白色马裤和耐用的马靴。

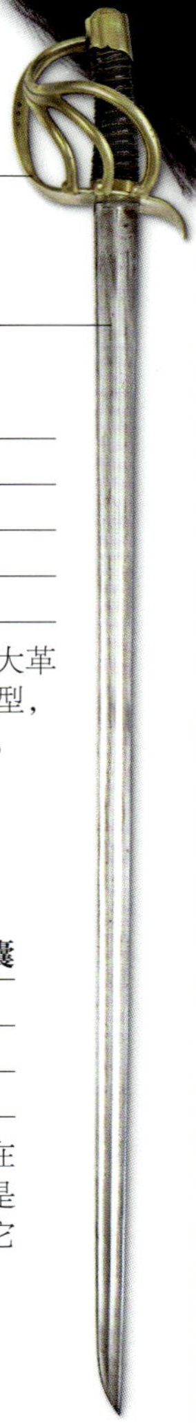

► 莫德尔·安XⅢ剑

时期：1810年

来源地：法国

质量：3.13千克（6.9磅）

长度：1.12米（3.7英尺）

莫德尔·安XⅢ剑（寓意为法国大革命后的第十三年）是安Ⅵ剑的接替剑型，其装备对象为法国龙骑兵和重骑兵。

◄ 第八“胡萨尔”轻骑兵小队皮制佩囊

时期：约1800年

来源地：法国

材料：皮革

轻骑兵将图中的皮制佩囊悬挂在剑带之上。最初，皮制佩囊内携带的是书写和绘画材料，但在拿破仑时期，它的作用更多表现在装饰上。

拿破仑战争时期英国军装与装备

在拿破仑战争中，英国线列步兵与轻步兵身穿鲜红夹克。彼时，战场上枪炮烟雾缭绕，视线严重受阻，敌我难辨，因此军装采用显眼的颜色便是合理的选择。1801年至1812年，步兵头戴烟囱式的沙科军帽也同为彼时之标准。士兵最为重要的装备为标准燧发步枪，名为“褐贝丝”火枪。此外，士兵还需携带行军背包、食品袋、锅、大衣、毛毯、水壶及弹药。如此多的装备对于每日25千米以上的行军里程而言是一个沉重的负担。

▶ **绿色羽毛轻步兵沙科军帽**

时期：1801年
来源地：英国
材料：毛毡、皮革

图中圆筒形的英式轻步兵沙科军帽主要由毛毡制成，带有皮革帽舌。号角纹章和绿色羽毛是轻步兵的标志。

▶ **军装上衣**

时期：约1810年
来源地：英国
材料：羊毛、亚麻衬里

列兵身着图中单排扣的红棕色外套。衣领上的绿色饰面、袖口以及饰带的形状、颜色和间距都充满了轻步兵的特色。

▶ **裤子**

时期：约1810年
来源地：英国
材料：羊毛

在半岛战争中，轻步兵的白色马裤和黑色绑腿被图中的灰色裤子所取代。它由厚羊毛制成。在夏天，这种裤子热得令人窒息。

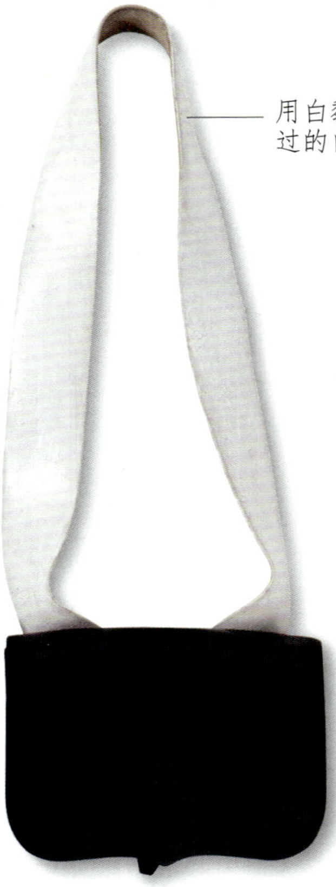

▲ **弹药盒**

时期：约1800年
来源地：英国
材料：皮革

图中的弹药盒可容纳60枚子弹，每一枚子弹都含有火药和弹头。火药被用作引药和炸药，而弹药纸则被当作填充物将弹头固定在枪管内。

弹药

盖子盖上时的样子

盖子打开时的样子

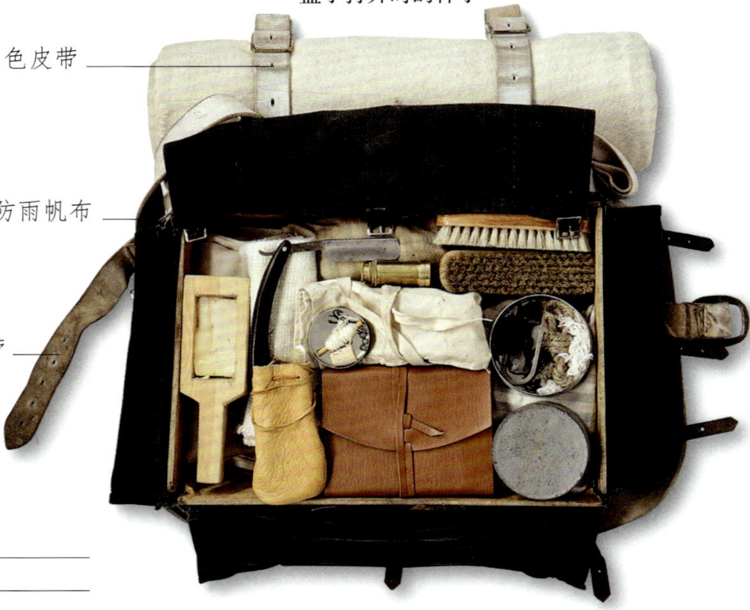

▲ **英式轻步兵“特罗特”背包**

时期：约1805年
来源地：英国
材料：木材、帆布

图中“封套”式样背包（或称“特罗特”背包）上标有其所属团的编号，为轻步兵所用，大约出现于1805年。1812年，它在英国军队中得到广泛使用。

◀ **子弹头**

时期：约1800年
来源地：英国
质量：32克（1.1盎司）
直径：1.7厘米（0.75英寸）

弹头由铅制成。通过“孔径”（也就是0.45千克铅可以铸造的弹头数量）来对弹头进行分类。

▲ **鞋**

时期：约1800年
来源地：英国
材料：皮革

图中的鞋子无左右脚之分，质量一般都极差。每年每名士兵只能领取两双这样的鞋子。

带有遮蔽物的帽子

◀ 英国军官衣物套装

时期：约1815年
来源地：英国
材料：羊毛、皮革

图中制服的主人为1815年滑铁卢战争时期英国皇家燧发枪手团的军官。他将其佩剑斜挎在肩带上。他佩戴了一个护喉，并系了一条丝绸腰带。

▲ 护喉

时期：约1800年
来源地：英国
材料：黄铜

护喉由数片铠甲制成，并能体现其主人在英国军队中的军阶。护喉通过只能从顶部可见的固定孔来固定在颈部。

法国革命战争与拿破仑战争时期的武器

在法国革命战争与拿破仑战争时期，军队在交战时会用到包括刺刀和大炮在内的一系列武器。密集的步兵一般都使用火枪，只有专业的神射手军团才使用来复枪。刀剑是骑兵冲锋时偏好的武器，但轻骑兵一般都手持长矛，长矛尖上都悬挂有矛旗或旗帜。此外，骑兵还携带两把上膛的手枪，以应付不时之需。然而，龙骑兵通常认为卡宾枪是他们主要的武器。

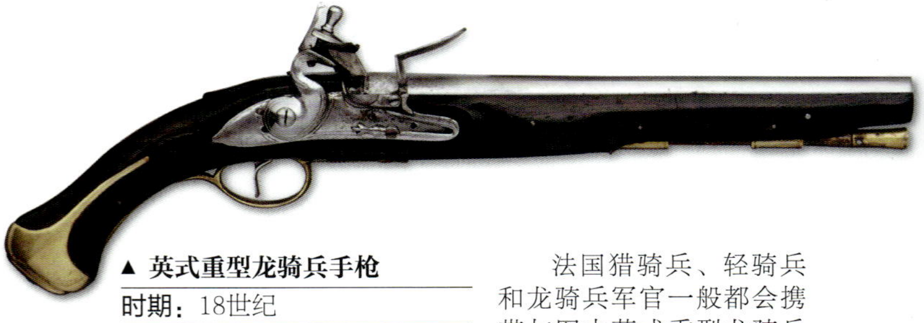

▲ **英式重型龙骑兵手枪**

时期：	18世纪
来源地：	英国
质量：	1.2千克（2.6磅）
枪管长度：	30.5厘米（12英寸）
口径：	0.65英寸

法国猎骑兵、轻骑兵和龙骑兵军官一般都会携带与图中英式重型龙骑兵手枪类似的燧发手枪。此类手枪一般都成对出现。由于枪身上有一个重型黄铜盖板，所以在近战中可以将其作为棍棒使用。

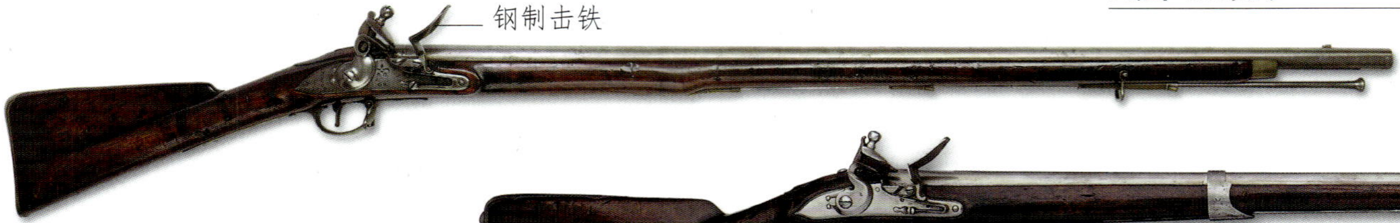

▲ **印度型火枪**

时期：	1797年
来源地：	英国
质量：	4.1千克（9磅）
枪管长度：	99厘米（39英寸）
口径：	0.75英寸

1793年，英国军队采用印度型火枪，也就是“褐贝丝”火枪的最终版本。这是一种简化的版本，生产成本较低，生产速度也提高了。

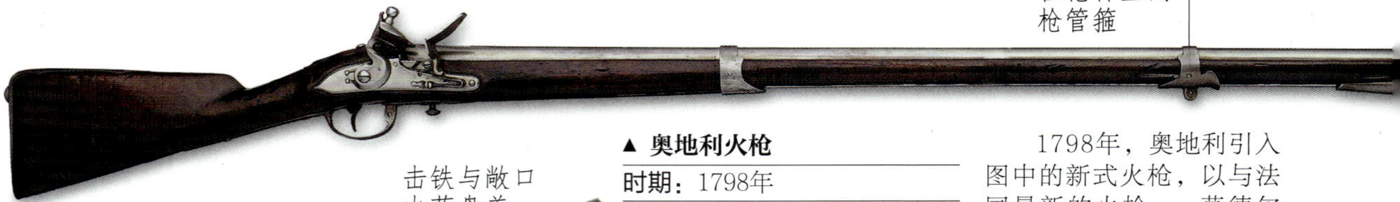

▲ **奥地利火枪**

时期：	1798年
来源地：	奥地利
质量：	4.2千克（9.3磅）
枪管长度：	1.14米（3.7英尺）
口径：	0.65英寸

1798年，奥地利引入图中的新式火枪，以与法国最新的火枪——莫德尔1777相抗衡。

▲ **法国IX型卡宾枪**

时期：	1801年
来源地：	法国
质量：	3.3千克（7.3磅）
枪管长度：	1.15米（3.8英尺）
口径：	0.69英寸

法国骑兵装备了图中的无膛线枪。图中IX型卡宾枪于法国大革命第9年，也就是1801年在位于法国沙勒维尔的政府军工厂中生产。

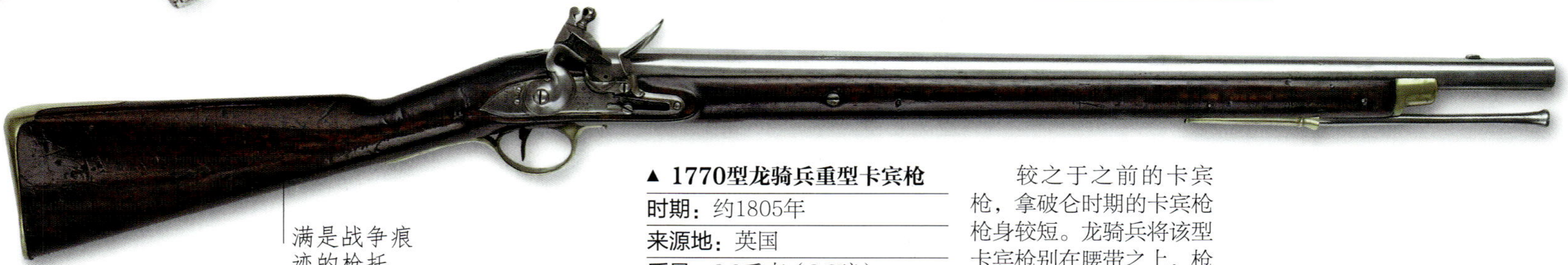

▲ **1770型龙骑兵重型卡宾枪**

时期：	约1805年
来源地：	英国
质量：	3.9千克（8.6磅）
枪管长度：	66厘米（26英寸）
口径：	0.75英寸

较之于之前的卡宾枪，拿破仑时期的卡宾枪枪身较短。龙骑兵将该型卡宾枪别在腰带之上，枪身下垂至大腿附近。

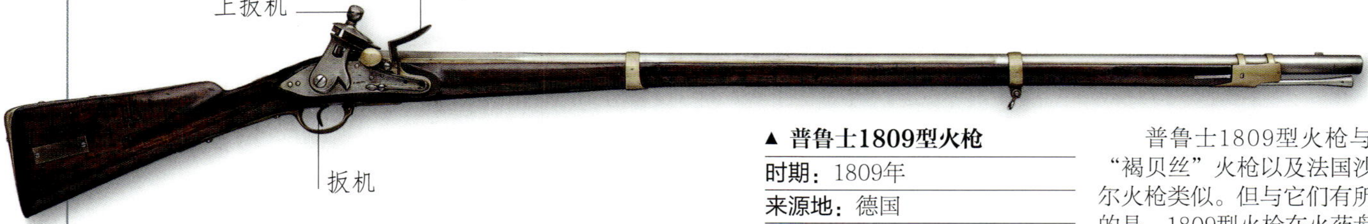

▲ **普鲁士1809型火枪**

时期：	1809年
来源地：	德国
质量：	4千克（8.8磅）
枪管长度：	1.04米（3.4英尺）
口径：	0.75英寸

普鲁士1809型火枪与英国“褐贝丝”火枪以及法国沙勒维尔火枪类似。但与它们有所不同的是，1809型火枪在火药盘周围设有一个黄铜防弧装置，这也是此类火枪的标准。然而，大多数1809型火枪最后都变成了敲击武器。

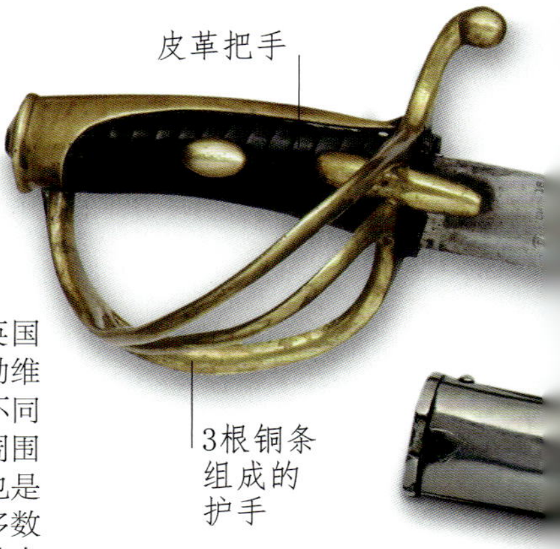

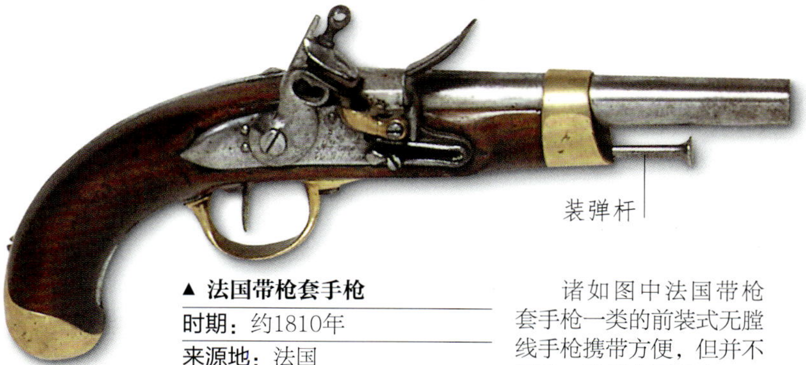

▲ **法国带枪套手枪**

时期： 约1810年	
来源地： 法国	

诸如图中法国带枪套手枪一类的前装式无膛线手枪携带方便，但并不精确，性能也不稳定。

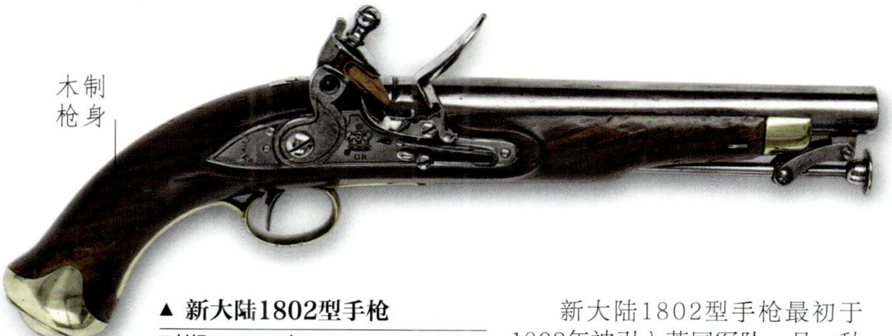

▲ **新大陆1802型手枪**

时期： 1810年	
来源地： 英国	
质量： 500克（17.6盎司）	
枪管长度： 23厘米（9.1英寸）	
口径： 0.65英寸	

新大陆1802型手枪最初于1802年被引入英国军队，是一种设计优良、性能稳定的武器，直至19世纪40年代火枪被作为“敲击”武器使用之后，它仍然在役。此外，还为骑兵生产了带有扁平枪托和拉火绳的版本。

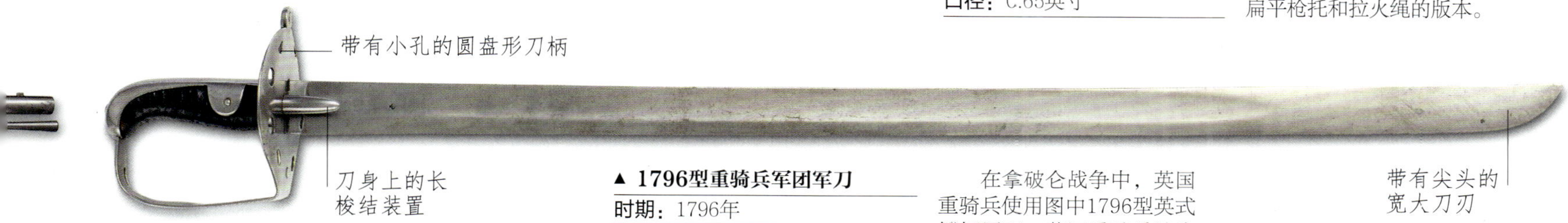

▲ **1796型重骑兵军团军刀**

时期： 1796年	
来源地： 英国	
质量： 1.13千克（2.5磅）	
长度： 1.01米（3.3英尺）	

在拿破仑战争中，英国重骑兵使用图中1796型英式镫柄军刀。英国重骑兵认为该军刀并不实用，但它确实是一种威力巨大的锋利的军刀。

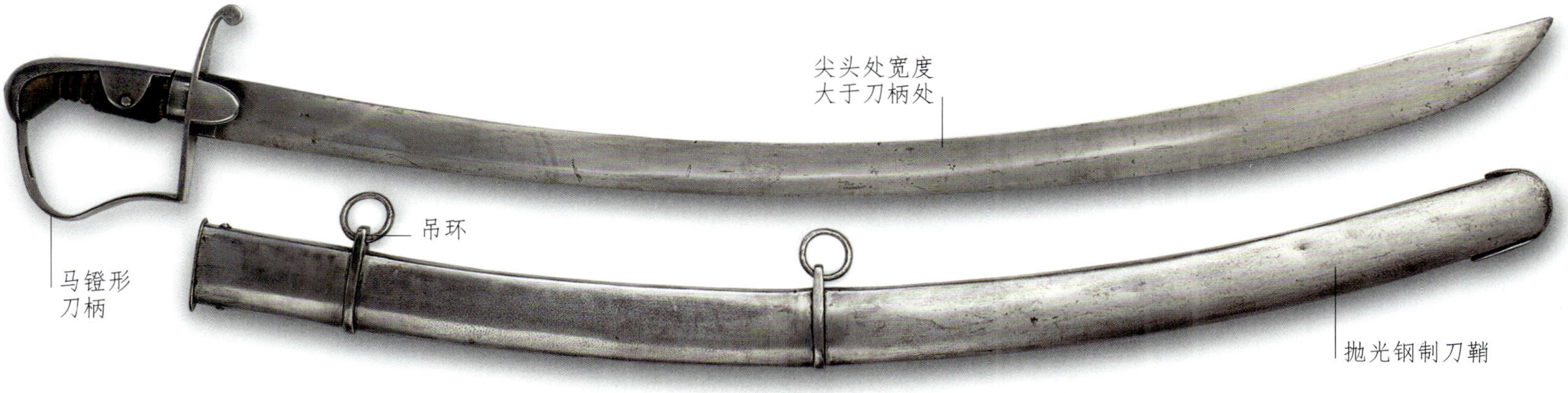

▲ **1796型轻骑兵军团军刀**

时期： 约1800年	
来源地： 英国	
质量： 1千克（2.2磅）	
长度： 96.5厘米（38英寸）	

英国1796型轻骑兵军团军刀拥有宽大的刀刃，刀身宽度向刀尖处逐渐变宽。这就增加了刺中点的力度，一击便可切断手臂或劈裂骨头。

▼ **法国骑兵马刀**

时期： 1802年	
来源地： 法国	
质量： 1千克（2.2磅）	
长度： 1米（3.3英尺）	

相对于英国骑兵军刀而言，法国骑兵马刀刀身更为狭窄。铁制刀鞘较之于之前的黄铜和皮革刀鞘更为坚硬。

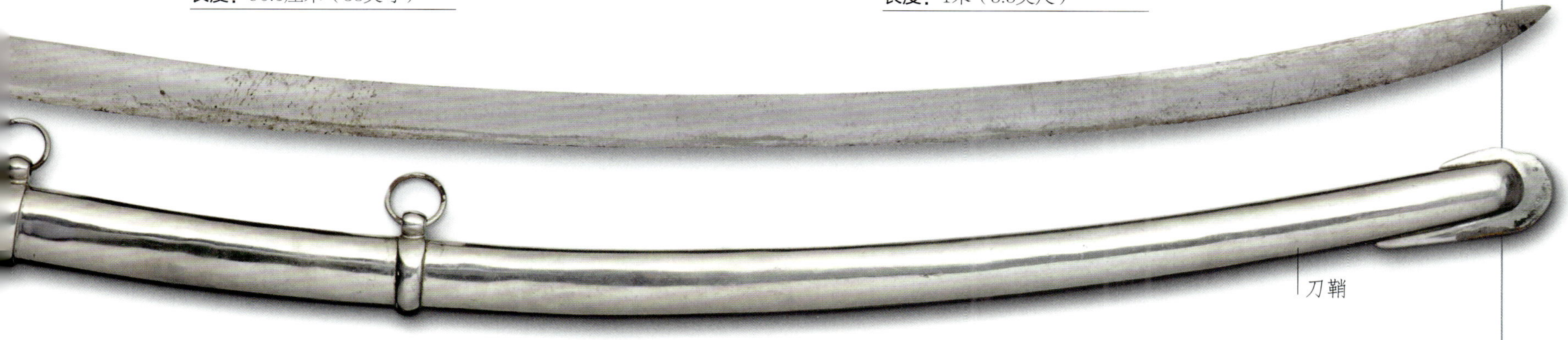

步兵方阵

勇敢的英国红袄兵呈防御阵形围绕在他们的团旗周围，正遭受着法国骑兵的攻击。虽然阵形严密的方阵可以击退冲锋的骑兵，但却是吸引炮兵的明显目标。

骑兵与步兵方阵

滑铁卢之战

在整个18世纪和19世纪初期，欧洲的战争都是以装备无膛线火枪和刺刀的训练有素的步兵为中心的。1815年6月18日的滑铁卢之战中，该作战形式达到了它的顶峰。在这场战争中，具备优势的法国炮兵与骑兵未能打败威灵顿公爵率领的坚定的徒步士兵。

滑铁卢之战是拿破仑战争中的最后一战。6月18日，威灵顿公爵在某个山脊上将其部队布置为防御阵形，旨在抵挡住拿破仑的7万大军，以便等待英国的盟友——普鲁士军队到达战场，并最终决定性地颠覆战争的平衡。

威灵顿公爵将位于其防御阵形前部的城堡和农舍加固，使其成为据点，从而延缓法军的进攻。但是他也知道，成败最终还是取决于其步兵在开阔战场上与敌交战的结果。威灵顿公爵的士兵们都接受了严格的训练，以纵列前进，横列部署，齐射开火。大部分士兵都装备有精确度虽然不高但性能可靠的火枪。此外，装备有贝克步枪的英国步枪兵则可以在松散的阵形中或阵列中作为散兵出击。

拿破仑首先命令位于其阵形尾部的重炮对英军进行狂轰滥炸，从而首开战端。随着战争在城堡与农舍周围展开，法国向英国阵线的中央发起了攻击。最初，法国小股战斗部队——尖兵连蜂拥冲向威灵顿的士兵，并试图对他们实施狙击。而威灵顿的军队则排成两行。随后法军主体部分装上刺刀，以大规模密集阵形向前开进。每个英国士兵可以在1分钟内击发3次，并且两行交替击发，因此英军可以在1分钟内向法军密集阵形射击6次。随着野战炮兵的加入，榴霰弹和葡萄弹等炮火横扫法军纵队，阻止了法军前进的脚步，并迫使其后退，同时也给法军带来了重大伤亡。

保持阵形

到了下午4时许，威灵顿公爵的步兵遭受着法国骑兵的反复攻击。拿破仑的骑兵包括重装骑兵、轻装龙骑兵、猎骑兵、胡萨骠骑兵以及一队波兰枪骑兵。步兵应对骑兵冲锋的标准战术就是聚拢以构成防御阵形。该阵形的“外墙”由3～4层士兵构成，第一层士兵将刺刀保持向外的方向，因此骑兵的战马在阵形的4个方向都陷入了困境。位于阵形内的士兵则向法军骑兵开火。虽然枪骑兵的武器较长，能够刺入阵形内部，但对阵形构成真正威胁的还是炮兵。在当日下午晚些时候，法军在占领农舍之后将其炮兵向前移动，并对步兵阵形进行了轰炸。当英军步兵阵形被炮弹击中之后，法国骑兵便发起冲锋，冲入英军步兵阵形内，手持军刀对步兵进行砍杀。

后来，威灵顿公爵说道，他在滑铁卢“离战败从未如此之近”。然而他的步兵最终抵挡住了法军骑兵冲锋和拿破仑精锐皇家卫队的最后攻击。随后，普鲁士军队在冯·布吕歇尔将军的带领下进入了法军侧翼位置，威灵顿公爵则在此时下达了总攻的命令。法军随即被赶出战场，拿破仑辉煌的军事生涯也就此谢幕。

关键人物

霍雷肖·纳尔逊

1758—1805年

纳尔逊是一位勇敢无畏而且经常违抗上级命令的英国海军将领。1797年，他在圣文森特角大胆地调兵遣将获得战斗胜利，从而为其奠定了极高的声望。他在尼罗河（1798年）、哥本哈根（1801年）和特拉法尔加（1805年）的胜利使他成为了国家英雄。

▲纳尔逊身上多处负伤，失去了一只胳膊，一只眼睛也失去了视力，但他每次都在战场最前沿指挥战斗。最终他在胜利号上阵亡。

关键发展

航海时代的海战

在19世纪早期，对于控制着海上帝国的欧洲大国而言，海军力量成为了至关重要的关注点。因此，大量资源被投入到装备有大量前膛装填的无膛线炮的帆船舰队上。

帆船战的基本战术和技术早已在17世纪便得到建立，直至航海时代在19世纪中期结束都未发生根本性变化。火炮被安装在舷侧，军舰以横列阵形作战，侧面对敌。交战双方都将大炮瞄准对方的船体，以求对对方的帆船和船员造成最大伤害，或者是瞄准对方的桅杆和索具以使对方帆船失去行动能力。然而用实心炮弹轰击对方木制帆船不可能使其沉没，但在海上使用炸弹则被认为很危险，因此只有当登上并占领对方帆船，或船长投降以避免更严重的残杀，交战才被认为终止。

战舰时代

在这一时期，所有的海军舰船都是特制的战舰。以前由武装民船对敌方商船实施袭扰的任务在彼时已被海军护卫舰接手。希望在舰船设计方面保持领先的法国人在1740年引入了经典的护卫舰——一种快速航行的、带有单火炮甲板（28门大炮）的舰船。第一线作战的军舰一般都有74门或80门火炮，带有2～3层甲板以及100门以上大炮。客观相比之下，在1805年，拿破仑整个军队都只有40门大炮。随着时间推移，虽然技术有着巨大的进步，但也十分有限。1745年，燧发装置

▼ 诺克机炮（排枪）

在拿破仑战争中，机炮被用于舰对舰战斗。图中的机炮很难驾驭，原因是7个枪管同时发射将产生极大的后坐力。

首先被引入海军大炮之中，但燃烧缓慢的火绳杆直至19世纪初期仍在许多舰船上被用来引爆炮弹。臼炮是一种更为轻型但威力巨大的近程火炮，在18世纪70年代入役，是海军舰队火力的有效补充。

技战术

从更加精确的导航到营养以及医疗能力的改善，这些更为重要的航海技术得到了普遍提高。自18世纪70年代开始，在木制船体水下部分包裹铜外罩的做法广泛流行，这使得舰船航行速度更快，也能够在海上航行更长的时间而无需靠岸倾倒（以便开展清洁和维修工作）。然而，战术上的进步而非技术的进步是最为重要的进步。英国皇家海军在17世纪早期是全世界最为强大的海军力量。从传统而言，由于英国皇家海军拥有优势重炮，所以在交战时都会击败敌舰。在七年战争期间，大胆的英国海军将领们使用了“大追击”战术——每一艘战舰都竞相与逃跑的敌舰交战，而不等进入正规作战队形中所分配的位置。从18世纪80年代开始，英国人不再与敌舰平行航行，而是采用了切割敌人军舰阵线的战术，因此就可以包围部分敌舰，从而歼灭之。英国海军将领霍雷肖·纳尔逊（Horatio Nelson）将这一战术发挥到极致，他试图将敌人逼入混乱境地，将战斗带入近距离混战的状态。在这种情况下，英国人借助其精湛的射击术和优良的战斗精神，通常能够取得战斗胜利。纳尔逊通过这种大胆的战术取得了很多决定性的胜利，从而将英国的海上霸权延续了一个世纪。

“如果让指挥官的**舰船**与**敌舰**并排而行，那么他就不会犯**很大的错误**。”

霍雷肖·纳尔逊，特拉法尔加海战之前，1805年10月

▲ 位于战斗岗位的炮手

在发射舰炮时，炮手们将火药和炮弹压入炮管内并将舰炮向外推出，使炮管可以从炮门伸出，最后点燃炸药。

▼ 基伯龙海湾之战

1759年11月，英国海军将领爱德华·霍克（Edward Hawke）将法国入侵的21艘舰船赶入法国海岸边的基伯龙（Quiberon）海湾。由24艘英国舰船组成的舰队摧毁了法国海军，从而使法国海军退出了七年战争。

关键事件

1740—1805年

- **1740年** 法国军舰美狄亚号作为首艘新型护卫舰下水。该型护卫舰将在19世纪的海战中发挥重要作用。
- **1761年** 英国皇家海军开展了铸舰试验，用铜铸造了阿拉姆号船体，该船体上共有32门舰炮。
- **1763年** 法国海军采用了包含数字代码的信号旗体系。这极大地提高了海上信息视觉通信的效率。
- **1782年** 在加勒比海的桑特（Saintes），英国海军将领乔治·罗德尼（George Rodney）率领英国海军冲垮了法国海军战线，从而开启了英国海军战术的新阶段。
- **1794年** 美国国会法案授权组建海军。根据这一法案，美国建造了6艘威力巨大的护卫舰，并在舰上部署了人员。在这6艘护卫舰中，有的安装有44门舰炮，另一些则安装有38门舰炮。
- **1805年** 英国人在特拉法尔加海战中击败了法国人和西班牙人，从而奠定了英国对海洋的长期控制。在特拉法尔加海战中，英国海军将领纳尔逊阵亡。

舰炮与海军装备

舰炮最初以生铁后膛炮的形式出现于14世纪中期。16世纪，铸造青铜前膛炮出现；18世纪，欧洲几乎所有的海军都使用铸造青铜前膛炮，如此处展示的英制青铜前膛炮。给该类前膛炮装填弹药时，人们将一个布制火药袋经由炮口填入炮膛，再用绳圈将火药袋固定在位，再依次填入弹丸和绳圈。将一根钢锥插入排气孔，从而将填药装入。随后将火药倒入炮管，再用锁闭机或缓燃引信封住排气孔。

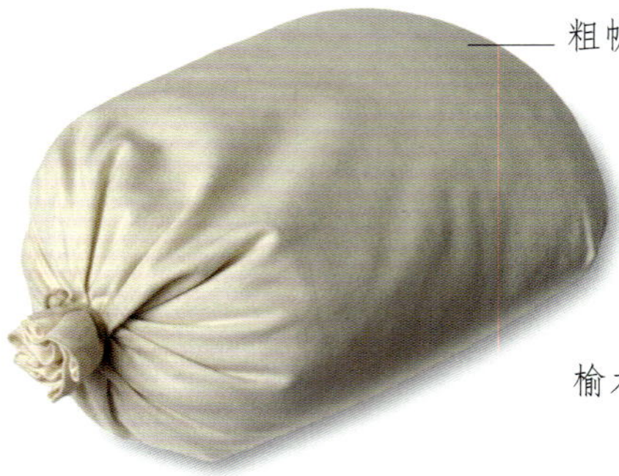

▲ **弹药袋**

时期：约1800年

来源地：英国

材料：帆布

纸张、帆布或者羊皮纸被缝成各种不同尺寸的圆柱形，被用来装火药。需要使用的火药的精确数量取决于枪的类型和装药的类型。

▲ **弹药筒**

时期：约1800年

来源地：英国

材料：木头

为了避免意外爆炸，将弹药筒从弹药库运到大炮处需要高度小心。质量很轻的木制圆桶被用来保护和运送弹药。

◄ **引信盆和缓燃引信**

时期：约1800年

来源地：英国

材料：木头、大麻

缓燃引信装在引信盆中，一般都是在战斗开始时点燃。它缓慢燃烧，如果扳机失效，就会被用来引燃引药。缓燃引信由大麻制成，在葡萄酒与硝酸钠溶液中煮沸。

◄ **绳圈**

时期：约1800年

来源地：英国

材料：绳子

绳圈由绳子碎屑和绳织物（麻絮等）制成，可以将它塞入炮管底部以固定火药和弹丸的位置。

► **生铁24磅火炮**

时期：1785—1822年

来源地：英国

质量：2.9吨（3.2短吨）

长度：2.9米（9.5英尺）

口径：5.8英寸

弹丸质量：11千克（24磅）

将舰炮放置在带有轮子的四轮车上以便于炮身在后坐力的影响下向后移动。士兵可借助后膛或四轮车上的系留索对舰炮的向后运动实施控制。

◀ **圆形弹丸**

时期：约1800年

来源地：英国

材料：铁

图中的海军弹丸一般有3个用途：一是击中敌方舰船，使其船体穿孔；二是降下桅帆；三是杀伤敌人。此类射程较远、精度较高的圆形弹丸可以穿透敌方舰船船体。

◀ **链弹**

时期：约1800年

来源地：英国

材料：铁

链弹由两个或两个以上加农炮弹组成，可以杀伤敌方舰船和暴露在甲板上的敌人。与其他非圆形弹丸一样，链弹的射程和精度都欠佳。

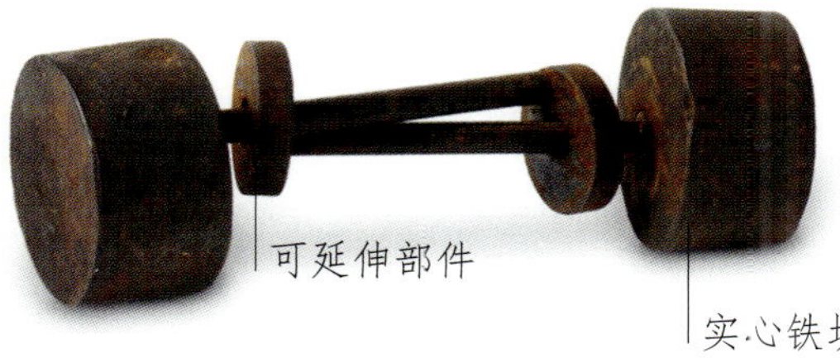

◀ **杠弹**

时期：约1800年

来源地：英国

材料：铁

杠弹由两个或两个以上弹丸构成，中间由固定的铁条或可延伸的部件连接。其作用为杀伤敌人，或当其在敌方舰船上方飞行时破坏敌方桅帆。

◀ **葡萄弹**

时期：约1800年

来源地：英国

材料：帆布、铁

葡萄弹由装在锡罐或帆布袋中的铁球组成。当火炮发射葡萄弹时，其外罩破裂，对敌方人员构成如霰弹似的威胁。

▼ **通条**

时期：约1800年

来源地：英国

材料：梣木

通条的作用是将火药、绳圈和弹丸推入炮管内，并将它们压入大炮的弹膛。

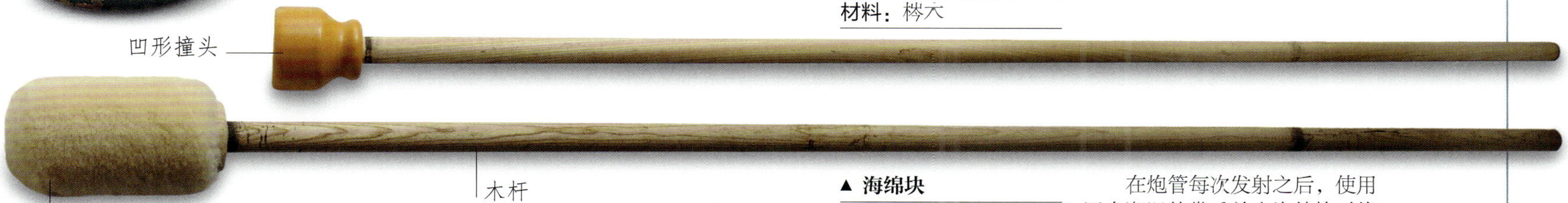

▲ **海绵块**

时期：约1800年

来源地：英国

材料：梣木、铜钉、带毛羊皮

在炮管每次发射之后，使用图中潮湿的带毛羊皮海绵块对炮管进行擦拭，以清除残余的燃烧余烬。海绵块用铜钉固定在一根木杆上。

▶ **铸铁3磅炮**

时期：17世纪晚期

来源地：英格兰

长度：2米（6.6英尺）

口径：3英寸

弹丸质量：1.36千克（3磅）

铸铁炮造价远低于铜炮，因此在17世纪和18世纪逐步取代了铜炮。铸造时炮管为实心，随后被钻空。炮车后部支架可以缓解发射时带来的强大后坐力。

▶ **前膛12磅炮**

时期：1805年

来源地：英国

质量：1.1吨（1.2短吨）

长度：2.95米（9.7英尺）

口径：4.5英寸

弹丸质量：5.4千克（12磅）

图中为放置在后来海军炮车上的铸铁前膛12磅炮。在1805年的特拉法尔加海战中，胜利号军舰上装有32门12磅炮，此外还有28门24磅炮、30门32磅炮以及2门68磅大口径短炮。

近距臼炮与其他海军枪支

18世纪末期和19世纪初期，大口径短炮（一种滑膛铸铁加农炮）是海军火力的重要补充，为诸如多重射击炮、回旋炮、火箭弹和迫击炮等轻型武器补充火力。大口径短炮很快被英国、美国、俄国和法国海军所采用。之所以称它为carronades，是因为它的制造商为苏格兰福尔柯克卡伦铁制品公司（Carron Ironworks）。大口径短炮是一种威力巨大、炮管较短的火炮，但其质量相对较轻，所需的操作人员相对较少，但在近距离作战中具有十分强悍的损毁力。此外，诸如32磅炮一类的重型火炮需要被布置在水线附近以保持舰船平衡，而大口径短炮十分轻便，可以被安装在上甲板之上。

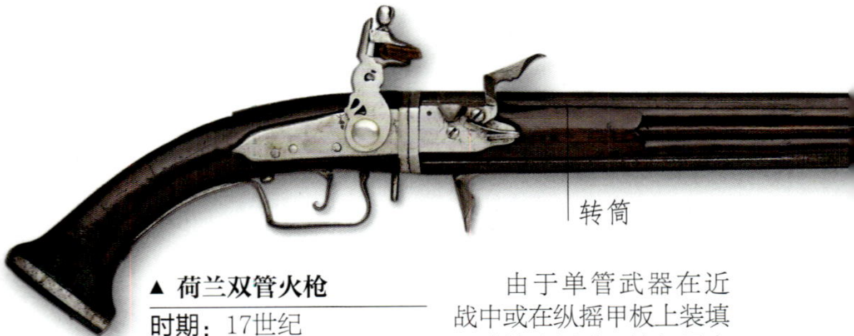

▲ 荷兰双管火枪

- **时期：** 17世纪
- **来源地：** 荷兰
- **质量：** 1.2千克（2.6磅）
- **枪管长度：** 50.3厘米（19.8英寸）
- **口径：** 36号

由于单管武器在近战中或在纵摇甲板上装填子弹较为困难，诸如图中的荷兰双管火枪一类的多管射击武器主要被用于登船行动。

◀ 瑞典20磅迫击炮

- **时期：** 1735年
- **来源地：** 瑞典
- **质量：** 4.1吨（4.5短吨）
- **长度：** 1.5米（4.9英尺）
- **口径：** 13英寸
- **炮弹质量：** 9千克（20磅）

18世纪中期，瑞典海军装备相对小型的舰船（炮船）。船上装备带有枢轴的迫击炮，可以调节射击的高度角，从而提高射程。图中的迫击炮对准船头，后来被逐步用于陆地上攻击城堡和要塞的战斗中。

▶ 英国4磅回旋炮

- **时期：** 1778年
- **来源地：** 苏格兰
- **长度：** 31.8厘米（12.5英寸）
- **口径：** 8.4厘米
- **炮弹质量：** 1.8千克（4磅）

这尊短而重的回旋炮是卡伦铁制品公司生产的大口径短炮的样品之一。炮耳镶于炮轴上。尾钮上连接了一支弯曲的长手柄，以便移动。

▶ 英国13英寸迫击炮

- **时期：** 1726年
- **来源地：** 英格兰
- **质量：** 4.1吨（4.5短吨）
- **长度：** 1.6米（5.2英尺）
- **口径：** 13英寸

图中海军迫击炮上的加强筋展示了英王乔治二世的皇家纹章。该迫击炮可能为雷霆号军舰所造。雷霆号参加了1727年包围直布罗陀的战争。

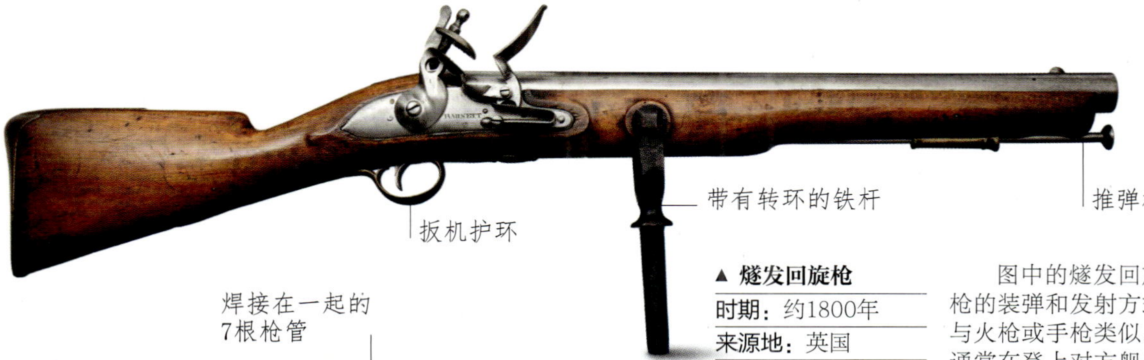

▲ 燧发回旋枪

时期：约1800年

来源地：英国

质量：6.8千克（15磅）

枪管长度：61厘米（24英寸）

口径：28毫米

图中的燧发回旋枪的装弹和发射方式与火枪或手枪类似。通常在登上对方舰船之前，士兵会使用燧发回旋枪对敌舰进行射击。由于回旋枪能够转动，因此其射击范围较为宽广。

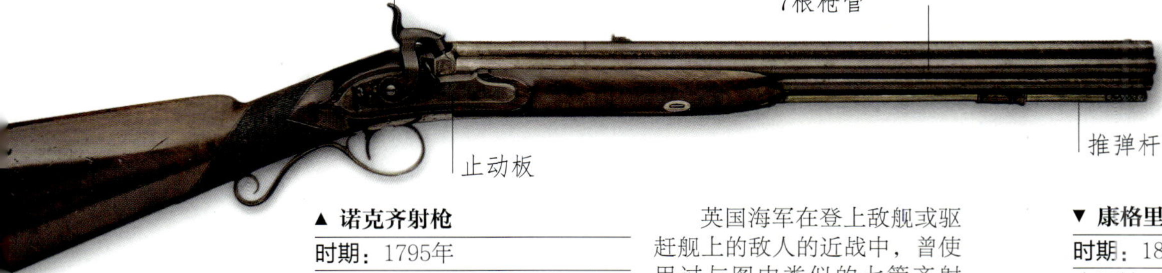

▲ 诺克齐射枪

时期：1795年

来源地：英格兰

质量：4.1千克（9磅）

枪管长度：52厘米（20.5英寸）

口径：0.39英寸

英国海军在登上敌舰或驱赶舰上的敌人的近战中，曾使用过与图中类似的七管齐射枪。位于中心的枪管正常发射，其他的6根枪管则由火药引爆发射。

▼ 康格里夫火箭

时期：1805年

来源地：英国

质量：14.5千克（32磅）

长度：1.03米（3.4英尺）

康格里夫火箭由黑火药驱动，还能装上燃烧弹或质量在1.4～10.9千克（3～24磅）之间的尖锐弹头。康格里夫火箭的精确度不高，也容易提前爆炸。

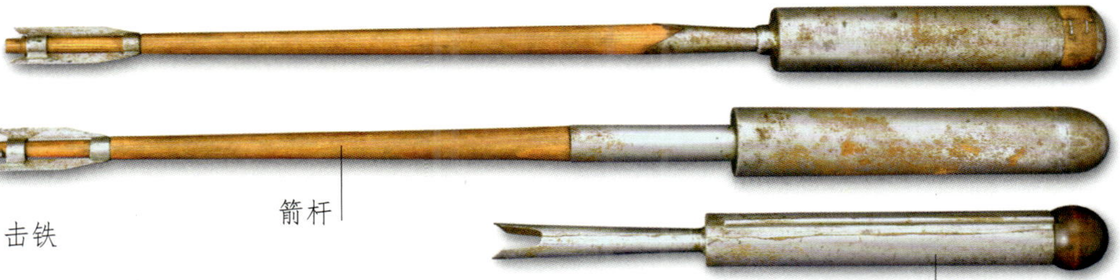

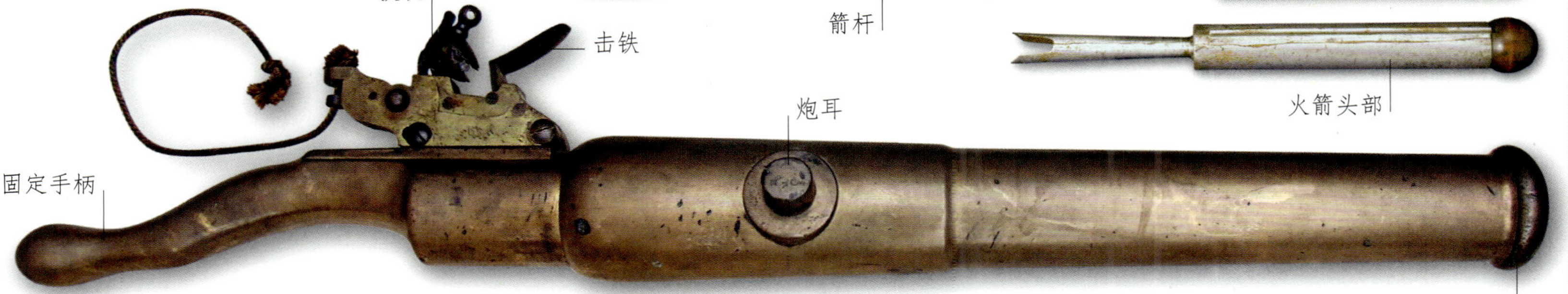

▲ 法国海军回旋炮

时期：1812年

来源地：法国

炮管长度：84厘米（33.1英寸）

口径：53毫米

由于燧发枪在糟糕的天气状态下很难发射，因此它的海战性能并不可靠。图中的铜炮上刻有生产的地点和日期：法国土伦军工厂，1812年。托住图中回旋炮的轭或者回旋桩本应与炮管上的小炮耳固定在一起。

▶ 铸铁大口径短炮

时期：1808年

来源地：苏格兰

质量：671.7千克（1481磅）

长度：1.1米（3.6英尺）

口径：14.5厘米

图中的24磅大口径短炮的加强筋上有一个凸起的瞄准器，在炮口处有一股凹槽以便于安装移动式的瞄准器。炮口处的凹槽有助于装弹过程。

海上航行与交流

在海上，专业的工具被用来传递信号、计算方位、推测航线。除了磁罗盘之外，导航员的主要工具还包括星盘和六分仪等仪器，作用是测量北极星或太阳在正午时的高度。导航员们借助天文年历以及这些仪器的读数来确定船只的纬度。直至18世纪中期，人们才通过船只航行的方向和速度，借助“航位推测法”来计算船只的经度。然而随着具有前所未有的精确度的时钟问世，如约翰·哈里森（John Harrison）在1730年至1735年之间发明的航海天文钟，以及他在1759年发明的H4时钟，使得对经度更为精确的计算成为现实。时钟上读数（在英国伦敦格林尼治设定的时间）与正午（通过对太阳位置的观测）之间的差值，可以指示船只在格林尼治以东或以西的度数。

▲ 巴特菲尔德日晷

时期：	17世纪晚期
来源地：	法国
材料：	银、玻璃

“巴特菲尔德日晷”是一种小型便携式日晷仪，内含一个指南针。该型日晷仪的名字源于其发明者——迈克尔·巴特菲尔德（Michael Butterfield，1635—1724），他是在法国巴黎工作的英国仪器工匠。根据经度可对日晷上的指时针（投射阴影的凸起叶片）进行调整。

▲ 星盘

时期：	1690年
来源地：	奥地利
材料：	黄铜

中世纪天文学家用星盘来观测星辰。从1450年前后开始，海员们对星盘进行简化，并将其用于航海。

▶ 航海罗盘

时期：	约1719年
来源地：	意大利
材料：	木头、卡片

航海罗盘最初问世于中国，在12世纪时进入欧洲。图中的航海罗盘在表面外缘上有一个象限刻度盘，罗盘上的方位点分别由几个意大利文首字母表示，用以代表相应的风向。方位点中的北向由百合花表示，这是一个例外。

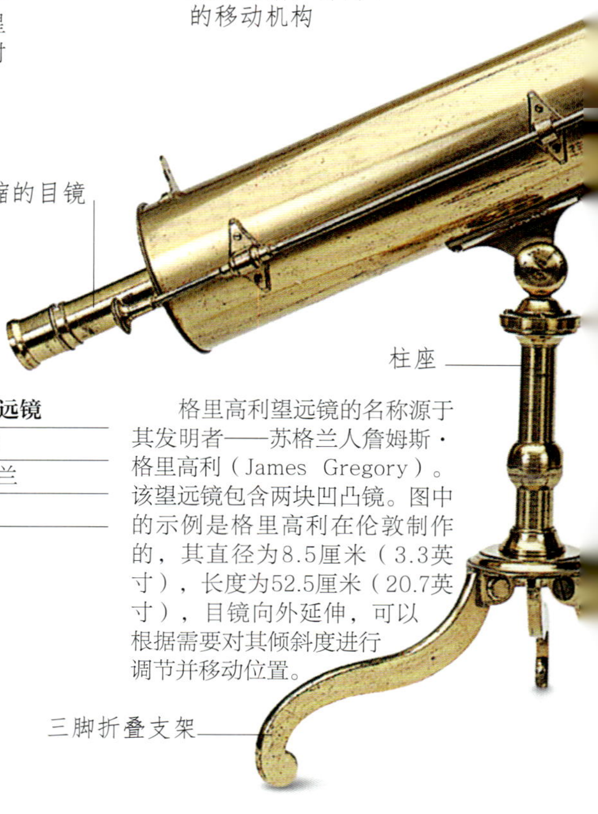

▶ 格里高利望远镜

时期：	1752年
来源地：	英格兰
材料：	黄铜

格里高利望远镜的名称源于其发明者——苏格兰人詹姆斯·格里高利（James Gregory）。该望远镜包含两块凹凸镜。图中的示例是格里高利在伦敦制作的，其直径为8.5厘米（3.3英寸），长度为52.5厘米（20.7英寸），目镜向外延伸，可以根据需要对其倾斜度进行调节并移动位置。

▶ **H4航海时钟**

时期：1759年

来源地：英格兰

材料：钢、玻璃、银

图中的H4时钟是约翰·杰弗里（John Jefferys）根据约翰·哈里森的设计制作的。1761年11月18日至1762年1月19日，在从英格兰到牙买加的两个月航行中，该时钟仅仅慢了5.1秒。

▲ **绘图工具**

时期：约1780年

来源地：英格兰

材料：黄铜、木头、皮袋

图中器具是导航员在推算航线和绘制航海图时需要用到的绘画与测量工具。

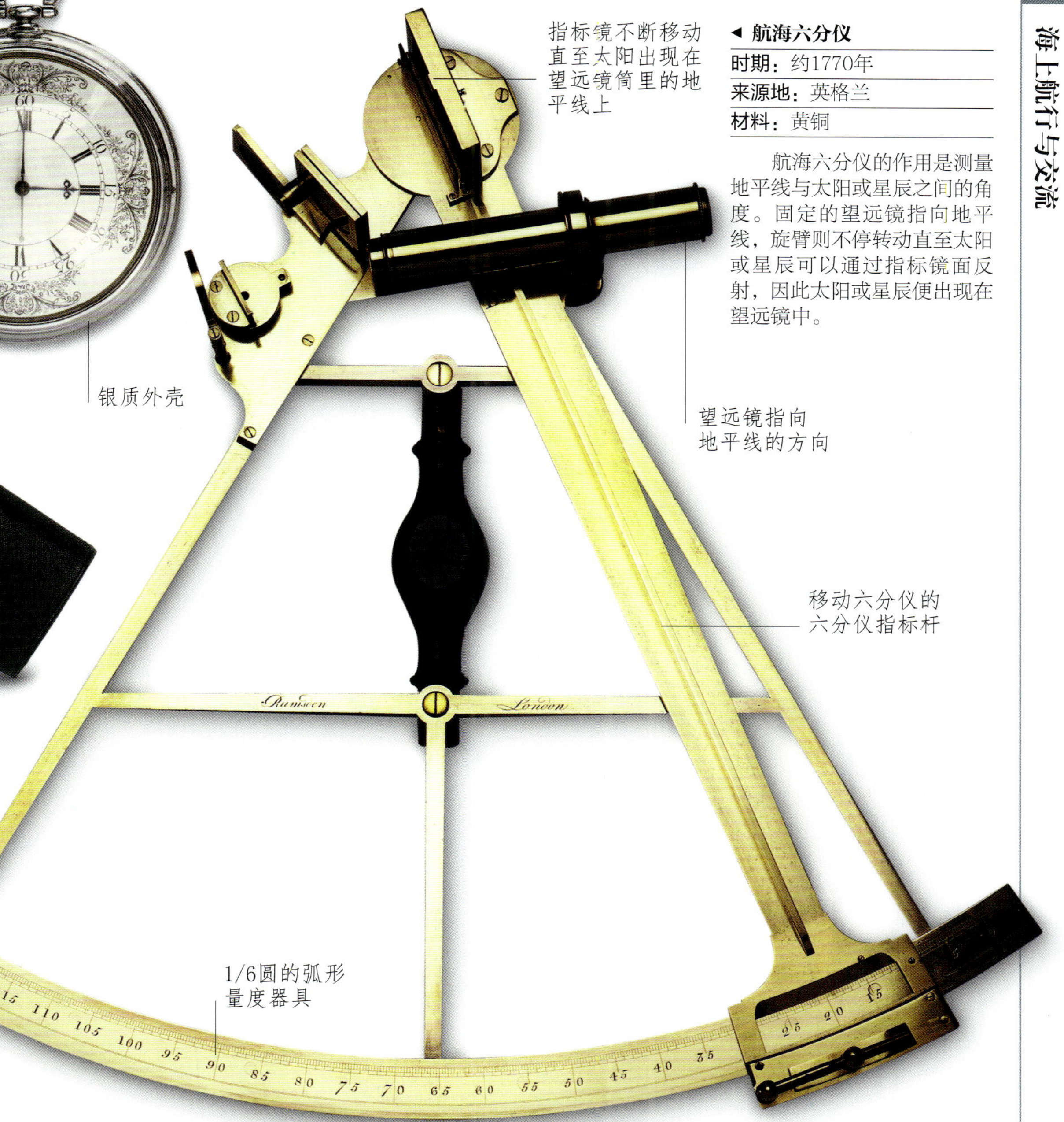

◀ **航海六分仪**

时期：约1770年

来源地：英格兰

材料：黄铜

航海六分仪的作用是测量地平线与太阳或星辰之间的角度。固定的望远镜指向地平线，旋臂则不停转动直至太阳或星辰可以通过指标镜面反射，因此太阳或星辰便出现在望远镜中。

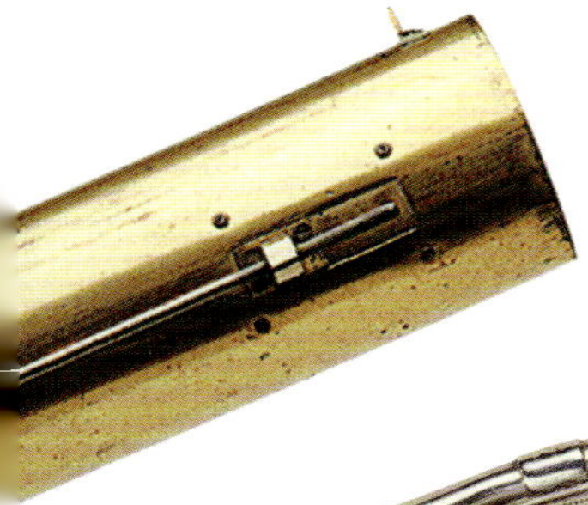

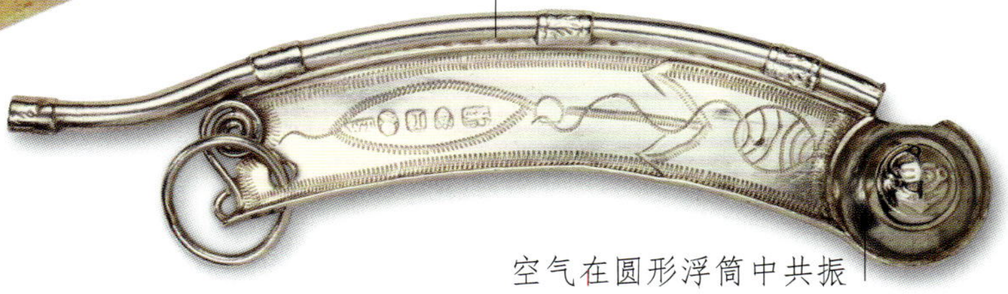

▲ **水手长哨**

时期：1792年

来源地：英格兰

材料：银

水手长哨是一种在船上下达指令的音管。即使是在大风大浪中，哨子尖锐的声音也很容易被人们听到。用手指顶住哨子的孔洞以转变音调，不同的音调与哨声长度组合用以下达不同的指令。

▶ **英国海军信号旗**

时期：1800年

来源地：英格兰

材料：亚麻

在海上，很多国家的海军都用信号旗来进行通联，但是第一套有效的编码信号旗系统是由英国海军将领霍姆·博帕姆爵士（Sir Home Popham）在1800年发明的。这种数字信号旗系统是1889年全世界通用的国际信号代码的前身。

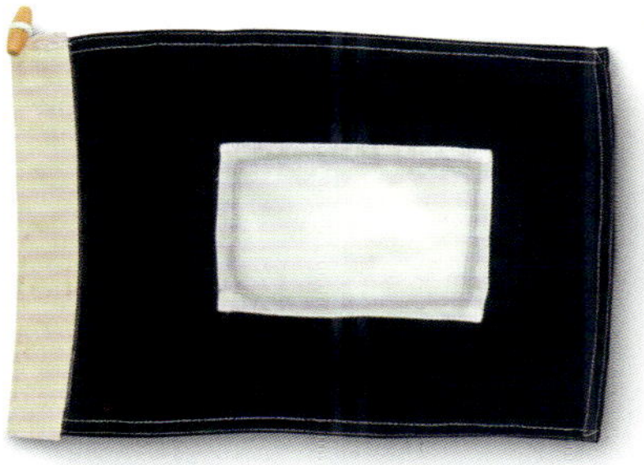

数字1

数字2

数字4

数字9

海军刀

18世纪，普通的水手们仅能使用简单的短刀，还有其他的武器如水战矛、斧头以及大口径短枪等。海军军官对于军刀的选择则相对充裕得多。除了短刀之外，海军军官还可使用带有直柄的弯刀。军官的武器包括小型仪仗剑（通常是登陆时佩带）和轻型军刀——带有“由5个圆球”组成的刀柄。轻型军刀刀柄上有装饰性球体，在18世纪末期的海军和陆军军官中都十分受欢迎。在军官刀的刀柄上，一般都会有一种锚形装饰。

▲ **小型剑**

时期：1770年

来源地：英国

长度：82.5厘米（32.5英寸）

图中的小型仪仗剑可能为英国外交官威廉·汉密尔顿爵士（William Hamilton，1731—1803）所拥有。剑上有一个银质护手，剑柄由银丝包裹。装饰性圆头上有以山羊和狗为主题的浮雕。

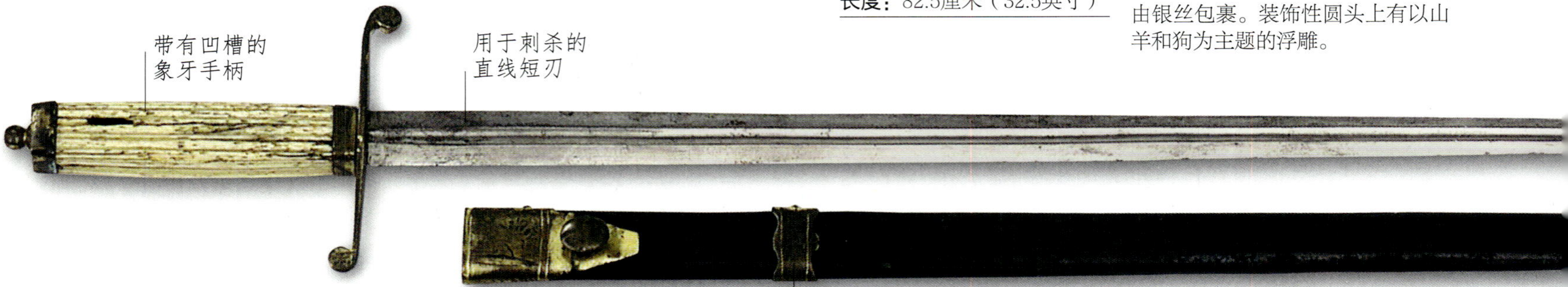

▲ **军官短剑**

时期：1790年

来源地：英国

长度：52厘米（20.5英寸）

1750年以后，海军军官和海军学校学员都佩带图中的短剑。在登船作战中，图中状如匕首的短剑可以被当作刺杀武器使用。

▸ **荷兰S形护手刀**

时期：1797年

来源地：尼德兰

长度：84厘米（33.1英寸）

1797年，在英国皇家海军“总监”号军舰上，一位荷兰海军将领，据推测是海军中将瑞恩提耶斯（Reijntjes）将图中带有S形护手的荷兰刀赠送给了威廉·布莱（William Bligh）船长。

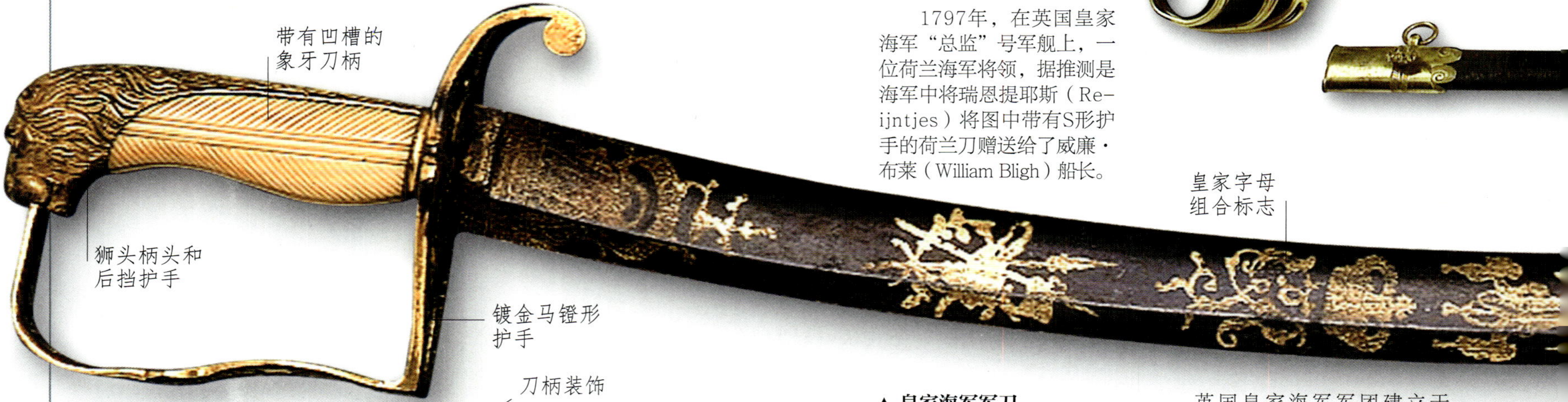

▸ **海军军官军刀**

时期：1790年

来源地：英国

质量：935克（33盎司）

长度：85厘米（33.5英寸）

海军军官佩带的很多仪仗剑特色鲜明，如刻蚀设计、镀金和蓝色刀刃。镀金材料包括黄金和水银。当仪仗剑遭遇火烧之时，水银便会蒸发，使得镀金中的黄金材料在熏黑的背景中熠熠生辉。英国铸剑者因其精良的铸剑工艺闻名于全世界。

▲ **皇家海军军刀**

时期：约1798年

来源地：英国

长度：87厘米（34.3英寸）

英国皇家海军军团建立于1664年，它最初名为约克公爵以及沃尔本尼海军步兵团。在图中制作精良的刀刃中部有蓝色和镀金装饰。

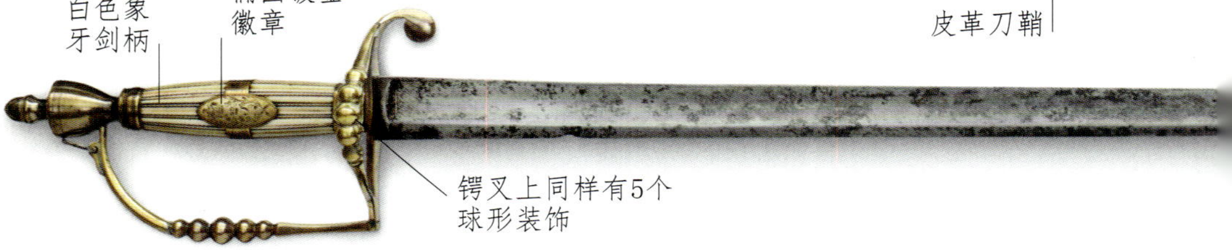

▸ **“五球”轻剑**

时期：约1790年

来源地：英国

长度：80.5厘米（31.7英寸）

“五球”轻剑是一种带有“五球”剑柄的直剑。“五球”指的是剑柄护手上的5个装饰性小球。

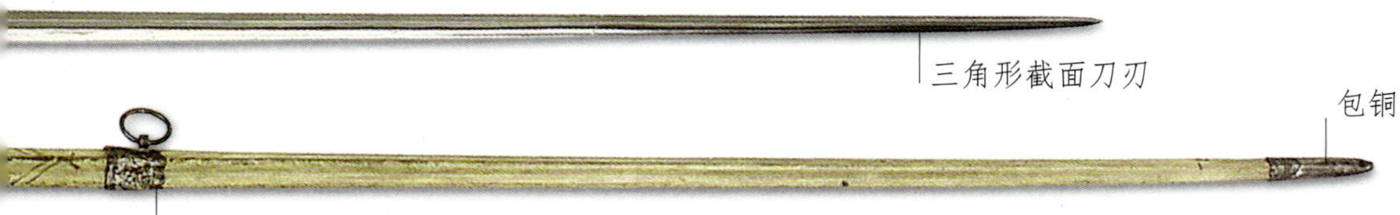

▼ S形护手海军军刀

时期：约1800年

来源地：英国

长度：97.5厘米（38.4英寸）

图中S形护手海军军刀在19世纪初期属于海军军官W·霍尔特（W. Holt）船长。其刀刃弯曲，“五球”护手上的锚漩涡花饰极有特色。

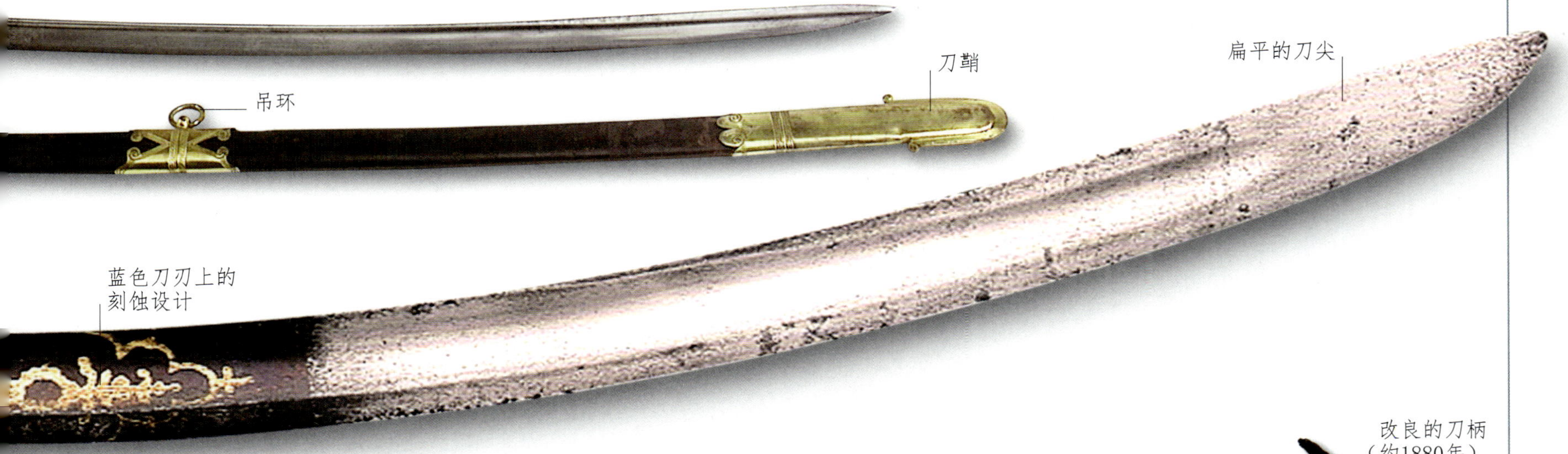

▲ 法国弯刀

时期：1803年

来源地：法国

质量：907克（32盎司）

长度：81厘米（31.9英寸）

1802年，法国海军发布了一种配有黄铜护手和刀柄的新型弯刀。在法国，其名为“登船军刀”。它是一种拥有宽大刀身的砍刀，其刀身为直线形或轻微弯曲。大约在1880年，法国弯刀的刀柄在其“服役”期间得到改良。

▲ 礼服用佩刀

时期：约1805年

来源地：英国

长度：71.8厘米（28.1英寸）

图中带有马镫形刀柄的礼服用佩刀可能为东印度公司的海军部队（当时被称为“孟买海军”）军官所拥有，很明显它与19世纪早期英国皇家海军的礼服佩刀极为相似。

海湾里的大残杀

法国旗舰东方号战列舰着火并爆炸是这场战斗的高潮。这艘战列舰上本来有船员一千多人，但最后存活下来的不足百人。他们大部分被英国人的船只救起。

尼罗河之战

航海时代，英国海军中将霍雷肖·纳尔逊所取得的胜利都堪称海战经典战例，为世人所熟知。1798年，纳尔逊在阿布基尔海湾大胆使用典型的冒险攻击战术，摧毁了一支法国舰队。而纳尔逊将军的战术则改变了海军阵列作战的规则和战术。

在法国革命战争期间，拿破仑·波拿巴远征军在陆地所向披靡，而法国海军舰队也不甘示弱，从法国一路开向埃及。1798年8月1日，13艘法国战列舰和4艘护卫舰停泊在靠近埃及亚历山大港附近海岸的阿布基尔海湾（Aboukir Bay）。

彼时，英国海军将领一直试图拦截法国运兵船，率领14艘英国战列舰一路追赶。纳尔逊将军的舰队，除了一艘舰船之外都装备了74门大炮。8月1日下午，他从瞭望台上发现了法国舰队的踪迹。很显然，法国舰船构成了一种坚不可摧的防御阵形：所有的舰船以战斗阵形排列，左舷朝向海岸一侧，右舷舷炮准备就绪。法国舰队大部分军舰也装备了74门大炮。然而，法国舰队司令弗朗索瓦-保尔·布鲁斯（Francois-Paul Brueys）则拥有一艘装备有120门大炮的3层甲板旗舰（东方号）。此外，阿布基尔海湾较浅且布满了无标记的沙丘和浅滩，这对于攻击者而言需要保持极高的警惕。

虽然天色已晚，但纳尔逊还是决定立即发起攻击，将攻击重点放在位于阵线前列的军舰及舰队中间部分。由于风向原因，法国舰队尾部的军舰不能参与战斗，使得英国军队具有区域性的数量优势。

英国军舰驶入海湾之时几乎已经日落，许多法国水手之前离船上岸，当时正急匆匆地登上舰船。由于英国皇家海军驾船技术高超，仅有一艘英国舰船撞上了浅滩。5艘英国军舰围绕法国舰队头部航行，并进入了法国军队与海岸之间的浅水区。由于朝向陆地一侧的炮口完全被封死，这样的机动战术完全使法国人方寸大乱。此外，纳尔逊的舰船还驶向了法国舰队朝向海洋的一侧，将5艘法国舰船分别包围在英国舰船之间。由于受到来自左舷和右舷的近距离攻击，法国船只很快就陷入了绝境。

然而英国舰队对法国舰队中部的攻击起初并不顺利。法舰东方号多批次炮火击落了柏勒洛丰号的桅杆。柏勒洛丰号军舰受损并随即撤出战斗。为将战斗全景尽收眼底，纳尔逊将军如往常一样站立在旗舰先锋号的甲板之上，被一块金属碎片划破前额。

摧毁与击败

入夜后，战斗继续进行，但法国舰队勇猛的抵抗逐渐减弱。22时许，火花溅入东方号的火药库并引发爆炸，燃烧的残骸在较大的区域内四处散落。舰队司令布鲁斯几乎被加农炮炸为两截，早已阵亡。深夜，战斗结束。黎明降临之时，场景甚是凄凉，船只残骸和尸体碎块几乎填满了整个海湾。法国舰队尾部的舰船见证了这场惨绝人寰的屠杀，另外一些舰船则逃离战场。法国舰队大败，两艘战舰被毁，9艘则落入了纳尔逊之手。

普通英国水手的武器、制服与装备

英国海上力量在法国革命战争和拿破仑战争期间取得的显著胜利并不仅仅仰仗于指挥官的战术天赋，英国皇家海军训练有素的水兵（昵称为“短夹克”）的英勇也是取胜原因之一。虽然英国皇家海军水兵仅仅被配发了长矛、斧头和登船袭击的手枪，但他们的职责甚广，涉及到检修与驾驶舰船以及发射火炮。水手并没有制服，但可以从外衣识别他们，一般包括一件方格图案的衬衫、短夹克和马甲。

▶ **圆帽**

时期：约1800年

来源地：英格兰

材料：涂满焦油的麦草

水手们有很多种头饰，但草帽在阳光充沛的地方十分受欢迎。为了防水，他们还在草帽上涂满了焦油。“圆帽”有一个高高耸起的冠部，就像大礼帽。

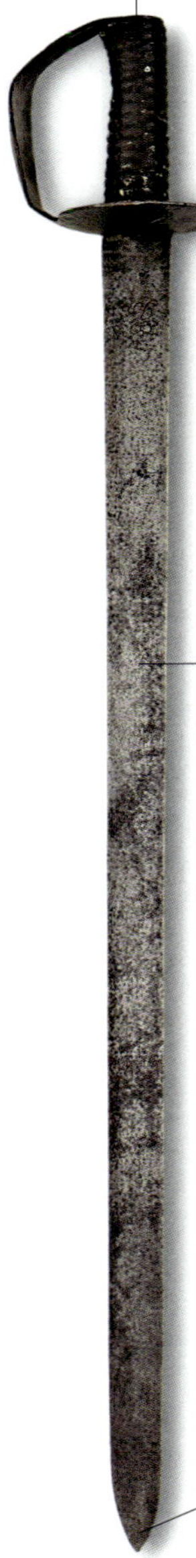

◀ **海军短剑1804型**

时期：1804年

来源地：英格兰

质量：1.32千克（2.9磅）

长度：85.5厘米（33.7英寸）

英国1804型短剑是一种实用的直刃砍杀与刺杀武器，配有由两个圆片组成的护手以及加肋铁制手柄。为防止锈蚀，手柄被涂为黑色。

▶ **马甲**

时间：约1800年

来源地：英国

材料：羊毛

色彩艳丽的马甲是水手的标准衣物。水手们精于修补风帆，因此也成为了出色的刺绣工人，能够修补他们自己的衣服。

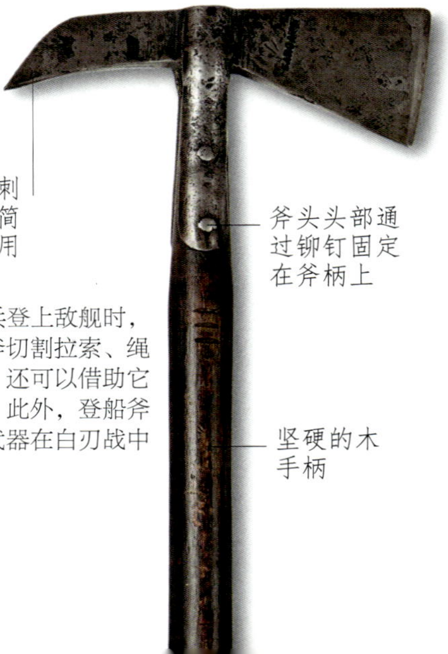

▶ **登船斧**

时期：约1800年

来源地：英格兰

质量：1.8千克（4磅）

长度：1米（3.3英尺）

当水兵登上敌舰时，可用登船斧切割拉索、绳缆和索具，还可以借助它钩走碎片。此外，登船斧还可作为武器在白刃战中使用。

▶ **裤子**

时期：约1800年

来源地：英格兰

材料：棉

为了便于移动，水兵一般都穿着宽松的裤子。他们偏爱“小白鸭”——一种耐磨的棉裤，它的颜色种类或花纹种类选择众多，但大部分都是带有条纹的。

▼ **夹克**

时期：约1800年

来源地：英格兰

材料：亚麻

水兵夹克较短且没有尾摆设计，通常是蓝色的。水兵通常会从相同的用品供应商或事务长处购买材料或衣物。因此从外观来看，他们大多数人穿着的款式具有很强的相似性。

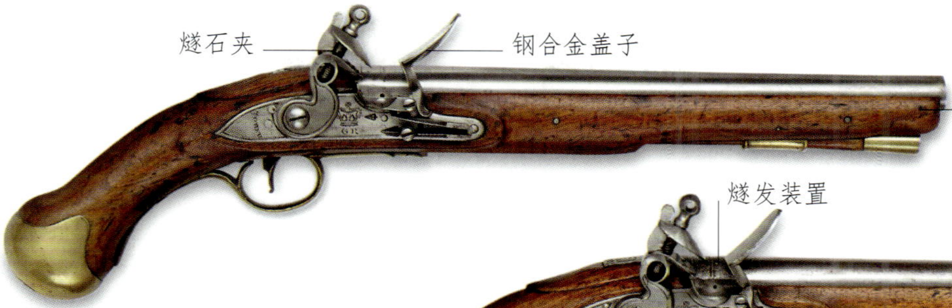

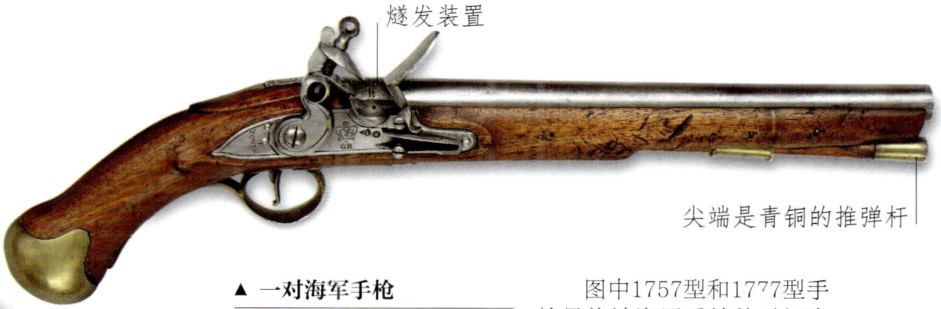

▲ **一对海军手枪**

时期：约1790年

来源地：英格兰

质量：1.1千克（2.4磅）

枪管长度：30厘米（11.8英寸）

口径：0.56英寸

图中1757型和1777型手枪最终被海军采纳的时间为1757年。将手枪分配给水兵，仅仅是让其在战争之初或作为最后一击时发射一枪，还可以将手枪的黄铜枪柄头作为打击武器使用。

◀ **衬衫与领饰**

时期：约1800年

来源地：英格兰

材料：亚麻

格子衬衫与领饰是英国皇家海军水兵的标志。可以将领饰作为大手帕一样对折，并将其围在头上以防止汗水侵入眼睛。

▶ **登船长矛**

时期：约1800年

来源地：英格兰

质量：3千克（6.6磅）

长度：2.4米（7.9英尺）

长矛被放置在主甲板上的支架上。在混战中，长矛是一种十分有效的武器。

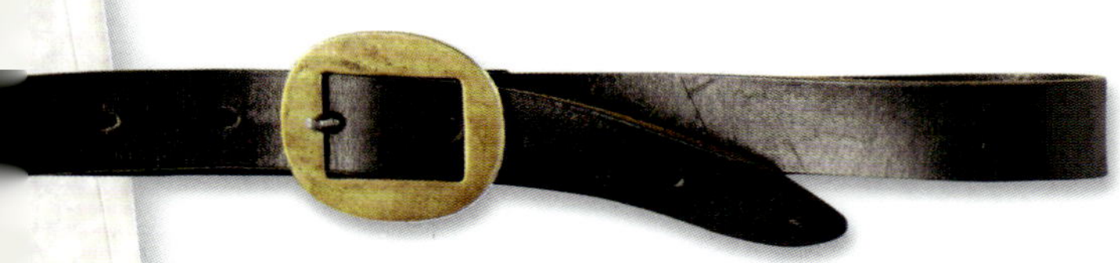

▲ **腰带**

时期：约1800年

来源地：英格兰

材料：皮革

为了避免裤子垂下，水兵们一般都使用简洁、宽大且带有黄铜皮带扣的黑色皮带。

◀ **搭扣鞋**

时期：约1800年

来源地：英格兰

材料：皮革

虽然水兵在船上大多数时候是光脚行动的，但是在指挥官检查和星期天做礼拜时他们必须穿上鞋子。

英国海军军官军装

18世纪和19世纪初期，英国皇家海军军官学习班的学员由12～14岁的年轻人组成，他们一般都家世显赫。战争时期，虽然海上生活充满了危险，但海军为他们提供了诱人的职业前景。除了获得晋升的机会之外，如果他们能够夺取敌舰，那么就能获得海军部的奖金，从而变得富有。最初这些年轻的士兵作为海军学校的学生学习如何导航和驾驶舰船，他们希望在大约6年之后被提拔为中尉，并在21岁时指挥他们自己的舰船。1748年，英国皇家海军首次发布海军军官军装，主要是白色和海军蓝，并在1774年引入了新的款式。

▲ **船长帽**

时期：约1750年

来源地：英格兰

材料："海狸"毡

船长通常将帽子夹在胳膊下，以保证帽子不变形。帽子材料被称为"海狸毡"，是一种带有海狸毛的毡帽，其目的是增加帽子的坚固性。后来，帽子上会镶银蕾丝。

▶ **海军军官学校学生双排扣常礼服**

时期：1748年

来源地：英格兰

材料：羊毛、天鹅绒

白色"水手袖口"配有带有3颗纽扣的蓝色区域，这种款式在当时的皇家海军外也广泛流行，出现在套装和骑兵服上。羊毛衣领内部镶有白色天鹅绒。

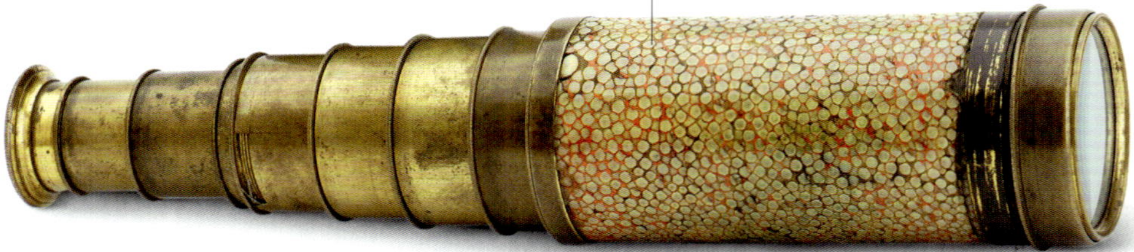

▲ **军官望远镜**

时期：约1800年

来源地：英格兰

材料：玻璃、黄铜、蛇皮及鲨鱼皮

军官使用手持式望远镜以分辨靠近的舰船、查看旗语并有助于评估航海风险。图中的望远镜有7节伸缩管、目镜罩、镜筒及各种由黄铜组成的配件，可以将其收缩并放入由鲨鱼皮制作的套内。

▲ **海军军官学校学员短剑**

时期：约1800年

来源地：英格兰

质量：320克（11.3盎司）

长度：36厘米（14.2英寸）

海军军官学校学员通过佩带短剑来表现自己的级别。图中的短剑带有一个直刃和象牙手柄，其外部本应为镀金金属所包裹。

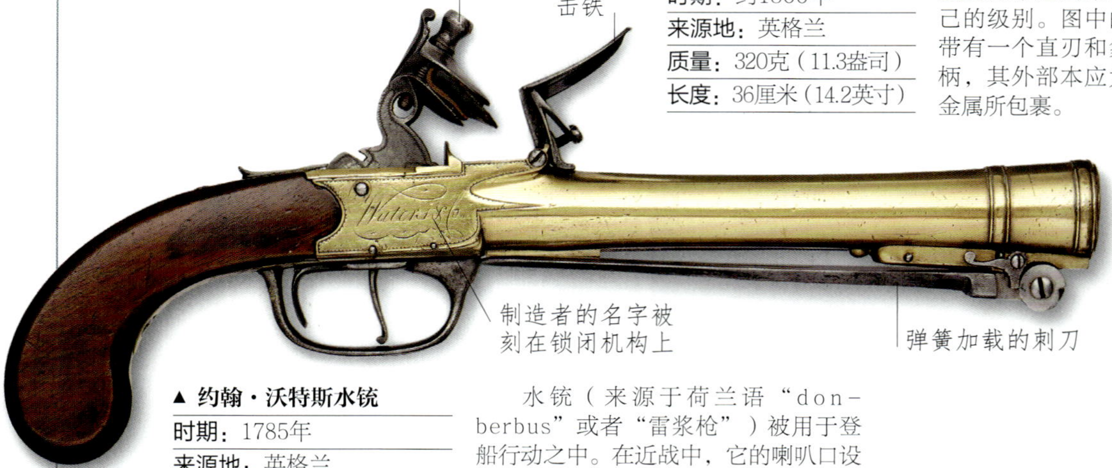

▲ **约翰·沃特斯水铳**

时期：1785年

来源地：英格兰

质量：950克（33.5盎司）

枪管长度：19厘米（7.5英寸）

口径：1英寸

水铳（来源于荷兰语"donderbus"或者"雷浆枪"）被用于登船行动之中。在近战中，它的喇叭口设计可以使弹丸散布在较大区域内。匣式簧板型水铳的发明者为伯明翰人约翰·沃特斯（John Waters），他拥有这种水铳刺刀的专利，他的名字在保护锁闭机构的矩形盒上清晰可见。

▸ 船长马甲和马裤

时期： 1774年

来源地： 英格兰

材料： 羊毛、毡、黄铜、亚麻

马甲内衬贴有法兰绒，能够起到保暖作用，马甲与礼服（游行时）和常服（值日时）都可搭配。在1748年款式中，船长的可调节式马裤是蓝色的，但在1774年的款式中颜色变为白色。位于后部的三角形亚麻布料和带子可调整至适合的长度。

马甲

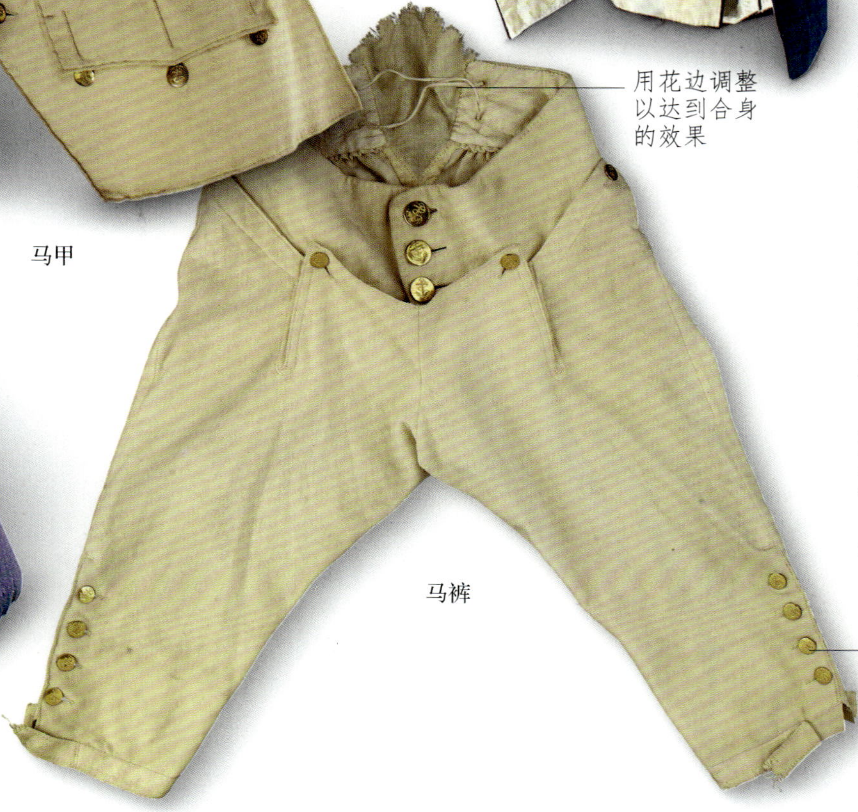

马裤

◂ 海军中将常服

时期： 1795年

来源地： 英格兰

材料： 羊毛、丝绸、黄铜、含金合金

1805年10月21日的特拉法尔加海战中，英国海军将领霍雷肖·纳尔逊就穿着了图中的常服。由于纳尔逊将军的右臂在1797年被截肢，他将右衣袖用别针固定在胸前。左肩章下部的孔洞是由火枪弹丸造成的，这使他身负致命重伤。

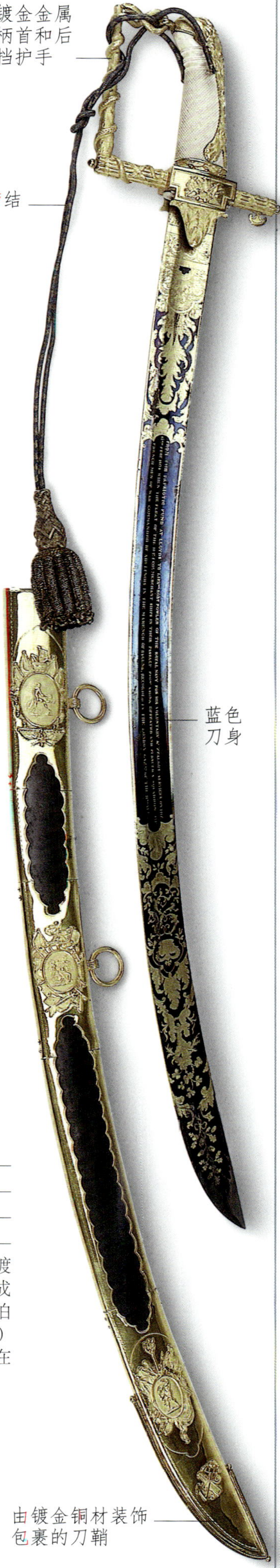

▸ 中尉军刀与刀鞘

时期： 1804年

来源地： 英国

长度： 71厘米（28英寸）

图中制作精良、镶有镀金材料的刀身因被烘烤而变成蓝色。这把刀被授予了罗伯特·富勒（Robert Fowler）中尉，他从1793年起开始在海军服役。

皇家胜利号

皇家胜利号作为一艘一流的战列舰，在1805年特拉法尔加海战中作为霍雷肖·纳尔逊的旗舰赢得声望。在这次海战中，英国皇家海军击溃了西班牙和法国舰队。

“胜利号”的建造大约耗费了6000多棵树木，大部分为橡树。胜利号最初下水是在1765年，但直至1778年英法战争爆发之后，它才正式入役并在阿申特（Ushant）岛战斗中首次作战。它成为了英国皇家海军在地中海的旗舰，在1797年摧毁西班牙舰队的圣文森特（St Vincent）角战斗中充当了领导角色。随后胜利号显示出老化的征兆，于1797年退出现役，转而成为一艘医疗船。不久这个决定就被重新考虑，在对它进行修复之后，胜利号于1803年再次入役，且被再次选为纳尔逊的旗舰。两年后，在特拉法尔加海战中，胜利号发挥了极为关键的作用。在这次海战中，胜利号上共有包括司令在内的57人阵亡，102人受伤。随后它继续服役，在1812年退出现役。

胜利号可搭载820人，其中包括146名水兵。船上的104门前装滑膛加农炮使它具备巨大的火力：对比就可得知，在与特拉法尔加海战同一年的奥斯特利茨战斗中，整个法国陆军总共才装备了139门此类火炮。

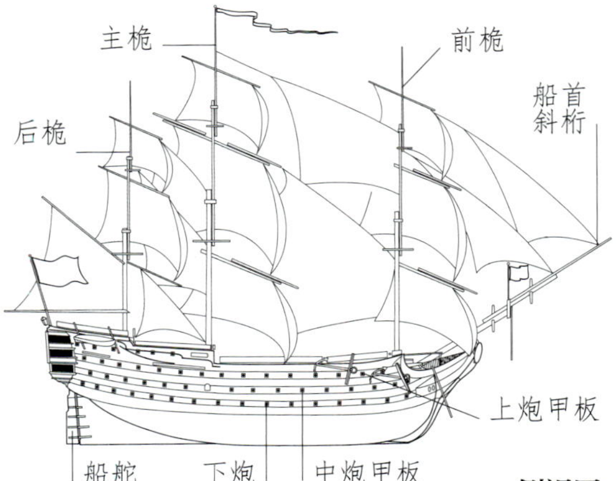

侧视图

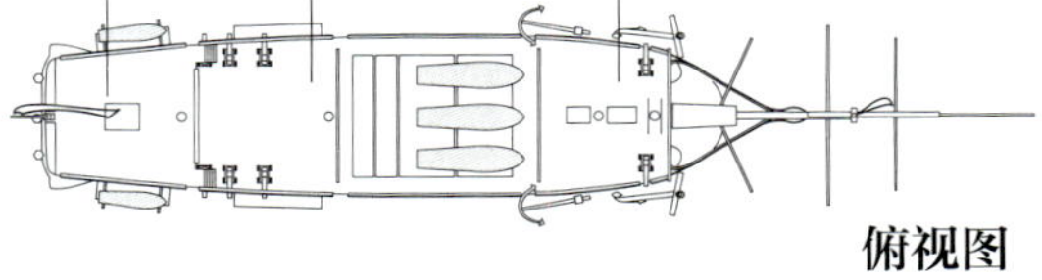

俯视图

▲ **皇家胜利号**

胜利号宽度为16米（52.5英尺），炮甲板长度为57米（187英尺）。37套风帆所占面积为5 468平方米（6 540平方码）。

进入船尾

◀ **船尾**

船尾部是司令、船长和其他军官生活工作的舱室。相比于之前同类的舰船，胜利号的装饰明显要少。

▲ **机轮与罗经柜**

两组机轮位于船尾楼底部靠近船尾的后甲板上。天气适宜时，由4个人操作机轮；风暴来临时，操作人员则增加至8人。罗经柜位于机轮前方，内装提灯和两套罗盘。

▲ **炮门**

士兵需借助炮甲板上的绳索开闭炮门。炮口被炮口塞（防止灰尘和水汽进入炮管的木塞）堵住。

桅杆和索具

▲ **主桅**

图中的3根主桅由名为“固定索具”的绳索支撑。当水手爬上横桅臂去升起或放下风帆时，坠落致死的情况时有发生。

▲ **绳梯**

“横桅索”是装配在船侧面的固定索具，“横索”则与它们交叉构成通往桅杆的绳梯。

进入船首

▲ **大口径短炮**
两门大口径短炮被安装在船首楼上。在近战中它们的火力是毁灭性的。

▲ **重锚**
最大的7个锚总质量超过4.5吨，需要144个人才能将其升起。

◀ **船头装饰人像**
由两名丘比特爱神执起的皇家纹章，被皇冠支撑于顶部，其四周被名言“心怀邪念者必蒙羞”所包围。

▼ **修整**
如今胜利号已恢复至特拉法尔加海战之前的状态，停泊在英格兰朴茨茅斯的干船坞内。它是世界上仍在海军正式服役的最“年长”的舰船。

▲ **索具滑轮**
能够升起、放下以及控制风帆的绳索名为“活动索具”。胜利号索具共使用了768个滑轮。

▲ **平台**
水手借助桅杆中部的平台顶部来接触风帆。战斗中，水手站在平台顶部向下朝敌人开火。

▲ **桁索滑车**
索具最为复杂的区域位于顶端下方。在此处，借助名为“桁索滑车”的大片木块将下桅桁固定在位。

甲板之下

为了使胜利号保持稳定，最重的火炮——32磅炮被放置在下炮甲板，12磅炮被放置在上炮甲板，而中炮甲板上则放置24磅炮。弹药库位于水线之下的最下层甲板和货舱，可免遭敌人炮火攻击。货舱还可用于储藏物品或者容纳压舱物。

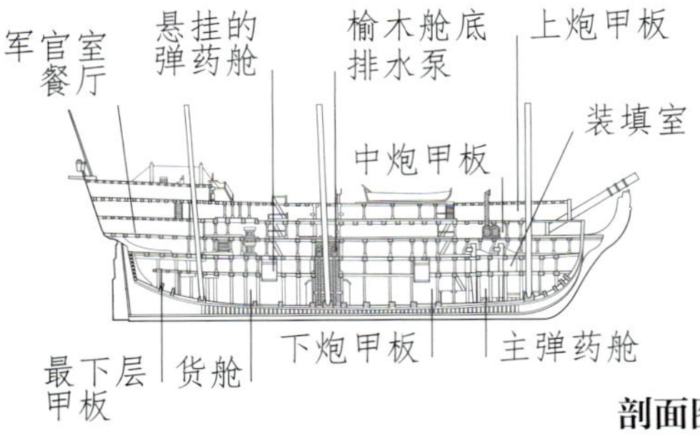

剖面图

▲ **食堂餐桌**

炮甲板不仅仅放置火炮，还可充当大部分船员和水兵的生活区。他们在悬挂于火炮之间的餐桌上就餐。

炮甲板

▶ **32磅大炮**

借助粗炮索控制大炮的后坐力。由于炮索的存在，大炮在炮座上向后移动的空间较大，便于炮手通过炮口装填弹药。

▶ **榆木泵**

两座由树木制成的水泵的作用是抽起海水，以便扑灭大火并冲洗甲板。要在下炮甲板上的主桅附近对其进行操作。胜利号有4座链泵以抽取船底污水，或者当船体穿孔或受损时将水抽出。

▲ **船上病房**

病人或伤员将被转送到上炮甲板离船头较近的区域。在战斗中，他们将会被转送到最下层甲板，从而将病房转变为炮甲板的功能区域。

▲ **燧石发火装置**
大炮上设有燧石发火装置。用力拉扯绳索，会使燧石擦出火花从而发射大炮。

高级官员房间

▲ **船长接待舱**
在船尾处，为司令和舰长设有明亮、宽敞的卧室、餐厅和工作间。

▲ **司令睡床**
司令和其他高级官员睡在一个悬挂于船舱天花板上的盒状睡床内。如果军官阵亡，可以将其睡床改造为棺材使用。

下甲板与货舱

▲ **医务室**
医务室位于下甲板。医务室旁边的宽敞空间是手术区域。

▲ **水手长储藏室**
水手长负责对舱面人员进行管理。他位于货舱的储藏室内储有维修索具的物品。

▲ **弹药袋架**
弹药袋在货舱内的装填室制作。制作完毕之后将其储存在弹药库内的架子上。

▲ **吊床**
大多数船员都睡在吊床上。这些吊床被悬挂在炮甲板的梁上。

▲ **压舱物**
在货舱地板上放置着质量为464吨（457长吨）的压舱物，这是为了保持船体平稳直立必须有的。压舱物包括铁锭和鹅卵石。

▲ **弹丸储藏柜**
货舱内大约储存了122吨（120长吨）铸铁弹丸。最大的弹丸质量为14.5千克（32磅）。在特拉法尔加海战中，胜利号总共发射了27.5吨（27长吨）弹丸。

1815—1914年

工业与帝国主义

导言

1914年和1815年之间，技术的进步使冲突发生了变化：高爆炸性和快速发射装置极大地提高了武器的杀伤力；铁路提高了机动性；电报、电话和无线电使得通信出现了革命性变化；战场空间进入了空中和海平面以下。

最初的发展相对缓慢，然而从19世纪30年代开始，一场历经40年的变革期开始了，在这一时期，大量具有实验性的混合技术蓬勃发展。火枪长期占据着主导地位，虽然最初仅仅是被前膛装弹和射速缓慢的滑膛来复枪取代，但火枪还是逐步退出了历史舞台。后膛装弹的步枪和手枪也逐步问世，但军队接受它们的速度仍较为缓慢。在海洋中，舰船既使用蒸汽发动机也使用风帆，木质船体外壳也包裹了铁甲。然而在1861—1865年的美国南北战争中，病死的士兵依然多于战死的士兵，这与旧时的战争一样。

从19世纪70年代开始，变化开始提速。1870—1871年的普法战争中，步兵使用了后膛装弹的步枪；法国人更是部署了机关枪；而德国人则使用后膛装弹的克虏伯加农炮轰击法国人。19世纪80年代，无烟推进燃料和弹体中的高爆炸药宣告了火药时代的终结。新式海军逐步出现，铁制的舰船装备了后膛装弹的塔式舰炮，而栓式枪机连发步枪成为了步兵的普遍装备。陆军体制机制也在不断变化，普鲁士专业性极强的总参谋部体制逐步被各国所采用，欧洲列强也在其国内男性公民中推行义务兵役制。相对先进的国家保持着规模巨大的陆军和强大的海军，在打击技术落后的国家如土耳其和中国的战争中取得了胜利。1904—1905年的日俄战争是20世纪工业化国家之间战争的典范，战争中广泛使用了机关枪和重型火炮，并开挖了壕沟。

关键**时期**

1815年

1816年 普鲁士军事改革中，成立了永久性的总参谋部。

1827年 帆船之间的最后一次旧式海战在希腊纳瓦里诺打响。

19世纪30年代 法国海军使用了佩克桑（Paixhans）炮，这是第一种发射爆炸性炮弹的海军火炮。

1835 萨缪尔·柯尔特获得了左轮手枪专利。

1839—1842年 蒸汽炮舰帮助英国在鸦片战争中击败了中国。

约1840年 火帽开始取代步兵武器中的燧石击发装置。

19世纪40年代 电报的广泛使用改变了长距离的军事通信。

1841年 普鲁士陆军装备后膛装弹的德莱塞针发枪。

1847年 米尼弹头的问世推动了步枪的引入。

1853年 俄国军舰在土耳其海岸线边的布诺佩用爆炸性炸弹击沉了土耳其军舰。

1854—1856年 克里米亚战争的恐怖状况推动了对伤员护理的进展。

1859年 法国下水了第一艘铁制战舰荣耀号。

1859年 法国为打击在意大利的奥地利军队首次使用铁路运输部队。

1861—1865年 美国南北战争。

1862年 铁制蒸汽战舰之间的首次对阵出现在美国弗吉尼亚州汉普顿水道。

1862年 安提塔姆会战成为美国历史上最为血腥的一天。

美国南北战争，1861—1865年

普法战争，1870—1871年

马尼拉之战，1898年

1866年 美国陆军采用了机关枪的先驱——加特林机枪。

1867年 日本明治维新开始。在这一期间，日本军队实现了现代化。

1870—1871年 普鲁士在普法战争中击败法国。

1871年 英国军队使用了单发后膛装弹马蒂尼步枪。

1879年 英国士兵在马蒂尼步枪的帮助下，在南非罗克渡口击败了祖鲁人。

19世纪80年代 陆军将栓动连发步枪作为其标准装备。

1883年 海勒姆·马克沁制造了第一把管退式机枪。

1886年 无烟燃料替代火药。

1897年 法国采用了75毫米口径野战炮，每分钟可以发射15发炮弹。

1898年 英埃联军在恩图曼使用了马克沁机枪，击败了苏丹军队。

1899—1902年 第二次布尔战争在南非爆发。

约1900年 海军潜艇开始在全球范围内入役。

1904—1905年 日俄战争展示了新的技术，其中包括野战电话和铁丝网。

1905年 日本帝国海军在无线电的帮助下，于对马海峡击败了俄国海军。

1906年 英国第一艘无畏级战舰下水。

1911年 意大利飞机在利比亚与土耳其作战的过程中使用飞机投掷炸弹，这是飞机在战争中的首次使用。

1914年

恩图曼战役，1898年

布尔战争，1880—1902年

对马海战，1905年

关键**战役**

轻骑旅冲锋

1854年10月25日

克里米亚战争中，卡地根勋爵（Lord Cardigan）率领由英军轻骑兵、枪骑兵和龙骑兵组成的部队对一个俄军重型营发起了攻击。冒着俄军的密集炮火，这支轻骑旅几乎损失过半。

▲英军骑兵虽然接近了俄军火炮，但代价是巨大的伤亡。

关键发展

现代战争的起源

19世纪，科技创新的累积作用推动了武器装备的变革。军队依然沿用传统的战术，如骑兵冲锋和前沿步兵袭击，但是火力的增强使得这些战术逐步被淘汰。

步兵武器的变革开始于1839年。在这一年，火帽用于步枪击发系统，取代了长久以来的燧石击发技术。然而，19世纪40年代，普鲁士军队使用德莱塞针发枪重新装备部队，这是一种栓动枪机、后膛装弹的步枪，借助一体化的火帽、火药和弹壳射出子弹。相对于火枪而言，这样的装置具备更高的射速，既可以躺在地上发射，也可以躲避在掩体后方发射。

1853年，英国陆军采用了恩菲尔德膛线滑膛枪，该型枪发射米尼弹头——这种独创性的弹头规格很小，能够从枪口装填，但射出之后枪管会炸膛。该型枪首次用于克里米亚战争俄军和盟军的战斗之中，其射程是传统火枪的两倍多，之后成为美国南北战争（1861—1865年）中的标准步兵武器。在开阔的战场中，即使步兵以散兵线队形而不是传统的纵队前进，这种武器也能极大地增加步兵的伤亡率。

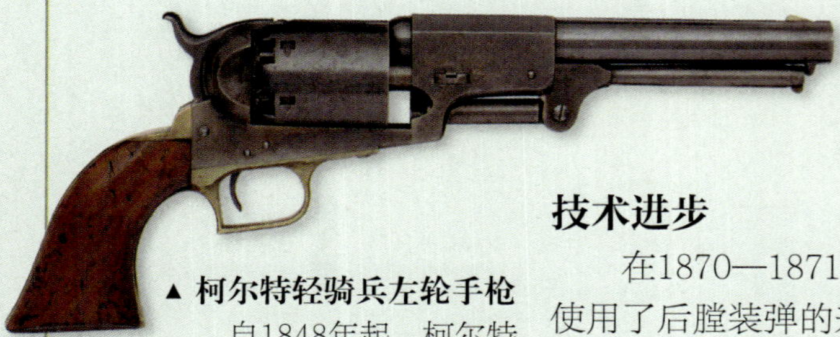

▲ **柯尔特轻骑兵左轮手枪**

自1848年起，柯尔特轻骑兵左轮手枪开始装备美国骑兵部队。它有6个旋转弹仓。士兵向每个弹仓里面装入钢珠、黑火药和火帽。

技术进步

在1870—1871年的普法战争中，双方步兵都使用了后膛装弹的来复枪，并从自装弹的弹筒中发射子弹。自装弹弹筒是一种最终发展成为连发步枪、左轮手枪和机关枪的发明。最初的速射武器出现于19世纪60年代，典型代表有法国的老式机枪和美国的加特林机枪，但真正的机关枪——马克沁机关枪的入役时间为19世纪80年代。在美国南北战争中，骑兵通常使用柯尔特手枪或左轮手枪，以及斯宾塞连发卡宾枪，但是拥有连发步枪的步兵很少。19世纪80年代，先进的军队开始将栓式弹匣来复枪作为其标准装备。美国南北战争时期，前膛装填无膛线加农炮仅仅是拿破仑时期加农炮的有限改良。然而，19世纪70年代之后，普鲁士人率先使用的后膛装弹的膛线炮既扩展了火炮的射程，又提高了火炮的射速。1898年入役的法国75型野战炮可以发射高爆铁制炸弹，射程可达8.5千米（5.3英里），射速可达每分钟10发。

火力是如此**凶猛残暴**，我的部队阵线不断摇摆，就像**一个迎风而走的人**。

联盟军上校威廉·奥茨（William Oates），关于葛底斯堡的记录，1905年

后勤和通信

军事指挥官在采用新的技术方面最为迅速。对于19世纪战争最为重大的两个影响是铁路和电报这两种民用发明。1859年，军队开始大规模使用铁路，法国利用铁路输送了10万名士兵与位于意大利北部的奥地利军队作战；在不久之后的美国内战中，铁路和电报都证明了它们的宝贵价值。

▲ **远程攻城炮**

在1870—1871年的普法战争中，巴黎遭到了克虏伯重型炮的轰击。这些后膛装弹的加农炮表现优异，在普鲁士赢得战争的过程中立下了汗马功劳。

◀ **美国南北战争骑兵**

虽然骑兵在美国南北战争中依然像先前战争一样发挥着重要作用，但是随着左轮手枪和卡宾枪在战场上的优越性逐渐显现，传统携刀冲锋的场面慢慢消失。

关键事件

19世纪

■ **1854—1856年** 来复枪已经用于克里米亚战争中。在这场战争中还使用了电报，战地摄影也开始出现。

■ **1863年** 葛底斯堡战役中，联盟军步兵发起了一项袭击（也就是皮克特冲锋），但最终失败。联邦军来复步枪和加农炮造成了联盟军部队50%的损失。

■ **1866年** 普鲁士军队在七星期战争中对阵奥地利军队并取得胜利，其胜利在很大程度上来源于高效利用铁路调遣部队，以及使用后膛装弹的德莱塞针击枪。

■ **1870—1871年** 法国在普法战争中战败，主要原因在于普鲁士在炮兵上的巨大优势。

燧发枪与后膛装弹来复枪

前膛装填燧发枪，如法国的“沙勒维尔”和英国的“褐贝丝”，可靠性好，威力强大。直至1840年，军队生产了成千上万支此类枪械，并且这些枪械一直列装在役。而也正是在1840年，军队认识到了膛线枪的巨大优势。一体化子弹（既有弹头，又有点火成分，也能够通过后膛装弹）的发展推动了新的设计。最初，军队改造了许多前膛装填的武器，但随后特制的后膛装填武器逐步问世。德莱塞（Johann von Dreyse）和安东尼·夏塞波（Antoine Alphonse Chassepot）率先发明的栓式步枪，随后在毛瑟（Mauser）兄弟的努力下得到了完善。

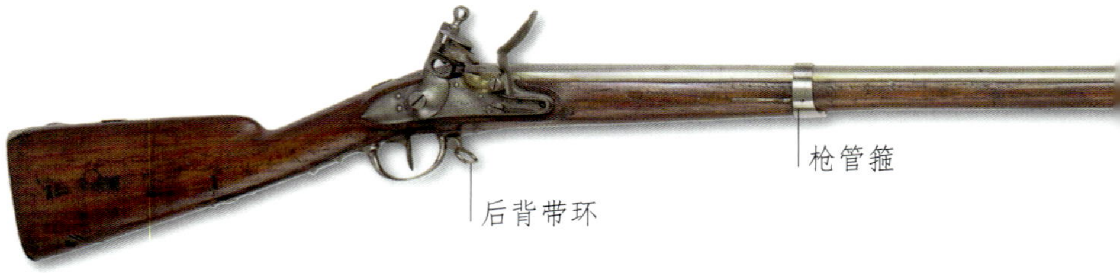

▲ 沙勒维尔步枪

时间：	1776年
来源地：	法国
质量：	4.2千克（9.3磅）
枪管长度：	1.13米（3.7英尺）
口径：	0.65英寸

沙勒维尔步枪发明于1754年，经历了多次改良。大量1776型沙勒维尔步枪进入美国，成为大陆军的主力武器。

► 德莱塞针击枪1841型

时间：	1841年
来源地：	普鲁士
质量：	4.5千克（10磅）
枪管长度：	70厘米（27.6英寸）
口径：	13.6毫米

德莱塞针击枪设有一个直推枪栓，终止于一根穿透子弹长度的针，以引爆米尼弹头中的火帽。

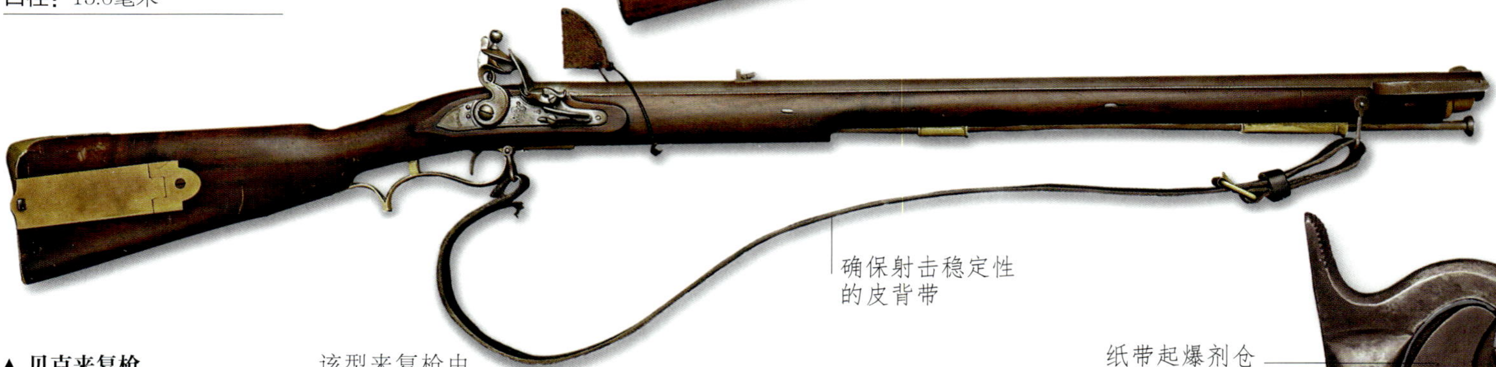

▲ 贝克来复枪

时间：	1800—1837年
来源地：	英国
质量：	4千克（8.8磅）
枪管长度：	76厘米（30英寸）
口径：	0.625英寸

该型来复枪由英国军械工人伊齐基尔·贝克（Ezekiel Baker）设计，随后被英国陆军选中。其在大约140米（460英尺）的距离内都能保证精确性，是对无膛线枪的一种重大改良。

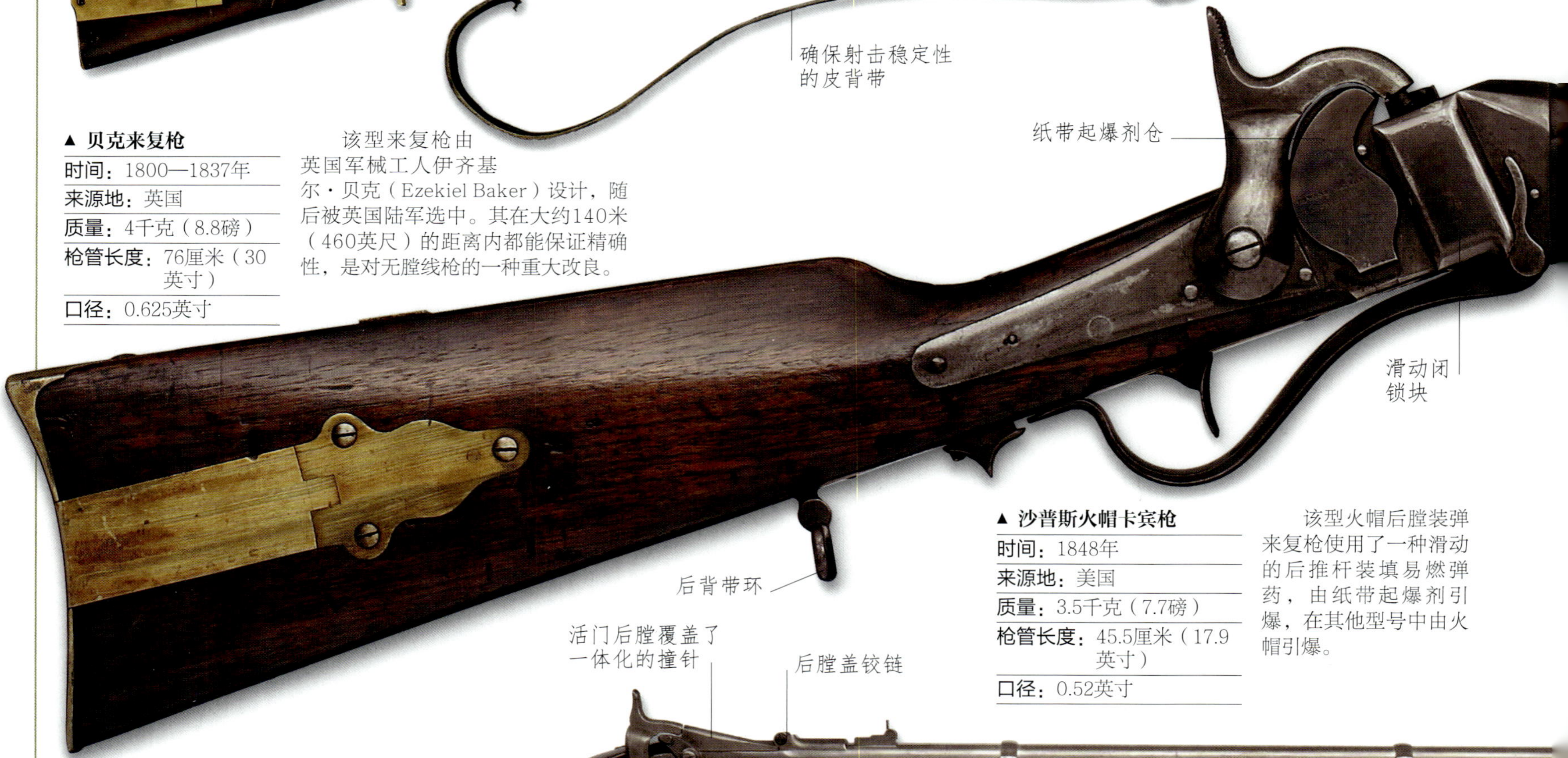

▲ 沙普斯火帽卡宾枪

时间：	1848年
来源地：	美国
质量：	3.5千克（7.7磅）
枪管长度：	45.5厘米（17.9英寸）
口径：	0.52英寸

该型火帽后膛装弹来复枪使用了一种滑动的后推杆装填易燃弹药，由纸带起爆剂引爆，在其他型号中由火帽引爆。

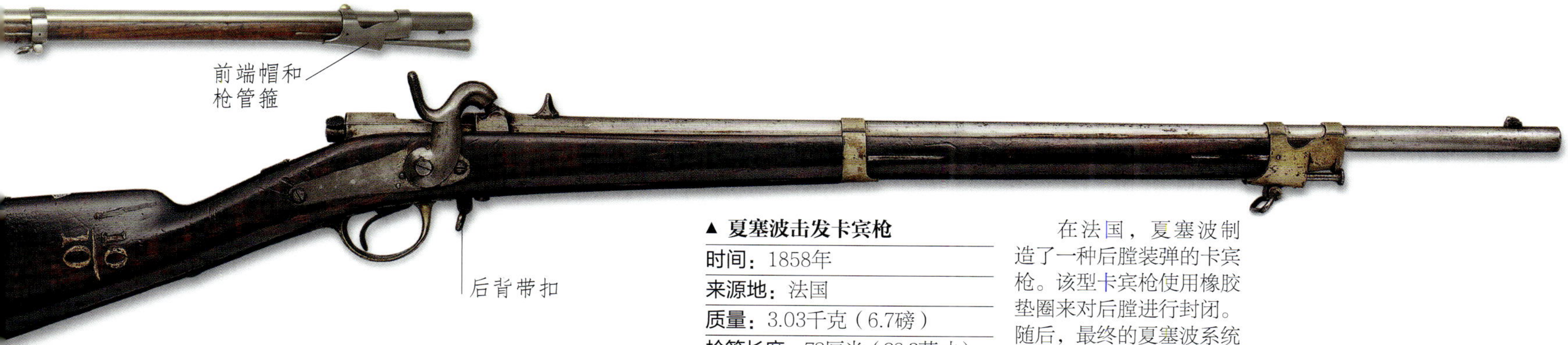

▲ 夏塞波击发卡宾枪

时间： 1858年

来源地： 法国

质量： 3.03千克（6.7磅）

枪管长度： 72厘米（28.3英寸）

口径： 13.5毫米

在法国，夏塞波制造了一种后膛装弹的卡宾枪。该型卡宾枪使用橡胶垫圈来对后膛进行封闭。随后，最终的夏塞波系统借助转栓内的撞针替换了锤头。

▲ 韦斯特利·理查兹“猴尾”卡宾枪

时间： 1866年

来源地： 英国

质量： 3千克（6.6磅）

枪管长度： 45.5厘米（17.9英寸）

口径： 0.45英寸

伯明翰军械工人韦斯特利·理查兹（Westley Richards）为英国陆军制造了两种卡宾枪。图中的卡宾枪拥有一个前端扣的倾斜式后膛，以及较长的、弯曲的击发杠杆，这也是其绰号的来源。

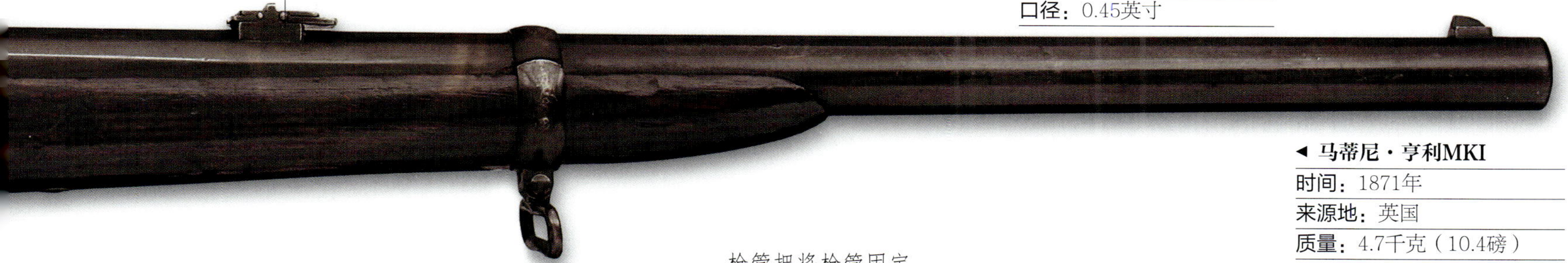

◀ 马蒂尼·亨利MKI

时间： 1871年

来源地： 英国

质量： 4.7千克（10.4磅）

枪管长度： 85厘米（33.5英寸）

口径： 0.45英寸马蒂尼弹

马蒂尼·亨利MKI是英国陆军第一款特意设计的后膛装填来复枪，它拥有倾斜式的后膛锁闭块。将下方杠杆放低，便可打开后膛，随后进行击发。

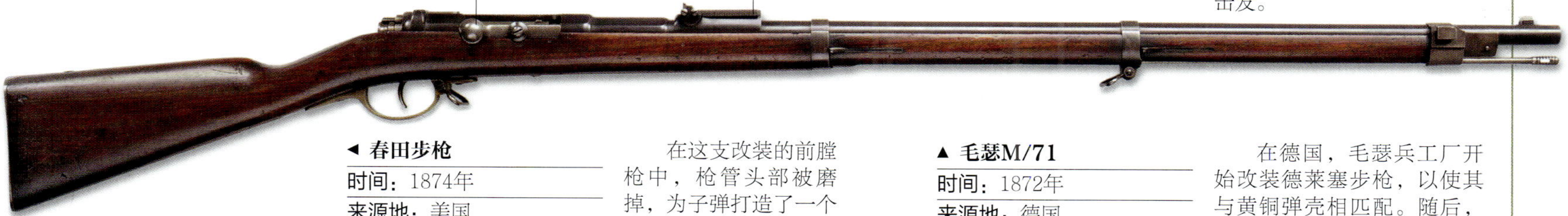

◀ 春田步枪

时间： 1874年

来源地： 美国

质量： 4.5千克（10磅）

枪管长度： 82.5厘米（32.5英寸）

口径： 0.45英寸

在这支改装的前膛枪中，枪管头部被磨掉，为子弹打造了一个弹仓空间，而前翻式后膛覆盖了一体化的撞针。

▲ 毛瑟M/71

时间： 1872年

来源地： 德国

质量： 4.5千克（10磅）

枪管长度： 83厘米（32.7英寸）

口径： 11毫米×60R

在德国，毛瑟兵工厂开始改装德莱塞步枪，以使其与黄铜弹壳相匹配。随后，彼得·保罗·毛瑟（Peter Paul Mauser）制造了新款枪械，其强度较大，可以承受威力更高的弹药。

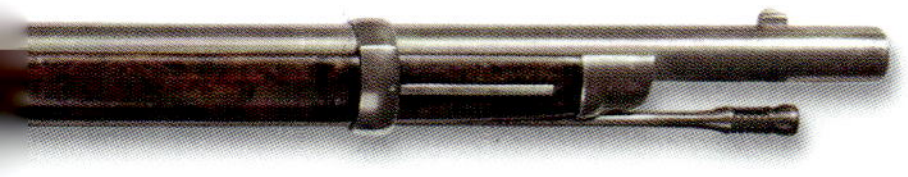

燧发和击发手枪与早期转轮手枪

1835年，美国人塞缪尔·柯尔特（Samuel Colt）申请了一种新型手枪的设计专利：这是一种使用击发火帽弹药的六发转轮手枪。柯尔特率先证明了大规模制造转轮手枪的商业可行性：从1851年到1876年，他的0.36英寸口径1851型转轮手枪共计售出不少于215 348把。柯尔特转轮手枪参加了1851年伦敦万国工业博览会，激起了英国人对手枪的兴趣。到19世纪50年代末的英国市场，罗伯特·亚当斯（Robert Adams）等伦敦制造商出产的转轮手枪更受欢迎，风头盖过了美国的柯尔特产品。亚当斯转轮手枪具有双动（“自动翘起”）锁——这是英国转轮手枪设计之初就包含的一个元素。

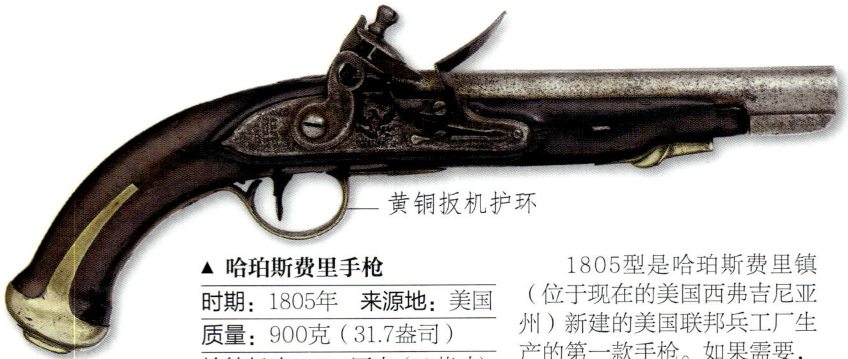

▲ 哈珀斯费里手枪

时期：1805年	来源地：美国
质量：900克（31.7盎司）	
枪管长度：25.4厘米（10英寸）	
口径：0.54英寸	

1805型是哈珀斯费里镇（位于现在的美国西弗吉尼亚州）新建的美国联邦兵工厂生产的第一款手枪。如果需要，足够结实的枪身可以倒转过来作为棍棒使用。

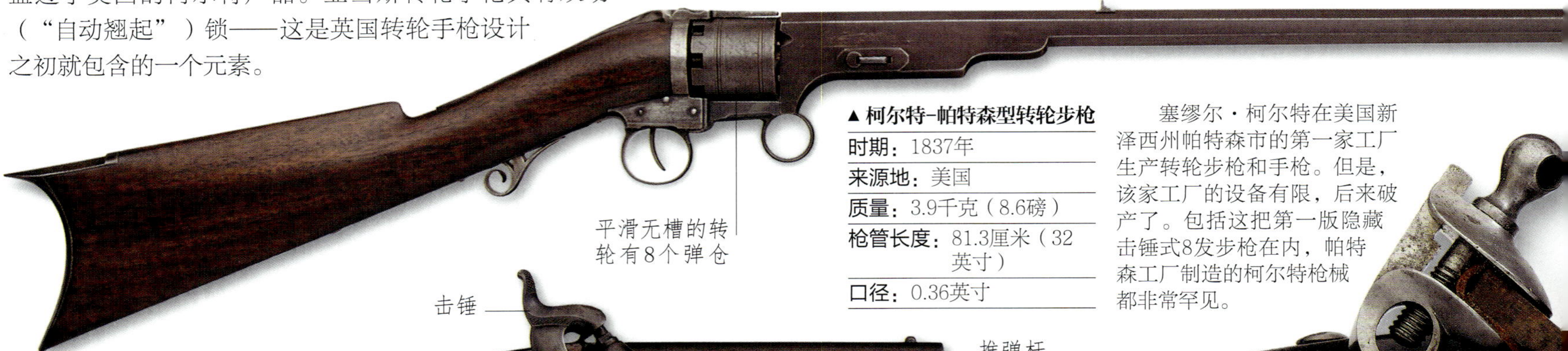

▲ 柯尔特-帕特森型转轮步枪

时期：	1837年
来源地：	美国
质量：	3.9千克（8.6磅）
枪管长度：	81.3厘米（32英寸）
口径：	0.36英寸

塞缪尔·柯尔特在美国新泽西州帕特森市的第一家工厂生产转轮步枪和手枪。但是，该家工厂的设备有限，后来破产了。包括这把第一版隐藏击锤式8发步枪在内，帕特森工厂制造的柯尔特枪械都非常罕见。

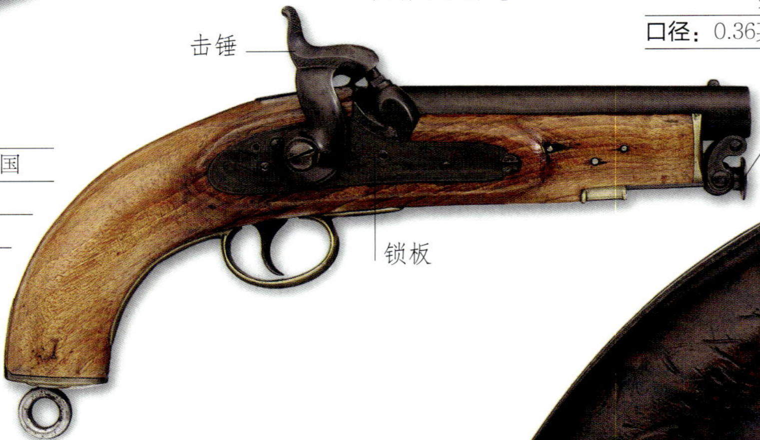

► 1842型海岸警卫队手枪

时期：1842年	来源地：英国
质量：1.05千克（2.3磅）	
枪管长度：15厘米（6英寸）	
口径：24号	

1842型海岸警卫队手枪的推弹杆承托可以旋转，以便将固定杆插入枪管。19世纪50年代，海岸警卫队用转轮手枪替换了此类枪械。

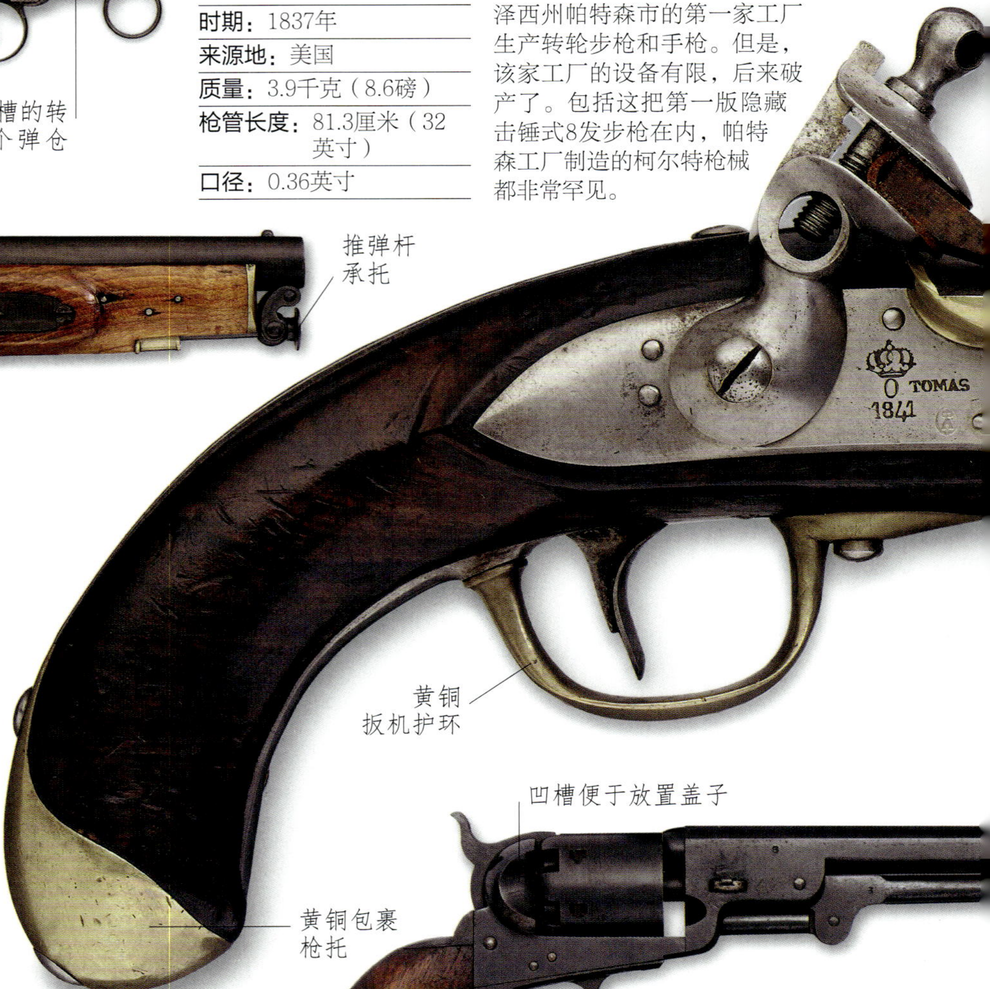

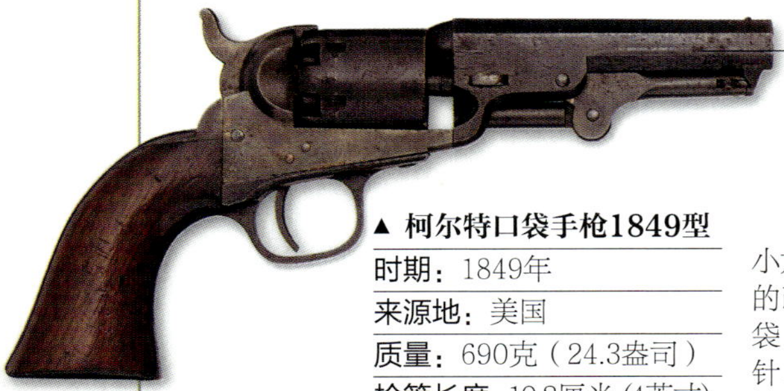

▲ 柯尔特口袋手枪1849型

时期：	1849年
来源地：	美国
质量：	690克（24.3盎司）
枪管长度：	10.2厘米（4英寸）
口径：	0.31英寸

作为1848型转轮手枪小龙骑兵（Baby Dragoon）的改型，1849型柯尔特口袋手枪配有标准复合撞针、3种不同长度的可选枪管以及5发或6发转轮。

▲ 柯尔特海军用1851型手枪

时期：	1853年
来源地：	英国
质量：	1.2千克（2.6磅）
枪管长度：	19厘米（7.5英寸）
口径：	0.36英寸

在1851年伦敦万国工业博览会上，塞缪尔·柯尔特展出了这款海军用手枪：一款0.36英寸口径而非0.44英寸口径的轻型手枪。展览结束后，他赢得了来自英国政府的订单。海军用手枪是柯尔特伦敦工厂的产品之一。

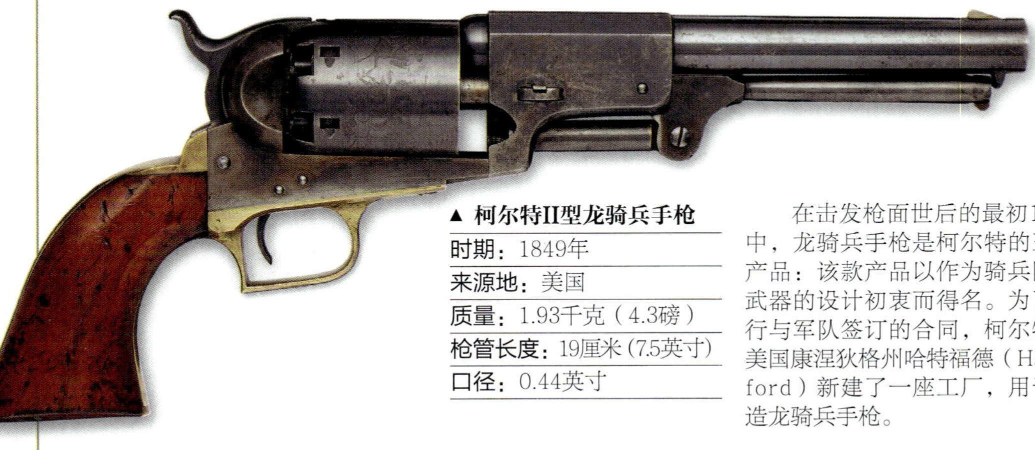

▲ 柯尔特II型龙骑兵手枪

时期：	1849年
来源地：	美国
质量：	1.93千克（4.3磅）
枪管长度：	19厘米（7.5英寸）
口径：	0.44英寸

在击发枪面世后的最初15年中，龙骑兵手枪是柯尔特的王牌产品：该款产品以作为骑兵随身武器的设计初衷而得名。为了履行与军队签订的合同，柯尔特在美国康涅狄格州哈特福德（Hartford）新建了一座工厂，用于制造龙骑兵手枪。

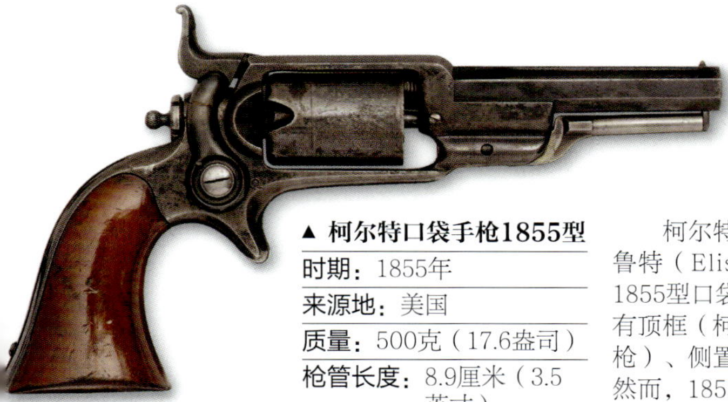

▲ 柯尔特口袋手枪1855型

时期：1855年
来源地：美国
质量：500克（17.6盎司）
枪管长度：8.9厘米（3.5英寸）
口径：0.28英寸

柯尔特工厂主管以利沙·鲁特（Elisha Root）设计了1855型口袋手枪。该型手枪具有顶框（柯尔特第一款顶框手枪）、侧置击锤和螺柱扳机。然而，1855型口袋手枪并不是很受欢迎，于1870年停产。

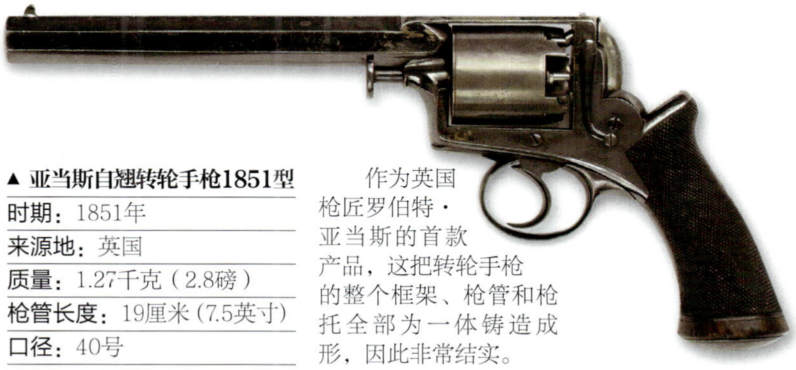

▲ 亚当斯自翘转轮手枪1851型

时期：1851年
来源地：英国
质量：1.27千克（2.8磅）
枪管长度：19厘米（7.5英寸）
口径：40号

作为英国枪匠罗伯特·亚当斯的首款产品，这把转轮手枪的整个框架、枪管和枪托全部为一体铸造成形，因此非常结实。

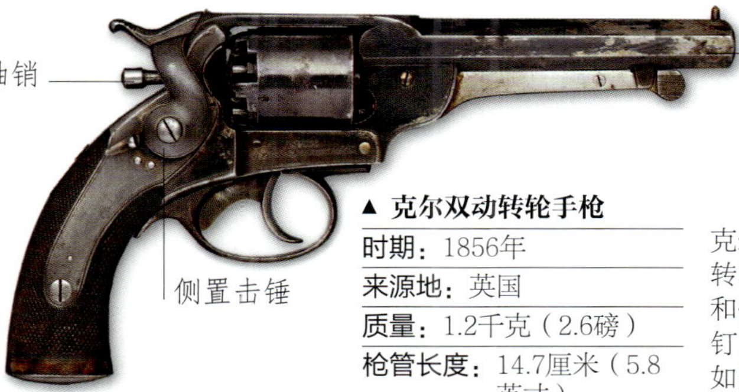

▲ 克尔双动转轮手枪

时期：1856年
来源地：英国
质量：1.2千克（2.6磅）
枪管长度：14.7厘米（5.8英寸）
口径：54号

亚当斯的亲戚詹姆斯·克尔（James Kerr）为他的转轮手枪添加了简单的套接和侧置击锤。套接由两颗螺钉固定，可以方便地拆卸。如果有组件损坏，任何枪匠都能够进行维修。

▼ 西班牙骑兵手枪

时期：1841年
来源地：西班牙
质量：1.3千克（2.9磅）
枪管长度：19.6厘米（7.7英寸）
口径：0.71英寸

西班牙军队引入了一款与法军装备十分相近的限动燧发枪。枪管底侧的一个小凸起可以固定装弹杆，取代了当时其他军用手枪的旋转装弹结构。

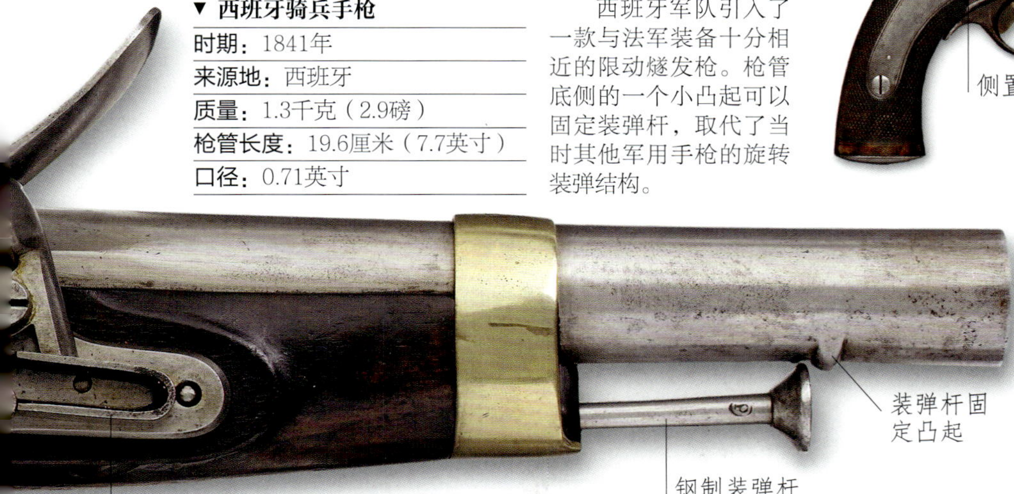

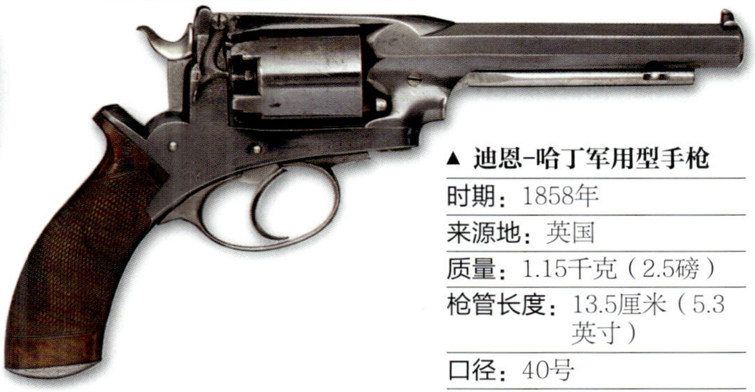

▲ 迪恩-哈丁军用型手枪

时期：1858年
来源地：英国
质量：1.15千克（2.5磅）
枪管长度：13.5厘米（5.3英寸）
口径：40号

迪恩和哈丁的双动锁是现代枪机的先驱。扣动双动手枪的扳机可以让击锤翘起然后释放。

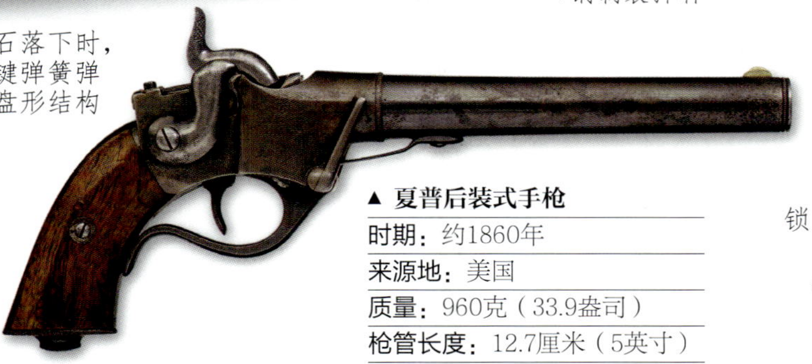

▲ 夏普后装式手枪

时期：约1860年
来源地：美国
质量：960克（33.9盎司）
枪管长度：12.7厘米（5英寸）
口径：0.34英寸

美国发明家克里斯蒂安·夏普（Christian Sharps）以后装式步枪和卡宾枪而闻名。并且，基于早期的夏普步枪，他还制造了相同结构的手枪。

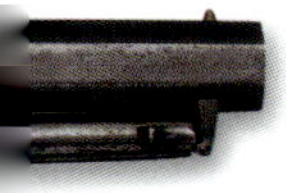

▲ 斯塔尔军用型单动手枪

时期：1864年
来源地：美国
质量：1.35千克（3磅）
枪管长度：19.2厘米（7.6英寸）
口径：0.44英寸

美国枪匠内森·斯塔尔（Nathan Starr）是折开式手枪的先驱。折开式手枪的枪管、顶框和转轮通过扳机护环之前的转轴与框架前部铰接。叉形顶框包裹击锤并通过滚花螺钉固定。

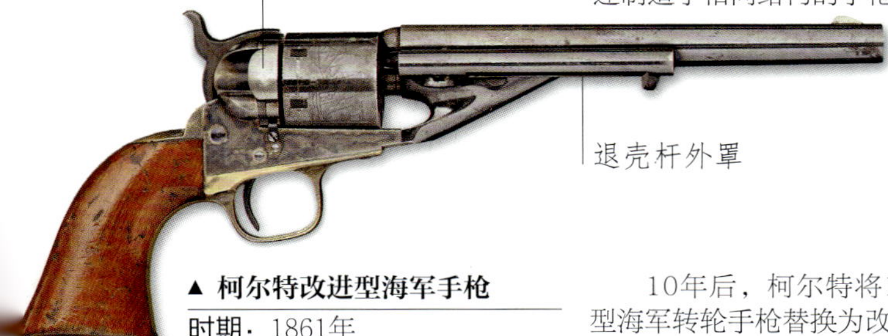

▲ 柯尔特改进型海军手枪

时期：1861年
来源地：美国
质量：1.25千克（2.8磅）
枪管长度：19厘米（7.5英寸）
口径：0.36英寸

10年后，柯尔特将1851型海军转轮手枪替换为改进型号。新型转轮手枪开始使用黄铜枪弹。许多击发转轮手枪都进行了类似改进。

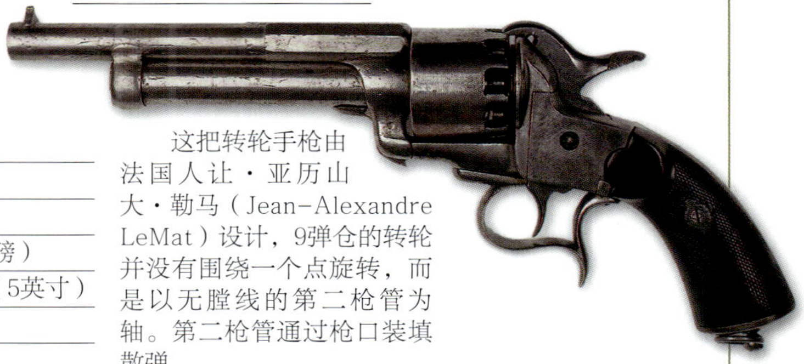

► 勒马手枪

时期：1864年
来源地：法国
质量：1.64千克（3.6磅）
枪管长度：12.7厘米（5英寸）
口径：0.3英寸和16号

这把转轮手枪由法国人让·亚历山大·勒马（Jean-Alexandre LeMat）设计，9弹仓的转轮并没有围绕一个点旋转，而是以无膛线的第二枪管为轴。第二枪管通过枪口装填散弹。

使用金属壳子弹的手枪

在柯尔特的击发转轮手枪之后，手枪设计迎来了又一次重大突破——1857年生产的史密斯-威森1型手枪。贺拉斯·史密斯（Horace Smith）和丹尼尔·威森（Daniel Wesson）购买了枪匠罗林·怀特（Rollin White）一把转轮手枪的专利。这把转轮手枪采用了贯穿转轮的弹仓设计，为后膛装弹提供了基础。贯穿设计，结合史密斯-威森的0.22英寸边缘发火黄铜弹壳弹药，手枪装弹速度大幅度提升，促使手枪的用途发生了转变。1871年，史密斯-威森3号赢得了一项重要的国际合同。当时，威力更大的中心发火弹药已经开始取代更早的边缘发火弹。

▲ 勒福舍针发左轮手枪

时期： 1853年　**来源地：** 法国
质量： 950克（33.5盎司）
枪管长度： 13.5厘米（5.3英寸）
口径： 12毫米针发弹

19世纪30年代中期，法国枪匠卡西米尔·勒福舍（Casimir Lefaucheux）发明了针发式弹药。后来，他的儿子尤金为这种弹药打造了12毫米口径的6发双动转轮手枪。图示手枪为骑兵专用手枪。

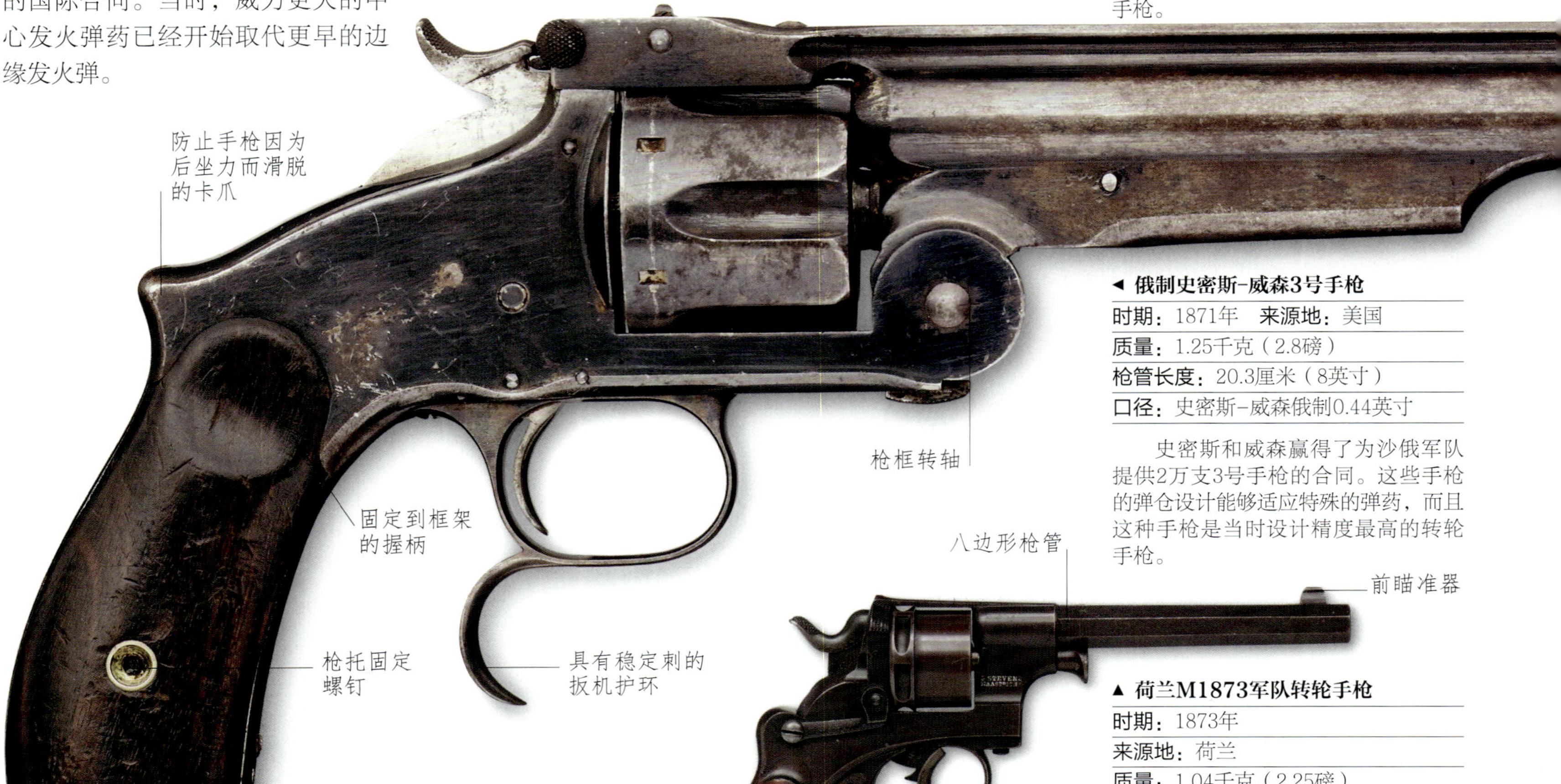

◀ 俄制史密斯-威森3号手枪

时期： 1871年　**来源地：** 美国
质量： 1.25千克（2.8磅）
枪管长度： 20.3厘米（8英寸）
口径： 史密斯-威森俄制0.44英寸

史密斯和威森赢得了为沙俄军队提供2万支3号手枪的合同。这些手枪的弹仓设计能够适应特殊的弹药，而且这种手枪是当时设计精度最高的转轮手枪。

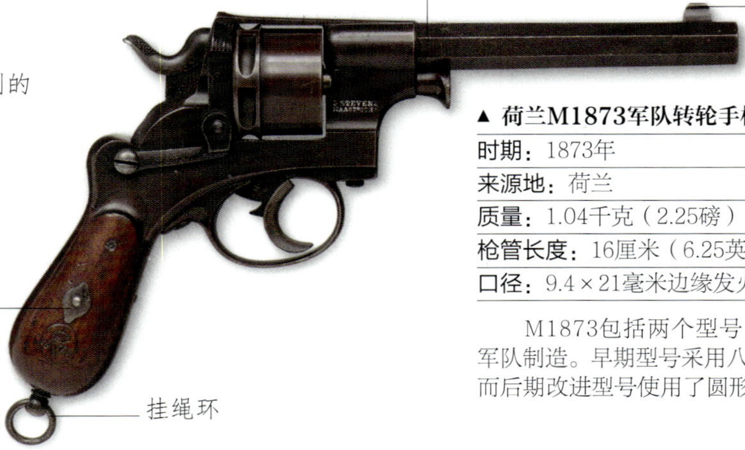

▲ 荷兰M1873军队转轮手枪

时期： 1873年
来源地： 荷兰
质量： 1.04千克（2.25磅）
枪管长度： 16厘米（6.25英寸）
口径： 9.4×21毫米边缘发火弹药

M1873包括两个型号，专为荷兰军队制造。早期型号采用八边形枪管，而后期改进型号使用了圆形枪管。

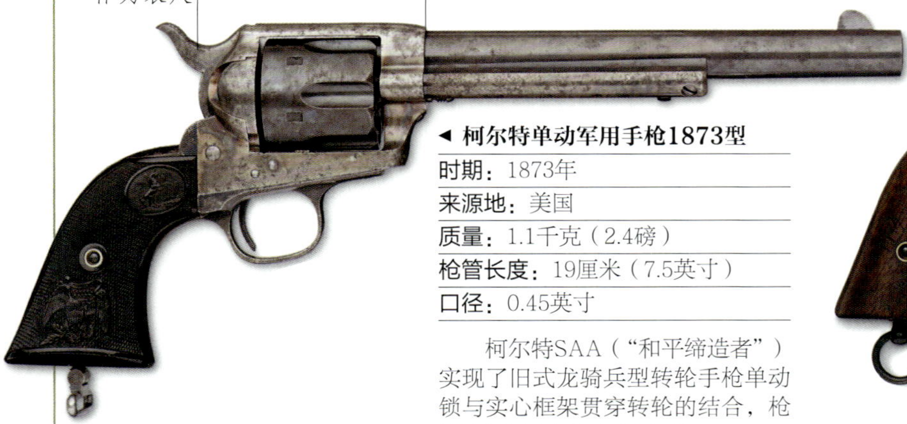

◀ 柯尔特单动军用手枪1873型

时期： 1873年
来源地： 美国
质量： 1.1千克（2.4磅）
枪管长度： 19厘米（7.5英寸）
口径： 0.45英寸

柯尔特SAA（“和平缔造者”）实现了旧式龙骑兵型转轮手枪单动锁与实心框架贯穿转轮的结合，枪管则通过螺钉与框架固定。

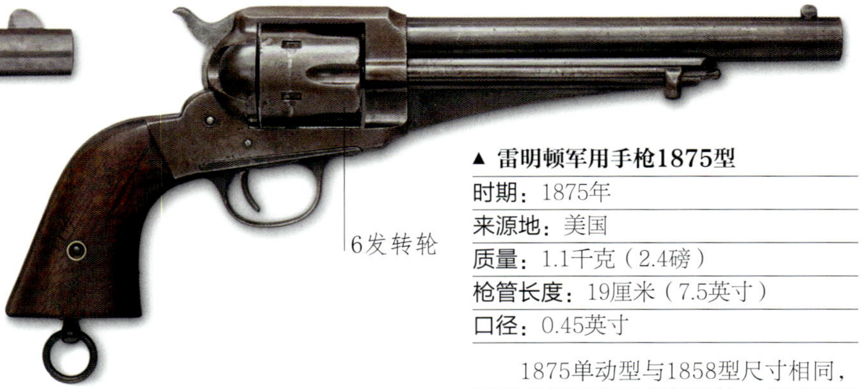

▲ 雷明顿军用手枪1875型

时期： 1875年
来源地： 美国
质量： 1.1千克（2.4磅）
枪管长度： 19厘米（7.5英寸）
口径： 0.45英寸

1875单动型与1858型尺寸相同，还配有相同的可拆卸转轮，而且适用0.40英寸和0.44英寸的弹药。

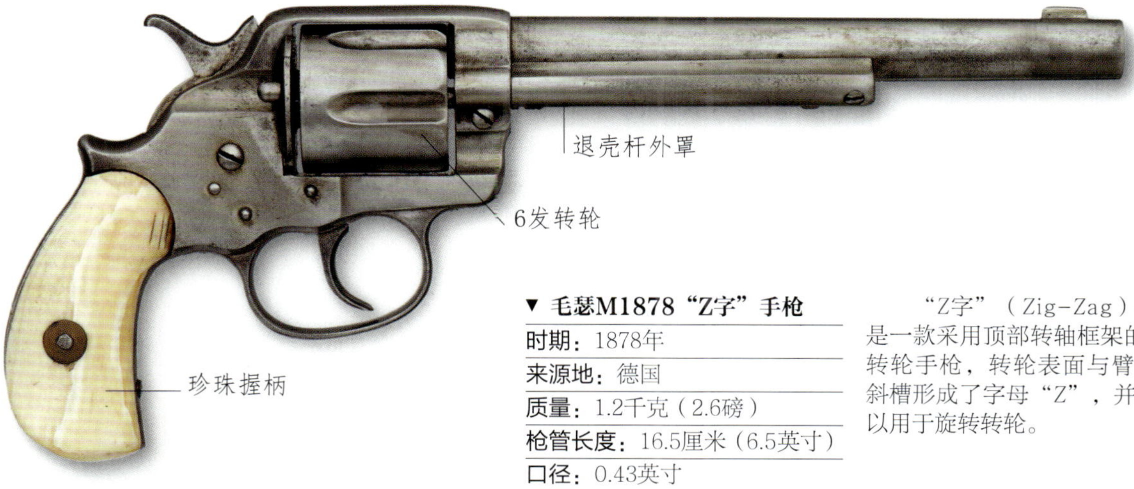

► **柯尔特前锋双动手枪**

时期： 1878年
来源地： 美国
质量： 1千克（2.2磅）
枪管长度： 14厘米（5.5英寸）
口径： 0.44和0.45英寸

柯尔特第一把双动手枪“闪电”于1877年面世。第二年，柯尔特制造了该型双动手枪的0.44英寸和0.45英寸口径版本——SAA，即“和平缔造者”。

▼ **毛瑟M1878“Z字”手枪**

时期： 1878年
来源地： 德国
质量： 1.2千克（2.6磅）
枪管长度： 16.5厘米（6.5英寸）
口径： 0.43英寸

“Z字”（Zig-Zag）手枪是一款采用顶部转轴框架的6发转轮手枪，转轮表面与臂链的斜槽形成了字母“Z”，并且可以用于旋转转轮。

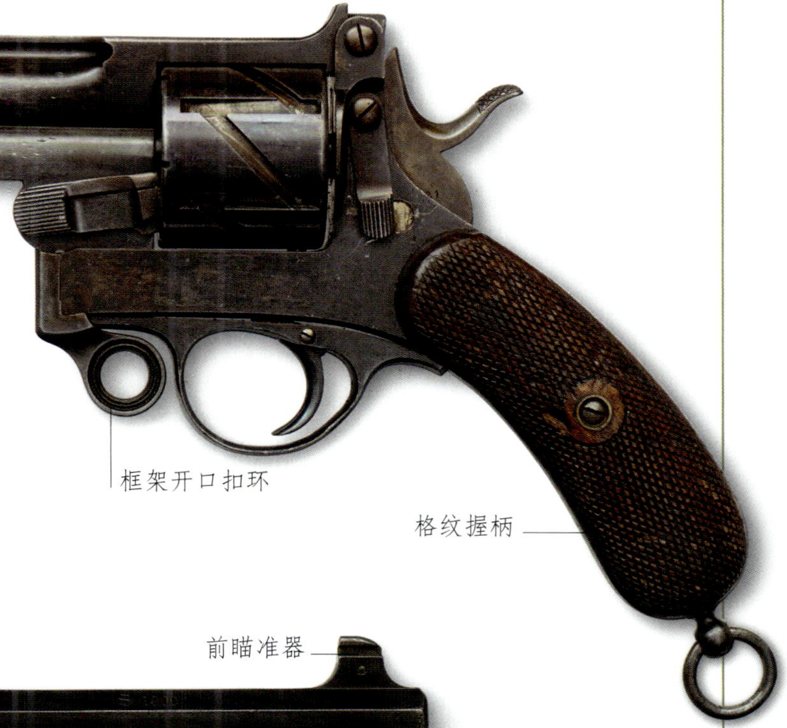

► **M1879帝国转轮手枪**

时期： 1879年
来源地： 德国
质量： 1.04千克（2.3磅）
枪管长度： 18厘米（7英寸）
口径： 10.6×25毫米边缘发火弹

这款可靠耐用的单动6发转轮手枪在德国军队一直服役到1908年，有些枪支甚至参加了第一次世界大战。

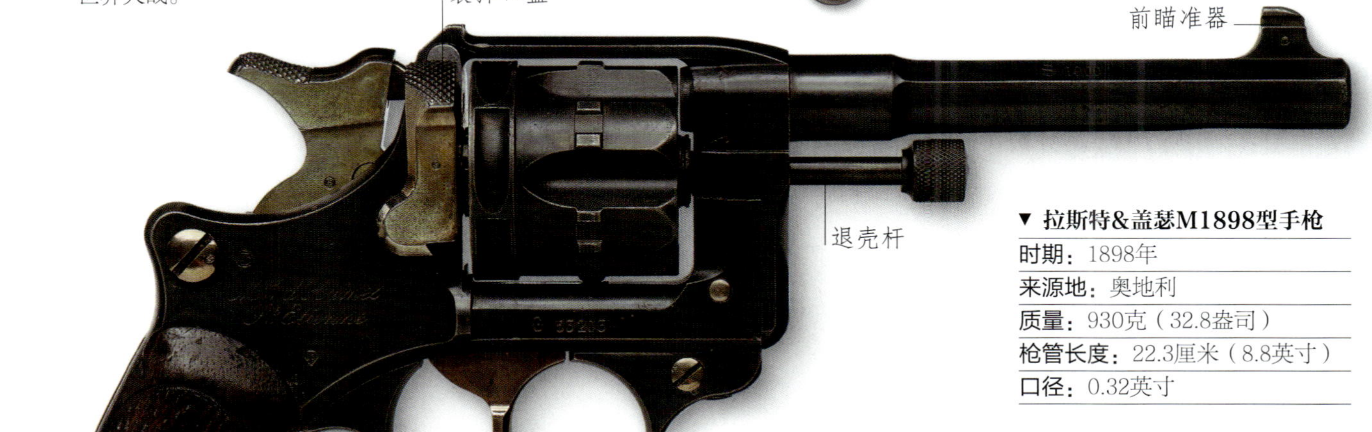
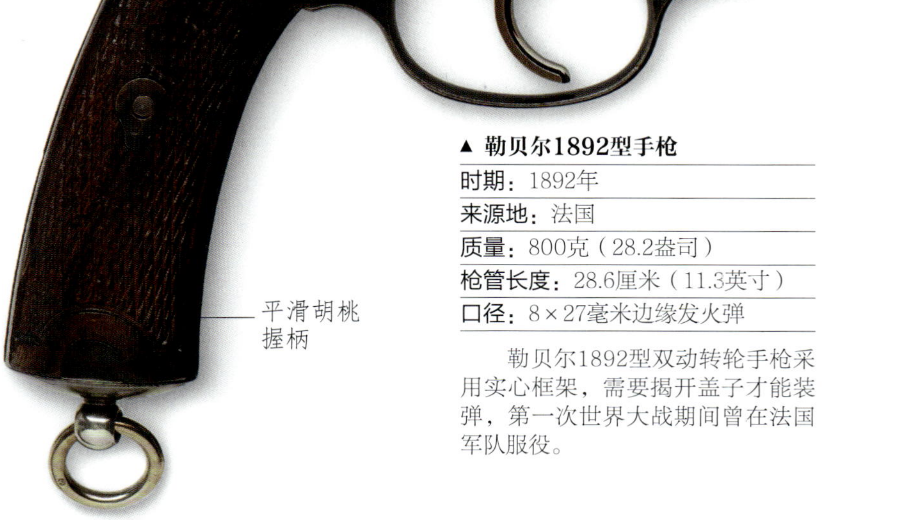

▲ **勒贝尔1892型手枪**

时期： 1892年
来源地： 法国
质量： 800克（28.2盎司）
枪管长度： 28.6厘米（11.3英寸）
口径： 8×27毫米边缘发火弹

勒贝尔1892型双动转轮手枪采用实心框架，需要揭开盖子才能装弹，第一次世界大战期间曾在法国军队服役。

▼ **拉斯特&盖瑟M1898型手枪**

时期： 1898年
来源地： 奥地利
质量： 930克（32.8盎司）
枪管长度： 22.3厘米（8.8英寸）
口径： 0.32英寸

第一次世界大战期间，这种可靠的实心框架双动手枪是奥匈帝国军队的士兵配枪，其中1898年到1912年间制造了大约20万把。

早期的连发步枪

19世纪中期，标准化弹药的发展为“连发”步枪铺平了道路。这种新型武器由弹匣供弹，采用后膛装弹方式，可以通过单一动作完成从枪管退出空弹壳和翘起枪机的动作，并做好射击准备。最早的连发步枪主要产于美国，采用了下杠杆设计。然而，19世纪70年代，欧洲人逐渐习惯了单发毛瑟和德莱塞步枪的栓式枪机，并且喜欢的程度超过了连发枪械，因为他们认为栓式枪机不仅更适合俯卧位使用，而且更安全：转动枪栓时，连接机匣其他部件的凸耳可以锁定枪机。

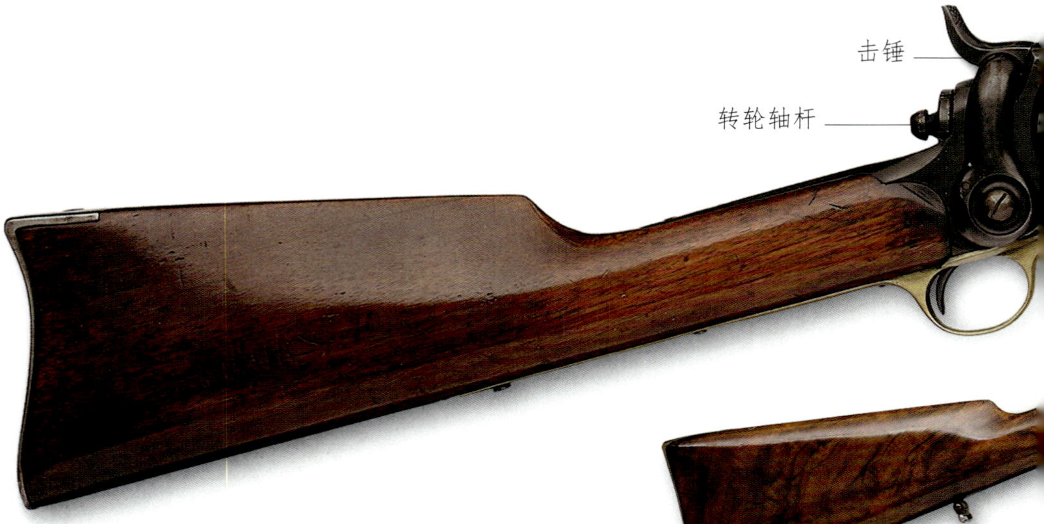

▼ 斯宾塞步枪

时期：1863年
来源地：美国
质量：4.55千克（10磅）
枪管长度：72厘米（28.3英寸）
口径：0.52英寸

凭借枪托中可容纳7发子弹的管状弹匣，斯宾塞步枪成了世界上第一支实用的军用连发步枪。美国南北战争期间，联邦军队引入了斯宾塞步枪。

▲ 柯尔特1855型转轮步枪

时期：1855年
来源地：美国
质量：3.45千克（7.6磅）
枪管长度：68.2厘米（26.9英寸）
口径：0.56英寸

1855型转轮步枪是柯尔特制造公司（Colt Manufacturing Company）1838型转轮步枪的第三款产品。尽管转轮的容量只有5发子弹，而且装弹过程十分烦琐，但这款武器产生了相当大的影响。

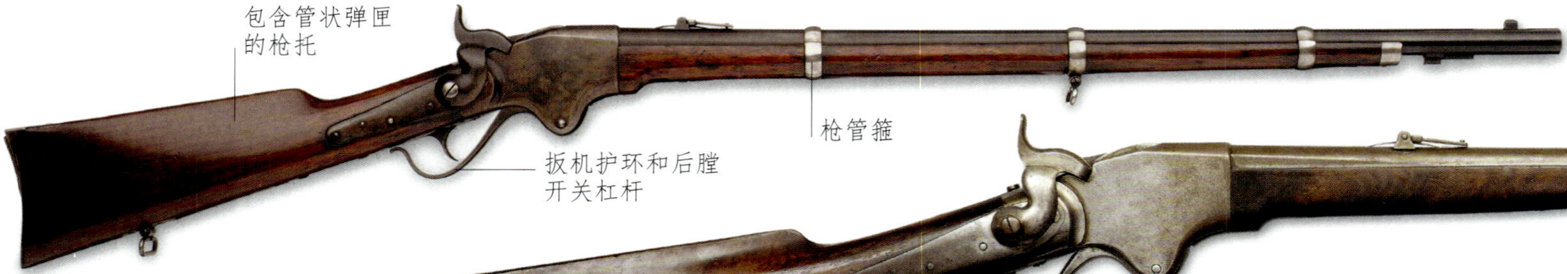

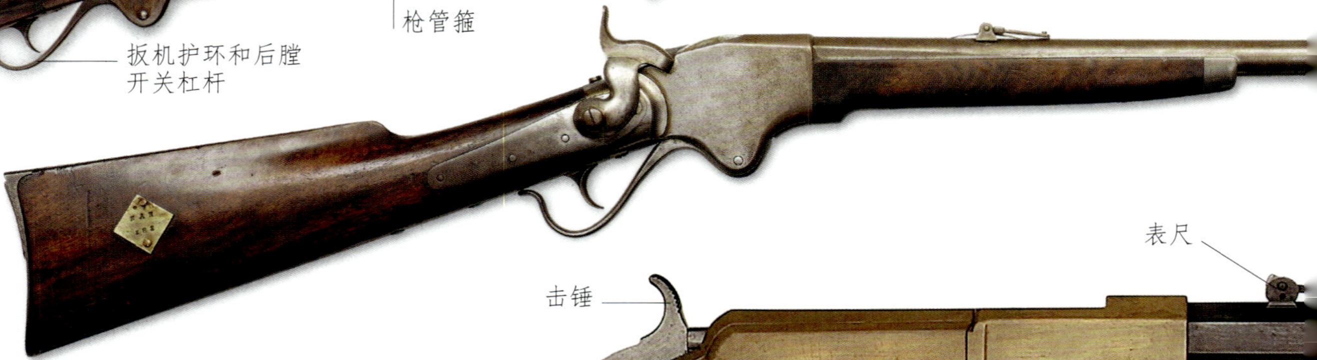

▶ 斯宾塞1865型卡宾枪

时期：1865年　来源地：美国
质量：3.7千克（8.2磅）
枪管长度：51厘米（20英寸）
口径：0.50英寸

为了制造1865型卡宾枪，克里斯托弗·斯宾塞（Christopher Spencer）修改了最初的连发步枪和卡宾枪设计，消除了一些小毛病。斯宾塞1865型卡宾枪采用了六槽膛线枪管。根据合约，该款产品同样由伯恩赛德步枪公司（Burnside Rifle Company）制造。

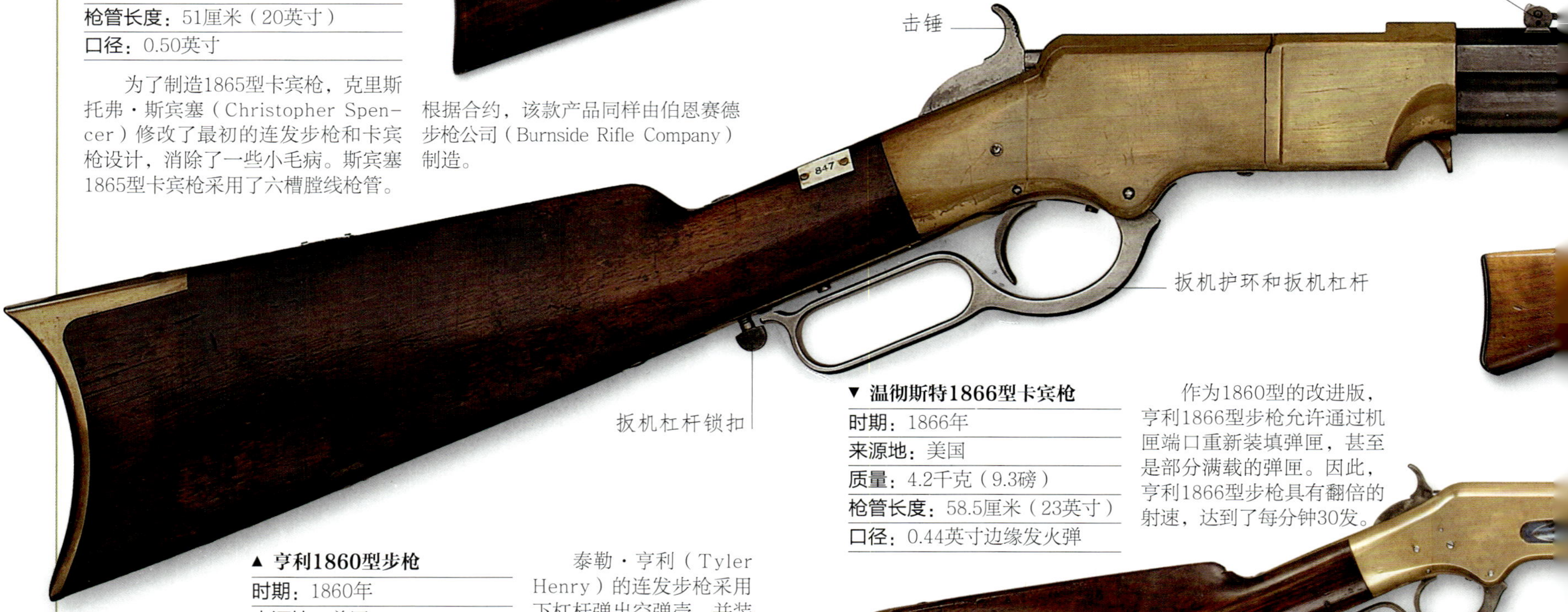

▲ 亨利1860型步枪

时期：1860年
来源地：美国
质量：4千克（8.8磅）
枪管长度：51厘米（20英寸）
口径：0.44英寸边缘发火弹

泰勒·亨利（Tyler Henry）的连发步枪采用下杠杆弹出空弹壳，并装填子弹，同时保持待击发状态。通过肘节连接两段式枪栓可以锁定枪机。

▼ 温彻斯特1866型卡宾枪

时期：1866年
来源地：美国
质量：4.2千克（9.3磅）
枪管长度：58.5厘米（23英寸）
口径：0.44英寸边缘发火弹

作为1860型的改进版，亨利1866型步枪允许通过机匣端口重新装填弹匣，甚至是部分满载的弹匣。因此，亨利1866型步枪具有翻倍的射速，达到了每分钟30发。

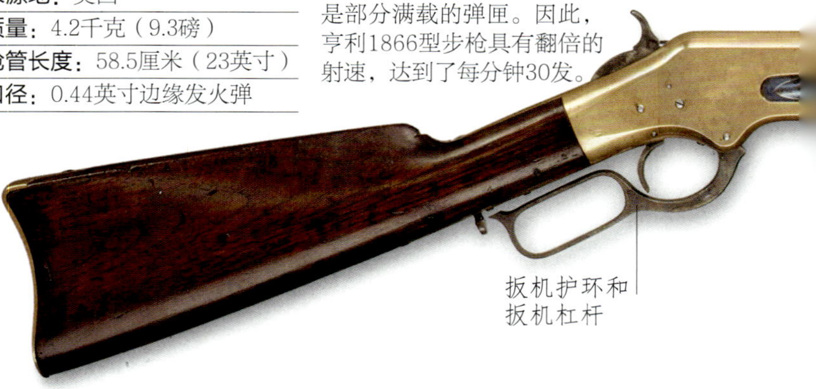

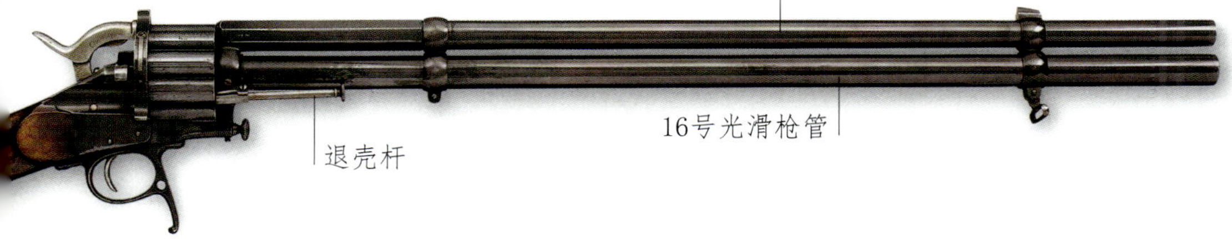

◀ 勒马转轮步枪

时期： 1872年
来源地： 法国/美国
质量： 2.2千克（4.9磅）
枪管长度： 62.8厘米（24.7英寸）
口径： 0.44英寸和16号

以相似的手枪为原型，勒马转轮步枪包括两个枪管。下方的枪管装填散弹弹丸，并作为9发转轮的中心销。转轮步枪使用实心弹。

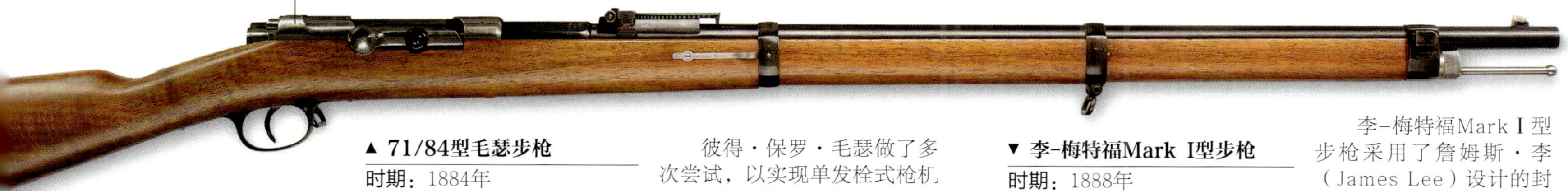

▲ 71/84型毛瑟步枪

时期： 1884年
来源地： 德国
质量： 4.6千克（10磅）
枪管长度： 83厘米（32.7英寸）
口径： 11×60毫米边缘发火弹

彼得·保罗·毛瑟做了多次尝试，以实现单发栓式枪机M1871步枪的连发。但是，71/84型的弹匣设计存在缺陷。

▼ 李-梅特福Mark Ⅰ型步枪

时期： 1888年
来源地： 英国
质量： 4.3千克（9.5磅）
枪管长度： 76.7厘米（30.2英寸）
口径： 0.303英寸（黑火药）

李-梅特福Mark Ⅰ型步枪采用了詹姆斯·李（James Lee）设计的封闭栓式枪机以及盒式弹匣，还有威廉·梅特福（William Metford）开发的防污膛线。Mark Ⅱ型于1890年面世。

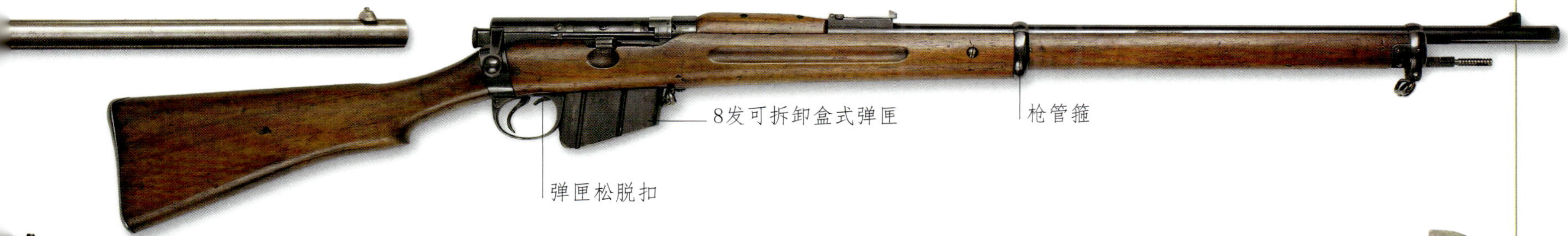

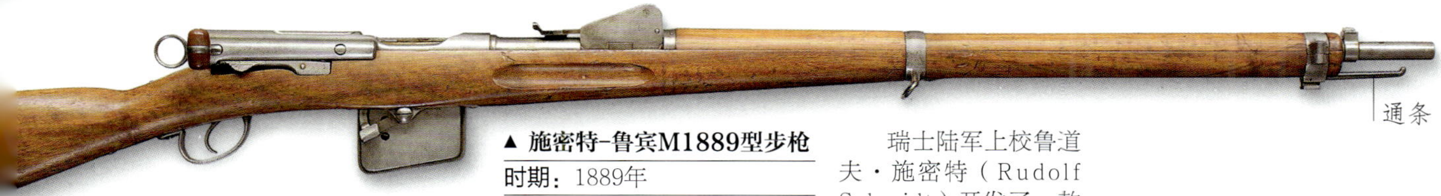

▲ 施密特-鲁宾M1889型步枪

时期： 1889年
来源地： 瑞士
质量： 4.45千克（9.8磅）
枪管长度： 78厘米（30.7英寸）
口径： 7.5×55毫米

瑞士陆军上校鲁道夫·施密特（Rudolf Schmidt）开发了一款12发盒式弹匣的直拉栓式枪机步枪。在小幅度改动的情况下，这款步枪一直服役到1931年。

▼ 勒贝MLE 1886/93型步枪

时期： 1893年
来源地： 法国
质量： 4.3千克（9.5磅）
枪管长度： 80厘米（31.5英寸）
口径： 8毫米×50R

勒贝MLE 1886型步枪是第一支发射无烟火药推动小口径被甲子弹的步枪，改进型号后于1893年发布。

19世纪军队制服与徽章

拿破仑时代，欧洲军队兴起了精致、艳丽且笔挺的制服风格，而这种风格影响了整个19世纪的士兵装备。通常，人们认为拿破仑·波拿巴（Napoleon Bonaparte）领导下的法国军队制服达到了设计领域的一个高峰，包括风格和装饰。在1815年拿破仑兵败之后的数十年中，制服基本没有改变，只是越来越注重装饰和细节，越来越复杂。到第一次世界大战前夕的1914年，许多军队仍然身着传统颜色的醒目制服，还有过时的装备，例如佩囊。

▸ 英国钟顶帽

时期：1830年

来源地：英国

材质：毛毡、皮革、黄铜

这顶骑兵钟顶帽的设计初衷是让佩戴者看起来更高、更醒目，是1822年过度装饰“摄政”帽之后的数个不切实际的设计之一。

▾ 英国骑兵军官的佩囊

时期：1830年

来源地：英国

材质：皮革

18世纪末，英国骑兵开始在骑兵腰带上悬挂皮质佩囊。到了19世纪，佩囊通常仅在穿着礼服时佩戴。不过，英国骑兵曾在克里米亚战争（1853—1856年，俄国与英国、法国、土耳其、撒丁王国之间的战争）中佩戴佩囊。

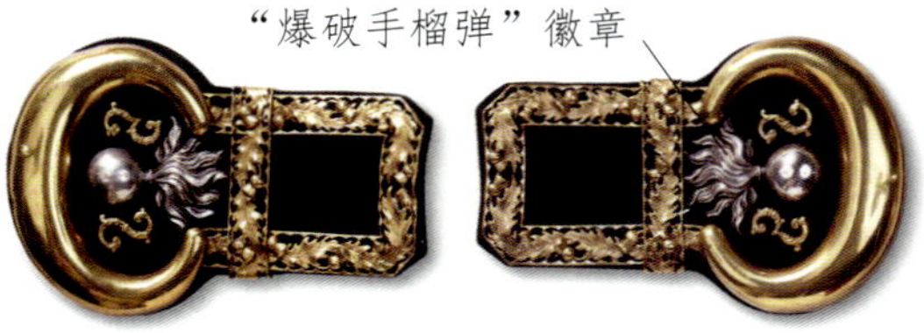

▴ 英国骑兵肩章

时期：1830年

来源地：英国

材质：羊毛、金属线

这些可能是“苏格兰骑兵团”（Scots Greys，官方称呼为第二龙骑兵团）成员佩戴的肩章，他们因为滑铁卢战役中的冲锋而获得了美誉。最初属于掷弹兵的“爆破手榴弹”徽章可能是精英团的标志。

▾ 英国步兵下士礼服

时期：约1850年

来源地：印度

材质：羊毛

这件礼服属于东印度公司第二欧洲轻步兵团的一名下士。该团曾参加了1856年至1857年英国与波斯之间的战争，后于1862年编入英国军队。

▲ 法国轻骑兵的游行夹克

时期：1871年

来源地：法国

材质：羊毛

这件夹克属于法军第九军团轻骑兵团的一位中尉。直到1914年，法国、英国、沙俄和其他数个欧洲国家仍保留了轻骑兵团的编制。轻骑兵团以装饰华丽的游行制服而闻名。

◀ 普鲁士尖顶盔

时期：1867年

来源地：普鲁士

材质：皮革

尖顶盔是普鲁士国王弗里德里希·威廉四世于1842年设计的军用头盔，由熟皮革制成，配有金属饰边和尖顶。这顶M1867式尖顶盔曾佩戴于1870年至1871年的普法战争期间。

▶ 意大利骑兵军官帽

时期：1876年

来源地：意大利

材质：毛毡、皮革

意大利是最早脱掉鲜艳制服的国家之一。1909年，意大利开始采用灰绿色军服，与沙俄军队采用卡其布的时间几乎相同。这顶蓝色帽子属于19世纪末的骑兵军官。

▲ 意大利骑兵夹克

时期：1876年

来源地：意大利

材质：羊毛

在19世纪末化学染料技术取得进步之前，许多色彩鲜艳的制服，例如这件蓝色意大利骑兵夹克，都会存在轻微的色差。

▶ 意大利骑兵旗帜

时期：约1880年

来源地：意大利

材质：羊毛

随着制服变得日趋朴素，队旗或军旗作为身份和传统的象征，保留了鲜艳的色彩。这面骑兵旗帜的图案包括了意大利萨伏依家族的盾徽。该家族曾于1861年至1946年统治意大利达85年。

安提塔姆会战

安提塔姆会战以最致命的方式展示了美国南北战争的武器和战术。这场会战发生在1862年9月17日美国马里兰州的夏普斯堡（Sharpsburg），是美国历史上单日伤亡最惨重的一场战役，造成了包括联邦军和联盟军在内的共计2.27万名士兵死亡或受伤。

乔治·B·麦克莱伦（George B. McClellan）将军率领的北方联邦军实力占优，总人数达到了约7.5万，而且占据了夏普斯堡。对面是罗伯特·李（Robert E. Lee）将军带领的较弱的南方联盟军。联盟军在安提塔姆（Antietam）溪后方组织了防御阵地——虽然没有挖掘工事，但充分利用了森林、山丘和围栏等地形特征。战斗开始之际，李将军仍在集结分散的部队，最终集合了3.8万人的南方军队。

在马里兰州完成了艰苦的行军之后，南方联盟军的状况十分糟糕。一名联邦军官称联盟军士兵“脏兮兮、病恹恹、饥肠辘辘，十分悲惨”。另一方面，联邦军队获得了北方工厂精良的装备供给。

会战开始前一天，麦克莱伦派遣部队越过了安提塔姆溪，去进攻联盟军的左翼。不过，联盟军发现了联邦军的意图，托马斯·“石墙”·杰克逊（Thomas “Stonewall” Jackson）将军率领士兵占据了位置。9月17日黎明时，联邦军从侧翼发起了攻击。

在高地设立阵地的双方加农炮群首先开火，掀起了会战的序幕。随后，联邦军向前进入了玉米地，遭遇了杰克逊将军所率步兵的阻击。将炮兵阵地前移后，联邦军开始向玉米地倾泻弹药，严重杀伤了联盟军。联邦军队向前推进，随后展开了持续数小时的步兵鏖战。双方士兵在开阔的田野交火，死伤惨重。成群的士兵在军官的集结和带领下发动冲锋和反冲锋，反复争夺西伍德地区。士兵们使用膛线火枪——通过枪口装弹的武器，每分钟可以射击3或4次，但有些地方的士兵已经开始使用刺刀近身作战，或者将火枪作为棍棒挥舞。由于伤亡惨重，加上士兵疲惫不堪，左翼的战斗最终平息了。

从掩体后射击

与此同时，战场其他区域的南方联盟军则展示了掩体的重要性，以及火枪对暴露步兵的强大杀伤力。在中央战场，凭借一条低洼的道路（这条路后来被称为血腥巷），大约2500名士兵击退了联邦军多次正面冲锋后才退败，造成了数千人伤亡。

在南方联盟军的右翼，联邦军的将军安布罗斯·伯恩赛德（Ambrose Burnside）试图通过桥梁越过安提塔姆溪，但联盟军神枪手和大炮制造了封锁线，联邦军士兵如同麦子一样一茬茬倒下。只有获得己方的炮兵支援后，联邦军才在溪的另一边建立阵地。

到了下午晚些时候，联盟军的右翼被包围，似乎要面临被围困的局面，但来自哈珀斯费里的联盟军援军抵达并发起了反击，迫使联邦军队撤退。谨慎的麦克莱伦一直保留了2万名步兵和骑兵组成的预备队，但他并没有在第二天继续战斗的计划，李将军带领疲惫的联盟军撤回了弗吉尼亚州。

会战的幸存者

安提塔姆会战结束后拍摄的联邦军野战炮兵阵地。照片中展示的滑膛加农炮造成了大部分的伤亡。

美国南北战争时期的军队制服

1861—1865年的美国南北战争期间，北方联邦军的士兵装备精良。从1861年起，遵从美国陆军部的命令，北方工厂开始大规模生产制服和装备。相比之下，南方联盟军的士兵往往装备不良，必须克服弹药、制服、帐篷、毛毯、薪水和食物短缺问题。有时，他们甚至不得不赤脚行军，或依赖从联邦军队“收缴”的靴子。

▸ 联邦军军官三角帽

时期：1861年
来源地：美国
材质：羊毛

军官们获准佩戴这种双角或“三角帽”，帽子上面有一朵黑色玫瑰和鸵鸟羽毛，侧面还有一只镀金的联邦鹰。

◂ 联邦军士兵军便帽

时期：1861年
来源地：美国
材质：羊毛

联邦军队的士兵军便帽顶部添加了军团徽章和黄铜编号。图示军便帽上的“I”表示“第一军团”，“124”表示纽约第124团。

▸ 联邦军军官礼服夹克

时期：1861年
来源地：美国
材质：羊毛

军官并不喜欢配发的标准制服，宁愿自己购买。这件礼服夹克明显体现了法军制服的影响：直立领、袖口织带和黄铜纽扣。

◂ 联邦军士兵制服

时期：1861年
来源地：美国
材质：羊毛

联邦军士兵穿着深蓝色工装夹克和配发的标准浅蓝色长裤。联邦军队的制服按照多种标准尺寸生产，因此十分适合大规模批量制作。

▾ 联邦军士兵靴

时期：1861年
来源地：美国
材质：皮革

联邦军队的皮质“短靴”采用厚皮革鞋底。鞋跟通过木栓钉在一起，或用粗线缝合。

▲ **联盟军双排扣军官长礼服**

时期：1861年
来源地：美国
材质：羊毛

战争爆发之初，联盟军配发的是工装外套，但随着布料的紧缺，收腰夹克设计随之开始普及。并且，灰色成为制服首选颜色的原因在于此类染料的造价更低。

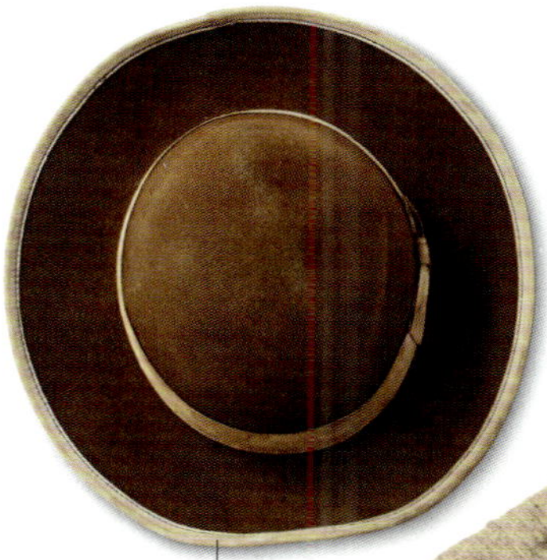

◀ **联盟军“蜂巢”宽边软帽**

时期：1862年
来源地：美国
材质：羊毛、毛毡

联盟军队的许多步兵都会佩戴低冠“蜂巢”宽边软帽，有些通过星星或其他装饰标志来代表他们家乡所在的州。其他士兵则在夏天佩戴角形平顶帽（尖帽）或草帽。

▶ **联盟军步兵制服**

时期：1862年
来源地：美国
材质：羊毛、黄铜

联盟军制服染成了不同的颜色，包括灰色、蓝色和米色。士兵通常在夹克下穿着白色平纹细布或灰色法兰绒衬衫。这条裤子为羊毛材质，穿着时可能会很热。

◀ **联邦军士兵弹药盒**

时期：1861年
来源地：美国
材质：皮革

这个弹药盒装有40发子弹：每个纸卷都装有一个小球和黑色火药。肩带饰有黄铜联邦鹰徽。

▲ **联盟军士兵背包**

时期：1862年
来源地：美国
材质：帆布

背包只有一个口袋，有时配有木制框架。士兵们用背包携带羊毛毯、额外的食物和个人物品，通常包括一个装饮用水的樱桃木水壶。

◀ **联盟军钉靴**

时期：1862年
来源地：美国
材质：皮革

军靴通常为方头钉靴，并且脚跟添加了弯曲的马蹄形保护件，以防止长途行军的磨损。

步兵与骑兵用剑及刺刀

到1815年，步兵剑除了作为仪仗性武器已经别无它用，不过军官和高阶军士仍将步兵剑作为军衔的象征。因此，步兵剑的设计越来越趋向于装饰性。19世纪，刺刀取代了步兵卡口刺刀和挂剑。远程枪械的兴起意味着刺刀在战斗中的作用大幅度减弱。不过，步兵仍然配备此类冷兵器，因为军队相信这可以培养士兵的尚武精神。当时，轻骑兵使用了便于砍削的弯曲军刀设计，而重型骑兵则携带具有长直刃的刺剑。

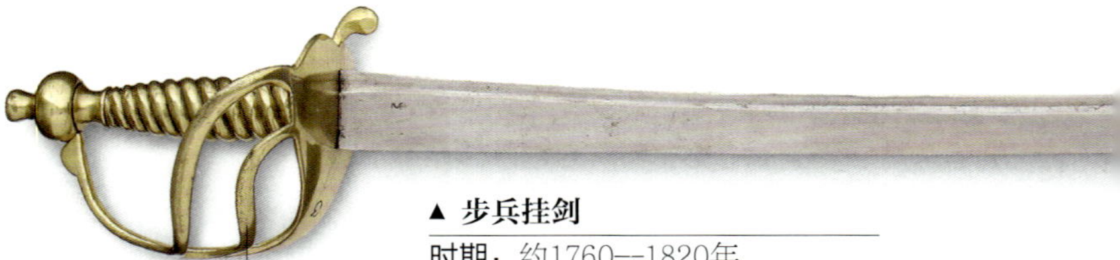

▲ **步兵挂剑**

时期：约1760—1820年
来源地：英国
质量：840克（29.6盎司）
长度：79.7厘米（31.4英寸）

步兵携带的传统挂剑源于一种短猎刀，军用版本经过了简单的改进，大多具有直刃或略微弯曲的刀刃。

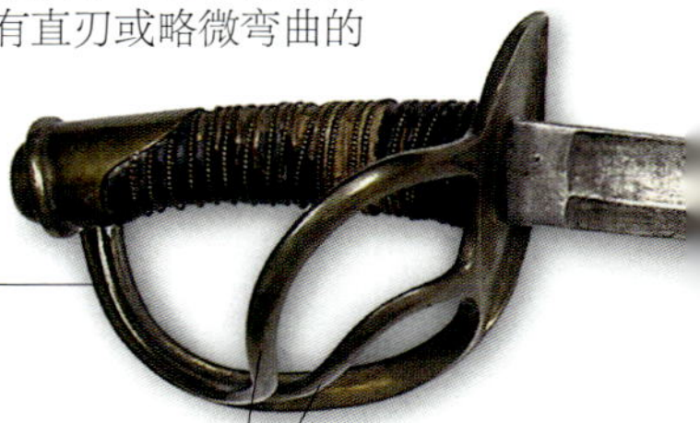

► **"脚板"军官刀**

时期：约1820年
来源地：美国
质量：1.13千克（2.5磅）
长度：73.6厘米（29英寸）

美国南北战争（1861—1865年）期间，炮兵拥有自己的剑。这把同盟军炮兵佩剑由美国弗吉尼亚州里士满的博伊尔、甘比和麦克菲公司打造。

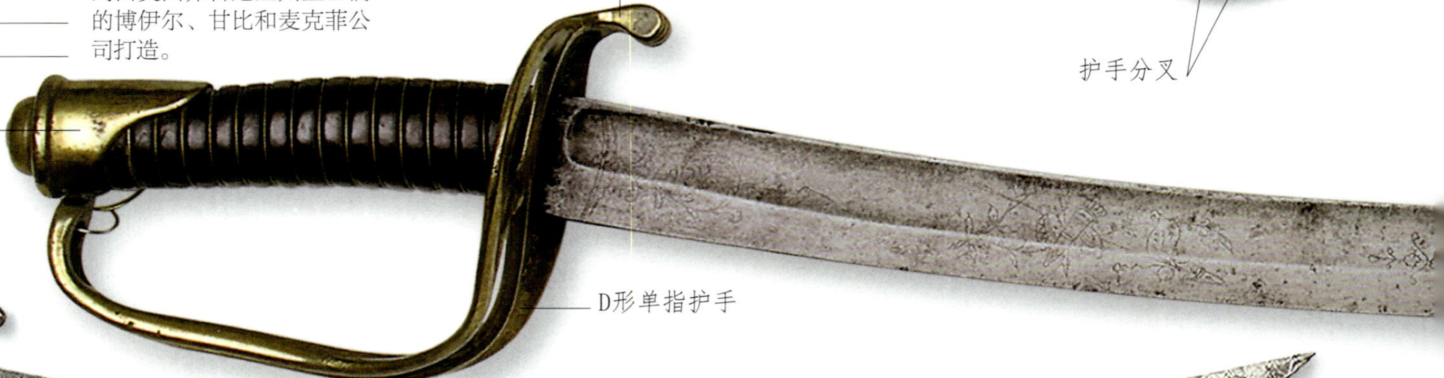

▲ **1827型骑兵刀**

时期：约1827年
来源地：沙俄
质量：1.22千克（2.7磅）
长度：1.02米（3.3英尺）

沙俄1827型骑兵刀具有弯曲的单边刀刃，刀身有宽血槽，并配有黄铜握柄。双卡口弹簧可以用来夹持敌剑。

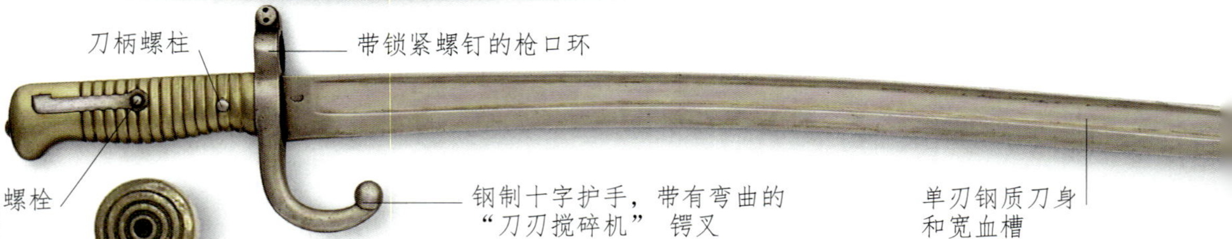

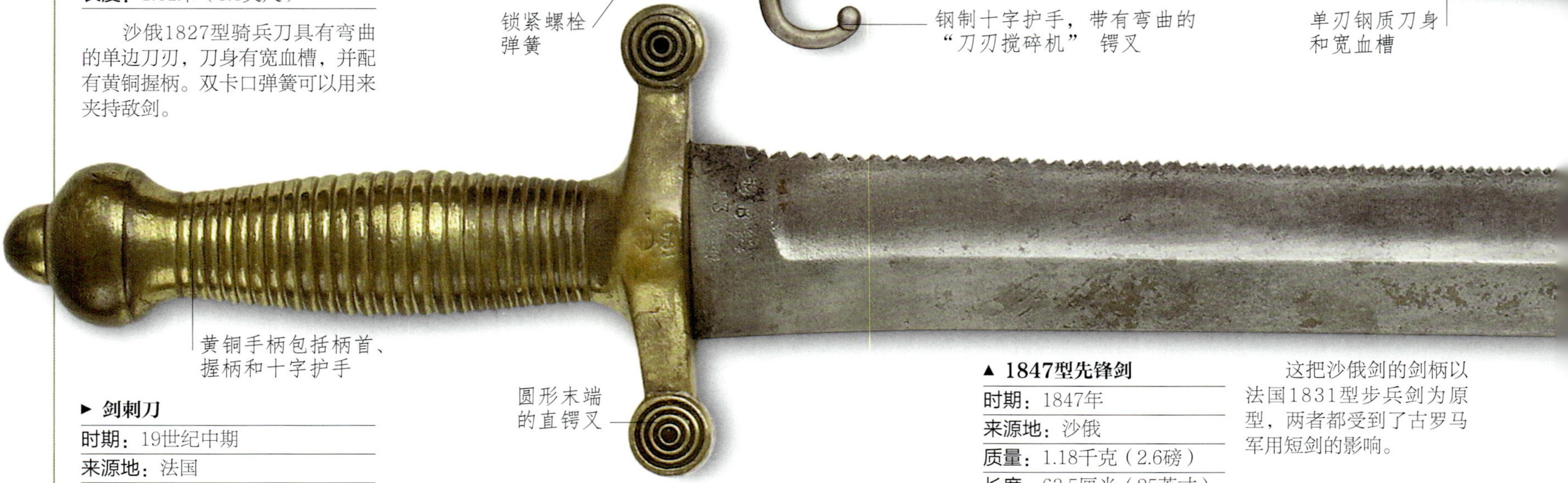

▲ **1847型先锋剑**

时期：1847年
来源地：沙俄
质量：1.18千克（2.6磅）
长度：63.5厘米（25英寸）

这把沙俄剑的剑柄以法国1831型步兵剑为原型，两者都受到了古罗马军用短剑的影响。

► **剑刺刀**

时期：19世纪中期
来源地：法国
质量：790克（27.9盎司）
长度：1.15米（3.8英尺）

这把法国剑刺刀具有长而窄的刀刃，以及不常见的笼状刀柄，而这通常是属于骑兵剑的特征。

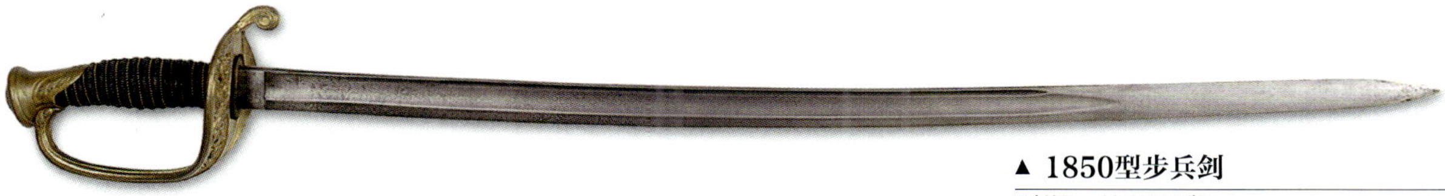

▲ 1850型步兵剑

时期：约1850年
来源地：美国
质量：1.13千克（2.5磅）
长度：76.8厘米（30.2英寸）

美国南北战争期间，联邦军为大多数步兵军官配发了1850型或类似的步兵剑。1850型步兵剑采用略微弯曲的单边剑刃，皮革剑柄缠绕了黄铜线。

▲ 1853型骑兵刀

时期：1853年
来源地：英国
质量：1.13千克（2.5磅）
长度：1米（3.3英尺）

1853型骑兵刀具有相当传统的结构，是英国重骑兵在克里米亚战争以及随后部分不列颠殖民地战争期间的装备。

▲ 1860型轻骑兵军刀

时期：约1860年
来源地：美国
质量：1.36千克（3磅）
长度：90厘米（35.4英寸）

作为1840型的轻量化版本，1860型轻骑兵军刀是一款高效的刺砍武器，在美国南北战争中发挥了重要作用。

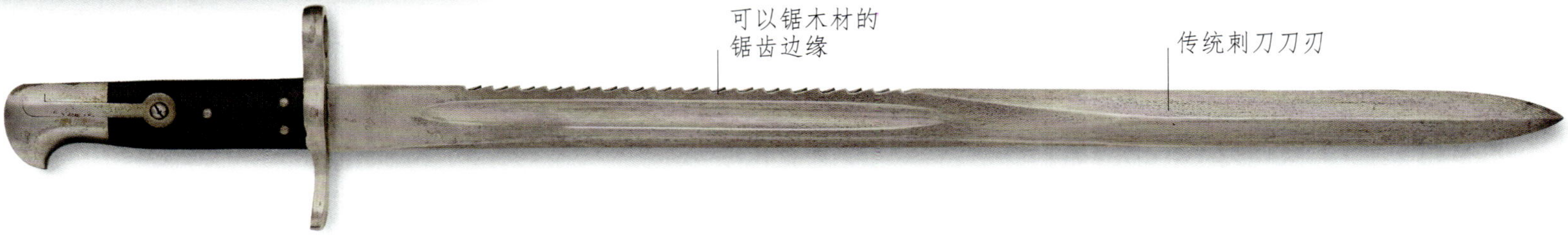

◀ 1866型MLE夏塞波步枪刺刀

时期：1866年
来源地：法国
质量：760克（26.8盎司）
长度：70厘米（27.6英寸）

这把刺刀与1870—1871年普法战争期间装备法国军队的夏塞波后膛装弹步枪配套使用。穆斯林弯刀的弯曲刀刃影响了许多欧洲国家和美国的军刀设计。

▲ 1869型实验刺刀

时期：1869年
来源地：英国
质量：640克（22.6盎司）
长度：64.2厘米（25.3英寸）

埃尔科（Elcho）刺刀的末端较宽，军方认为太过笨拙，因此没有采用。早期较窄的刀身设计也没有吸引军方的兴趣。

▼ 1871型埃尔科刺刀

时期：1871年
来源地：英国
质量：650克（23盎司）
长度：64厘米（25.2英寸）

埃尔科勋爵设计的这款刺刀用于配合马蒂尼-亨利（Martini-Henry）步枪使用。埃尔科扩展了刺刀的用途，包括了砍削灌木丛和锯木头。

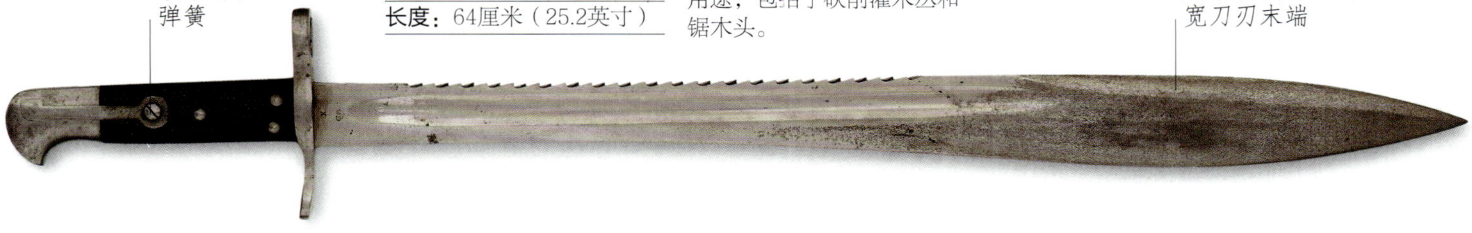

前装火炮

19世纪，使用膛线轻火器的步兵能够获得超过滑膛炮的射程，因此人们开始尝试为野战炮添加膛线。19世纪40年代，先驱者们开发的第一门线膛炮相继面世，包括意大利的乔瓦尼·卡瓦利（Giovanni Cavalli）、瑞典的马丁·冯·瓦廉多夫（Martin von Wahrendorff）和英国的约瑟夫·惠特沃斯（Joseph Whitworth）和查尔斯·兰卡斯特（Charles Lancaster）。部分早期的线膛野战炮，例如曾在美国南北战争期间服役的惠特沃斯12磅线膛炮，属于后装而非前装火炮。后膛装弹支持更高的射速，而且通常更安全，但前装线膛炮的制造成本更低，并且可以使用更便宜的弹药。因此，前装火炮仍然广受欢迎。

▲ **俄罗斯独角兽火炮**

时期：1793年
来源地：俄罗斯
质量：2.76吨（3短吨）
长度：2.8米（9.2英尺）
口径：205毫米

这门火炮曾在克里米亚战争期间（1853—1856年）投入使用，能够水平或抬高炮口射击。独角兽火炮可以视为榴弹炮的前身，它具有锥形药室，能够使用炮弹和球形弹丸。

► **中国18磅火炮**

时期：1830年
来源地：中国
质量：2.5吨（2.76短吨）
长度：3.2米（10.5英尺）
口径：5.25英寸

这门18磅火炮的炮管直径为48厘米（19英寸），炮身刻有中文铭文，安装在可追溯到1853年的俄罗斯锻造铸铁炮架上。

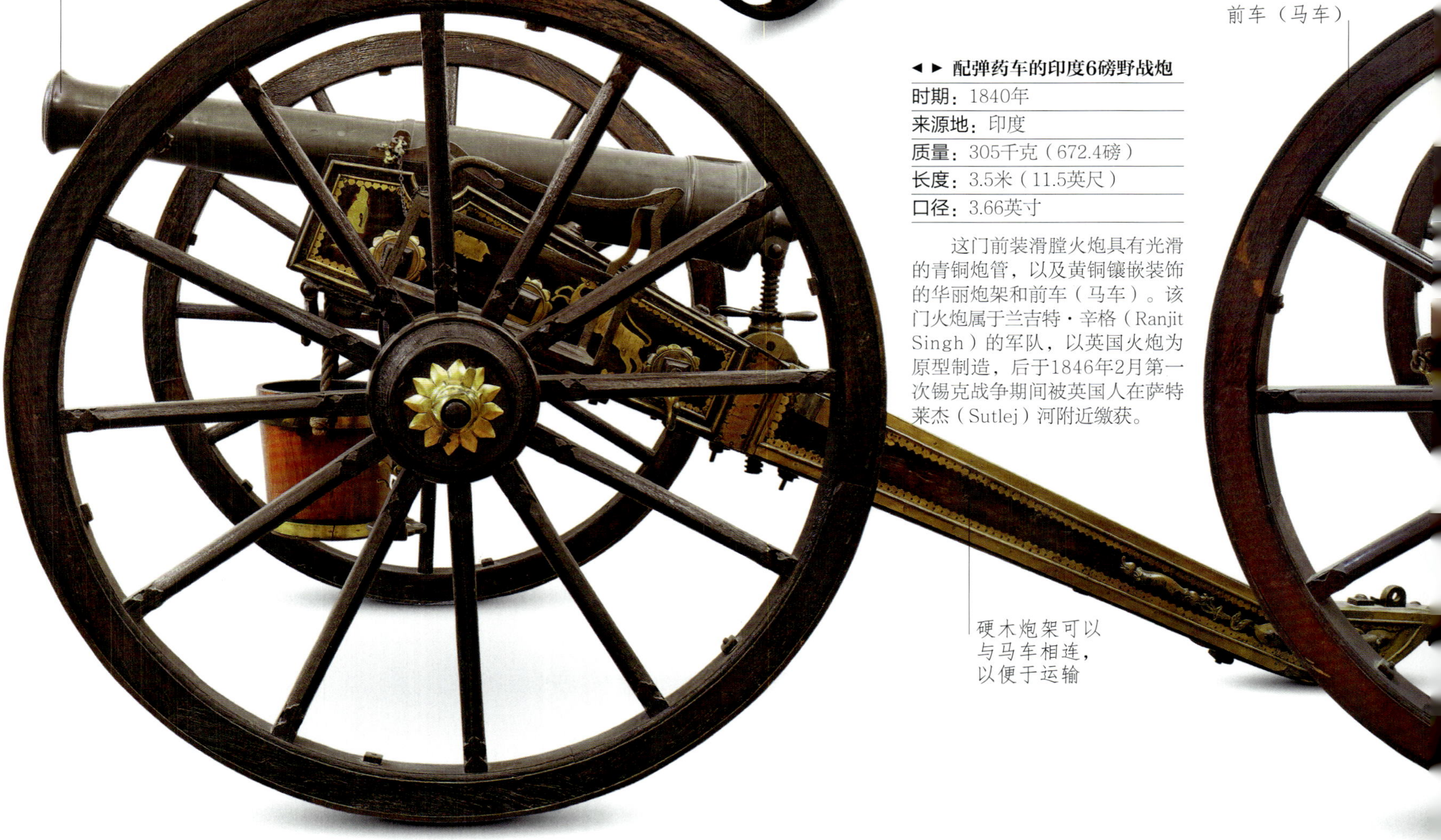

◄ ► **配弹药车的印度6磅野战炮**

时期：1840年
来源地：印度
质量：305千克（672.4磅）
长度：3.5米（11.5英尺）
口径：3.66英寸

这门前装滑膛火炮具有光滑的青铜炮管，以及黄铜镶嵌装饰的华丽炮架和前车（马车）。该门火炮属于兰吉特·辛格（Ranjit Singh）的军队，以英国火炮为原型制造，后于1846年2月第一次锡克战争期间被英国人在萨特莱杰（Sutlej）河附近缴获。

◀ **中国32磅火炮**

时期：1841年
来源地：中国
质量：4.84吨（5.34短吨）
长度：2.74米（9英尺）
口径：19厘米

炮尾的雕刻表明，这门宏伟的青铜32磅火炮铸造于1841年8月，即清朝道光（1820—1850年）年间，用于海岸防卫任务。

▲ **布莱克利RML山炮**

时期：1865年
来源地：英国
质量：363千克（800.3磅）
长度：1米（3.3英尺）
口径：2.75英寸

在多山的地形中，军队需要更轻、更灵活的野战炮，因此山炮应运而生。这门山炮由创新的布莱克利军械公司（Blakely Ordnance Company）制造，采用了9槽膛线钢制炮管，炮尾部还有附加钢管（“套筒”）加固。

▼ **英国9磅野战炮**

时期：1876年
来源地：英国
质量：1.04吨（1.15短吨）
长度：1.79米（5.9英尺）
口径：3英寸

包括这门英国前装线膛9磅火炮在内，这一时期的野战炮在不列颠帝国军队的海外战事中发挥了重要作用，包括攻城战和野战。

▼ **阿姆斯特朗RML 12磅火炮**

时期：1878年
来源地：英国
质量：415千克（915磅）
长度：2.23米（7.3英尺）
口径：3英寸

火炮名称中的“RML”缩写表示“前装线膛炮”。这门钢质12磅火炮由阿姆斯特朗在英格兰北部的纽卡斯尔制造，安装在商船中。

关键事件

19世纪

■ 1830—1848年　法国入侵阿尔及利亚，但阿卜杜·卡迪尔（Abd el-Kadir）领导了反对法国占领的抵抗运动。抵抗运动一直持续到了1848年阿卜杜·卡迪尔被迫投降。

■ 1845—1872年　毛利人反对英国殖民新西兰的抵抗活动被一系列激烈的战争平息了。

■ 1857—1858年　印度反对英国殖民统治的抵抗被武装部队镇压了。

■ 1860年　英法联军入侵中国，占领了北京，并掠夺和焚烧了圆明园。

■ 1868年　日本结束了德川幕府的统治，进入了明治维新时期。明治维新时期　日本实现了军队和社会的现代化。

■ 1876—1877年　在疯马（Crazy Horse）的率领下，黑山战争成为了苏族战士最后一次反对美国西进运动的激烈抵抗。

■ 1879年　在南非罗克渡口（Rorke's Drift），150名英国士兵凭借马蒂尼-亨利步枪成功击退了4 000名祖鲁战士的多次进攻。

■ 1898年　英埃联军在恩图曼击败了苏丹马赫迪派。成群的苏丹人在速射步枪和马克沁机枪面前倒下。

■ 1900年　布尔战争期间，拥有最新德国武器的布尔民兵在斯皮恩山（Spion Kop）大败英国军队。

▼ 马克沁机枪

1884年，海勒姆·马克沁爵士（Sir Hiram Maxim）发明了第一种全自动武器——利用反冲作用操作的马克沁机枪。它只要扣下扳机就可持续发射，最大射速可达每分钟500发子弹。

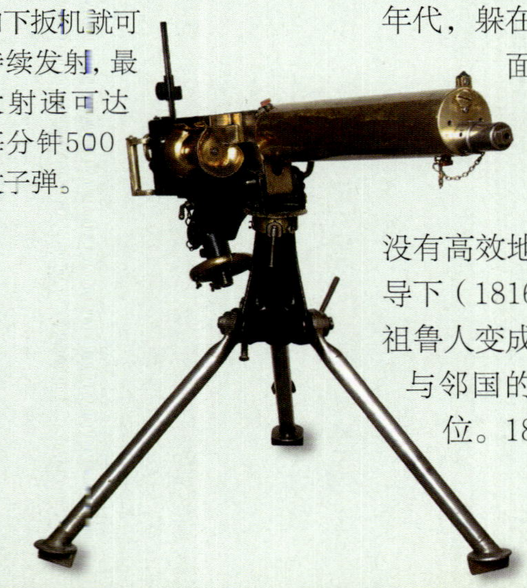

关键发展

帝国战争

19世纪，欧洲和北美国家与世界其他地区的军事技术差距继续拉大，形成了巨大的鸿沟。而很多尚未发展工业的国家和地区，例如中国、日本和非洲，则完全无力抵御帝国主义军队的猛烈炮火。

从1815年到1914年，世界大国的军队完成了技术革命——从燧发枪到发射金属壳子弹的连发步枪，从滑膛前装火炮到发射高爆炮弹的线膛火炮。19世纪90年代广泛采用的马克沁机枪——第一台自动机枪——成为技术进步和所谓欧洲文明优越性的象征。蒸汽船开始全球航行，携带着先进的火器，让几乎所有大洲都燃起了战火。

帝国主义时代，军事现代化竞赛中落后的国家之间也没有完全停止战争。欧洲军队在1839—1842年和1856—1860年的两次鸦片战争中大败中国，证明了即使技术创新和军事组织方面长期领先的国家也可能被迅速变化的时代所抛弃。中国和日本都开始努力学习西方的技术，但中国在1894—1895年与日本的战争中再次败北，而且无力应对1900年的义和团运动和欧洲列强的入侵，这些都表明了中国与时代的脱节。相比之下，在1904—1905年战胜俄罗斯之后，日本成了亚洲唯一拥有现代军事力量的国家。日本的军队应用了最新的军事技术：从钢制战舰和鱼雷艇到机枪、线膛炮和野外电话。

与部落的战争

帝国主义时代，欧洲和北美军队与土著部落之间的冲突不断。这些部落的战士拥有各种精湛的传统战争技艺，并且经常可以成功实现现代枪械与传统战斗技巧的融合。例如，新西兰的毛利人从19世纪初就开始购买火枪，并在一系列的战争中使用了这些武器：首先用于相互攻击，然后用来抵抗英国军队保护的欧洲定居者。19世纪60年代，躲在精心构造的防御性工事和木质栅栏后面，并凭借同样优良的膛线火枪，毛利人曾一度取得了相对于英国人的优势，尽管他们最终仍被击败了。

相比之下，非洲南部的祖鲁人并没有高效地使用现代枪械。在沙卡（Shaka）领导下（1816—1828年），以刺矛和牛皮盾武装的祖鲁人变成了一股令人畏惧的军事力量，赢得了与邻国的多次激烈战争，取得了区域主导地位。1879年，他们仍然使用相同的装备对抗入侵的英国军队，步枪齐射仅仅是冲锋和近战之前的一种仪式。尽管取得了伊散德尔瓦纳（Isandlwana）战役的胜利，但迫于英国步枪子弹和刺刀造成的重大伤亡，祖鲁人很快就被迫承认失败。

边境战斗

19世纪60年代到80年代，美国不断向西扩展领土，因此与苏族、夏延和阿拉巴霍等平原印第安部落的冲突不可避免。平原印第安人也会使用现代技术，例如连发步枪等火器及钢刀，但他们更喜欢传统的弓和长矛。

尽管在1876年6月的小巨角战役（the Battle

of the Little Bighorn）中大败乔治·卡斯特（George Custer）将军带领的美国第7骑兵团，但平原印第安人大多习惯了游击战，只能发起小规模的突袭和伏击，无力抵御美国以摧毁营地和食物供应为目标的残酷但有效的镇压策略。

在布尔战争（1899—1902年）后期，随着布尔骑兵突击队转向游击战，英国采取了类似的策略。凭借毛瑟弹匣步枪、克勒索火炮和马克沁机枪，布尔人浇灭了英国军队的自满情绪。到20世纪初，如果对立双方的军队同样装备了最新武器，那么所有战争都将变成一场大屠杀。

◀ **伊散德尔瓦纳战役**

1879年1月，约1500名英国士兵遭到了10倍数量祖鲁军队的袭击。由于行动初期损失了野战炮，英国军队最终溃败，几乎全部被杀。

“我很高兴，因为我发现，在**这场争取权利和自由的斗争**中，我们赢得了几乎**全世界的同情**。”

南非共和国总统保罗·克鲁格（Paul Kruger）
《保罗·克鲁格回忆录》，1902年

关键战役

阿多瓦之战

1896年

埃塞俄比亚是唯一在帝国主义时代仍保持了完全独立的非洲国家。1896年3月，一支意大利军队从厄立特里亚入侵埃塞俄比亚，对国王孟尼利克二世（King Menelik II）驻扎在阿多瓦的军队发起了一次计划不周的攻击。由于地形复杂，意大利军队散作一团，遭遇了惨败和屠杀。

Le Petit Journal
SUPPLÉMENT ILLUSTRÉ
Le Négus Ménélik à la bataille d'Adoua

▲这是当时发行的一本法国杂志，封面人物是阿多瓦之战的胜利者——孟尼利克二世。

◀ **祖鲁战士的狩猎舞**

祖鲁人是南部非洲的牧民。他们通过严格的军事组织和有效的战斗战术，使用刺矛和盾牌，成为19世纪初该地区主要的地方武装力量。

手动装弹的连发步枪

到19世纪90年代，持续的改进让连发步枪变得足够可靠，全球许多军队开始引入此类武器。英国的303李-梅特福步枪进化成了1895型李-恩菲尔德（Lee-Enfield）Mark Ⅰ步枪：作为第一款产品，打造了一个以经久耐用为标志的栓式步枪品牌；德国在1898年开发出了设计近乎完美的毛瑟格韦尔98式（Mauser Gewehr 98）步枪。此后，步枪设计的改进主要以减轻武器质量或降低制造成本为主。进入20世纪之后，缩短枪管长度来保证便携和操控性能成了常见的做法，但法国的贝蒂埃（Berthier）和日本的有坂（Arisaka）步枪偏离了总体趋势。

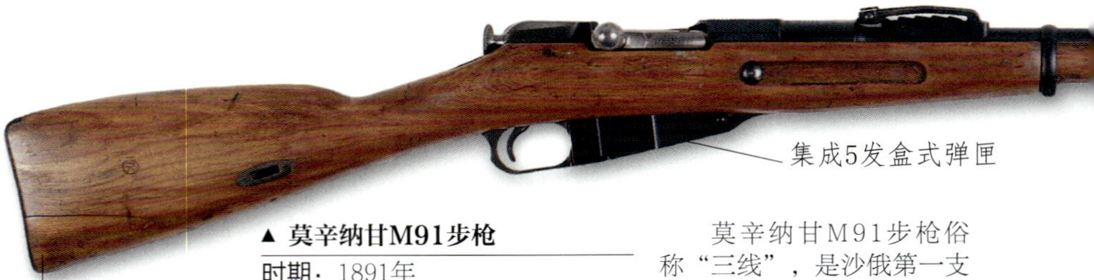

▲ 莫辛纳甘M91步枪

时期： 1891年
来源地： 沙俄
质量： 4.43千克（9.8磅）
枪管长度： 80.2厘米（31.6英寸）
口径： 7.62毫米×54R

莫辛纳甘M91步枪俗称“三线”，是沙俄第一支连发步枪，也是第一支现代口径的步枪。“线”是一种口径测量方法，一线约合十分之一英寸。

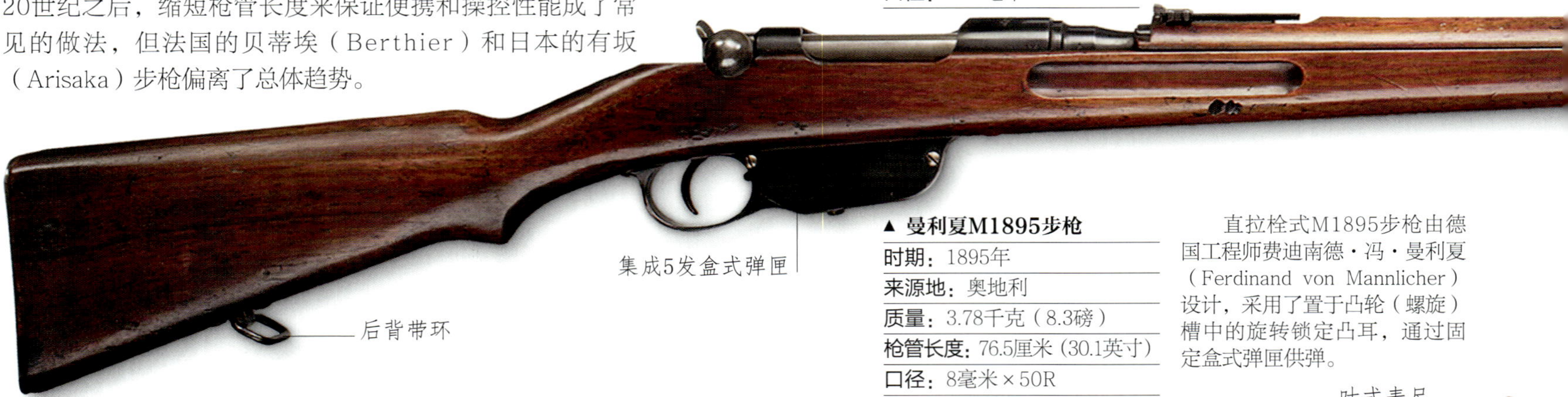

▲ 曼利夏M1895步枪

时期： 1895年
来源地： 奥地利
质量： 3.78千克（8.3磅）
枪管长度： 76.5厘米（30.1英寸）
口径： 8毫米×50R

直拉栓式M1895步枪由德国工程师费迪南德·冯·曼利夏（Ferdinand von Mannlicher）设计，采用了置于凸轮（螺旋）槽中的旋转锁定凸耳，通过固定盒式弹匣供弹。

▼ 毛瑟格韦尔98式步枪

时期： 1898年
来源地： 德国
质量： 4.15千克（9.1磅）
枪管长度： 74厘米（29.1英寸）
口径： 7.92毫米×57

通过增加第三个后锁凸耳，改善气体密封性，精细调整弹匣，毛瑟打造了一款近乎完美的栓式枪机弹匣步枪——格韦尔98式步枪。如果非要找出该款步枪的缺陷，那就是枪栓手柄的设计。

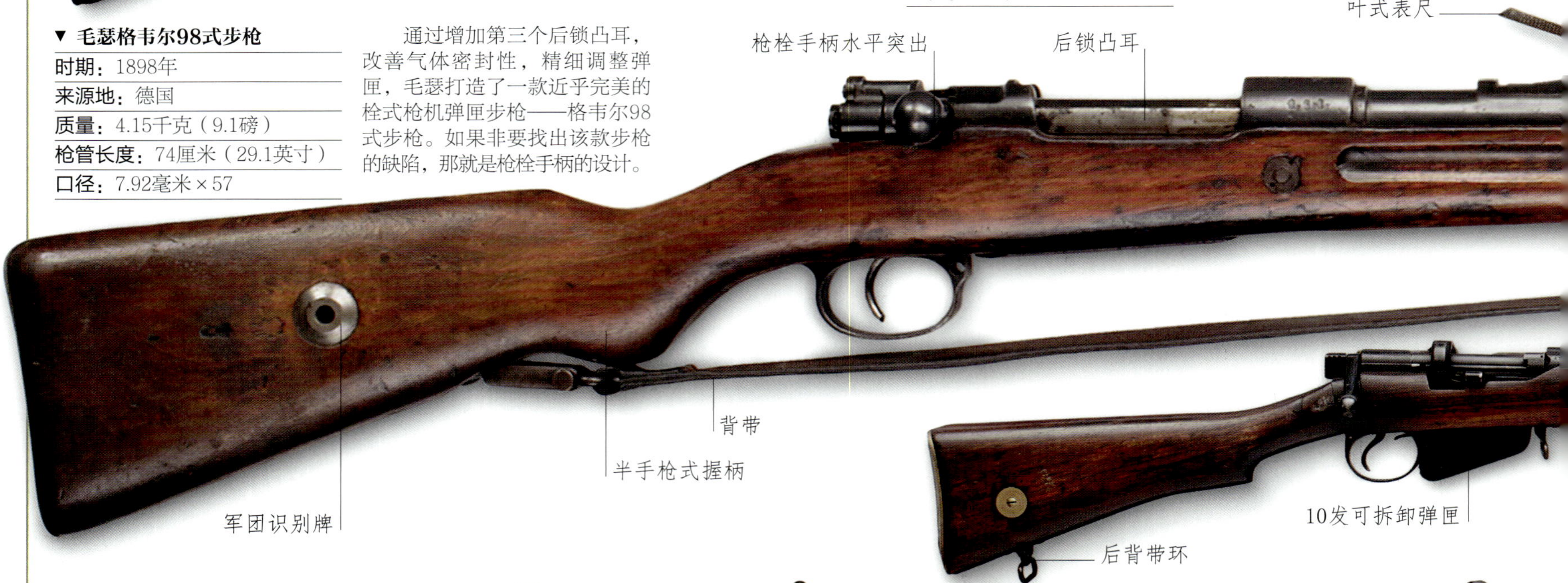

▲ 李-恩菲尔德Mark Ⅰ步枪

时期： 1895年
来源地： 英国
质量： 4千克（8.8磅）
枪管长度： 63.5厘米（25英寸）
口径： 0.303英寸

作为M1888型0.303口径李-梅特福步枪的重新设计版本，李-恩菲尔德Mark Ⅰ步枪采用了一个可拆卸的10发弹匣，并且枪栓手柄靠近扳机，操作速度超过了其他毛瑟步枪。

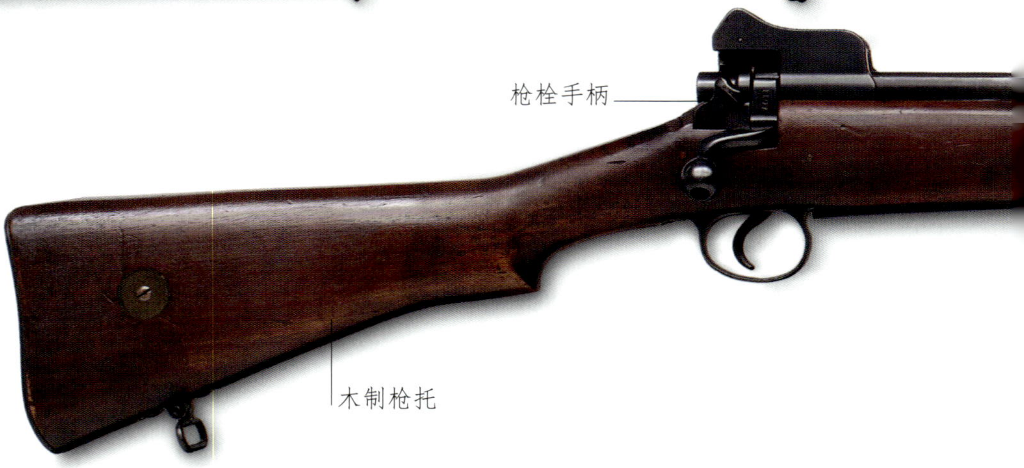

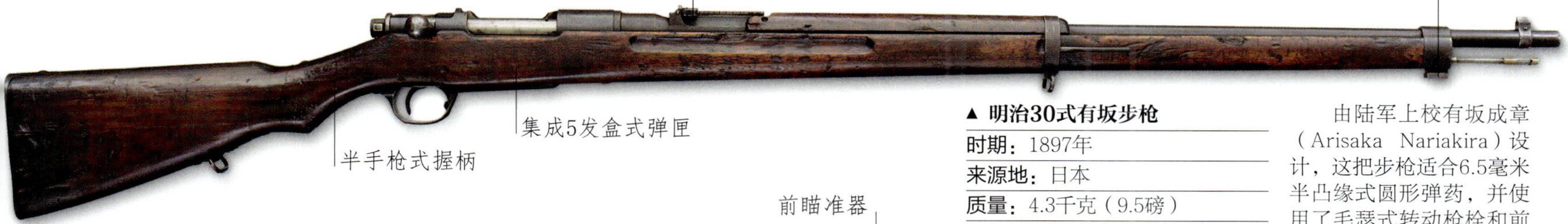

▲ **明治30式有坂步枪**

时期： 1897年
来源地： 日本
质量： 4.3千克（9.5磅）
枪管长度： 79.8厘米（31.4英寸）
口径： 6.5 毫米×50SR

由陆军上校有坂成章（Arisaka Nariakira）设计，这把步枪适合6.5毫米半凸缘式圆形弹药，并使用了毛瑟式转动枪栓和前锁凸耳。

▲ **毛瑟M1896步枪**

时期： 1896年
来源地： 德国
质量： 3.97千克（8.8磅）
枪管长度： 74厘米（29.1英寸）
口径： 6.5毫米×55

毛瑟于1875年开始向中国出口步枪，在为瑞典制造M1896步枪之前，也为塞尔维亚、比利时、土耳其、阿根廷和西班牙制造步枪。瑞典生产的步枪一直持续制造到1944年。

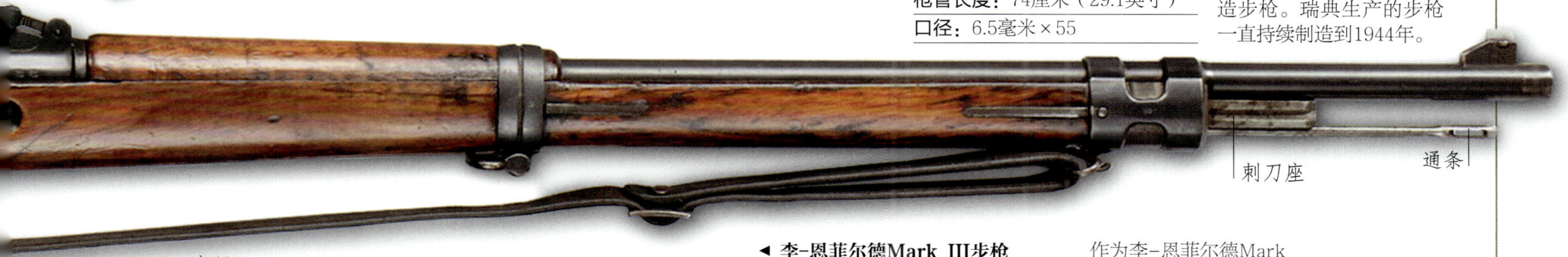

◀ **李-恩菲尔德Mark III步枪**

时期： 1907年
来源地： 英国
质量： 3.96千克（8.7磅）
枪管长度： 64厘米（25.2英寸）
口径： 0.303英寸

作为李-恩菲尔德Mark I步枪的更短版本，李-恩菲尔德短版弹匣步枪于1904年发布（简称SMLE，经常昵称为“斯梅里”）。Mark III步枪改进了表尺、弹匣和弹膛。

▲ **1916型贝蒂埃MLE步枪**

时期： 1916年
来源地： 法国
质量： 4.15千克（9.1磅）
枪管长度： 79.8厘米（31.4英寸）
口径： 8毫米×50R

作为1902型贝蒂埃步枪的改进版本，这把枪用5发弹匣替代了原来的3发弹匣。部队扎营时，前瞄准器下方的桩钩可以用来让步枪竖立堆放成“尖顶帐篷”状。

▲ **恩菲尔德1913型步枪**

时期： 1913年
来源地： 英国
质量： 3.9千克（8.6磅）
枪管长度： 66厘米（26英寸）
口径： 0.276英寸

这款实验型设计是李-恩菲尔德SMLE步枪的潜在替代产品，可以发射7毫米圆形子弹。在1913年试验后，第一次世界大战的爆发导致实验中断。

机枪

1884年，美国人海勒姆·马克沁在英国成功开发了第一台无需外部能源的机枪——马克沁机枪。该款武器利用反冲能量——发射弹药时产生的后坐力弹出用过的弹壳，然后装填和发射由弹链供应的子弹。早期的速射枪械，例如诺登菲尔德机枪和加德纳机枪，都依赖人工转动手摇杆。马克沁机枪于1887年进入奥地利和意大利军队，1889年被英国陆军引入。1904年至1911年，美国、德国、俄国和瑞士分别制造了不同版本的马克沁机枪。1896年，马克沁的公司被英国维克斯公司（Vickers）收购，后者开始生产改进的轻型版本。在两次世界大战以及随后的战争期间，马克沁机枪，特别是1912年推出的经典Mk 1机枪，一直是英国陆军信赖的武器。

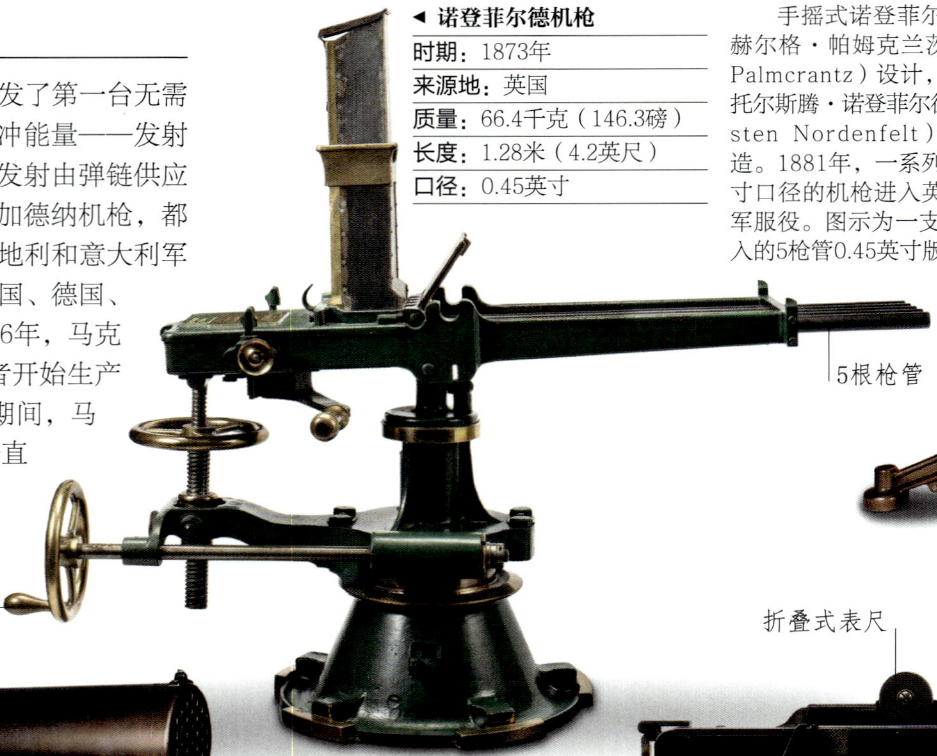

◀ **诺登菲尔德机枪**

时期： 1873年
来源地： 英国
质量： 66.4千克（146.3磅）
长度： 1.28米（4.2英尺）
口径： 0.45英寸

手摇式诺登菲尔德机枪由赫尔格·帕姆克兰茨（Helge Palmcrantz）设计，由瑞典人托尔斯腾·诺登菲尔德（Thorsten Nordenfelt）在伦敦制造。1881年，一系列4枪管1英寸口径的机枪进入英国皇家海军服役。图示为一支1886年引入的5枪管0.45英寸版本。

▲ **德利飞老式排枪**

时期： 1869年
来源地： 法国
质量： 340千克（749.6磅）
长度： 1.76米（5.8英尺）
口径： 13毫米

由比利时人约瑟夫·蒙蒂尼（Joseph Montigny）设计并由法国军械工程师德利飞上校（Commandant de Reffye）改进，这款枪械曾在普法战争（1870—1871年）期间服役。原型是一款25枪管的排枪，而改进型拥有37根枪管。战斗期间，这款老式机枪可以安装在轮式马车上。

▶ **马克沁0.45英寸口径加特林-加德纳机枪**

时期： 1892年
来源地： 英国
质量： 27.12千克（59.8磅）
长度： 1.12米（3.7英尺）
口径： 0.45英寸

从1897年到1898年开始，英国陆军的0.45英寸马蒂尼-亨利马克沁机枪更换为0.303口径，但第一次世界大战结束前皇家海军一直钟情于0.45英寸口径的加特林-加德纳机枪。

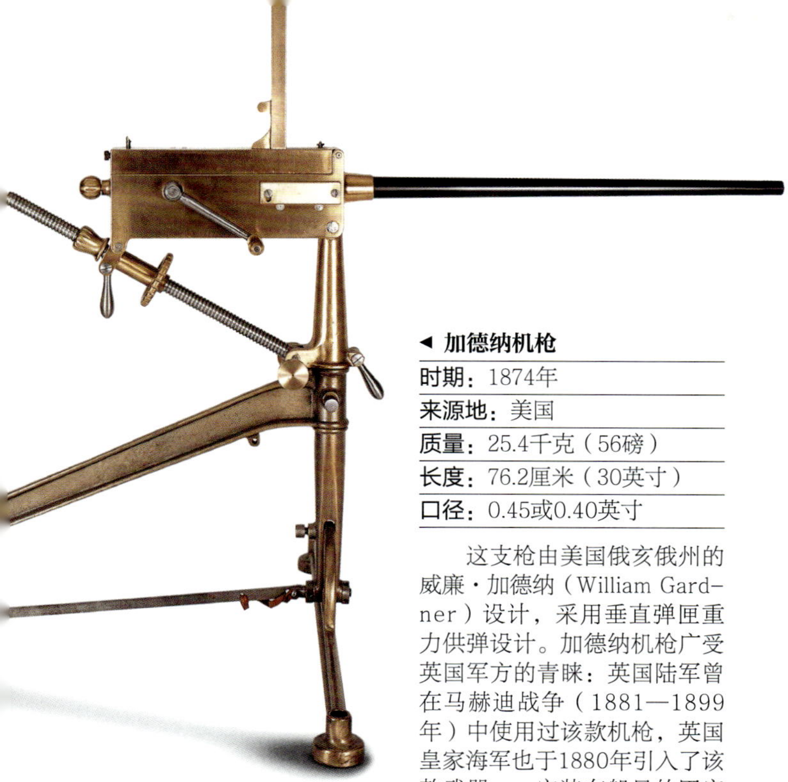

◀ **加德纳机枪**

时期：1874年	
来源地：美国	
质量：25.4千克（56磅）	
长度：76.2厘米（30英寸）	
口径：0.45或0.40英寸	

这支枪由美国俄亥俄州的威廉·加德纳（William Gardner）设计，采用垂直弹匣重力供弹设计。加德纳机枪广受英国军方的青睐：英国陆军曾在马赫迪战争（1881—1899年）中使用过该款机枪，英国皇家海军也于1880年引入了该款武器——安装在船只的固定支架上。

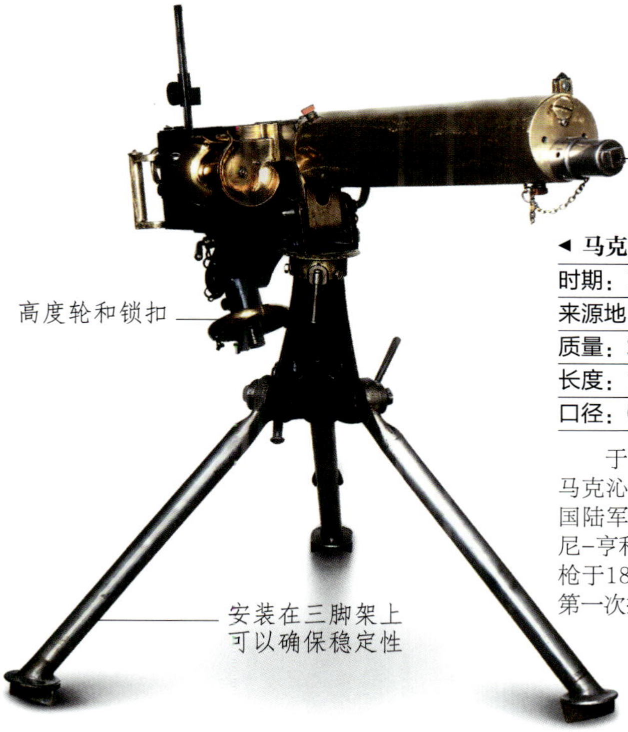

◀ **马克沁机枪**

时期：1889年	
来源地：英国	
质量：27千克（59.5磅）	
长度：1.1米（3.6英尺）	
口径：0.45英寸	

于1889年获得批准后，马克沁机枪于1891年进入英国陆军。使用0.45英寸马蒂尼-亨利步枪子弹，马克沁机枪于1893年在中国上海附近第一次投入实战。

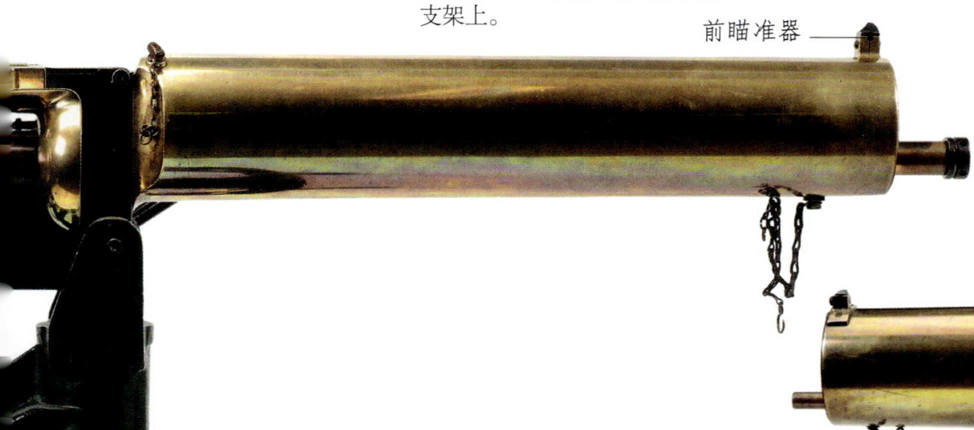

▼ **马克沁-诺登菲尔德1893型机枪**

时期：1893年	
来源地：英国	
质量：22.5千克（49.6磅）	
长度：1.08米（3.5英尺）	
口径：11毫米	

马克沁和诺登菲尔德在1888年建立了合作关系。这支11毫米马克沁-诺登菲尔德机枪是法国试验枪械，采用蒸汽动力的扳机锁。1896年，马克沁和诺登菲尔德的合资企业被维克斯之子和马克沁公司（Vickers，Sons & Maxim）收购。

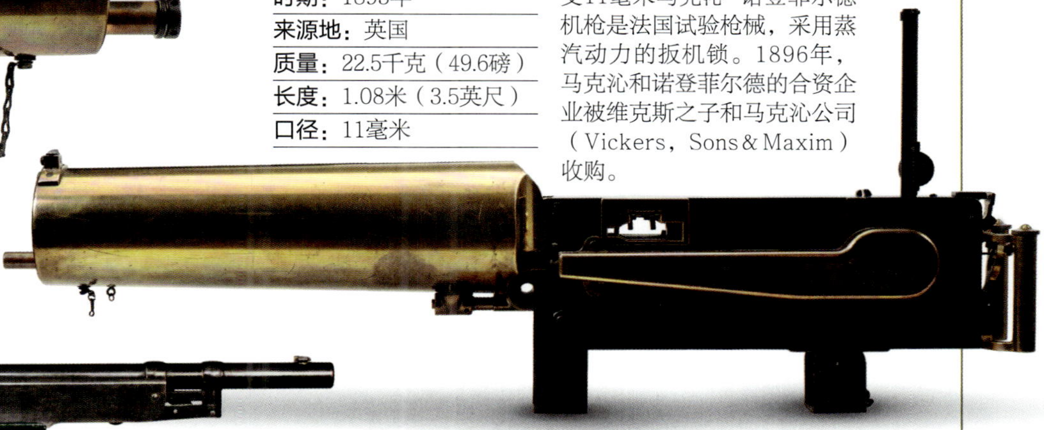

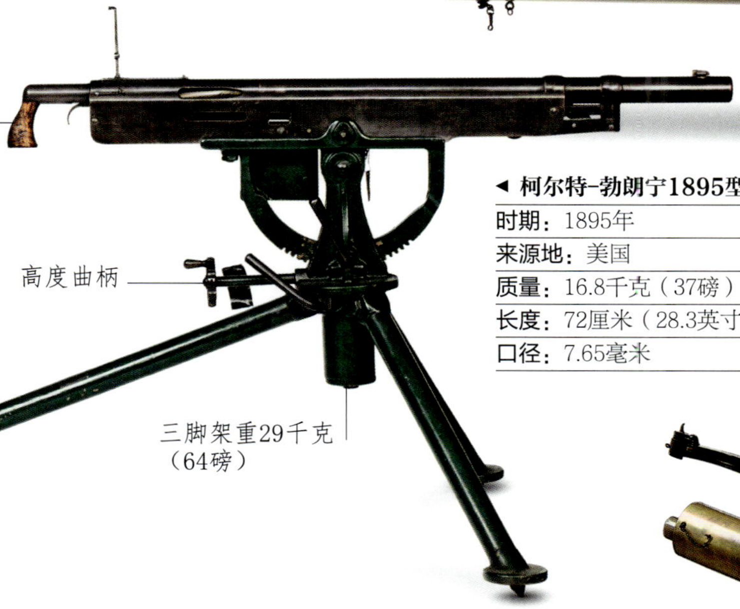

◀ **柯尔特-勃朗宁1895型机枪**

时期：1895年	
来源地：美国	
质量：16.8千克（37磅）	
长度：72厘米（28.3英寸）	
口径：7.65毫米	

这款风冷气动柯尔特-勃朗宁1895型机枪包含一个摇臂，可以在机枪射击时垂直下移到枪管下方，因此得名“马铃薯挖掘机”。该款枪械每分钟可以发射400～500发子弹。

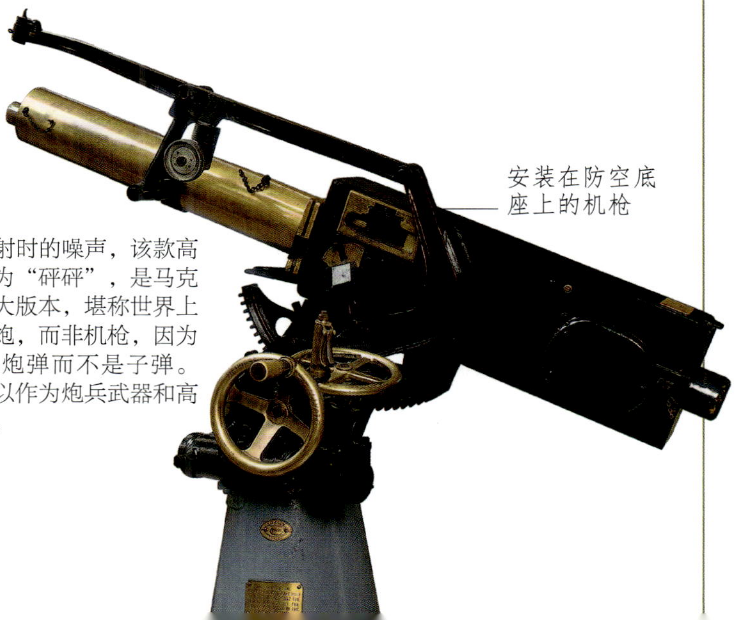

► **马克沁1磅QF高射机枪**

时期：1890年	
来源地：英国	
质量：186千克（410磅）	
长度：1.09米（3.8英尺）	
口径：37毫米	

因为发射时的噪声，该款高射机枪也称为“砰砰”，是马克沁机枪的放大版本，堪称世界上第一只自动炮，而非机枪，因为它发射的是炮弹而不是子弹。“砰砰”可以作为炮兵武器和高射机枪使用。

新型火器

加特林机枪

到19世纪下半叶，工程技术的发展为制造可靠的多发武器提供了可能。理查德·加特林（Richard Gatling）于1862年申请了加特林机枪的专利。该款专利武器使用了多根枪管——与所有早期的机枪相同，还有新的黄铜弹壳子弹，相比早期容易燃烧且不可预测的纸壳弹药安全性大幅度提升。加特林机枪最初于美国南北战争期间面世，并取得了成功。随后，它曾跟随英国陆军参加过各类海外战争。

▸ **加特林机枪**

时期：1865年	来源地：美国
质量：1000千克（2205磅）	
枪管数量：10根	
口径：0.45、0.65或1英寸	

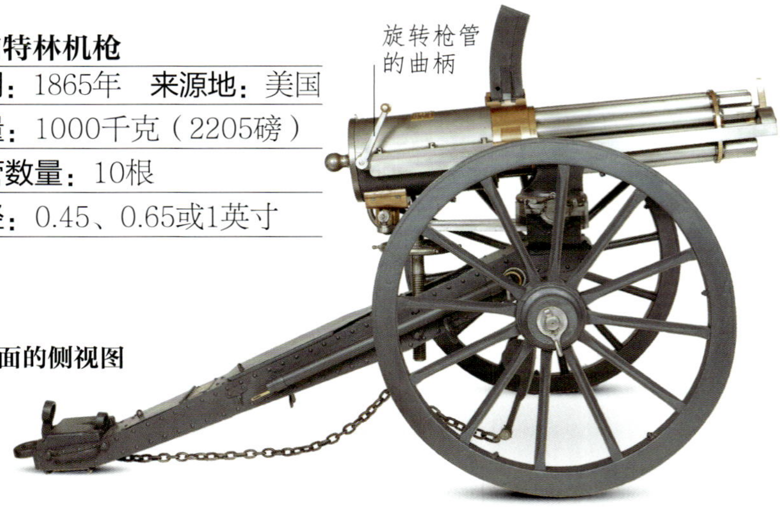

另一面的侧视图

加特林机枪

加特林机枪的枪管最初为6根，后来增加至10根，环绕圆柱形轴排列。手动曲柄可以旋转枪管，每根枪管经过时弹药从上方掉落到位，然后撞针击中并击发子弹。随后，枪管转动，重复射击过程。随着每根枪管的下降，用过的弹壳被抛出。

◂ **前瞄准器和枪管**

前瞄准器支持枪手调整枪的指向，10根枪管降低了过热的风险。战斗中，加特林机枪的射速可以达到平均每分钟约400发。

实战

在战场上

加特林机枪的操作方法可以让新手保持相当高的射速，非常适合在殖民战争中对抗武器落后的对手，例如美国陆军曾将其用于对抗北美平原印第安人，英国陆军曾将其用于对抗非洲南部的祖鲁人。有些加特林机枪也曾作为海军武器使用，但射速略有下降。

▸ 英国陆军的加特林机枪在祖鲁战争中产生了毁灭性影响。

▸ **防旋转棘爪**

后膛螺锁包含撞针，每根撞针都有一个小凸轮帽，用于连接枪体。

◂ **弹匣槽**

这个40发弹匣包含凹槽，可以帮助防止枪械卡壳。

▸ **升降齿轮**

这个轮子可以用来升高和降低枪管高度。

▸ **轮毂**

为了方便运输，制销（楔形紧固件）可以将牵引环固定到轮毂上。

▸ **穿杆装载方式**

通过马车运输时，机枪侧面的手杆可以提供额外的锚点。

后装火炮

1855年，英国工程师威廉·阿姆斯特朗（William Armstrong）设计了第一门实用的后装线膛野战炮：炮弹和火药推进剂从后膛装入，然后用“排气件”以及插槽的空心螺钉封闭后膛。1859年，阿姆斯特朗的12磅火炮成为第一门进入英国陆军服役的后装式线膛野战炮，而阿姆斯特朗RBL 40磅火炮属于改进的中型火炮。法国1897型75毫米加农炮为火炮设计加入了一项关键因素——可以在射击时保持炮架架尾和车轮完全稳定的反冲阻尼机制，避免了射手每次射击之后重新进行瞄准。

▲ 阿姆斯特朗RBL40磅火炮

时期：	1861年
来源地：	英国
长度：	3米（9.8英尺）
口径：	12厘米
射程：	2.56千米（1.59英里）

阿姆斯特朗后装40磅线膛火炮作为舷炮进入了英国皇家海军，并作为军事堡垒的防御火炮引入了英国陆军，还曾在1863年8月参加了英国皇家海军炮击日本鹿儿岛的行动。

► 阿姆斯特朗RBL12磅火炮

时期：	1859年
来源地：	英国
长度：	2.13米（7英尺）
口径：	7.62厘米
射程：	3.1千米（1.93英里）

操作阿姆斯特朗12磅线膛火炮需要一个9人团队。1859年进入英国陆军服役的12磅线膛火炮采用了2.13米（7英尺）的炮管，而英国皇家海军则选用了1.83米（6英尺）炮管的版本。1863年，短炮管的版本成为标准配置。

◄ 惠特沃斯45毫米后装舰炮

时期：	1875年
来源地：	英国
长度：	94厘米（37英寸）
口径：	45毫米
射程：	360米（393.7码）

这门舰炮采用六边形线膛炮管，配有惠特沃斯滑锁后装机构，使用锥形炮架，主要作为小型舰炮。图示火炮安装在一艘武装舰艇中。

► BL15磅7CWT火炮

时期：	1892年
来源地：	英国
长度：	2.13米（7英尺）
口径：	76.2毫米
射程：	5.26千米（3.27英里）

这门15磅火炮配备了早期的反冲装置：一把与架尾弹簧连接的铲子，铲子可以在射击时插入地面。火炮射击时向后移动，然后在弹簧的拉力下向前移动。该火炮每分钟可以发射8发炮弹。

► 霍奇基斯速射3磅舰炮

时期：	1885年
来源地：	法国
长度（炮管）：	2米（6.6英尺）
口径：	47毫米
射程：	3.66千米（2.27英里）

1885年，英国皇家海军开始引入霍奇基斯速射3磅火炮。几乎同一时间，法国、沙俄和美国海军也在部署该款火炮。这些火炮由阿姆斯特朗的一个军备业务部门负责制造。射击时需要两名炮手，能够每分钟发射30发1.5千克（3.3磅）的钢壳炮弹。

◀ 法国1897型75毫米加农炮

时期：1897年	
来源地：法国	
质量：1.54吨（1.7短吨）	
长度：2.7米（8.9英尺）	
口径：75毫米	
射程：6.9千米（4.29英里）	

1897型75毫米加农炮采用了液压气动反冲机制，可以在射击时保持架尾和车轮稳定，因此普遍观点认为该型火炮是第一款现代化的火炮。该门火炮可以每分钟发射15发炮弹。

◀ 克虏伯8.9厘米口径野战炮

时期：1895年	
来源地：德国	
质量：1.13吨（1.25短吨）	
长度：2.6米（8.5英尺）	
口径：8.9厘米	

这种后装线膛野战炮配有高支架，能够安装在车架的较高位置，以便越过工事的护栏射击。据信，英国军队曾在1901年南非彼得斯堡（Pieterburg，现在的波罗克瓦尼市（Polokwanè））从布尔人手中缴获过此类火炮。

▼ 7.7厘米96NA野战炮

时期：1905年	
来源地：德国	
长度（炮身）：2.1米（6.9英尺）	
口径：77毫米	
射程：7.8千米（4.84英里）	

作为FK 96炮的升级版本，7.7厘米口径96式诺伊尔艺术野战炮（Feldkanone 96 neuer Art）改进了车架和后膛，并增加了反冲系统，是第一次世界大战开始时德国军队的标准野战炮。96NA野战炮十分可靠，但高度受限，每分钟可以发射10发炮弹，需要5名炮手。

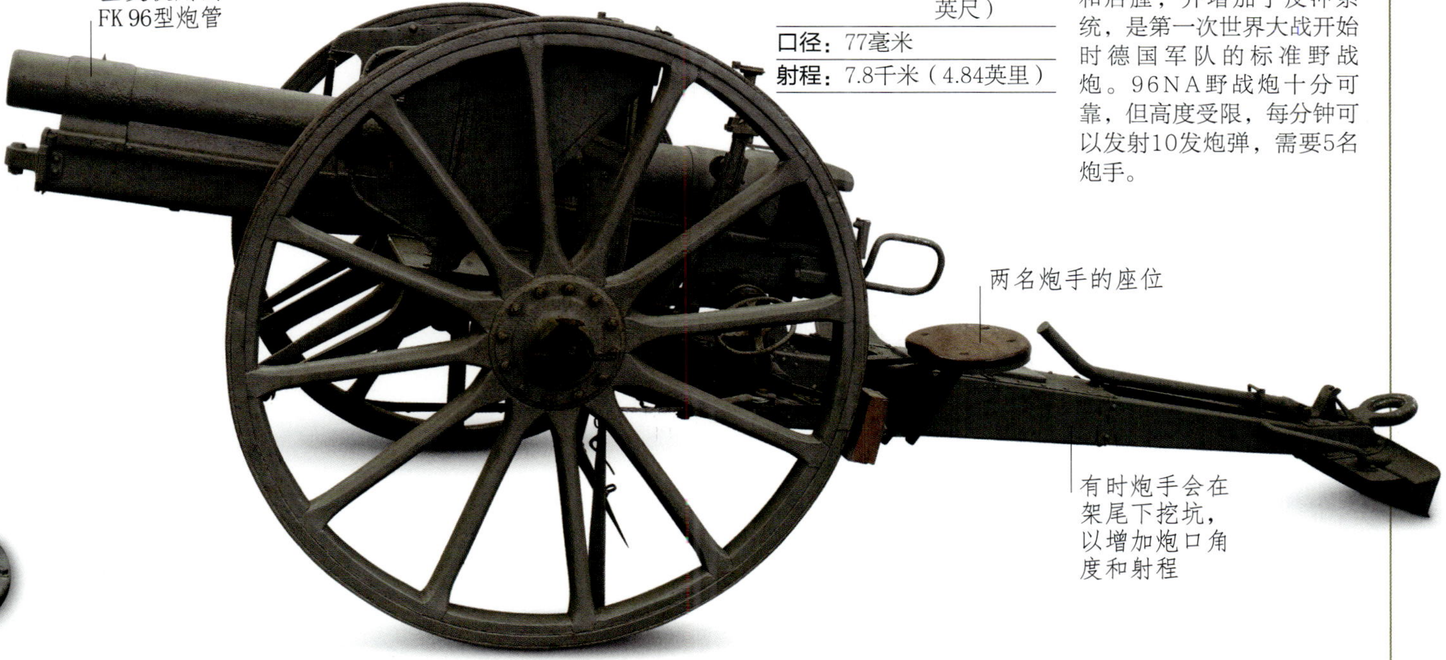

伏击

在第一波战斗之后，英国第21枪骑兵团发起了冲锋。事实上，他们踏入了一个数千兵力的埋伏圈。马赫迪军队大多隐藏在沙漠的低洼处。不过，由于火力悬殊，英国部队的伤亡很小。

帝国火力

恩图曼战役

1898年9月2日，赫伯特·基钦纳（Herbert Kitchener）将军所率英埃联军与苏丹穆斯林马赫迪军队之间爆发了恩图曼（Omdurman）战役。尽管面对的非洲军队在数量上绝对占优，而且意志坚定，但联军凭借火力优势取得了大胜，意味着欧洲工业技术的一场压倒性胜利。

作为英国驻埃及军队的总司令，基钦纳获得了向苏丹马赫迪军队发动进攻的命令，以报复戈登将军之死。为了反抗英国支持的埃及政府，马赫迪派于1885年在喀土穆杀死了戈登将军。另一方面，在战术上，英国也希望阻止竞争对手——法国在苏丹的“宏图”。

基钦纳的联军包括8 000名英国士兵和18 000名埃及士兵。联军沿尼罗河行进，并通过炮艇携带物资和重型装备，同时提供额外的火力。陆军部队配备了野战炮及40支马克沁机枪，每支机枪的射速都达到了每分钟600发。此外，步兵配备了最新的李-梅特福步枪和李-恩菲尔德步枪——采用盒式弹匣的速射栓式枪机步枪。有的炮艇还配备了含有立德炸药的高爆弹。立德炸药是一种新型高爆炸药，即将在第一次世界大战中“大显身手”。

哈里发·阿卜杜拉·塔希（Khalifa Abdullah al-Taashi）率领马赫迪军队在喀土穆附近的恩图曼等候。苏丹军队包括50 000多名士兵，其中约三分之一拥有步枪，但大多没有足够或合适的弹药。其余士兵主要使用矛和剑。在欧洲步兵仍然以刺刀冲锋为主要战术的年代，这些武器称得上精良。

9月1日，英国骑兵侦察员与马赫迪的军队相遇。基钦纳在尼罗河沿岸布下了防御阵地：步兵位于中心，骑兵分布在侧翼。第二天黎明时分，大约8 000名身着长袍并擎着各色旗帜的马赫迪战士从正面发起了攻击。但是，勇猛的马赫迪士兵需要穿越开阔的平原，他们的冲锋首先遭遇了野战炮和炮艇的重击，随后迎来了马克沁机枪和步枪的扫射。正如步兵在第一次世界大战中遭遇的大屠杀一样，面对这些新型武器如此密集的火力网冲锋等同于自杀。几乎没有一个战士能够突破防线。

步枪和纪律

然而，马赫迪军队的主力仍然隐蔽在英埃联军营地的附近。当基钦纳的部队离开防御阵地，穿越遍野横尸向恩图曼挺进时，他们落入了陷阱。第21枪骑兵团，随行的还有年轻的战地记者温斯顿·丘吉尔（Winston Churchill），无意中闯入了数千名马赫迪士兵在干涸河床中设立的埋伏圈。他们在伤亡61人后逃了出来。赫克托·麦克唐纳（Hector Macdonald）将军所率步兵旅的命运可能更悲惨：他们被突然出现的大约15 000名马赫迪士兵包围了，但这支3 000人的步兵旅依赖严明的纪律和先进的步枪坚守阵地，等到了增援部队。

以装填了立德高爆炸药的炮弹开路，基钦纳的部队势如破竹地向恩图曼推进。在这一天结束之际，残余的马赫迪军队撤离了，这个城镇落入了英国人的手中。大约1万名马赫迪士兵死亡，而只有48名英埃联军士兵阵亡——显示了欧洲军事技术强大的杀伤力。

非洲和大洋洲的服饰与武器

到19世纪末，欧洲入侵者已经在非洲和太平洋海盆站稳了脚跟。除了定居点本身之外，他们的存在对当地土著人的日常生活几乎没有实际影响，因此当地人仍然延续着存在了数个世纪的生活方式。虽然有些土著部落购买了少量火器，但他们战斗中使用的武器和战术基本没有变化。因此，土著战士面对入侵时的抵抗不仅徒劳，而且通常会产生可怕的后果。不过，凭借人数优势，加上帝国主义者的自满，使用传统武器的当地勇士偶尔也能战胜坚船利炮的入侵者，例如1879年祖鲁人曾在伊散德尔瓦纳战役中击败了英国军队。

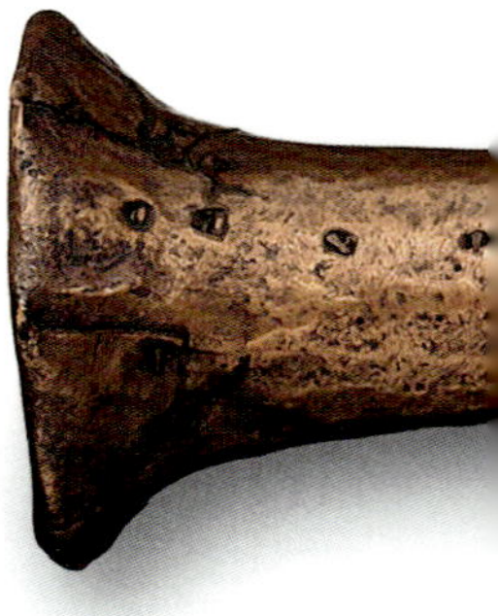

▼ **祖鲁圆头棒**

时期：19世纪
来源地：南非
长度：91厘米（35.8英寸）

圆头棒是简单的硬木棍，末端为圆形，通常直径为10厘米（4英寸）左右。除了这些圆头棒，祖鲁战士还会携带一把短柄刺矛和一面硬牛皮盾。

▲ **祖鲁刺矛**

时期：19世纪
来源地：南非
长度：1.2米（3.9英尺）

著名的祖鲁国王沙卡引入了这种称为iklwa的刺矛：矛柄短而矛刃宽，可以与盾牌配合使用。

▲ **祖鲁头饰**

时期：19世纪
来源地：南非
材质：猴皮、羽毛、毛皮

战士头饰包括一条钉在猴皮帽上的装饰皮带，皮带在颈部和耳朵位置垂下，添加羽毛或毛皮条等进一步的装饰。

▲ **祖鲁围裙**

时期：19世纪
来源地：南非
材质：牛皮、山羊皮

祖鲁武士的围裙或缠腰布（umutsha）环绕包裹腰部。图中示例采用了山羊皮装饰，每个军团（amabutho）都有独一无二的图案。

◀ **祖鲁盾**

时期：19世纪
来源地：南非

祖鲁战士的目的是利用盾牌的左侧挂住并推开对手的盾牌，以便对手的身体暴露在长矛面前。盾下方的尖端也可以用作武器。

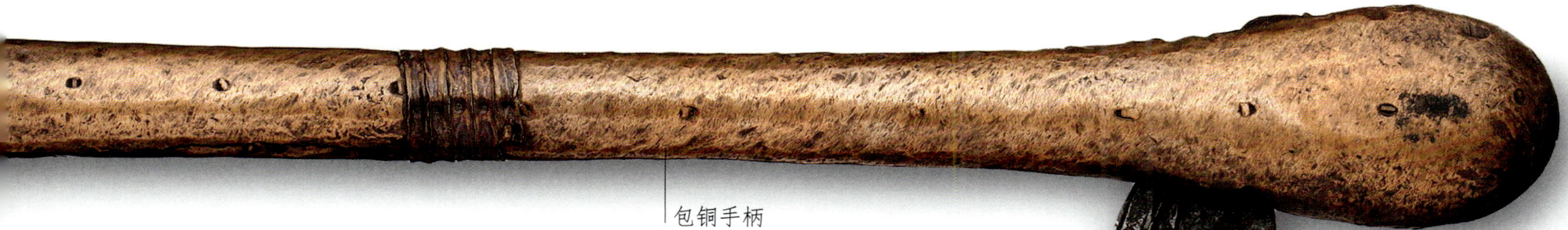

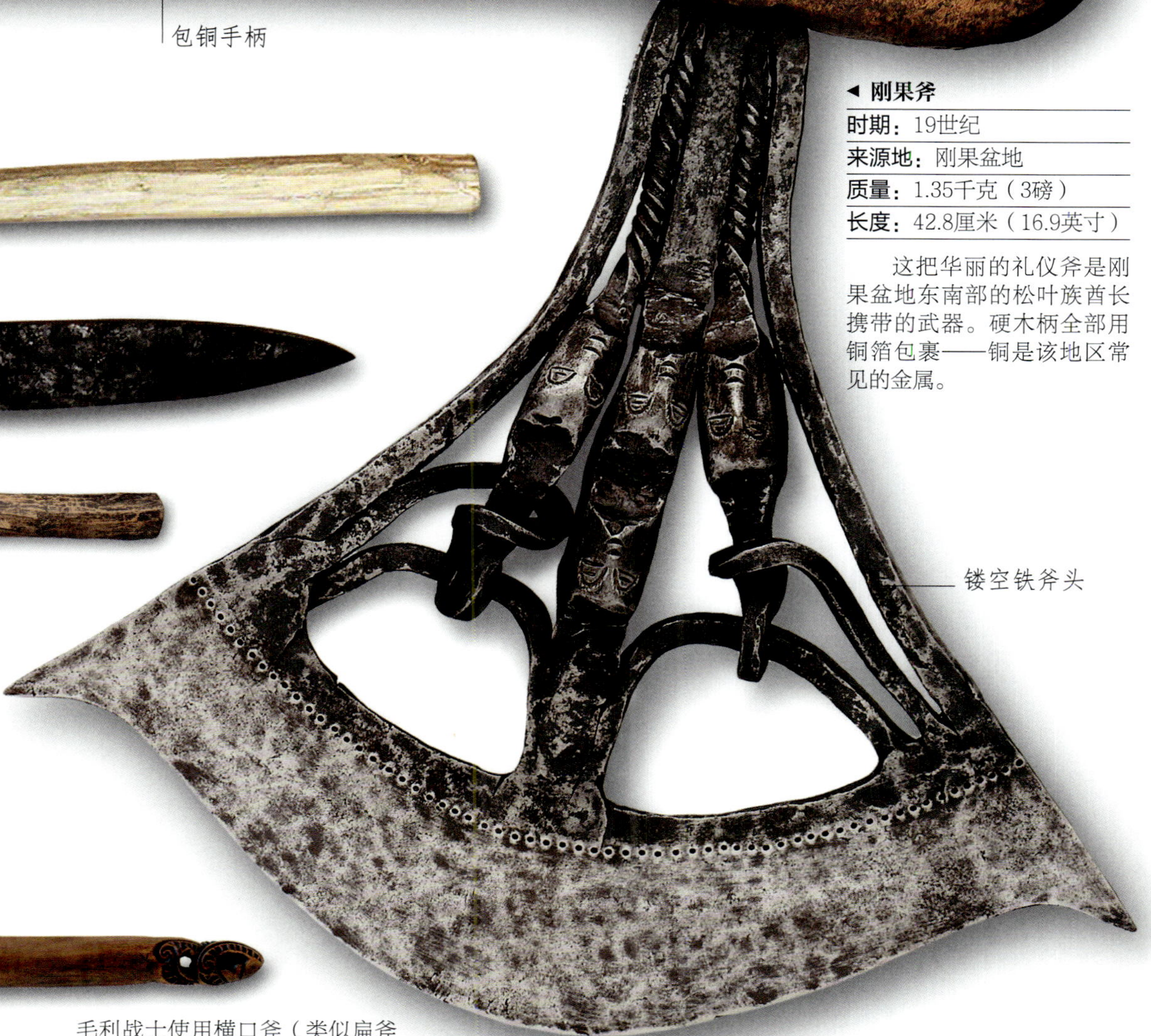

◀ 刚果斧

时期：	19世纪
来源地：	刚果盆地
质量：	1.35千克（3磅）
长度：	42.8厘米（16.9英寸）

这把华丽的礼仪斧是刚果盆地东南部的松叶族酋长携带的武器。硬木柄全部用铜箔包裹——铜是该地区常见的金属。

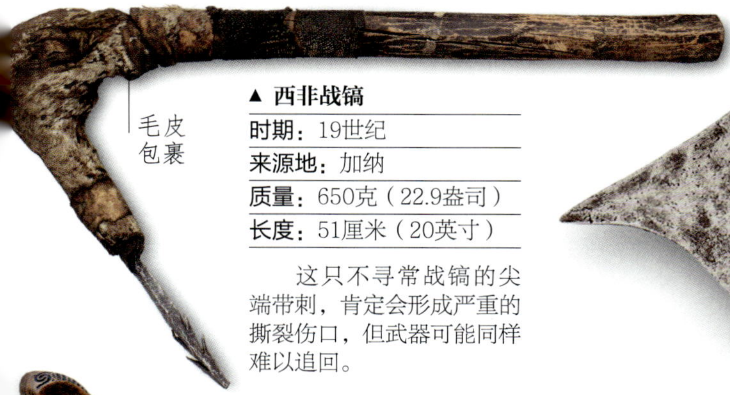

▲ 西非战镐

时期：	19世纪
来源地：	加纳
质量：	650克（22.9盎司）
长度：	51厘米（20英寸）

这只不寻常战镐的尖端带刺，肯定会形成严重的撕裂伤口，但武器可能同样难以追回。

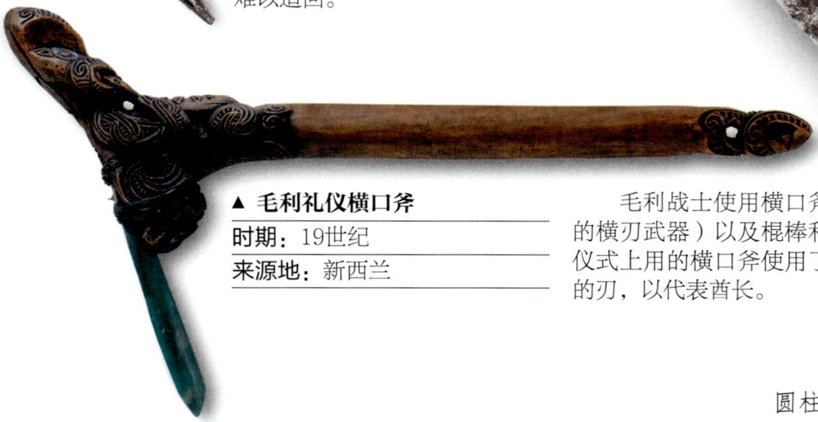

▲ 毛利礼仪横口斧

时期：	19世纪
来源地：	新西兰

毛利战士使用横口斧（类似扁斧的横刃武器）以及棍棒和棒矛。这把仪式上用的横口斧使用了用玉石雕刻的刃，以代表酋长。

◀ 美拉尼西亚手杖

时期：	19世纪
来源地：	瓦努阿图
质量：	600克（21.2盎司）
长度：	82厘米（32.3英寸）

这款轻巧的木制礼仪手杖在顶端的两侧分别雕刻了一个艺术化的人脸。这种装饰在大洋洲很常见。

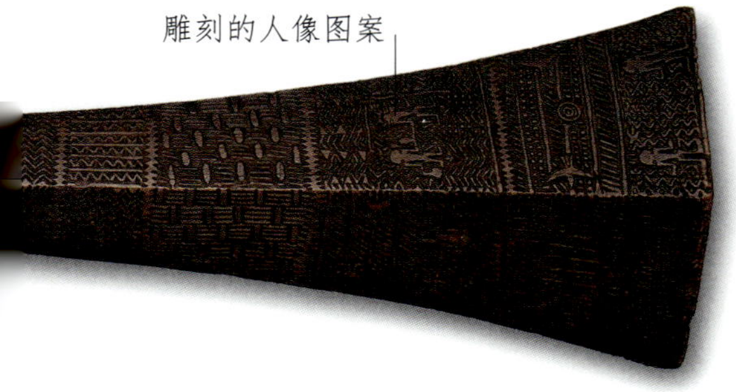

◀ 汤加棍棒

时期：	19世纪
来源地：	汤加
质量：	1.3千克（2.9磅）
长度：	82厘米（32.3英寸）

这把重型双手战棍沿着它的长度雕刻有几何图形、人物、动物和鱼等图案，钻石形末端可以重击头骨。

▲ 波利尼西亚“弯刀”

时期：	19世纪
来源地：	波利尼西亚
质量：	1.5千克（3.3磅）
长度：	77.5厘米（30.5英寸）

这是源于印度南部的弯刀武器（ayudha katti）。这种类似切肉刀的弯刀其实是一种棍棒，“刀刃”为三角形，表面的图案很容易让人联想到编织物。

自动手枪

在马克沁机枪的反冲机制专利到期后，枪械设计师开始应用相同的原理制造手枪。第一次成功的尝试来自博查特（Borchardt），他实际上是复制了马克沁机枪的断开-肘节锁定系统，但他的追随者们找到了新的后膛和枪管锁定方法，可以借助子弹发射时产生的后坐力分离两者，以便打开后膛并将空弹壳弹出，后膛在弹簧拉力下返回，装入新的弹药，翘起扳机，让手枪做好射击准备。完成一轮动作只需要几分之一秒。

▸ 韦伯利-福斯伯里1903型手枪

时期： 1896—1924年
来源地： 英国
质量： 1.1千克（2.4磅）
枪管长度： 19厘米（7.5英寸）
口径： 0.455英寸

这把独特的半自动转轮手枪由福斯伯里（Fosbery）设计，转轮可以在手枪上部框架因为后坐力和弹簧后移并返回的过程中转动。

▸ 加贝特-费尔法克斯“火星”手枪

时期： 1899—1902年
来源地： 英国
质量： 1.55千克（3.4磅）
枪管长度： 26.5厘米（10.4英寸）
口径： 8.5毫米火星/0.45韦伯利弹

“火星”自动手枪太大、太贵、太复杂，无法在1900年拥挤且竞争激烈的武器市场取得成功。

▸ 斯太尔M1905型手枪

时期： 1905—1915年
来源地： 奥匈帝国
质量： 940克（33.2盎司）
枪管长度： 16厘米（6.3英寸）
口径： 7.63毫米曼利夏弹

曼利夏设计的M1905型自动手枪用于发射通常认为超过了“反吹”扳机承受力的子弹，而且成功了。不过，这款手枪从来没有普及过，因为它的制造标准太高了。

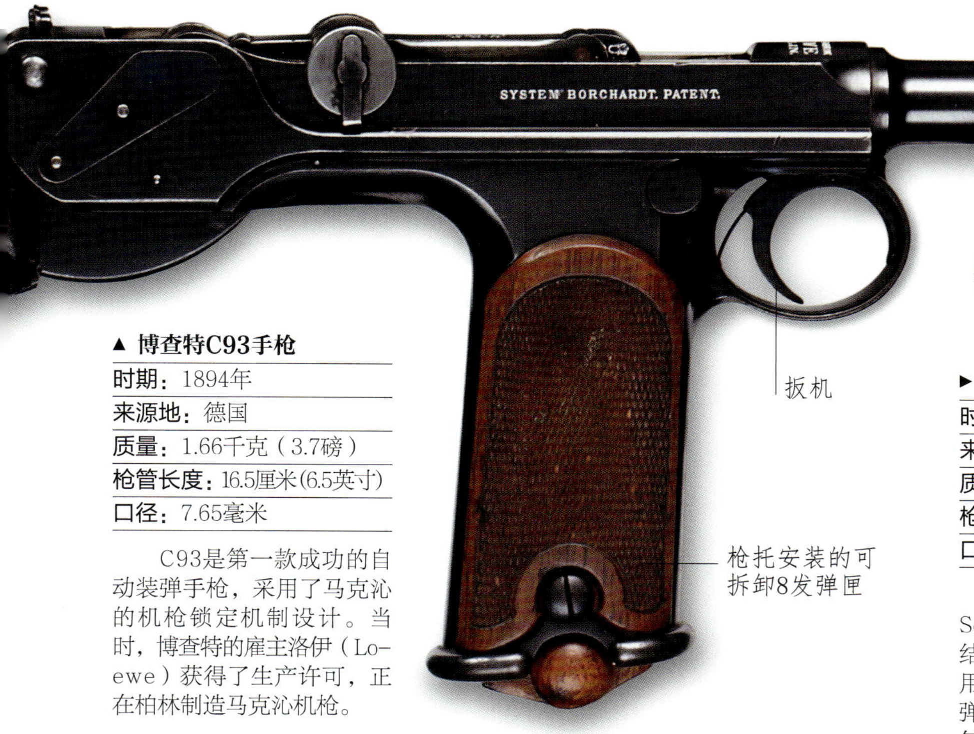

▲ **博查特C93手枪**

时期：1894年

来源地：德国

质量：1.66千克（3.7磅）

枪管长度：16.5厘米(6.5英寸)

口径：7.65毫米

C93是第一款成功的自动装弹手枪，采用了马克沁的机枪锁定机制设计。当时，博查特的雇主洛伊（Loewe）获得了生产许可，正在柏林制造马克沁机枪。

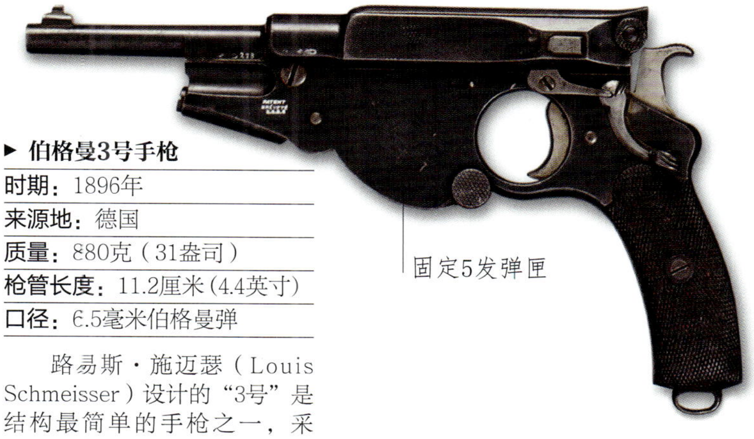

▶ **伯格曼3号手枪**

时期：1896年

来源地：德国

质量：880克（31盎司）

枪管长度：11.2厘米(4.4英寸)

口径：6.5毫米伯格曼弹

路易斯·施迈瑟（Louis Schmeisser）设计的“3号”是结构最简单的手枪之一，采用“后吹”后膛和小容量固定弹匣，发射后的空弹壳仅通过气压弹出。

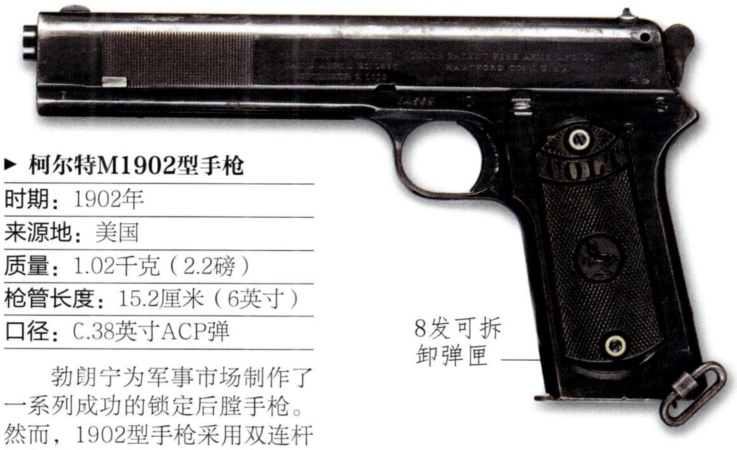

▶ **柯尔特M1902型手枪**

时期：1902年

来源地：美国

质量：1.02千克（2.2磅）

枪管长度：15.2厘米（6英寸）

口径：0.38英寸ACP弹

勃朗宁为军事市场制作了一系列成功的锁定后膛手枪。然而，1902型手枪采用双连杆机构设计，并采用更轻的圆形装饰，却并不那么受欢迎。

▲ **毛瑟C96手枪**

时期：1896年—20世纪30年代

来源地：德国

质量：1.15千克（2.5磅）

枪管长度：14厘米（5.5英寸）

口径：7.63毫米毛瑟弹

尽管存在缺陷，其中以复杂性最受诟病，但毛瑟C96手枪是当时最成功的设计之一，因为它采用了特别高效且普遍应用的弹药。

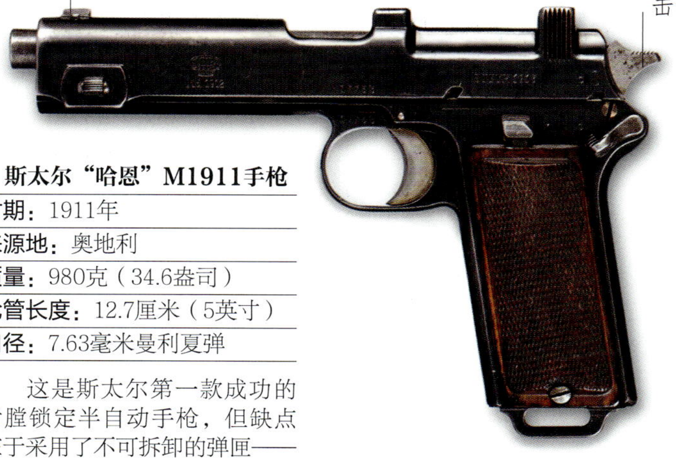

▶ **斯太尔“哈恩”M1911手枪**

时期：1911年

来源地：奥地利

质量：980克（34.6盎司）

枪管长度：12.7厘米（5英寸）

口径：7.63毫米曼利夏弹

这是斯太尔第一款成功的后膛锁定半自动手枪，但缺点在于采用了不可拆卸的弹匣——使用弹夹从上方装弹。智利武装部队引入了该版本。

▶ **韦伯利1910型手枪**

时期：20世纪初到30年代

来源地：英国

质量：960克（33.9盎司）

枪管长度：12.7厘米（5英寸）

口径：0.38英寸

韦伯利的转轮手枪更为著名，但该公司也生产半自动手枪。1910型手枪因为简洁而最为成功，并被英国皇家海军和皇家飞行队购入。

布尔战士

在布尔共和国，所有16～60岁的男子都必须响应号召参加战斗，他们中的许多人使用德国毛瑟1895型步枪：这是一款采用盒式弹匣的出色的栓式步枪。

第二次布尔战争

1899年10月，德兰士瓦和奥兰治自由邦（Transvaal and the Orange Free State）的独立布尔共和军率先向统治当地的南非英国政府发动了攻击。冲突随后演变成了一场游击战争，而轻装的布尔骑兵突击队让大英帝国的军队疲于奔命。

布尔人全民皆兵，每名成年男性都得到了中央政府发放的一支步枪，并且在国家召唤时必须出兵：携带武器、弹药和一匹马。每个人都是一名“突击队员（commando）”——基本的军事单位，他们的装备很轻但质量很高：最新的毛瑟步枪以及来自欧洲克虏伯和克勒索（Creusot）工厂的最先进野战炮。英国步兵则配备了李-梅特福步枪和李-恩菲尔德步枪。此外，双方都使用了机枪。

无烟火药的出现改善了步枪的精度，并且增加了射程，而布尔突击队充分利用了这些改进：他们都是优秀的射手，擅长利用掩护，特别是现在作为位置指示信号的烟雾也消失了。并且，布尔人拥有丰富的南非草原生存经验。不过，突击队员也有自己的弱点：军官通过选举产生，虽然民主，但并没有强调严格纪律。此外，大多数布尔人都不愿意远离家园，这显然不利于进攻行动。

布尔军队在初期取得了一系列胜利，但面对英国增强的反击力量一败再败。1900年夏天，英国军队占领了布尔共和国并宣布战争胜利。不过，虽然少数布尔人接受了这个结果，但多数人拒绝承认失败。经过了战争洗礼的突击队指挥官，例如路易斯·博塔（Louis Botha）、库斯·德·拉里（Koos de la Rey）和克里斯提安·德·维特（Christiaan de Wet）决定继续战斗。他们发起了协调指挥的游击战运动，让完全没有准备的英国占领军吃尽了苦头。由于能够迅速穿过草原并通过当地的布尔人获得补给，轻骑突击队员随意袭击铁路线和电话线、供应车队和孤立的驻军。虽然英军数量占优，但突击队“打了就跑”的攻击方式让英军无法发挥自身优势。而且，布尔骑兵经常能够赢得与英国军队的战斗，因为他们机动灵活，并且熟悉地形。

焦土政策

英国总司令基钦纳勋爵做出了无情的镇压决定。他下令建造了碉堡链来保护铁路，然后架设铁丝网，将整个草原分割为数个区域，进行分区扫荡。此外，他部署了大量的骑兵部队来搜捕突击队员。最具争议的是，英军破坏了布尔人的农场，杀死了牲畜和农作物，将布尔妇女和儿童赶入了英国的“集中营”，以彻底破坏突击队的供给。成千上万的布尔人死于营养不良和疾病。因此，英军开创了一种风行整个20世纪的模式，即大部队对抗难以捕捉敌人的部署模式，但也留下了难以掩盖的政治污点。

最终，虽然突击队员没有在战斗中被击败，但他们的领导人认识到己方人民遭受的损失太大，因此决定停战。英国人也渴望结束战斗。于是，双方在1902年5月达成和平协议。

1914年之前的军功章

19世纪见证了现代军功章的诞生。此前，这种彰显勇气的军功章主要颁发给那些高级军官。然而，在拿破仑战争期间，军功章开始授予普通军官和其他人员。最高级别的军功章用于表彰非比寻常的勇敢行为，仅仅参与一项行动也有可能赢得勋章。从类似硬币到包括国家象征和格言的更精致设计，军功章的造型很多。很多时候，军功章会使用缎带扣来表明特定行为或战斗。

◄ **滑铁卢勋章**

时期： 1815年

来源地： 英国

战事： 拿破仑战争

第一枚颁发给特定战役中所有军衔士兵的勋章，也是第一枚授予阵亡士兵亲属的勋章。

► **印度通用服役奖章**

时期： 1854年

来源地： 英国

战事： 印度战争

这枚勋章颁发给了1854年到1895年间服役的英国和印度军人，不同的缎带扣表明了特定战役或军事行动。

▼ **汉诺威滑铁卢勋章**

时期： 1815年

来源地： 汉诺威

战事： 拿破仑战争

这枚勋章由英国摄政王乔治以汉诺威选帝侯的身份颁发，授予了滑铁卢战役（1815年）中幸存的汉诺威军士兵。

◄ **维多利亚十字勋章**

时期： 1856年

来源地： 英国

维多利亚十字勋章是英国最高级别的英勇勋章，最初采用缴获俄国火炮的炮铜制作，用于纪念克里米亚战争（1853—1856年）期间超常的英勇行为。

正面为摄政王的头像

背面为不列颠尼亚和一头狮子

► **土耳其克里米亚勋章**

时期： 1855年

来源地： 土耳其

战事： 克里米亚战争

土耳其克里米亚勋章（Kinm Harbi Madalyasi）由奥斯曼帝国的苏丹阿卜杜拉麦吉德一世颁发，授予了联军全体人员，包括参加克里米亚战争的英国、法国和撒丁王国士兵。

缎带扣表明了获得者参与的战事

▲ **印度平叛勋章**

时期： 1858年

来源地： 英国

战事： 印度叛乱

这枚勋章最初颁发给曾经与印度叛乱分子作战的英国和印度军人，后来将那些参加镇压叛乱的平民纳入了授勋范围。

◄ **旁遮普勋章**

时期： 1849年

来源地： 英国

战事： 旁遮普战役

该勋章颁发给了曾参加1848—1849年旁遮普战役的英国陆军官兵和东印度公司的人员。

▲ **荣誉勋章**

时期： 1861年

来源地： 美国

荣誉勋章是颁发给美国武装部队成员的最高级别“战斗勇士”奖章。该勋章于1861年首次获准颁发给水手和海军陆战队员，1862年首次授予士兵。自此之后，颁发给所有武装部队成员的荣誉勋章总数已超过了3400枚。

月桂花环象征胜利

◀ **女王南非勋章**

时期： 1899年

来源地： 英国

战事： 布尔战争

这枚勋章颁发给在南非第二次布尔战争（1899—1902年）期间服役的英国人，共计发放了17.8万枚勋章，包括26类缎带扣，是所有最为常见的军功章之一。

带十字架的皇冠用于连接缎带

▲ **南非勋章**

时期： 1879年

来源地： 英国

战事： 南非战争

这是英国政府1877年至1879年颁发给在南非部落战争期间服役的英国陆军和海军部队成员的勋章。大多数勋章用于表彰英国与祖鲁战争（1879年）期间的英勇行为，特别是伊散德尔瓦纳战役和罗克渡口战役。

▶ **旭日勋章**

时期： 1875年

来源地： 日本

日本明治天皇于1875年设立的旭日勋章是日本首枚国家勋章。图中显示的是一枚7级勋章，具有泡桐花和叶子的图案。

共计6类银质缎带扣

▶ **荣誉军团勋章**

时期： 1802年

来源地： 法国

荣誉军团勋章由拿破仑·波拿巴于1802年设置，用于表彰为法国提供杰出民事或军事服务的人员。皇家、帝国及国家荣誉军团勋章目前仍是法国最高级别的荣誉勋章之一。图片所示为1870年至1951年间颁发的勋章。

◀ **阿富汗勋章**

时期： 1881年

来源地： 英国

战事： 英国-阿富汗战争

这枚奖章颁发给了参加第二次英国与阿富汗战争的英国和印度士兵，其中包括1878年至1880年间的一系列战争。战争以1880年英国占领坎大哈而告终。

关键发展

蒸汽船、铁甲舰与第一艘战列舰

拿破仑战争与第一次世界大战爆发之间的这一个世纪，新技术改变了海战的面貌：风帆让位于蒸汽；木头壳被铁甲取代；而高爆炮弹则代替了传统炮弹。

纳尔逊时代的帆船海军不是在一夜之间就消失不见的。开始，蒸汽船还只能在海岸周边和内陆水域使用。它们巨大的明轮挤占了舰炮的空间，也容易被敌人的炮火摧毁，但是蒸汽船在机动能力上有明显优势：即使风平浪静，它们也能行驶。19世纪40年代，螺旋推进器替代了明轮，使得蒸汽机的装备成了战船的标准特色，尽管最初它们只是作为帆船的补充出现。

铁甲舰的崛起

19世纪40年代，海军武器还经历了“佩克桑”（Paixhans）火炮革命：它是第一种用来发射高爆炮弹而不是实心弹丸的海军火炮。相应地，在19世纪50年代，一些木壳战船的水线以上部分也被厚厚的铁甲武装起来，这些铁甲战船在俄罗斯与英、法、奥斯曼帝国和撒丁王国四国联军的克里米亚战争（1853—1856年）中成功发挥了作用。1859年，法国建造了第一艘铁甲战列舰荣耀号，它与次年英国造的皇家武士号可相匹敌。

美国南北战争开始于1861年。战争中，联盟海军将一艘战船改装成了联盟弗吉尼亚号，而他们的对手开发出了一种全新的型号——联邦莫尼特号。它是一艘小铁船，配有两门安装在旋转炮塔上的达尔格伦炮。在1862年3月的汉普顿路战役中，联盟弗吉尼亚号轻松地击沉了两艘常规联邦护卫舰，但它在之后与联邦莫尼特号的决斗中陷入了僵持，这也是这两艘铁甲蒸汽舰的第一次对决。

铁甲舰试验贯穿于美国南北战争的全过程：联邦军建造了更多的莫尼特军舰（它们都以第一艘军舰命名），还有一整队的铁甲明轮蒸汽船用于在密西西比河上作战。战争进行到1865年的时候，蒸汽铁甲舰相对木帆船的优势已经被人们普

关键事件

1800—1950年

- 1841 一艘铁壳蒸汽动力炮船复仇者号在英国打败中国的第一次鸦片战争中起到了关键作用。
- 1853 克里米亚战争期间，俄罗斯舰队在西诺比（Sinope）战役的一次海战中第一次使用了高爆炮弹，摧毁了11艘土耳其军舰。
- 1897 美国海军启用了第一艘成功的动力潜艇，该潜艇由美籍爱尔兰人约翰·霍兰德（John Holland）设计。
- 1904 装备了“白头”鱼雷的日本驱逐舰在亚瑟港奇袭了俄罗斯舰队。
- 1911 英国海军决定用燃油取代煤炭，作为他们新一批伊丽莎白女王号战列舰的燃料。

▼ **金属对金属**

1864年，美国南北战争期间，联邦海军上将戴维·法拉格特（David Farragut）以低舷铁甲舰和木制军舰攻破了由联盟军控制的莫比尔湾。一艘低舷铁甲舰被水雷炸沉，但法拉格特也击毁了联盟军的铁甲舰田纳西号。

> “**暴风雨般的炮弹**向西班牙人铺天盖地地袭来，那种毁灭般的场景**无法用任何语言描述**。”
>
> **J·L·斯蒂克尼（Stickney）中尉**，马尼拉战役目击者，1898年

遍接受。1871年，英国建造了皇家蹂躏号，它是第一艘完全没有帆的主力舰。不过，新的海战形式还要过一段时间才能出现，因为海战火炮的设计和它们在战船上的装配过程一直步履维艰。有一段时间，海军设计师们开始对有撞角的军舰着迷。他们设想，如果军舰的装甲能够完全抵挡住炮火的轰击，那么靠着蒸汽船良好的机动力，它就可以像古希腊的3层桨战船一样，依靠加固的船头将敌舰撞沉。

终于，一种可以安装带有旋转式武装炮台的膛线炮系统被设计出来了。它的弹匣和弹药全部储存在船壳下，而且可以发射远距离高爆炮弹，因此需要发明复杂的测距设备来增强它的威力。此时的船壳已经使用了金属和钢板的装甲，但是威力不断增强的高爆炮弹仍然使军舰在这样的炮火下不堪一击。此外，用蒸汽作动力并不是没有缺点。帆船不需要燃料，但是加煤站现在对于海军作战必不可少，这又给地缘政治增加了新的变数。而当煤炭开始被燃油取代的时候，对油田的控制又成为海军必须考虑的首要战略。

海军的竞赛

到19世纪末，海军已经成为帝国主义列强在争霸中至高无上地位的象征。美国、日本、德国都竞相大力发展海军。英国也积极做出反应，试图维护它已经树立多年的海上霸权。在20世纪的头10年，英德之间疯狂的海军军备竞赛中，英国以1906年划时代的皇家无畏舰首开先河，通过不断提高主力舰的速度、增强军舰的武装，一次又一次提升了海军军备的门槛。但是当海军指挥官们和狂热的民众们痴迷于大型军舰——战列舰、战列巡洋舰、巡洋舰等之时，海战中的另一些发展又使这些昂贵的军舰处于令人担忧的弱势。首次在克里米亚战争中使用的水雷可以击沉任何主力舰——由此产生了可以装备鱼雷的鱼雷艇，其价值在1904—1905年的日俄战争中，被日军巧妙地展示了出来。人们还设计出了可以防卫鱼雷艇反击的军舰，它们自己也能够发射鱼雷。但是海军并没有防卫鱼雷潜艇的技术，所以鱼雷潜艇成为20世纪头10年里海军的实用武器。

关键**战役**

马尼拉战役

1898年5月1日

1898年的美西战争是对由现代化的战列舰和巡洋舰组成的美国“新海军”的第一次检验。亚细亚中队在准将乔治·杜威（George Dewey）的带领下，于菲律宾击沉了7艘西班牙军舰。

▲美国军舰在蒸汽动力驱动下排成一线，攻击马尼拉湾中的西班牙军舰。

▼ **“白头”鱼雷**

19世纪60年代，英国工程师罗伯特·怀特海（Robert Whitehead）发明了第一枚有实战效力的自推进鱼雷。人们把这种鱼雷装在小艇上，威吓那些全副武装的军舰，声称要推翻它们的海上霸主地位。

▼ **达尔格伦炮**

这种炮由美国海军军官约翰·A·达尔格伦（John A Dahlgren）发明。美国内战中，达尔格伦炮被频繁地使用。其独特的苏打瓶外形赋予了它比传统海战炮更强大的力量。

战列舰

19世纪后半叶是海上技术大革新的时代。世界上的海军已经开始接受蒸汽推进了，但此时军舰已经从本质上发生了彻底的变化：木材和风力让位给了钢铁和蒸汽。新武器和使用武器的新技能不断得到发明和改进——仅仅40年间就发生了戏剧性的过渡，这对于一个天生保守、不愿接受变化的世界来说，已经是不小的成就了。

* 本书中排水量单位均为长吨。1长吨≈1.016吨。——译者注

▲ **皇家武士号**

入役：1861年	**来源地**：英国
排水量：9 140吨	
长度：128米（420英尺）	
最高速度：14.1节	

武士号与它的姐妹船皇家黑王子号是第一批远洋“铁甲舰”，在45.7厘米（18英寸）厚的木质船壳外包裹了厚达11.5厘米（4.5英寸）的铁甲，带有螺旋推进器和全帆装船索具以及后膛装填火炮。

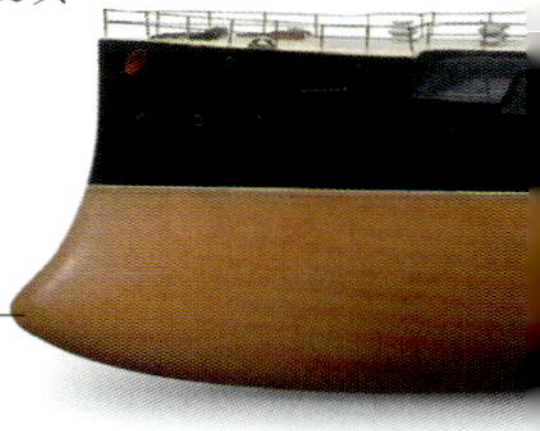

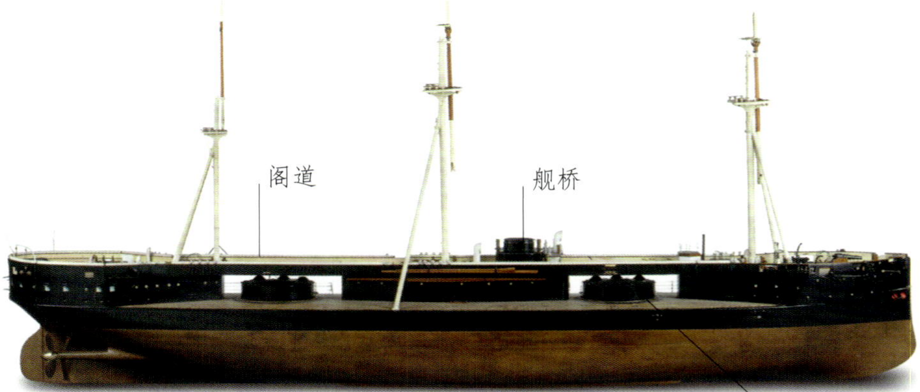

▲ **皇家上尉号**

入役：1870年	**来源地**：英国
排水量：7 770吨	
长度：97.5米（320英尺）	
最高速度：15.25节	

该战船出自考珀·菲普斯·科尔斯（Cowper Phipps Coles）上尉的试验性设计，科尔斯是发明炮塔的先驱。但皇家上尉号后来被证明是一个严重的错误。由于干舷过低，它在1870年一场猛烈的暴风雨中沉没。

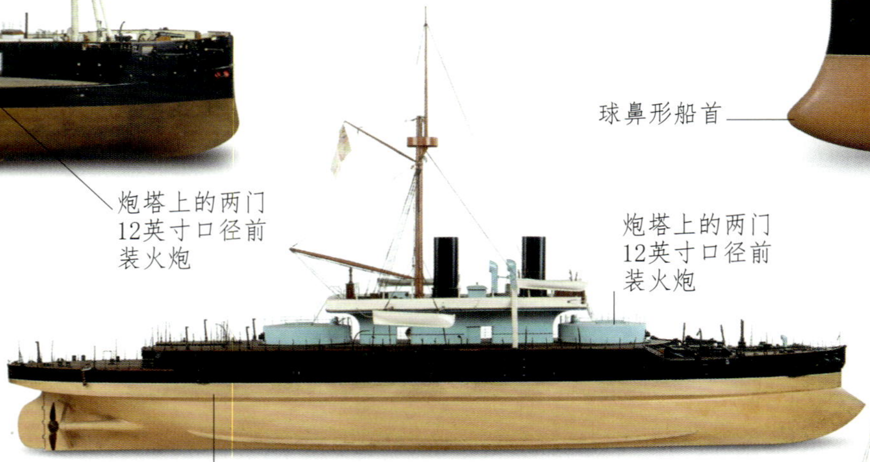

▲ **皇家蹂躏号**

入役：1873年	**来源地**：英国
排水量：9 330吨	
长度：93.6米（307英尺）	
最高速度：13.5节	

蹂躏号与它的姐妹船雷神号是第一批无桅杆海上战列舰，它们的武器装配在舰船高层的前后炮塔中。这一特点为未来的军舰发展设定了基本模式。

▲ **皇家鲁伯特号**

入役：1874年	**来源地**：英国
排水量：5 440吨	
长度：80.5米（264英尺）	
最高速度：14节	

随着1866年利沙（Lissa）战役中撞击战术的成功，许多国家的海军都专门设计了能够以冲撞方式击沉敌船的军舰。英国皇家海军共建造了4艘，其中就包括鲁伯特号，但是它们都没参加过战斗。

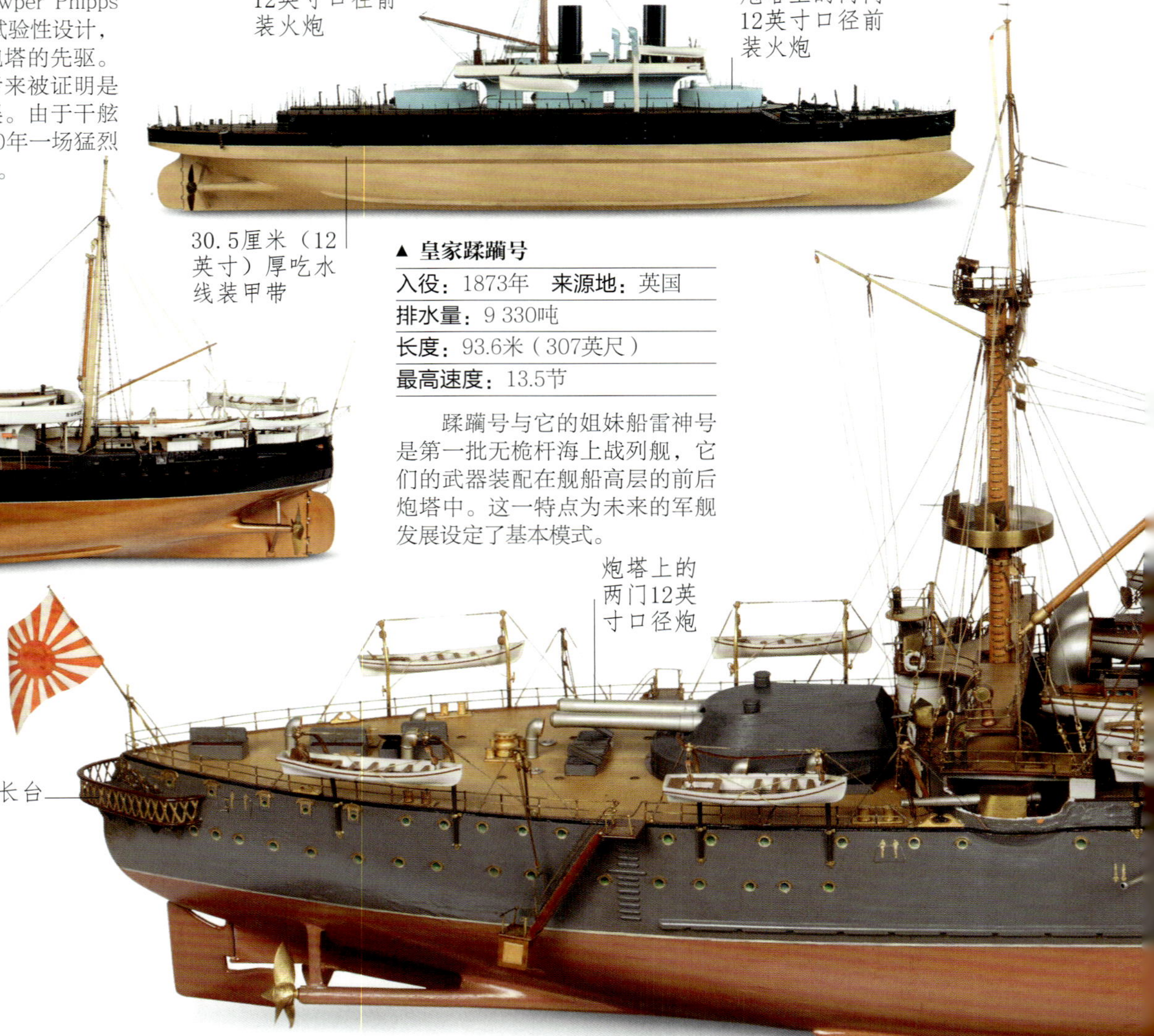

▶ **皇家不屈号**

入役：1881年　**来源地：**英国

排水量：11 880吨

长度：104.9米（344英尺）

最高速度：15节

不屈号是一个杂合体：一副全套索具“铁甲舰”加上炮塔中的主要武器——英国皇家海军最重的前装火炮。它是专门设计出来用以匹敌意大利在地中海上类似的军舰的，但它从未与之正面交锋过，尽管它曾经参加了1882年进攻亚历山大的战斗。

◀ **皇家君权号**

入役：1892年　**来源地：**英国

排水量：15 580吨

长度：124.9米（410英尺）

最高速度：15节

这是一支7艘军舰舰队的旗舰。君权号被认为是前无畏战列舰中的第一艘，装配了4门大口径火炮以及专门设计用于击退巡洋舰和驱逐舰的一大组较轻型的速射武器。

▶ **皇家印度斯坦号**

入役：1905年　**来源地：**英国

排水量：17 290吨

长度：138.3米（454英尺）

最高速度：18.5节

它是第二代前无畏战列舰中的一艘，拥有协助主炮作战的9.2英寸口径炮。印度斯坦号是国王爱德华七世系列军舰中的八强之一，它比此前的英国战列舰明显大了很多。

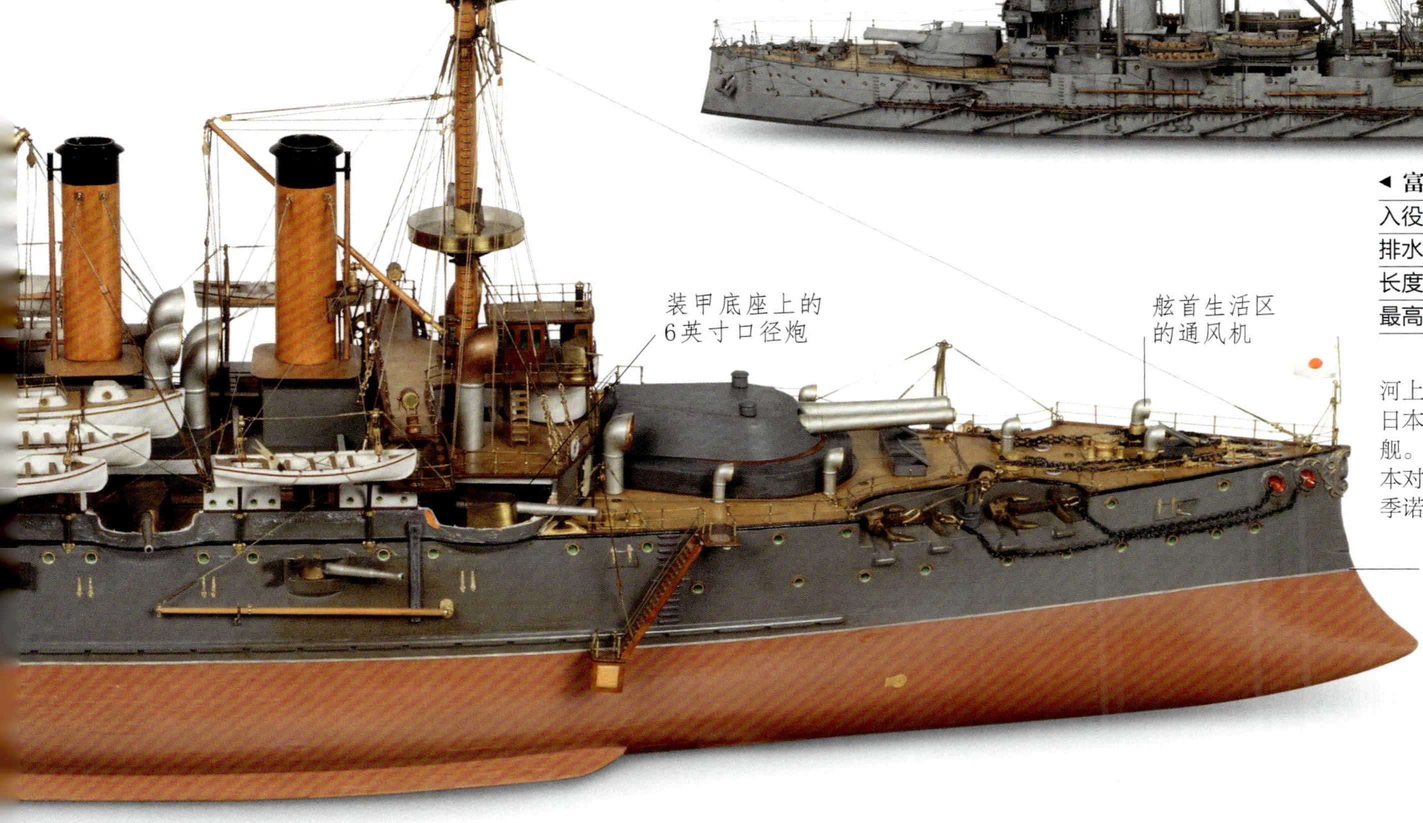

◀ **富士号**

入役：1897年　**来源地：**日本

排水量：12 535吨

长度：125.5米（412英尺）

最高速度：18节

富士号在英格兰的伦敦泰晤士河上建造，与它的姐妹船屋岛号是日本帝国海军的第一批现代化战列舰。富士号于1905年5月25日在日本对马海战中击沉了俄罗斯的博罗季诺号。

对马海战

19世纪后半叶，新技术改变了全世界的海军。木帆船被使用燃煤发动机、装配着安置在旋转炮塔上的强大线膛炮的钢铁军舰所取代。1905年5月，俄罗斯和日本第一次使用这些强大的战舰在对马海峡打了一场舰队遭遇战。

俄罗斯和日本为争夺对中国东北和朝鲜的控制权，于1904年爆发了战争。一开始，日本帝国海军相比于亚瑟港和符拉迪沃斯托克的俄罗斯太平洋舰队是拥有优势的。为了取得平衡，俄罗斯大着胆子赌了一把，决定将其位于波罗的海舰队的大部从欧洲海域调到东亚，这是一次历经7个月之久的艰苦航程。而等到俄罗斯军舰抵达太平洋时，亚瑟港已经落于日军之手。俄罗斯人只能转向更北边的符拉迪沃斯托克，这意味着他们要通过日本控制区。由于缺少燃煤，俄罗斯海军上将辛诺威·彼得罗维奇·罗杰斯特文斯基（Zinovy Petrovich Rozhestvensky）选择了最短的路径，穿过了日本和朝鲜之间的对马海峡。

日军指挥官东乡平八郎（Togo Heihachiro）大将正在寻找俄罗斯舰队，后者的战绩已经在全世界声名远播。罗杰斯特文斯基希望趁着夜色快速冲过海峡。如果没有无线电报这样一项新发明的话，他也许就能成功了。一艘日本军舰在海峡巡逻时发现了俄罗斯舰队，马上报告了东乡大将。迅速移动的日本巡洋舰与俄罗斯舰队保持在视距之内，通过无线电向东乡报告他们的位置，东乡就能够指挥他的主力部队展开进攻。日本舰队不费吹灰之力就能拦截俄罗斯军舰，因为他们大大地沾了速度优势的光：日本军舰的平均航速是15节，而俄罗斯只有6节。战斗于5月27日下午正式展开。

两支舰队均呈“纵列”编队——一艘船跟着另一艘，以使他们安装在炮塔上的大炮拥有最大的火力覆盖面而不会冒伤及友军的风险。东乡以旗舰三笠号为先锋，让他的舰队与俄罗斯舰队并列行进。在5 500米（6 000码）左右的距离上，两军开始交火。关键的是，日本拥有更优良的测距技术，这一点对于在如此距离上攻击目标至关重要。他们还有更适合于战场条件的炮弹：俄罗斯发射的是穿甲弹，而日本的炮弹则一接触就爆炸。这些炮弹装满了高爆炸药，击中目标后，它们能够摧毁军舰的上层建筑，用它们致命的金属破片引起大火并破坏甲板。此外日本舰队的速度优势使他们能够采取“T字”战术，即让他们的舰队横在俄罗斯舰队纵列的前面。这种策略使他们能够把所有火力都集中在俄罗斯军舰上，而俄罗斯舰队只能用前端仅有的几门炮还击。

尾声

夜幕降临时，处于劣势的俄罗斯舰队已经遭受了重创。罗杰斯特文斯基头盖骨被弹片击中受伤，成为数千名伤者之一。当俄罗斯的战列舰博罗季诺号爆炸时——一枚炮弹击中了它的弹药库，785名船员中的784人丧生。天黑以后，日军放出了舰队中的驱逐舰和鱼雷艇，彻底打乱了敌军。鱼雷的轮番攻击结束后又遭到了巨炮的攻击，俄罗斯舰队开始溃败。这场战斗中，俄罗斯舰队最初的27艘军舰中有17艘被摧毁，其中包括7艘战列舰。只有3艘军舰到达了符拉迪沃斯托克。

“T字”战术

日本军舰的战线以东乡大将的三笠号旗舰为首，利用精确的射击引起大火和爆炸，对俄罗斯舰队造成了重大打击。

三笠号

作为仅存的一艘前无畏战列舰，三笠号是1905年对马海战中的日本旗舰，它见证了俄罗斯帝国舰队几近覆灭的过程。

出身于伟大皇家海军阶层的三笠号，是英国为日本帝国海军制造的4艘类似战列舰中的最后一艘。三笠号由巴罗因弗内斯的维克斯（Vikers）造船厂制造，1902年3月1日开始服役。

这艘军舰的主炮是4门12英寸口径、40倍口径长度的火炮，分别安装在舰首尾的双中心线炮塔上，这些炮可以每2分钟3发的速度射击。三笠号的副炮包括14门6英寸口径速射炮、防御驱逐舰和鱼雷艇的轻型火炮以及4个水下鱼雷发射管。

三笠号是第一批由“克虏伯强化钢”武装起来的军舰之一。除主甲板以外，这种装甲还呈带状装备在吃水线以上，厚度达23厘米（9英寸）。12英寸口径炮的装置周围，也包裹了由这种钢制成的356毫米（14英寸）厚的“炮座”，这种装甲在对马海战中起到了有效的保护作用。当时俄罗斯舰队共命中了30炮，都不能使三笠号丧失战斗力。最具讽刺意味的是，4个月以后，由于一次意外的军火库爆炸事故，这艘军舰在海港沉没。尽管1906年被打捞上来并经历了修缮，三笠号却再也没有参加过任何战斗，并于1923年退役。现在它成了横须贺的一家船舶博物馆。

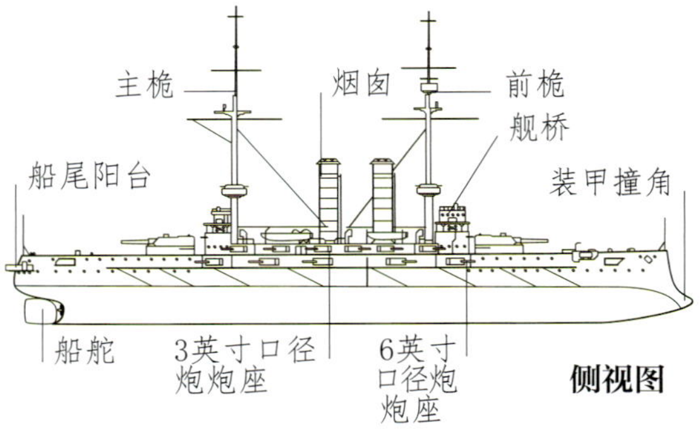

侧视图

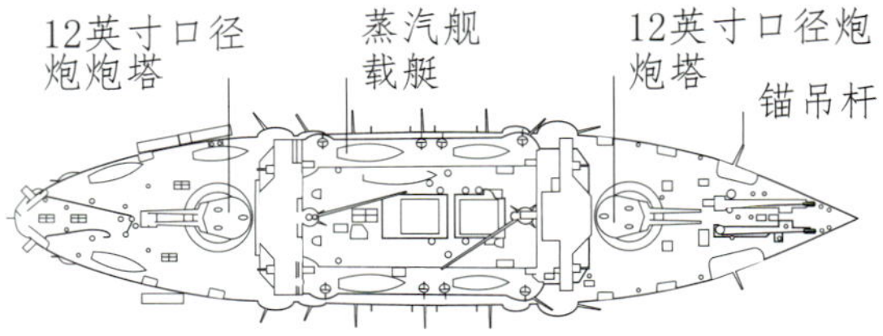

俯视图

▲ **三笠号**
约132米（433英尺）长、排水量15 180吨。三笠号由两台三胀蒸汽发动机驱动，最高速度可达18节。

舰桥与船首

▲ **艏锚**
被打捞上来以后，锚被复位至上甲板面以下的平台上，而不是锚链孔处。它被一个吊架固定在那里。

▲ **指挥所**
命令通过罗盘旁边的传声筒（左侧）被下达到操舵室。

◀ **舰桥**
操舵室（左侧）与海图室（右侧）顶部是一个开放式平台，平台上有罗盘和测距仪。东乡平八郎大将就在这里指挥着对马海峡的日本舰队。

▲ **探照灯**
翼侧探照灯用于在夜晚定位其他船只，以及进行长距离信号传输。

▼ **12英寸口径炮炮塔**
三笠号最初的12英寸口径炮能够将一枚385千克（849磅）重的炮弹发射至13.5千米（8.4英里）处。1906年经过维修以后被45倍口径长度件代替。

▲ **舰桥后视图**
舰桥位于前桅之前，可以不间断地对前方和两侧的情况进行观察。舰桥两侧的“翅膀”上，各安装了一只90厘米（35.4英寸）电探照灯，扩大了船正面的宽度。

▲ **舷窗**
可密封的小型玻璃舷窗，只位于无装甲的船体处。

船腹与船尾

▲ **烟囱**

从三笠号25个燃煤锅炉出来的烟囱全部连接到相距很近的两根高大垂直的烟囱上。

▲ **船尾阳台**

在这样的船上，将军的船舱总是位于船尾阳台处并配有专用人行道。镀金的金属字是手写体平假名“三笠号”。

▲ **主桅**

两根桅杆上飘扬着信号旗，安装着无线电天线，还提供了警戒瞭望台。

▲ **船尾天窗**

船尾楼甲板和船首楼甲板上的百叶天窗使阳光和新鲜空气能够进入下面的生活区。

武器与舱房

为补充火力，三笠号装备了各种小口径火炮，包含从对付巡洋舰和驱逐舰的6英寸口径炮到发射12磅、3磅和1磅重炮弹的火炮。居住条件则从帆船时代以来几乎没改变过，船员们在吊床上睡觉，在折叠桌上吃饭。

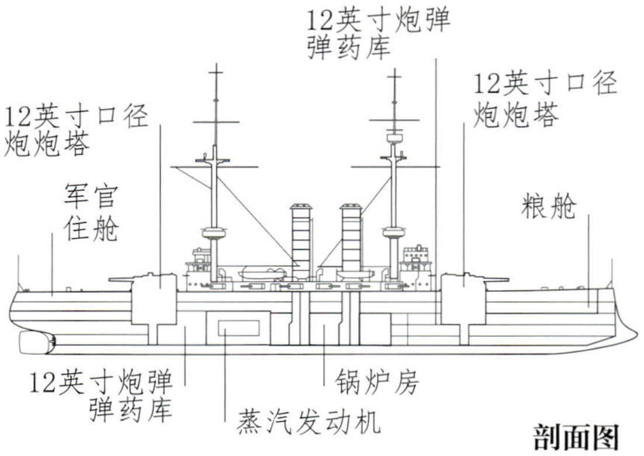

剖面图

小型火炮

▸ **6英寸口径炮**
外覆5厘米（2英寸）装甲的主甲板中央炮台上，配有6门6英寸口径炮。炮台前后另有装在炮塔上的8门6英寸口径炮，重叠安置于甲板层上，总数达14门。

▴ **3英寸口径炮炮塔**
在6英寸口径炮中央炮台的上方，是安装在底座支架上的8门3英寸口径速射炮。它由独立的轻型小盾牌保护。

◂ **3英寸口径炮的射击口**
在对马海峡，俄罗斯舰队副指挥官尼古拉·涅伯加托夫（Nicolai Nebogatov）就是从这个射击口登上三笠号，向日军投降的。

▴ **霍奇基斯3磅炮**
这些轻巧的火炮安装于简单的支架上，它使射手能够追踪快速移动的目标，如鱼雷艇。

▸ **测距仪**
对马海战中，三笠号的巴尔和斯特劳德测距仪要远优于俄罗斯军舰上使用的型号。它们在战役中也起到了决定性作用，保证了日本舰队的远距离火力优势。

◂ **6英寸口径炮炮尾**
这种6英寸口径炮属于“速射武器”，它们可以通过黄铜弹药筒依次完成抛射弹壳和推弹上膛的过程，最快能以每分钟6发的速度发射。

甲板下部

▲ **操舵室**
这艘军舰就是由这里“操舵”（指挥）的。这儿的舵轮、黄铜罗盘和机房电报（用于指示所需要的速度）与下一层甲板的装甲指挥操舵塔完全一样。

▲ **食品储藏室**
下面的厨房准备好食物送到食品储藏室，在这里由服务员装盘再送给军官室里的官员们。

▲ **军官室**
军官室是用来开会的，它同时也充当军官们的餐厅。日本帝国海军长期采用欧洲人的就餐模式，即使是普通船员（非军官）也不例外。

▲ **司令室**
舰队司令的住所包括一间接待舱——办公的地方，以及一间陈设简陋的卧室。卧室里有一张高边铺位，以及很有限的储物间。

▲ **莫尔斯电键**
最新的无线电通信技术是日本军舰在对马海战中的另一大优势。

▼ **司令会客室**
需要召开正式宴会或者与高级军官进行讨论的时候，舰队司令就会使用他的会客室。安装在底座支架上的3英寸口径炮提醒着人们，这是一艘军舰。

▲ **司令的卫生间**
司令的整个宿舍在这个简朴的“前端”后就结束了。只有他和船长能够享受到如此的隐私权。

早期的巡洋舰

19世纪80年代以前，“巡洋舰”这个术语作为单独一个军舰类别的名称，还没有得到公认。它一般包括了护卫舰、轻武装快艇和单桅帆船。但是，到了19世纪90年代，这一新的军舰类别终于获得了属于自己的明确定义。因为能够独立于舰队遂行远洋作战任务，巡洋舰可以从事贸易路线上的军事行动，或者用于保卫遥远地方的国家利益。到世纪之交的时候，巡洋舰已经成为当时海军在役舰船中最大的军舰。一些国家的海军从没制造过比这更强大的或者更现代化的舰艇。

▲ **三井号**

入役：1876年　**来源地**：日本
排水量：900吨
长度：61米（200英尺）
最高速度：9.5节

三井号是装备了3根桅杆（船头、主桅与后桅的前后都装有横帆）和木质船壳的螺旋桨帆船。它是横须贺海军工厂生产的第一艘船，由法国人设计。

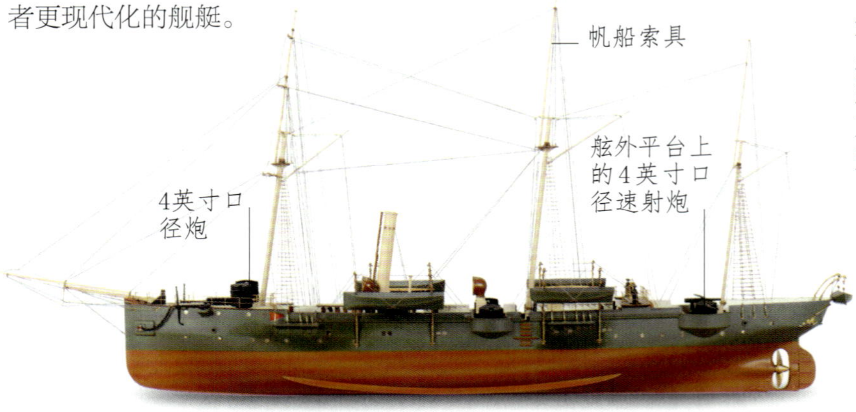

▲ **皇家卓越号**

入役：1887年　**来源地**：英国
排水量：810吨
长度：50.3米（165英尺）
最高速度：13节

卓越号是钢架外覆木质船壳的“混合式炮艇”。1875年到1890年期间，英国生产了一组大约30艘本质上差不多的多功能小型军舰，卓越号是其中的一艘。这些军舰主要在非洲和亚洲的殖民地服役。

▲ **高雄号**

入役：1889年　**来源地**：日本
排水量：1 750吨
长度：70.4米（231英尺）
最高速度：15节

高雄号是日本生产的第一艘钢铁装甲军舰。高雄号除了它的武器之外没有任何防护。该舰由法国人埃米尔·贝尔坦（Émile Bertin）设计并监制，展现出浓厚的高卢人（法国人）的影响。

▼ **皇家直布罗陀号**

入役：1894年　**来源地**：英国
排水量：7 700吨
长度：118.1米（387英尺）
最高速度：18节

直布罗陀号是拥有一流防护的巡洋舰之一，这类舰船总共9艘，有甲板装甲而无侧装甲，而装载于船内的煤炭则为它提供了保护。直布罗陀号在热带地区服役，它的钢铁装甲外还包裹了木材和铜。

▲ **皇家利维坦号**

入役：1903年　**来源地**：英国

排水量：14 150吨

长度：162.6米（533英尺）

最高速度：23节

利维坦号是一流的装甲巡洋舰。它的船身中部有一半长度置于15厘米（6英寸）厚的防护带下，同样的防护带也安装在它的炮塔和炮座上。这样一来，甲板装甲的厚度就少了许多，使排水量控制在一个可接受的限度内。

▼ **皇家冒险号**

入役：1905年　**来源地**：英国

排水量：2 640吨

长度：120.4米（395英尺）

最高速度：25节

由4个不同的造船厂按照比较宽松的规格制造了一系列几乎完全相同的轻型防护侦察巡洋舰，冒险号是其中的第一艘。它主要用于在国内海域领导和支持一支小型驱逐舰队。

▼ **德意志第二帝国德累斯顿号**

入役：1908年　**来源地**：德国

排水量：4 270吨

长度：117.9米（387英尺）

最高速度：24节

拥有4台涡轮发动机的轻型巡洋舰德累斯顿号是最先进的战船。与它的姐妹船埃姆登号一样，直到1915年被英国皇家海军击沉之前，它一直是第一次世界大战中德国海军最有效的水面追击舰艇之一。

鱼雷艇、驱逐舰与潜艇

19世纪60年代，英国工程师罗伯特·怀特海在阜姆（Fiume，现在的里耶卡（Rijeka））对动力鱼雷的完善永远地改变了海战的面貌。专门适应于这种新式武器的工艺马上得到了发展，最终导致了鱼雷艇“驱逐舰”的出现，用以对付敌人的威胁。驱逐舰很快成为了舰队的重要组成部分，可以在必要的时候接过鱼雷艇进攻者的角色。鱼雷也同样证明了它在第三梯队舰船中的重要作用。潜艇则为潜水员们提供了一件能在水下对付水面舰船的武器。

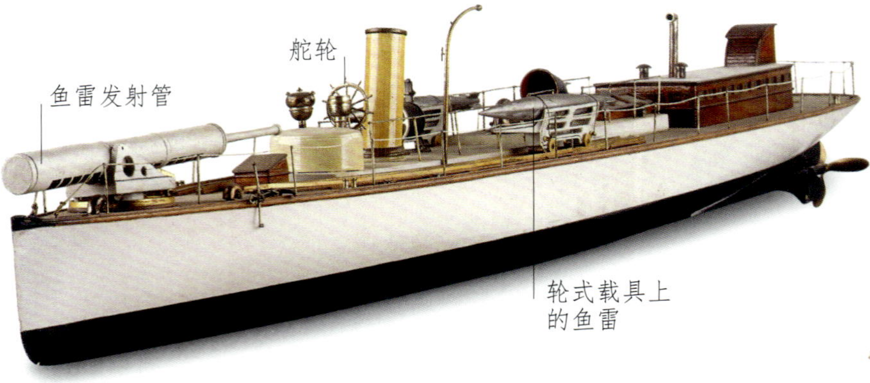

▲ **闪电号**

入役：1876年 **来源地：**英国

排水量：33吨

长度：26.7米（87.6英尺）

最高速度：18.5节

在制造者约翰·索尼柯洛夫特（John Thornycroft）推动下制造的第一艘英国皇家海军鱼雷艇被当作实验船使用。它展现了一系列创造性的新特点，其中就包括螺旋桨前安装的一个分舵。

▲ **TB64号**

入役：1880年 **来源地：**英国

排水量：13吨

长度：19.2米（63英尺）

最高速度：16.5节

第二等级的鱼雷艇，例如TB64，原来是打算装载在战列舰或大型驱逐舰上的，但也能用来保护海港。鱼雷施放器后来被发射管代替。

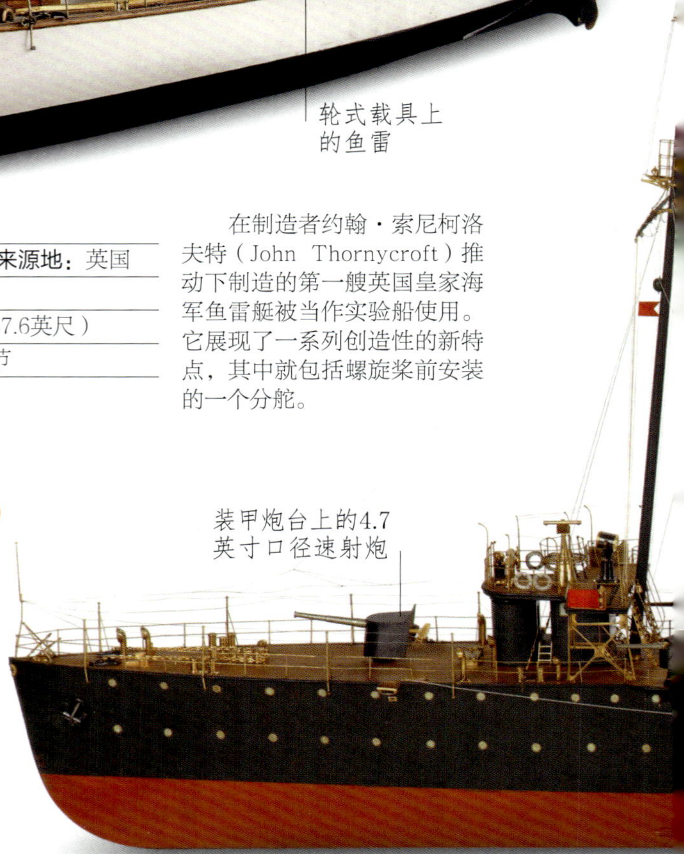

▲ **艾尔米兰特·辛普森号**

入役：1896年 **来源地：**智利

排水量：800吨

长度：73.2米（240英尺）

最高速度：21.5节

严格地说，艾尔米兰特·辛普森号是一艘鱼雷炮艇。尽管看起来不像，但它在设计上与1894年英国皇家海军的警报系列非常相似。这并不奇怪，因为它也是由在英格兰伯肯黑德的莱尔德（Laird）造船厂制造的。

▼ **皇家鲟鱼号**

入役：1896年 **来源地：**英国

排水量：340吨

长度：57.9米（190英尺）

最高速度：27节

鲟鱼号是“27节航速船”之一。这一系列舰船是鱼雷艇驱逐舰的原型，由14个不同的建造商按照一个基本规格制造出来，没有固定模式。这艘船造于巴罗因弗内斯的维克斯造船厂，1912年被废弃。

▲ **皇家豺狼号**

入役：1911年 **来源地：**英国

排水量：990吨

长度：75米（246英尺）

最高速度：27节

豺狼号是冥河系列驱逐舰中的一艘，依据英国皇家海军1910—1911计划列装。它设计得坚固耐久，耐波性良好，能够超速行驶。

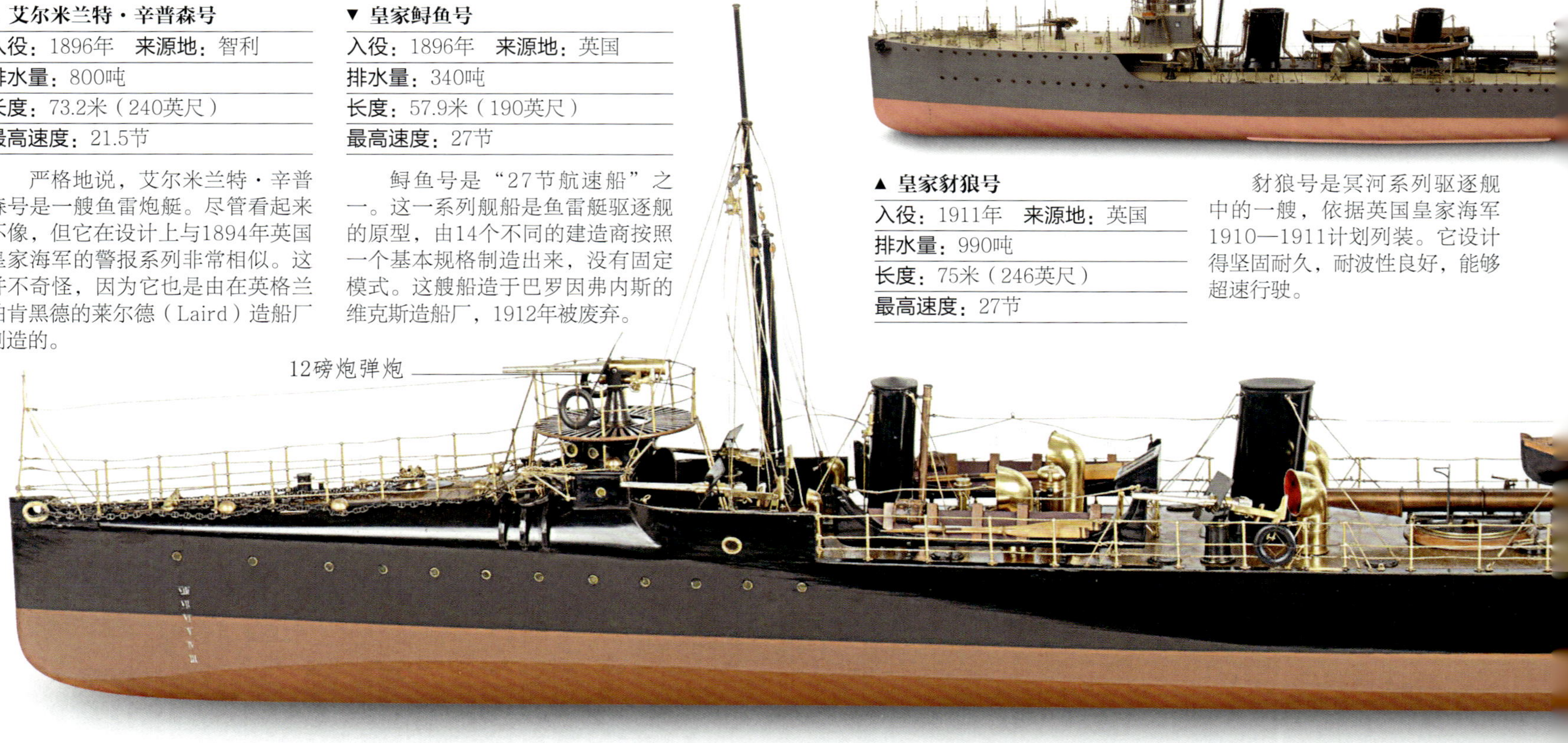

▲ 德意志第二帝国S101号

入役：1901年　来源地：德国

排水量：388吨

长度：63米（207英尺）

最高速度：26.5节

尽管官方将其归为驱逐舰，但是这些希肖船厂制造的舰艇实际上是放大了的鱼雷艇。它们的重炮都相当轻。那些1914年9月仍在服役的舰艇被重新归了类，有的还重新装备了8.8厘米口径炮。

▼ 皇家荷兰1号

入役：1901年　来源地：英国

排水量：113吨（水下122吨）

长度：19.5米（64英尺）

最高速度：7.5节

英国皇家海军的潜艇来得较晚，第一艘这样的潜艇——按照一位美国人的设计，造于巴罗因弗内斯的维克斯造船厂，它的交付使用比法国的第一艘潜艇吉姆诺特号晚13年，比美国海军晚4年。

▲ 最上号

入役：1908年　来源地：日本

排水量：1 350吨

长度：96.3米（316英尺）

最高速度：23节

官方将其归类为“通信船”，实际上这是一艘小型装甲驱逐舰。最上号是日本第一艘涡轮驱动的军舰。在无线电的发明结束了它的使命之前，它最初的功能就已经显得过时了。

▼ 皇家獒犬号

入役：1914年　来源地：英国

排水量：1 100吨

长度：83.6米（274英尺）

最高速度：35节

到1914年，驱逐舰在尺寸和速度上已经有了可观的提高。M系列中的一些舰船属于实验性制造，而獒犬号据说是在海上实航中速度最快的军舰。

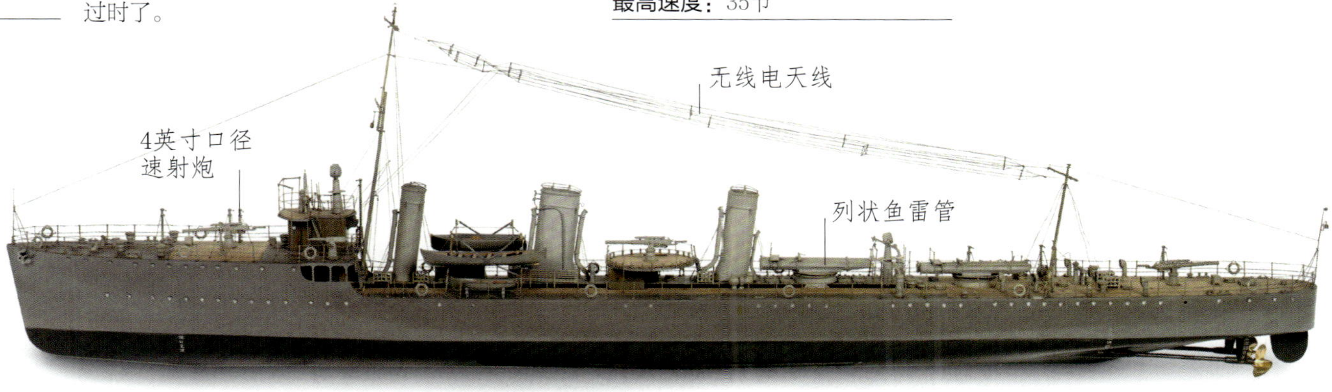

1914—1945年

世界大战

104

导言

1914年到1918年和1939年到1945年的两次世界大战，是人类历史上最具破坏性的战争。在技术方面，这个时代以航空和机械化战争尤其是坦克的惊人发展为标志特征。

发展的脚步从来都不是四平八稳的。从轻机枪和迫击炮的使用，到冲锋枪和自动步枪的称雄，再到第二次世界大战后期的突击步枪，步兵火力随着时间的推移一直在不断增强。但是这种变化的规模和空战所带来的彻底的革命相比，根本不可同日而语。第一次世界大战中，只有几百架没有武装的飞机参加了战争。但是到了1945年，成千上万的多发动机轰炸机组成的编队已经能够整座整座地摧毁敌人的城市了。而与此同时，如果对手控制了天空，地面部队则几乎没有还手之力。海战中的霸主已经从大型战列舰变成了航空母舰，也是在这个时候，潜艇出人意料地确立了自己的地位，成为获取战争胜利的潜在突击力量。

坦克，这种在第一次世界大战中配属于步兵作战的有用却笨拙的附属物，凭借着无线电的帮助，与作为空中炮火支援力量的地面攻击机相配合，在第二次世界大战快速机动的机械化战争中起到了重大作用。卡车最终淘汰了马拉货车，但那是迟于1941年的事情了，1941年时的德国仍在入侵苏联的战争中使用了成百上千的马匹。

战争的压力催生了一种对“怪异武器”的追求，因为这时候科学家已经应征入伍，开始以自己的聪明才智为部队服务。在第一次世界大战中，毒气被证明并不具有决定性作用，而化学武器在1939年到1945年之间也没有得到使用。喷气式飞机、V-1导弹和V-2弹道导弹都是德国在第二次世界大战后期发明的，不过它们都没有影响到战争的结果。但是美国在1942年到1945年之间以极大代价发展出的原子弹，却确确实实预示了一个新的战争时代的到来。

关键**时期**

1914年

- **1914年8月** 第一次世界大战开始。
- **1914年9月** 德国的一艘U型潜艇在1小时内击沉了3艘英国战列舰。
- **1914年12月** 在西线，敌对双方陷入了堑壕战的僵局。
- **1915年4月** 德国在第二次伊普尔战役中首次使用了毒气。
- **1915年5月** 德国齐柏林硬式飞艇第一次对伦敦实施了突然轰炸。
- **1915年6月** 断续齿轮的发明，使飞行员可以通过螺旋桨旋转的间隙向前发射子弹，这使得空战成为可能。
- **1916年7月** 在索姆河战役开始的第一天，英军就遭受了差不多60 000人的伤亡。
- **1916年9月** 英军在法国的弗莱尔使用了第一批坦克。
- **1917年4月** 美国加入了第一次世界大战，作为对德国用U型潜艇击沉美国商船的回应。
- **1918年11月** 第一次世界大战以德国战败告终。
- **1921年** 意大利将军朱利奥·杜黑出版了《制空权》一书，提出战争可以通过战略轰炸取得胜利。
- **1922年** 日本凤翔号军舰成为第一艘特制的航空母舰。
- **1935年5月** 梅塞施米特Bf109式战斗机成为新一代高性能战斗机。
- **1935年9月** 英国政府计划建立一系列防空雷达基地。
- **1937年4月** 在西班牙内战中，德国秃鹰军团轰炸了格尔尼卡的巴斯克城。
- **1939年8月** 在德国，海因克尔178轰炸机进行了第一次实验性喷气飞行。

凡尔登战役，1916年

阿拉斯战役，1917年

美国地面武装，约1943年

1939年9月 第二次世界大战在欧洲爆发。

1940年4月 德国人在入侵挪威时使用了伞兵。

1940年5—6月 德军用“闪电战”击败了英法联军。

1940年6月 不列颠战役开始——这是第一场完全在空中进行的战役。

1940年9月 德军飞机轰炸伦敦，拉开了闪电战的序幕，这场战斗一直持续到1941年5月。

1941年6月 德国与其联军发起了入侵苏联的巴巴罗萨计划。

1941年12月 在太平洋上，日本海军战斗机的一场袭击重创了美国珍珠港的舰队。

1942年6月 在美日航空母舰之间进行的中途岛战役于太平洋爆发。

1943年2月 数月之后，苏联军队在斯大林格勒取得了一场决定性的胜利。

1943年7月 盟军轰炸机摧毁了德国城市汉堡，40 000人丧生。

1943年7—8月 在东线的库尔斯克，苏联和德国之间爆发了第二次世界大战中最大规模的坦克战。

1944年6月 诺曼底登陆是世界上最大规模的两栖作战。

1944年6月 德国的V–1导弹袭击了英国伦敦。

1944年9月 德国用V–2弹道导弹袭击了盟军城市。

1945年4—5月 苏联军队占领德国首都柏林，结束了第二次世界大战的欧洲战场。

1945年8月 美国在日本广岛和长崎两市投下原子弹。

1945年

莱特湾战役，1944年

轰炸德累斯顿，1945年

俯冲轰炸机，约1945年

关键**战役**

凡尔登战役

1916年

1916年2月，德国在凡尔登（Verdun）袭击了法国的堑壕，在最初的炮击中就发射了超过100万枚炮弹。随之而来的就是一场消耗战，50万人在战斗中丧生，但双方毫无进展。

▲在1928年重现凡尔登步兵冲锋情景的影片中展现了法国士兵前进至无人区的场景。

▼ **帕森达勒**

1917年，西线的澳大利亚士兵在帕森达勒（Passchendaele）战役中通过木板路向前推进。炮弹和潮湿的天气合在一起，形成了噩梦般的战场环境，前进的脚步被厚厚的泥浆和深深的积满水的弹坑所阻滞。

关键发展

堑壕战

第一次世界大战（1914—1918年）是一场大规模的工业化战争，后方的工厂为总数几百万的军队提供着武器和弹药。堑壕战就是在这种大规模火力下诞生的一种新的作战形式，它对防守方极为有利，尤其是在铁丝网的保护下。

到1915年，法国和比利时之间筑起了两道堑壕，敌对的双方都躲在堑壕后面，沿无人区对望着。这一新式战场防御工事是对日益增强的炮兵和步兵火力的应对，也是对所有军队都开始使用的钢盔的逐渐适应。堑壕已经发展成了一种精致的防御系统，尤其是德国，他们建造起了由坚实的坑道和隐蔽的机枪射击点组成的复合体，在前线延伸了几千米长。

攻击与防御

堑壕战时期，最初的作战形式是先用大量炮火覆盖——以绝对数量的高爆炮弹破坏敌人的防线，再辅以步兵的正面冲击。但是防守方常常会在炮火覆盖中存活下来，并在进攻者试图穿越无人区之际，用机枪和速射步枪对他们展开屠杀。即使敌方前线上的堑壕被攻破，一顿炮轰也会使冲锋的队伍在向前推进时陷入混乱。前面的军队不能通过战场电报与他们的主线联系，这使得防守方常常能够在进攻方继续加强攻势之前，就将他们的储备迅速转移走。唯一能够迅速移动的骑兵部队，则很容易受到步兵和炮兵的攻击，并遭到装有倒刺的铁丝网和炮弹坑的阻碍。

打破僵局

指挥官们开始寻找技术上应对或打破由堑壕战造成的僵局的办法。德国人发明了毒气，它最初由气罐中放出，后来就改成了用炮弹发射。由于双方都使用了毒气，结果造成了数千人的伤亡，更是给堑壕中的生命带来了痛苦，但是却并没有起到决定性的效果。

英国人则把巨大的信心寄托在坦克身上。从1916年开始，这些移动缓慢的装甲车就开始在许

◂ **加拿大军队“越过巅峰”**

爬出前线的堑壕迎击敌人的时刻——也就是所谓的“越过巅峰”令每一位步兵谈之色变。初级军官一般都冲锋在前，率先进入无人区，他们自己却不带任何武器，或者仅仅带了一把手枪。

多进攻战中冲锋在前，步兵紧随其后。但是，它们的作战效果被越来越高的故障率严重限制。而且尽管它们有着厚重的装甲，却依然难以抵挡炮火的进攻。

最终堑壕战被炮兵和步兵战术的缓慢变化以及有效结合了新技术的方式改变了。飞机和系绳气球的空中观察与地面通过无线电联系起来，改进了巨型炮的目标确定技术。闪光定位和声波测距技术，使炮兵能够根据炮火发射的闪光和声音情况精准定位并摧毁敌军序列。炮兵与步兵的紧密配合对“徐进弹幕射击”（即在步兵前方仅50米（165英尺）处实施一次炮火覆盖）的支持至关重要。当德国精英组成的暴风突击队以闪电攻击战术在敌人的防线上撕开一个口子的时候，轻机枪、手榴弹、便携式迫击炮和火焰喷射器已经大大改善了进攻部队的装备。1918年，德国对联军堑壕的进攻以及它最终的失败宣告了第一次世界大战中堑壕战的终结。

关键事件

1914—1918年

- **1914年11月** 经过最初一个阶段的运动战，西线的部队陷入了阵地战。
- **1915年4月** 德国第一次有效地使用毒气是在第二次伊普尔（Ypres）战役中，他们用气罐向毫无保护的法国殖民地居民和加拿大军队施放了氯气。
- **1916年6月** 在进攻索姆（Somme）河的第一天，英军就遭受了57 000人的伤亡，其中19 000人死亡。
- **1917年6月** 在梅西纳（Messines），19颗地雷在德国防线下挖掘的地道中爆炸，杀死了10 000人，使得英军能够向前推进。
- **1917年11月** 英国坦克集群帮助步兵在威尔士取得了一次突破性的进展，尽管这次机会没有得到利用。
- **1918年3月** 德军以暴风突击队为先锋，在迈克尔进攻战中取得了一次巨大的突破。机动性复归于战争，并以当年11月德国人的失败而告终。

◂ **德国人的防毒面具**

为应对化学攻击，防毒面具在战争中逐渐发展起来。它有一副护目镜，用来保护眼睛；还有一个化学呼吸过滤器，用来中和有害物质。战争中使用的毒气包括氯气、光气和芥子气。

> “（大兵团的）进攻之所以**不能成功**，那是因为**死人**是不能前进的。”
>
> **博瓦尔·德莱尔（Beauvoir de Lyle）将军**，谈纽芬兰兵团，1916年7月1日

军服与装备

直到19世纪的最后几年，士兵在战场上还是穿着跟阅兵时候一样的盛装，但是这种状况随着步兵战术的改变也发生了变化。因隐蔽的需要催生了卡其色、土灰色及相似的中性色调。自从发现铠甲不能阻挡子弹以后，防身的护甲就被抛弃了。直到第二次世界大战时期防弹背心发展起来，防护装具才重新得到应用。

▶ 英国军装

时期：1902年

来源地：英国

材料：羊毛

印度的英军早在19世纪50年代就开始穿着卡其布料的军装。1897年卡其布料军装被正式采用，这里展示的暗色调样式是1902年开始使用的。同时展示的还有这套1908式吊带系统，以及子弹袋和一副刺刀“饰扣”（在吊带上悬挂物品的一个带子）。

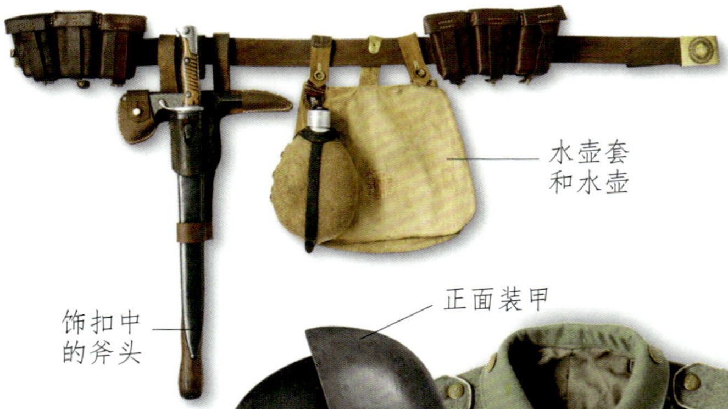

◀ 德国暴风突击队装备

时期：1916年

来源地：德国

材料：皮革、棉布、黄铜

德国暴风突击队在诞生之初就装备了一个工具包，它包括用于补充子弹袋的手榴弹袋、挂斧子的饰扣以及很招人喜爱的短刺刀（同时也是挖堑壕的刀），还有水壶。

▶ 德国暴风突击队军装

时期：1916年

来源地：德国

材料：羊毛、皮革

当第一支暴风突击队（冲锋队）分队在1916年投入战斗的时候，他们采用了一种肘部和膝部有强化皮革补丁的作战服以及轻巧的靴子。以中世纪的轻便头盔为基础，最初的德式钢盔在两侧太阳穴处都有透气孔，可以悬挂一块相当重的额部护甲。这块护甲，即正面装甲，重达4千克（8.8磅），而且只有在非常必要的时候才戴。

▲ 意大利军装

时期：1915年

来源地：意大利

材料：羊毛、钢铁

意大利换了一种灰绿色的军装，像1915年德国的田野灰。这支军队还采用了与法国“艾德里安”头盔相类似的钢盔，并在头盔上加了一条从后脑到头顶的加固带。

▼ **法国军装**

时期：直到1915年

来源地：法国

材料：羊毛、皮革、黄铜

法国陆军是最后一批放弃华丽阅兵服——红色马裤与长尾蓝外套而使用单调色彩服装的军队之一。不过，他们是第一批以钢盔代替布质军用平顶帽的军队。

▼ **俄国军装**

时期：1914年

来源地：俄国

材料：羊毛、皮革、羊皮

俄国将浅褐色用于其1907年的阅兵服。哥萨克兵继续戴着传统的羊皮帕帕卡帽，炮兵则装备了一把短剑而不是刺刀。

▼ **美国军装**

时期：1917年

来源地：美国

材料：羊毛

美国陆军在1902年引进了橄榄色的军装，尽管当时一些部队已经在穿1898年美西战争时候的颜色了。帽子是旧时代的遗物，但是当美军1917年出现在欧洲时，他们已经仿制了英国的钢盔。

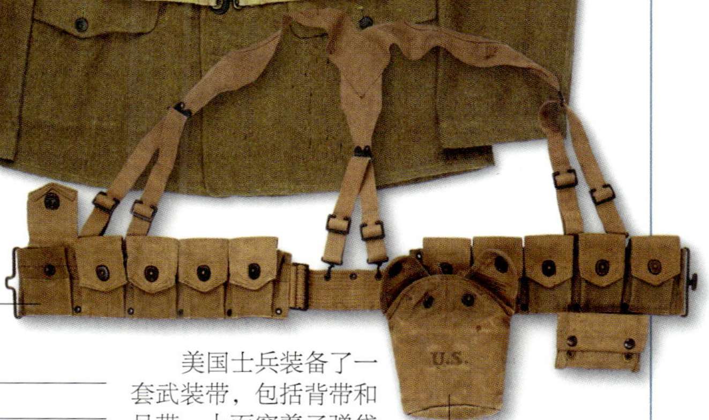

▸ **美军装备**

时期：1917年

来源地：美国

材料：棉布、黄铜

美国士兵装备了一套武装带，包括背带和吊带，上面穿着子弹袋和水壶套，还有一个刺刀饰扣。

重型机关枪

第一次世界大战的战场上使用的最重要而又致命的“重型”机关枪是除了大炮以外导致伤亡最多的武器。只要时刻注意观察，做好应对准备，比如定期更换枪筒，它们就能够维持长达数小时的持续射击。为了在固定的地点对脆弱目标构成覆盖，它们经常成批地被排列成弧形，再与铁丝网配合起来构成坚不可摧的防线。步兵如果不付出巨大代价，几乎不可能前进。只有当有效的装甲战斗车（AFV）发展出来以后，重机枪不可战胜的神话才被打破。

▶ **德意志武器弹药公司重机枪08（MG08）**

时期：1908年
来源地：德国
质量：26.5千克(58.4磅)
枪管长度：71.9厘米（28.3英寸）
口径：7.92毫米毛瑟弹

德军在1895年获得了第一架马克沁机枪之后，德意志武器弹药公司（DWM）就开始改装设计，最终定型为重机枪08(MG08)。它有一个滑橇式支架。

▲ **维克斯-马克沁“新轻型”1906型机枪**

时期：1906年
来源地：英国
质量：19.6千克（43.2磅）
枪管长度：72.3厘米（28.5英寸）
口径：7.7毫米

这是第一种突破马克沁设计原型的机枪。“新轻型”机枪将原来的黄铜配件换成了轻得多的钢配件。但它继续沿用了解锁开关，使得机匣变得很大。俄罗斯使用它的时候将它定为M1910型。

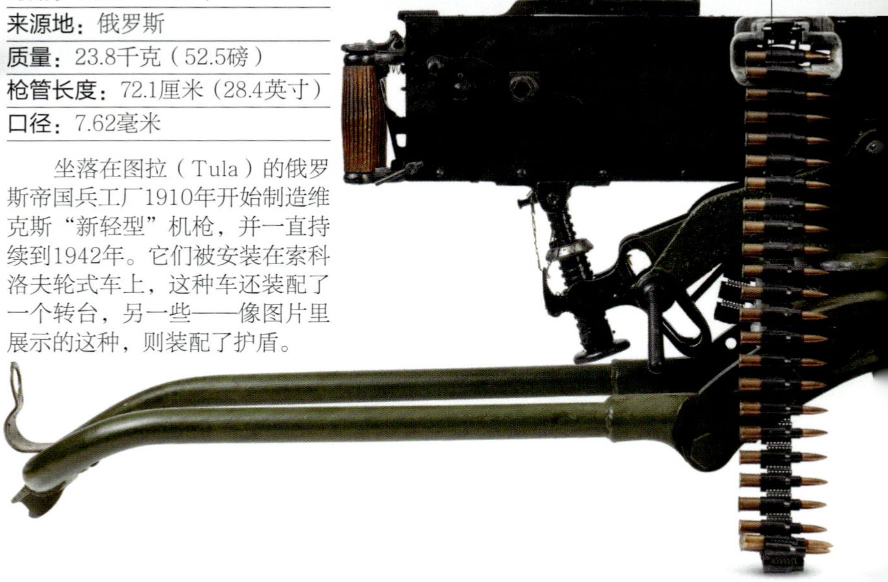

▶ **俄国马克沁M1910型机枪**

时期：1910—1942年
来源地：俄罗斯
质量：23.8千克（52.5磅）
枪管长度：72.1厘米（28.4英寸）
口径：7.62毫米

坐落在图拉（Tula）的俄罗斯帝国兵工厂1910年开始制造维克斯“新轻型”机枪，并一直持续到1942年。它们被安装在索科洛夫轮式车上，这种车还装配了一个转台，另一些——像图片里展示的这种，则装配了护盾。

▶ **维克斯“轻型”1908型机枪**

时期：1908年
来源地：英国
质量：18.1千克（40磅）
枪管长度：72.3cm（28.5英寸）
口径：7.7毫米

为了克服维克斯-马克沁“新轻型”机枪的缺点，这款机枪在锁扣设计上进行了改进：向上解锁，减小了机匣的尺寸。“消失的”三脚架使这种机枪可以在防护墙的掩护下发射。

▶ **施瓦茨劳斯M07/12型机枪**

时期：1912年
来源地：奥匈帝国
质量：19.9千克（43.9磅）
枪管长度：52.6厘米（20.7英寸）
口径：8毫米曼利夏弹

施瓦茨劳斯机枪是唯一使用了无锁“后坐”系统的重机枪，更适于发射手枪口径大小的子弹，依靠一个非常重的枪栓和复位弹簧来降低发射速率。由于其极其到位的设计，一般情况下它几乎是坚不可摧的。

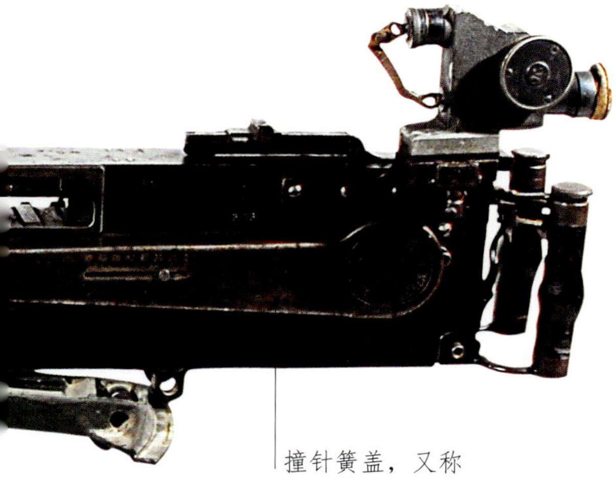

▶ **霍奇基斯1914型机枪**

时期：1914年
来源地：法国
质量：23.58千克（52磅）
枪管长度：77.5厘米（30.5英寸）
口径：8毫米勒贝尔弹

1914型机枪是早期设计的轻微改进版，但更容易过热。它的送弹系统有问题，用的是一个24发的金属带而不是布带。不过如果使用方法正确，它还是很可靠的。它一直被使用到20世纪40年代初。

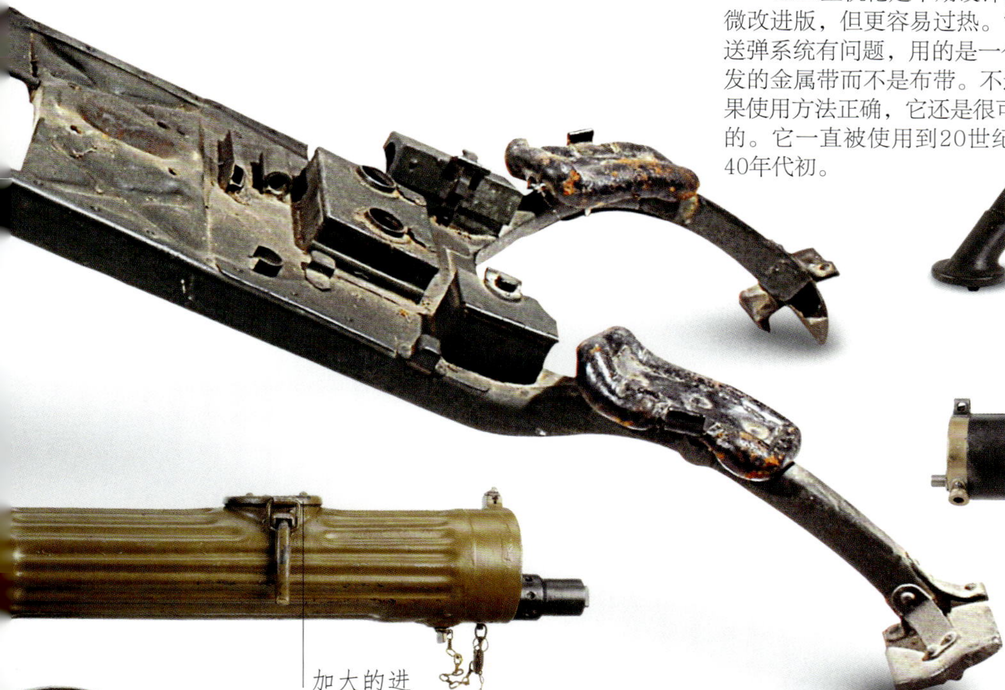

▼ **菲亚特-列维里1914型机枪**

时期：1914年
来源地：意大利
质量：17千克（37.5磅）
枪管长度：65.4厘米（25.7英寸）
口径：6.5厘米曼利夏-卡尔加诺弹

这一型号的机枪使用了延时“后坐”系统，用于射击动力不足的时候。它通过一个50发堆叠弹仓送弹，并在送弹的过程中上油。但上油的时候会沾上灰尘和污垢，这使得这种机枪时不时地会卡壳。

▲ **勃朗宁M1917型机枪**

时期：1917年
来源地：美国
质量：14.97千克（33磅）
枪管长度：61厘米（24英寸）
口径：0.3英寸

约翰·勃朗宁（John Browning）为柯尔特公司造了一款设计不太好的机枪——气动M1895“掘薯机”，但随后就转回了反冲式，并在马克沁的基础上进行了改装，将枪管和枪膛联锁在一起造出了M1917型。在第一次世界大战的最后几个月里，它上了战场。但它很快就抛弃了水冷罩，成为风冷M1919型。它就以这种形式一直使用到20世纪60年代。

轻型机关枪与冲锋枪

尽管速射武器统治了第一次世界大战的战场，但它们还是太笨重了。改进的第一步就是丢掉子弹带、水冷罩，还有那重得难以置信的弹药仓固定底座，采用轻便的枪管和步枪上用的“弹药仓”。这些改进导致了轻型机关枪（LMG）的出现，它用手就能端起，人在行进的过程中就可以方便地进行射击。自动武器发展的下一步就是对传统武器的彻底背离。冲锋枪（machine-pistol）是一种全新的更轻型的武器，能够迅速地发射手枪子弹口径的弹药。

▲ 刘易斯式轻机枪M1914型

时期：1913年
来源地：美国
质量：11.8千克（26磅）
枪管长度：66厘米（26英寸）
口径：0.303英寸

风冷刘易斯机枪是西线上使用的第一种轻机枪。它先被比利时人、后被英国人接受，直到第二次世界大战的时候还在地面、空中（脱掉了枪管护罩）甚至海上使用。

▲ MG13机枪

时期：1914年
来源地：德国
质量：10.9千克（24磅）
枪管长度：71.7厘米（28.2英寸）
口径：7.92毫米毛瑟弹

MG13是由路易斯·施迈瑟（Louis Schmeisser）设计、德莱赛公司1909年生产的一种武器发展而来的。那一型的枪是水冷式的，但MG13将水冷罩替换成了风冷罩并装上了管状枪托和手枪式手柄–扳机组。

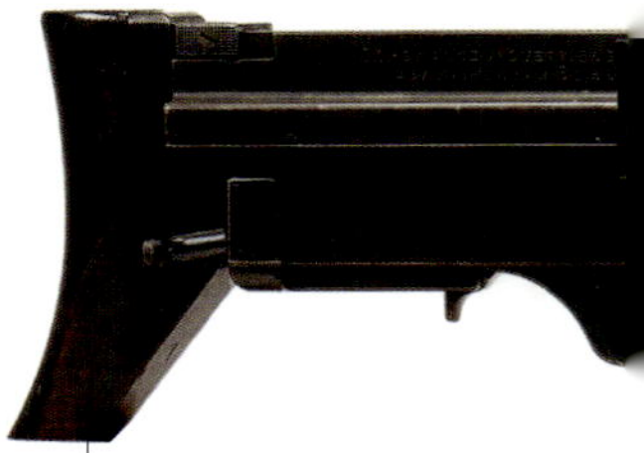

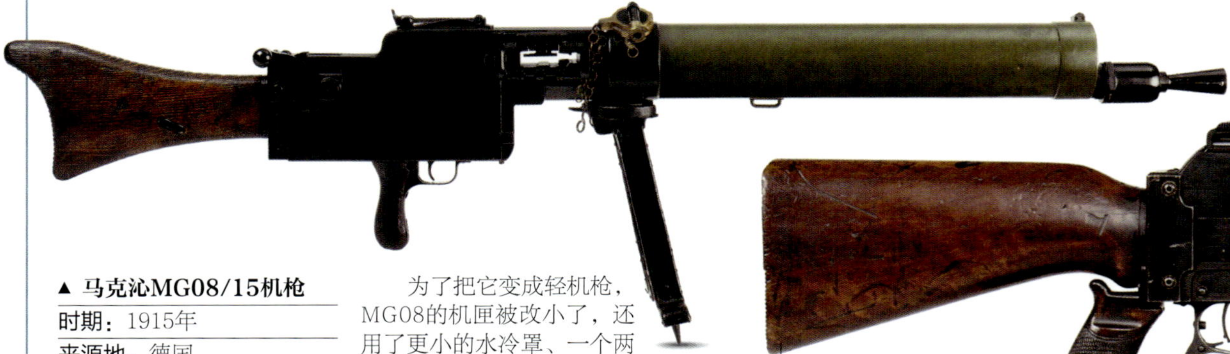

▲ 马克沁MG08/15机枪

时期：1915年
来源地：德国
质量：14千克（30.9磅）
枪管长度：71.9厘米（28.3英寸）
口径：7.92毫米毛瑟弹

为了把它变成轻机枪，MG08的机匣被改小了，还用了更小的水冷罩、一个两脚架、一个枪托以及一个手枪枪柄和扳机。它的子弹带装在圆筒里。

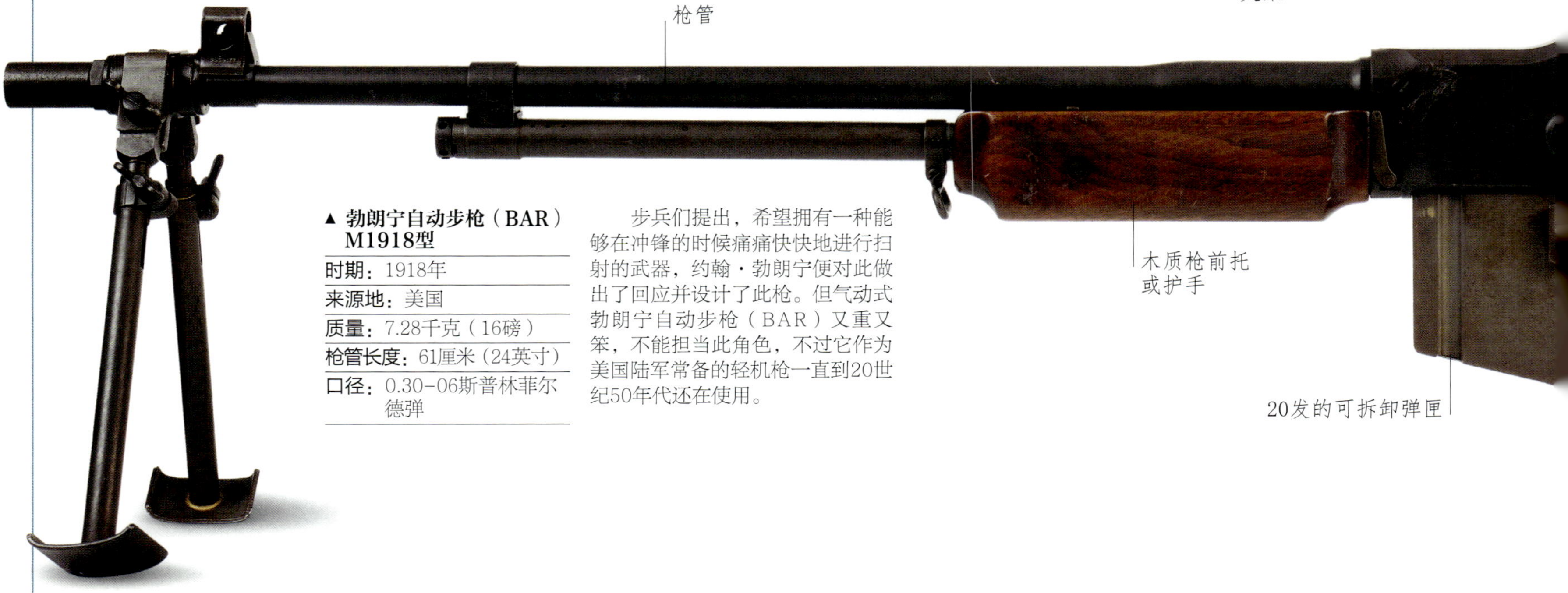

▲ 勃朗宁自动步枪（BAR）M1918型

时期：1918年
来源地：美国
质量：7.28千克（16磅）
枪管长度：61厘米（24英寸）
口径：0.30–06斯普林菲尔德弹

步兵们提出，希望拥有一种能够在冲锋的时候痛痛快快地进行扫射的武器，约翰·勃朗宁便对此做出了回应并设计了此枪。但气动式勃朗宁自动步枪（BAR）又重又笨，不能担当此角色，不过它作为美国陆军常备的轻机枪一直到20世纪50年代还在使用。

▼ **贝格曼轻机枪15NA**

时期：1916年

来源地：德国

质量：12.9千克（28.4磅）

枪管长度：72.6厘米（28.6英寸）

口径：7.92毫米毛瑟弹

贝格曼轻机枪是1910年投入使用的，但直到1916年真正定型以后它才开始吃香。它的弹药装在一个金属链带中，从一个圆筒形的容器中进弹。

▼ **DMW轻机枪（LMG）08/15（风冷机枪）**

时期：1915年

来源地：德国

质量：12千克（26.5磅）

枪管长度：71.9厘米（28.3英寸）

口径：7.92毫米毛瑟弹

想象一下，只要加上一个枪托和手枪枪把，步兵也能使用它。轻机枪（LMG）08/15是为了固定在飞机上用的，此时它需要一个同步装置与断续齿轮相连接，使它能够通过螺旋桨旋转的间隙进行射击。

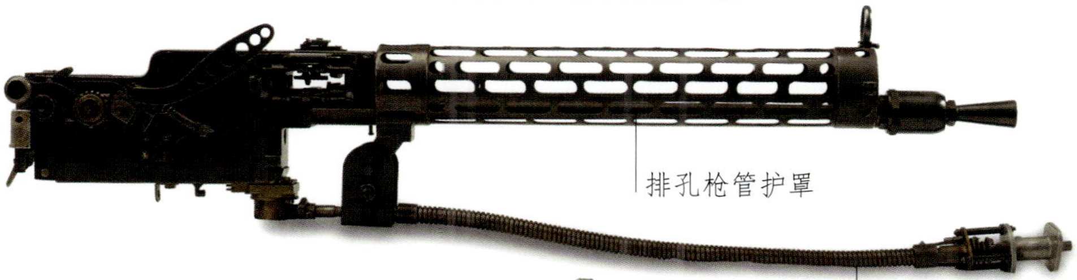

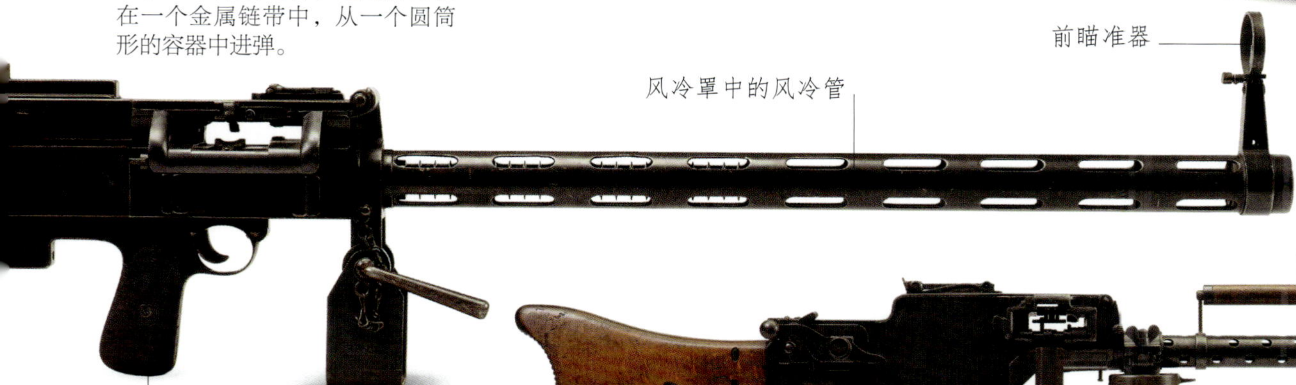

▲ **MG08/18机枪**

时期：1918

来源地：德国

质量：13千克（28.7磅）

枪管长度：71.9厘米（28.3英寸）

口径：7.92毫米毛瑟弹

MG08/15从来没有完完全全地成为一件适合于进攻的武器。就在战争结束前，这一款做了风冷改进并配有更轻巧的排孔枪管护罩的型号出现了。它几乎比MG08/15轻了整整4千克（8.75磅），可惜它问世得太晚，没有得到普及。

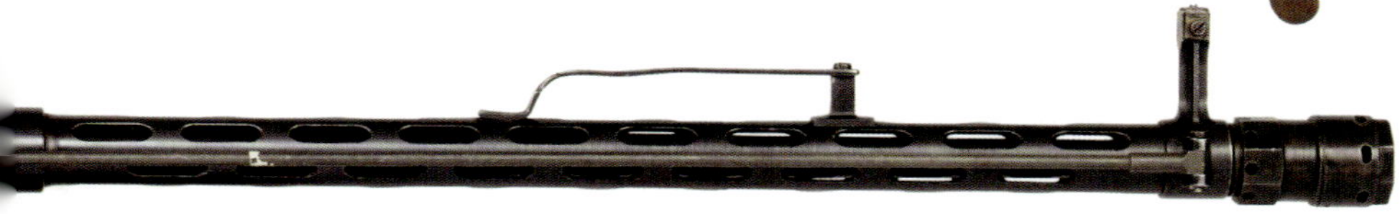

▲ **帕拉贝伦轻机枪（LMG）14/17**

时期：1917年

来源地：德国

质量：9.8千克（21.6磅）

枪管长度：70.5厘米（27.8英寸）

口径：7.92毫米毛瑟弹

帕拉贝伦轻机枪可以说是德国马克沁机枪当中最好的，它是为了能够灵活地装配在飞机和飞艇上而生产出来的一种武器。它的枪管罩后来改小了，在战争接近尾声的时候以这种形式为特定的步兵单元所使用。

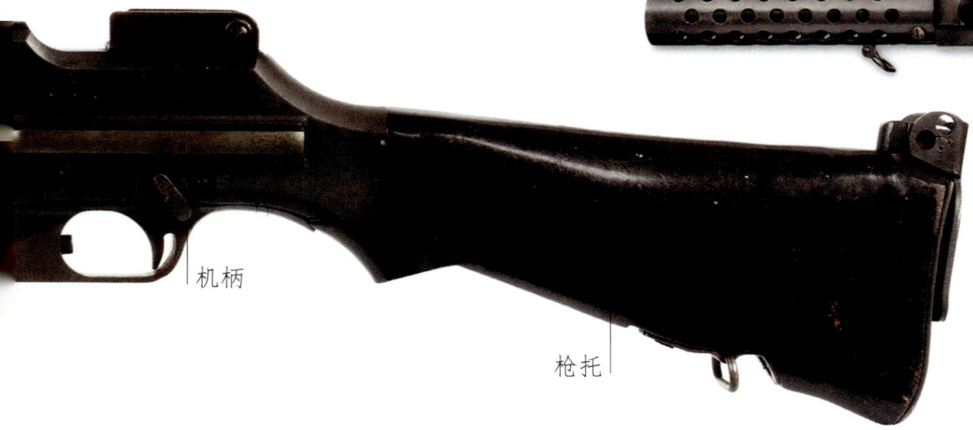

▲ **贝格曼MP18/1冲锋枪**

时期：1918年

来源地：德国

质量：4.2千克（9.3磅）

枪管长度：19.6厘米（7.7英寸）

口径：9毫米帕拉贝伦弹

牢固耐用的MP18/1是第一种有效的冲锋枪。它装的是鲁格尔（Luger）为P08手枪发明的帕拉贝伦弹，而这导致了它的供弹有些问题，直到一种更简单的盒式弹匣被设计出来才改变了这种状况。

贝恩瓦尔德堑壕

第一次世界大战中的大部分时间，一道堑壕从比利时海岸延伸到巴塞尔西部的法国—瑞士边境，绵延700千米（435英里）。贝恩瓦尔德是德国一处位于佛兰德斯、接近伊普尔的堑壕。

按照1914年9月埃纳河战役后的“奔向大海”策略，敌对双方深挖战壕，严阵以待。开始，他们挖的堑壕只比水沟宽一点点。但是随着僵局的持续，堑壕与沙坑一起构成了带倒刺的重重铁丝网保护下的永久工事。敌对双方前线之间的“无人区”有时仅25米（27.3码）宽，而一般情况下应该是这个数字的10倍。

堑壕的深度一般大大超过士兵的身高，侧面用木材、板条、瓦楞铁和沙袋“铆接”起来，底部铺着木板。要塞处浇灌混凝土或用夜间运来的预制混凝土块构筑。堑壕的环境因地而异，但是在地势较低的地方，比如佛兰德斯，战士们常常要面对洪水的危险，他们日常的生活就是与泥浆的持续斗争。由于德国首先占领了有利地势，他们就拥有了选择更高、更干燥并更少暴露于敌方火力之下的地形的优势。

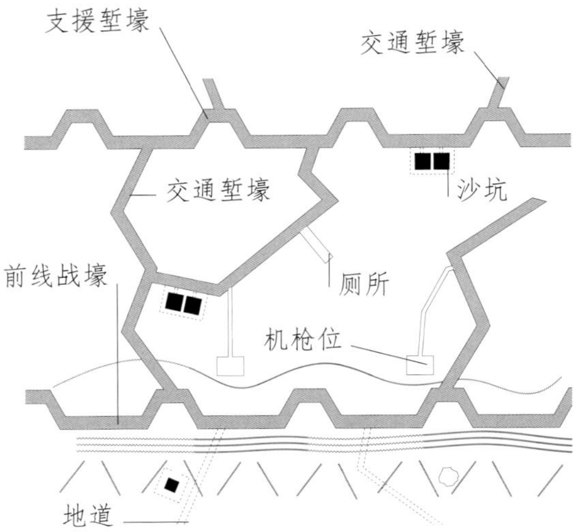

平面图

▲ **简化的德国堑壕系统**

预备队和供给通过交通堑壕从支援堑壕运送到前方，电话线也沿着同样的路线铺设。

堑壕构造

► **射击踏台**

一个简单的木质框架就能够搭成一个踏台，人可以站在上面通过护墙射击。但这是一件冒险的事情，很多士兵都在他们的枪上装配了潜望镜。

◄ **堑壕路线**

堑壕走了一条曲折的之字形路线。这种结构可以保护士兵免受大炮和手榴弹轮番轰击产生的弹片和冲击波的伤害，也防止了只要一个敌兵沿着堑壕直线射击就能闯入堑壕这种情况的发生。

▲ **浅堑壕**

由于构筑在能够俯视敌军的高地上，贝恩瓦尔德堑壕比通常情况下要浅，但是仍然能够保护士兵免于直接的火力威胁。

▲ **横木**

堑壕上横搭木梁，能够支撑顶材、电话线或抽水的软管。

▲ **结构**

要塞由预制混凝土块构筑，这些混凝土块是通过附近的窄轨铁路运过来的。现在还有4个要塞和一个带有防护的迫击炮炮位幸存。

► **掩体**

这里曾经有10个两室的要塞。它们还不足以抵御直接的炮火轰击，但是已经足够使室内的士兵免于弹片和轻武器的袭击。

▲ **狭窄的空间**

要塞中的净空间不超过1.2米（4英尺）。在某种程度上，这是为了保证掩体内的士兵永远不会觉得太舒适。

▲ **地道入口**

当情况允许时，双方都会试着向对方的防线下挖地道，用于引爆地雷。

▲ **竖井通道**

垂直的竖井提供了通向地道的通道。当敌对双方挖通了对方的地道时，就会爆发猛烈的冲突。

野战炮、攻城炮与榴弹炮

到1914年为止的重炮群已经能够造成大规模的人员伤亡。它们包括能够迅速拆解、用骡子运走的山炮，以及如18磅炮弹速射炮那样的轻型炮（这些炮可以不用挖掘炮位，直接在战场上发射），到英国陆军的9.2英寸口径马克1型榴弹炮。后者在稍后的1915年传到法国并成为战争中最有效的炮火反击武器，它能够将一枚130千克（290磅）的高爆炮弹发射到超过9千米（5.5英里）远的距离。安装在铁轨上、能够打到40千米（25英里）外目标的大炮被用于远程攻击。

▼ **2.75英寸口径山炮**

时期：	1911年
来源地：	英国
质量：	585千克（1 290磅）
长度：	1.84米（6英尺）
口径：	2.75英寸
射程：	5.5千米（3.4英里）

这是一款测试型10磅炮弹山炮的改进版。为便于运输，炮管可以拆成两节，而剩下的部分还可以拆成3块。它可以用6匹骡子运走或拖着走。

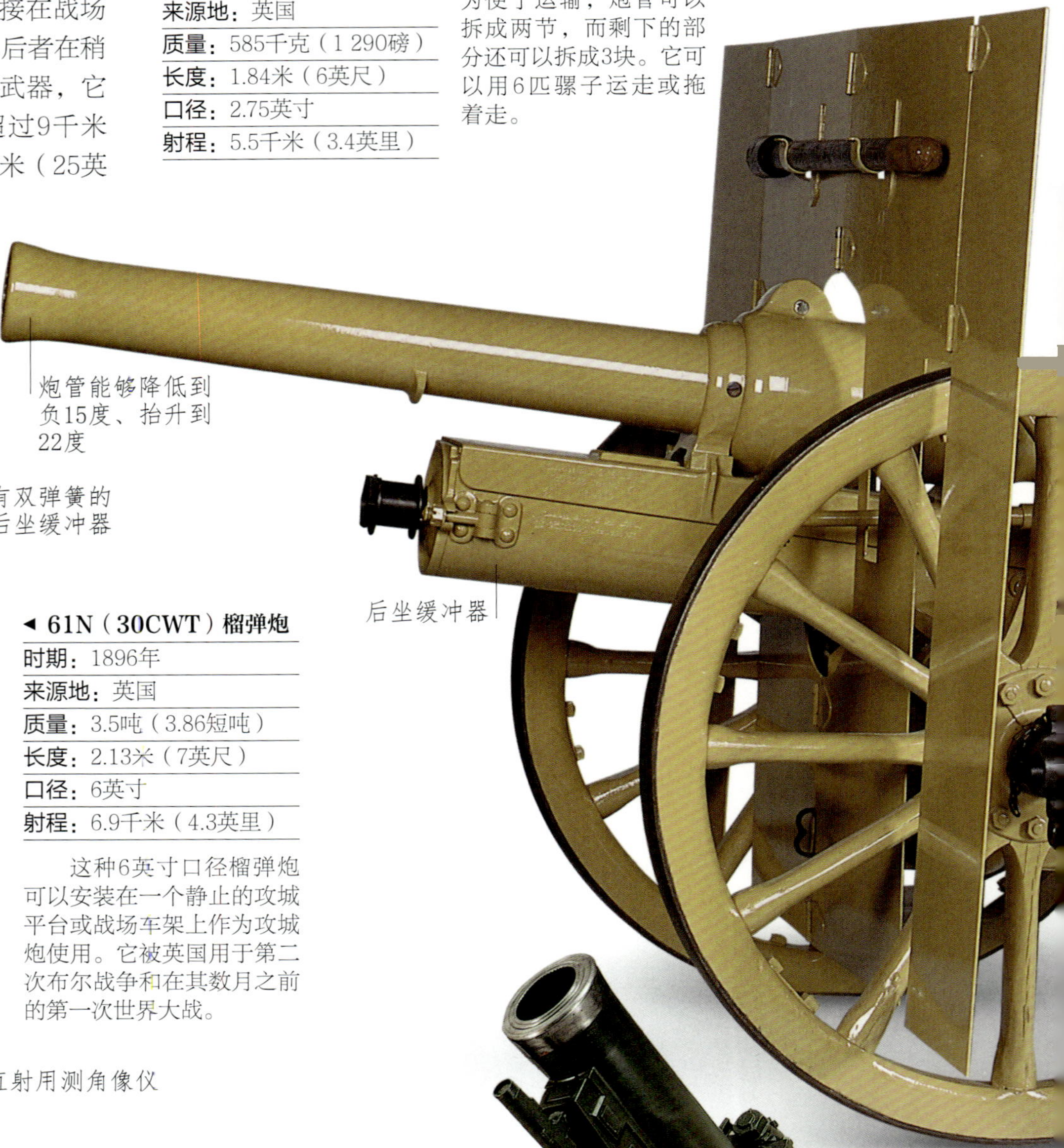

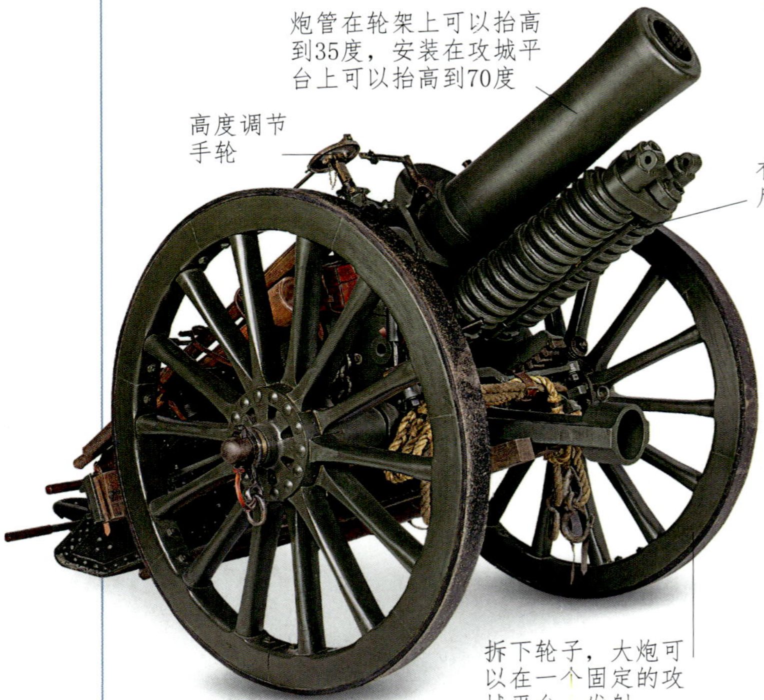

◀ **61N（30CWT）榴弹炮**

时期：	1896年
来源地：	英国
质量：	3.5吨（3.86短吨）
长度：	2.13米（7英尺）
口径：	6英寸
射程：	6.9千米（4.3英里）

这种6英寸口径榴弹炮可以安装在一个静止的攻城平台或战场车架上作为攻城炮使用。它被英国用于第二次布尔战争和在其数月之前的第一次世界大战。

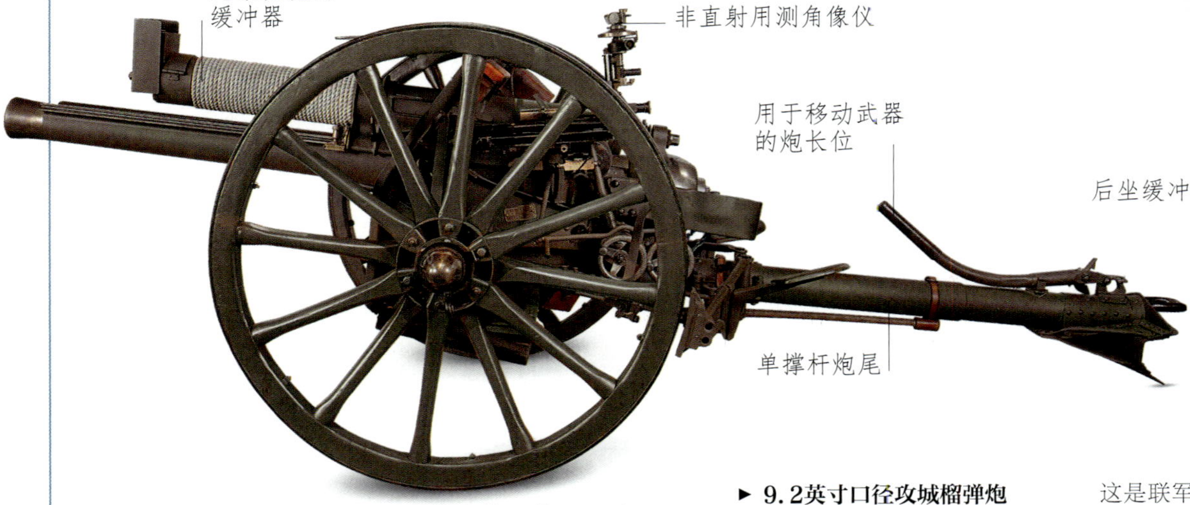

▲ **18磅炮弹QF马克2炮**

时期：	1904年
来源地：	英国
质量：	1.28吨（1.41短吨）
长度：	2.34米（7.68英尺）
口径：	3.3英寸
射程：	6千米（3.7英里）

作为英国使用了近40年的标准战场炮，18磅弹型炮第一次问世是在1904年。它能够发射多种不同的炮弹，包括高爆炮弹、榴弹、毒气弹还有穿甲弹。它的6人操作小组可以在一个较短的时间内进行每分钟20轮的发射。

▶ **9.2英寸口径攻城榴弹炮MK1**

时期：	1914年
来源地：	英国
质量：	12吨（13.2短吨）
长度：	3.4米（11.2英尺）
口径：	9.2英寸
射程：	9.2千米（5.7英里）

这是联军最有效的炮火反击武器，能够摧毁距前线很远的隐蔽位置的敌方火炮。在西线，英国和美国使用了超过650门这种炮。

▲ 15厘米口径重型战场榴弹炮M1914/16

时期：	1916年
来源地：	奥匈帝国
质量：	2.77吨（3.05短吨）
长度：	2.12米（7英尺）
口径：	149毫米
射程：	8.75千米（5.44英里）

M1914/16是斯柯达公司为奥匈帝国陆军制造的。在一段很有限的操作时间内，一组熟练的操作手可以1分钟发射两枚41千克（90.4磅）炮弹。这种炮在第二次世界大战期间被大量移交给意大利。

▼ 新型7.58厘米口径轻迫击炮

时期：	1916年
来源地：	德国
质量：	195千克（430磅）
长度（炮管）：	41厘米（16.1英寸）
口径：	2.9英寸
射程：	1.3千米（0.8英里）

由莱茵金属公司制造的这款相对轻型的迫击炮拆解后能够被一个6人小组运走。它的旋转平台使它能够360度旋转，而它的轮子和炮尾可以让它平直发射，因此也被当作一种反坦克炮。

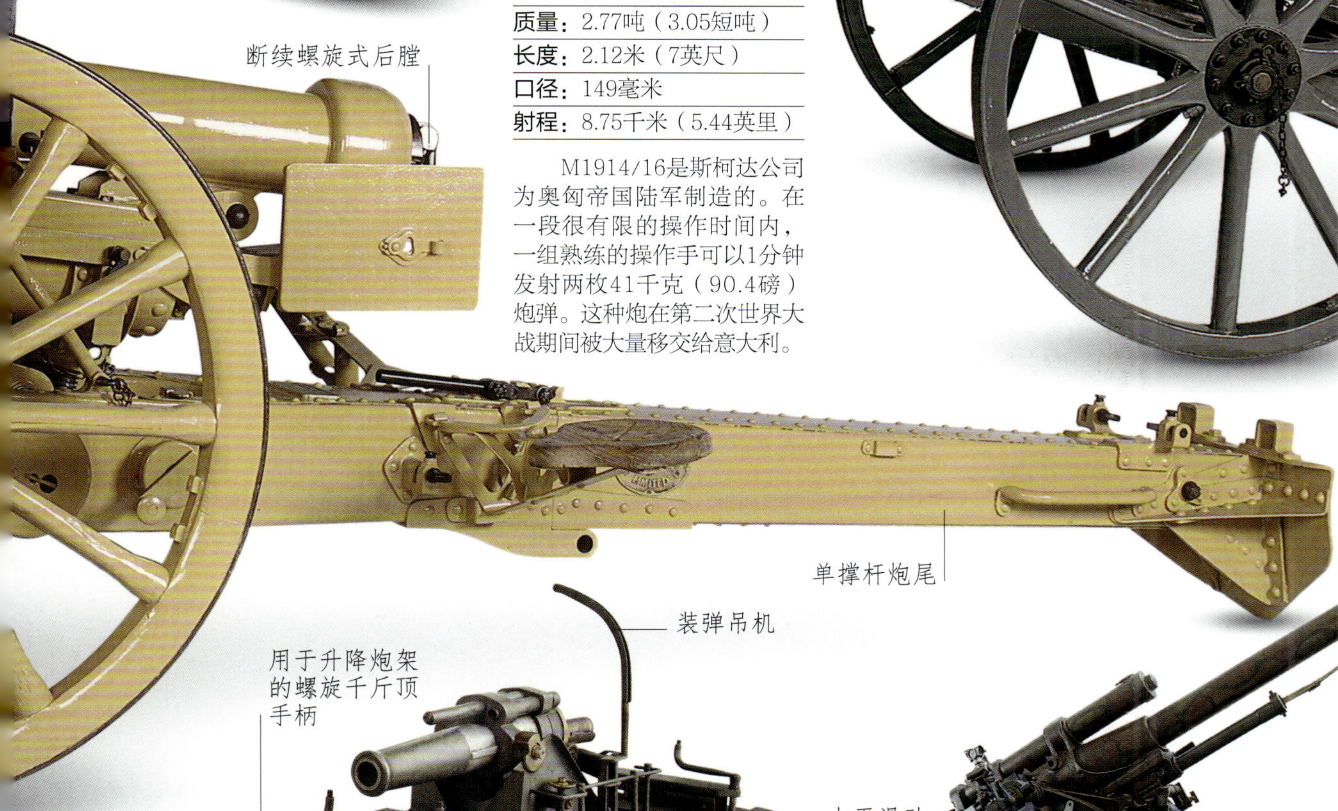

▲ 安装在铁轨上的12英寸口径榴弹炮马克1型

时期：	1916年
来源地：	英国
质量：	58.81吨（64.83短吨）
长度：	3.7米（12.1英尺）
口径：	12英寸
射程：	10.17千米（6.32英里）

埃尔斯维克军械公司为英国陆军制造的12英寸口径榴弹炮由皇家要塞炮兵成对操作。短炮管的马克1型很快就被炮管稍长的马克3型取代，后者的射程提高了40%，然后又被机动性大大改善的马克5型取代。

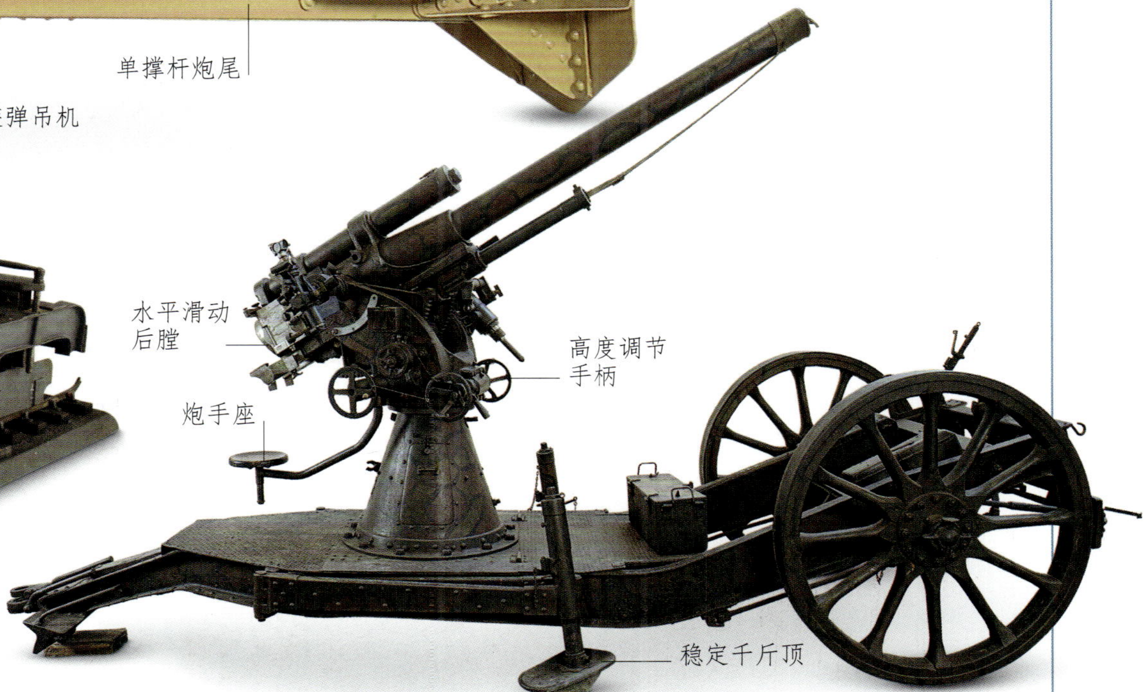

▲ 7.7厘米口径带座高射炮

时期：	1916年
来源地：	德国
质量：	2.06吨（2.27短吨）
长度：	2.7米（8.9英尺）
口径：	77毫米

7.7厘米口径带座高射炮是第一次世界大战期间击落联军飞机最多的防空炮。联军有1600架飞机被击落大部分要归功于这种炮。它发射的是6.8千克（15磅）炮弹，一个熟练的6人操作小组可以达到每分钟20发以上的射击率。这种炮的有效射程是4 750米（15 584英尺）。

堑壕战武器

整个第一次世界大战期间，对敌方阵地的攻击几乎不可避免地都以在堑壕和防空壕内狭小空间的徒手搏斗而终结。在这种环境中手枪就能大大地派上用场了，不过只有军官才有手枪。单个士兵携带的是步枪、刺刀和其他一些轻便武器，如匕首和斧子，使他们能够迅速击伤或杀死敌人。早期设计的手榴弹尽管不令人完全满意，但马上就得到了显著的改善。

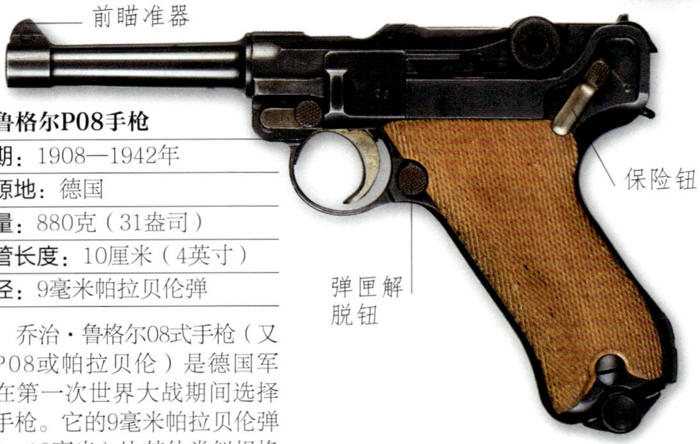

▸ **鲁格尔P08手枪**

时期： 1908—1942年
来源地： 德国
质量： 880克（31盎司）
枪管长度： 10厘米（4英寸）
口径： 9毫米帕拉贝伦弹

乔治·鲁格尔08式手枪（又称P08或帕拉贝伦）是德国军官在第一次世界大战期间选择的手枪。它的9毫米帕拉贝伦弹（9×19毫米）比其他类似规格的子弹更有力量，后来成为全世界的标准。

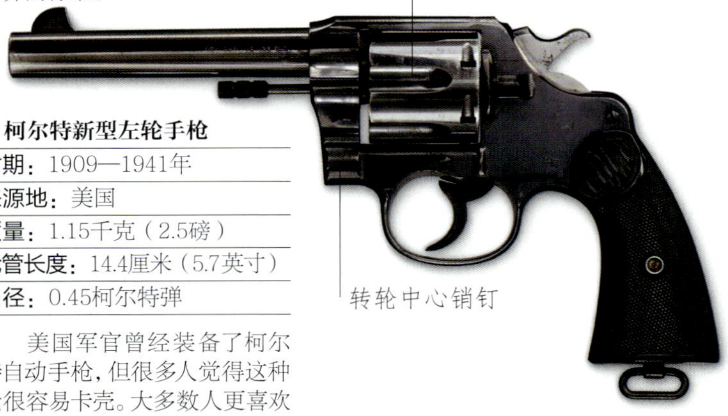

▸ **柯尔特新型左轮手枪**

时期： 1909—1941年
来源地： 美国
质量： 1.15千克（2.5磅）
枪管长度： 14.4厘米（5.7英寸）
口径： 0.45柯尔特弹

美国军官曾经装备了柯尔特自动手枪，但很多人觉得这种枪很容易卡壳。大多数人更喜欢美国陆军生产的最新式左轮枪——0.45口径柯尔特新型手枪。

▸ **韦伯利-斯科特MK6手枪**

时期： 1915年
来源地： 英国
质量： 1.05千克（2.3磅）
枪管长度： 15.2厘米（6英寸）
口径： 0.455埃利弹

伯明翰武器制造商韦伯利和斯科特于1887年开始向英国陆军供应手枪。MK6是它们当中的最新款，因它的高可靠性获得了褒奖。

▾ **木柄手榴弹**

时期： 1915年
来源地： 德国
质量： 595克（21盎司）
长度： 36.5厘米（14.4英寸）

木柄手榴弹首先在德国军队中使用，并成为暴风突击队的标志性武器之一。木质手柄使得它的投掷者能够比持有其他手榴弹如米尔斯手榴弹的人投出更远的距离。

▾ **带钢丝钳的恩菲尔德M3步枪**

时期： 1907年
来源地： 英国
质量： 3.7千克（8.2磅）
枪管长度： 64厘米（25.2英寸）
口径： 0.303英寸

第一次世界大战的战场是由倒刺铁丝网装点起来的，人们尝试了很多方法对付它。其中就包括给恩菲尔德步枪枪口上安装弹簧夹钳，不过事实证明这没什么效果。

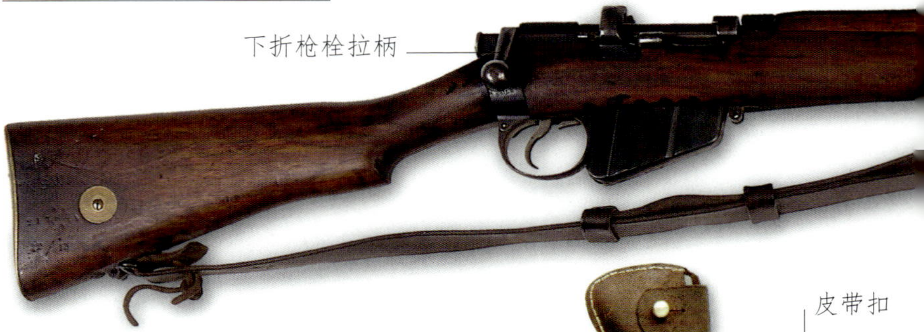

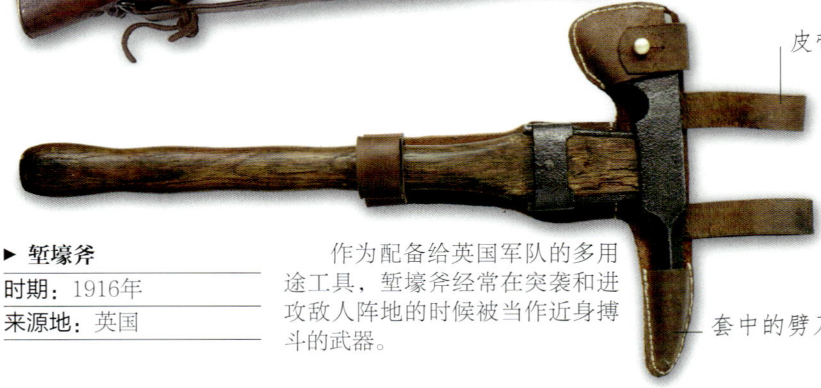

▸ **堑壕斧**

时期： 1916年
来源地： 英国

作为配备给英国军队的多用途工具，堑壕斧经常在突袭和进攻敌人阵地的时候被当作近身搏斗的武器。

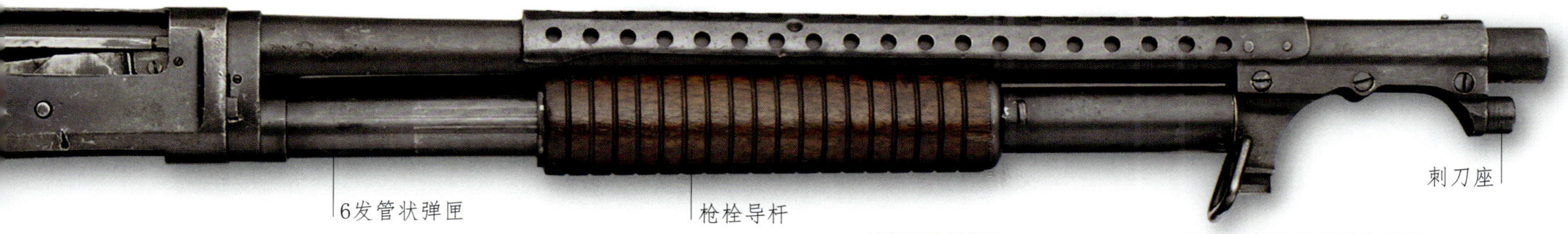

▲ **温彻斯特堑壕枪**

时期：1897年	
来源地：美国	
质量：3.6千克（7.9磅）	
枪管长度：51厘米（20.1英寸）	
口径：12号	

温彻斯特连发武器公司委托枪械设计师约翰·摩西·勃朗宁研制一款压动枪机式霰弹枪，于是勃朗宁制造出了M1897。它的6发弹夹使得这种枪对战斗步兵非常管用。

▼ **带钉的短棍**

时期：1916年	
来源地：英国	

最简单的堑壕战武器就是棍棒，常常就像本例中一样加上了铁钉或长钉以提高杀伤力，往往还有一个固定环。

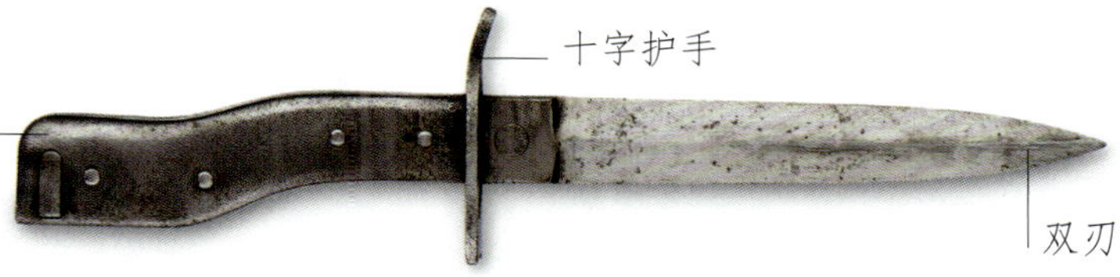

▲ **德国"代用"短刀**

时期：1917年	
来源地：德国	
质量：220克（7.8盎司）	
长度：26.1厘米（10.3英寸）	

这一双刃短刺刀是专为毛瑟GeW98步枪开发的，同时也可作为匕首使用，很多德国士兵都给自己买了一把。

▲ **不列颠狼牙棒**

时期：约1916年	
来源地：英国	

这种棍子用硬木手工削成，在加大的棍头上同时安装了马蹄铁钉和尖刺长钉。它还带有齿纹，提高了抓握的牢固性，还有一个腕套以提高安全性。

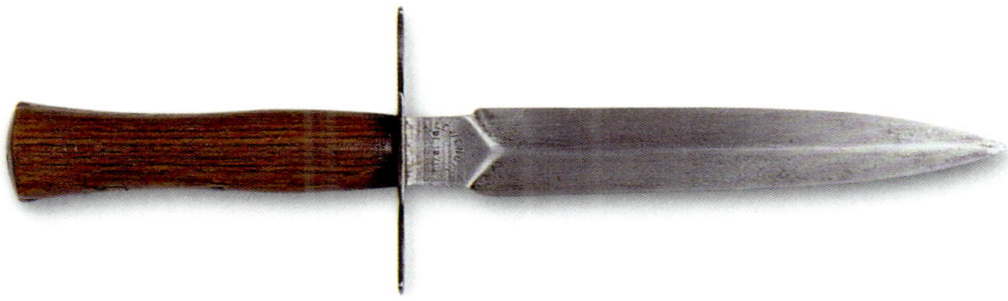

▲ **法国堑壕匕首**

时期：1916年	
来源地：法国	

这是一款简单的双刃刺削武器，有一个十字护手和一个朴素的木质刀把，可能是在法国中南部阿韦龙省的拉吉奥尔（Laguiole）制造的。

► **36号米尔斯手榴弹**

时期：1915年	
来源地：英国	
质量：765克（27盎司）	
长度：95.2毫米（3.75英寸）	

当可靠的时间引信（弹药发射、投掷、布设后，按照装定的时间作用的引信）投入实用以后，手榴弹就变得更加有效了。英国米尔斯手榴弹菠萝形的外壳内装有以TNT为基础的叫作哔噪拉明的炸药，这是它的首款，后来被广泛模仿。

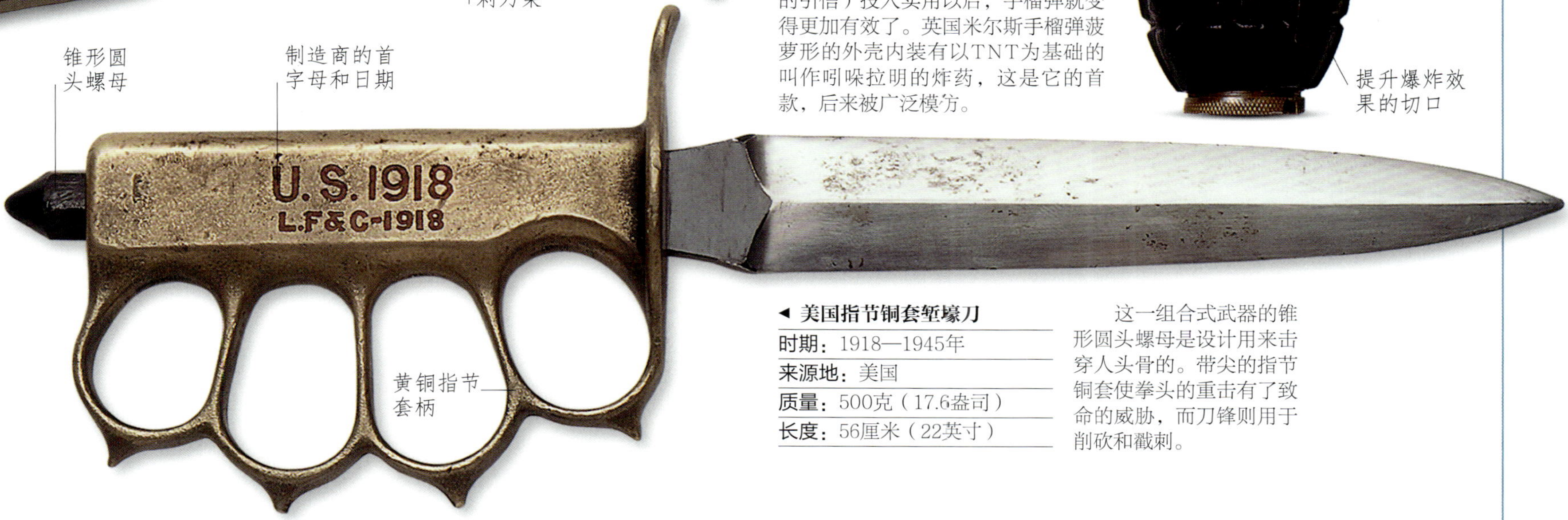

◄ **美国指节铜套堑壕刀**

时期：1918—1945年	
来源地：美国	
质量：500克（17.6盎司）	
长度：56厘米（22英寸）	

这一组合式武器的锥形圆头螺母是设计用来击穿人头骨的。带尖的指节铜套使拳头的重击有了致命的威胁，而刀锋则用于削砍和戳刺。

堑壕战

阿拉斯战役

第一次世界大战中深陷于堑壕战僵局的西线部队寻找了一种新方法。在1917年4月的阿拉斯（Arras）战役中，英国与英联邦武装在对德国的步兵突袭中取得了最初的成功，但却没有取得他们所渴望的突破性进展。

阿拉斯的英国指挥官决定在部队排成直线向着机枪的火力艰难推进的时候，避免前些年在进攻索姆河时的灾难重演。炮兵和步兵计划对德国阵地实施一次巧妙的联合袭击，其中也包括防守牢固的维米岭（Vimy Ridge）。在行动以前，掩蔽集结部队的地道已经挖到了前线。这条地道最长的地方超过了1英里。短的堑壕或“坑道”延伸到了双方堑壕之间的无人区，以便为突袭创造一个更好的爆发点。与此同时，炮兵观测员运用复杂的声波测距技术，根据德军大炮发射时的炮口闪光，定位并标示出了他们的炮位。这帮助英国炮手准确地实施了炮火反击，在袭击开始的时候就压制了德军的炮兵。步兵和炮兵军官还协力实施了一种“徐进弹幕射击”战术——在前进的联军部队前构成一道移动的弹幕。

在攻势展开前，超过900门大炮已事先对德军前线进行了长达1星期的炮击。这么做的代价是任何意外的希望都被牺牲掉了。不过，特殊引信的使用，让炮弹能够有效地破坏德军堑壕前面的倒刺铁丝网——这是步兵前进的必要准备。4月9日凌晨5∶30，复活节的星期一，随着加拿大军队在维米岭前的展开，战斗打响了。

士兵跟在徐徐推进的密集炮火后面前进，保持大约46米（50.3码）的距离。其他的大炮压制了德军的炮阵并向他们的防御工事发射了毒气弹。同时大批的英国机枪配合前进的部队向德军的堑壕扫射，数十辆坦克作为步兵的支援，也在缓缓前行。

第一拨攻击者在多个地点攻到了德国的一线堑壕，随即用手榴弹和刺刀展开了一场近距离的殊死搏斗。第二拨部队穿过了第一拨继续前进。英军采用了一种灵活的小组袭击策略，成功突破了德国的机枪掩体：半个排冲锋，半个排火力掩护。第一天的战斗结束时，维米岭已经落在了加拿大军队的手中，而其他的英国部队已经挺进了大约5千米（3英里）。

重陷僵局

4月11日，英国将军艾德蒙·艾伦比（Edmund Allenby）宣称，他的军队“正在追击失败的敌军”。骑兵部队承载着突破空旷野地的希望被派了出去，但事后证明他们有些太盲目乐观了。炮兵的表现令人印象深刻，但他们也严重破坏了将要行进的地面。在工程兵修好可供英国重炮前进的道路的同时，德国又巩固了他们的防线。到4月14日，前行的脚步在新的德国部队和未修剪倒刺的铁丝网面前戛然而止。就像第一次世界大战中经常发生的那样，一轮又一轮进攻注定又会长久地持续下去，产生大量伤亡却没有或只有很少的进展。

为进攻做准备

阿拉斯的英国步兵在上前线之前挖了一条战备堑壕。堑壕经常被挖成之字形，减少暴露在直射火力之下的机会。

坦克与装甲战车

随着大炮、机枪和倒刺铁丝网的致命组合统治战场，“可怜的步兵”在进攻中，如果没有某种形式的足够保护，就无法有效发挥功能。机动车能够提供的支援非常有限，因为除了理想状态以外，它们并不可靠也很难操作。这催生了一种能够依靠履带而不是车轮行进的装甲拖拉机，它的装甲能够抵挡住子弹和炮弹片。“坦克”——就像人们最初称呼的那样——在1916年的索姆河战役中第一次部署，但是直到几年以后在康布雷（Cambrai），它们才在某种程度上得到了成功的应用。

★本书中除特殊注明外，“马力”均为英制马力。——译者注

▶ 劳斯莱斯装甲车

时期：1915年　来源地：英国
质量：3.56吨（3.92短吨）
长度：4.93米（16.2英尺）
最高速度：72千米/时（45英里/时）
发动机：59.7千瓦（80马力）

劳斯莱斯装甲车用的是“银魅”游览车的底盘，1914年12月由英国武装力量首先在比利时使用。这款设计后来做了改进，可以在沙漠中使用。

◀ 坦克兵头盔

时期：1916年
来源地：英国
材料：钢铁、皮革

子弹打在坦克上，使得金属碎片乱飞，英国坦克手便配备了这种外覆皮革的钢盔。

▼ “小威利”装甲战车

时期：1915年　来源地：英国
质量：18.3吨（20.2短吨）
长度：6.53米（21.4英尺）
最高速度：3千米/时（1.9英里/时）
发动机：78.3千瓦（105马力）

“小威利”是一款装甲战车样车，造它是为了向英军首脑证明这一概念的可行性。

◀ 马克4型坦克

时期：1917年　来源地：英国
质量：28.4吨（31.3短吨）
长度：8.02米（26.3英尺）
最高速度：6千米/时（3.7英里/时）
发动机：78.3千瓦（105马力）

人们造了很多辆改进型马克4型坦克。为保证乘员的安全，汽油箱被安在了车外。此举还改善了通风，提高了舒适度。

▲ **雷诺FT-17坦克**

时期：1917年　来源地：法国
质量：7吨（7.7短吨）
长度：5.02米（16.5英尺）
最高速度：8千米/时（5英里/时）
发动机：26.1千瓦（35马力）

美国陆军也列装了的雷诺FT-17成了第一次世界大战后使用最多的坦克，总共造了3500多辆。

▼ **A7V风暴坦克**

时期：1918年　来源地：德国
质量：29.8吨（32.8短吨）
长度：7.34米（24.1英尺）
最高速度：13千米/时（8英里/时）
发动机：双74.6千瓦（双100马力）

以美国履带拖拉机为基础的A7V坦克在第一次世界大战的最后一年才投入使用，而且也只造了30辆。它拥有两台戴姆勒-奔驰汽油发动机。

▼ **中型马克A惠比特坦克**

时期：1917年　来源地：英国
质量：14.2吨（15.7短吨）
长度：10.1米（33.1英尺）
最高速度：12千米/时（7.5英里/时）
发动机：双33.6千瓦（双45马力）

作为一种由装甲部队研发出来的侦察坦克，“惠比特”的两条履带分别由两台独立的33.6千瓦（45马力）6缸汽油发动机驱动。这辆车通过两台发动机相对不同的速度实现转向。

◀ **马克5型坦克**

时期：1918年　来源地：英国
质量：29.5吨（32.5短吨）
长度：8.05米（26.4英尺）
最高速度：8千米/时（5英里/时）
发动机：111.8千瓦（150马力）

马克5型坦克引入了周转齿轮，使坦克能够只由一个人操作，而不是像从前那样需要4个人。当陷入淤泥时，它的垫沟横梁可以和链条连接起来垫在坦克下面，从而使它从淤泥中脱身。

马克5型坦克

1916年9月，英国人在索姆河战役中首次使用了坦克。坦克早期的型号不太可靠，但已经表现出了巨大的战斗潜力。到第一次世界大战结束前，已经有超过400辆马克5型坦克投入使用。

1918年问世的马克5型坦克是西线最后一批菱形的英国重型坦克。与之前的型号一样，马克5型坦克厚重的装甲既减慢了它的速度，又削弱了它的机动性。这种坦克用于掩护步兵穿越无人区，在倒刺铁丝网和堑壕防线上杀出一条路。

重型坦克虽然能够抵御机枪，但不能抵挡大炮，而且当行驶在满是弹坑的泥地上时，它们也会陷住或者发生故障。在1917年的康布雷战役中，大约324辆英国重型坦克在坚硬的地面上实施了一次大规模袭击，充分展示了它们在得到恰当的使用之后能够达到的效果。更轻、更快的坦克，如英国惠比特坦克和法国雷诺FT-17坦克（后者安装了旋转炮塔）在战争后期相对开放的战斗中也证明了它们的价值。

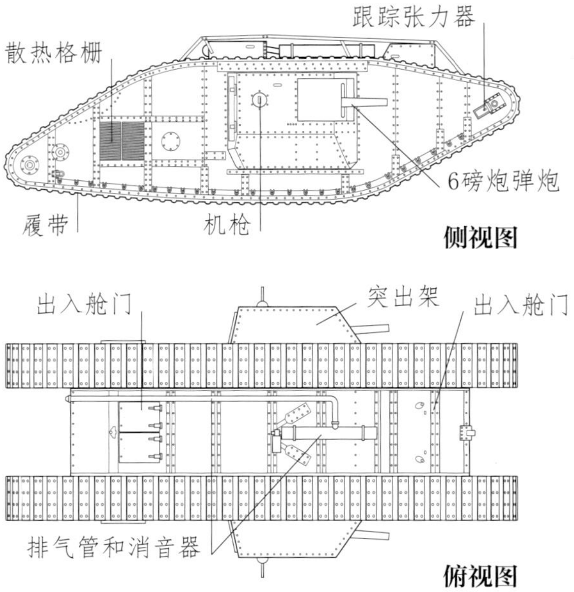

▲ **马克5型坦克**
这种坦克长8.05米（26.4英尺），重29.5吨（32.5短吨）。它的111.8千瓦（150马力）里卡多发动机使它的最高速度能达到7.4千米/时（4.6英里/时）。

坦克外部

▲ **履带**
坦克靠两条履带（由金属铆接起来、绕着滚轴旋转的链环）来进行移动。

▲ **前视图**
敌军常常将火力瞄准观察口，所以坦克乘员开始戴防护面罩。

► **“公”坦克**
装配了两门6磅炮弹炮和4门霍奇基斯机枪的型号被称为“公”坦克，而“母”坦克只配备了机枪。

▼ **调整螺母**
为了提供合适的牵引，履带的张力通过旋动调整螺母来改变。

▲ **6磅炮弹炮**
有两名乘员分别操作这两门6磅炮弹速射炮。它们安装在坦克两侧，置于叫作突出架的装甲发射器上，每一个突出架还装配了一台机枪。

▲ **装甲**
马克5型坦克覆盖着由铆钉铆起来的金属板，厚达14毫米（0.55英寸），能够抵挡住德国穿甲弹。左侧的发动机散热格栅看得很清楚。

坦克内部

▲ **启动曲柄**

它的水冷发动机是由它的4个乘员通过旋转一个大号曲柄来启动的。

► **驾驶位**

驾驶员坐在指挥员右侧。他必须先把坦克停下来才能让它转弯，这使它成了最容易打的靶子。

▼ **内部条件**

乘员——指挥官、驾驶员和6个炮手一起工作在炎热、拥挤、嘈杂而烟雾弥漫的环境里。子弹打在坦克外壳上，引起坦克内部金属碎片乱飞，因此成员们都穿着防护服。

▲ **无遮盖的发动机**

发动机暴露在外，就能在行驶的时候加注润滑油。

▲ **炮弹**

一辆马克5型坦克装有207枚高爆霰弹，储存在突出架旁边的弹架上。

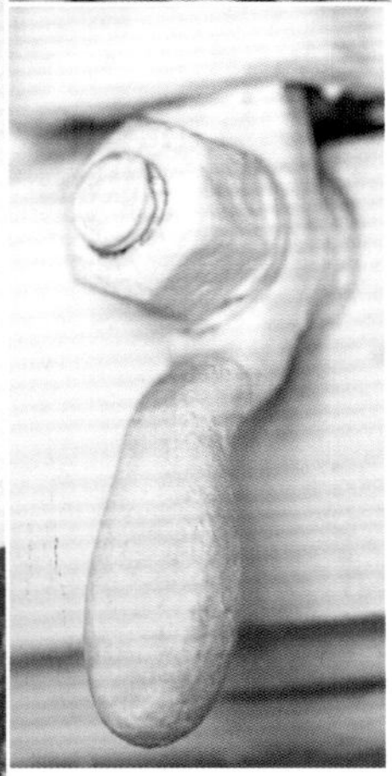

◄ **舱口杆**

在坦克顶部、突出架上和尾部都有供乘员出入的舱门。

第一次世界大战中的通信装备

随着战场和军队规模的扩大，有效远距离通信的需要也开始变得迫切。写在纸上的信息由通信员、信鸽或狗来传递，其可靠性各有差别。传统的信号传递系统，如信号旗、照明弹、日光反射信号器等，通过与新形式的以电为基础的电报的配合，也在战场上得到了应用。有线电报依靠长长的导线将脆弱的发报机连接起来，而依赖笨重设备的无线电报则容易被敌人窃听。比如1917年美国参战的消息就被德国窃听并破译了。

旗子是用哔叽或丝绸做的，丝绸的旗子操作起来更快

◂ **信号旗**

时期：1914—1918年
来源地：英国
类型：传递信号

旗语系统是为了在舰船之间进行信息交流而在19世纪发展起来的，即使被轻巧的无线电淘汰之后还在使用。一名训练有素的信号员可以在1分钟内传达12个或更多的单词。

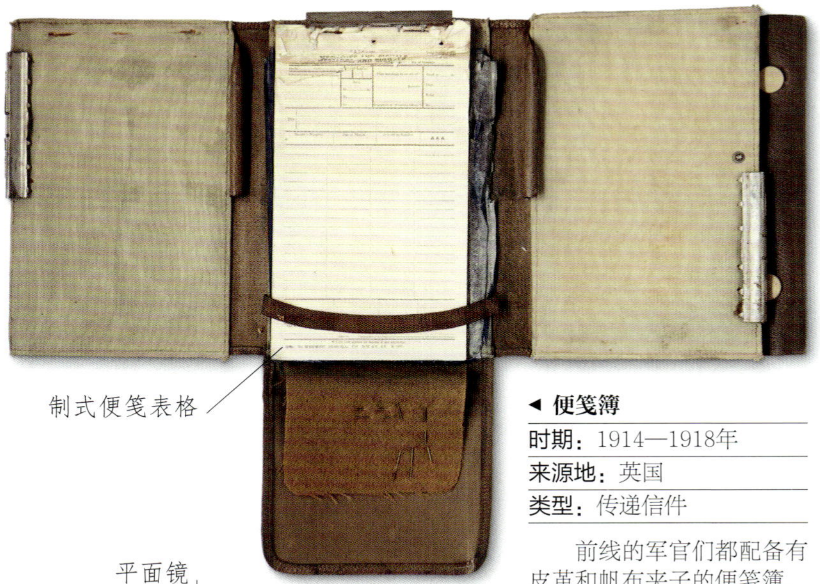

制式便笺表格

◂ **便笺簿**

时期：1914—1918年
来源地：英国
类型：传递信件

前线的军官们都配备有皮革和帆布夹子的便笺簿，里面垫了复写纸，复制出来的信笺供发送者留底。

有安全口袋的皮革项圈

◂ **狗项圈**

时期：1914—1918年
来源地：英国
类型：传递信件

在有些环境下（常常是那些被认为对人过于危险的地方），经过训练的狗可以用来发信。这些信件或者藏在挽具里，或者藏在简单的项圈里。

平面镜

◂ **日光反射信号器 马克5型（MARK V）**

时期：1916年
来源地：英国
类型：传递信号

第一台实用的日光反射信号器——一面用于反射阳光的镜子在1860年诞生于印度。轻便、无能耗、难以窃听等诸多优点赋予了它们极强的实用性，它们一直被使用至20世纪70年代。

▾ **惠斯通电报机**

时期：1914—1918年
来源地：英国
类型：收发电报

基于英国科学家查尔斯·惠斯通（Charles Wheatstone）在19世纪30年代开发出来的技术，惠斯通发报机使用打孔纸带系统，每分钟可以译出多达100个单词。

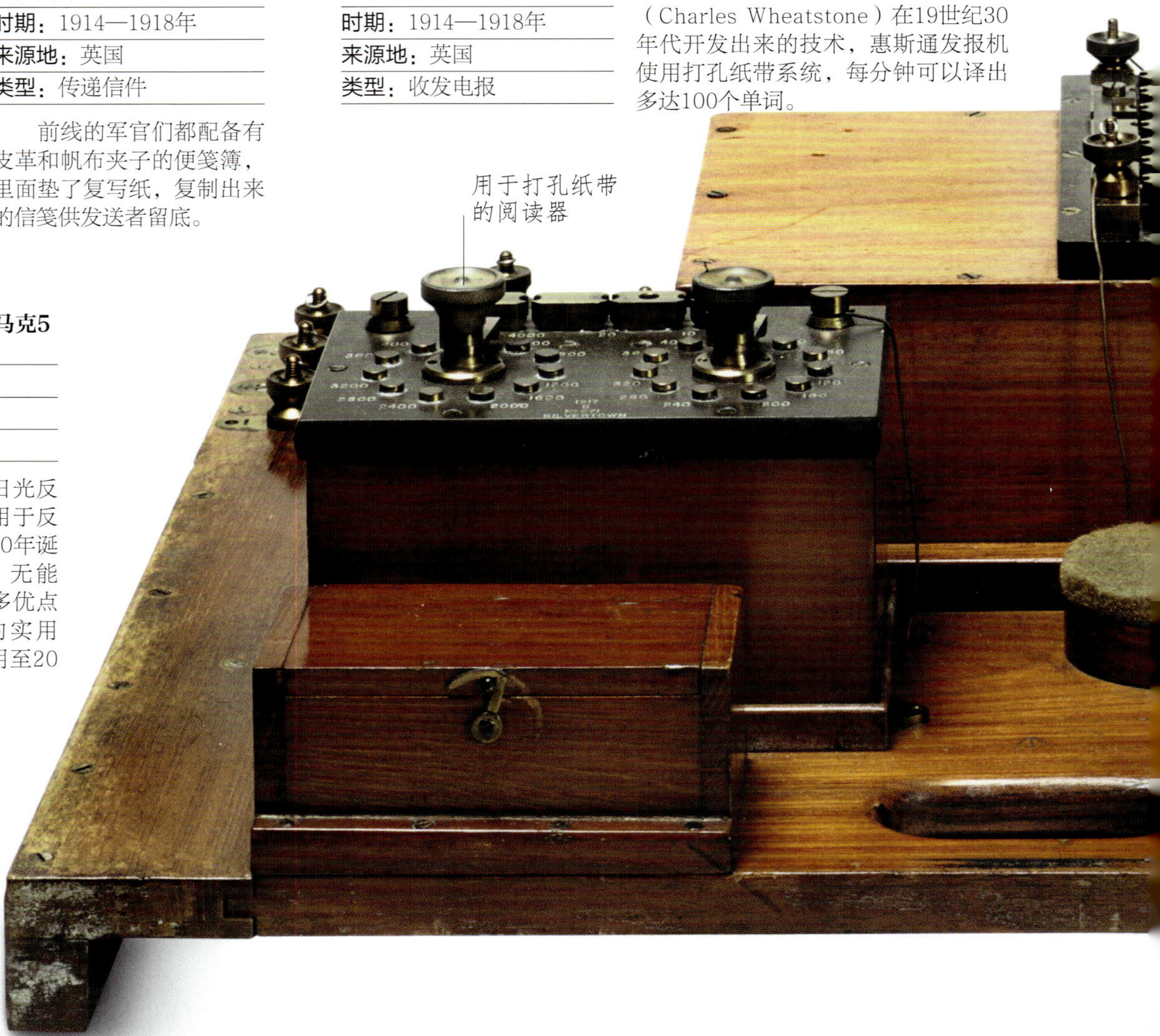

用于打孔纸带的阅读器

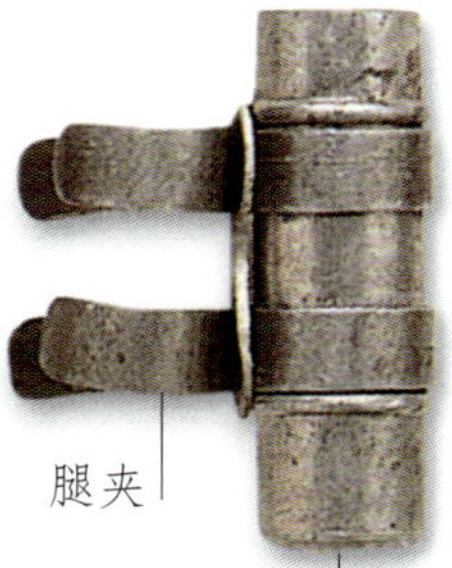

▶ **信鸽筒**

时期：1914—1918年
来源地：英国
类型：传递信件

战争期间，英军和德军使用了数千只信鸽。写在米纸上的消息被叠好放入绑在鸽子腿上的容器里。

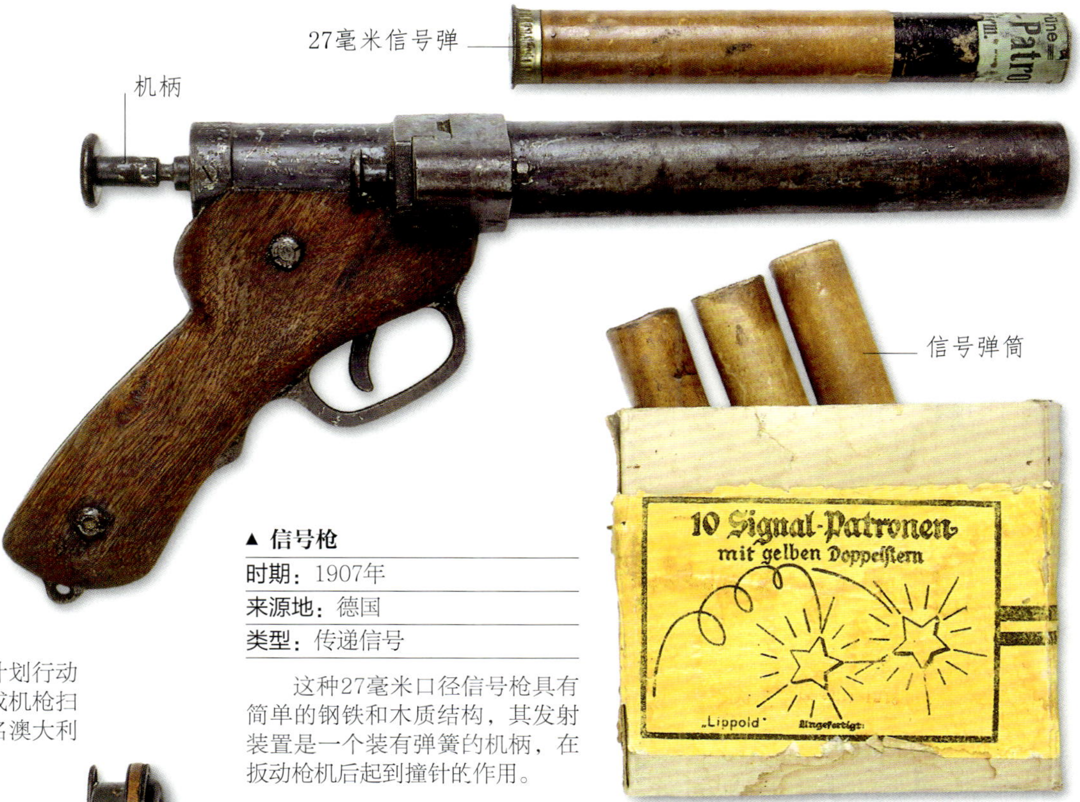

▲ **信号口哨**

时期：1914年
来源地：英国
类型：传递信号

一声哨响往往是按计划行动的信号，比如一次袭击或机枪扫射。埃及远征军中的一名澳大利亚军官就使用了它。

▲ **信号枪**

时期：1907年
来源地：德国
类型：传递信号

这种27毫米口径信号枪具有简单的钢铁和木质结构，其发射装置是一个装有弹簧的机柄，在扳动枪机后起到撞针的作用。

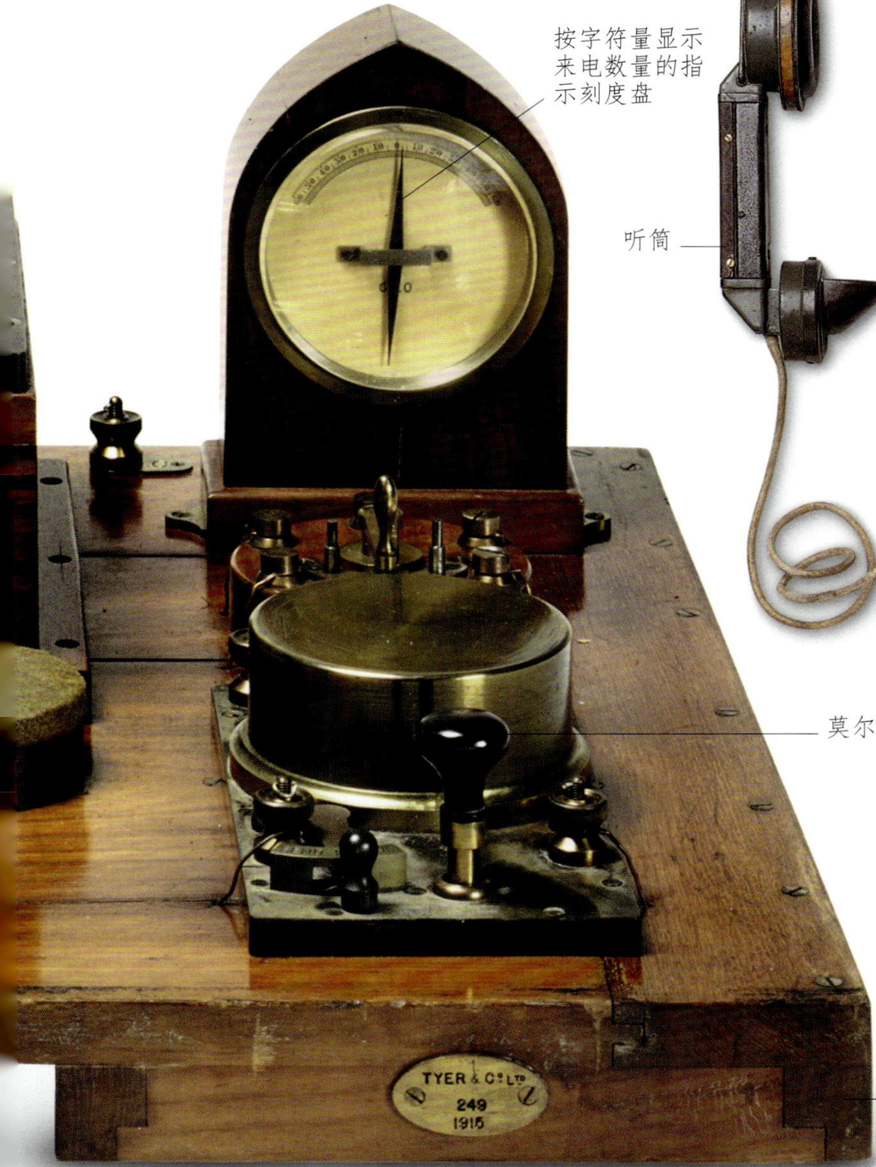

◀ **野战电话**

时期：1914—1918年
来源地：德国
类型：通话

野战电话在整个第一次世界大战期间都被广泛地使用，绝大多数时候是用于前线单位与后方总部的通信。但是它们依赖非常脆弱的电线，而且必须频繁地修理。

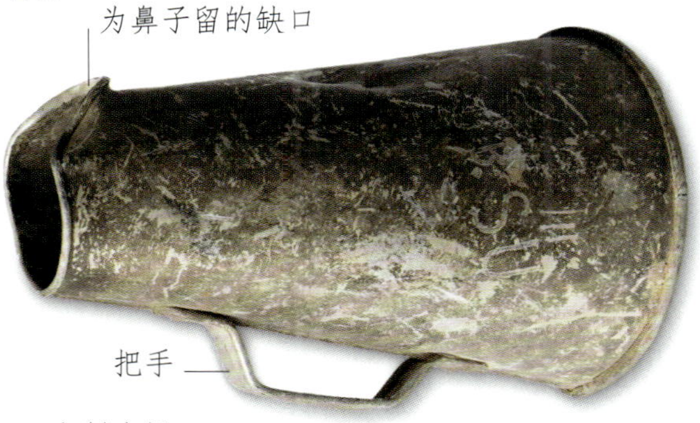

◀ **扩音器**

时期：1915年
来源地：英国
类型：传递信号

这种扬声喇叭筒在加利波利半岛澳新联军湾被称为施雷普内尔谷的地方被发现。一起发现的还有其他人工制品，都是澳大利亚皇家工程公司第二战场公司在1915年4月25日至12月20日之间使用的物品。

关键**事件**

1914—1945年

- 1915年 断续齿轮的发明使飞行员可以透过螺旋桨旋转的间隙操纵机枪开火，这导致了第一批战斗机的问世。
- 1935年 以一系列岸防雷达站为基础，英国开始建立防空系统，为空袭提供预警。
- 1937年 德国飞机介入西班牙内战，用空中轰炸摧毁了格尔尼卡的巴斯克城。
- 1938年 波音B-17空中堡垒重型轰炸机问世。这一全金属单翼机能携带2 700千克（约6 000磅）炸弹。
- 1944年 德国梅塞施米特Me262"飞燕"战斗机是第一批列装部队的喷气发动机战斗机。
- 1945年 美国的B-29轰炸机在日本的广岛和长崎分别投掷了原子弹，日本随后投降。

关键发展

空中力量的崛起

在1914—1945年的战争中最具影响性的革命当属空中力量的发展。战斗机不仅成为了陆军和海军作战的有力助手，还是直接攻击敌人后方地区和基础设施的有效工具。

尽管1914年前的战争中已经零星地用到了飞机，但只有第一次世界大战才真正见证了军事航空时代的到来。加入战争的主要战斗者中包括大约500架脆弱的飞机。到1918年，单是英国就有22 000架飞机在服役。

飞机的主要功能是进行侦察和为炮兵测点定位——告诉炮手他们的炮弹落在了什么地方。实验性的突袭也会降临到敌方前线后面的目标上，扔下用手投掷的小型炸弹。不久，战斗机被送上天去对付轰炸机和侦察机，到了1916年，敌对双方的战斗机已经在西线展开了空战。王牌飞行员，即空战中最成功的飞行员，被赋予"空中骑士"的美称。

战略轰炸

军事首脑们很快意识到，飞机也可以用来进行战略轰炸——直接攻击敌方城市。德国在轻于空气的飞行中领先世界。他们巨大的齐柏林和舒特-兰茨硬式飞艇在1915年开始发动对伦敦和其他城市的夜袭。而当英国部署了夜间防御力量以后，飞艇就显得行动迟缓而易受攻击了，于是它被重于空气的轰炸机所取代。从1917年开始，德国哥达斯重型轰炸机袭击了伦敦和巴黎。在战争末期，英国和法国也对德国城市发动了他们的轰炸袭击。战后，一些空军指挥官错误地认为未来的战争可以只靠战略轰炸取胜。

▶ **德累斯顿轰炸**

1945年2月，1 300架盟军轰炸机袭击了德国的德累斯顿，造成的大火夺去了25 000人的生命。这一事件成了对战略轰炸的批评焦点。

"空战**不是游戏**，它是**科学的谋杀**。"

美国飞行员埃迪·里肯巴克（Eddie Rickenbacker），对战"空中马戏团"，1919年

新式飞机

第一次世界大战中的飞行员多数都是在木头与帆布材质的双翼飞机中战斗的。20世纪30年代，空军由于流线型单翼机（许多都是全金属构造）的应用而发生了变化，它们的发动机更强劲，性能也更先进。这些新式飞机，包括梅塞施密特Bf109战斗机以及容克斯Ju87斯图卡式俯冲轰炸机，首次作战是被德军用于西班牙内战（1936—1939年）。

第二次世界大战前期，从1939年到1941年，德国通过空地联合战取得了一系列胜利。这些战争基于坦克与飞机之间的无线电联系，以“空中大炮”的方式进行。他们还在空降部队的使用上走在了前列，他们的空降部队通过跳伞或滑翔着陆。然而，由于英国雷达基地防空系统的存在，使得皇家空军在1940年夏天的不列颠之战中并没有被纳粹德国空军夺去制空权。从1940年9月到1941年5月，德国对英国的城市展开了一场持续的夜袭战，造成了巨大的破坏，但却并没有打垮英国人的斗志。

随着第二次世界大战的进行，美国和英国取得了对日本和德国的空中优势。而这一优势的取得，主要得益于他们能够制造大量的飞机。美国在第二次世界大战期间造了大约30万架军用飞机，它们主要用于支援地面作战，进行战术轰炸、运输以及部署空降兵，此外，它们还执行了独立的战略轰炸任务。尽管还没有取得决定性的效果，但盟军夜以继日的轰炸已经逐渐把德国的城市变成了一堆堆瓦砾。

喷气式飞机和军用直升机的发明作用并不明显，不过1945年原子弹的问世，宣告了战争史上一个全新时代的来临。

▼ **轰炸机机组成员装备**

在第二次世界大战中，美国B-17轰炸机机组人员在非增压的机舱内飞行在很高的高度上。他们还配备了帮助呼吸的氧气面罩和可加热的飞行服以对抗寒冷的空气。

关键人物

“红男爵”冯·里希特霍芬

1892—1918年

作为第一次世界大战期间德国最著名的飞行员，曼弗雷德·冯·里希特霍芬（Manfred von Richthofen）曾是一位装甲兵军官。他以击落80架敌机——超过了其他任何一位飞行员的骄人战绩而被誉为“红男爵”（因他驾驶的飞机是红色的——译者注）。“红男爵”在1918年4月的一场空战中被击落。

▲冯·里希特霍芬带领着一支绰号为“空中马戏团”的飞行中队，这支空中战队的飞机都有着鲜亮的颜色。他自己驾驶着一架红色福克三翼飞机。

◀ **美国轰炸机**

这是第二次世界大战中飞行在法国上空的一架B-25中程轰炸机，又称为“米切尔轰炸机”。空中优势被证实对陆军作战的成功起着非常重要的作用。

侦察机与战斗机

起初，军用飞机被用来观察战场，但很快，控制领空的必要性就超过了前者。第一次空中的“混战”甚至使用了手枪和步枪，但毫无结果，所以能够在飞行员控制目标的同时进行密集扫射的机枪就成为了首选。但是直到发明了能够让这种武器跟随飞行员的自然视线，并让它通过螺旋桨旋转间隙发射的方法之后，战斗机的时代才真正来临。第一次这样的尝试，结果是钢制的螺旋桨叶片把子弹打得到处乱飞。但是在那之后不久，“断续齿轮”装置就被发明出来了，这种装置能够在叶片经过火力线的时候关闭机枪。

▲ 阿罗504K飞机

时期：1917年 来源地：英国
翼展：10.97米（36英尺）
长度：8.97米（29.4英尺）
最高速度：145千米/时（90英里/时）
发动机：82千瓦（110马力）罗纳9Ja单排9缸旋转发动机

阿罗504的早期型号被用于侦察和战斗，但双座504K则成为了教练机。在差不多20年的时间中，共1万多架此种飞机被制造出来。

▸ S. E. 5A战斗机

时期：1917年 来源地：英国
翼展：8.11米（26.6英尺）
长度：6.38米（20.9英尺）
最高速度：225千米/时（140英里/时）
发动机：149.13千瓦（200马力）伊斯帕诺-西扎8b或沃斯利W4a“蝰蛇”同轴V-8发动机

S.E.5A是一种当时已经非常强大的飞机的升级版。它在稳定性和速度方面都优于同时期的福克D7，而且具有更良好的高空性能。

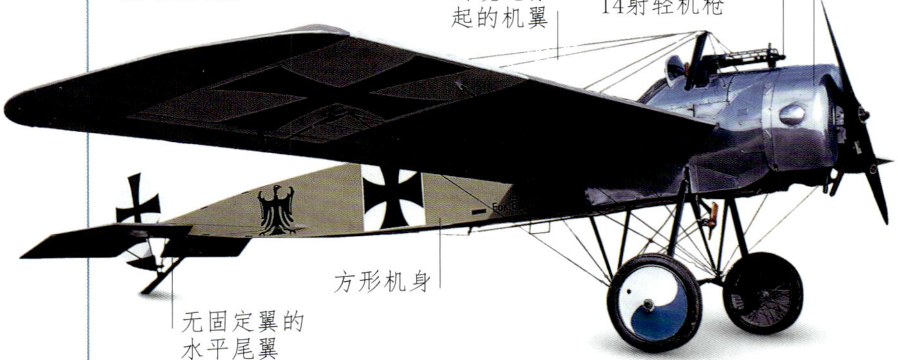

◂ 福克E2战斗机

时期：1915年 来源地：德国
翼展：8米（26.2英尺）
长度：7.3米（24英尺）
最高速度：150千米/时（93.2英里/时）
发动机：74.5千瓦（100马力）奥勃鲁塞尔U.19单排9缸旋转发动机

荷兰人安东·福克（Anton Fokker）的单翼机是仿莫拉内-索尼耶的改进型。它短暂的成功仅仅是因为它是第一种为机枪配备了同步断续齿轮的飞机。

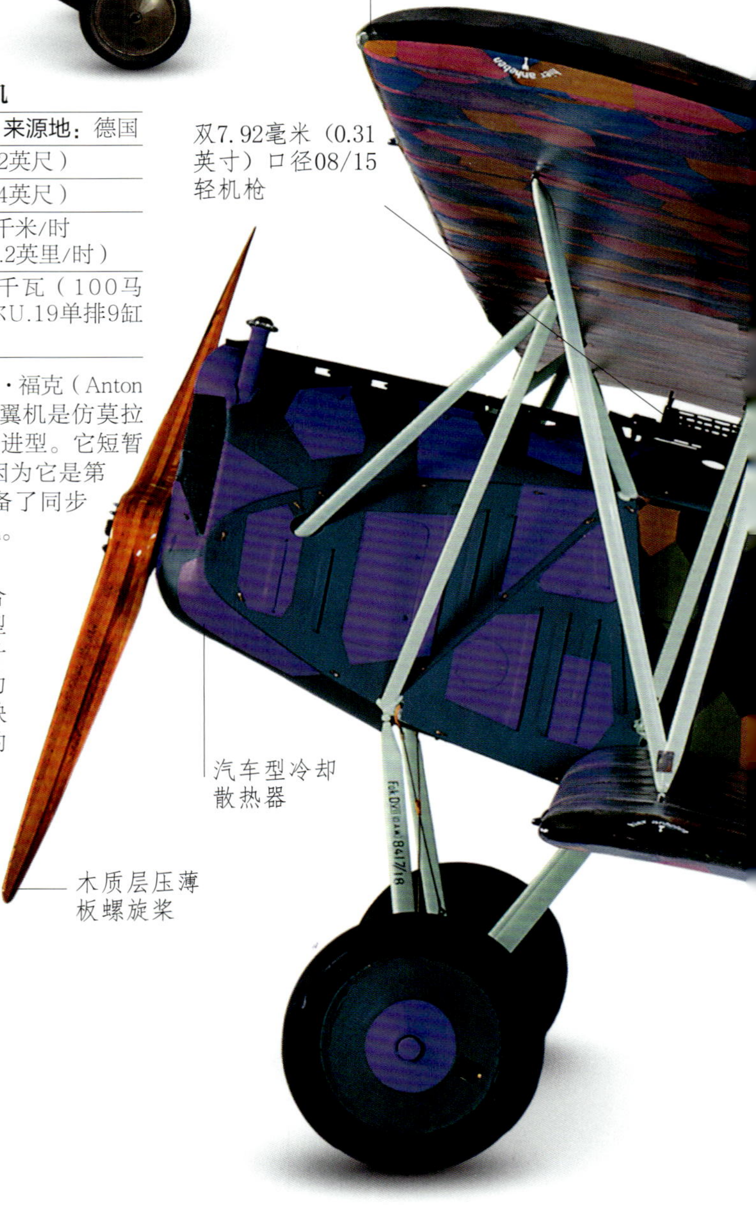

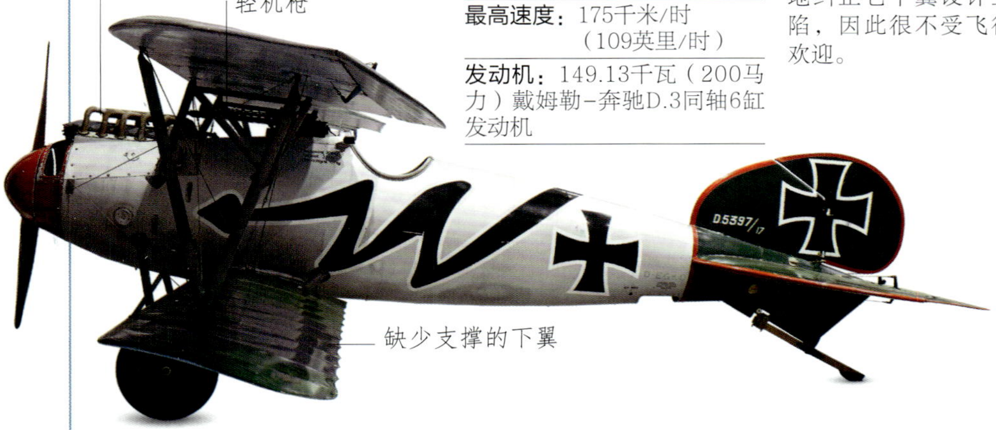

▾ 信天翁D. 5战斗机

时期：1917年 来源地：德国
翼展：9米（29.5英尺）
长度：7.33米（24英尺）
最高速度：175千米/时（109英里/时）
发动机：149.13千瓦（200马力）戴姆勒-奔驰D.3同轴6缸发动机

因为有着半硬壳式胶合板覆盖的机身，信天翁D型明显比框架-布料式的设计要坚固。但是D.5没有成功地纠正它下翼设计上的缺陷，因此很不受飞行员的欢迎。

▶ **索普维斯幼犬侦察机**

时期：1916年　来源地：英国
翼展：8.08米（26.5英尺）
长度：5.9米（19.4英尺）
最高速度：180千米/时（112英里/时）
发动机：59.65千瓦（80马力）罗纳9c单排9缸旋转发动机

由于有着高翼面质量比（即翼面很大而质量相对较小——译者注），索普维斯侦察机，按官方说法，几乎能够“降落在网球场上”。但它只风光了一时，很快就被新的型号盖过了锋芒。

▶ **布里斯托尔战士F.2B战斗机**

时期：1917年　来源地：英国
翼展：11.96米（39.2英尺）
长度：7.87米（25.8英尺）
最高速度：198千米/时（123英里/时）
发动机：205千瓦（275马力）罗尔斯-罗伊斯隼式3型同轴V-12发动机

多亏了它强有力的发动机，第二种型号的布里斯托尔战士F.2B是数量极少的能自主对付单座敌机的战斗机之一。

▼ **福克DR. 1战斗机**

时期：1917年　来源地：德国
翼展：7.2米（23.6英尺）
长度：5.77米（18.9英尺）
最高速度：165千米/时（103英里/时）
发动机：82千瓦（110马力）奥勃鲁塞尔UR2或罗纳9J单排9缸旋转发动机

在索普维斯三翼机获得成功后，三机翼的样式被德国空军采用。福克DR飞机由曼弗雷德·冯·里希特霍芬（即“红男爵”）驾驶飞上天空。

◀ **福克D. 7战斗机**

时期：1918年　来源地：德国
翼展：8.93米（29.3英尺）
长度：6.93米（22.7英尺）
最高速度：190千米/时（118英里/时）
发动机：140千瓦（188马力）宝马3a同轴6缸发动机

作为福克系列的最后一型，莱茵霍尔德·普拉茨型D.7被一些人认为是第一次世界大战中最好的战斗机，曾与索普维斯“沙锥”和斯帕德12对战。

1939—1942年的战斗机与战斗轰炸机

尽管比它们先前的机型更快且更容易操作，1918年的战斗机相对于1914年的战斗机仍然并没有多大改变。在20世纪30年代，全金属单翼战斗机迎来了属于自己的时代（一个罕见的例外是飓风战斗机，它拥有布料包裹的外表），它们拥有更加强大的发动机，能够安装更多机枪和重“炮”。到1939年，性能最强的飞机时速已经超过了560千米/时（348英里/时），能够爬升至10 360米（34 000英尺）。专家们相信，如此优异的表现将能够终结第一次世界大战期间那种混乱的空战形式，但现实很快证明他们错了。

* 本对开页中“马力”为米制马力。——译者注

▲ **格罗斯特角斗士战斗机**

时期：1937年	来源地：英国
翼展：9.83米（32.2英尺）	
长度：8.36米（27.4英尺）	
最高速度：415千米/时（258英里/时）	
发动机：610.4千瓦（830马力）布里斯托尔“水星”Ⅸ风冷单排9缸星形发动机	

尽管技术上已经落伍了，“角斗士”还是随着英国皇家空军亲临了法国、挪威，以及（最出名的）马耳他的前线。它也被其他许多国家所使用，包括中国、芬兰、挪威和希腊。

▶ **喷火战斗机**

时期：1939年	来源地：英国
翼展：11.23米（36.8英尺）	
长度：9.12米（30英尺）	
最高速度：605千米/时（376英里/时）	
发动机：1081.1千瓦（1470马力）罗尔斯-罗伊斯“默林”45同轴V-12发动机	

喷火战斗机极好的操纵特点使它很快获得了成功。它持续不断地发展——原先是打算制造13个不同的变体——使它一直服役到战争结束。

▼ **梅塞施米特Bf110战斗机**

时期：1940年	来源地：德国
翼展：16.3米（53.5英尺）	
长度：12.3米（40.4英尺）	
最高速度：560千米/时（348英里/时）	
发动机：双809千瓦（1 100马力）戴姆勒-奔驰DB601A同轴V-12发动机（反转）	

原先作为一种远程轰炸护航机而设计的早期Bf110在这方面暴露出了一系列的缺点。随后F型和G型明显更加地成功，尤其是在给夜间战机装备了雷达以后。

▲ **梅塞施米特Bf109战斗机**

时期：1941年	来源地：德国
翼展：9.85米（32.3英尺）	
长度：8.65米（28.4英尺）	
最高速度：570千米/时（354英里/时）	
发动机：956.1千瓦（1 300马力）戴姆勒-奔驰DB601E同轴V-12发动机（反转）	

Bf109打败了它的竞争对手，成为纯粹德国空军的第一款现代战斗机。总共有9个型号、多种变体、共35 000架这样的飞机被制造出来，且用的都是容克斯或戴姆勒-奔驰发动机。

▶ **福克-沃尔夫Fw190百舌鸟战斗机**

时期：1941年	来源地：德国
翼展：10.5米（34.4英尺）	
长度：8.84米（29英尺）	
最高速度：655千米/时（407英里/时）	
发动机：1132.6千瓦（1540马力）宝马801C2风冷双排14缸星形发动机	

Fw190开始服役的时候，是当时最先进的战斗机。直到遭遇了喷火战斗机Mk9，它不败的战绩才被打破。经过一道有效的研发程序，改进型号的机型于1945年被生产出来。Fw190曾经是第二次世界大战中第一重要的拥有星形发动机的战斗机。

◀ 德瓦蒂纳D.520战斗机

时期：1940年　来源地：法国
翼展：10.2米（33.5英尺）
长度：8.6米（28.2英尺）
最高速度：535千米/时（332英里/时）
发动机：687.6千瓦（935马力）伊斯帕诺-西扎12Y45同轴V-12发动机

毫无疑问，性能最强的战斗机产自法国。D.520是1940年的Bf109E的对手，但是在法国投降之前，只造出了400架。它拥有10 500米（34 450英尺）的爬升上限和1 530千米（951英里）的飞行距离。

▲ 柯蒂斯P-40战鹰战斗机

时期：1941年　来源地：美国
翼展：11.38米（37.3英尺）
长度：10.15米（33.3英尺）
最高速度：550千米/时（342英里/时）
发动机：882.5千瓦（1 200马力）艾利森V-1710-81同轴V-12发动机

因为过于在意它的灵活性，即使是战鹰的后期变体也无法与梅塞施米特Bf109或福克-沃尔夫Fw190相抗衡，因为后者能够飞得更高。尽管如此，“战鹰”仍然是英国在北非沙漠空军的主力，而且在中国和西南太平洋都参加过行动。

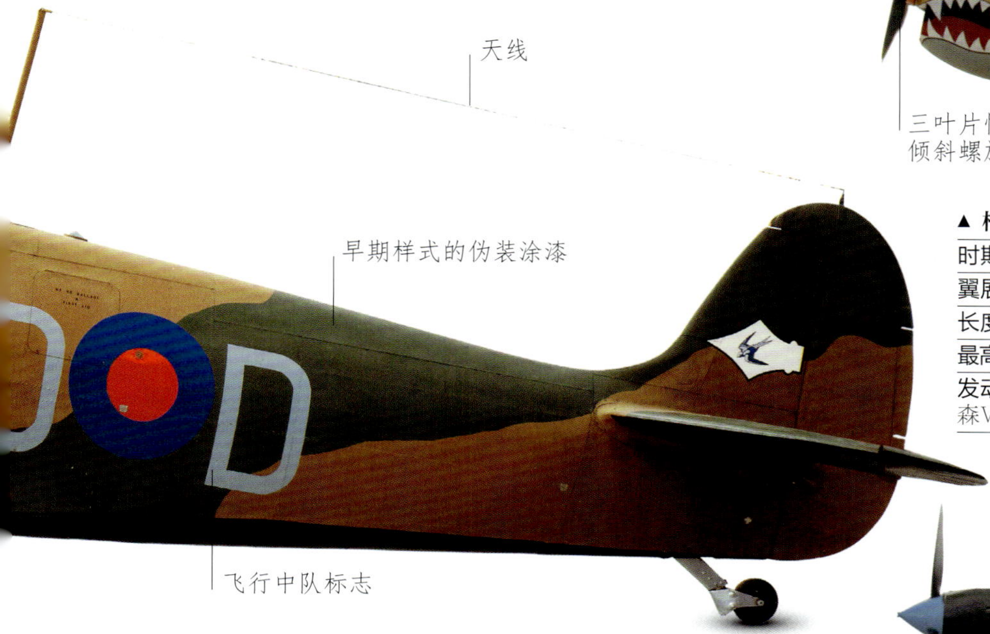

▲ 伊尔2攻击机

时期：1942年　来源地：苏联
翼展：14.6米（47.9英尺）
长度：11.6米（38英尺）
最高速度：410千米/时（255英里/时）
发动机：1 250.3千瓦（1 700马力）米库林AM-38F同轴V-12发动机

伊尔2重约700千克（1 543磅），装甲外壳囊括了机组成员、发动机和燃料箱，号称“空中坦克”，纯粹是设计用来攻击地面的。此飞机被制造了超过42 000架。

◀ 飓风战斗机

时期：1940年　来源地：英国
翼展：12.2米（40英尺）
长度：9.85米（32.3英尺）
最高速度：550千米/时（342英里/时）
发动机：871.5千瓦（1 185马力）罗尔斯-罗伊斯“默林”XX V-12同轴发动机

飓风战斗机可以说是一个异类：一架现代拦截机，机身却用布料而不是铝板覆盖。它比它的全金属机型喷火战斗机更容易生产和修理。

▲ 中岛KI-43隼鸟“奥斯卡”战斗机

时期：1942年　来源地：日本
翼展：10.84米（35.6英尺）
长度：8.92米（29.3英尺）
最高速度：530千米/时（330英里/时）
发动机：845.8千瓦（1 150马力）中岛Ha-115双排14缸星形发动机

作为日本帝国海军三菱A6M的对应型号，“隼鸟”的质量只有2.3吨（2.5短吨）。它较轻的质量让它具有很高的灵活性和令人印象深刻的爬升速度。“隼鸟”得到了飞行员们的高度评价，尽管按当时的标准来说它速度比较慢，装备也不强。

1943—1945年的战斗机与战斗轰炸机

某些参战国家——尤其是日本最初偏爱轻质量、轻武装的战斗机，在地面上它们的机动性是首要的；另一些国家偏爱更好的防护和更强大的武器，而后者被证明是更有效的。这些战斗机也更容易担当地面攻击的角色，这在欧洲前线和太平洋战区都渐渐变得更加重要。在装有火箭发动机的飞机昙花一现之后，喷气推进技术跌跌撞撞地推动着这类飞机飞向了战争的终结。不到10年时间，使用活塞发动机的飞机几乎绝迹了。

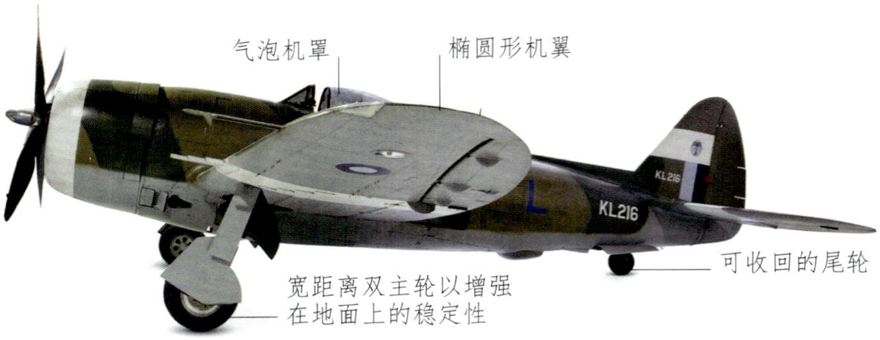

▲ 共和P-47雷电战斗轰炸机

时期：1942年　来源地：美国
翼展：12.42米（40.7英尺）
长度：11米（36.1英尺）
最高速度：700千米/时（435英里/时）
发动机：1 890.3千瓦（2 535马力）普拉特·惠特尼R-2800-59W双黄蜂星形发动机

由于它笨重的身体，雷电被戏称为“水壶”。它因为良好的高空性能（德国没有飞机能够超过它）和强大的作战能力而受到人们的称赞。作为一架地面攻击型战斗轰炸机，它表现出了极好的效果。

▲ 霍克风暴MK2战斗机

时期：1944年　来源地：英国
翼展：12.5米（41英尺）
长度：10.26米（33.7英尺）
最高速度：695千米/时（432英里/时）
发动机：1 931.3千瓦（2 590马力）布里斯托尔“半人马”V星形发动机

这是英国最后也是最好的活塞发动机战斗机。“风暴”是一种快速而灵活的拦截机——部署得好的话还能追上喷气推进的梅塞施米特战斗机和阿拉多斯战斗机，在对地攻击方面也表现不俗。

▲ 北美P-51野马战斗轰炸机

时期：1943年　来源地：美国
翼展：11.3米（37.1英尺）
长度：9.83米（32.3英尺）
最高速度：705千米/时（438英里/时）
发动机：1 185.6千瓦（1 590马力）罗尔斯-罗伊斯“默林”V-1650-7V-12发动机

应英国要求而生产的“野马”曾经是一位后进者，直到它安装了罗尔斯-罗伊斯“默林”发动机。它后来也成为了美国空军的中流砥柱。同时作为护卫机和战斗轰炸机，它后部的机身和机尾在生产过程中经过了彻底的重新设计。

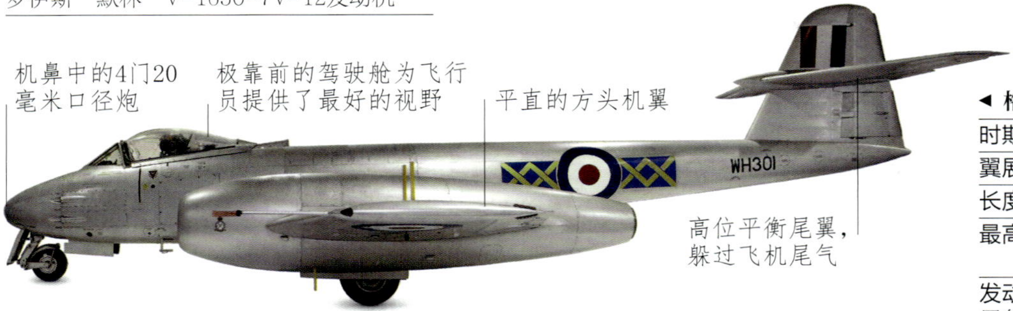

◀ 格罗斯特流星战斗机

时期：1944年　来源地：英国
翼展：11.3米（37.1英尺）
长度：13.6米（44.6英尺）
最高速度：965千米/时（600英里/时）
发动机：双1 590千克（3 500磅）罗尔斯-罗伊斯“德温特”涡轮喷气发动机

作为盟军的第一架喷气式飞机，“流星”是一项长期发展计划的产品。它曾在第二次世界大战和朝鲜战争中服役，它的最后一个型号于1965年退役。

◂ **梅塞施米特Me262吞噬战斗机**

时期： 1944年 **来源地：** 德国

翼展： 12.6米（41.3英尺）

长度： 10.6米（34.8英尺）

最高速度： 870千米/时（541英里/时）

发动机： 双900千克（1 984磅）容克斯Jumo004B-1涡轮喷气发动机

作为第一款涡轮喷气推进的战斗机，Me262很快在对付美国空军的日间轰炸中证明了自己的实力。但它出现得太晚了，对改变战争的结果影响不大。

▴ **诺思罗普P-61黑寡妇战斗机**

时期： 1944年 **来源地：** 美国

翼展： 21.1米（69.2英尺）

长度： 15.1米（49.5英尺）

最高速度： 590千米/时（367英里/时）

发动机： 双1 677.8千瓦（2 250马力）普拉特·惠特尼R-2800-65W双黄蜂星形发动机

P-61是美国第一架专为夜战设计的飞机，也是第一架出于这一目的而专门设计搭载了雷达的飞机。它一次最多能在天空中“游荡”8个小时。

◂ **梅塞施米特Me163彗星战斗机**

时期： 1944年 **来源地：** 德国

翼展： 9.33米（30.6英尺）

长度： 5.7米（18.7英尺）

最高速度： 960千米/时（597英里/时）

发动机： 1 700千克（3 750磅）瓦尔特HWK109-509A-2液体燃料火箭发动机

Me163是唯一服过役的火箭推进飞机。它靠着自己的高性能，胜过了高空轰炸机，还可以在它的发动机关闭以前做一次深度俯冲。

▴ **雅科夫列夫YAK-3战斗机**

时期： 1944年 **来源地：** 苏联

翼展： 9.2米（30.2英尺）

长度： 8.5米（27.9英尺）

最高速度： 655千米/时（407英里/时）

发动机： 969.4千瓦（1 300马力）克里莫夫VK-105PF-2V-12发动机

既具备高性能又容易操作的YAK-3是地面人员和飞行员都喜欢的飞机。许多驾驶过野马、喷火和YAK-3的飞行员都称赞它是最好的飞机。

▸ **川崎KI-100战斗机**

时期： 1945年 **来源地：** 日本

翼展： 12米（39.4英尺）

长度： 8.8米（28.9英尺）

最高速度： 580千米/时（360英里/时）

发动机： 1 118.5千瓦（1 500马力）三菱Ha112-Ⅱ星形发动机

在德国福克-沃尔夫Fw190的影响下，Ki-100是日本在第二次世界大战期间投入的最好的战斗机，它有着高度的机动性和高爬升能力。但是它出现得太晚了，没有使战争结果发生任何变化。

1939—1942年的轰炸机

第二次世界大战期间，出现了两种不同类型的轰炸机：一类是设计用来对付基础设施的远程轰炸机，其可执行“战略”任务，或者在工业城市上空投弹以期对制造业造成巨大破坏；另一类是“战术”轰炸机，主要用于战场或战场周围。每一种都不可或缺，但是“更重的”、拥有4发动机且载弹量更多的飞机决定了它们最终的样式。这样的飞机直到战争已经进行了一段时间才开始投入使用，它们与那些20世纪30年代大量生产的双发动机飞机同时服役。

▲ **威灵顿式轰炸机**

时期：1941年	**来源地：**英国
翼展：26.26米（86.2英尺）	
长度：18.54米（60.8英尺）	
最高速度：410千米/时（255英里/时）	
发动机：双1 118.5千瓦（1 500马力）布里斯托尔“大力神”XI双排14缸星形发动机	

该型轰炸机昵称为“威比”，拥有织物覆盖的金属外壳和木制机身，因此十分轻便却又牢固，但其装配时间也相对较长。直至1943年10月，它一直在英国皇家空军服役。

▲ **波音B-17飞行堡垒轰炸机**

时期：1941年	**来源地：**美国
翼展：31.62米（103.8英尺）	
长度：22.66米（74.3英尺）	
最高速度：460千米/时（286英里/时）	
发动机：4台894.8千瓦（1 200马力）莱特R-1820-97旋风单排9缸星形发动机	

其抗打击能力十分著名，但其弱点在于载弹量有限，仅为“兰开斯特”载弹量的一半。在白天的空袭中，“飞行堡垒”以组合战斗匣的阵形战斗。

▲ **B-25米切尔轰炸机**

时期：1943年	**来源地：**美国
翼展：20.6米（67.6英尺）	
长度：16.45米（54英尺）	
最高速度：438千米/时（272英里/时）	
发动机：双1 267.6千瓦（1 700马力）莱特R-2600-92旋风双排14缸星形发动机	

由于战事告急，美国陆军航空兵部队在没有得到样机的情况下就订购了B-25米切尔型中型轰炸机。最终该型飞机总共有6种改型，共制造了10 000架，包括B-25H/J装甲飞机，其机内装备了18挺机枪和1门75毫米口径加农炮。

▲ **海因克尔He111轰炸机**

时期：1941年	**来源地：**德国
翼展：22.6米（74.1英尺）	
长度：16.4米（53.8英尺）	
最高速度：440千米/时（273英里/时）	
发动机：双969.4千瓦（1 300马力）容克斯Jumo211F-1同轴V-12发动机（反转）	

He111是纳粹德国空军参战数量最多的中型轰炸机。它的变种多得令人眼花缭乱。其中最古怪的当属双机身、5发动机的He111Z。

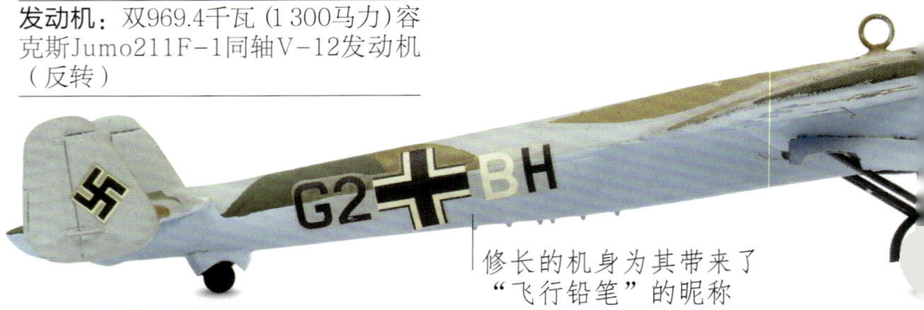

▲ **Do.17型飞机**

时期：1938年	**来源地：**德国
翼展：18米（59.1英尺）	
长度：15.79米（51.8英尺）	
最高速度：410千米/时（255英里/时）	
发动机：双745.7千瓦（1 000马力）宝马Bramo323P“Fafnir”单排9缸星形发动机	

Do.17型飞机，与战争初期德国其他轰炸机（特别是He111）相比，“飞行铅笔”的重要性相对较低。由于其较好的灵活性，它是飞行人员最中意的机型之一。

◀ **斯特林MK1型轰炸机**

时期：1940年　**来源地**：英国

翼展：30.2米（99英尺）

长度：26.6米（87.3英尺）

最高速度：410千米/时（255英里/时）

发动机：4台768.1千瓦（1 030马力）布里斯托尔“大力神”II双排14缸星形发动机

斯特林轰炸机是英国皇家空军第一种达到实战水平的重型轰炸机。它被用来对德国进行轰炸，但是随后被哈利法克斯轰炸机和兰开斯特轰炸机所取代。

▲ **哈利法克斯MKIII型轰炸机**

时期：1942年　**来源地**：英国

翼展：31.75米（104.2英尺）

长度：21.82米（71.6英尺）

最高速度：455千米/时（283英里/时）

发动机：4台1 204.3千瓦（1 615马力）布里斯托尔“大力神”XVI双排14缸星形发动机

哈利法克斯型轰炸机远没有达到兰开斯特轰炸机的传奇地位，即使它的用途更为多样，并且也更早入役。该型机可以执行海上巡逻任务和所有特种行动任务。

◀ **兰开斯特轰炸机**

时期：1942年　**来源地**：英国

翼展：31.09米（102英尺）

长度：21.11米（69.3英尺）

最高速度：460千米/时（286英里/时）

发动机：4台954.5千瓦（1 280马力）罗尔斯-罗伊斯“默林”XX同轴V-12发动机

“兰开斯特”也许是第二次世界大战中最好的轰炸机。它可以携带6 350千克（14 000磅）炸弹飞越英格兰东部的皇家轰炸机指挥部基地，并对德国实施轰炸。

◀ **加固的B-24解放者轰炸机**

时期：1943年　**来源地**：美国

翼展：33.5米（110英尺）

长度：20.6米（67.6英尺）

最高速度：470千米/时（292英里/时）

发动机：4台894.8千瓦（1200马力）普拉特·惠特尼R-1830-65双黄蜂双排14缸星形发动机

相对于B-17，B-24“解放者”更轻、更快、载弹量更大，是第二次世界大战中盟军最多产的战机。然而，它比“飞行堡垒”更难飞，在飞行人员中并不大受欢迎。

1943—1945年的轰炸机

在第二次世界大战中，战略轰炸机不断发展，随着更多功率不断提升的发动机的问世，轰炸机的能力也不断提高。雷达导航系统以及首套有效预测炸弹瞄准器的引进，也使其能力大为提升。到1944年，一些最为优秀的轰炸机可以从位于数千千米外的基地起飞，携带大量炸弹并以很高的精确度对目标实施打击，但同时我方战机也遭遇了大量损毁。在第二次世界大战中，仅英国皇家空军轰炸机司令部就损失了12 000架飞机。

▲ 容克JU87D俯冲轰炸机（斯图卡）

时期： 1941年　**来源地：** 德国
翼展： 13.8米（45.3英尺）
长度： 11米（36.1英尺）
最高速度： 390千米/时（242英里/时）
发动机： 1 044千瓦（1 400马力）容克斯Jumo211 J V12型发动机

容克JU87俯冲轰炸机堪称德国当时最具识别性的飞机。它首次出现于1937年的西班牙战场，直至第二次世界大战末期仍在服役。该机型配有两架3.7厘米口径的大炮，共有6种改型，在第二次世界大战期间生产了6 500余架。

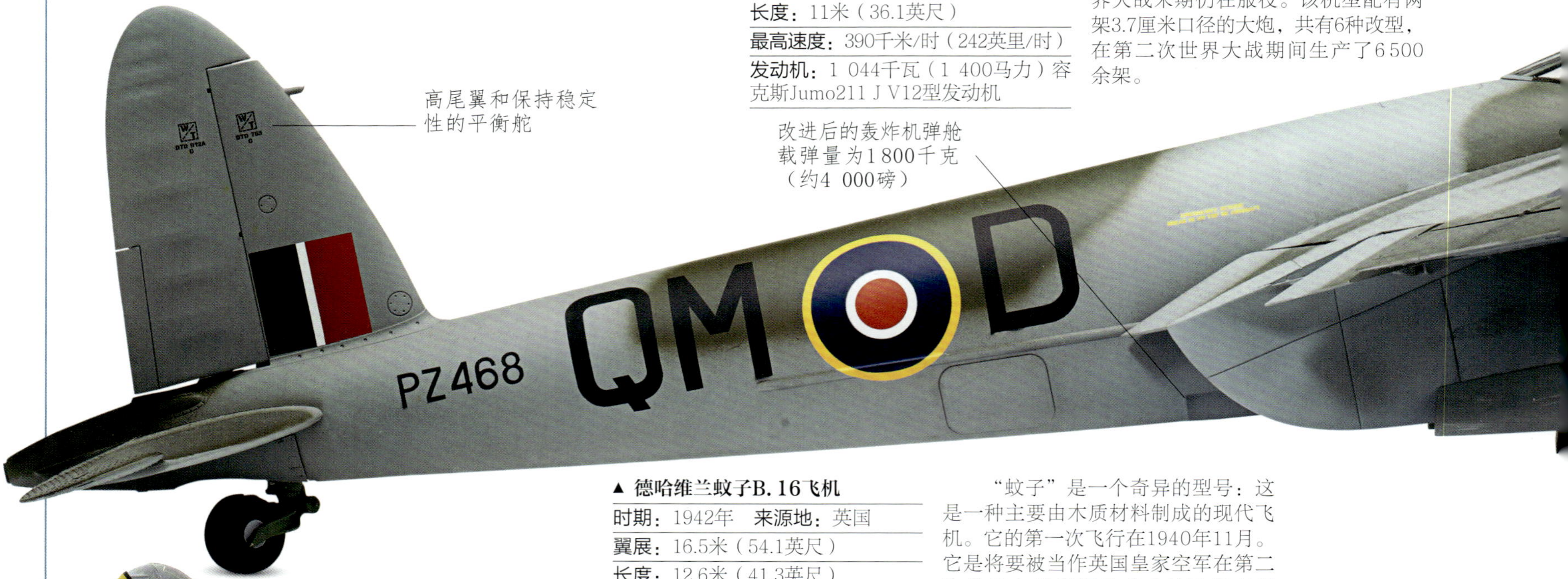

▲ 德哈维兰蚊子B. 16飞机

时期： 1942年　**来源地：** 英国
翼展： 16.5米（54.1英尺）
长度： 12.6米（41.3英尺）
最高速度： 670千米/时（416英里/时）
发动机： 双1 275千瓦（1 710马力）罗尔斯-罗伊斯"默林"76V-12发动机

"蚊子"是一个奇异的型号：这是一种主要由木质材料制成的现代飞机。它的第一次飞行在1940年11月。它是将要被当作英国皇家空军在第二次世界大战期间最成功的飞机来用的，因为它既可以实施轰炸，又能够昼夜作战，还能担当侦察任务。

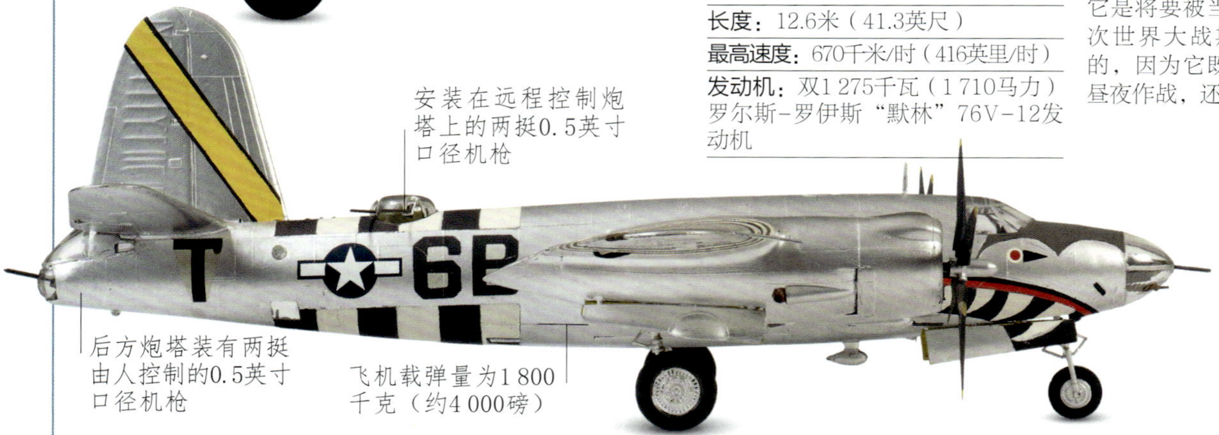

◂ 马丁B-26掠夺者轰炸机

时期： 1942年　**来源地：** 美国
翼展： 21.65米（71英尺）
长度： 17.8米（58.4英尺）
最高速度： 460千米/时（286英里/时）
发动机： 双1 417千瓦（1 900马力）普拉特·惠特尼R-2800-43双黄蜂星形发动机

"掠夺者"被设计为一种中型轰炸机，它的身影曾出现在太平洋、欧洲和地中海的战场上。尽管驾驶困难，而且由于糟糕的尾翼设计使它在早期还存在稳定性问题，但它仍以美国飞机中最低的失败率一直服役到战争结束。

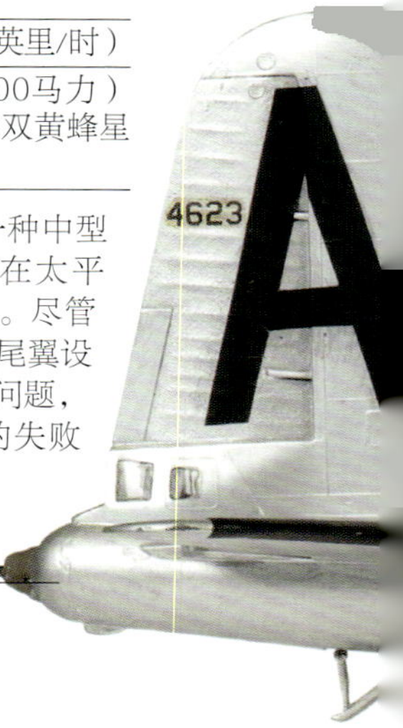

▼ 海因克尔He177格里夫号轰炸机

时期： 1942年　**来源地：** 德国
翼展： 31.45米（103.2英尺）
长度： 22米（72.2英尺）
最高速度： 565千米/时（351英里/时）
发动机： 双1 939千瓦（2 600马力）戴姆勒-奔驰DB610W-24发动机

格里夫（狮鹫）号是纳粹德国空军在第二次世界大战期间唯一特制的远程重型轰炸机。它是在政府授意下设计的，在执行过程中有不少缺陷。它的很多缺点都归咎于它过于复杂的发动机以及让它具备精确俯冲轰炸功能的要求。

◀ **道格拉斯A-20哈沃克轰炸机**

时期： 1942年 **来源地：** 英国

翼展： 18.7米（61.4英尺）

长度： 14.6米（47.9英尺）

最高速度： 549千米/时（341英里/时）

发动机： 双1 267.7千瓦（1 700马力）莱特R2600-A双旋风星形发动机

最初设计它时是要作为一种轻型/攻击轰炸机，但后来也被用作夜间战斗机。从1939年末到1944年9月，道格拉斯和波音公司共制造了大约7 500架道格拉斯A-20。

▲ **阿拉多Ar234B-2轰炸机**

时期： 1944年 **来源地：** 德国

翼展： 14.1米（46.3英尺）

长度： 12.63米（41.4英尺）

最高速度： 740千米/时（460英里/时）

发动机： 双900千克（1 985磅）容克斯Jumo004B-1涡轮喷气发动机

这是纳粹德国空军列装的第二型喷气式飞机。Ar234B-2于1943年6月第一次飞行。短短一年之内，它就证明了自己拥有作为侦察机的能力。不过除了侦察作为主业，它还执行了几次轰炸任务，最著名的是试图炸毁莱茵河上仅存的雷马根桥。

▲ **横须贺MXY7樱花号飞机**

时期： 1944年 **来源地：** 日本

翼展： 5.12米（16.8英尺）

长度： 6.06米（19.9英尺）

最高速度： 927千米/时（576英里/时）

发动机： 3台266千克（586磅）4型火箭发动机

樱花号是由人操作、由3台固体燃料火箭发动机推进的飞弹。它原打算用来对付军舰，被搭载在母机（经常是三菱G4M“贝蒂”）上运送到目标附近。日本大约生产了850架樱花号自杀飞机，但只有7架击沉或毁坏了美国的战舰。更成功的神风特攻队则直接使用传统飞机。

▼ **波音B-29A超级空中堡垒轰炸机**

时期： 1944年 **来源地：** 美国

翼展： 43.1米（141.4英尺）

长度： 30.2米（99英尺）

最高速度： 575千米/时（357英里/时）

发动机： 4台1 640千瓦（2 200马力）莱特R-3350-23双旋风星形发动机

B-29A是盟军最大也是功能最强的战略轰炸机，拥有加压机舱和远程控制火炮，它第一次飞行在1942年9月，从1944年6月开始用于与日本作战（从中国的基地起飞）。它最著名的战例就是向日本的广岛和长崎投下了原子弹。

第二次世界大战长程重型轰炸机

波音B-17空中堡垒

构思于20世纪30年代的B-17代表了一种新型的轰炸机，它能够搭载大量的炸弹进行远距离飞行。通过表面上由美国租给英国的方式，它成为了欧洲盟军轰炸攻击战的主力之一。

1941年6月，B-17C是第一个投入战场的型号，但是直到两个月后B-17E到来，这种飞机才变得可圈可点。当具有决定性的B-17G于1943年10月问世的时候，它才真正建立了声誉。

在执行短程轰炸任务时，一架B-17G可以携带3 600千克（约8 000磅）炸弹。但当它的航行距离达到3 200千米（1 988英里）时，载弹量就减少到2 700千克（约6 000磅）。它的最高速度是462千米/时（287英里/时），尽管在大编队飞行时它的速度不会超过290千米/时（180英里/时）。

日间飞行使得B-17易受攻击，尽管它们有着厚重的装甲。不过，在发展出了远程护航战斗机以后，损失就减少了。总共生产了12 671架B-17，其中的37%都损失掉了。

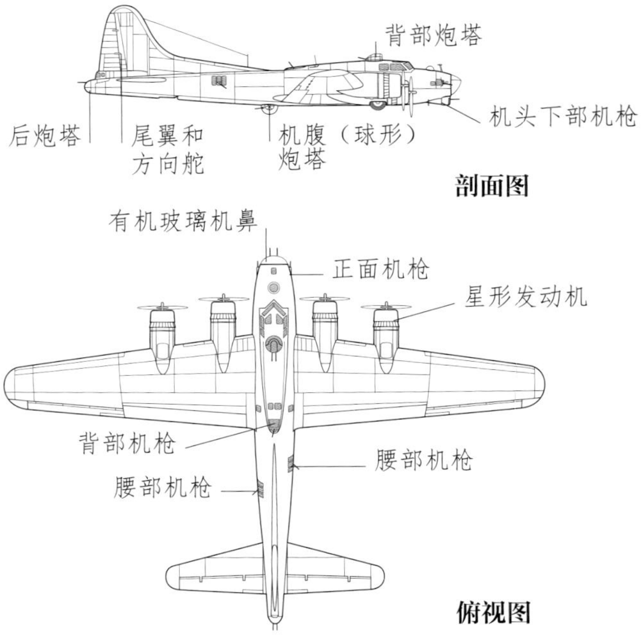

▲ **B-17轰炸机**
B-17拥有31.62米（103.7英尺）的翼展，从机鼻到机尾长22.66米（74.3英尺）。巨大的尾翼让这种飞机有着与众不同的轮廓。

结构

▲ **强韧的起落架**
为了支撑近于25.5吨（25长吨）的载重，起落架支柱不得不做得异常坚固，并配备巨大的液压减震器。

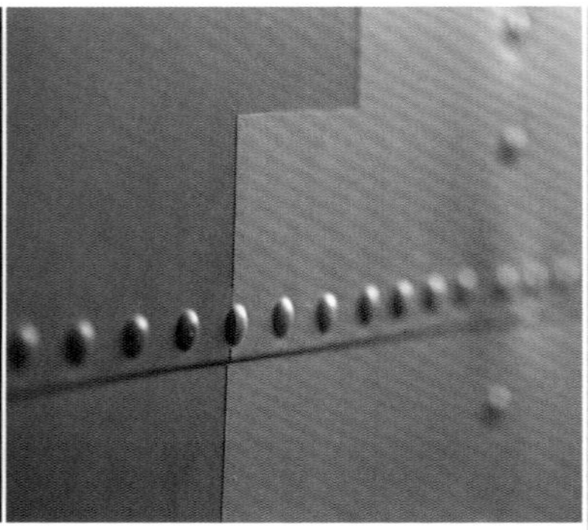

▲ **铝质表面**
机翼和机身覆盖着轻薄的铝，铆接在底部的框架上。

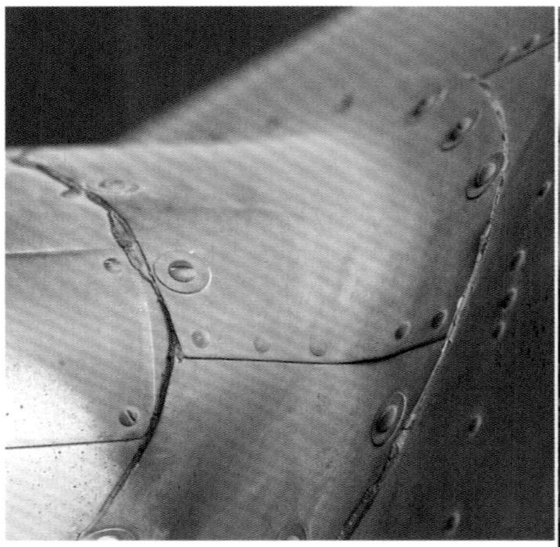

▲ **翼根**
结构并不复杂，没有通过在紧固件上锪孔的方式对气流效果作任何改进。

► **星形发动机**
B-17的4台1200马力莱特星形发动机装备了涡轮增压器以改进其高空性能。

火炮

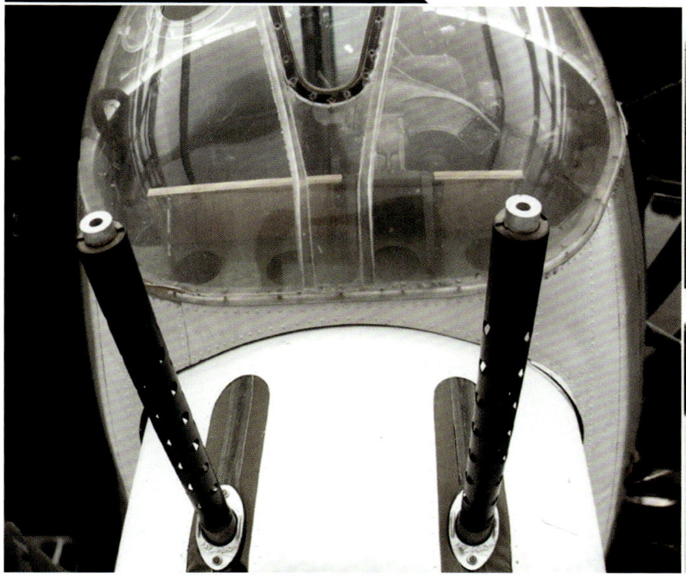

▲ **机鼻部位**

投弹手通过有机玻璃机鼻拥有清晰的目标视野，他还可通过远程控制同时操作安装在机头下部炮塔上的双0.5英寸勃朗宁M2机枪。

◀ **背部炮塔**

朝前的背部机枪安装在驾驶舱上方一个能够360度旋转、90度俯仰的水压机炮塔上，由飞行工程师操作。

▲ **机头下部机枪**

研究显示飞机容易从头部遭到攻击，因此B-17G在机头的下部安装了炮塔。

▲ **正面机枪**

单独的、灵活安装的M2机枪正安装在机尾投弹员的位置，由导航员操作。

▲ **球形炮塔**

F型和G型特别配备了机腹（球形）炮塔，它悬挂在一个通过管子连接到机身顶板的平衡器上。

▲ **腰部机枪**

沿着机身交错排列的位置可以看到左侧（靠近机尾）和右侧（靠近前部）有单独灵活安装的M2机枪，各自拥有射击手。

◀ **一个强大的堡垒**

有着10名机组成员的B-17很拥挤，但机组成员们对他们的飞机有充分的信心，相信它即使遭到重创，也能把自己带回家。

B-17内部

B-17纤细的机身大部分都被弹槽占据了。驾驶员和副驾坐在驾驶舱里；飞行工程师在他们后面，相对舒服一些；无线电操作员、投弹手、领航员也是一样。但后两者要经过一个狭窄的通道钻进他们位于机鼻中的位置。而机尾和球形炮塔中的机枪手则必须成为柔术表演者才能进入他们狭窄的空间，他们和腰部机枪手都穿着电子加热服。

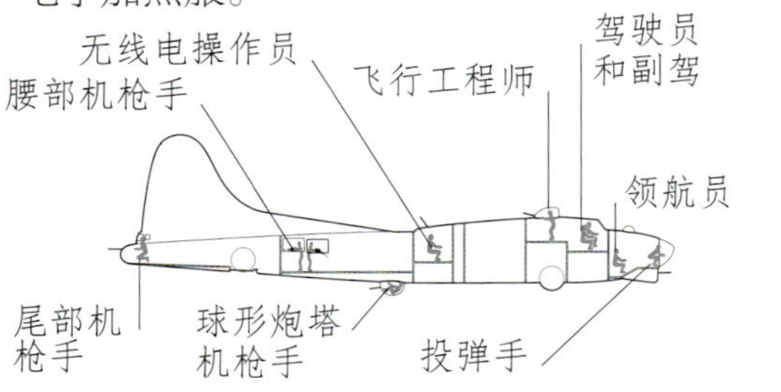

剖面图

氧气供应

▲ **氧气调节器**
每位乘员都是靠这个供应中心提供氧气的。如果他需要移动，就要使用便携式氧气瓶（见下）。

▲ **供应中心**
在机身下部有18个大号氧气罐。在B-17超过7 600米（约25 000英尺）的飞行高度上，氧气是至关重要的。

飞行舱和机身

▲ **飞行舱**
坐在左边的驾驶员和右边的副驾各有一个控制杆，通过节流阀分别控制着安装在他们之间的两台各自独立的发动机。

► **前视图**
从右舷炮的方向朝无线电操作员的位置看，机身的肋骨清晰可见。这根黑色的柱子连接着机身下方的球形炮塔。

▼ **投弹钮**
投弹员的控制钮和控制杆必须协调起来以调节飞机的空速，这需要它们的控制者共同集中精力。

▲ **控制电缆**
电缆从飞行舱沿着机身延伸到各个操纵面，操纵着方向舵、副翼和升降机。

火炮和炸弹

◀ **顶部机枪**

共有3挺顶部机枪。除了驾驶舱上方动力炮塔上的一对之外，无线电操作员在他自己的座位上方也有一挺单独的0.5英寸口径M2机枪。

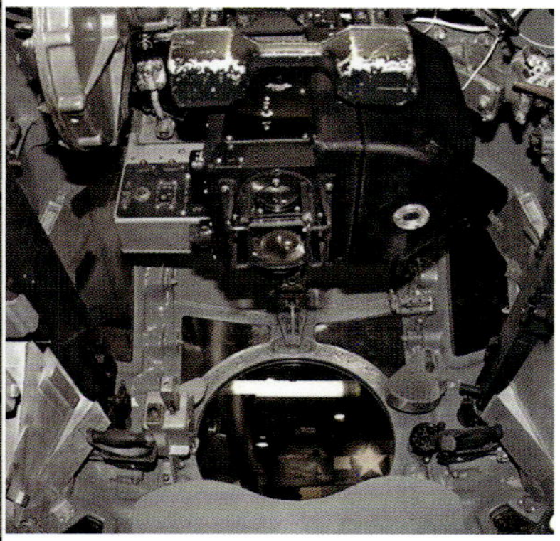

▲ **球形炮塔**

球形炮塔的机枪手在飞机起飞后爬入他的位置。狭窄的空间使他在坐着的时候只能用膝盖顶着胸部。在紧急情况下，他只能先爬进机身才能戴上降落伞。

◀ **腰部机枪**

机身腰部两个单独的机枪位直到E型机出来以后才正式成为飞机的一部分。因为没有弹壳回收系统，所以弹壳就落在机舱地板上。

▼ **尾部炮塔**

和球形炮塔中的机枪手一样，尾部机枪手的空间也非常有限。他只能跪着操纵他的一对M2机枪。

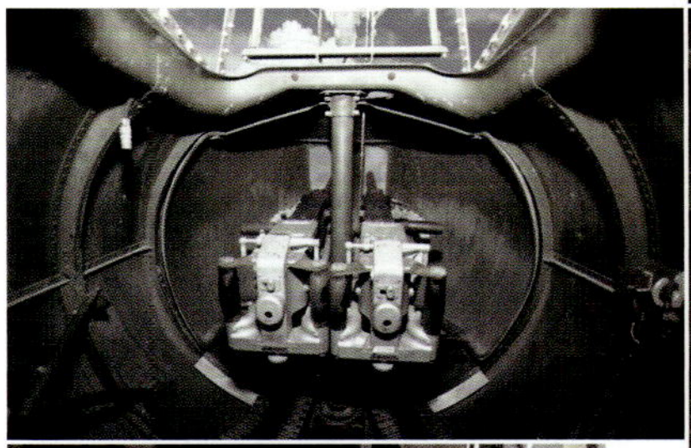

▲ **射击瞄准具**

腰部机枪拥有随着飞机飞行速度和海拔高度进行调节的平衡瞄准具，能够为它打击移动目标提供指引。

▲ **诺顿投弹瞄准器**

作为整个飞机上最复杂的设备之一，投弹瞄准器是一台预测性的计算机。它能够帮助投弹员抵消诸如飞机飞行高度、前方速度和投弹类型等因素的影响。

▲ **弹槽**

从他的位置上，投弹员可以看到飞行舱前部和后部的弹槽。

▼ **载弹量**

标准载弹包括高爆炸弹和燃烧弹。

第二次世界大战中的炸弹与导弹

一开始，空投炸弹只是简单地在铁罐中装上炸药，再安上撞击引信；有时它们会被安上最基本的翼，但是仍然只适合于攻击某个区域而不是特定的目标。更符合空气动力学的外形和更有效的翼使得它们飞行路径的可预见性更强。但即使是最好的炸弹也还远远谈不到精确。等合适的技术一开始投入应用，炸弹马上就装上了导航系统，有些是内嵌式的，另一些还需要发射时加以控制。到了1944年，很大程度上是随着火箭的实验导致第一代“地对地”（即从地面发射、打击地面目标的）导弹问世了，并且还带有预言性地改变了空中战争的面貌。

▲ **布洛姆&沃斯BV246“冰雹”**

时期： 1943年
来源地： 德国
载药： 435千克（959磅）
长度： 3.5米（11.5英尺）

冰雹滑翔弹是一款无动力空对地导弹，它的滑翔能力使它能够在距离目标很远处投掷而不是仅仅投在目标上方。经过进一步发展，它精简了很多部件并成为V-1导弹的主体。

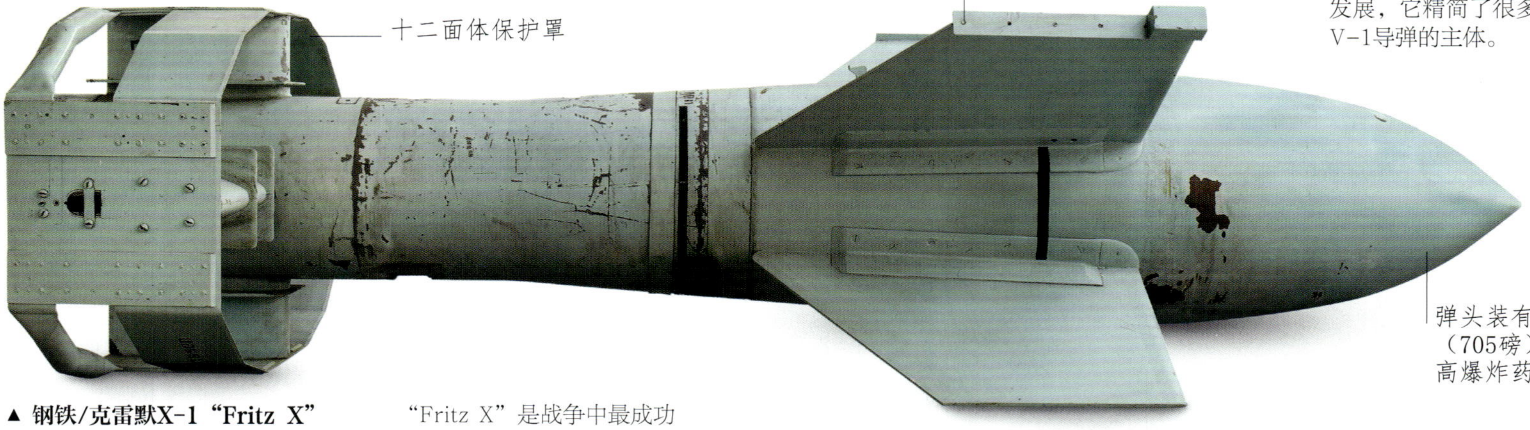

▲ **钢铁/克雷默X-1“Fritz X”**

时期： 1943年
来源地： 德国
载药： 320千克（705磅）
长度： 3.3米（11英尺）

“Fritz X”是战争中最成功的制导炸弹。它是由发射它的飞机上的操作员进行操纵制导的。这是一个引人瞩目的成功。德国空军专业部队——第100轰炸机联队曾于萨莱诺（Salerno）使用这种导弹击沉了英国皇家海军的厌战号军舰。

▼ **费斯勒FI103（V1）**

时期： 1944年
来源地： 德国
载药： 830千克（1830磅）
长度： 8.32米（27.3英尺）

FI103是第一种远程地对地导弹，在坡道上由蒸汽弹射发射，并用简单的脉动式喷气发动机推进。它自1944年6月13日开始部署，先是用来对付英国目标，后又用于对付安特卫普。

► **亨舍尔HS117H“蝴蝶”**

时期： 1944年
来源地： 德国
载药： 25千克（55磅）
长度： 4.2米（13.8英尺）

亨舍尔“蝴蝶”是一种地对空和空对空的无线电制导防空导弹。它稍后的型号HS117H，根据火箭助推器的不同分出了地对空导弹的样式。它的最大射程是10千米（6.2英里），速度为940千米/时（584英里/时）。

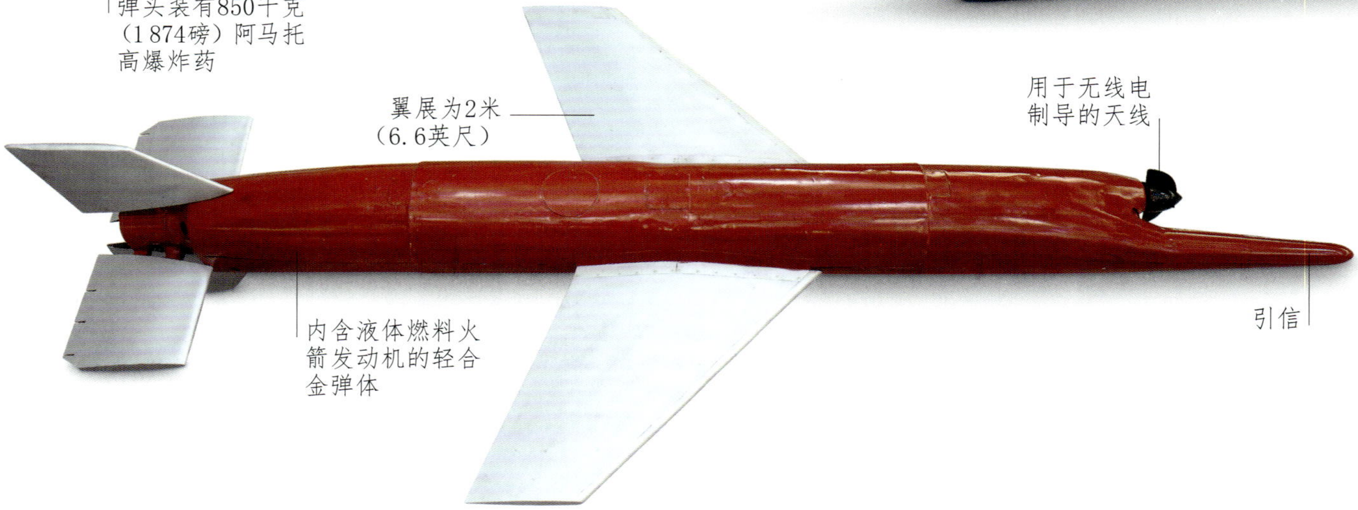

▲ **钢铁X-4 AAM**

时期：1944年

来源地：德国

载药：20千克（44磅）

长度：2米（6.6英尺）

X-4空对空（即飞机对飞机）导弹是被作为空中"支柱性"武器而发展的，从距离目标较远的机载炮上发射。因为有固体燃料火箭推动，所以它能够飞行超过4千米（2.5英里），飞行速度超过1100千米/时（684英里/时）。它通过一根与母体飞机相连的电线进行制导。

▼ **原子弹MK1"小男孩"**

时期：1945年

来源地：美国

载药：15 000吨TNT当量

长度：3米（9.8英尺）

"小男孩"是在战争中使用的第一个核装置的代号。美国空军于1945年8月6日在日本城市广岛将其投下，造成了毁灭性的效果。

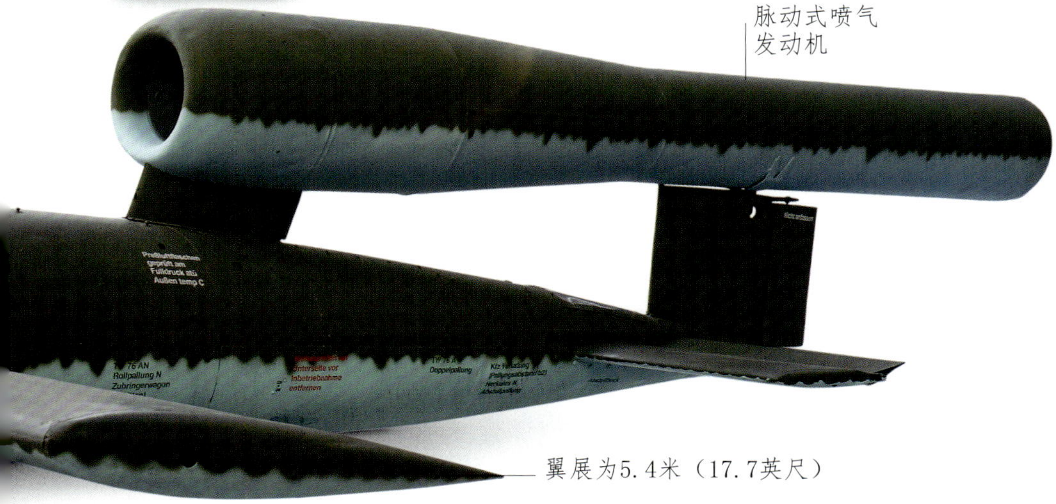

▶ **A4（V2）**

时期：1944年

来源地：德国

载药：975千克（2 150磅）

长度：14.05米（46英尺）

A4是世界上第一种弹道导弹，最大射程为330千米（205英里），能够从荷兰的基地打到伦敦去。水平与垂直陀螺仪对它进行制导。

▶ **原子弹MK2"胖子"**

时期：1945年

来源地：美国

载药：21 000吨TNT当量

长度：3.3米（10.8英尺）

"胖子"是美国在日本投下的第二个核装置，这次是在1945年8月9日的长崎。它和"小男孩"采用了完全不同的设计，用钚代替了铀。

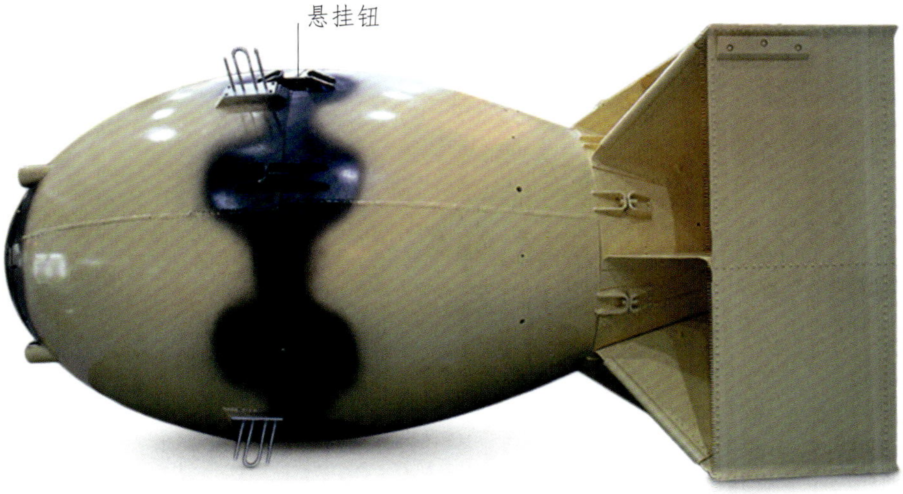

第二次世界大战中的通信与密码破解设备

在第一和第二次世界大战之间，无论有线还是无线通信技术都获得了长足的发展，后者甚至发展到了这样的程度：稳定可靠的发射/接收装置（收发器）可以装在一个小手提箱里。到了1939年，机械计算器在商业领域已经司空见惯，这一技术逐渐被用于使编码信息机械化，这使得信息即使被截获，也很难破译。第二次世界大战期间，这两项看起来毫不相干的技术都被用于军队，产生了第一批机电（后来是电子）计算机，专门被开发出来用于帮助破译密码。

▼ 英格玛密码机

时期：	1926年—20世纪50年代
来源地：	德国
类型：	编码/解码装置

操作员将“英格玛”的转子置于随机的位置上，用下面的键盘进行信息编码——每敲一次按键就使转子前进一步，这样如果再敲一次同样的按键，就会输出不同的字符。要解码只要把这一过程反过来进行就可以。

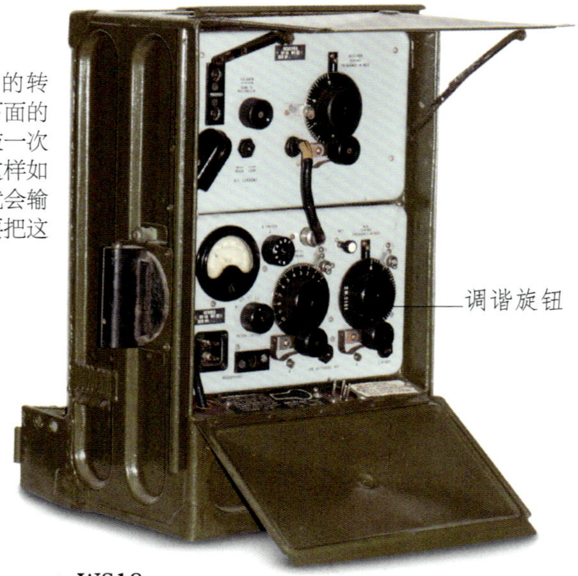

▲ WS18

时期：	1939年
来源地：	英国
类型：	无线电收发器

被描述为“用于与前方进行短程通话”的无线装置WS18的有效传信距离是8千米（约5英里）。它发明于1939年，是第一种单人可携带的无线电收发器。它的一系列产品都装备给了英国陆军。

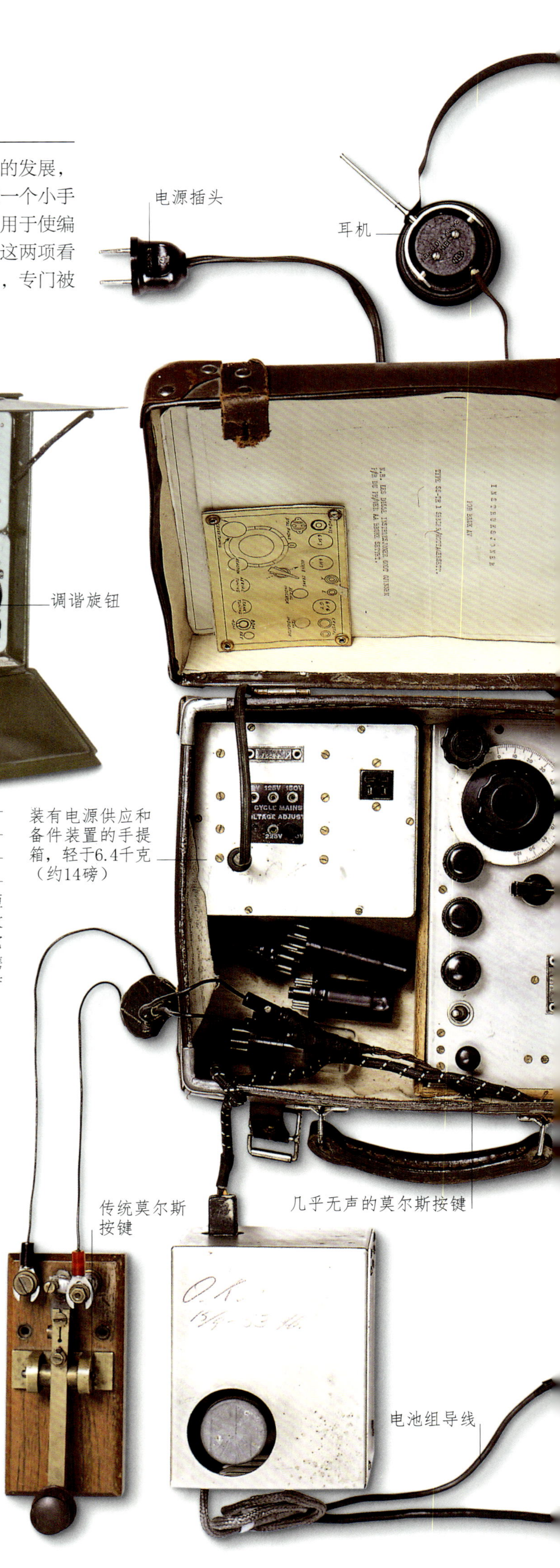

▶ 帕拉萨特手提箱式无线电收发器

时期：	1940年
来源地：	英国
类型：	无线电收发器

作为第一种秘密使用的微型无线电收发器，沃顿Mk7帕拉萨特是能够提供超过800千米（约500英里）距离双路通信的最小装置。它包括一个嵌入式莫尔斯按键，在操作的时候几乎没有声音。

▶ **EE-8-B型美国军用野战电话**

时期：1944年
来源地：美国
类型：野战电话

出于安全考虑，战争期间的战场通信，尤其是后方指挥所与前线的通信，只要可以，无论在哪儿都是采用陆线而不是无线。之所以如此，是为了节省编码和解码的时间。

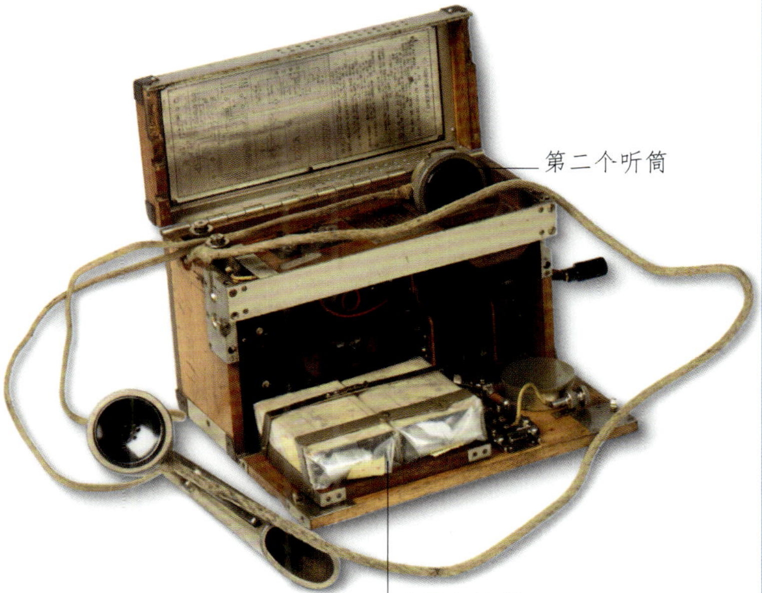

▲ **92式野战电话**

时期：1932年
来源地：日本
类型：野战电话

由冲电气公司在和平时期发展出来的这种野战电话制造标准非常高。木盒子中装有一个发电机、带麦克风的耳机、电池组和其他备件。日本人采用了“地回路”系统，它无论在安全性还是可靠性上都不如双电缆。

▶ **克里亥密码机**

时期：20世纪20—40年代
来源地：德国
类型：编码/解码装置

“克里亥”在字符上比“英格玛”更简单，从而也就更不安全——一段1 135个字符长的文本消息在3小时内就被美国成功破译了。不过这一完全机械的设备有一个明显的优势，就是更小、更轻巧。

▼ **Mk3A型手提箱式无线电收发器**

时期：1944年
来源地：英国
类型：无线电收发器

这是使用最为广泛的英国“间谍无线电”，也是这些设备当中技术最好的。它的传输距离超过800千米（约500英里），连同其他的备件和附件能够装入一个只有10厘米（约4英寸）深的手提箱中，质量总共只有4千克（8.8磅）。

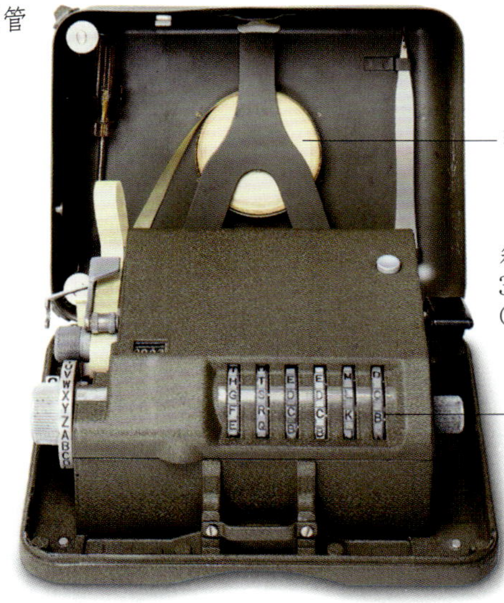

▲ **M209B**

时期：1940—1955年
来源地：美国
类型：编码/解码装置

M209是一个纯粹的机械加密装置，它有6个字母轮子以设置初始按键。消息就通过左边的轮子每次输入一个字符。结果打印在纸带上之后，转子位置就向前推进一格，逆转这个程序就能够解码。在1943年，M209的输出被德国破译者解码。

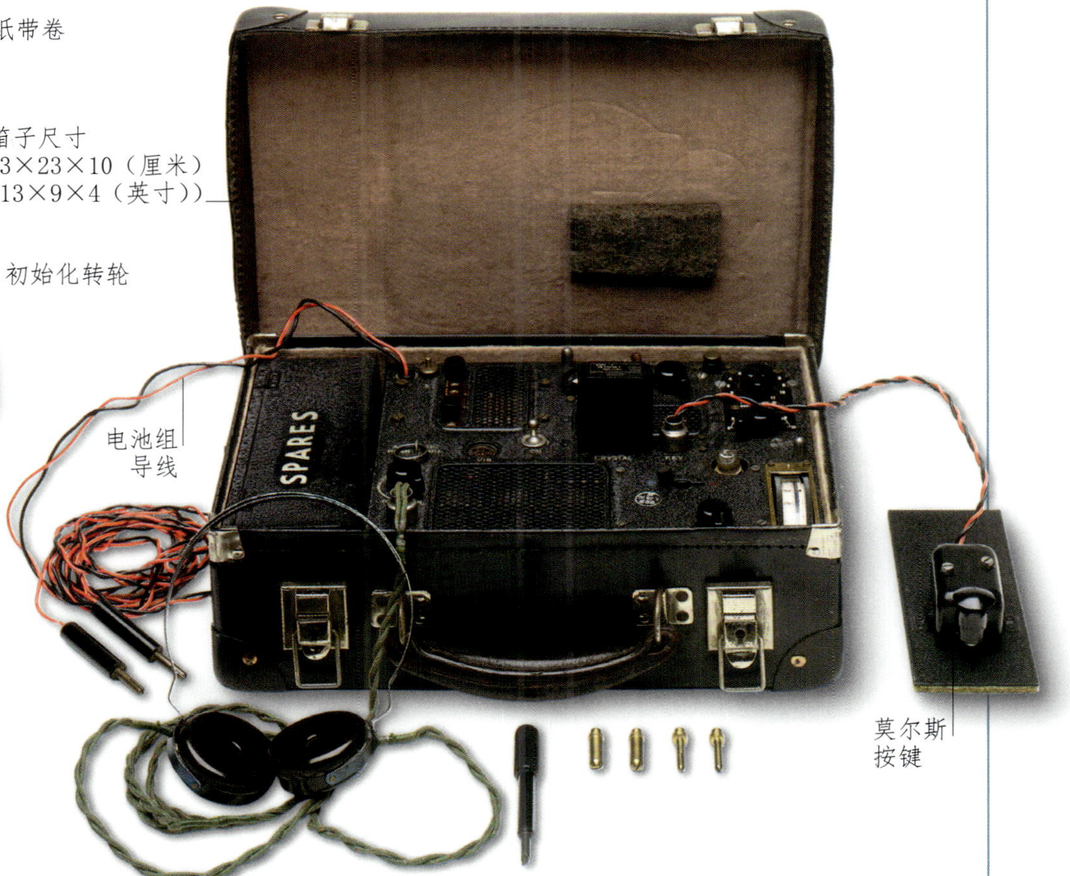

世界大战时代的奖章

世界大战见证了庞大军人队伍中无数个体的英勇行为。奖章一直以来是授予那些超凡的勇敢行为的，而数量众多的战士意味着奖章的发行量也比从前大大增加了。在这一时代，一些奖章甚至预先就体现出了巨大的意义——尤其是德国的“蓝徽”和美国的紫心勋章。

◀ **一战胜利纪念章**

时期：1919年

来源地：美国

胜利纪念章，如其首次为人所知的那样，被授予在第一次世界大战期间曾在军队服役的士兵和在俄国（1919—1920年）参加军事行动的士兵。

▶ **英雄十字勋章**

时期：1915年

来源地：法国

这一勋章被授予在第一次世界大战、第二次世界大战以及其他并未发生在法国本土的战争中表现英勇和出色的人们。这里展示出来的图片是第二次世界大战期间的勋章。

▲ **奥斯曼帝国战争勋章**

时期：1915年

来源地：土耳其

战事：第一次世界大战

它更为人熟知的名字是加里波利之星。这一勋章被授予第一次世界大战期间表现勇敢的土耳其及其联军士兵。

▲ **军功十字勋章**

时期：1914年

来源地：英国

设立于1914年的军功十字勋章授予作战勇敢的英军，它比维多利亚十字勋章和杰出服役勋章低一等级。从1993年以后，这一勋章对所有在地面行动中表现英勇的士兵开放了。

▶ **蓝马克斯勋章（蓝徽）**

时期：1740—1918年

来源地：德国

1810年前，平民和军人都可获得这一勋章。而1810年后，它只授给现役军人。第一位获得该勋章的空军军人是第一次世界大战中的飞行英雄马克斯·殷麦曼（Max Immelmann），他的声望使得这一勋章后来成为被人熟知的“蓝徽”。

▶ **铁十字勋章**

时期：1914年

来源地：德国

铁十字勋章面向所有士兵，但只有获得了二级勋章的人才有资格获得一级勋章。在第一次世界大战期间，大约颁发了400万枚二级铁十字勋章和14.5万枚一级铁十字勋章。图片中展示的是1939年的中间有着纳粹标志的一款。

▲ **一战纪念牌**

时期：1919年

来源地：英国

战事：第一次世界大战

它被授予在第一次世界大战中因执行军事任务而牺牲的人的直系亲属。这一青铜牌直径120毫米（4.7英寸），上面刻着牺牲者的名字。

▶ **卫国战争勋章**

时期：1942年

来源地：苏联

战事：第二次世界大战

这种银珐琅勋章授予在东线作战的苏联军人和个人表现英勇的游击队员。一级勋章共颁发了34.4万次，而二级勋章则颁发了102.8万次。

▶ **杰出飞行十字勋章**

时期：1918年

来源地：英国

为英国皇家空军军官准备的杰出飞行十字勋章（DFC）颁发给作战英勇的人。第一次世界大战中共颁发了大约1 100枚DFC，第二次世界大战中颁发了20 354枚。1993年DFC开始面向所有士兵颁发。

垂直臂上设计的螺旋桨标志

正面刻着T-35坦克

▲ **勇敢勋章**

时期：1938年

来源地：苏联

该奖章最初授予在保卫苏联的战争中表现英勇的军人，苏联解体以后，俄罗斯继续使用了它。它的授予者每个月都享有特殊津贴，而且可以免费乘坐俄罗斯的公共交通工具。

▼ **紫心勋章**

时期：1782年

来源地：美国

紫心勋章最初由乔治·华盛顿于1782年设立，以表彰军功。它只授予了3位美国独立战争中的战士。直到1932年，这一勋章都没有被人获得。而在那之后，大约有190万枚紫心勋章被颁发。

苏联的锤子与镰刀符号

金色背景的射线表示它是一级勋章

黑、黄、蓝相间的条纹分别代表着夜战、敌人的探照灯和天空

▲ **欧洲飞行队之星奖章**

时期：1945年

来源地：英国

战事：第二次世界大战

作为第二次世界大战中最珍贵的勋章，这一奖章专门授予从1939年9月3日到1944年6月5日从英国基地起飞前往欧洲作战的人。授予者必须具备1939—1945之星勋章，并且在此期间飞行时间超过两个月。

绶带的颜色代表着鲜血、白雪和死亡

◀ **东线作战勋章**

时期：1942年

来源地：德国

战事：第二次世界大战

这一勋章普遍为人所知的名字是“东部章”，授予1941年11月15日至1942年4月15日期间在东线作战的军人。联想到冬季作战的艰难，它也获得了“冻肉勋章”的绰号。

鹰和纳粹十字主题

关键事件

1914—1945年

- **1914年** 第一次世界大战的第二个月里，单独一艘德国U型潜艇在1小时内击沉了3艘英国巡洋舰。
- **1916年** 44艘战列舰——28艘英国舰和16艘德国舰在日德兰半岛遭遇，但在这场犹豫不决的邂逅中只有很少一部分战舰被击沉。
- **1941年** 英国战列舰皇家威尔士亲王号与战列巡洋舰皇家驱逐号在没有空中保护的情况下驶离了马来亚，随后被陆上起飞的日本轰炸机和鱼雷战斗机击沉。
- **1944年** 美国海军在莱特海湾部署了超过200艘战舰以对付日军，这是菲律宾之外历史上发生的最大规模的海战之一。
- **1945年** 德国XXIU型潜艇加入前线服役。这是第一种能够长时间潜入水下的潜艇：它用不着时常浮出水面，而且在水下的行进速度非常快。

关键发展

世界大战中的海战

对海洋的控制在两次世界大战中都非常重要。潜艇和飞机的影响产生了附带的效果，而浅滩舰队的出现又为向陆地投送兵力的两栖作战提供了支持。

由于大炮巨舰组成的舰队造就了导致世界大战时代的战争，第一次世界大战中的海战不再遵循这样的做法：德国公海舰队和英国大舰队之间再也没有逐步升级的战争了。1916年夏天，当他们唯一一次在日德兰半岛相遇，德国观察到英国舰队在他们面前展开时，就开始迅速逃跑，并且因为英国糟糕的追击而成功逃脱。事实上，英国在数量上的优势大到对方根本无法挑战，即使德国战舰拥有更远程的搜寻设备、更好的防护装甲和更强的夜战技能。

虽然德国的水面舰艇已经对英国的商用船只构成了严重的威胁，但是德国U型潜艇的到来才是最大的威胁。已经在早期的战争中解决掉了大部分德国战舰的英国皇家海军非常恐惧来自水雷和潜艇的攻击，这导致了他们对一切舰队作战的担心。从1917年夏天起，姗姗来迟的皇家海军护航队使舰队减少了损失，但U型潜艇一直是持续的威胁。

第一次世界大战之后

1918年以后，无数证明潜艇高效性的有力证据和海军航空力量重要性的逐渐凸显并没有阻止海军发展更大、更好战舰的决心。20世纪20年代，皇家海军认为已经找到了应对U型潜艇威胁的答案，那就是ASDIC声呐系统，它能够精确定位水下的船只，而没有考虑潜艇能在夜间从水面发动袭击，它们低调的外形使得它们很难被探测到。两次世界大战带来了遍布大西洋、太平洋和地中海的史诗般的海战，英国、德国、意大利、美国和日本的海军在这里鏖战。这个时代对海军最大的打击是：即使最强大的战舰也难以对付空中的袭击。在敌方飞机航程之内的水面战舰没有任何保护地暴露着。德国磁性水雷在早期战争时造成了巨大的破坏，直到消磁船壳技术产生，情况才有所改观。

与此同时，U型潜艇通过无线电的协调和续航距离的提升，对商用船只造成了比它们在第一次世界大战期间更大的破坏。战术与技术革新的

▼ **一辆两栖卡车**

美国DUKW是第二次世界大战期间为两栖作战而发展的独具匠心的车辆。它能装载25名士兵在岸上或者在海滩上行驶。

> “战争中唯一真正使我**害怕**的就是**U型潜艇**。”
>
> 英国首相温斯顿·丘吉尔

结合被用于应对这一威胁，包括装有改进了的雷达的海上护航队，以及高频无线电导航/搜寻设备（高频无线电测向仪）。

当巨大的水面舰船之间发生炮战时，胜利往往垂青拥有更强的雷达和夜战装备的那一方，就如1942年瓜达尔卡纳尔岛（Guadalcanal）那场发生在日本和美国舰队之间的战争，或是英国和意大利在地中海上的战争。最终的海上优势使得盟军能够进行大规模的两栖登陆：其中最大规模的就是1944年6月的诺曼底登陆，共有1200艘战船支援。

◂ **施放鱼雷**

第二次世界大战时期潜艇狭窄的空间使得从鱼雷管中施放鱼雷非常困难。在德国U型潜艇上（同样在英国的潜艇上），鱼雷舱同时也是士兵的居住舱。

◂ **珍珠港**

美国军舰内华达号就是1941年12月7日日军偷袭珍珠港舰队时被击沉或毁坏的18艘战舰之一。日军由353架从6艘航空母舰上起飞的战斗机、轰炸机和鱼雷战斗机组成，并以小型潜艇作为支援。

关键**人物**

海军上将山本五十六

1884—1943年

在1904年的对马岛海战中作为少尉参加战斗的山本五十六到1939年成长为日本联合舰队的总指挥。作为海军航空力量的倡导者，他一手策划了1941年偷袭珍珠港的计划，从而引发了太平洋战争。

▲山本五十六由于座机遭到美军伏击而坠毁身亡。

主力舰

尽管“主力舰”这一术语直到20世纪20年代才有了严格的定义，但在第一次世界大战爆发的时候它就已经适用于舰队中最强有力的战舰了：战列舰和战列巡洋舰，它们牺牲了防护而提高了速度，以此作为保护自己的一种手段。战列舰看起来在第一次世界大战期间独霸海上战场，但实际上预想中的德国和英国舰队之间的大规模海战并没有真的发生。战争之后，他们对国际上对海军舰船吨位的限制非常反感，但无论如何战列舰的全盛期已经过去了。在第二次世界大战早期，战列舰对空中袭击的防御极度脆弱，因此舰队热衷的头等重要的东西变成了航空母舰。

▸ **皇家无畏号**

入役： 1906年 **来源地：** 英国
排水量： 21 845吨
长度： 160.6米（527英尺）
最高速度： 21节

无畏号在两个方面具有独创性：一是它在所有炮塔上都装备了重炮，而且没有“中间型”；二是它由涡轮机推动，既减轻了质量又提高了速度。它的装甲也比之前的战舰要好。

▾ **德意志第二帝国海军德佛林格尔号**

入役： 1914年 **来源地：** 德国
排水量： 30 700吨
长度： 210.4米（690英尺）
最高速度： 26.5节

德佛林格尔号是1919年6月21号在斯卡帕湾被击沉的52艘德国军舰之一，也是于1939年被打捞上来的最后一艘军舰。它曾经是德国海军的第四代战列巡洋舰，而且比英国皇家海军的型号要强大很多。

▾ **皇家玛丽女王号**

入役： 1913年 **来源地：** 英国
排水量： 31 659吨
长度： 214.4米（703英尺）
最高速度： 27.5节

玛丽女王号是英国第二代战列巡洋舰之一，由早期的狮级战列舰发展而来，装备了更大的13.5英寸口径炮。它在设计上也有缺陷。它在日德兰半岛被3枚30.5厘米（12英寸）炮弹击中，仅38分钟就沉没了，几乎所有船员遇难。

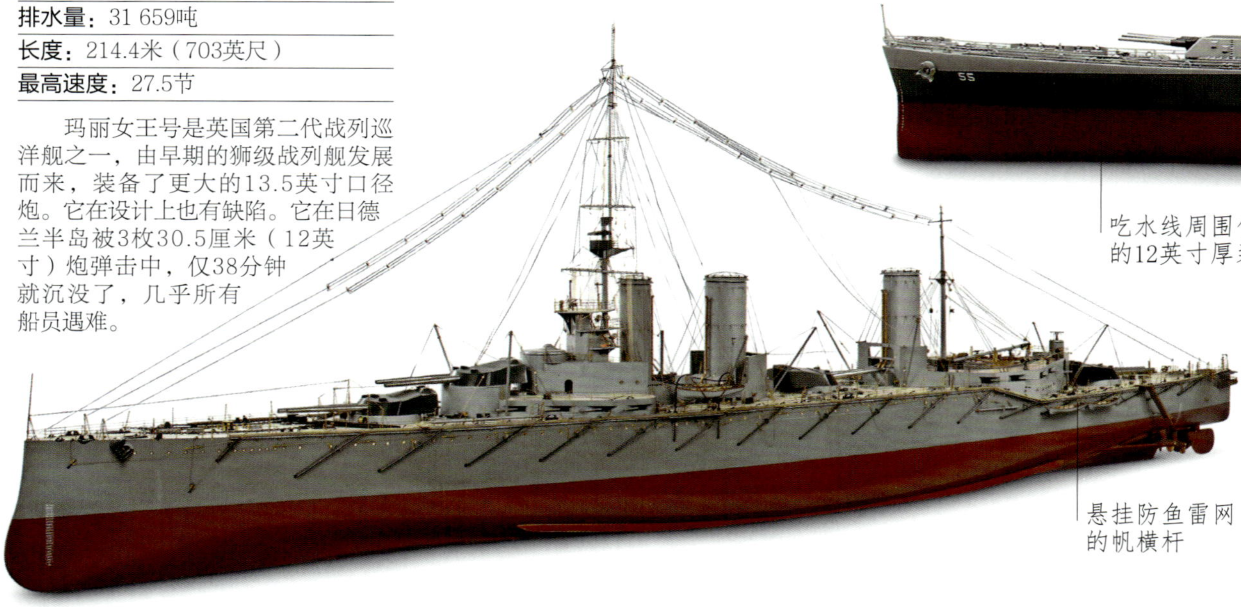

◄ **皇家罗德尼号**

入役：1927年	**来源地：**英国
排水量：45 200吨	
长度：216.4米（710英尺）	
最高速度：23节	

罗德尼号的吨位达到了《华盛顿海军条约》规定的上限。它和它的姐妹舰尼尔森号由于武器上的非传统布局而别具一格——它们的16英寸口径炮全部安装在前方的3座三联炮塔上。

▲ **俾斯麦号**

入役：1940年	**来源地：**德国
排水量：50 900吨	
长度：248米（814英尺）	
最高速度：29节	

作为纳粹德国海军的骄傲，俾斯麦号和它的姐妹舰提尔皮茨号取得了标志性的地位。两种船都对英国构成了威胁，因此也榨光了英国的海军资源，尽管俾斯麦号的战功仅限于掀掉了英国皇家海军的盖子。它因1941年被英国鱼雷轰炸机洞穿而沉没。

▼ **维托里奥·威尼托号**

入役：1940年	**来源地：**意大利
排水量：45 030吨	
长度：237.8米（780英尺）	
最高速度：30节	

作为战争期间为意大利皇家海军所造的3艘快速战列舰中的一艘，维托里奥·威尼托号花费了整整5年时间才造好，在此期间它的规格发生了很大的变化。它的主炮装载在三联炮塔上，两座向前，一座在后方。

◄ **美国海军北卡罗来纳号**

入役：1941年	**来源地：**美国
排水量：44 380吨	
长度：222.1米（729英尺）	
最高速度：28节	

北卡罗来纳号与它的姐妹舰华盛顿号在制造的时候就表现出了对美国战列舰设计的背离。它们比第一次世界大战结束时被废弃的那些战舰更加庞大，速度也更快，还装备了更强大的武器。北卡罗来纳号，又名“演戏船”，被保存在它家乡的威尔明顿市。

▼ **大和号**

入役：1941年	**来源地：**日本
排水量：69 990吨	
长度：263米（863英尺）	
最高速度：27节	

大和号与它的姐妹舰武藏号是史上最庞大的战列舰，同时也装备了最强大的武器。然而它们全都被空袭击沉了。同级的信浓号则被设计为航空母舰，但在第一次正式出航时就被美国的射水鱼号潜艇击沉了。

超级无畏战列舰

美国海军得克萨斯号

得克萨斯号是第一次世界大战之前海军军备竞赛的产物。作为一艘“超级无畏”战列舰，它在长达30多年的服役期内经历了5次大战。

得克萨斯号于1914年下水服役，主武器包括10门14英寸口径火炮，是当时世界上火力最强的战舰。在某些方面，它落后于时代，特别是动力：采用了燃煤活塞式发动机而非燃油蒸汽轮机。1927年，得克萨斯号进行了全面的现代化改造，安装了燃油锅炉，改进了船身装甲，并升级了火控系统。后来，该舰还增加了多门高射炮以及火控和防空雷达。到了第二次世界大战，航速太慢的得克萨斯号已经无法与更现代化的大型主力舰协同作战，但仍然可以装配强大的火力。在美国加入战争之前，得克萨斯号曾在大西洋执行护送任务。后来，这艘战舰凭借出色的舰炮火力，为北非、诺曼底、硫磺岛和冲绳等地的登陆行动提供了火力支援。得克萨斯号只有一次战损事件：1944年，它的指挥塔被德国岸防炮的一枚炮弹击中。

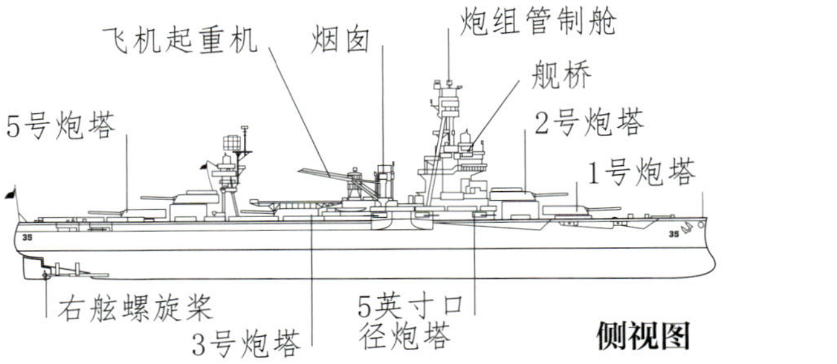

侧视图

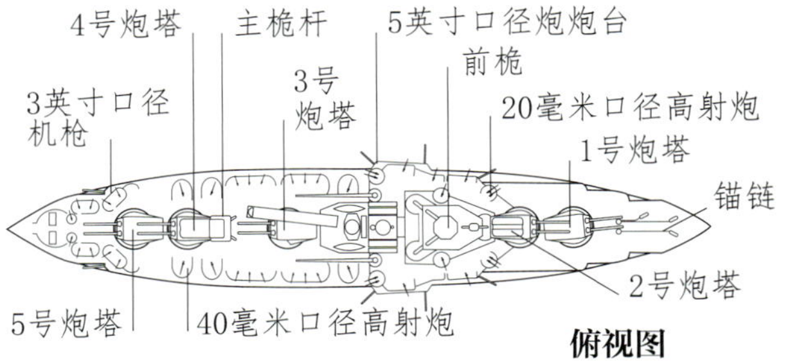

俯视图

▲ **美国海军得克萨斯号**

耗资约600万美元的得克萨斯号是一艘纽约级战列舰，长175米（574英尺），排水量27 000吨，最高速度为21节。

甲板周围

▲ **前桅后视图**

炮组管制舱下方是需要开阔清晰视野的其他区域，例如舰桥和瞭望台。

▲ **船锚铰链**

船锚铰链是两个大型电动绞盘，位于14英寸口径船首炮前方，可以通过旋转来升起或降下锚。船尾还有其他用于牵引的绞盘。

▲ **炮组管制舱**

炮组管制舱的观察者将距离、速度和方位读数传递到甲板下方的海图室，然后向炮手发送指令。

► **船钟**

这个大铜钟放置在甲板上，用于标记时间和控制值班表，并且刻有船名。

► **唯一的幸存者**

得克萨斯号于1946年退役，现在变成了美国得克萨斯州圣哈辛托（San Jacinto）的舰船博物馆。它也是最后幸存的无畏级战列舰。

▶ **舰艏炮塔**

14英寸口径的舰炮可以向距离20千米（12.4英里）的目标发射680千克（1500磅）重的炮弹，射击频率为每45秒1发。

▲ **高射炮**

在20世纪20年代后期，得克萨斯号安装了16门5英寸和8门3英寸口径高射炮。

▲ **14英寸口径炮塔内部**

弹舱中的炮弹升高并滚入输弹槽中，炮弹和火药袋装入后膛，后膛门关闭，准备发射。

▲ **20毫米口径炮**

作为最后的防空手段，得克萨斯号安装了44门20毫米口径厄利康高射炮。

▲ **博福斯40毫米口径炮**

这艘船在第二次世界大战期间安装了40架遥控博福斯高射炮。

▲ **扫雷器**

船头拖曳着两架扫雷器，以割断水面以下的拽着水雷的绳索。

▲ **绳索切割机**

每架扫雷器都有一个刀片，可以割断拽着水雷的绳索，让水雷上浮到水面。

甲板之下

得克萨斯号相当于一个小镇，设有邮局、牙医诊所和理发店，但是没有卖酒的商店，因为所有美国海军舰船都禁止饮酒。船上几乎没有多余的装饰：大多数船员都在睡觉的地方吃饭，厕所和洗浴设施都相当原始。然而，这是一个井然有序的世界，所有人都各司其职，能够妥善满足基本的健康和营养需求。

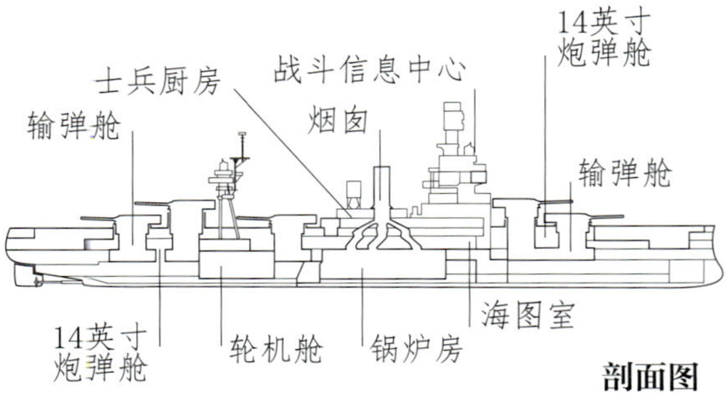

剖面图

命令与控制

▲ **战斗室**
战斗信息中心的工作人员评估雷达（第二次世界大战期间加装）和其他来源的数据，同时协调所有的武器系统。

▲ **操舵室**
位于舰桥的操舵室包含主要操舵部位，而且配有转向盘、指南针、舵角指示器和轮机舱传令钟。

◀ **海图室**
位于操舵室附近的海图室是航海长工作的地方。在图表上方，墙上还安置了指示深度和速度的设备。

炮弹与火药

▲ **14英寸炮弹吊车**
炮弹和装料存储在水线以下很深的弹舱中，吊车可以将弹药送入输弹舱，以便准备好发射。

▲ **火药舱口**
推进剂火药远离炮弹存放，并通过防爆的舱口送到输弹舱，以防止意外引燃。

锅炉与舵

◀ **燃烧器喷嘴的细节**
燃烧器强制燃油通过雾化器以便雾化并燃烧，加热锅炉中的水。红色手柄用于调节喷雾的量和细度。

▲ **紧急转向位**
通常，双舵在电动机的驱动下转向。但是，如果电动机断电，16名男子也可以通过4个大转向轮手动转向。

▶ **燃油锅炉**
1927年，改造后的得克萨斯号使用6个燃油锅炉来驱动两台立式三胀蒸汽轮机。每个锅炉有8个燃烧器。图中移除了3个燃烧器来展示内部构造。

船上生活

▲ **士兵厨房**
主甲板厨房可以三面打开，以保证通风。厨房烹制的食物送到甲板下方的自助餐厅。

◀ **面包房**
面包房位于主甲板左舷的厨房附近，因此烤箱可以通过新鲜气流冷却。

◀ **自助餐厅**
食物放在加热的容器中，并通过升降机从厨房送到餐厅。大多数士兵在船员舱的折叠桌前就餐。

▲ **理发店**
这间理发店属于士兵们，再向前走是军官们的理发店。

▲ **陆战队床位**
与服役的船员一样，海军陆战队员在舰船上也要住3～4层的上下铺。船员舱大多位于第二层。

▲ **邮局**
家人、朋友和爱人的信件通过船上邮局送达船员，这些信件是鼓舞士气的主要手段。

▲ **船员储物柜**
隐私和空间都十分受限，但每个人都有存放个人物品的储物柜。

巡洋舰

传统意义的“巡洋舰”指足够大且能够支持长时间出海航行并稳定运转的军舰。到20世纪初，巡洋舰进一步划分为3类：“侦察”“护航”及“装甲”巡洋舰，以及其他子类。不过，10年内新建造的巡洋舰都属于单一模式。之后，装备6英寸口径火炮的巡洋舰被称为“轻型”舰，装有更大口径火炮的舰船则称为“重型”舰。后来，配备了高仰角武器以防御轰炸机的防空巡洋舰面世了。

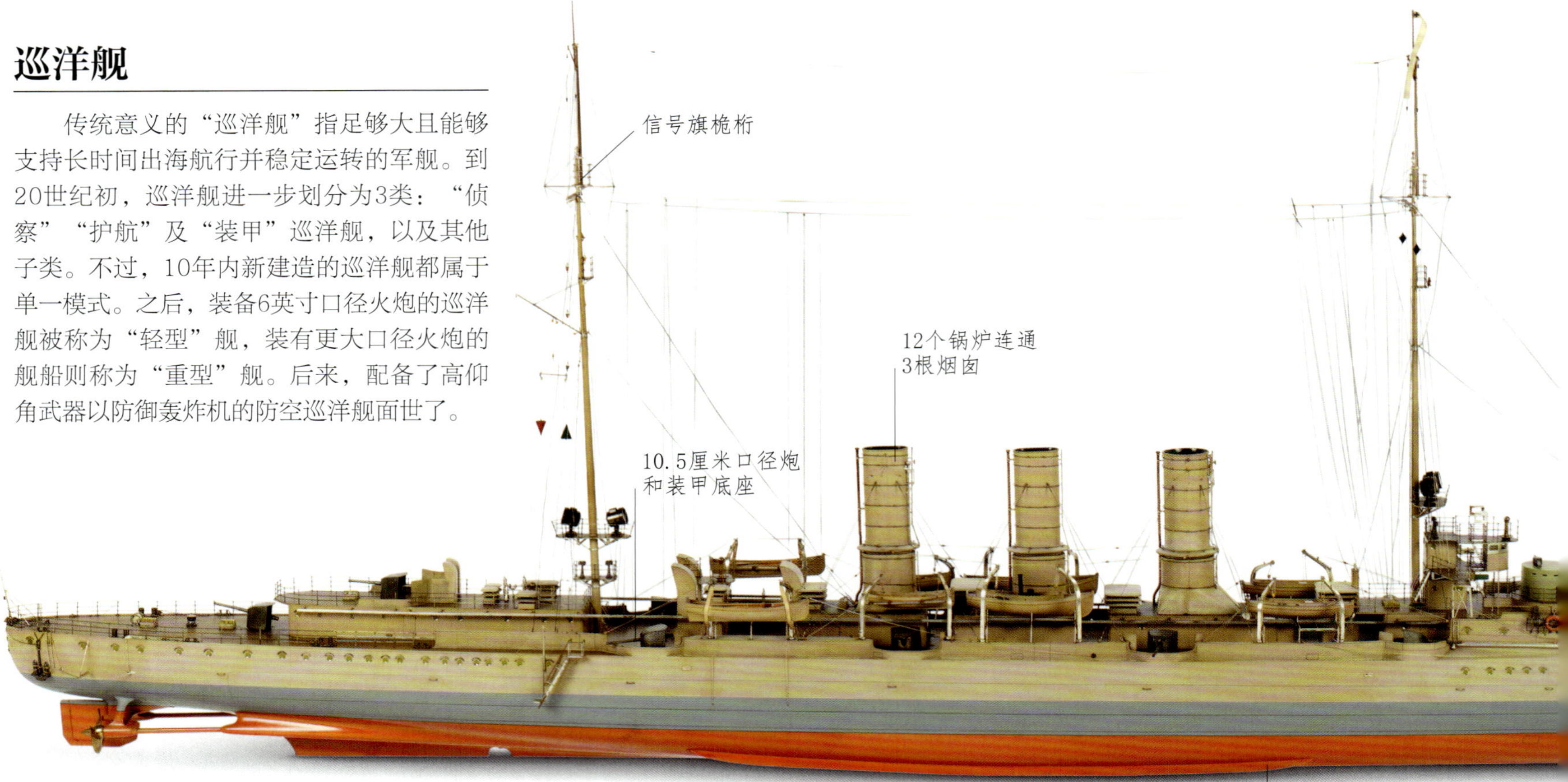

▲ 德国第二帝国海军雷根斯堡号

入役：1915年	**来源地：**德国
排水量：6 380吨	
长度：142.7米（468英尺）	
最高速度：28节	

雷根斯堡号是两艘拥有12门10.5厘米口径火炮的轻型巡洋舰之一，10.5厘米口径火炮是当时德意志第二帝国海军的标配。两艘巡洋舰是驱逐舰舰队的主导舰艇。

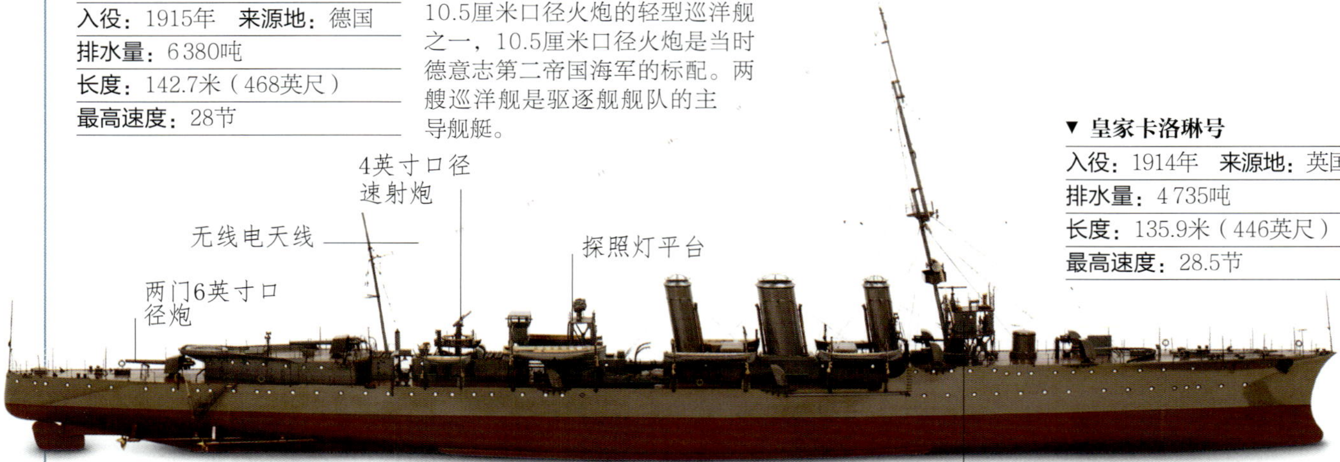

▼ 皇家卡洛琳号

入役：1914年	**来源地：**英国
排水量：4 735吨	
长度：135.9米（446英尺）	
最高速度：28.5节	

作为一组6艘快速轻型巡洋舰（用于主导驱逐舰纵队）的第一艘，英国皇家海军卡洛琳号在日德兰地区服役。1924年，它成为北爱尔兰贝尔法斯特的一艘训练舰，目前依然存在。

► 珀斯号

入役：1936年	**来源地：**英国
排水量：9 150吨	
长度：171.4米（562英尺）	
最高速度：32.5节	

珀斯号是3艘轻型巡洋舰（珀斯号、霍巴特号和悉尼号）的第一艘，3艘舰船全部进入了澳大利亚皇家海军。按照后期的标准，这些舰船非常小，但服役效果出色。珀斯号和悉尼号都在战斗中损毁了，但它们同时摧毁了德国攻击商船的舰船鸬鹚号（Kormorant）。

◄ 美国海军北安普顿号

入役：1930年	**来源地：**美国
排水量：11 420吨	
长度：183米（600.4英尺）	
最高速度：32.5节	

由于1922年《华盛顿海军条约》的限制，作为同批6艘重型装甲巡洋舰的第一艘，北安普顿号的设计受到了影响。1942年11月30日晚，短暂而混乱的塔萨法隆加战役（Battle of Tassafaronga）期间，它最终被鱼雷击沉。

▲ **日本高雄号**

入役： 1932年	**来源地：** 日本
排水量： 12 780吨	
长度： 203.8米（668.6英尺）	
最高速度： 35.5节	

受1922—1936年《华盛顿海军条约》的制约，日本开始发展重型巡洋舰：尺寸和性能不断增强。4艘高雄级巡洋舰就在这段时间的中期建造。第二次世界大战前夕，日本对大多数舰船进行了现代化改造。

▲ **矢矧号**

入役： 1943年	**来源地：** 日本
排水量： 8 535吨	
长度： 174.1米（571.2英尺）	
最高速度： 35节	

矢矧号是4艘阿贺野级轻型巡洋舰之一，主要作为快速驱逐舰中队的主力舰建造。4艘阿贺野级巡洋舰只有一艘属于战损。建造期间，矢矧号增加了两架飞机的停泊位，减少了一座双联装6英寸口径炮炮塔。

▲ **美国海军昆西号**

入役： 1943年	**来源地：** 美国
排水量： 17 030吨	
长度： 205.3米（673.6英尺）	
最高速度： 33节	

第二次世界大战期间，美国海军始终奉行久经考验的公式，即优化轻型和重型巡洋舰的防空能力。昆西号属于巴尔的摩级重型巡洋舰。美国海军订购了24艘巴尔的摩级巡洋舰，实际建造了18艘。昆西号一直服役到了20世纪70年代。

▼ **德国欧根亲王号**

入役： 1940年	**来源地：** 德国
排水量： 19 040吨	
长度： 207.7米（681.4英尺）	
最高速度： 32.5节	

根据英德海军协定，德国可以建造5艘1万吨级重型巡洋舰。欧根亲王号是根据协议建造的3艘重型巡洋舰之一，但排水量都超过了限值约60%。不过，这些舰船很少见到，因为它们太复杂而且维护难度很大。

潜艇

潜艇第一次崭露头角是在第一次世界大战期间，其中德国潜艇的表现最为突出，成了向欧洲运送重要物资的敌方商船的心腹大患。第二次世界大战期间，尽管希特勒的偏见严重限制德国水面舰队的发展，但正是U型潜艇为纳粹德国海军带来了大多数胜利：普遍观点认为U型潜艇差一点使英国俯首称臣。因此，英国皇家海军和美国海军都不得不投入大量的资金来寻找消除“潜艇威胁”的措施，而这需要一段时间才能奏效。只有这些措施投入实战并发挥效果之后，才能彻底宣告大西洋海战的胜利。

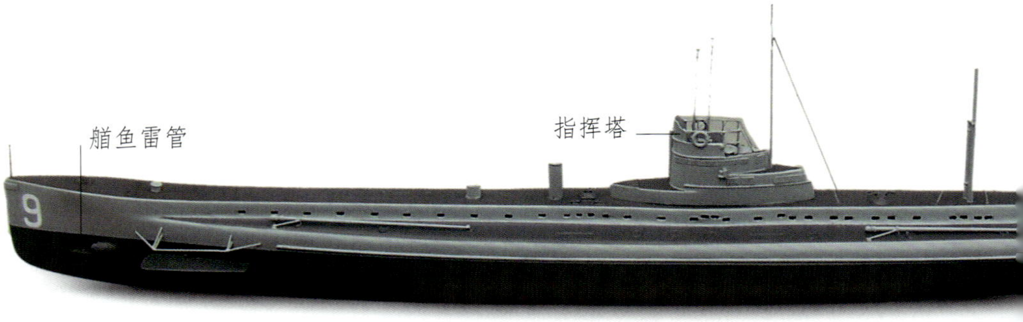

▲ U-9号潜艇

入役：1910年　**来源地：**德国
排水量：495吨（水下610吨）
长度：57.4米（188.3英尺）
最高速度：14.2节（潜航8节）

U-9号潜艇是波罗的海但泽海军船厂建造的4类U-9型海岸潜艇的领导者。与1912年之前建造的所有德国潜艇一样，U-9型潜艇同时配备电动机和柴油发动机。虽然属于实验舰艇，但U-9型潜艇都参加了实战，而且除了U-9号之外全部在战斗中沉没了。

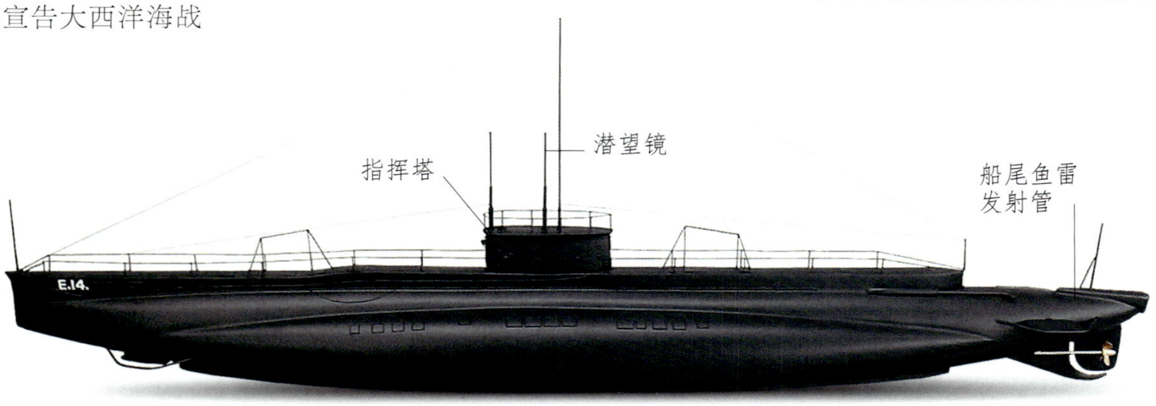

► 英国皇家海军E级潜艇

入役：1913—1917年
来源地：英国
排水量：670吨（水下810吨）
长度：55.2米（181英尺）
最高速度：15节（潜航9节）

英国皇家海军的E级潜艇分两批建造，属于航程5 556千米（3 000海里）的远洋潜艇。战争爆发时，英国皇家海军有16艘在役或即将完工的E型潜艇，另有不少于8间船厂正在匆忙赶制40艘潜艇。6艘建造为布雷艇，每艘配有3个鱼雷发射管，携带20枚水雷。

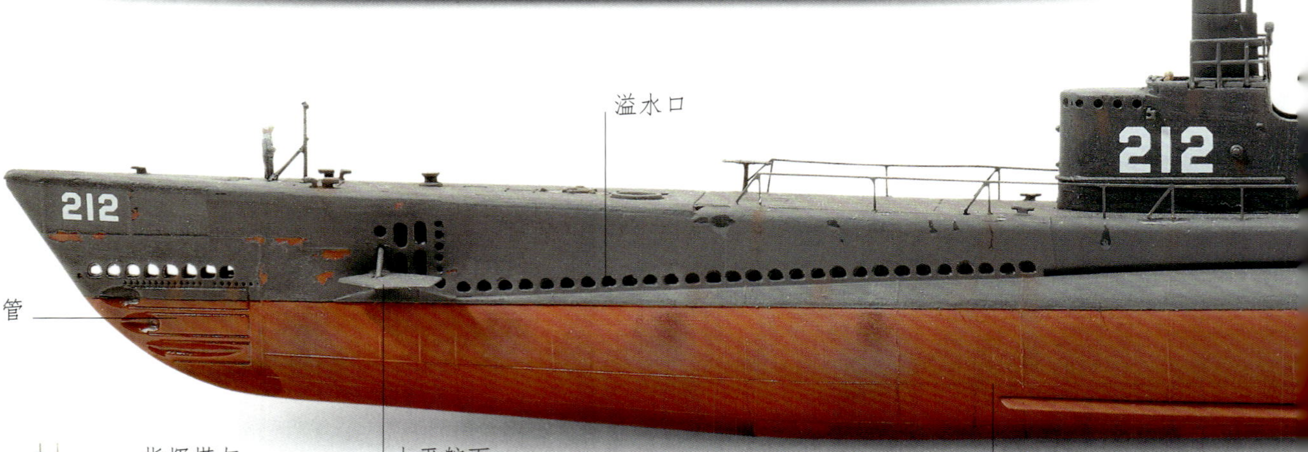

▲ U-25号潜艇

入役：1936年　**来源地：**德国
排水量：860吨（水下985吨）
长度：72.4米（237.5英尺）
最高速度：18.5节（潜航8.3节）

U-25号潜艇是两艘IA型双壳远洋舰艇之一，由迪兹玛格（Deschimag）船厂于20世纪30年代中期为纳粹德国海军建造，而且经过了漫长而神秘的设计过程。1940年8月，撞到自己布下的水雷后，U-25号潜艇在泰尔斯海灵岛（Terschelling）北部沉没。

▲ 英国皇家海军T级潜艇（1937—1944年）

入役：1938—1945年
来源地：英国
排水量：1 320吨（水下1 575吨）
长度：83.8米（275英尺）
最高速度：15.5节（潜航9节）

从1937年到1944年，英国皇家海军分3批建造了大量的T级潜艇，并且在建造过程中进行了大幅度改进。后建型号一直服役到了20世纪60年代，而且最大潜水深度从最初的91米（299英尺）增加到了最终型的106米（347.8英尺）。

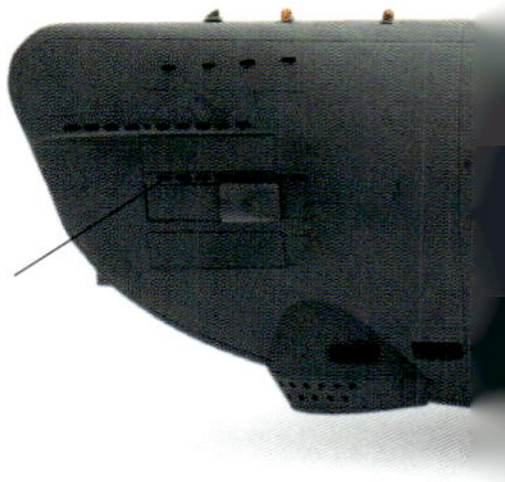

▼ **德国VII-C型潜艇**

入役：1940—1944年

来源地：德国

排水量：749吨（水下851吨）

长度：67.1米（220英尺）

最高速度：17节（潜航7.6节）

从1936年到1943年，德国大批量地建造VII型潜艇，其中以VII-C型为主，建造数量不少于663艘。因此，VII-C型成为了德国潜艇的主力型号，主要在法国西部的大西洋港口附近游弋，几乎中断了英国依赖的关键北美供给链。

▼ **美国海军加托号潜艇**

入役：1941年　**来源地**：美国

排水量：1810吨（水下2410吨）

长度：95米（311.7英尺）

最高速度：20节（水下8.75节）

美国海军加托号在第二次世界大战期间进入美国海军服役，是3级几乎完全相同的“舰队潜艇”的第一艘。第二次世界大战期间和战后，所有级别都进行了大量的改进。加托号作为训练舰一直使用到了20世纪60年代。20世纪70年代，加托号同级的部分潜艇移交给了其他国家的海军，并一直服役到20世纪90年代。

▲ **英国皇家海军X艇**

入役：1942—1945年

来源地：英国

排水量：26.9吨（水下29.7吨）

长度：15.7米（51.5英尺）

最高速度：6节（潜航5节）

这种小型潜艇仅向英国皇家海军交付了23艘。潜艇需要4名船员，其中一名是潜水员，以两个装有2吨炸药的“侧舱”——船体两侧运载的水雷作为武器。选择目标后，X艇会释放水雷，让其落在预定目标下方的海床上。

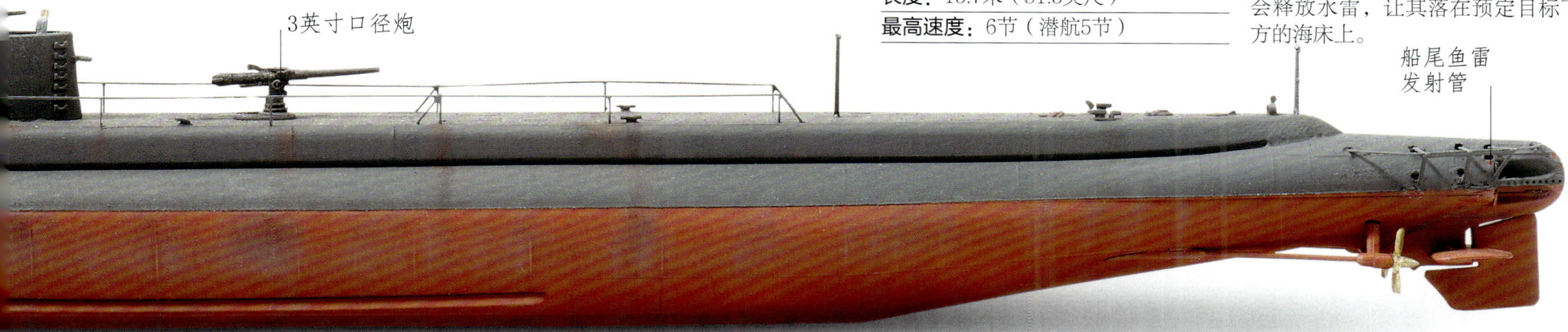

▶ **日本伊400型潜艇**

入役：1944年　**来源地**：日本

排水量：5 225吨（水下6 560吨）

长度：122米（400.3英尺）

最高速度：18.7节（潜航6.5节）

潜特级（Sen Toku）潜艇（即伊400型）是一艘水下航空母舰，旨在秘密运载飞机抵达连接大西洋和太平洋的巴拿马运河，空袭运河上的水门。日本海军订购了18艘，但最终只完成了3艘，其中一艘在建造期间改装成了油轮。在20世纪60年代美国海军乔治·华盛顿级核动力潜艇出现之前，日本潜特级潜艇是世界上最大的潜艇。

▼ **德国威廉·鲍尔号潜艇**

入役：1945年　**来源地**：德国

排水量：1 595吨（水下1 790吨）

长度：76.7米（251.6英尺）

最高速度：15.6节（潜航17.2节）

作为纳粹德国海军最后一艘远洋潜艇，XXI型的效率远超前任。总共有121艘XXI型潜艇投入使用。威廉·鲍尔号（Wilhelm Bauer）原名U-2540号，于1945年5月4日被凿沉，但12年后被联邦德国海军捞出并重新投入使用。现在，威廉·鲍尔号是停泊在德国不来梅港的潜艇博物馆。

两栖入侵

诺曼底登陆

1944年6月6日，盟军部队登陆诺曼底海滩，成为史上最大规模的两栖登陆作战行动。尽管遭遇猛烈的抵抗，盟军还是成功将大约16万名士兵在一天之内投送上岸，不得不说这次登陆作战是大规模的周密计划和组织成功实施的一个经典范例。

诺曼底登陆的成功汲取了第二次世界大战开始以来的作战经验——从西西里岛登陆到意大利本土作战、1942年迪耶普战役（Dieppe Raid）以及美国海军在太平洋战场的各次战役。得出的最重要经验便是：绝不要低估像这样一场大规模行动的难度。

成功的登陆作战需要指挥协同好空中和海上力量，盟军在登陆日这一天做到了这一点。由于德国空军的主要力量在欧洲战场的东线进行着本土防御作战，所以盟军顺利取得了对诺曼底海岸地区的制空权。与此同时，盟军海军为此次登陆作战投入了超过1 200艘军舰，加上布置水雷和空中巡逻力量，干扰了德军水上舰船和潜艇的有效攻击。

成功登陆的第二个要点是战术突袭。敌军知道盟军准备实施登陆作战，但不知道盟军将从何处登陆、何时登陆，欺骗性行动使敌军预测登陆很可能发生在加来海峡。恶劣的天气条件把这次登陆行动往后推迟了一天，但也使防御的敌军放松了戒备，因为他们相信在这样的天气下盟军是不会尝试登陆的。

5个目标海滩代号分别是“犹他”“奥马哈”“黄金”“朱诺”和“宝剑”。任务部署上，将“犹他”和“奥马哈”海滩划归美军，“黄金”和“宝剑”海滩划归英军，“朱诺”海滩划归加军。登陆舰队从英国南部的海港出发，于6月5—6日夜里在怀特岛南部地区集结。扫雷船沿英吉利海峡一路开道，为其他军舰和运兵船开辟出一条安全通道，同时空降部队以降落伞和滑翔翼的方式实施空降，控制海滩后部区域的目标。黎明前后，包括6艘战列舰在内的盟军舰队向德国大西洋壁垒的海岸防御一齐开火。这是处于防御的德军部队在即将到来的登陆作战之前收到的第一次警告。

最后的一击

4 000多艘登陆艇载着盟军士兵发起最后的一击。登陆艇的种类包括平底夹层的车辆人员登陆艇、突击登陆艇及其他登陆艇，船头改造为低缓的斜坡以便于人员出发，还有一些登陆艇用于运载坦克或者提供火力掩护。

当时的情况相当复杂。原本设计的坦克加装漂浮材料后可以“游泳”，但结果还是沉没在汹涌的海水中。士兵普遍出现晕船现象，离开船只后还不得不涉着深水冲向敌军的火力阵地。一些士兵下船时仍离岸太远，不堪背负的装具重量直接溺亡。

尽管伤亡人数达到10 000人左右，但这次登陆行动是成功的，因为它为盟军在欧洲战场开辟了一块立足之地。仅有“奥马哈”海滩登陆进攻的盟军士兵被严重压制，几乎全部士兵都退回了海里；许多美军坦克和机师在上岸前就失踪了；盟军飞机在登陆前的轰炸也并不精准，岸上的防御火力仍然相当猛烈。后来在海军火力的有效掩护下，美军才得以在夜幕降临前建立起一个安全的滩头阵地，浮动码头搭建就位，确保已上岸的部队能够得到补给。

登陆上岸

从登陆日当天在诺曼底海岸上空拍摄的航拍照片可以看到，美军舰船已经抵达海岸，登陆艇运载的部队不断下船，向岸上进发。

关键**战术**

神风突击队

1944—1945年

1944年10月，日本开始采用自杀式战术，故意驾驶飞机撞向美国的海军舰船，以达到损坏或者撞沉对方的目的。神风突击队的成员最初只是精英飞行员，但是到了1945年，自杀式攻击已经成为那些经验不足的新手飞行员的一项任务。据估计，共有322艘盟军舰船受到过神风突击队的自杀式攻击，其中至少有34艘被撞沉。

▲图为1945年一架零式战斗机撞击密苏里号战列舰前瞬间。由于被撞击处装甲较厚，该舰仅受轻伤。

▶ 俯冲轰炸机

在第二次世界大战中，柯蒂斯SB2C“地狱俯冲者”作为一款新一代的高性能航母舰载飞机投入作战，能够实施精准俯冲轰炸命中舰船，性能优于大多数常规轰炸机。

▼菲尔利剑鱼战斗机

英国空军在第二次世界大战中仍然使用已经过时的剑鱼双翼飞机作为其鱼雷轰炸机。这款飞机绰号“网兜”，飞行速度缓慢，但却在对塔兰托基地意大利舰队的奇袭中收获了意想不到的效果。

关键发展

空战与海战

1914年到1945年间，空中力量的壮大改变了海上战争的形式。航母的远程打击力量对战争的结果往往起到决定性作用，航空母舰接替一般的战列舰，成为最能有效打击的作战群。

海军舰队引领了军事航空的早期发展。海军指挥官能够理解拥有航空侦察的优势，因此当1914年战争爆发时，很快将飞机和飞艇投入实战。

最初是由供应船将水上飞机运载到海上，用绞绳拉着飞机的一端从海上起飞。如果顺利的话，飞机执行完任务后降落到海上，再对飞机进行回收。1916年，英国皇家海军开始用带轮式起落架的陆基飞机代替海上飞机，这些飞机可以从舰船旋转炮塔上方的平台或者驱逐舰拖曳的木排上起飞。这种以帆布和木材制成的轻型飞机只需降落在海上，然后就可以将其拉上船。

1917年，英国皇家海军为皇家暴怒号巡洋舰在前甲板处加装了一条狭长的飞行跑道，飞行员驾驶索普维斯公司的“幼犬”双翼飞机进行了飞行降落试验。皇家百眼巨人号原本是一艘远洋邮轮，经过改建后的设计更加接近一艘成功的航母，英国人已经认识到在海上起降飞机需要避免因传统的庞大船体结构受风造成的晃动。百眼巨人号在第一次世界大战结束时才开始服役。

▲ **拥挤的飞行甲板**

在作战条件下，在航母甲板上实施起飞和降落操作的难度很大且事故多发。本图为道格拉斯SBD无畏式俯冲轰炸机在美军航母约克城号的甲板上排成一字队形。

两次世界大战之间

在两次世界大战之间，尽管一些海军指挥官认为应该重点发展军舰，但是法国、日本和美国的航母取得了令人瞩目的发展。1920年，第一艘专门建造的航空母舰横空出世。而与此同时，英国海军航空兵却决定将其所有作战飞机的控制权交给空军。直到1939年这种颇有争议的安排终止之后，英国海军才拥有真正意义上的航空母舰，但是舰载飞机很过时。这样一来，美国和日本在海军航空界取得了领先地位。

美国海军继续对1920—1927年期间修建的列克星敦号和萨拉托加号巡洋舰进行改造，专门建造的约克城级航母于1937年开始服役。日本在发展航母舰队方面取得了巨大的成功，他们在飞行员培训和海军飞机的设计方面狠下功夫。不久之后，俯冲轰炸机和鱼雷轰炸机成为了攻击军舰的最佳机型。

太平洋战争

第二次世界大战早期的经验屡次表明，即使是全副武装的军舰也容易受到空中打击的重创。这一点在太平洋战争中表现得尤为明显。1941年12月，日本航空母舰编队对美军海军的夏威夷珍珠港基地发起突然袭击，这是海军空中力量毁灭性打击能力的一次充分展示，美国海军指挥官被迫认识到航空母舰才是真正的主舰。这样一来，战列舰、巡洋舰和驱逐舰都成为保护航母的编队舰船。

美国强大的工业水平帮助美国扭转了这一局势。航空母舰和海军飞机大量投产，到1944年数量已经远远超过了日本的航母编队，并全歼了日本的航母有生力量。到1945年为止，盟军在冲绳地区的航母编队达到40个，美国以其强大的海军航空兵力量毫无争议地坐上了世界第一的宝座。

“战争将由**航空母舰**的舰队**打击力量**来终结。”

英国舰队空军飞行员 查尔斯·兰伯（Charles Lamb），驾驶剑鱼式鱼雷轰炸机，1977年

关键**事件**

1914—1945年

■ **1914年** 英国的海空“特混舰队”袭击了德国库克斯港（Cuxhaven）的舰船停泊点，这是第一次从海上发起对陆上目标的攻击作战行动。

■ **1922年** 日本海军凤翔级航空母舰开始服役，这是日本首只专门建造的航空母舰。英国于1918年订购建造的竞技神号航母紧随其后竣工。

■ **1941年** 日本舰载飞机袭击了位于美国夏威夷的珍珠港海军基地，总共击沉或者重创了18艘美国军舰。

■ **1942年** 中途岛海战发生在太平洋中部，这是一场美国和日本航空母舰之间的远程较量，对峙双方并未以舰队火力进行交锋。

■ **1943年** 美国海军建立了一支快速航母特遣部队作为太平洋战争的先头部队。特遣部队以一艘航母为核心，由其他带有大口径火炮的军舰进行护航。

■ **1945年** 日本的大和号舰被美国海军飞机击沉。该舰为有史以来建造的装备武器最强的最大战列舰。

航空母舰

最早期的飞机运载舰船实际上只是作为水上飞机的漂浮基地。尽管此前进行过一些试验，但直到第一次世界大战结束之后，真正能够起降飞机的航空母舰才开始服役。此后至1939年期间，航空母舰发展迅速，英国海军共有十余艘这样的航母投入使用或者正在建造。日本海军拥有的航母数量跟英国相当，而美国有9艘航母。美国海军最终以最一以贯之的决心坚持发展了航母这一作战平台，在第二次世界大战期间打造了强大的航母舰队，以及能力相对弱一些的轻型护航航母。美国也为英国海军建造了许多这样的护航航母。

▲ **皇家暴怒号航母**

入役：1917年
来源地：英国
排水量：22 890吨
长度：239.7米（786.4英尺）
最高速度：30节

暴怒号原本是按照轻型战列巡洋舰的设计进行建造的，后来在舰艏加装了一条较短的前伸飞行甲板，成为了一艘替代型的航母。后来对主甲板再次进行改造，可以搭载36架战斗机。暴怒号在服役期间表现突出，几乎未受到任何损伤，直到1944年退出现役。

▲ **美国海军萨拉托加号航母**

入役：1927年 **来源地**：美国
排水量：43 055吨
长度：270.7米（888英尺）
最高速度：33节

在第一次世界大战后期一份6艘战列巡洋舰的订单中，萨拉托加号与其姊妹舰列克星顿号被改造以组建航母编队。萨拉托加号成为美国海军第一艘服役的航空母舰，安然挺过第二次世界大战的战火并获得7枚战役之星勋章。

▲ **赤城号航母**

入役：1927年 **来源地**：日本
排水量：42 750吨
长度：260.7米（855.3英尺）
最高速度：31节

赤城号航母完工时拥有3层飞行甲板，飞机可以从机库甲板层起飞，降落在（缩短的）顶层甲板上。锅炉烟道设置在右舷一侧，最初并没有安装岛式舰桥，直到1935—1938年间进行全面改造时才进行了加装。

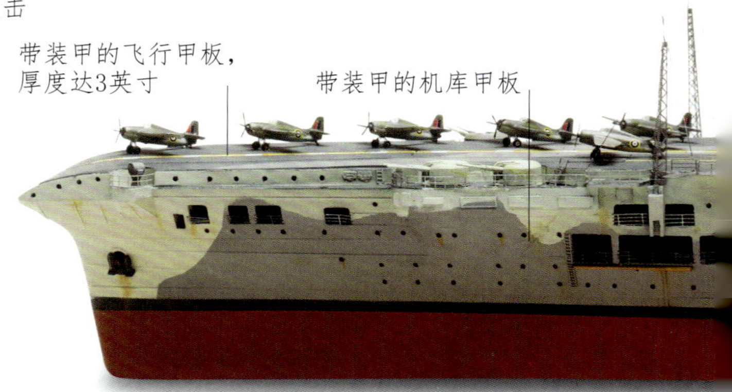

▼ **皇家方舟号航母**

入役：1938年 **来源地**：英国
排水量：27 720吨
长度：243.8米（800英尺）
最高速度：31节

英国海军首艘专门建造的航空母舰皇家方舟号引进了许多新设计，包括蒸汽弹射器，在之后的航母型号中也继续沿用。尽管防护装甲强大，但是在1941年运载一批急需的飞机前往马耳他岛的返回途中，皇家方舟号在地中海海域被一枚鱼雷命中后沉没。

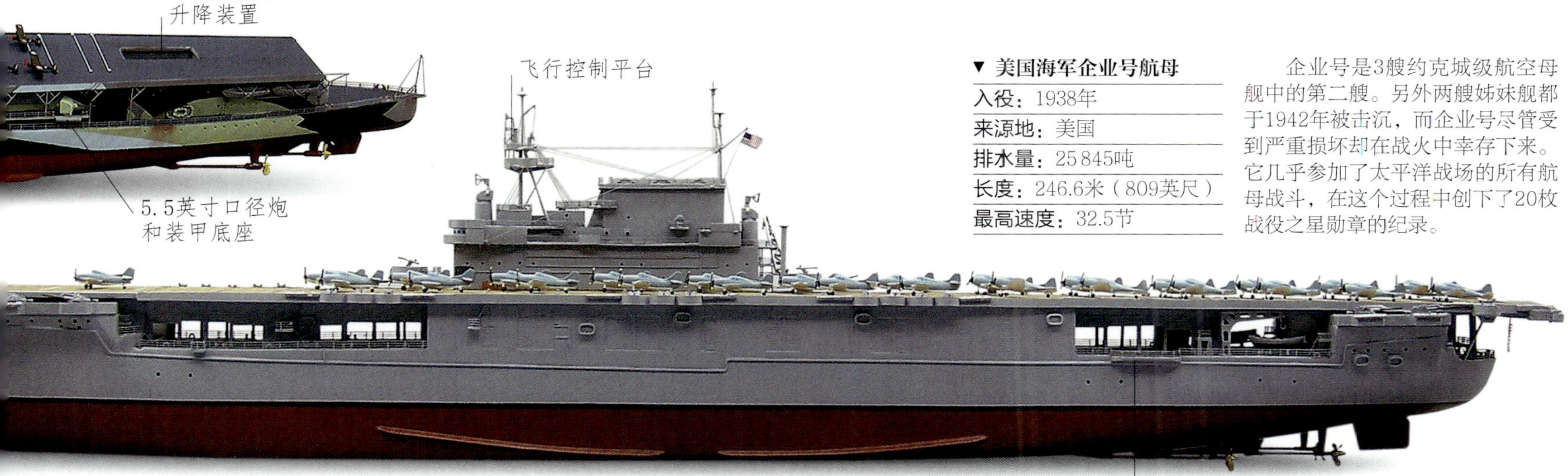

▼ 美国海军企业号航母

入役：1938年
来源地：美国
排水量：25 845吨
长度：246.6米（809英尺）
最高速度：32.5节

企业号是3艘约克城级航空母舰中的第二艘。另外两艘姊妹舰都于1942年被击沉，而企业号尽管受到严重损坏却在战火中幸存下来。它几乎参加了太平洋战场的所有航母战斗，在这个过程中创下了20枚战役之星勋章的纪录。

◀ 美国海军瓜达尔卡纳尔号护航航母

入役：1943年　来源地：美国
排水量：10 900吨
长度：156米（512英尺）
最高速度：19节

卡萨布兰卡级护航航母共建造了50艘，瓜达尔卡纳尔号作为其中一艘，是由亨利·凯撒（Henry Kaiser）在加拿大的温哥华为美国海军建造的。他的造船厂使用的生产线方式使舰船在不到4个月的时间内就建造完成并加入现役。

▼ 皇家卓越号航母

入役：1940年　来源地：英国
排水量：29 240吨
长度：229.6米（753.3英尺）
最高速度：30.5节

作为英国海军建造的3艘无敌级航母中的首舰，卓越号于1937年落成完工。该舰引入了带装甲的飞行甲板和机库甲板，这样设计的代价是携带航油的能力大大降低，但这个缺点无法被克服。这3艘航母在第二次世界大战中经历了多次攻击，但都幸存了下来。

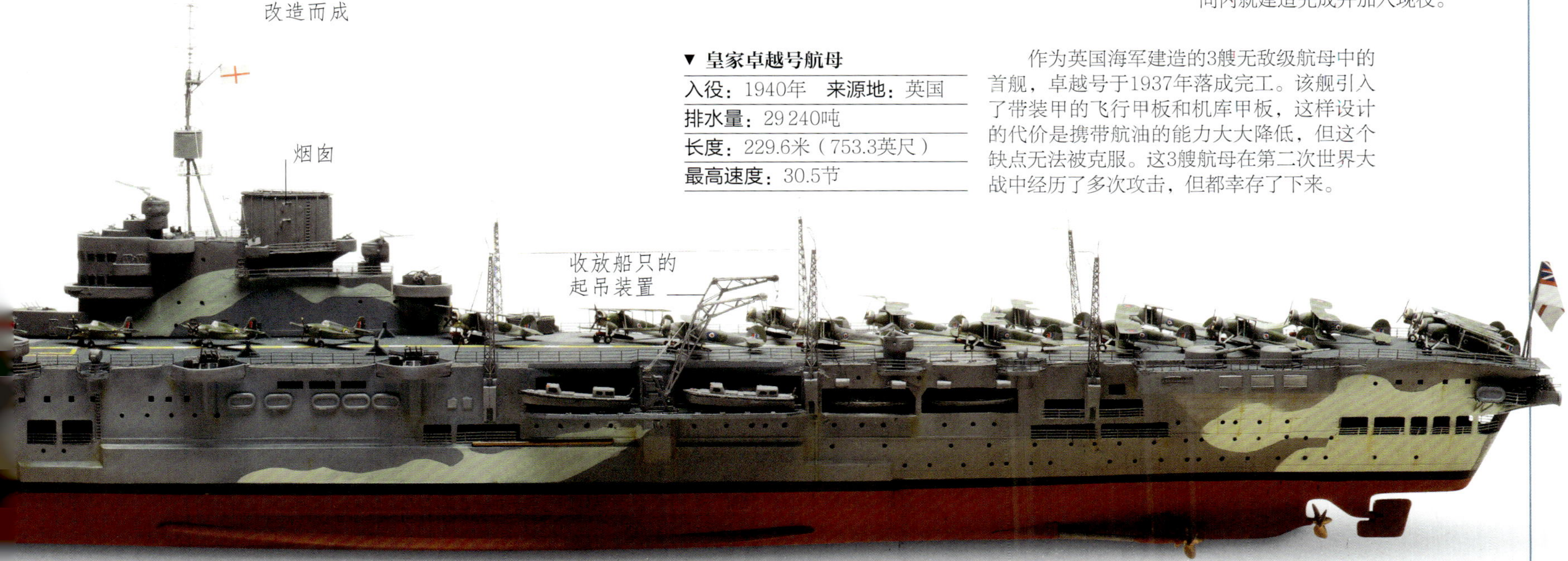

◀ 美国海军艾塞克斯号航母

入役：1942年
来源地：美国
排水量：34 880吨
长度：265.8米（872英尺）
最高速度：32.7节

作为美国海军快速航母特混舰队的核心力量，24艘艾塞克斯级航空母舰为美国赢得太平洋战争立下汗马功劳。这些航母全部幸存下来，之后又改建了其斜角飞行甲板，并在其他方面进行了一些改进，继续作为组建战后航母群的基本舰型。

航母与海上攻击机

最初，航母舰载机与陆基飞机并无区别，但是到20世纪20年代中期，针对舰上性能而做出改造的舰载机开始交付。从那时起，航载飞机和陆基飞机的设计开始出现多样化，不过陆基飞机仍然会在舰船上使用。战斗机主要用于保护母舰和编队中的其他舰船，而远距离侦察机与携带鱼雷和炸弹的专用攻击机也开始用于舰上服役。这一时期的专用攻击机主要是俯冲轰炸机。

▲ **菲尔利剑鱼战斗机**

时期：1936年	**来源地**：英国
翼展：13.87米（45.5英尺）	
长度：10.87米（35.7英尺）	
最高速度：225千米/时（140英里/时）	
发动机：514.5千瓦（690马力）布里斯托尔“飞马”ⅢM.3星形发动机	

虽然“网兜”（之所以取这么一个外号，是因为机载了大量的各种设备）从第二次世界大战一开始就被认为已经老旧过时，但是它仍然在战争中立下赫赫战功。在1940年的塔兰托（Taranto）战役中它击沉意大利的1艘战列舰，击伤2艘。6个月之后，一架剑鱼战斗机击中德国俾斯麦号战列舰，为其他舰只击沉该舰创造了机会。

▲ **格鲁曼F4F野猫式战斗机**

时期：1940年	**来源地**：美国
翼展：11.6米（38英尺）	
长度：8.8米（28.9英尺）	
最高速度：515千米/时（320英里/时）	
发动机：895千瓦（1200马力）普拉特·惠特尼R-1830-86双黄蜂星形发动机	

在发展单翼战斗机方面，格鲁曼公司将F3F双翼飞机改造为F4F野猫式单翼战斗机，增加了改进型尾翼和中间承载式机翼，配置了更强劲的发动机。虽然它在性能上过得去，但无法与日本的零式战斗机相媲美。

▶ **道格拉斯SBD无畏式轰炸机**

时期：1942年	**来源地**：美国
翼展：12.66米（41.5英尺）	
长度：10.09米（33.1英尺）	
最高速度：410千米/时（255英里/时）	
发动机：895千瓦（1200马力）莱特R-1820-60旋风星形发动机	

直到1943年，“飞得慢但有致命杀伤力”的无畏式轰炸机还是美国海军俯冲轰炸机的主要机型。这种飞机既坚固又可靠，比美国其他任何机型击沉日本舰船的数量都多，后来对其进行改造，摇身一变成了A-1空中袭击者攻击机，主要部署于韩国和越南地区。

◀ **柯蒂斯SB2C地狱俯冲者轰炸机**

时期：1943年	**来源地**：美国
翼展：15.17米（49.8英尺）	
长度：11.81米（38.7英尺）	
最高速度：475千米/时（295英里/时）	
发动机：1416.8千瓦（1900马力）莱特R-2600-20双旋风星形发动机	

原本作为无畏式战机的替代型机，地狱俯冲者轰炸机在设计上存在诸多瑕疵，因此不得不等到一一纠正之后才能正式服役。该机操纵性不强，但在战争结束时仍创造了多项可圈可点的骄人战绩。

◀ **超级马林·海火战斗机**

时期：1943年　**来源地：**英国

翼展：11.23米（36.8英尺）

长度：9.62米（31.6英尺）

最高速度：630千米/时（391英里/时）

发动机：1 379.5千瓦（1 850马力）罗尔斯-罗伊斯“狮鹫”VI V-12发动机

英国从美国那里接收了大量的航母和航母舰载机，但舰载机的数量不足，因此诞生了喷火式战斗机的改进型——马克V以及后来的衍生机型，并将其投入到舰载机作战中去。

▼ **三菱A6M零式战斗机**

时期：1944年　**来源地：**日本

翼展：12米（39.4英尺）

长度：9.06米（29.7英尺）

最高速度：540千米/时（336英里/时）

发动机：842.6千瓦（1 130马力）中岛NK1F“荣”式12星形发动机

由日本军队制造，作为在飞机领域毋庸置疑的最佳战斗机，A6M战斗机在1943年是公认的难以击败。军队给它起了个代号叫“齐克”（Zeke）。

▶ **格鲁曼F6F地狱猫战斗机**

时期：1944年　**来源地：**美国

翼展：13.06米（42.8英尺）

长度：10.24米（33.6英尺）

最高速度：610千米/时（379英里/时）

发动机：1 640.5千瓦（2 200马力）普拉特·惠特尼R-2800-10W双黄蜂星形发动机

地狱猫战斗机在外形上与野猫战斗机的相似度足以迷惑日本飞行员，对于日本飞行员来说这是非常不幸的事，因为地狱猫战斗机是一种全新设计的机型，在最大速度上有着96.5千米/时（60英里/时）的优势，也有更快的加速度。

◀ **格鲁曼F8F熊猫战斗机**

时期：1945年　**来源地：**美国

翼展：10.92米（35.8英尺）

长度：8.31米（28.2英尺）

最高速度：680千米/时（423英里/时）

发动机：1 789.6千瓦（2 400马力）普拉特·惠特尼R-2800-34W双黄蜂星形发动机

作为第二次世界大战中“猫”系列战机最后一型，F8F比F6F“地狱猫”在质量上少20%，但有着相当的动力设备（发动机）；在爬升能力上快30%，最大速度上有着64.3千米/时（40英里/时）的优势。

▶ **沃特F4U海盗轰炸机**

时期：1942年　**来源地：**美国

翼展：12.5米（41英尺）

长度：10.1米（33.1英尺）

最高速度：670千米/时（416英里/时）

发动机：1 491.3千瓦（2 000马力）普拉特·惠特尼R-2800-8星形发动机

“海盗”轰炸机无疑是第二次世界大战中最适合作为航母舰载机的机型，它作为战斗轰炸机表现卓越。在1942年至1953年间，该机型总共生产了12 571架。

遭遇突袭

图为一艘日本巡洋舰在莱特湾海战中采取规避动作。第二次世界大战中，大型战舰在面临空袭时的脆弱性令人震惊，人们意识到需要采取战术调整，并将航母作为最重要的作战舰型。

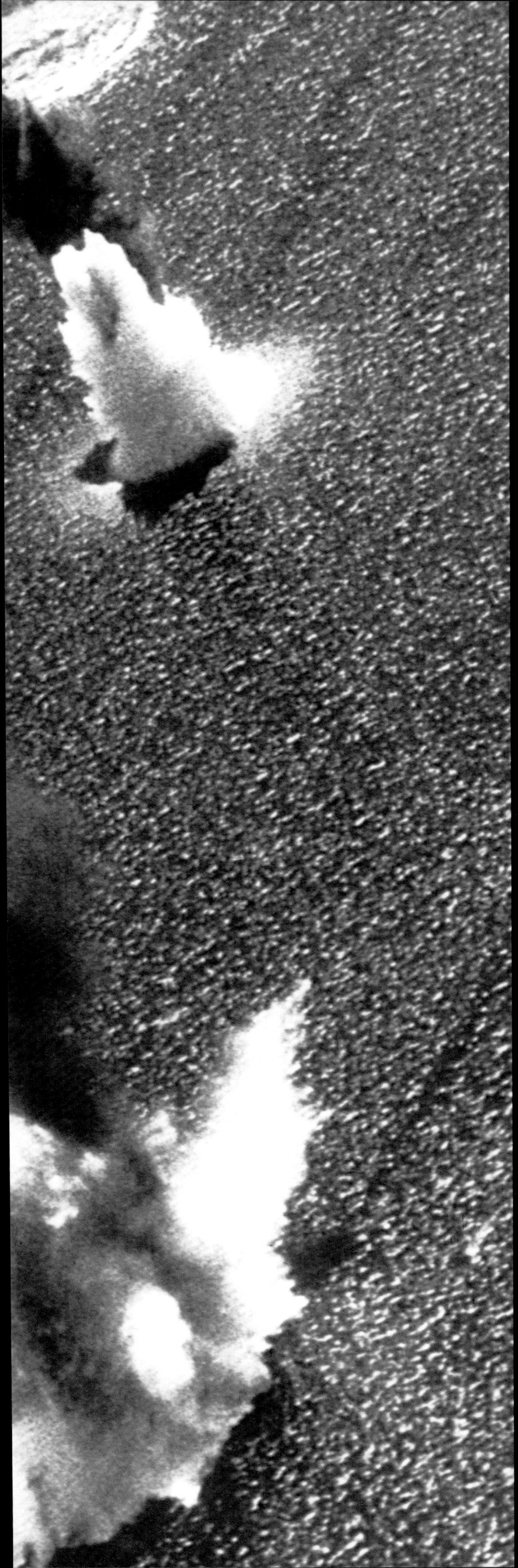

海空作战

莱特湾海战

第二次世界大战中，日本海军与美国海军在太平洋地区进行的海战值得高度关注，由于飞机发挥了关键性作用，导致战争规模也空前壮大。1944年10月，发生在莱特湾（Leyte Gulf）的战斗是有史以来最大的海战之一。

到1944年秋天，日本海军航空力量与3年前震惊美国的偷袭珍珠港时相比已经是明日黄花。日本仍然拥有数量不可小觑的战列舰和巡洋舰，但是缺少相应的空中掩护，以这些火力向强大的战舰发起进攻基本上等于自杀。然而，当美国于10月20日对日占菲律宾群岛中的莱特岛发起两栖登陆时，日本海军出动了所有可用的船只对登陆部队发起攻击。日本将进攻力量一分为二，其中一支部署于莱特岛南部，另一支在北部。位于菲律宾群岛的陆基飞机提供空中掩护，将残余的几艘航母作为诱饵，在没有舰载机的情况下驶离作战区域，日军希望威廉·F·哈尔西（William F. Halsey）上将的第三舰队航母会进行追击。

南路的日本海军包括2艘战列舰和4艘巡洋舰，在10月24—25日晚间企图穿越苏里高海峡（Surigao Strait）时遭到托马斯·金凯德（Thomas Kinkaid）中将率领的第七舰队的伏击。美国海军驱逐舰和鱼雷舰率先发射鱼雷，其中多枚击中扶桑号战列舰。日本海军随后遭遇美国海军6艘战列舰和8艘巡洋舰的主力部队，其中一些还装备了高级雷达火控系统，可以在黑暗中击中18 280米（约20 000码）之外的日本军舰。击沉的第二艘日本战列舰山城号是被穿甲弹命中的，仅有少数船员幸存。

锡布延（Sibuyan）海域的另一支日本海军部队于10月24日引发了一场激烈的海空战斗。哈尔西的航母舰载机集群攻击了武藏号——有史以来最大、最强的战列舰之一。在接连的5轮突袭中先后被19枚炸弹和17枚鱼雷击中后，这艘巨大的战舰终于沉没，伤亡人员超过1 000人。日本方面的陆基飞机对美国海军部队也造成了一定的损伤，但相对于他们自己飞机和飞行员的损失来说微不足道。

面对如此局势，日本方面不得不寄希望于同归于尽。一群日本飞行员自愿实施自杀式袭击，驾驶飞机撞向美国船只。10月25日，圣罗号护航航母成为被神风突击队飞行员击沉的第一艘美国舰船。

一个时代的终结

对于美国来说，战争的结果并不理想。在击沉武藏号之后，哈尔西打算对日军乘胜追击，却不想中了日本将航母作为诱饵的圈套。在美国航母主力部队被调虎离山的情况下，日本的重型巡洋舰偷偷穿过圣伯纳迪诺海峡（San Bernadino Strait），对支援登陆部队的护航航母和驱逐舰发动突袭。美国海军在突如其来的日本海军炮火下处于被动局面，最终是驱逐舰发射的鱼雷和护航航母上的舰载机将来袭的日本海军击退。在这场海战中，日本方面总共损失3艘战列舰、8艘巡洋舰和4艘航母，这场战役成为日本海军最后的主要战役。

关键发展

第二次世界大战中的坦克与步兵

在第二次世界大战中，从北非沙漠到新几内亚岛的丛林再到柏林的巷道，地面战争席卷全球。坦克和装甲车辆使战争的机动性大增，但艰难的步兵作战并没有因此而销声匿迹。

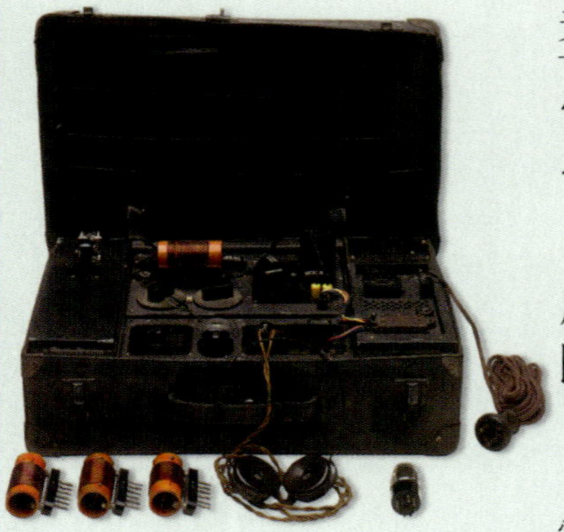

▲ **手提箱式无线电台**

英国Mk Ⅲ型手提箱式无线电收发机主要是为特别行动处（SOE）的特工们与一些抵抗群体而设计的。所有设备元件都微型化了，不过仍然需要真空电子管，因为当时晶体管还没有发明出来。

▸ **坦克战**

鉴于第一次世界大战中坦克在不同战场的表现非常突出，第二次世界大战中无论是盟军部队还是轴心国都将坦克作为地面部队的一支关键性力量加以运用。

关键**人物**

巴顿将军

1885—1945年

第一次世界大战中，乔治·S·巴顿（George S. Patton）最初以指挥坦克而出名。第二次世界大战期间，从北非战争和西西里登陆作战到1944年夏横穿法国实施惊动一时的突袭作战，他成为了美国军方对装甲作战最激进的践行者。在1944—1945年的那个冬天，他在阿登（Ardennes）战役中表现卓越，击败了德国孤注一掷的最后一次阵地反击。

▲巴顿将军是一位有争议的指挥官，既令人畏惧又受到尊敬。

在两次世界大战期间，包括英国的约翰·弗雷德里克·查尔斯·富勒（John Fredrick Charles Fuller）、德国的海因茨·古德里安（Heinz Guderian）还有苏联的米哈伊尔·图哈切夫斯基（Mikhail Tukhachevsky）在内的一些陆军军官，都在对将坦克作为重要的打击力量进行积极的探索。坦克在设计上的发展——在速度、稳定性和装甲上的不断改进，使得坦克的前景愈发明朗。

闪电战

纳粹德国将装甲战发挥到极致，在1940年5—6月打败了法国的盟军地面部队。德国人采取了“闪电战”战术，在飞机作为“航空炮兵”的支援下，坦克和机械化步兵长驱直入，轻而易举地突破了阿登高地的盟军防线。移动无线电设备解决了第一次世界大战中存在的通信问题，使得指挥员能够随时了解掌握突进部队的最新情况，同时为地面部队与空中力量的联合行动提供了便利。随着战争的推进，也出现了一些反制措施，比如地雷、反坦克炮以及步兵反坦克武器。自行火炮的发展为机动部队提供了更有力的炮兵支援，同时也为摧毁突进的坦克部队提供了更多的选择。

第二次世界大战初期的步兵大多继续使用着第一次世界大战中制造的手栓式步枪，只有美国陆军在1936年换装了M1式加仑半自动步枪。在第二次世界大战后期，德军换装了Stg突击步

枪，这也是第一款突击步枪。这一时期，步兵普遍装备了重机枪、通用型机枪、轻机枪和冲锋枪，其中包括英国的司登冲锋枪和美国的汤普森冲锋枪（又称“汤米”冲锋枪）。骑兵基本上绝迹了，只有一些国家仍在使用马拉式补给车队——德国在1941年入侵苏联时聚集了60万匹马。

战术与部队

空降部队的出现成为步兵精英力量的一个全新的分支，士兵借助降落伞或者滑翔翼进入战场。盟军部队也曾组织过大规模的两栖登陆行动，特别是美国潜艇在太平洋地区对日本发起“越岛作战”。抵抗团体在敌占区发动过民兵战争，非正规部队在敌后展开战斗。

然而第二次世界大战中的地面战争不仅仅是机动作战。在1942—1943年斯大林格勒的街区和1945年太平洋地区的硫磺岛，步兵部队都展开了艰苦漫长的近距离厮杀。通常在进攻防御阵地时，军队会以炮兵密集火力进行打击，并在装甲车辆的支援下实施步兵突击——虽然装备技术有所长进，但这种战术却与第一次世界大战如出一辙。

> **“真正的秘密在于速度——以通信的速度提高进攻的速度。”**
>
> 艾尔哈德·米尔希（Erhard Milch）上将，《闪电战探究》（*Discussing Blitzkrieg*），1939年

◀ **瓜达尔卡纳尔岛战役中的美军海军陆战队员**

第二次世界大战中，士兵不得不面临各种战场环境。1942年，美军和日军在太平洋地区的瓜达尔卡纳尔岛进行的激烈战斗便是在复杂的丛林环境中进行的。

关键事件

1919—1945年

- **1919年** 英国陆军军官约翰·弗雷德里克·查尔斯·富勒提交了一份用于进攻的作战计划。该计划的基本思路是：在飞机和机械化步兵营的支援下，以大量坦克作为突击力量实施纵深渗透。
- **1928年** 美国工程师J·沃尔特·克里斯蒂（J Walter Christie）为高速坦克研究设计了全新的火力压制系统。
- **1936年** 美国陆军换装M1式加仑半自动步枪，采取8发“内置弹仓”式弹匣（子弹与弹匣都插入在一个固定的弹仓内），这对当时的手栓式步枪是一次重大的改进。
- **1940年5—6月** 德国采取“闪电战”战术，联合坦克、飞机、机械化步兵大举攻入盟军领地。
- **1941年5月** 德军利用伞降部队进攻克里特岛（Crete）。
- **1943年7月** 库尔斯克（Kursk）会战中，德军的大规模坦克部队在苏联的防御下遭到重创。苏联采取的反制措施有设置雷区、反坦克炮等。
- **1945年** 美军在硫磺岛和冲绳岛作战中大量使用火焰喷射器。

轴心国装甲战车

因为德国发明了著名的“闪电战”战术，所以德国又研发出第二次世界大战期间最为先进且效率最高的装甲战车就不足为奇了。豹式与虎式坦克成为了轴心国的对手也就是盟军部队的梦魇。然而与盟军不同的是，德国坦克制造商未采取大规模生产的方法，因此他们的坦克生产成本昂贵，且产能也相对较低。德国的轴心国伙伴意大利与日本也在20世纪30年代生产了一些先进的坦克，但是随着战争的推进，他们也无暇进一步研发这些坦克了。

▲ **二号轻型“喷火”坦克F型**

时期：1935年　**来源地：**德国

质量：10吨（11短吨）

长度：4.64米（15.2英尺）

最高速度：55千米/时（34.2英里/时）

发动机：迈巴赫6缸104千瓦（140马力）汽油发动机

二号轻型“喷火”坦克最初是作为训练坦克研发的，其乘员仅有3人。然而由于缺乏更多强力坦克，人们不得不将其推向前线。在入侵波兰和法国的战争中，该型坦克被大规模使用。

▲ **日本95式轻型坦克**

时期：1936年　**来源地：**日本

质量：7.4吨（8.2短吨）

长度：4.38米（14.4英尺）

最高速度：45千米/时（28英里/时）

发动机：三菱NVD6120型6缸89千瓦（120马力）柴油发动机

该型坦克于20世纪30年代入役，乘员共3人，是当时最为典型的坦克。在中国战场，该型坦克被证明是成功的。然而在第二次世界大战中，美国的装甲和反坦克炮使这种坦克变得落伍。

▸ **意大利CV L3-33超轻型坦克**

时期：1936年　**来源地：**意大利

质量：3.2吨（3.5短吨）

长度：3.17米（10.4英尺）

最高速度：42千米/时（26.1英里/时）

发动机：菲亚特SPA-CV3型32千瓦（43马力）汽油发动机

这款坦克由英国卡登-洛伊德小坦克发展而来。由L3-33型改版的L3-35型坦克弃用了双管炮，采用了火焰喷射器。其火焰燃料装在一个500升（132加仑）的拖车中，由坦克牵引。

▲ **德国Ⅳ号中型坦克**

时期：1936年　**来源地：**德国

质量：25吨（27.6短吨）

长度：5.89米（19.3英尺）

最高速度：38千米/时（23.6英里/时）

发动机：迈巴赫HL120 TRM12缸224千瓦（300马力）汽油发动机

Ⅳ号坦克的设计用途是步兵支援战车，但后续的防护性能和火力的升级使得它逐渐成为了性能优良的主战坦克。该型坦克乘员共5人，是整个第二次世界大战期间德国唯一一直在服役的坦克。

◀ 德国Ⅲ号中型坦克

时期： 1939年　**来源地：** 德国
质量： 23.5吨（25.9短吨）
长度： 6.41米（21英尺）
最高速度： 40千米/时（24.9英里/时）
发动机： 迈巴赫HL120 TRM12缸224千瓦（300马力）汽油发动机

Ⅲ号中型坦克于1939年作为德国主战坦克入役。由于该型坦克与苏制T-34坦克的差距十分明显，在1941年不得不对其进行改造使其成为其他装甲车的底盘。该型坦克乘员共5人。

▲ 虎式Ⅰ型重型坦克

时期： 1942年　**来源地：** 德国
质量： 56吨（61.7短吨）
长度： 6.20米（20.3英尺）
最高速度： 38千米/时（23.6英里/时）
发动机： 迈巴赫HL230P45型12缸522千瓦（700马力）汽油发动机

虎式重型坦克设计理念注重防护与火力，是一种令人恐惧的武器。但它的缺陷是机动性较差，造价也过高。

◀ 虎式Ⅱ型重型坦克

时期： 1944年　**来源地：** 德国
质量： 69.8吨（76.9短吨）
长度： 7.26米（23.75英尺）
最高速度： 38千米/时（23.8英里/时）
发动机： 迈巴赫HL230P45型12缸522千瓦（700马力）汽油发动机

虎式Ⅱ型坦克（或称虎王坦克）由5名乘员操作，据说是第二次世界大战中最为强悍的坦克。然而由于它巨大的质量，其可靠性受到严重影响，这也使它的战场表现受到了限制。

T-34型坦克

虽然涂装粗糙、噪声较大、内部空间狭窄拥挤，但苏联T-34型坦克或许仍然是第二次世界大战期间最为成功的坦克。它曾与强悍的德国坦克针锋相对，并最终赢得了战争。

该型坦克被命名为T-34/76，最初问世于1941年。它装备有76.2毫米口径主炮以及两挺7.62毫米口径机枪，一挺位于炮塔之上，另一挺位于车身之上；炮塔上的共轴机枪发射曳光弹以指示主炮射击方位。T-34型坦克共有4名乘员，车长兼任炮手之职。

由于其简单的设计，T-34型坦克易于大规模生产和维修。在战争结束之前，生产了4万余辆该型坦克。因其质量相对较轻，所以行驶速度很快，能达到令人惊异的51千米/时（32英里/时），也能够良好地应对泥泞、雪地和破损路面等情况。其坡形装甲厚度为100毫米（约4英寸），具备良好的防护能力。高速炮能够有效穿透敌方装甲。

1944年，德国研发了一些更为先进的坦克，使得T-34型坦克稍显落伍。T34/85型坦克在此时入役，其85毫米口径主炮提升了火力，炮塔空间更大，可容纳3名乘员，使车长与炮手可由不同的乘员分别承担。

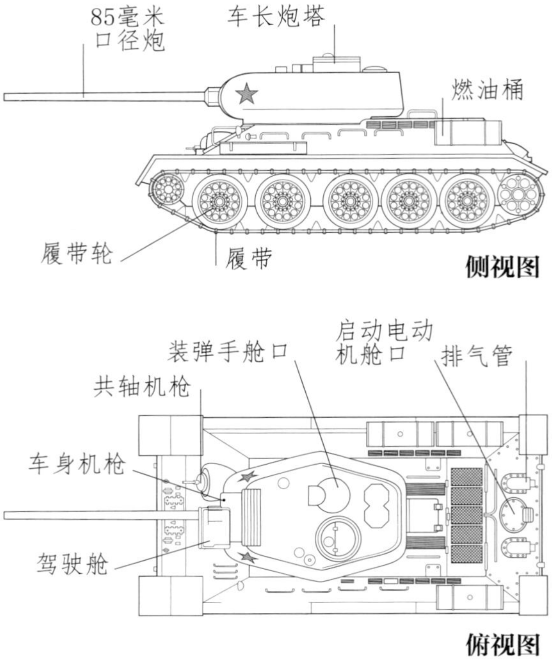

▲ **苏联T-34/85坦克**

较之于前任，T34/85坦克的主炮炮管更长。其炮塔设计十分独特，高度更小，提高了敌方捕捉它的难度。

T-34型坦克外观

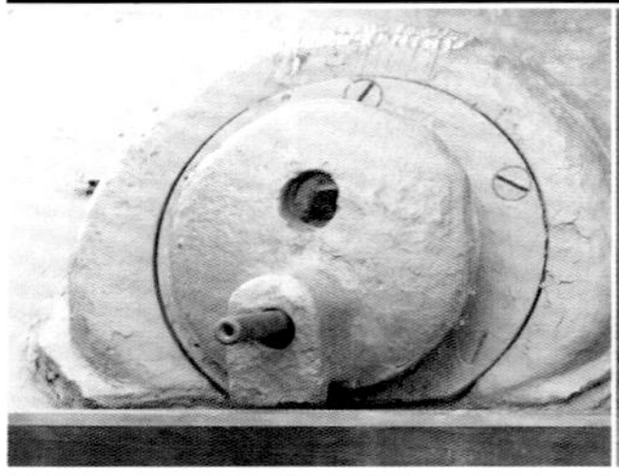

▲ **车身机枪**

机枪枪口可以在其基座上围绕枢轴转动。位于枪口之上的洞为瞄准镜。

▲ **拖缆绳眼**

在坦克车身一侧的钢缆，可以用来将受损的车辆拖出战场。

▼ **驾驶舱**

通常驾驶舱的舱口是打开的，这是为了让驾驶员对于前路有更好的视野。

▲ **排气管与启动电动机舱**

当发动机启动之时，排气管将烟雾排出。发动机噪声很大，在450米（约492码）远的地方都能被听到。

▲ **燃油桶**

备用柴油燃油桶在战斗中极易受到战火影响，因此在战斗之前一般将内装燃油排空。

◄ **炮塔上的备用履带**

维修T-34型坦克宽履带所需的备用履带链携带在车身外面。

◀ **运兵**

T-34坦克的尾部平台和车身侧面可以搭载数名士兵进入战场，从而提供快速步兵支援。

坦克内部

▲ **装弹手座位**

为躲避主炮后坐力，装弹手从位于炮塔底部之下的炮弹箱取出炮弹。

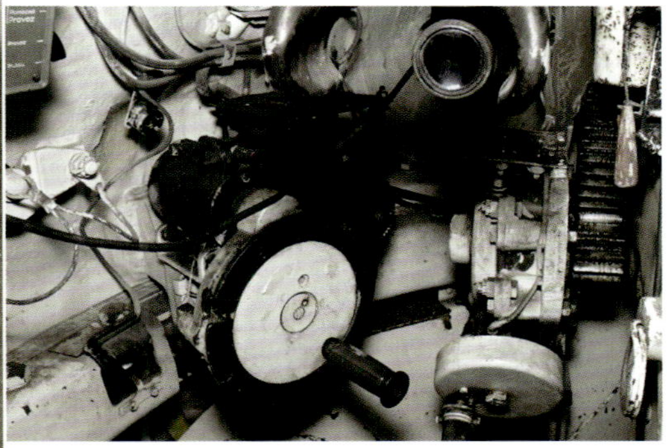

▲ **炮塔往复轮**

炮手转动往复轮，从而使炮塔旋转并负责射击固定的共轴机枪。共轴机枪位于炮塔上主力炮的右侧。

▲ **行走机构**

悬架基于美国设计，但被美国陆军所弃用。

▲ **弹药筒**

曳光弹（通常作为测距仪被射出）已经做好被发射的准备。

◀ **驾驶员座席**

由于驾驶员坐在车身机枪一侧，因此他仅仅有向前的视线。他主要根据车长的指令来掌握坦克方向。

反坦克武器

坦克的问世迫使武器设计者设计能够抵挡这种威胁的强力武器。对于直面装甲攻击伤害的步兵而言，某种能够穿透装甲的枪械是一种较好的解决方案。诸如德国反坦克步枪等一类武器被证明是成功的。然而，第二次世界大战期间，坦克装甲性能的改善使得这类武器落伍。发射锥孔装药的轻型近程射弹的武器对于打击坦克更加有效。但威力最为强悍的反坦克武器仍然是高速大炮。

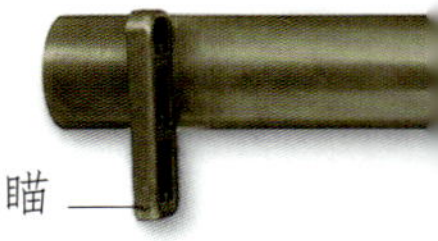

◄ PAK 36反坦克炮

时期：1934年	来源地：德国
质量：328千克（723磅）	
长度：1.66米（5.4英尺）	
口径：37毫米	
穿甲能力：在365米（400码）的距离上能够穿透38毫米（1.5英寸）厚的装甲	

轻型PAK 36反坦克炮在20世纪30年代被设计用于战争，到1940年已经过时了。因为它的炮弹从盟军坦克装甲上弹开的样子，它被昵称为“门环”。

▼ 博斯反坦克步枪

时期：1937年	
来源地：英国	
质量：16.33千克（36磅）	
枪管长度：91厘米（35.8英寸）	
口径：0.55英寸	
穿甲能力：在302米（330码）的距离上能够穿透21毫米（0.8英寸）厚的装甲	

博斯反坦克步枪可发射重型钨钢弹，同时也具备极为强劲的后坐力。它仅能穿透轻型装甲，后来被步兵用反坦克发射器（PIAT）所取代。

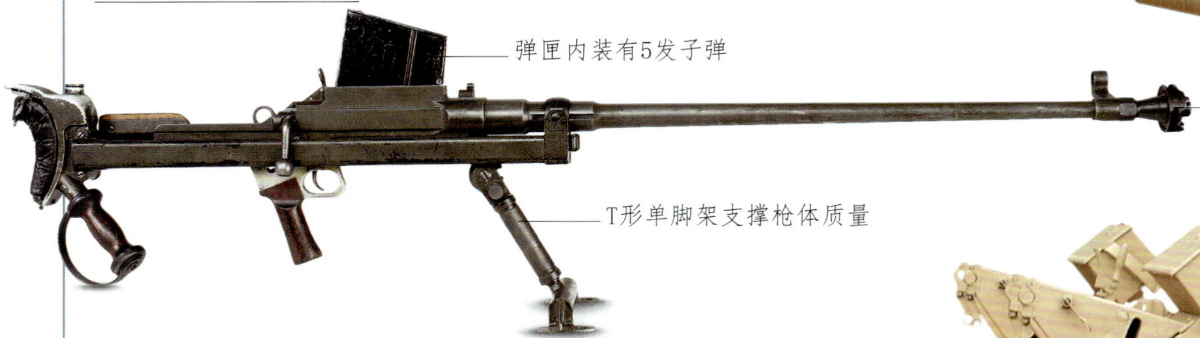

► FLAK 36型防空炮/反坦克炮

时期：1936年	来源地：德国
质量：7.4吨（8.2短吨）	
长度：5.79米（19英尺）	
口径：88毫米	
穿甲能力：在1 000米（1 094码）的距离上能够穿透159毫米（6.3英寸）厚的装甲	

该型武器最初被设计为防空炮，被命名为“88型”。在实战使用中，该型武器是一种十分强悍的反坦克武器，3分钟内就可将其部署就位。但它的块头和体重都很大，根本难以隐蔽。它每分钟可以发射20枚炮弹。

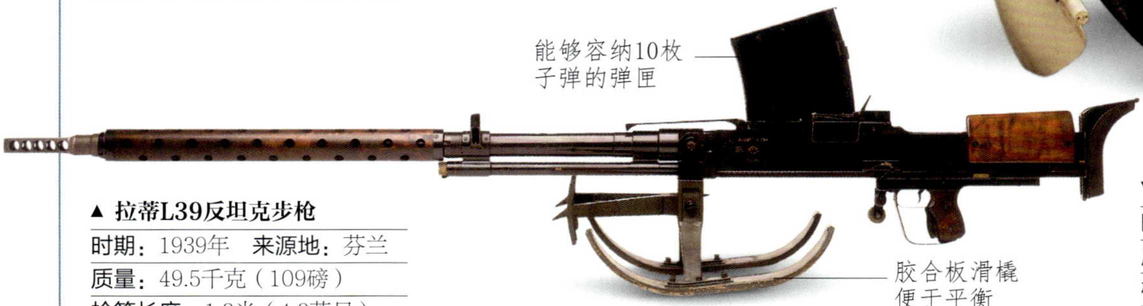

▲ 拉蒂L39反坦克步枪

时期：1939年	来源地：芬兰
质量：49.5千克（109磅）	
枪管长度：1.3米（4.3英尺）	
口径：20×138B毫米	
穿甲能力：在100米（109码）的距离上能够穿透30毫米（1.2英寸）厚的装甲	

L39型步枪的巨大尺寸和质量为它赢得“大象枪”的绰号。在1939—1940年的冬季战争中，它发挥了良好的作用。

▼ PzB-39反坦克步枪

时期：1940年	来源地：德国
质量：12.6千克（27.8磅）	
枪管长度：1.08米（3.5英尺）	
口径：7.92×94毫米	
穿甲能力：在300米（328码）的距离上能够穿透25毫米（1英寸）厚的装甲	

PzB-39反坦克步枪因其高射速和钨钢合金子弹而具备较强的装甲穿透性，但它的造价昂贵，仅可小批量生产。

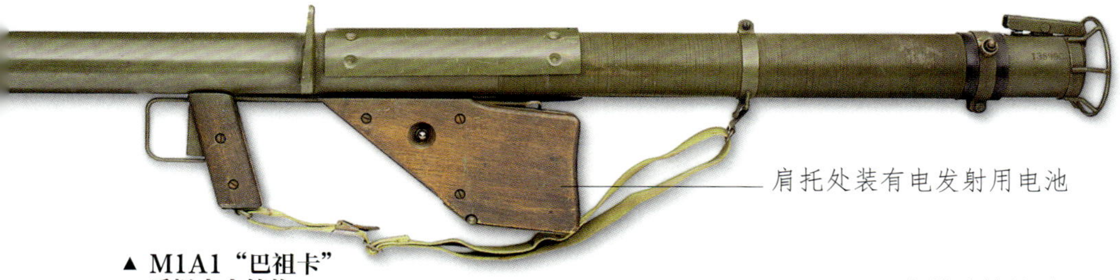

▲ M1A1“巴祖卡”反坦克火箭炮

时期：1942年　**来源地**：美国

质量：6千克（13.2磅）

长度：1.37米（4.5英尺）

口径：60毫米

穿甲能力：在138米（151码）的距离上能够穿透120毫米（4.7英寸）厚的装甲

实际上，“巴祖卡”反坦克火箭炮只是一个发射带有锥孔装药弹头固体燃油火箭的炮管。它由两人操作：一人发射，一人装弹。

▼ 步兵用反坦克发射器

时期：1942年　**来源地**：英国

质量：14.5千克（32磅）

长度：99厘米（39英寸）

穿甲能力：在110米（120码）的距离上能够穿透75毫米（2.95英寸）厚的装甲

步兵用反坦克发射器与英制轻机枪一样都是战时应急设计，在定型之前就投入使用。它实际上是一种超口径弹迫击炮，发射带有锥孔装药弹头的炸弹。

▼ M1942型野战/反坦克炮

时期：1942年　**来源地**：苏联

质量：1.73吨（1.9短吨）

长度：4.18米（13.7英尺）

穿甲能力：在500米（547码）的距离上能够穿透98毫米（3.9英寸）厚的装甲

虽然该型反坦克炮被作为师级野战炮而设计，但它能利用高爆及穿甲弹药击毁装甲。

◀ SD.KFZ.173“猎豹”反坦克歼击车

时期：1944年　**来源地**：德国

质量：46吨（50.7短吨）

长度：9.9米（32.5英尺）

穿甲能力：在1000米（1094码）的距离上能够穿透193毫米（7.6英寸）厚的装甲

据说“猎豹”反坦克歼击车是第二次世界大战中最为精良的装甲战车。它将良好的机动性、超强的装甲防护性及超高射速的主炮融为一身。

卡车、半履带式车辆与轻型车辆

虽然坦克和其他装甲战车被认为是第二次世界大战中最为高效的车辆，但是卡车、轿车、半履带式车辆以及其他轻型车辆同样为盟国和轴心国前线大规模部队提供了关键的后勤支援。辅助勤务所涉及的人数已经超过前线部队的人数，这在历史上尚属首次。第二次世界大战中，不仅有各种型号的车辆，还有根据这些型号衍生出的无数变体，它们可在不同的环境条件下发挥其特定的作用。

▲ **SDKFZ251-8型半履带式车**

时期：1940年　**来源地：**德国

质量：7.8吨（8.6短吨）

长度：5.8米（19英尺）

最高速度：52.5千米/时（32.6英里/时）

发动机：迈巴赫HL42型6缸74.6千瓦（100马力）汽油发动机

虽然SDKFZ251-8型战车最初是作为一种装甲运兵车而研发的，但这种半履带式车辆在各种任务领域中都十分实用。以它为基础还研发出了至少22种独立的改型车辆，包括图中的251-8型战场救护车。其他的改型还包括反坦克车、火箭发射车及防空车等。

▲ **M3A1侦察车**

时期：1940年　**来源地：**美国

质量：4.03吨（4.4短吨）

长度：5.6米（18.4英尺）

最高速度：89千米/时（55.3英里/时）

发动机：大力神JXD6缸82千瓦（110马力）汽油发动机

图中的M3A1型轻型装甲车的用途是为美国机械化步兵部队提供支援，但该型车越野性能较弱。

▸ **R12型边斗三轮摩托车**

时期：1936年　**来源地：**德国

质量：400千克（882磅）

长度：2.5米（8.2英尺）

最高速度：95千米/时（59英里/时）

发动机：四冲程两缸平列对称19千瓦（25马力）汽油发动机

R12型边斗三轮摩托车制造商为宝马公司，其发动机排量为750cc，借助动力传动系统驱动摩托车与边斗三轮后轮。大多数这样的边斗三轮摩托车都装备了口径为7.92毫米的MG34机枪。

▸ **威利斯吉普车**

时期：1941年　**来源地：**美国

质量：1.04吨（1.15短吨）

长度：3.33米（10.9英尺）

最高速度：89千米/时（55英里/时）

发动机：威利斯4缸45千瓦（60马力）汽油发动机

从技术上讲，图中的车更像货车，但一般都被称为吉普车。它是第二次世界大战中的代表性车辆，具有通过性强、性能可靠、用途广泛等特点，其空间可容纳4名乘客。

▸ **道奇T214-WC56型指挥侦察轻型卡车**

时期： 1942年 **来源地：** 美国

质量： 2.45吨（2.7短吨）

长度： 4.24米（13.9英尺）

最高速度： 87千米/时（54.1英里/时）

发动机： 道奇T214型6缸69千瓦（93马力）汽油发动机

指挥侦察车（WC56）是轻型卡车系列中的一种车型，通常为高级指挥官所用。车内悬挂有地图和内部照明系统，车顶覆盖帆布，并设有侧窗。

▴ **吉姆西2.5吨6X6卡车**

时期： 1939年 **来源地：** 美国

质量： 4.58吨（5.05短吨）

长度： 6.5米（21.3英尺）

最高速度： 72千米/时（44.7英里/时）

发动机： 6缸67.3千瓦（90马力）汽油发动机

吉姆西公司生产的卡车，绰号为“吉姆”，是1944—1945年美国在欧洲战场的主要运输车之一。该车为六轮驱动，性能可靠、运载能力强，几乎能应对一切恶劣条件。

▴ **M5型半履带车**

时期： 1942年 **来源地：** 美国

质量： 9.3吨（10.3短吨）

长度： 6.33米（20.8英尺）

发动机： 国际收割机RED-450B型6缸105千瓦（141马力）汽油发动机

M5型半履带车的设计用途是为进入战场的步兵提供更好的机动能力和防护能力，它与其同系列的M3型车极为相似。在第二次世界大战期间，美军使用了超过4万辆各种型号的半履带式车。

▾ **大众水陆两栖车**

时期： 1942年 **来源地：** 德国

质量： 910千克（2 006磅）

长度： 3.83米（12.6英尺）

最高速度： 80千米/时（49.7英里/时）；水中10千米/时（6.2英里/时）

发动机： 4缸气冷18.4千瓦（24.7马力）汽油发动机

图中大众公司生产的四轮驱动水陆两用车可以克服雪地、泥泞及水流等诸多阻碍。

军装与装备

第二次世界大战期间，军装经历了一个转型阶段：旧式军装逐渐退出历史舞台，被新式军装所取代。传统旧式军装，如日本步兵所穿着的军装，可以将其与敌人和平民区分开来，并为士兵提供一种“与子同袍”的团结感。但新式军装功能性更强，特别是专业兵种如飞行员和装甲兵所穿着的军装，都带有实用的设计考虑。在战后的年代，这样的军装设计理念日益普遍。

◀ **野战帽**

时期：1934年

来源地：德国

材料：羊毛

图中普通士兵戴的绰号为“小船”的野战帽主要装备于坦克部队。帽上配有著名的普鲁士黑色骠骑兵骷髅头帽章。

衣袖上纹有“阿道夫·希特勒第一SS警卫旗队装甲师”的名称。

▲ **坦克兵夹克**

时期：20世纪30年代

来源地：德国

材料：羊毛

图中德国坦克兵所穿着的黑色及臀双排扣夹克，其颜色十分耐脏。

皮革帽舌

军衔徽章

▲ **日本帝国陆军军装**

时期：20世纪30年代

来源地：日本

材料：棉（冬天为羊毛）

图中的日本步兵军装装备于第二次世界大战初期。该套军装包含一顶带鸭舌帽檐的帽子以及带有立折领的单排扣M90短上衣。

整个头盔由一块钢板打造而成

▶ **布劳迪头盔**

时期：1939年

来源地：英国

材料：钢

图中的钢盔由英国发明家约翰·布劳迪（John Brodie）发明，是英国部队在两次世界大战中所装备的标准头盔。其外形与中世纪锅状帽类似，可以防御霰弹片和弹片。

删掉褶饰口袋和前门襟的P40型“简化版”战斗夹克

部队臂章

▶ **战斗夹克**

时期：1942年

来源地：英国

材料：羊毛

1939年以后，英国陆军开始使用包含裤子与短夹克的战斗服。图中的P40型战斗服设计更为简化，纺织物的使用量减少，于1942年装备部队。

▲ 防弹衣

时期：1942年
来源地：美国
材料：尼龙、钢

其设计用途是保护美国轰炸机机组成员免受低速碎片伤害。图中的早期防弹衣含有多块缝入多层尼龙无袖短上衣的钢片。

◀ B10飞行夹克

时期：1943年
来源地：美国
材料：棉（带有羊驼衬里）

B10型飞行夹克是装备给美国空军机组成员的，其特色是大毛领和拉链。此外，B10型飞行夹克还带有针织袖口和针织底边带，有助于穿着者保持身体温度。

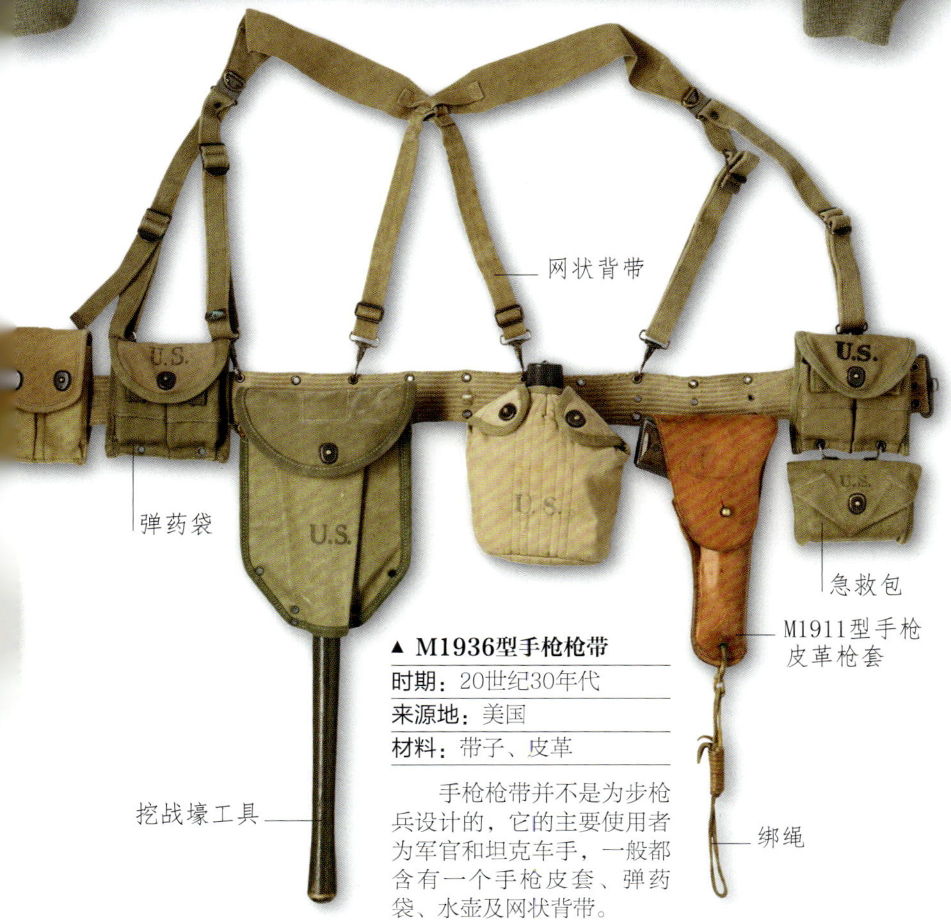

▲ M1936型手枪枪带

时期：20世纪30年代
来源地：美国
材料：带子、皮革

手枪枪带并不是为步枪兵设计的，它的主要使用者为军官和坦克车手，一般都含有一个手枪皮套、弹药袋、水壶及网状背带。

▲ 特洛格雷卡棉服

时期：20世纪30年代
来源地：苏联
材料：棉布、棉絮

特洛格雷卡棉服是苏联军队在冬天装备的棉质夹克。特洛格雷卡棉服的针织物中间填充有棉絮，有助于保暖。

自动来复枪

第二次世界大战爆发之初，于19世纪末期出现的老式栓式枪机来复枪仍然出现在战场上，虽然它们“年事已高”，但也“老当益壮”。第二次世界大战见证了来复枪的重要发展，其第一次重大突破是自动上膛来复枪的引入，仅需扣动扳机便可重复发射。而最为关键的发展是德国44式突击步枪的出现，这是第一支突击步枪，也是AK-47的前身。它革命性的7.92×33毫米中间型威力弹药使得士兵们能够首次有效地进行自动射击。

▲ **毛瑟98式步枪**

时期：1898年

来源地：德国

质量：4.15千克（9.1磅）

枪管长度：74厘米（29英寸）

口径：7.92毫米

在两次世界大战期间，德军装备了图中所示的毛瑟98式步枪。虽然在有限的空间内它稍显笨重，但总体而言还是可靠且精确的。

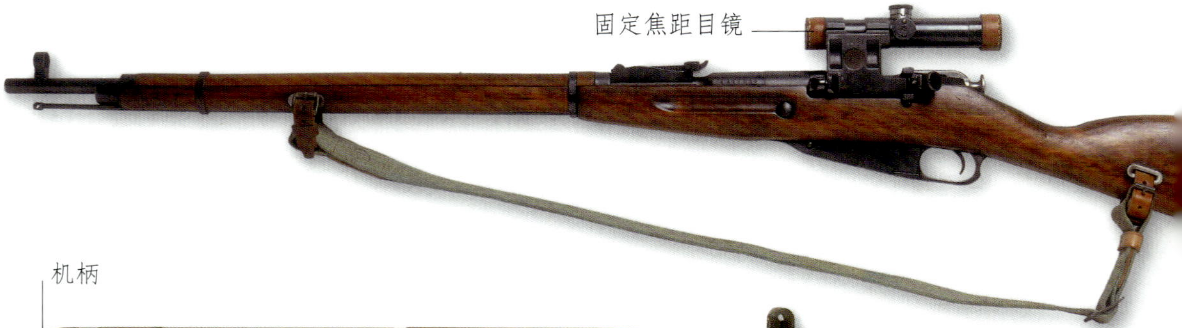

▶ **莫辛-纳甘步枪M1891/30PU**

时期：1930年

来源地：苏联

质量：4千克（8.8磅）

枪管长度：73厘米（28.7英寸）

口径：7.62毫米

M1891/30式步枪是苏联红军在第二次世界大战期间的标准装备。在该型步枪上装备3.5倍PU望远镜瞄准具，便可变为狙击手的武器。

▲ **M1型加仑枪**

时期：1932年 **来源地：**美国

质量：4.31千克（9.5磅）

枪管长度：61厘米（24英寸）

口径：0.30-06

约翰·加仑（John Garand）设计的M1型步枪是军队采用的第一款大规模装备的自动步枪。直至第二次世界大战末期，此类步枪一共生产了大约500万支。

▲ **李-恩菲尔德4号步枪**

时期：1939年 **来源地：**英国

质量：4.1千克（9磅）

枪管长度：64厘米（25.2英寸）

口径：0.303英寸

李-恩菲尔德4号步枪是第一次世界大战期间取得盛名的短式李-恩菲尔德步枪的后续型号。它具备更重的枪管和可以移动的表尺，其设计也便于大规模生产。

▲ **毛瑟KAR98K型步枪**

时期：1935年 **来源地：**德国

质量：3.9千克（8.6磅）

枪管长度：60厘米（23.6英寸）

口径：7.92毫米×57

毛瑟KAR98K步枪是毛瑟98式步枪的修正版本，它逐步成为了德国在第二次世界大战中的标准装备，在1935—1945年期间共生产了1400万支。在这一期间，它的设计被进一步简化，从而加快了生产速度。

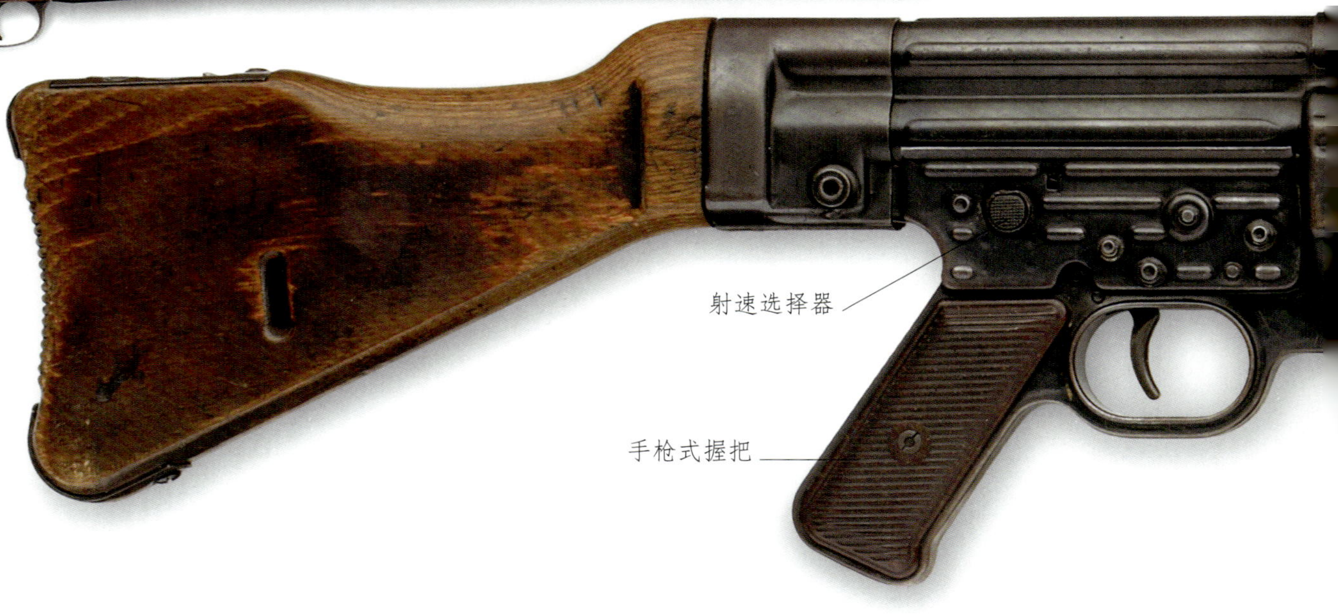

▲ 托卡列夫自动装填SVT-40型步枪

时期：1940年	来源地：苏联
质量：3.9千克（8.6磅）	
枪管长度：61厘米（24英寸）	
口径：7.62毫米×54R	

20世纪30年代，苏联设计师希望研发出一种自动步枪，从而导致了SVT-40型自动步枪的出现。此类步枪通常被配发给军士和训练有素的神枪手。

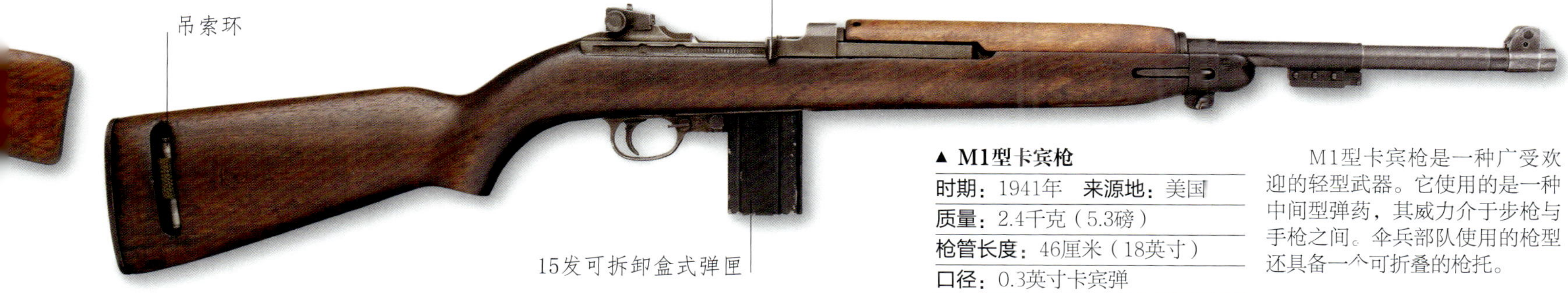

▲ M1型卡宾枪

时期：1941年	来源地：美国
质量：2.4千克（5.3磅）	
枪管长度：46厘米（18英寸）	
口径：0.3英寸卡宾弹	

M1型卡宾枪是一种广受欢迎的轻型武器。它使用的是一种中间型弹药，其威力介于步枪与手枪之间。伞兵部队使用的枪型还具备一个可折叠的枪托。

▲ 格韦尔43型步枪

时期：1943年	来源地：德国
质量：4.35千克（9.6磅）	
枪管长度：56厘米（22英寸）	
口径：7.92毫米×57	

德国陆军希望引入自动步枪以增强步兵火力，从而导致了格韦尔43型步枪的成功入役。在该型步枪上装备望远镜瞄准器之后，可以将其作为狙击枪使用。

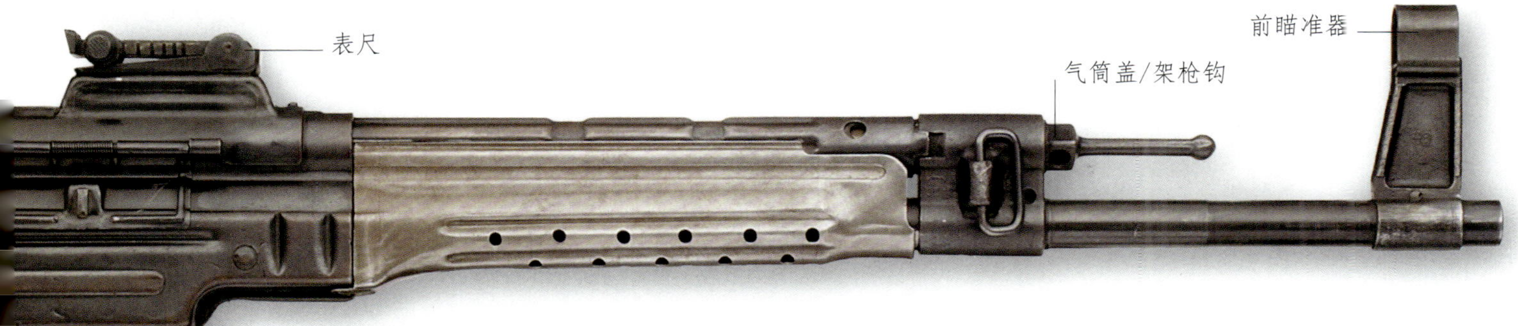

▲ 44式突击步枪

时期：1943年	来源地：德国
质量：5.1千克（11.2磅）	
枪管长度：41.8厘米（16.5英寸）	
口径：7.92毫米×33（短）	

44式突击步枪是20世纪最具影响力的一种武器，为大规模生产之便而采用了冲压钢片。其使用的中间型威力弹药使得该枪操控能力极强。

▼ 莫辛-纳甘步枪M1944

时期：1944年	来源地：苏联
质量：3.9千克（8.6磅）	
枪管长度：51.7厘米（20.4英寸）	
口径：7.62毫米×54R	

1910年，人们通过缩短莫辛-纳甘步枪的枪管对它进行改造。1938年，人们再次对它进行改造。1944年，人们为它加装了可折叠式的刺刀，从而最终定型。

个人武器

步枪是步兵的主要武器，但诸如军官、军士、坦克兵、飞行员等其他军人为自卫之便则需要操作性更强的武器，针对他们的需要又引入了手提式冲锋枪、手枪及左轮手枪等。在实际情况下，左轮手枪和手枪在实战中很少使用，但手提式冲锋枪由于其轻便性和较高的射速，被证明是第二次世界大战中十分关键的武器。特别是在近战，如清扫房屋和丛林作战中，手提式冲锋枪尤为有效。

▶ 柯尔特M1911A1型手枪

时期： 1924年　**来源地：** 美国
质量： 1.1千克（2.4磅）
枪管长度： 12.7厘米（5英寸）
口径： 0.45英寸ACP弹

勃朗宁公司设计的M1911A1型手枪取代了第一次世界大战期间的M1911型手枪。M1911A1型手枪在制动功率方面可靠性更高，满足了使用者的需求。美国军队在第二次世界大战及以后的时间内一直在使用该型手枪。

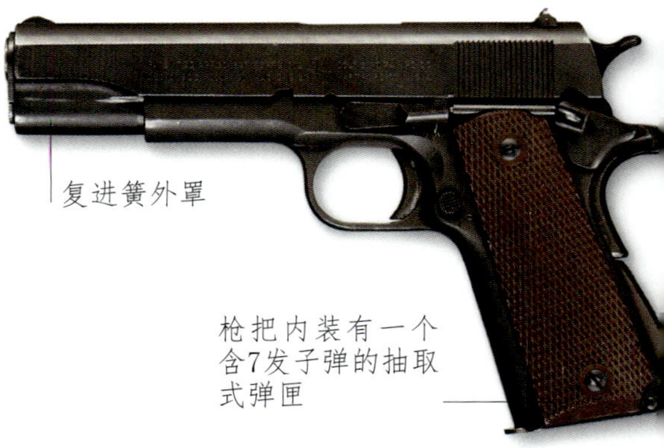

▶ 汤普森M1921型手提式冲锋枪

时期： 1921年　**来源地：** 美国
质量： 4.88千克（10.8磅）
枪管长度： 26.7厘米（10.5英寸）
口径： 0.45英寸ACP弹

汤普森手提式冲锋枪绰号“汤米枪”，是一种十分高效但造价昂贵的枪械，并且很难维护保养。

含有50发子弹的鼓式弹匣

▲ 托卡列夫TT型手枪（1933）

时期： 1933年　**来源地：** 苏联
质量： 830克（29.3盎司）
枪管长度： 11.6厘米（4.6英寸）
口径： 7.62毫米

托卡列夫TT33型手枪是苏联红军装备的第一支自动上膛手枪。该型手枪缺乏保险栓，但可以选择将其置于安全位置。

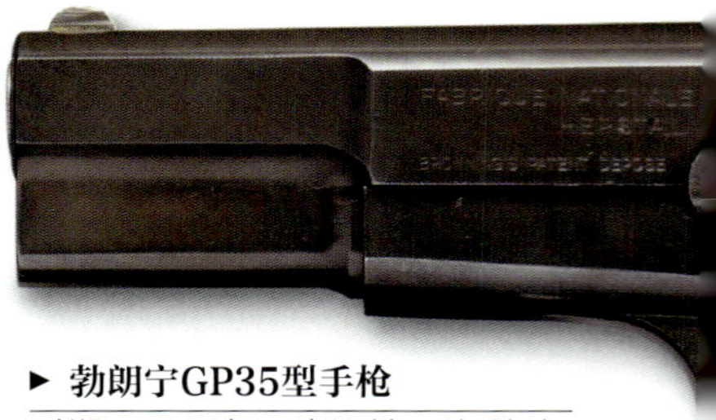

▶ 勃朗宁GP35型手枪

时期： 1935年　**来源地：** 比利时
质量： 990克（34.9盎司）
枪管长度： 11.8厘米（4.6英寸）
口径： 9毫米帕拉贝伦弹

GP35是勃朗宁公司设计的一款手枪，在第二次世界大战中同时为盟军和德军所使用。实战表明它是一款十分强劲且可靠的武器，直至今日仍在使用。

▼ 阿斯特拉M901型手枪

时期： 1927年　**来源地：** 西班牙
质量： 2.1千克（4.6磅）
枪管长度： 16厘米（6.3英寸）
口径： 7.63毫米毛瑟弹

图中的自动上膛手枪为阿斯特拉900系列手枪的一种，这是毛瑟C/96速射型手枪的翻版。该型手枪具备自动发射的能力，但是操控性有待完善。

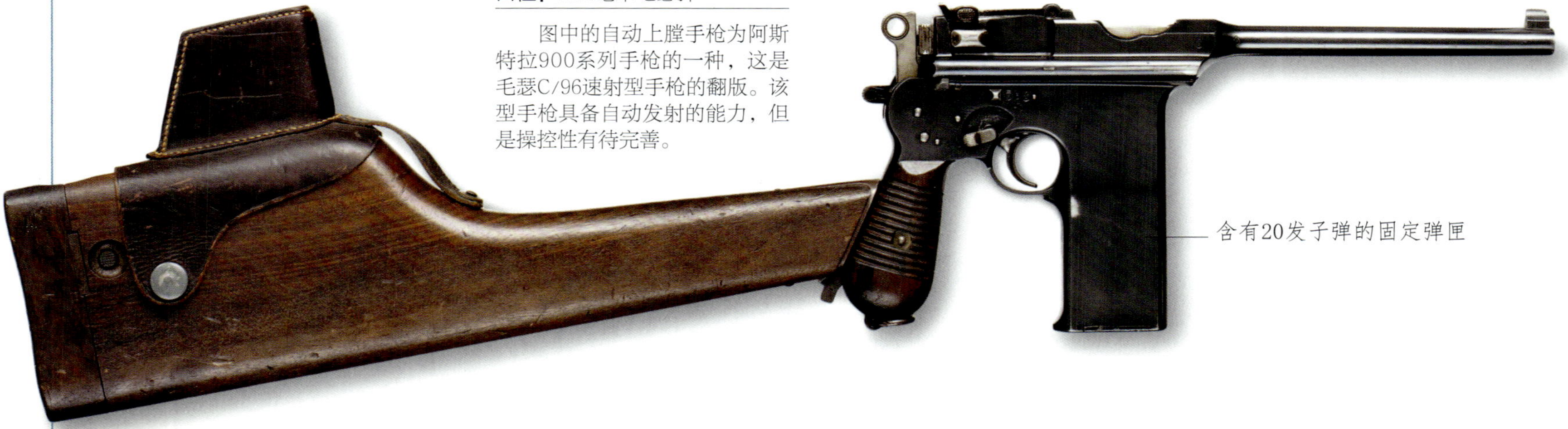

▸ **PPSH-41（波波沙）冲锋枪**

时期：1939年　**来源地**：苏联
质量：3.5千克（7.7磅）
枪管长度：27厘米（10.6英寸）
口径：7.62毫米

到第二次世界大战末期，苏联红军一共生产了大约500万支这样彪悍且可靠的武器。

▴ **M3A1型冲锋枪**

时期：20世纪40年代
来源地：美国
质量：3.66千克（8.1磅）
枪管长度：20.3厘米（8英寸）
口径：0.45英寸ACP弹

M3型"滑脂枪"及其改进版M3A1不光造价低廉，还易于拆卸、清洁和保养。它使用与柯尔特M1911 A1型手枪一样质量的手枪子弹。

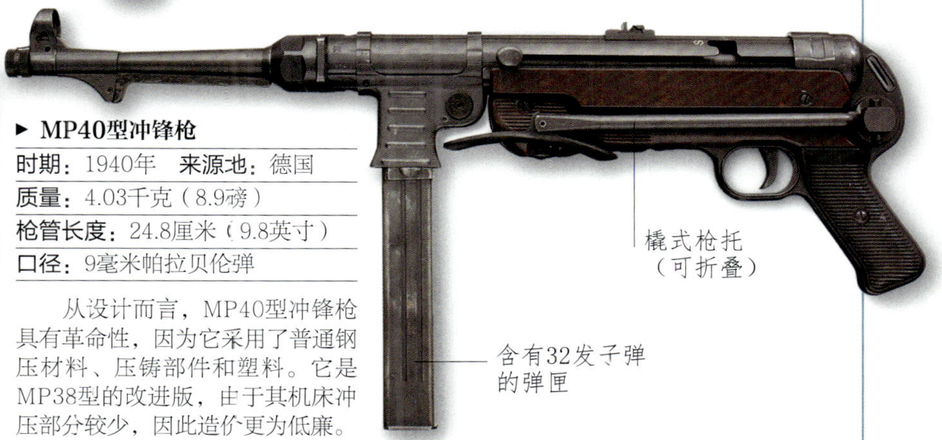

▸ **MP40型冲锋枪**

时期：1940年　**来源地**：德国
质量：4.03千克（8.9磅）
枪管长度：24.8厘米（9.8英寸）
口径：9毫米帕拉贝伦弹

从设计而言，MP40型冲锋枪具有革命性，因为它采用了普通钢压材料、压铸部件和塑料。它是MP38型的改进版，由于其机床冲压部分较少，因此造价更为低廉。

▴ **司登冲锋枪Ⅱ**

时期：1941年
来源地：英国
质量：3.7千克（8.2磅）
枪管长度：19.7厘米（7.8英寸）
口径：9毫米

司登冲锋枪工艺简单，造价便宜。它虽然只是应运而生的仓促之作，但也被证明是一种十分高效的手提式冲锋枪。司登冲锋枪配备一个含有32发子弹的弹匣。

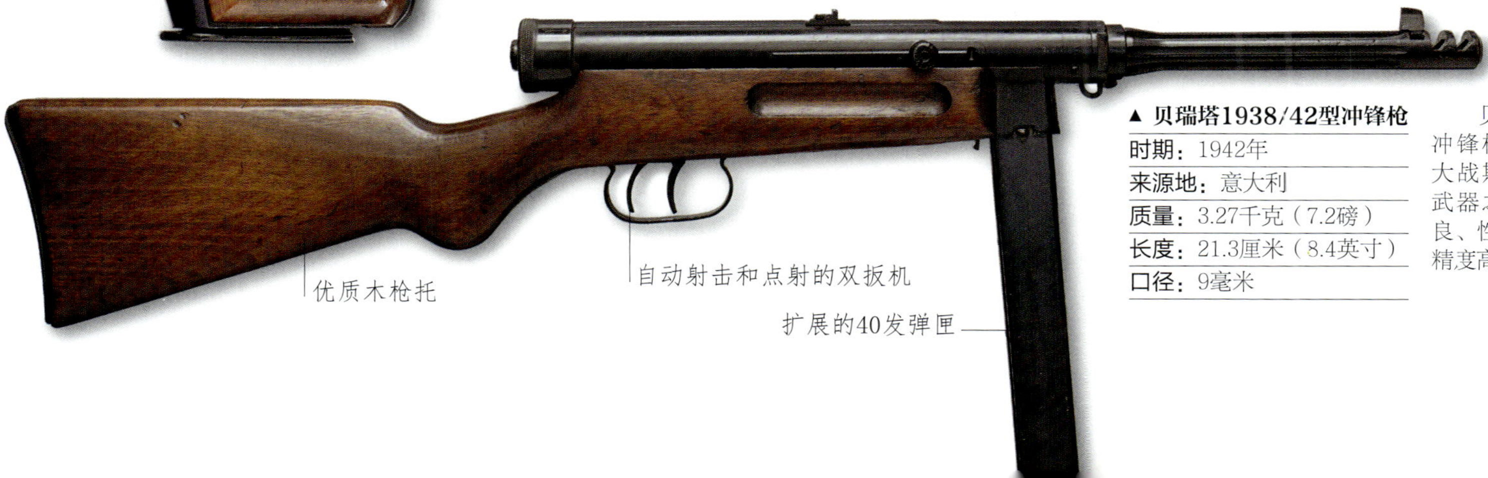

▴ **贝瑞塔1938/42型冲锋枪**

时期：1942年
来源地：意大利
质量：3.27千克（7.2磅）
长度：21.3厘米（8.4英寸）
口径：9毫米

贝瑞塔M38/42型冲锋枪是第二次世界大战期间最为优良的武器之一。其制作精良、性能可靠，且射击精度高。

水冷与气冷机关枪

第二次世界大战期间出现的气冷机关枪标志着第一次世界大战期间水冷机关枪的转变，虽然其中有十分显著的例外——经过反复试验的维克斯机关枪。另外一个趋势就是轻型机关枪（如布朗式轻机枪和布雷达轻机枪）和重型机关枪（如DShk1938型重机枪和勃朗宁M2型重机枪）的齐头并进。德国MG34型机关枪的研发带来了技术上的关键发展。MG34型机关枪是首款通用机关枪，它不仅具备重型机关枪和中型机关枪的持续火力，还具备轻型机关枪的便利性。

▸ 维克斯MK1型机枪

时期：	1912年
来源地：	英国
质量：	18.1千克（40磅）
枪管长度：	72.1厘米（28.4英寸）
口径：	0.303英寸

在两次世界大战中都颇受青睐的维克斯MK1水冷机关枪是一种十分可靠的中型机关枪。当发射MK8Z子弹时，射击距离可达到惊人的4.1千米（2.54英里）。

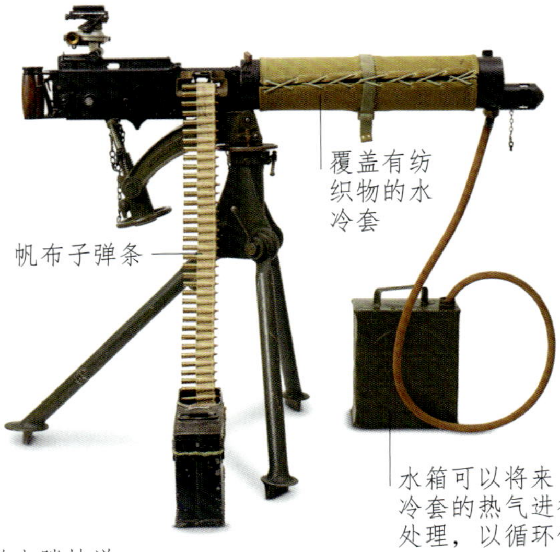

▸ 勃朗宁M1919型机枪

时期：	1919年
来源地：	美国
质量：	14.06千克（31磅）
枪管长度：	61厘米（24英寸）
口径：	0.3英寸

勃朗宁M1919型机枪是M1917型机关枪的气冷型，它被证明是一流的中型机关枪，在第二次世界大战中为美国步兵提供了巨大的帮助。

▾ 布雷达M30型轻机枪

时期：	1930年
来源地：	意大利
质量：	10.32千克（22.8磅）
枪管长度：	52厘米（20.5英寸）
口径：	6.5×54毫米

意大利陆军使用的布雷达M30轻机枪装配了一个新式的20发子弹链传输系统。然而，该系统随后被证明并不可靠，在恶劣的战场环境下相对脆弱。

▾ FM-24/29型轻机枪

时期：	20世纪30年代
来源地：	法国
质量：	8.93千克（19.7磅）
枪管长度：	50厘米（19.7英寸）
口径：	7.5×57毫米

FM-24/29型轻机枪采用的勃朗宁BAR型轻机枪击发装置使它饱受弹药问题困扰。直至第二次世界大战，该轻机枪成为法国陆军的标准装备之后，该问题才得以解决。

▲ **勃朗宁M2型重机枪**

时期：1933年
来源地：美国
质量：38.1千克（84磅）
枪管长度：1.14米（3.74英尺）
口径：0.5英寸

极度高效的“50口径”M2型重机枪是飞机、装甲车以及地面部队所装备的关键武器。现今它仍在服役。

▼ **MG34型轻机枪**

时期：1935年
来源地：德国
质量：11.5千克（25.4磅）
枪管长度：62.7厘米（24.7英寸）
口径：7.92×57毫米

MG34型轻机枪带有革命性的设计，是一种轻型且性能极为稳定的机关枪，每分钟可发射900发子弹。然而它生产工艺复杂，造价又昂贵，逐渐被MG42型机枪所取代。

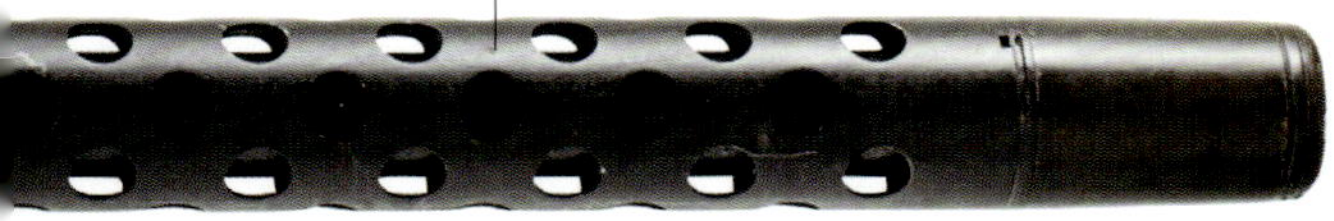

▼ **布伦式（Bren）轻机枪**

时期：1938年
来源地：英国
质量：10.15千克（22.4磅）
枪管长度：63.5厘米（25英寸）
口径：0.303英寸

该型轻机枪最初是在捷克斯洛伐克布尔诺（Brno）研发的，后来在英国伦敦恩菲尔德（Enfield）得以修正。该型轻机枪因此得名。在第二次世界大战期间，该型轻机枪被英军采用并一直使用到20世纪80年代。

▼ **捷格加廖夫1938式大口径机枪**

时期：1938年　**来源地**：苏联
质量：33.3千克（73.4磅）
枪管长度：1米（3.3英尺）
口径：12.7×108毫米

苏联红军使用的捷格加廖夫大口径机枪与勃朗宁0.5英寸M2型机枪较为类似。其使用寿命很长，其中一些目前仍然在役。

◀ **MG42型机枪**

时期：1942年
来源地：德国
质量：11.5千克（25.4磅）
枪管长度：53.3厘米（21英寸）
口径：7.92×57毫米

MG42型是MG34型机枪的后续版本，发射速率极高，能达到每分钟1200发。当为它配备三脚架时，可以维持很长射程的火力。

火炮

第二次世界大战期间炮兵的故事就是一部从第一次世界大战开始的火力进化史。野战炮的机动性越来越强，射程越来越远，无线电通信能力也增强了战术灵活性。其中一项新的发展就是火箭炮的广泛采用，如德国的六膛火箭发射器，可以借助铺天盖地的高爆炸药覆盖极大的区域。在进攻和防御中，炮兵仍发挥着十分关键的作用，这也就是苏联军队将火箭炮描述为“红色战神”的原因。

◄ 40毫米博福斯式高射炮

时期：1934年

来源地：瑞典

质量：2.4吨（2.6短吨）

长度：2.25米（7.4英尺）

口径：40毫米

射程：7.2千米（4.5英里）

博福斯式高射炮被认为是第二次世界大战期间最为优秀的高射炮之一，它结合了高精确性、大射程以及良好的射击抛物线等优点，在全世界范围内十分畅销——既在盟军中得到使用，也受到轴心国军队青睐。

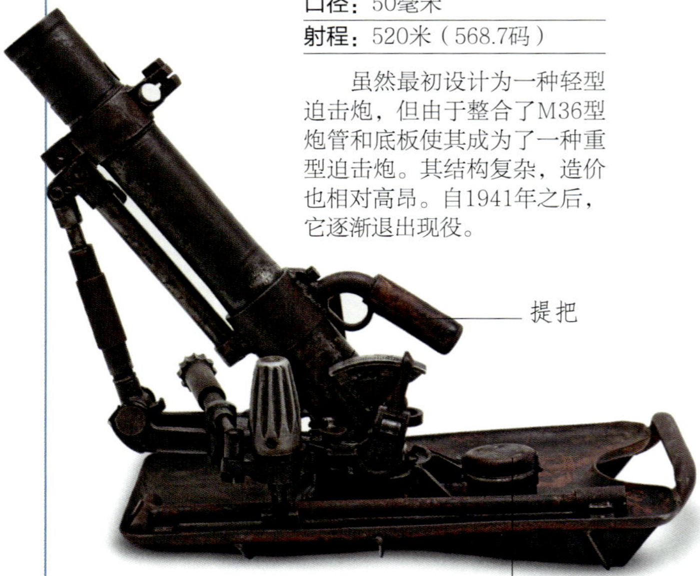

▼ 50毫米36式轻型迫击炮

时期：1936年

来源地：德国

质量：14千克（30.9磅）

口径：50毫米

射程：520米（568.7码）

虽然最初设计为一种轻型迫击炮，但由于整合了M36型炮管和底板使其成为了一种重型迫击炮。其结构复杂，造价也相对高昂。自1941年之后，它逐渐退出现役。

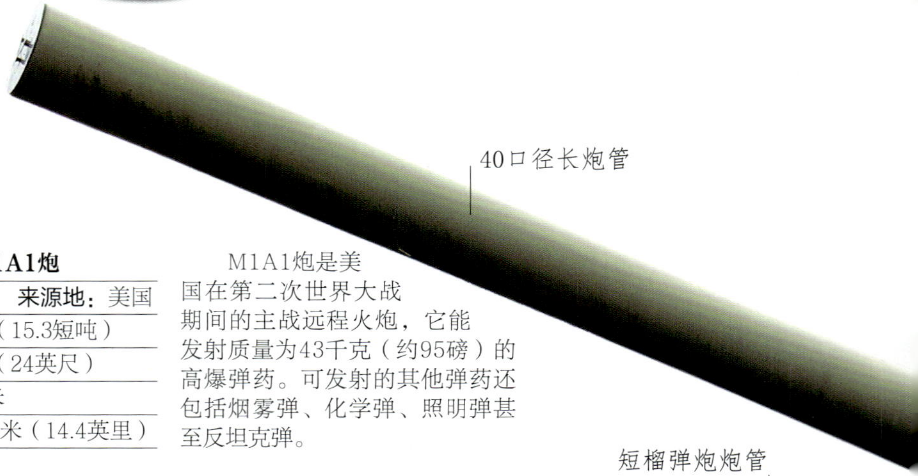

► 155毫米M1A1炮

时期：1941年　来源地：美国

质量：13.9吨（15.3短吨）

长度：7.36米（24英尺）

口径：155毫米

射程：23.22千米（14.4英里）

M1A1炮是美国在第二次世界大战期间的主战远程火炮，它能发射质量为43千克（约95磅）的高爆弹药。可发射的其他弹药还包括烟雾弹、化学弹、照明弹甚至反坦克弹。

▼ 122毫米M1938榴弹炮

时期：1939年　来源地：苏联

质量：3.1吨（3.4短吨）

长度：5.9米（19.4英尺）

口径：122毫米

射程：11.8千米（7.3英里）

图中又名M30炮的野战榴弹炮是苏联红军炮兵师的主战炮。该炮由8名人员操作，每分钟可以发射6枚炮弹。

▲ 75毫米M1A1驮载榴弹炮

时期：1940年

来源地：美国

质量：653千克（1 440磅）

长度：3.68米（12.1英尺）

口径：75毫米

射程：8.79千米（5.5英里）

根据其设计，该型榴弹炮主要用于地形崎岖的地区。它可以被分解为各种部件，以便于动物驮载。此外，装备给美国空降兵部队的M1A1驮载榴弹炮也被证明是十分成功的。

▼ 25磅加农榴弹炮（MKⅡ）

时期：1940年
来源地：英国
质量：1.8吨（2短吨）
长度：4.6米（15.1英尺）
口径：88毫米
射程：12.25千米（7.6英里）

25磅加农榴弹炮是介于火炮和榴弹炮之间的中间产品。在第二次世界大战中，它被匆匆推入北非战场充当临时的反坦克武器。

◀ 150毫米六膛火箭发射器

时期：1941年
来源地：德国
质量：542千克（1 195磅）
口径：150毫米
射程：6.9千米（4.3英里）

六膛火箭发射器最初的设计用途是发射毒气弹和烟雾弹（开展战场隐蔽行动）。除此之外，它还能发射高爆炸弹以对目标区域实施有效的摧毁。

▲ 4.2英寸迫击炮

时期：1942年
来源地：英国
质量：365千克（805磅）
口径：4.2英寸
射程：3.75千米（2.3英里）

4.2英寸迫击炮是英国军队装备的重型迫击炮。它一般被配发至师级单位并由英国皇家炮兵的炮手操作，每分钟能够发射20发9.1千克（20磅）高爆炮弹。

敌后登陆

在“市场花园”行动中，盟军部队通过伞降和滑翔机等途径进入了德国占领的荷兰地区。夺取荷兰阿纳姆的莱茵河大桥的行动虽是一项雄心勃勃的计划，但最终以代价昂贵的失败而告终。

空降突击

“市场花园”行动

开始于1944年9月的“市场花园”行动是迄今为止规模最大的空降突击行动，其目的在于夺取荷兰境内的战术目标。它可能在一定程度上促进了战争结束的进程，但是它的成功和最终的失败既体现了空降部队的优势，也揭示了空降部队的弱点。

1944年8月，为便于统一指挥，英国和美国的空降兵部队被整编为盟军第一空降军。英国陆军上将蒙哥马利计划使用这支部队开辟一条通往德国占领荷兰地区的道路，从而将部队推进至德国北部。伞兵和滑翔机部队等空降兵占领了许多桥梁与运河，以便英国第30军团能够从盟军前线开拔，直捣德国边境。

此次空降行动的规模空前庞大。9月17日，首批大约20 000名空降兵分乘1 500架运输机和500艘滑翔机开展行动。盟军的空中优势使得他们的机群能够在白天飞抵目标区域，并以不同的精度投放下伞兵和装备。大部分滑翔机在牵引飞机的引导下也都安全着陆。一旦空降部队着陆，他们便处于危险境地。虽然同时也投放了一批重型装备，但他们在深入敌后的地方还是显得十分孤立无援。当敌人从最初的突袭中恢复后，空投下的轻型部队就不得不苦苦支撑，以等待英国军团坦克和炮兵的到来。

美国第101空降师在荷兰埃因霍温附近靠近盟军前线的地方着陆。9月18日，他们很快夺取了5座目标桥梁中的4座并与英国装甲部队会合。美国第82空降师的任务是占领马斯（Maas）河和瓦尔（Waal）河的汇流处。他们与德军展开激战，虽成功击退了德军的反击，但未能夺取奈梅亨（Nijmegen）的关键桥梁；同时由于恶劣的天气，原计划应当投放的第二拨空投和滑翔机增援不得不推迟。9月19日，英国军团与第82空降师成功取得联系，在一场河中混战之后，直至第二天仍未夺取该桥梁。

精心布置的计划

增援久久悬而未定，使得试图夺取阿纳姆（Arnhem）的莱茵河上最后一座桥梁的英国第一空降师几乎陷入了四面楚歌的状态。伞兵部队着陆地点与其目标着陆地点相隔甚远。由于无线电和导航的问题，导致他们向阿纳姆进军的阵形断断续续、拖拖沓沓，最后仅有一个营抵达了桥梁。然而，德军的反击却愈发猛烈。行动之前，有情报表明有两个德军党卫军坦克师在该地区行动，但该情报竟然被忽略了。现在仅有少量轻型炮火支援的步兵师发现自己正在以生命与德军坦克殊死搏斗。

直至9月21日，增援的波兰伞兵旅才姗姗来迟，但他们被空投到了错误的位置。经过英勇的抵抗后，志在夺取桥梁的营不得不在同一天缴械投降。9月25日，行动的重点变成了解救困于莱茵河两岸的士兵。结果是仅有2 398名士兵得救，1 485名士兵阵亡，另有6 414名士兵被俘虏，“市场花园”行动最终以失败告终。

空降兵部队军装与装备

第二次世界大战见证了伞兵部队的发展壮大。空降兵虽具备强大的战略机动性，但一旦着陆就会立即成为负担沉重的步兵，既缺乏机动性也缺乏火力保护。曾经试图使用微型摩托车和折叠自行车提高他们的能力，但鲜有成功。常规步兵使用的轻型迫击炮和肩扛式反坦克武器让这些空降兵们具备了移动“炮火”。

◀ M2伞兵头盔

时期：1942年

来源地：美国

材料：钢

空降兵头盔上有一个D形环带夹。此头盔的主人在上面喷印了迷彩色，而头盔上的“姜饼人”则是第509空降营的标志。

▶ M1942型跳伞夹克

时期：1942年

来源地：美国

材料：棉府绸

橄榄绿色的夹克上以部队为单位喷射迷彩色。战士们身穿迷彩服，用硬纸板包裹头部，但颈部区域并未附着迷彩色。

▼ 跳伞靴

时期：1942年

来源地：美国

材料：皮革、橡胶、帆布

跳伞靴是美国空降兵们梦寐以求的地位象征，其设计包含了伞降安全因素，带有加固的鞋头以及内置护踝。锥形后跟可以防止脚后跟在不平衡的飞机地板上扭伤。

▼ M1A1卡宾枪

时期：1942年　来源地：美国

质量：2.36千克（5.2磅）

枪管长度：45.7厘米（18英寸）

口径：0.3英寸

M1卡宾枪在那些需要轻型武器的士兵中颇受欢迎。对于空降兵部队而言，图中特殊版本的M1A1卡宾枪带有折叠枪托，便于伞降时使用。

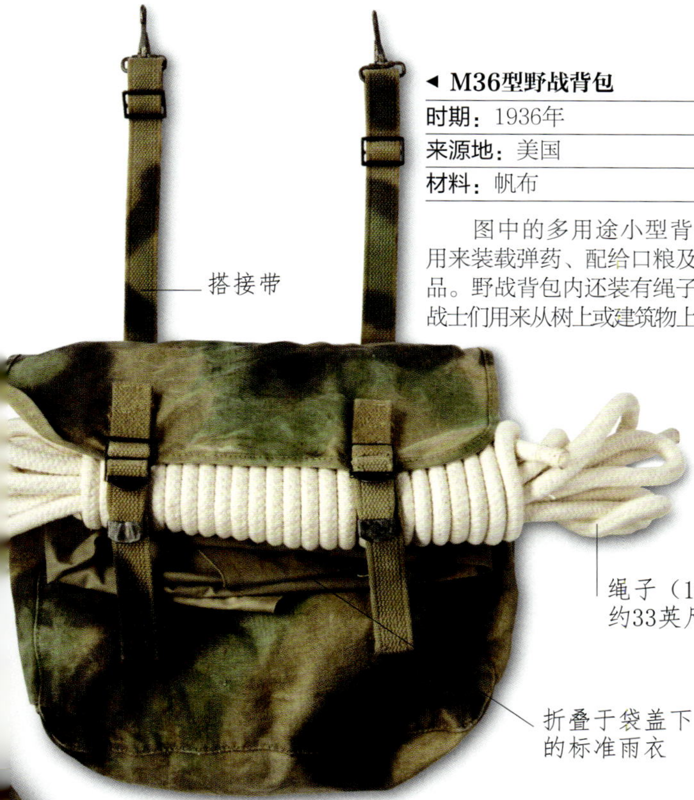

◀ **M36型野战背包**

时期：1936年

来源地：美国

材料：帆布

图中的多用途小型背包可以用来装载弹药、配给口粮及私人物品。野战背包内还装有绳子，以便战士们用来从树上或建筑物上跳下。

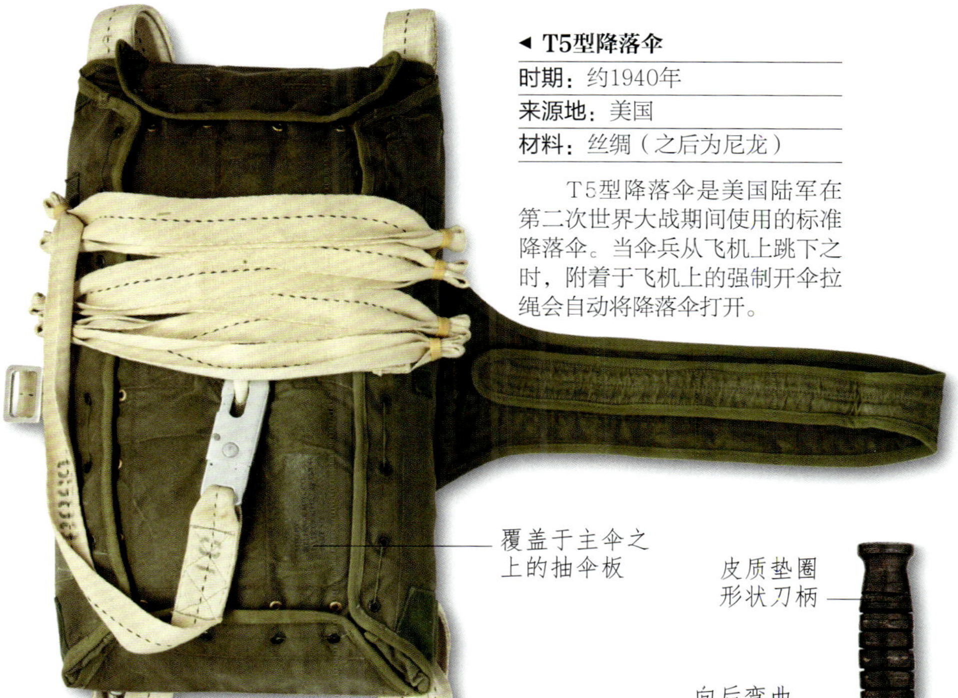

◀ **T5型降落伞**

时期：约1940年

来源地：美国

材料：丝绸（之后为尼龙）

T5型降落伞是美国陆军在第二次世界大战期间使用的标准降落伞。当伞兵从飞机上跳下之时，附着于飞机上的强制开伞拉绳会自动将降落伞打开。

▶ **MK3型战斗匕首**

时期：1943年

来源地：美国

质量：240克（8.5盎司）

长度：29.5厘米（11.6英寸）

MK3型战斗匕首部分以英国费尔伯恩·塞克斯突击刀设计为基础，是一种近战武器。伞兵将MK3型战斗匕首置于小腿一侧，便于使用。

▼ **FG42自动步枪**

时期：1943年

来源地：德国

质量：4.53千克（10磅）

枪管长度：50.2厘米（19.8英寸）

口径：7.9毫米

FG42型全自动步枪可为伞兵在地面上提供远距离火力，其枪托到枪口的“直线形”布局以及导气式射击装置引领着枪械的发展方向。

▶ **空降兵重力弹簧刀**

时期：1937年

来源地：德国

质量：350克（12.3盎司）

长度：25.3厘米（10英寸）

图中的空降兵重力弹簧刀是配发给德国伞兵的装备。当操纵杆打开时，由于重力的原因刀片会自动垂下。伞兵主要用它切开缠绕的降落伞绳。

▶ **BSA折叠自行车**

时期：1943年

来源地：英国

质量（车架）：2千克（4.4磅）

在第一次世界大战期间，部队广泛使用折叠自行车。图中为突击部队和空降兵部队所设计的轻型折叠自行车可以为他们提供迫切需要的机动性能。

抵抗运动中的武器与装备

英国空中特勤团（SOE）成立于1940年7月，主要在德国欧洲占领区执行非常规行动，并向各种当地的抵抗运动提供支援。空中特勤团特别注重轻型隐蔽通信装备的发展，这样当行动人员深入敌军时，他们也可以与英国取得联系。与此同时，还存在对悄悄歼灭敌人哨兵或刺客的消声武器的需求。随后，英国空中特勤团也参与了美国战略情报局所开展的间谍行动，这对于特种武器也提出了相应的要求。

▸ 空中特勤团跳伞服

时期：1941年

来源地：英国

材料：抗风化棉

图中的跳伞服是为那些通过伞降进入敌占区的隐蔽行动人员而设计的。迷彩服可以保护衣服之内的物体免受伤害。此外，该跳伞服还有很多口袋，以容纳关键设备。

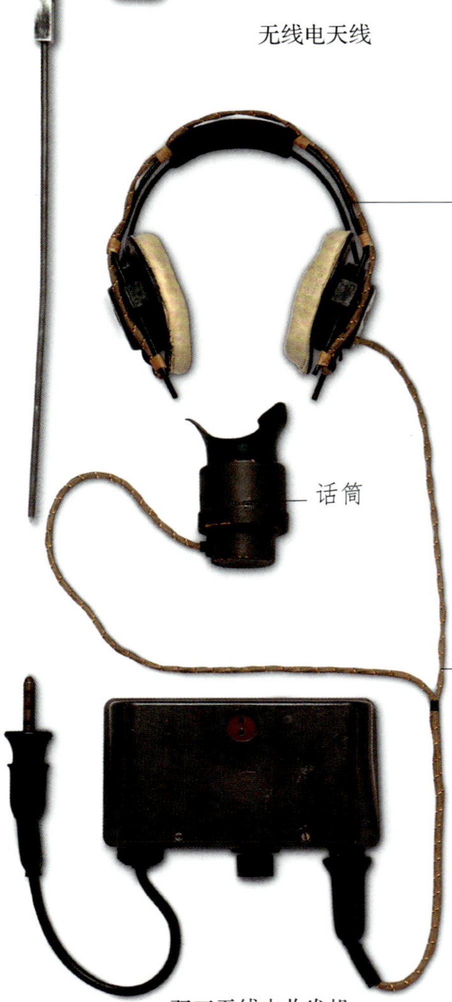

◂ 空中特勤团S电话无线电收发机

时期：约1942年

来源地：英国

型号：超高频双工无线电话

S电话是一种微型的无线电接收机，质量仅7千克（15磅）。行动人员可用它与48千米（30英里）之外、高度在3 050米（约10 006英尺）的飞机上的飞行员通话。

▸ 空中特勤团3型（MKⅡ）手提式无线电台

时期：约1942年

来源地：英国

类型：便携式收发无线电台

行动人员使用图中的无线电台在敌后开展行动，可以在800千米（约497英里）的范围内收发信号。它包含一个模块接收器、发报机、电源组及微型莫尔斯电键。

▲ V44型救生刀

时期：1934年
来源地：美国
质量：1.1千克（2.4磅）
长度：34.5厘米（13.6英寸）

图中的V44型救生刀最初是由美国陆军航空兵为被击落的机组成员定制的救援装备。在太平洋战区的行动中，这种外表十分强悍的刀具广受美国军队的欢迎。

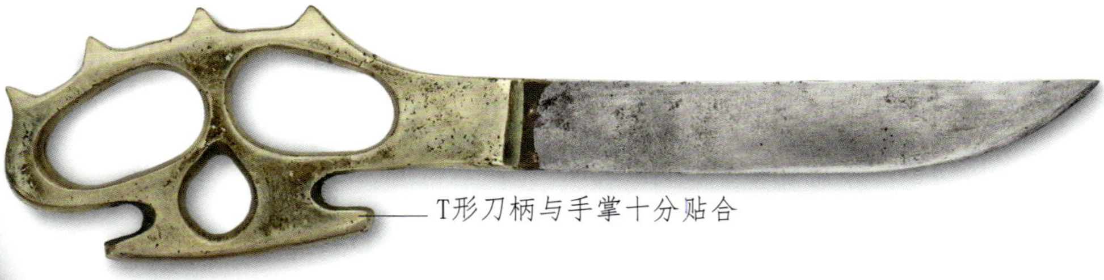

▲ "中东"风格护节铜套刀

时期：约1943年
来源地：英国
质量：450克（15.9盎司）
长度：30厘米（11.8英寸）

图中的"中东"风格护节铜套刀的刀柄由一整块黄铜铸造而成。在刀柄上有4个突出的部分，便于重击对手。钢制刀片向刀尖翘起，使其特别适合向上刺杀。

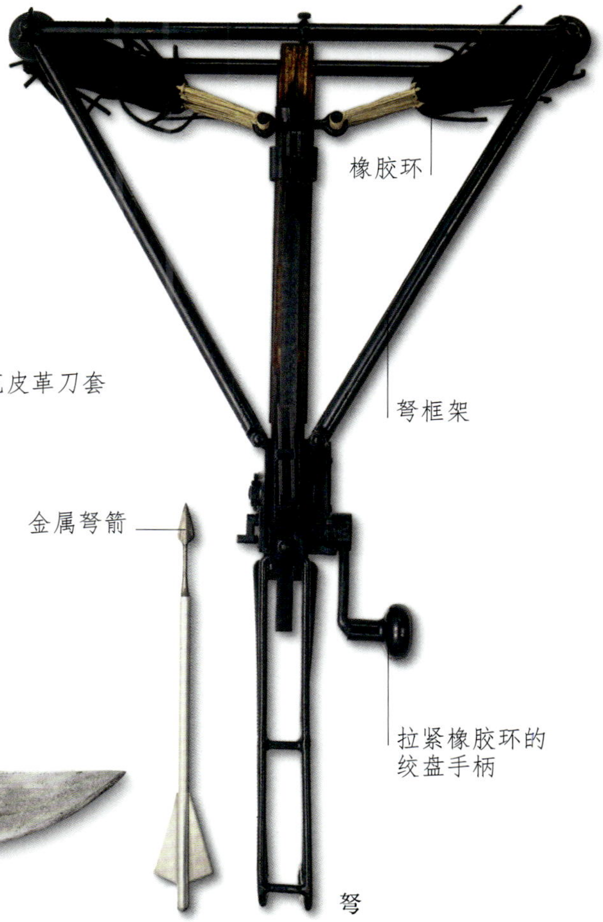

▲ "大乔"弩与弩箭

时期：约1943年　来源地：美国
质量：4千克（8.8磅）
长度：66厘米（26英寸）

图中战略情报局所使用的弩通过一个橡胶环施加推力。在射击弩箭之前，借助绞盘手柄将橡胶环拉紧，随后放开橡胶环即可发射弩箭。可以将位于前部的框架和弩托进行折叠，以便于运输。

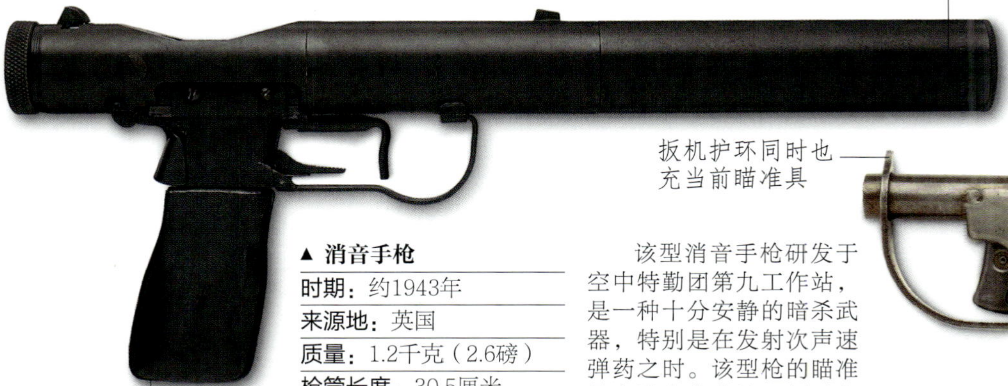

▲ 消音手枪

时期：约1943年
来源地：英国
质量：1.2千克（2.6磅）
枪管长度：30.5厘米（12英寸）
口径：9毫米

该型消音手枪研发于空中特勤团第九工作站，是一种十分安静的暗杀武器，特别是在发射次声速弹药之时。该型枪的瞄准具上涂有荧光漆，便于在弱光条件下射击。

◀ FP-45解放者手枪

时期：1942年　来源地：美国
质量：450克（15.9盎司）
枪管长度：10厘米（3.9英寸）
口径：0.45英寸

图中的FP-45型解放者手枪是战略情报局研发的样品，造价十分低廉，主要准备空投给抵抗组织。该型手枪弹匣内装有10发子弹。在配发该型手枪时，还配有如何使用的插图。

◀ 司登MK6型冲锋枪

时期：1944年　来源地：英国
质量：4.5千克（9.9磅）
枪管长度：19.7厘米（7.8英寸）
口径：9毫米

MK6型冲锋枪是MK5型冲锋枪的消音版本，加装了木制枪托和手柄。研发MK6型冲锋枪是为了满足空中特勤团在欧洲开展游击战的需求。

废墟中的广岛

这座城市成为轰炸目标的部分原因是周围没有阻挡爆炸波的山丘。原子弹爆炸之后，整座城市只留下了抗震的钢筋混凝土结构，其余建筑全部被摧毁或烧毁。

核战争

轰炸广岛

1945年8月，随着美国飞机在日本广岛和长崎投下原子弹，第二次世界大战加快了结束的进程，但世界战争史掀开了新的更危险的篇章。有史以来，人类第一次创造出了一种破坏性如此之强因此不得不竭尽全力避免使用的武器。

1945年7月16日，美国新墨西哥州阿拉莫戈多（Alamogordo）附近的沙漠见证了核装置的第一次试验。爆炸当量超过了1.8万吨TNT，产生了3倍于太阳核心的温度。成功引爆为1941年12月莱斯利·格罗夫斯（Leslie Groves）将军领导的绝密曼哈顿计划达到了顶点。

该计划的目标是生产并将原子弹准确投放到敌方目标。为此，格罗夫斯的团队不仅包括科学家和工程师，而且还成立了一个专门投放炸弹的特殊飞行小组——保罗·蒂贝茨（Paul Tibbets）上校率领的美国陆军航空队第509组。该小组配备了美国最新的轰炸机——波音B-29“超级堡垒”，该飞机的航程能够覆盖从美国控制的太平洋岛屿基地到日本城市的距离。

7月下旬到8月初，一颗铀基原子弹（代号“小男孩”）和数颗钚基原子弹（代号“胖子”）的部件被送到了马里亚纳群岛的提尼安岛（Tinian），这里驻扎着蒂贝茨上校的B-29编队。美国计划在部件组装完成且天气条件允许时立即向选定的日本城市投放炸弹。

7月26日，在美国、英国和苏联参加的波茨坦会议之后，美国及同盟国要求日本立即投降，否则将面临“迅速而彻底的毁灭”。两天后，日本拒绝了这一要求。此时，世界上第一次核打击的准备工作仍在进行中。

广岛被选为第一个目标，因为这座城市有军营和港口，具有军事意义，并且基本完好，而大多数其他日本城市都已经被传统轰炸所摧毁。广岛市人口达30万，城区大而平坦，可以充分展示炸弹的效果。

蒂贝茨上校亲自领导了此次轰炸行动，他驾驶着指定携带原子弹“小男孩”的B-29，并在飞机侧面写下了他母亲的婚前姓名“Enola Gay”。

从提尼安岛起飞，在另外两架B-29的护航下，艾诺拉·盖（Enola Gay）号轰炸机于8月6日上午8点15分平安飞抵广岛上空。在3万英尺（9144米）的高度，蒂贝茨上校投下了“小男孩”。1分钟后，它在广岛市中心爆炸。

尽数摧毁

破坏超出了所有人的预期：12平方千米（7.5平方英里）内的几乎所有建筑物全部被毁，估计死亡人数在8万~14万人，而且这个数字不包括那些没有立即被高温和爆炸杀死但接下来几个月内死于放射病的人。

3天后，代号“胖子”的钚基原子弹在日本的另一座城市长崎爆炸，导致3.5万~8万人（预期数字）丧生。死亡人数相对较低，因为丘陵影响了爆炸的效力。8月15日，日本宣布投降，标志第二次世界大战的结束。自此之后，再也没有任何核装置直接用于战争。

1945年至今

核时代

导言

第二次世界大战之后，美国和苏联两个“超级大国”在冷战中的对抗促进了军事技术的发展。与此同时，游击战和恐怖主义却在向世界证明他们对世界上最先进的军事武器具有持久的抵抗力。

从20世纪40年代后期开始，在美国领导的北大西洋公约组织和苏联之间的核武器竞赛中，破坏力巨大的武器被不断创造出来。直到20世纪60年代，随着导弹取代远程轰炸机作为核投放系统，世界进入到恐怖制衡理论（也就是确保相互毁灭以达到相互制约）时代。超级大国之间一旦发生核战争，任何一方都无法承受损失，因此和平得到了维持。同时，在传统的军事技术的每个领域——从飞机和潜水艇的性能，到制导系统和军事卫星，每一方都在努力超越另一方。尽管第三次世界大战并未发生，但在20世纪60年代和70年代（并且直到越南战争时），仍有许多非核技术在以色列和邻国之间的战争时期进行了试验。然而，1991年的海湾战争——后冷战时期第一场主要的战争，揭露出技术进步的真实规模，展现出例如智能炸弹、隐形飞机和巡航导弹的巨大威力。

第二次世界大战后的时代也见证了游击战和恐怖主义。尽管游击队员通常缺乏先进武器，但他们已经从现代步兵武器和爆炸物中获益，而军工业充足的自动化武器和弹药供应则刺激了全球低强度冲突的发生。尽管到20世纪末期，技术进步使得对大规模的公民军队的需求已经过时，但当世界大国与游击部队作战时，他们却发现自己根本无法部署地面部队并承受相应的损失。

关键时期

1945年

1945—1949年 中国“第三次国内革命战争”（即“解放战争”）。最终中国共产党取得了胜利，并于1949年10月1日在北京建立中华人民共和国。

1947年 美国空军飞行员查克·叶格（Chuck Yeager）驾驶贝尔（Bell）X-1火箭实验机首次超声速飞行。

1949年 苏联对研制的第一种核装置进行了试验；同年，北大西洋公约组织（NATO）成立。

1950年 美国总统哈里·S·杜鲁门下令研制氢弹。

1950—1953年 朝鲜战争中，喷气式战斗机之间开始了第一次空战。战争中首次开始广泛使用直升机。

1952年 美国在太平洋珊瑚礁埃尼威托克岛成功试爆第一颗氢弹。

1953年 苏联进行第一颗氢弹试验。

1954年 在奠边府战役中，法国被越盟游击队击败。

1956年 响尾蛇热寻的空对空导弹进入美国空军服役。

1956—1959年 菲德尔·卡斯特罗成功领导了一场游击战争，从而取得了古巴政权。

1959年 第一枚洲际弹道核导弹（Intercontinental Ballistic Missile，缩写ICBM）开始部署。

20世纪60年代 美国军队在越南首次使用夜视设备。

1962年 古巴导弹危机差点引发美国和苏联两国之间的核战争。

1964年 由美国洛克希德公司研制的高空侦察机采用了隐形技术。

1965年 美国在越南南方部署地面部队，并在越南北方开始持续性轰炸。

1967年 美国在越南部署AH-1“眼镜蛇”攻击直升机和白星眼（Walleye）电视制导炸弹。

核防护掩体，莫斯科，1956年

“雪松瀑布”行动，1967年

阿帕奇直升机，1984年

1969年 苏联和美国之间开始关于限制战略武器的谈判。

1970年 巴勒斯坦游击队队员劫持了5架飞机，拉开了国际恐怖主义行动的序幕。

1972年 美国使用激光制导炸弹，摧毁了越南北方的清化大桥。

1973年 在赎罪日战争中，阿拉伯国家使用苏联提供的地对空导弹，对抗以色列的飞机。

1979年 苏联入侵阿富汗，并陷入了与美国支持的阿富汗游击部队的长期战争中。

1982年 英国和阿根廷之间爆发马岛战争。

1983年 战斧式巡航导弹开始服役。

1983—1988年 伊拉克使用芥子气和其他化学武器来对抗伊朗和库尔德人。

1989年 柏林墙倒塌标志着冷战结束。

1991年 在沙漠风暴行动中，以美国为首的多国部队使用精确制导武器对抗伊拉克。

1995年 美国的“捕食者”无人机（UAV）开始服役。

1999年 在科索沃战争中，北约空军进行大规模空中轰炸，最终击败了塞尔维亚。

21世纪初 美国的全景夜视镜研制成功，它能够提供95度的无缝视场。

2001年 穆斯林极端分子炸毁了纽约世贸中心；以美国为首的联军进攻阿富汗。

2003年 英美联军入侵伊拉克。

2011年 北约空军支持反政府军，并干涉利比亚内政。

至今

世贸双塔，2001年

巴格达，2003年

阿富汗战争，2010年

关键建筑

核防护掩体

远离核爆炸灾难中心的人们如果躲避在很深的地下掩体中，就还有一线存活的希望。但是为了确保不受到放射性核辐射的危害，幸存者不得不长时间待在地下。这就需要未被污染的食物、水和循环的空气。

▲这个核防护掩体1956年修建于莫斯科，以防全面爆发核战争。

关键事件

1945—1955年

■ **1945年8月6日** 美国B-29飞机在广岛扔下一枚原子弹，标志着核战争进入新纪元。

■ **1947年5月22日** 美国总统哈里·S·杜鲁门承诺美国将给受到共产主义侵略威胁的任何国家提供军事援助。这就是著名的"杜鲁门主义"。

■ **1949年4月4日** 北大西洋公约组织（NATO）成立，提供对抗苏联的军事壁垒。

■ **1952年11月1日** 美国在太平洋珊瑚礁埃尼威托克（Eniwetok）岛第一次成功试爆氢弹。苏联紧随其后，在1953年成功试爆氢弹。

■ **1955年5月14日** 华沙条约签署，这是苏联和东欧的社会主义国家之间签署的共同防御条约。

关键发展

冷战时期

第二次世界大战结束后，苏联和美国成为了全球的超级大国，而两国意识形态上的敌对决定了20世纪后期的世界政治格局。

随着核武器的诞生，两个超级大国之间的斗争变得尤其危险。美国先于苏联研制出原子弹，并于1945年用核弹轰炸日本的广岛和长崎，达到了毁灭效果；然而，随着1949年苏联自主研制出核导弹，美国失去了其核霸主的地位。当两个超级大国研制出杀伤力更大的武器和更加复杂精确的投放系统，也标志着军备竞赛拉开了帷幕。在20世纪50年代中期，科学家们发明了氢弹：测量出的第一次氢弹爆炸产生的冲击波有1 040万吨TNT当量，是在长崎投下的原子弹威力的450倍。

核武器最开始携带在轰炸机上，但是它在空中防护方面表现出很明显的弱点。解决方案就是用弹道导弹作为轰炸机的补充。这种导弹很难被拦截，它们能够从隐蔽的混凝土发射井发射，并且射程能够深入人口密集地区，攻击任何潜在敌人的地盘。进一步的改良方案包括在单一导弹上使用多弹头，以及使用隐藏在水下的潜艇发射核武器。

▸ **美国内华达州的一次核弹试验**

在内华达州的一次野外演习中，美军在观看原子弹爆炸后产生的蘑菇云。他们距离爆炸点仅仅9.5千米（6.2英里）。

“人类必须**终止战争**，否则战争将终结**人类**。”

美国总统约翰·F·肯尼迪（John F. Kennedy），1961年9月25日

美国利用其超越苏联的技术优势，不断尝试建造导弹发射反弹道导弹系统，其中以天基“星球大战”防御计划最为宏大，但没有一个计划是成功的。在计划进行的同时，还有一些装备了三防服（NBC，防核生化）的士兵帮助那些在首次爆炸中幸存的人们在辐射污染的环境中开展行动。为了确保政府的连续性，大量地下掩体被建造出来。一旦发生核打击，这些掩体就可以在战争发生时保护官员们。

核僵局

然而，从民众伤亡这个角度而言，很明显，一旦全面核战争爆发，双方都会有成千上万的人死亡，那些幸存者的生命也很难维持。因此，在20世纪60年代，美国军事政策以“相互确保毁灭”主义为驱动，其首字母缩写“疯狂”（MAD）则反映了核战争实际上没有赢家的信念。

因为核武器的力量，东方和西方的这种对抗不可思议地变得缓和下来，双方都害怕全面的“热战争”所带来的后果（尽管在1962年美国间谍飞机发现了苏联在古巴的导弹基地之后，古巴导弹危机爆发，当时东西方的局势紧张到差点触发核战争），双方进入冷战时期。然而，这种恐惧并没有阻止美国和苏联的领导人积极地追求他们在别处的利益。东方和西方为获得能够压制对方的优势，陷入了被称为“局部战争”的军事行动之中。他们尽量避免直接对抗，而是支持其他国家或者组织进行次级冲突。

在很多情况下，地方性冲突最终变成了超级大国之间的代理战争。在越南，人们试图推翻殖民统治，然而美国给法国提供援助，并最终美国全面军事介入；为了对抗，苏联（和中国）给越南共产党提供军事支援，这使得这场地方性冲突转变成为全面战争。在中东，美国与以色列结盟，而苏联支持以色列的敌人阿拉伯国家。在非洲、中美洲和南美洲的争斗中，如果一方从美国那里得到军事援助，那么另一方也会从苏联那里得到同样的支持。冷战可能没有导致核战争，但是两个超级大国之间这种避免直接冲突的战术，其副作用就是在全世界输出战争。

▲ **水下发射**

在遥远的海域，一艘潜艇发射了一枚三叉戟弹道导弹。三叉戟导弹的射程为7 100千米（4 411英里），能够携带8枚独立攻击目标的核弹头。

▼ **三防服**

三防服（防核生化）针对放射危害和其他危害，提供基础保护。这种防护服在被更换前能够持续穿好几天。

核轰炸机与拦截机

在1945年对广岛和长崎进行轰炸之后的20年里，速度快、载荷大的远程战略轰炸机仍然是每个核大国军械库中的一个关键因素。为了对抗这种威胁，一种新型战斗机被生产出来，这就是速度异常快的“拦截机”，其作用是在轰炸机造成重大损毁之前击落它们。然而，到20世纪60年代中期，随着洲际弹道导弹（ICBM），例如潜射的北极星导弹的研发，使得战略轰炸机被淘汰，拦截机的作用也相应减少了。

▲ **波音B-47同温层喷气机**

时期：1950年　来源地：美国
翼展：35.4米（116.1英尺）
长度：32.6米（107英尺）
最高速度：980千米/时（609英里/时）
发动机：6台3 266千克（7 200磅）通用电气J47-GE-25涡轮喷气发动机

在第一批服役于美国战略空军司令部的喷气式轰炸机中，B-47具有典型的后掠翼，以及充足的内部载弹量。

▼ **图波列夫设计局图-95熊轰炸机**

时期：1955年　来源地：苏联
翼展：50.1米（164.4英尺）
长度：46.2米（151.6英尺）
最高速度：905千米/时（562英里/时）
发动机：4台15 000马力库兹涅佐夫NK-12M涡轮螺旋桨发动机

尽管装备的是涡轮螺旋桨发动机，但是图-95仍然展示了高性能的特征，包括15 000千米（9 320英里）的最大飞行距离（在携带炸弹的情况下），且不需要补充燃料。

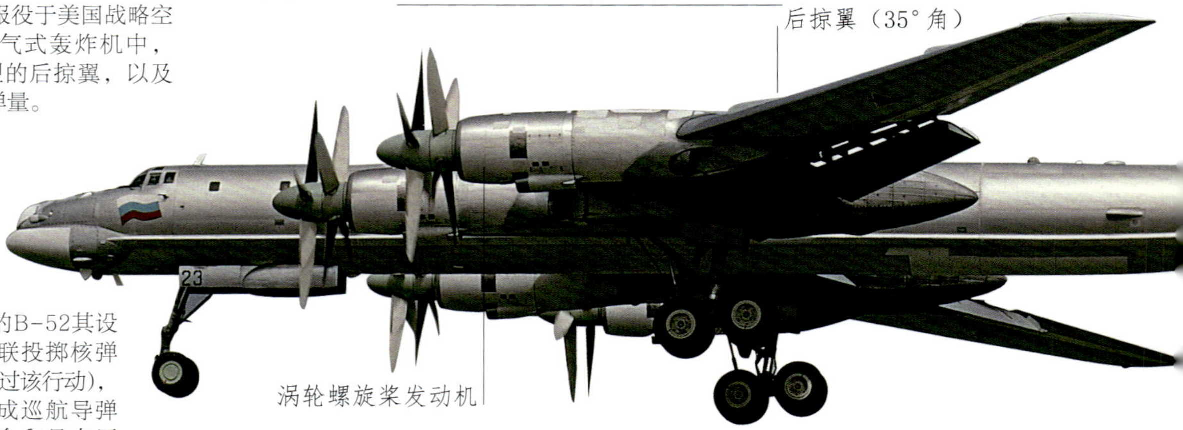

▼ **波音B-52同温层堡垒轰炸机**

时期：1955年　来源地：美国
翼展：56.4米（185英尺）
长度：50.2米（164.7英尺）
最高速度：1 046千米/时（650英里/时）
发动机：8台6 237千克（13 750磅）普拉特·惠特尼J57-43WB涡轮喷气发动机

服役多年的B-52其设计目的是在苏联投掷核弹（尽管从未实施过该行动），但是随后发展成巡航导弹的一个发射平台和具有巨大威力的传统轰炸机。

▼ **阿弗罗698火神B2轰炸机**

时期：1956年　来源地：英国
翼展：33.9米（111.2英尺）
长度：30.5米（100英尺）
最高速度：1 029千米/时（639英里/时）
发动机：4台9 992千克（22 029磅）布里斯托尔-西德利奥林巴斯涡轮喷气发动机

20世纪50年代后期，英国应对核威慑的杀手锏是火神B2轰炸机。该轰炸机具有与众不同的三角翼，能够确保充足的载弹量，飞行速度能达到亚声速。

单座驾驶舱

◀ **英国F.1A闪电战斗机**

时期：1960年　来源地：英国	
翼展：10.6米（34.8英尺）	
长度：15.2米（50英尺）	
最高速度：2 230千米/时（1 386英里/时）或2.1马赫	
发动机：双71.17千牛（16 000磅）罗尔斯-罗伊斯Avon 301R涡轮喷气发动机	

“闪电”是英国第一批水平飞行速度超越2马赫（速度超过两倍声速）的飞机，加上其优越的爬升率，使得“闪电”成为英国主要的防空战斗机。

▼ **达索公司（Dassault）幻影Ⅲ C**

时期：1961年　来源地：法国	
翼展：8.2米（26.9英尺）	
长度：15.5米（50.9英尺）	
最高速度：2 350千米/时（1 460英里/时）	
发动机：6 000千克（13 228磅）SNECMA Atar9B加力燃烧涡轮喷气发动机	

三角翼的幻影Ⅲ系列已经出口至21个国家，其中包括以色列。1967年，以色列使用这种飞机在“六日战争”中取得了极大的成功。

飞机携带两门30毫米口径DEFA机炮、一枚超级530导弹，以及两枚“响尾蛇”或者“魔术”空对空导弹

翼下燃料箱

三角翼

飞机在机头和3个炮塔上装备了7门23毫米口径NR机炮，可携带20 000千克（44 092磅）炸弹或一枚AS-3远程导弹。

尾部炮塔安装了23毫米口径自动机炮

飞机携带核弹和常规炸弹

驾驶舱可乘坐3名飞行员

机尾武装了20毫米口径M61旋转机炮

机身下方的燃料吊舱

加力燃烧涡轮喷气发动机

▲ **康维尔（Convair）B-58盗贼轰炸机**

时期：1961年　来源地：美国	
翼展：17.3米（56.8英尺）	
长度：29.5米（96.8英尺）	
最高速度：2 122千米/时（1319英里/时）或者2马赫	
发动机：4台6 815千克（15 025磅）通用电气J79-GE-5A/B/C加力燃烧涡轮喷气发动机	

这款设计上雄心壮志的超声速核轰炸机采用了许多当时最先进的航空技术。这款飞机尽管很难起飞，但是一旦起飞便能够达到非常高的最大速度。

▼ **麦克唐纳-道格拉斯公司F-15C鹰战斗机**

时期：1976年　来源地：美国	
翼展：13米（42.7英尺）	
长度：19.4米（63.6英尺）	
最高速度：2 660千米/时（1 653英里/时）	
发动机：双77.62千牛（17 450磅）普拉特·惠特尼F100-100加力涡轮风扇发动机	

F-15C“鹰”战斗机最初的设计目的是为了应对米格-25。它采用了先进的航空电子设备，拥有超强的动力和性能，一经出现就成为当时世界上最先进的战斗机和攻击机。

双垂直尾翼

装备了4枚AA-6空对空导弹

泡状驾驶舱盖

飞机装备了一门20毫米口径机炮、4枚AIM-7F/M“麻雀”导弹及4枚AIM-9L/M“响尾蛇”空对空导弹

机头安装了休斯公司APG-63雷达扫描装置

▲ **米高扬-格列维奇设计局米格-25狐蝠歼击机**

时期：1970年　来源地：苏联	
翼展：14米（45.9英尺）	
长度：19.8米（65英尺）	
最高速度：3 000千米/时（1 864英里/时）或者3.2马赫	
发动机：双11 200千克（24 692磅）图曼斯基R-15B-300涡轮喷气发动机	

米格-25是为追求高速度和高海拔而发明的，曾一度引起西方世界的恐慌。其速度能够超过3马赫（声速的3倍），现在仍是世界上最快的战斗机。

攻击型核潜艇

美国海军鹦鹉螺号

1954年，鹦鹉螺号开始服役。它是世界上第一艘核动力潜艇，出现于冷战早期，标志着海战跨出了革命性的一步。

与常规潜艇不同，鹦鹉螺号具有3个核反应堆，这使得它能够航行很长时间而不需要浮出水面或者补给任何燃料。1955年，这艘潜艇在90小时内潜航了2 222千米（1 381英里），创造了世界最长潜航距离的新纪录。3年后，它成为世界上第一艘穿越北极冰盖的潜艇。

鹦鹉螺号的上层甲板是攻击中心——此为军舰功能的核心；靠前的位置是艇长和军官的住舱；下层甲板是控制室，当潜艇潜入水下时，就是从这里进行操纵的；还有艇员的食堂和厨房。发动机和核反应堆则靠近潜艇尾部。

鹦鹉螺号在水下的速度不是特别快，而且只是携带了常规鱼雷。除了核反应堆，这艘潜艇最主要的创新就是省掉了甲板火炮，为每名船员都提供一个铺位；另一创新就是（在它1958年穿越北极圈的航行中）使用了惯性导航系统。直到1959年，新的潜艇通过全面改进艇体设计、使用新的材料，使其比以前的潜艇航行速度更快、下潜深度更大，鹦鹉螺号才逐渐被取代。无论是作为携载鱼雷的攻击型潜艇，还是作为核导弹的载体，核潜艇都能很快在海战中占据主导地位。鹦鹉螺号于1980年退役，如今已成为一所博物馆。

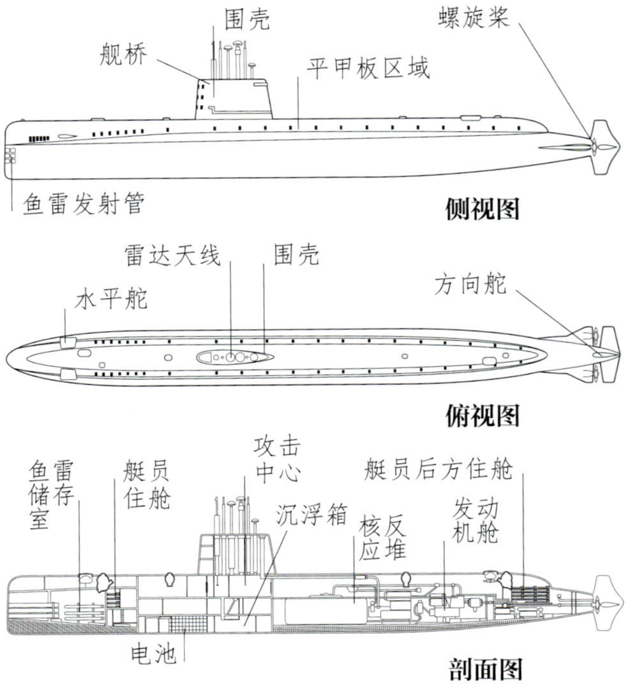

▲ **美国海军鹦鹉螺号核潜艇**
鹦鹉螺号排水量3 533吨（水上）/4 092吨（水下），全长98.6米（323.5英尺），可搭载艇员116名。水下最大航速23节，最大下潜深度213米（699英尺）。

操作系统

▲ **控制室**
两名升降舵手通过操控水平舵来调整潜艇的角度和深度。在他们的右侧，舵手在操控方向舵。

▲ **警报器**
当潜艇开始潜水前或者遇到撞击发生危险时，警报器会发出警报声。

▲ **水位**
刻度盘表明了潜艇的沉浮箱中的水量。

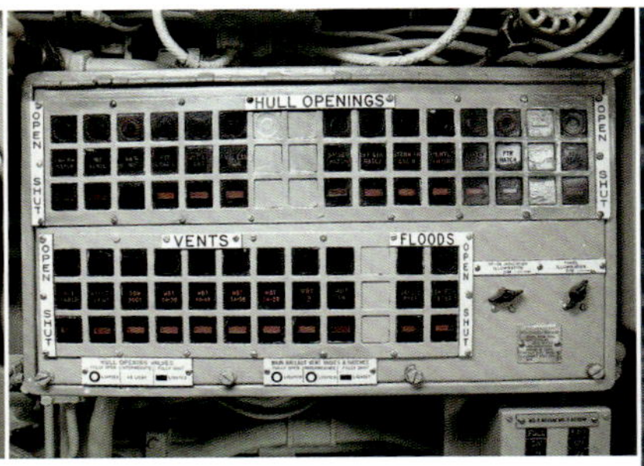

▲ **显示面板**
潜艇在下潜之前，艇员通过检查这个显示面板来确定潜艇中数目众多的舱口和通气孔的状况。

▲ **电子对抗**
这些设备能够检测出其他船只发出的信号，并帮助阻止其他船只试图通过其变速器追踪本船。

▲ **声呐舱**
声呐设备和显示器用于定位船只和其他潜艇、追踪目标物以及防止水下碰撞。

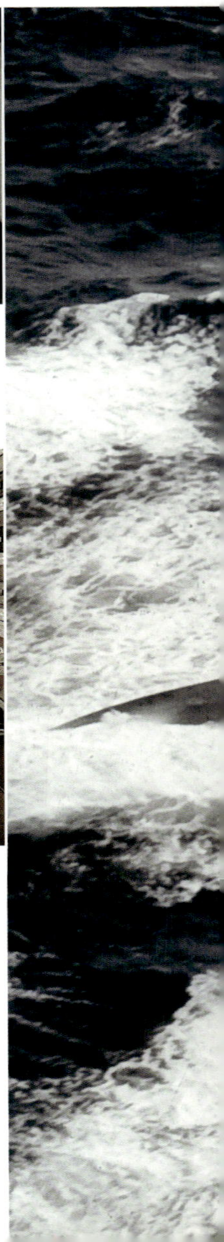

▸ **潜艇围壳**
当鹦鹉螺号在水面上航行时，潜艇从舰桥进行操控。舰桥位于潜艇“围壳”（瞭望塔）的顶端。

潜艇上的生活

▲ **军官室**

艇长和军官在军官室里就餐和休息。在首次启用潜艇的时候，军官室尝试进行了简单的装饰——用镶板挡住各种管道和通风口。

▲ **厨房**

全体艇员的一日三餐都是在这个不锈钢厨房中制作的。这里还备有制作冰激凌和饮料的机器。

▲ **艇员的铺位**

每位艇员都有自己的床铺。与之前的潜艇使用铺位轮换制度相比，这是一个很大的改进。

战斗岗位

► **鱼雷**

鹦鹉螺号核潜艇上唯一装备的武器就是鱼雷。有一些鱼雷放置在鱼雷管中，时刻准备发射；另一些则储备在鱼雷舱中的支架上。

▲ **鱼雷舱**

潜艇头部存放着24枚Mk 14型鱼雷及其发射装置。图片左侧能够看到6门鱼雷管中的一门。

► **攻击中心**

从这个区域发出作战指令。这里装备有两架潜望镜、鱼雷发射控制装置及导航设备。

关键发展

游击队与恐怖分子

游击战的形式已经存在了数个世纪，但在中国内战时期中国共产党领导人毛泽东令其有了更为现代的形式。毛泽东不断获取农民的支持，建立了农村根据地，并反抗国民党反动派的武装围剿运动。之后，毛泽东壮大了游击部队，开始开展常规军事行动。

当亚洲和非洲的民族独立主义者正在为摆脱欧洲殖民统治、争取国家独立而奋斗的时候，游击战这种形式在先后由毛泽东、古巴革命家菲德尔·卡斯特罗等领导人发展后，于战后时期获得了巨大的影响力——尤其是在阿尔及利亚的民族主义者反对法国殖民统治的战争中。然而，冷战的出现使世界局势变得更为复杂，它将所有的这些冲突都卷入了更庞大的东西方两大阵营之间的较量中。

越南战争

这种两极化集中体现在越南战争中，一种新的游击战形式在这场战争中发展壮大。越南南方民族解放阵线采用了毛泽东的战略作为最初模板，于1945年起义反抗法国的统治。他们使用经典的“打一枪换一个地方”的游击战术，这支轻武装、重机动的部队挫败了法国军队，之后又在1954年的奠边府战役中大败法军。在随后和平协议达成后，越南举行选举，而就在这时美国进行了干预，唯恐北越的共产党领导人胡志明赢得选举。结果，这一事件触发了共产主义阵营支持的北越和美国支持的南越之间的战争。

最初，似乎不可避免地，装备更好的美国投入了先进的武器和空军力量镇压叛乱；越南共产党则接受了大量来自苏联和中国的军事援助。尽管最开始援助的武器都是第二次世界大战时期的步枪和机关枪，但是越南人仍然非常顽强，他们专注于自己战争的目标。相比之下，美国人明显缺乏一贯的镇压叛乱的战略。长年艰苦卓绝的游击战使美国离胜利渐行渐远，在幻想破灭、精疲力竭之后，美国终于在1972年撤出越南战场；而北越乘胜追击，最终取得了国家政权。

直到20世纪70年代中期，随着殖民帝国的覆灭，游击战争的形式变得更加多种多样。美国支援了其他地区的内部叛乱活动，比如尼加拉瓜反对派反抗左翼的尼加拉瓜政府，以及阿富汗的圣战者反抗苏联军队。时间进入20世纪末期，当战争集团为争权夺利而战斗时，低烈度的游击战在非洲的一些地方变得极为普遍，尤其是在刚果盆地和非洲之角等“失败国家”。游击战最初的特点是主要在农村，而恐怖主义主要在城市。典型的恐怖分子的手段也会被游击部队使用，例如暗

◂ **游击队使用的武器**

伊拉克的叛乱分子经常使用RPG（俄语“便携式火箭助推榴弹发射器”的首字母缩写）和简易爆炸装置（IED，improvised explosive devices）。这些武器虽然价格便宜，但是在对抗占领军车辆时很有效。游击队的其他战术还包括狙击、迫击炮弹袭击及自杀性爆炸。

◀ **美国的机载装备**

在越南，美军第一骑兵师的部队从一架UH-1伊洛魁直升机（也被称为“灵巧的休伊”）上飞跃而下。尽管美国人熟练地利用了他们的空中优势，但是没能够获得最终胜利。

关键事件

1945年至今

■ **1949年10月1日** 在毛泽东的领导下，经历了20多年的战争之后，中华人民共和国成立了。

■ **1954年5月7日** 法国部队在越南奠边府被越南共产党包围，最后投降。法国曾经期望他们能够在一次常规军事行动中打败越南，但是最后发现他们被彻底击败。

■ **1965年3月8日** 为了对抗越南共产党的反抗活动，美国海军陆战队在岘港附近登陆。

■ **1977年10月13日** 德国汉莎航空公司的一架航班被支持德国“红军派”组织的游击队劫持。随后德国特种部队在索马里首都摩加迪沙对这架飞机进行猛攻，成功解救了86名乘客且都安然无恙。

■ **1979年12月24日** 苏联开始占领阿富汗，这促使了美国秘密为阿富汗圣战抵抗运动战士提供资金和武器。

■ **1992年12月29日** 美军在去索马里的途中驻扎的亚丁湾一家旅店发生爆炸。这是“基地”组织策划的第一次袭击。

■ **2001年9月11日** “基地”组织对美国展开恐怖袭击。

“**政治是**不流血的战争，**战争**是流血的政治。”

——毛泽东，《论持久战》，1938年5月

杀、勒索、绑架和爆炸。不过从20世纪60年代开始，恐怖主义开始发展它自身的特征。

如果说游击武装斗争是暴力尝试取得一个国家的控制权，那么恐怖主义就是一种抗议的极端形式，通常是为了试图宣扬一种目标或者破坏社会稳定。恐怖主义有很多种形式，反映了参与者不同的背景和不满，其中包括中产阶级反对资本主义国家的焦虑。在20世纪70年代，为了支持巴勒斯坦事业，暴力形式的德国“红军派”组织制造了大量的飞机劫机事件，以及巴斯克分离主义组织（ETA，简称埃塔）在西班牙进行暗杀行动。然而，对西方国家而言，最让人担心的趋势就是20世纪90年代出现的激进的伊斯兰恐怖分子活动，特征是对美国及其盟国的憎恨。他们在2001年攻击了美国的世贸中心和五角大楼，从此开辟了一个新纪元。公众开始担心可能发生对普通平民进行的大规模恐怖袭击。

▼ **黑克勒-科赫MP5冲锋枪**

反恐部队使用的这一款冲锋枪精准可靠，而且后坐力相对较小，能够进行可控的自动射击。

突击步枪

第二次世界大战后，步兵对装备全自动步枪的需求越来越强烈，但是全威力步枪弹火力太大，不利于精确自动射击。解决方法就是研发中间型威力枪弹。最早出现的是德国的StG44突击步枪，随后普遍的改进方法是减小口径，例如用北约5.56×45毫米步枪弹替换更重的7.62×51毫米步枪弹。改进后生产出来的武器就是突击步枪。随后所进行的进一步改进包含了其他新的想法，例如，“犊牛式”设计将触发装置安装在弹匣的前面，这使得这种步枪更为紧凑。

▲ **M16A1突击步枪**

时期：1967年 **来源地：**美国

质量：3.64千克（8磅）

枪管长度：50.8厘米（20英寸）

口径：5.56×45毫米

M16系列步枪在越南战争中被大量使用，并已发展成为世界上关键的轻武器之一。图中所示的样本可用于下挂M203榴弹发射器。

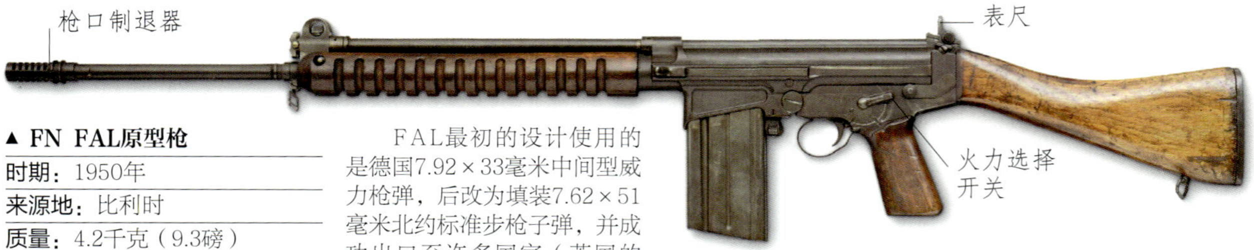

▲ **FN FAL原型枪**

时期：1950年

来源地：比利时

质量：4.2千克（9.3磅）

枪管长度：60厘米（23.6英寸）

口径：0.28英寸

FAL最初的设计使用的是德国7.92×33毫米中间型威力枪弹，后改为填装7.62×51毫米北约标准步枪子弹，并成功出口至许多国家（英国的SLR是在此款步枪的基础上生产的）。

▲ **AK47型56S突击步枪**

时期：1957年 **来源地：**中国

质量：5.13千克（11.3磅）

枪管长度：41.4厘米（16.3英寸）

口径：7.62×39毫米

AK47是世界上最有名的突击步枪，多年以来进行了一系列的改进，并被广为仿制。这个型号的56式突击步枪是在中国制造的。

▲ **斯通纳63**

时期：1963年

来源地：美国

质量：3.52千克（7.8磅）

枪管长度：50.8厘米（20英寸）

口径：5.56×45毫米

基于模块化枪械的设计构想，“斯通纳63”能够进行组装并生产出各种不同的衍生型武器，其中包括一种卡宾枪、一种突击步枪（如图所示）以及几种机枪配置。

▸ **加利尔突击步枪（Galil）**

时期：1972年

来源地：以色列

质量：3.95千克（8.7磅）

枪管长度：46厘米（18.1英寸）

口径：5.56×45毫米

“加利尔”的第一个原型就是芬兰的瓦尔梅特M62，而M62本身又是从AK47仿制而来的。“加利尔”有多种衍生型，其中包括一种标准突击步枪、一种轻机枪和一种狙击步枪。

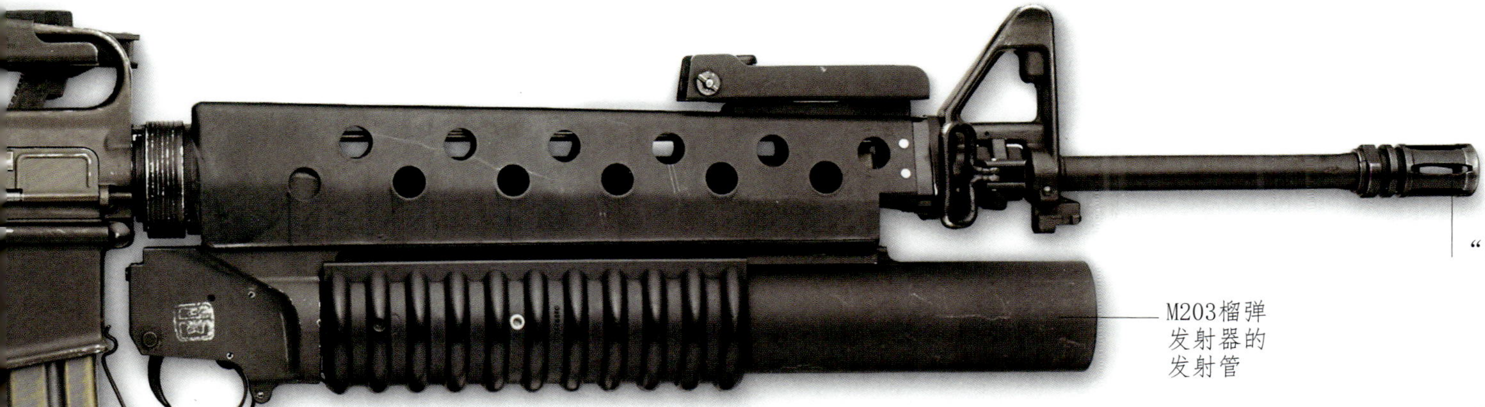

▲ AK74突击步枪

时期：1978年
来源地：苏联
质量：3.3千克（7.3磅）
枪管长度：41.5厘米（16.3英寸）
口径：5.45×39毫米

AK74是为了能够填装高速的中间型威力5.45×39毫米口径的步枪弹，在AKM的基础上进行改进的版本。图中所示的步枪装备了GP25榴弹发射器。

▼ L85A1（SA80）突击步枪

时期：1985年
来源地：英国
质量：4.98千克（11磅）
枪管长度：51.8厘米（20.4英寸）
口径：5.56×45毫米

尽管早期开发的时候出现了很多问题，但是“无枪托式”结构的SA80如今已牢固树立了其作为英国陆军的主力步兵步枪的地位，其特征是运用高强度塑料和光学瞄准镜作为标准配置。

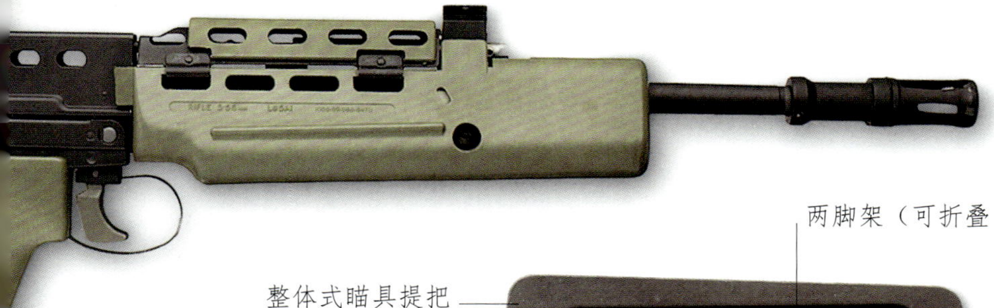

▲ 斯太尔AUG突击步枪

时期：1978年
来源地：奥地利
质量：4.1千克（9磅）
枪管长度：50.8厘米（20英寸）
口径：5.56×45毫米

这款取得高度成功的未来主义的AUG突击步枪可追溯至20世纪70年代，是最初一批采用集成的光学瞄准镜、塑料配件及无枪托结构的突击步枪。

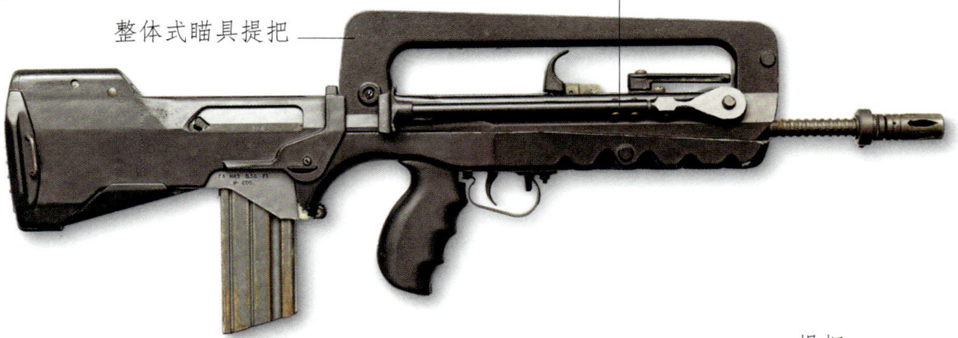

◀ FAMAS F1突击步枪

时期：1978年
来源地：法国
质量：3.61千克（8磅）
枪管长度：48.8厘米（19.2英寸）
口径：5.56×45毫米

FAMASF1突击步枪采用无枪托设计，是一种非常紧凑的武器，自20世纪70年代后期开始用于法国武装。与许多突击步枪一样，这款枪充分利用了塑料和金属冲压件。

▲ 黑克勒-科赫G41突击步枪

时期：1981年
来源地：德国
质量：4.1千克（9磅）
枪管长度：45厘米（17.7英寸）
口径：5.56×45毫米

G41由黑克勒-科赫的7.62毫米G3步枪改进而成，重新填装了5.56×45毫米北约标准弹，并符合其他北约标准特征，包括通用的窥视镜和弹匣。但是其军事用途很有限。

步兵火力

尽管现代的突击步枪是一种非常有效的武器，但其缺乏足够火力支持步兵独立作战，因为这一原因，具有更强火力的便携式武器被陆续研发。轻机枪（Light Machine Gun，LMG）是最早的支援武器之一，能够进行持久的自动射击。下一个级别是榴弹发射器，然后是迫击炮，它们给步兵提供了小型火炮级别的武器。便携式反坦克装置也已经被证明是高度成功的——从轻型RPG-7V到便携式“米兰”反坦克装置，操作手可通过导线传输指令发射导弹，以避开防御措施。

▼ **RPG-7V榴弹发射器**

时期：1961年　**来源地**：苏联
质量：6.3千克（13.9磅）
枪管长度：95厘米（37.4英寸）
口径：40毫米
榴弹类型：AT、AP、HE、温压弹

肩射的RPG-7采用两级发动机推进方式发射榴弹。这个武器除了具有光学瞄准镜，还有备用的机械瞄准具和被动红外瞄准镜。

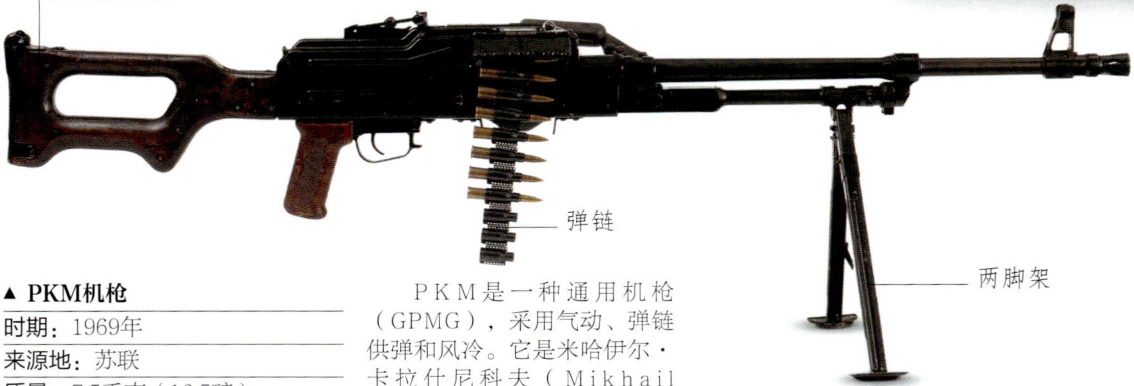

▲ **PKM机枪**

时期：1969年
来源地：苏联
质量：7.5千克（16.5磅）
枪管长度：64.5厘米（25.4英寸）
口径：7.62毫米×54R

PKM是一种通用机枪（GPMG），采用气动、弹链供弹和风冷。它是米哈伊尔·卡拉什尼科夫（Mikhail Kalashnikov）设计的PK的一种改进版本。枪托底板装上了铰链，内装一套清洁工具。

► **“米兰”反坦克导弹**

时期：1972年
来源地：法国、西德
质量：（装填导弹时）34千克（75磅）
长度：1.2米（4英尺）
口径：125毫米
穿甲能力：650毫米（25.6英寸）

“米兰”导弹是一种反坦克武器，操作手能够通过系在导弹上的细长的导线发送信号，操纵导弹攻击目标。尽管许多“米兰”导弹都是车载发射的，但是即使只有两名步兵也能进行部署。

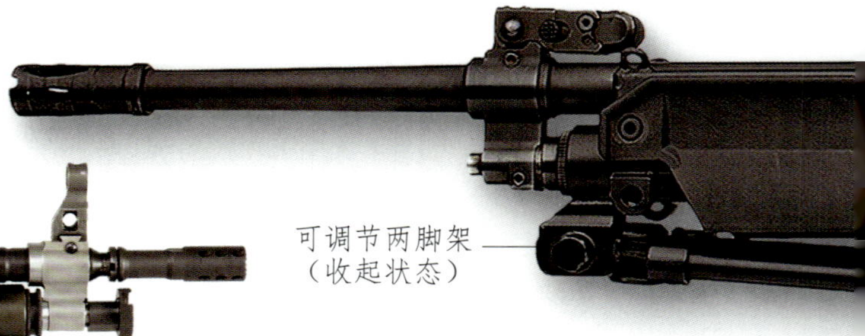

◄ **FN Minimi轻机枪**

时期：1975年
来源地：比利时
质量：6.83千克（15磅）
枪管长度：46.5厘米（18.3英寸）
口径：5.56×45毫米

Minimi是一款非常出色的气动风冷式轻机枪，被英国陆军和美国陆军等多国采用为制式装备，其中在美国被指定为M249班用自动武器（Squad Automatic Weapon，SAW）。

▲ **RPK74轻机枪**

时期：1974年	**来源地：**苏联
质量：4.7千克（10.4磅）	
枪管长度：59厘米（23.2英寸）	
口径：5.45×39毫米	

RPK74是步兵AK74突击步枪的轻机枪版本，其特点是更重的镀铬枪管、改良的机匣、加装的两脚架以及加长的弹匣。

▼ **内格夫（Negev）轻机枪**

时期：1988年	
来源地：以色列	
质量：7.2千克（15.9磅）	
枪管长度：46厘米（18.1英寸）	
口径：5.56毫米	

以色列军事工业公司设计制造的内格夫（Negev）轻机枪，是轻量级自动武器类型中的一种，它模糊了轻机枪（LMG）和通用机枪（GPMG）之间的区别。其口径5.56毫米，可填装SS 109北约子弹，每分钟能自动发射700到900发子弹。

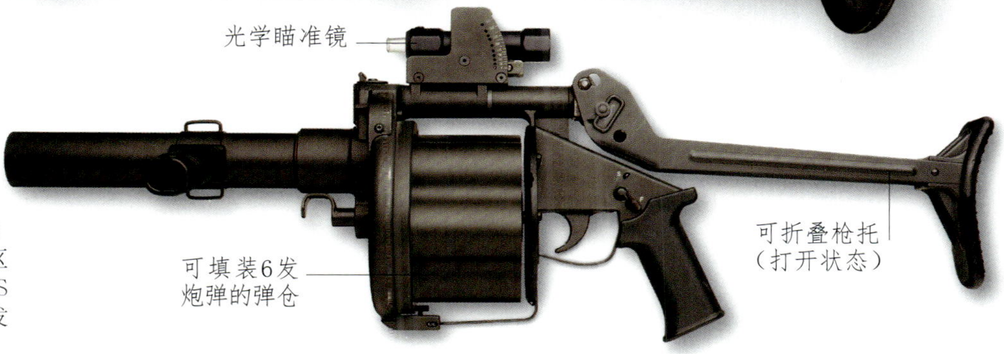

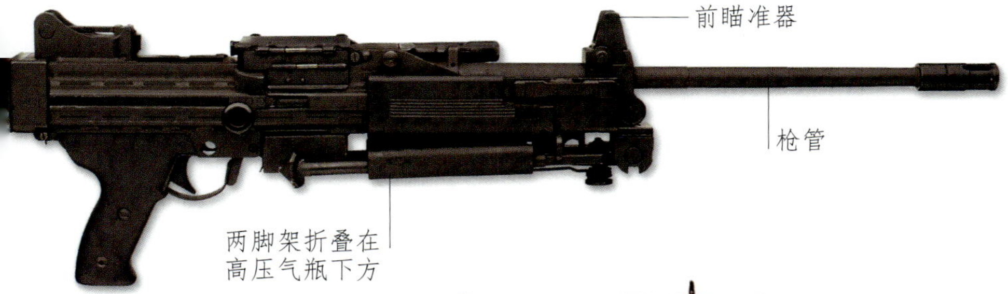

▲ **Milkor MGL榴弹发射器**

时期：1983年	**来源地：**南非
质量：5.3千克（11.7磅）	
枪管长度：30厘米（11.8英寸）	
口径：40毫米	
射程：350米（382.8码）	
榴弹类型：HE、HEAT、人员杀伤型榴弹、烟火信号弹	

Milkor是一支半自动连发式榴弹发射器（MGL），旋转弹仓可填装6发炮弹。Milkor已出口至30多个国家，其中包括美国。

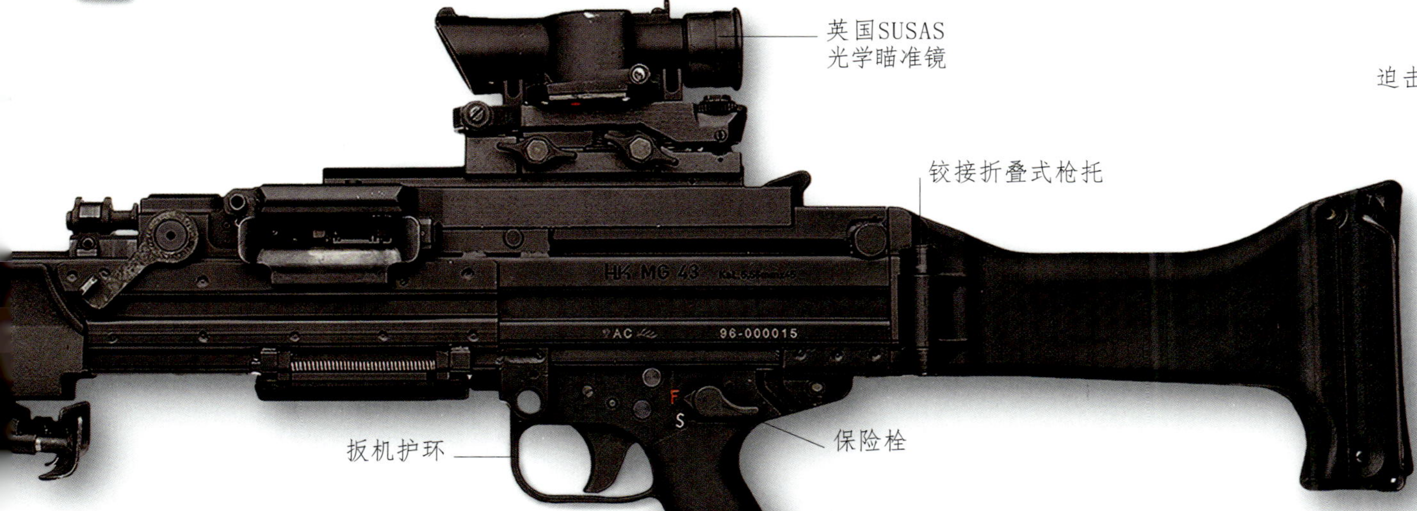

▲ **黑克勒-科赫MG43轻机枪**

时期：2001年	
来源地：德国	
质量：8.55千克（18.8磅）	
枪管长度：48厘米（18.9英寸）	
口径：5.56×45毫米	

MG43是一种弹链供弹式轻机枪，作为FN Minimi的竞争对手，其特征是折叠枪托和可快速更换的枪管。经过小小的改良之后被德国陆军采用，并正式命名为MG4。

► **SOLTAM“突击队员”型迫击炮**

时期：2006年	
来源地：以色列	
质量：6.2千克（13.7磅）	
长度：53.3厘米（21英寸）	
口径：60毫米	
射程：800米（874.9码）	

这种轻量级迫击炮单兵即可携带并进行发射。其高速率的火力——高达每分钟16发——使得它成为一种很有价值的步兵装备。

美国海军陆战队制服与单兵装备

1965年，当美国海军陆战队第一次被部署参与越南战争时，他们的装备并不适应越南的环境，酷热让这些步兵精疲力竭，连绵不休的雨毁坏了他们的装备和制服。因此，1966—1967年间，美军开始配发轻便的迷彩服，用来代替笨重的橄榄绿制服（Utility Uniform）。在越南，美军进行巡逻和搜索都很困难，埋伏和诱杀装置造成了大量伤亡，这意味着要优先考虑进行人员保护，因此美军开始穿着防弹衣，并最后采用了增强型丛林靴。

► M1头盔

时期：20世纪60年代

来源地：美国

材料：锰钢

M1是著名的二战头盔经过轻微改动之后的版本。其特点是加有一个压力带扣，从而减少佩戴者窒息的风险。

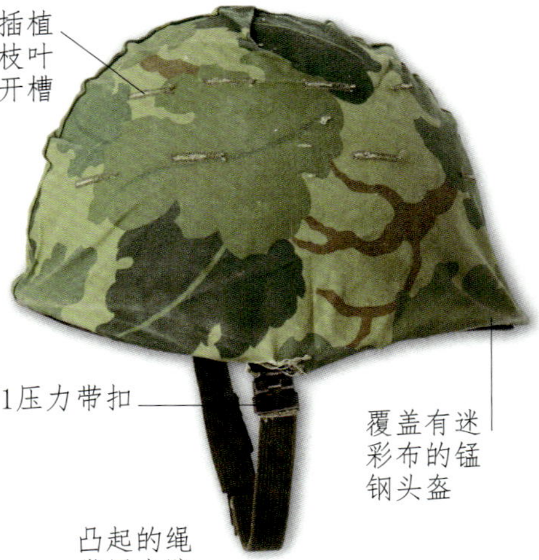

► 热带WR Class Ⅱ外套

时期：20世纪60年代

来源地：美国

材料：棉、府绸

这款衬衫使用的密织布既防风又几乎不透水。在使用中发现这种面料既能够提供很好的透气性能，同时又能预防蚊虫叮咬。

▼ 丛林靴

时期：20世纪60年代

来源地：美国

材料：皮革、帆布、尼龙、橡胶

此款热带作战靴（或称为丛林靴）是配发给海军陆战队最常见的款式。它们坚硬的橡胶鞋底是直接模压成型的，因为在炎热的天气中，缝合的鞋底很容易腐烂脱线。从1967年开始，开始配发采用巴拿马鞋底的靴子，鞋底内嵌了一块钢板，用来保护士兵不被尖竹钉陷阱伤害。

▲ M61织带

时期：20世纪60年代

来源地：美国

材料：尼龙

M61织带环绕在海军陆战队步兵的肩膀上，帮助承载士兵腰带上悬挂的各种装备。

▸ 1941背包

时期：1941年

来源地：美国

材料：尼龙、棉

这个小背包是用来携带口粮和私人物品的。而这个卷起的迷彩帆布单是军用两人帐篷的一半，能与另一人的装备拼起来组成一个小帐篷。

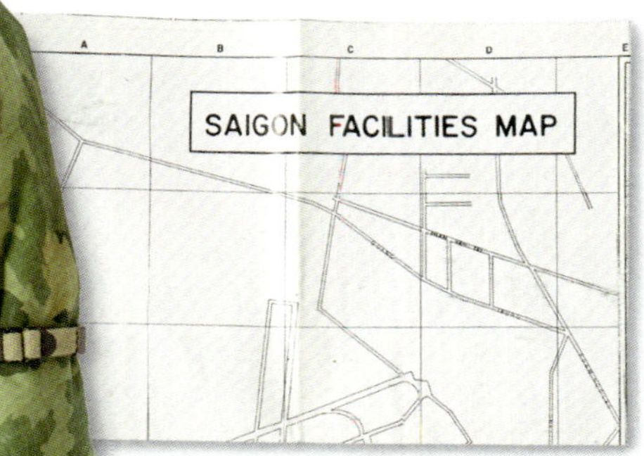

西贡基地区域地图

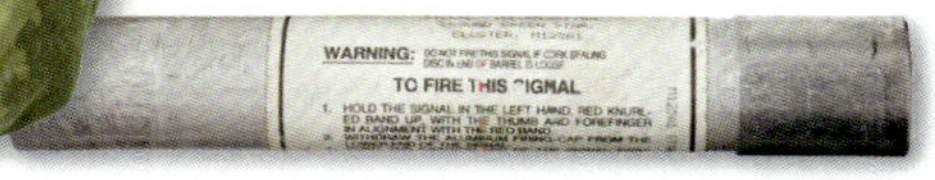

降落伞照明弹

弯头手电筒

◂ M1955防弹背心

时期：20世纪60年代

来源地：美国

材料：玻璃纤维、塑料、尼龙

这种笨重而且不适宜热带环境的Doron（玻璃纤维和塑料）防弹背心几乎不太可能阻止子弹的伤害，但是它能有效地防范炮弹碎片的攻击。

▾ M14步枪

时期：1959年

来源地：美国

质量：4.4千克（9.7磅）

枪管长度：55.8厘米（22英寸）

口径：7.62毫米

美国M14步枪最初的设计目的是为了能够使用当时的标准北约弹，并替代老式的M1步枪。M14具有全自动射击的能力并装备了更大的弹匣。到20世纪60年代后期，M14被M16所替代。

◂ M67手榴弹

时期：20世纪60年代

来源地：美国

质量：0.45千克（1磅）

长度：89毫米（3.5英寸）

M67“棒球”手榴弹弹体内部刻有槽线，设计目的是当其内部填装的高能炸药发生爆炸时，能裂成小碎片来攻击敌人。

▾ M79榴弹发射器

时期：1961年 **来源地**：美国

质量：2.75千克（6.1磅）

枪管长度：30.5厘米（12英寸）

口径：40毫米

射程：300米（984英尺）

M79榴弹发射器的最大射程为300米（984英尺），填补了手榴弹和迫击炮之间的火力空白。M79不但能够发射高能炸药，还能够发射人员杀伤型榴弹、烟雾弹及照明弹。每个步枪班配发两支M79。

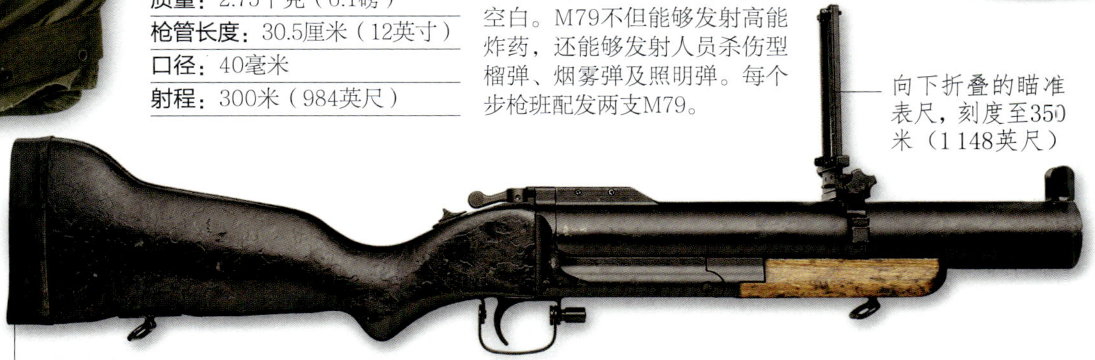

▾ M60机枪

时期：1963年 **来源地**：美国

枪管长度：59.9厘米（23.6英寸）

质量：10.51千克（23.2磅）

口径：7.62毫米

M60是美国通用机枪的典范，继承了德国MG42的一些设计特征。在越南战争中被美国海军陆战队广泛使用，并且直到今天仍在服役。

巡逻中的士兵

美军在越南继续执行“搜索与破坏”巡逻。其战略是通过空运部署部队，摧毁敌人及其供给，然后再撤离空降部队，取代以前夺取并占领敌方领土的战略。

“雪松瀑布”行动

1965年，美国地面部队陷入到与南越共产党游击队的战争中。美国指挥官威廉·韦斯特摩兰（William Westmoreland）将军采纳了一种比较激进的战略，指挥部队在游击队控制区域进行大规模的“搜索与破坏”行动。1967年1月的“雪松瀑布”行动例证了这一行动的成功与失败。

“雪松瀑布”行动是针对铁三角发起的攻击——铁三角是游击队的大本营，距离南越首都西贡40千米（约25英里）。多年来，游击队对这一区域不断进行加强，用复杂的地道网系统、陷阱，以及隐蔽的发射阵地来保护这一大本营。美国人计划在锤砧行动中包围并消灭游击队。位于铁三角西南方的部队就是“砧”，而“锤”是从北部和东部进行攻击的部队。当游击队被“锤”攻击的时候，“砧”则阻止他们逃跑。这一计划依赖于直升飞机，用来迅速机动地空降步兵进入到战斗阵地，从而绕过险要的森林地带，避免公路护送可能遇到的埋伏。武装直升机当时还无法使用，但是战术轰炸机、固定翼武装直升机和炮火基地给予了步兵火力支援。

该行动开始于1月8日，部署“砧”的兵力，包括南越军队的组成部分。首要任务之一是保护边水村庄，这里被认为是游击队活动的温床。60架直升机的队伍停留在树梢的高度，在这个村庄附近空降下了整整一个步兵营。在造成少量人员伤亡之后，村庄被占领。而其他的空中机动部队的编队和机械化步兵，在随后的几天执行着行动中“锤”的计划。机械化步兵的运输是通过M113装甲运兵车进行的，这样能够保护其不受反步兵地雷和狙击枪的伤害，而这些武器都曾对徒步巡逻的士兵造成重大伤亡。最初设计目的是为了减轻繁重的土地清理工作的罗马犁被引进，在密林中开出小道，而通过特殊训练并配有相应装备的士兵被派往如黑暗迷宫般的地道。这些“隧道之鼠”找到了私藏的武器和弹药、制服、食品仓库，以及大量对美国情报很有价值的文件。

资源的破坏

美国和南越联军不断攻击，使得铁三角对游击队部队而言已经无法使用。地道被充满乙炔气后爆破，在大部分地区从空中喷洒落叶剂“橙剂”，毒害森林和耕地。农民在枪口的威胁下被疏散到难民营，边水的建筑物被烧毁，然后被推土机夷为平地，整个村庄完全被破坏了，但是找出并消灭共产主义战士的目标却基本上失败了。轻装的游击队非常擅长隐蔽，他们能够悄悄穿过美军的警戒线。美国人的火力和机动性的优势结合起来，使得他们能够清除游击队所占区域，但代价是摧毁了维系该区域的农耕社会，以及将美国部队本应该进行保护防御的土地变成了废墟。美国部队无法将敌人带入决战性战斗并消灭他们。

直升机

直升机一直是现代战场上战争转型的主要力量。运输直升机——例如CH-47“支奴干”和UH-60“黑鹰”——在几乎任何地形，不需要跑道就能够给先遣部队运送沉重的物资。更重要的是引进了攻击直升机，或叫“武装直升机”，能够为地面部队提供近距离空中支援，并能瞄准敌人的装备。俄国MI-24“雌鹿”是一种少有的混合功能的直升机，是能运输部队的武装直升机。

▼ 贝尔UH-1伊洛魁直升机

时期：1959年	**来源地**：美国
旋翼直径：14.63米（48.2英尺）	
长度：17.4米（57.1英尺）	
最高速度：217千米/时（135英里/时）	
发动机：820千瓦（1100马力）莱康明T53-L-11涡轮轴发动机	

在越南战争中首次服役的UH-1“休伊”，是美国陆军的主力直升机，能够执行多种任务，扮演多重角色，包括：武装直升机、部队运输机、搜救直升机、联络机及伤员疏散直升机。

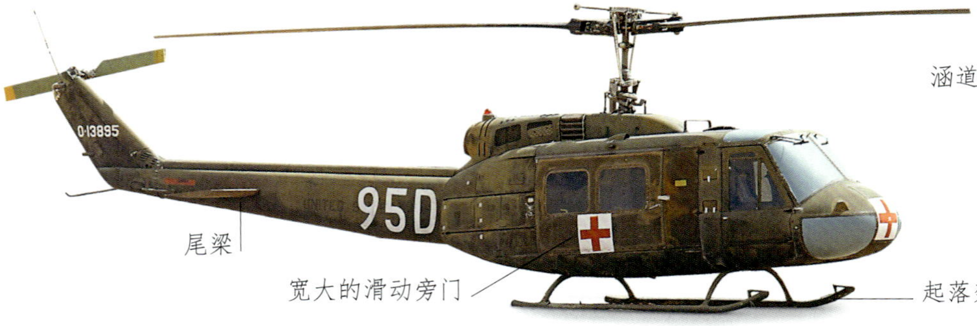

► 波音伏托尔CH-47支奴干直升机

时期：1962年	**来源地**：美国
旋翼直径：每副18.3米（60英尺）	
长度：30.2米（99.1英尺）	
最高速度：315千米/时（196英里/时）	
发动机：双2796千瓦（3750马力）莱康明T55-GA-712涡轮轴发动机	

双旋翼的CH-47是服役时间最长、效率最高的运输直升机之一。该直升飞机能够在下方悬挂很重的负载，且飞机尾部安装有宽大的货舱斜坡。

▲ 贝尔AH-1眼镜蛇直升机

时期：1967年	**来源地**：美国
旋翼直径：13.6米（44.6英尺）	
长度：16.1米（52.8英尺）	
最高速度：315千米/时（196英里/时）	
发动机：1300千瓦（1743马力）莱康明T53-L-703涡轮轴发动机	

AH-1“眼镜蛇”是第一款专门设计的武装直升机，拥有与战斗机一样的双座座舱，在越南战场上表现非常出色，能够为速度更慢、更易受攻击的直升机（如UH-1）提供近距离火力支持。

▼ 德国梅塞施密特-伯尔科-布洛姆公司BO-105直升机

时期：1971年	**来源地**：西德
旋翼直径：9.84米（32.3英尺）	
长度：11.86米（38.9英尺）	
最高速度：270千米/时（168英里/时）	
发动机：双313千瓦（420马力）阿利森250-C20B涡轮轴发动机	

BO-105直升机是第一款通过两台发动机确保安全的直升机。它质量轻，性能敏捷，可装备6枚“霍特”（HOT：高次声速、光学遥控、筒射）反坦克导弹来提供强大火力。

◀ **SA小羚羊直升机**

时期： 1971年 **来源地：** 法国

旋翼直径： 10.5米（34.4英尺）

长度： 11.97米（39.3英尺）

最高速度： 310千米/时（193英里/时）

发动机： 440千瓦（590马力）透博梅卡Astazou IIIA涡轮轴发动机

"小羚羊"轻型通用直升机最初是为法国陆军研发生产的，后也在英国进行生产。其衍生型可装备"陶"式（TOW：管式发射、光学跟踪、有线制导）反坦克导弹、20毫米机炮，以及"西北风"（Mistral）空对空导弹。

▲ **米尔设计局米-24雌鹿直升机**

时期： 1973年 **来源地：** 苏联

旋翼直径： 17.3米（56.8英尺）

长度： 17.5米（57.4英尺）

最高速度： 346千米/时（215英里/时）

发动机： 双1 641千瓦（2 200马力）Isotov TV3-117涡轮轴发动机

"雌鹿"是一款大型武装直升机和部队运输直升机。装备的武器包括装在机头下方动力转动炮塔内的可旋转重机枪，以及机翼下方用于搭载各种不同类型导弹的武器挂架。

▶ **西科尔斯基UH-60黑鹰直升机**

时期： 1979年 **来源地：** 美国

旋翼直径： 16.36米（53.7英尺）

长度： 19.76米（64.8英尺）

最高速度： 357千米/时（222英里/时）

发动机： 双1 410千瓦（1 890马力）通用电气T700-GE-701C涡轮轴发动机

UH-60是一款拥有两台发动机的通用直升机，能够搭载14名士兵或货物，还能够一次性转移6名担架重伤员，同时也能够改装成为武装直升机。

◀ **阿帕奇AH MK1直升机**

时期： 2004年 **来源地：** 英国

旋翼直径： 14.6米（47.9英尺）

长度： 17.7米（58.1英尺）

最高速度： 365千米/时（227英里/时）

发动机： 双1 566千瓦（2 100马力）罗尔斯-罗伊斯RTM322涡轮轴发动机

阿帕奇AH MK1直升机（即奥古斯塔·韦斯特兰"阿帕奇"）是以波音公司AH-64D阿帕奇"长弓"直升机为开发基础所授权生产的英国版本。英国武装部队已经在阿富汗战争中成功部署该款直升机。

AH-64阿帕奇直升机

反装甲AH-64阿帕奇直升机现已被世界上许多武装力量使用。它采用了许多攻击和防御技术，使得其称霸现代战场。

最初由休斯直升机公司研发，如今由波音公司生产，具有双发动机的AH-64阿帕奇直升机于1984年入役。在1991年的海湾战争、随后的2001年入侵阿富汗战争和2003年伊拉克战争中，它表现优秀。图中所示是AH1——波音公司的AH-64D阿帕奇“长弓”直升机的一种衍生型，是在奥古斯塔·韦斯特兰公司的授权下为英国陆军制造的。

阿帕奇直升机的武器包括链式机枪、火箭，以及它的主要武器“地狱火”导弹。使用目标探测和火力控制系统，机上驾驶员只需要选择目标并开火就可以了，然后导弹会锁定目标，完成打击。这种“发射后自寻的”的能力使得阿帕奇直升机能够在发射武器之后，立即做出规避动作。

为了使阿帕奇这种低速飞行的直升机不那么容易受到攻击，其装备了各种防御系统，包括红外线辐射抑制系统（避免敌方热寻的导弹的探测），以及能够对所面临的威胁进行提前预警的感应器。

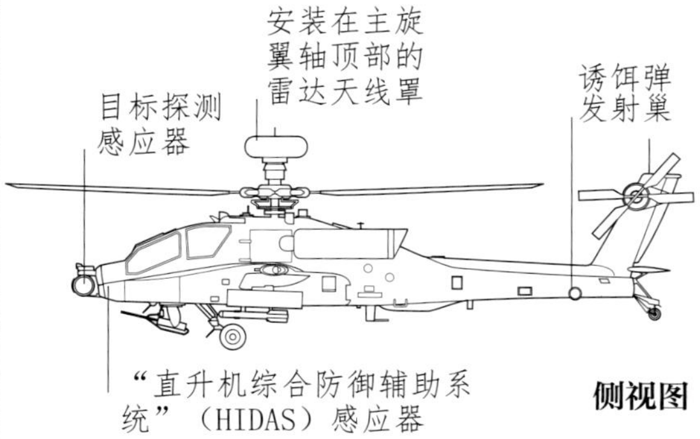

侧视图

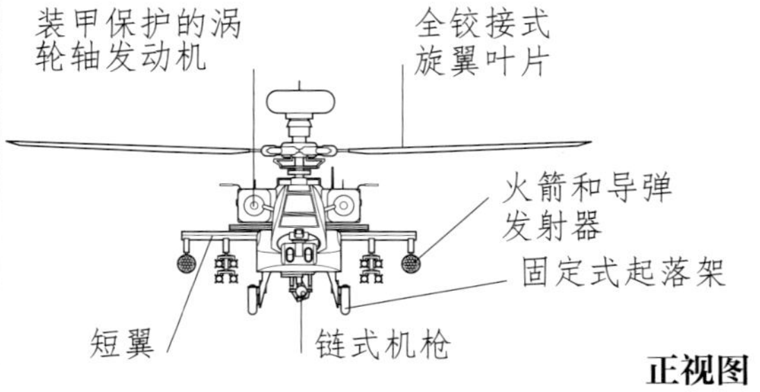

正视图

▲ **AH-64D阿帕奇“长弓”直升机**

这款直升机的机身长度为15.5米（50.8英尺），主旋翼的直径测量值为14.6米（47.9英尺）。阿帕奇直升机的最大航程为537千米（333.7英里），巡航速度约260千米/时（161.5英里/时）。

武器系统

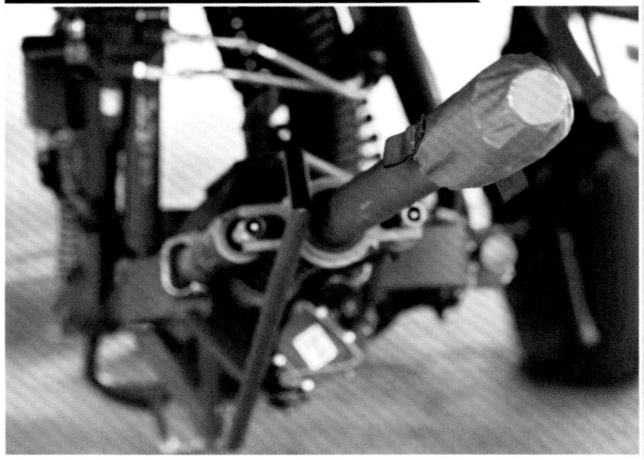

▲ **30毫米链式机枪**

休斯M230链式机枪能够每分钟发射625发子弹，其弹匣中能容纳1 200发子弹，靠电动链式供弹系统装弹。

▲ **导弹**

阿帕奇直升机能够挂载多达16枚“地狱火”制导导弹（上图展示的是一枚训练弹）。这些反装甲武器的射程是8千米（5英里）。

▲ **火箭发射舱**

安装于机翼下方的两个火箭发射舱可用于攻击步兵和轻型装甲。每个发射舱可发射19枚70毫米非制导火箭弹。

飞行员驾驶舱

▲ **仪表操纵板**

阿帕奇直升机驾驶舱分为前后相连的两部分，副驾驶员/炮手坐在前座，驾驶员坐在后座，后座比前座高。两个座位上的驾驶员都可通过屏幕旁边的按钮对直升机所有系统进行操纵。

◀ **“帽子”雷达**

像帽子一样位于主旋翼上方的是“长弓”雷达。它能够在任何作战环境下，为直升机驾驶员提供360度的战场电子图像，并能对敌方目标进行定位。

直升机外观

◀ **HIDAS感应器**

“直升机综合防御辅助系统”（HIDAS）感应器能够自动对敌方导弹进行探测，并做出反应。

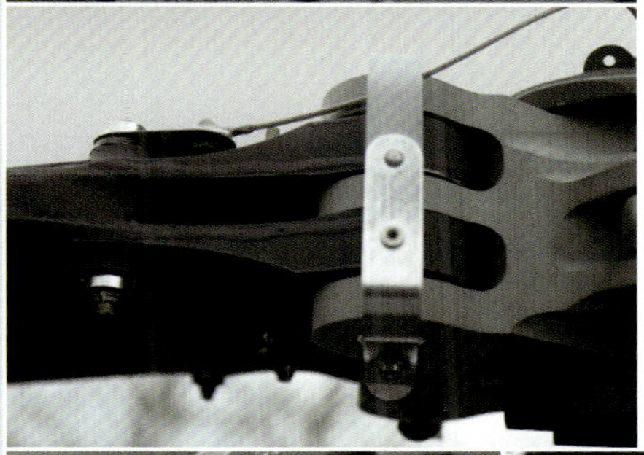

◀ **主旋翼组件**

旋翼叶片是通过复合钢片连接到旋翼毂上的。为了便于空运或船运，叶片能够很容易地进行折叠或拆卸。

▲ **钢丝截断器**

飞机机身上的刀片能够切断有可能导致飞机坠落的电源线和电话线。

▲ **诱饵弹发射巢**

诱饵弹储藏在靠近机尾的地方，由直升机的自动防御系统进行发射，用来诱骗敌方导弹。

▲ **座舱盖抛放**

在紧急情况下，装甲加固的座舱盖能够被抛放。

◀ **飞行员的单眼目镜**

在任何飞行条件下，单眼目镜提供热（红外）成像和飞行信息。

▲ **安全带**

大量的安全设备使得直升机驾驶员在紧急迫降时有很大机会能够存活。

◀ **操纵杆**

驾驶员和炮手都能够进行飞行和武器控制。他们能够在紧急情况下接替对方进行操控。

特种部队武器

某些时候，特种部队将根据需求装备专业性武器。对于任何此类武器来讲，稳若磐石的可靠性都是必要前提；大火力使得诸如霰弹枪和格洛克手枪成为受欢迎的装备。在另外一些时候，则需要使用秘密的武器。然而，近期最为引人注目的装备研发是个人防卫武器的问世，如FN P90。它摒弃了帕拉贝伦冲锋枪的子弹，选用了规格相对较小而威力更大的、可以穿透防弹衣的子弹。

▲ **FN勃朗宁HP35手枪**

时期：1935年	
来源地：比利时	
质量：1千克（2.2磅）	
枪管长度：11.8厘米（4.6英寸）	
口径：9×19毫米	

这是约翰·摩西·勃朗宁的最后设计，这种高能量武器为现代自动手枪设立了标杆，为英国、德国和加拿大军队所采用。

▸ **黑克勒-科赫MP5冲锋枪**

时期：1966年	
来源地：德国	
质量：3.1千克（6.8磅）	
枪管长度：22.5厘米（8.9英寸）	
口径：9×19毫米	

MP5是当今最为重要且使用最为广泛的冲锋枪，它结合了可靠性和精确性，包含3种射速：单发射击、三发爆裂和自动射击。

▲ **英格拉姆M10冲锋枪**

时期：1970年	
来源地：美国	
质量：3.4千克（7.5磅）	
枪管长度：11.4厘米（4.5英寸）	
口径：0.45英寸	

M10循环射速高达每分钟1 000发以上，可以在1秒钟内打空其弹匣。抑制器对于发射的控制十分关键。

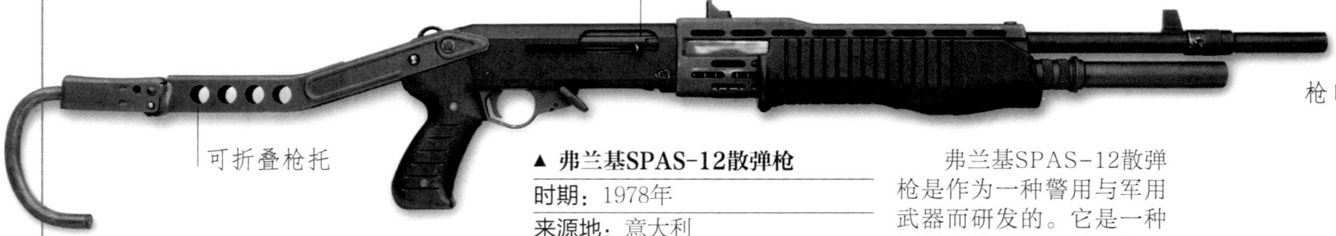

▲ **弗兰基SPAS-12散弹枪**

时期：1978年	
来源地：意大利	
质量：4.4千克（9.7磅）	
枪管长度：54.5厘米（21.5英寸）	
口径：12号	

弗兰基SPAS-12散弹枪是作为一种警用与军用武器而研发的。它是一种特殊用途的导气式自动冲锋枪，枪管下的管状弹匣可以容纳8发子弹。

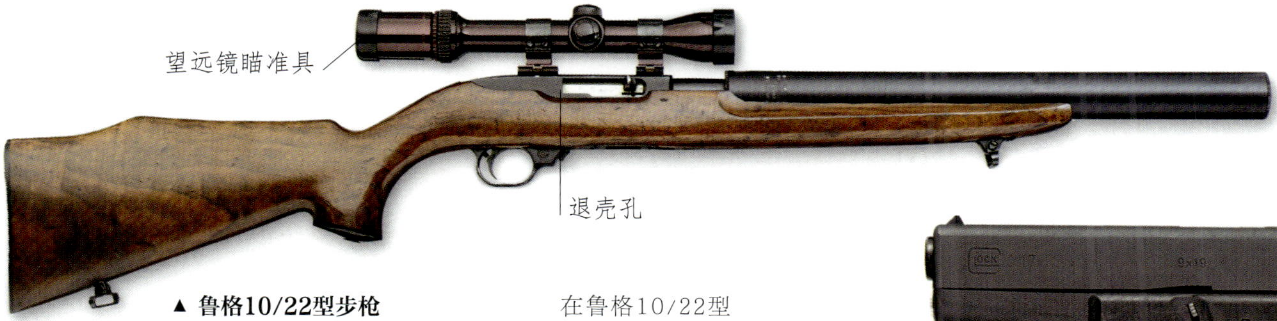

▲ **鲁格10/22型步枪**

时期：	20世纪80年代
来源地：	美国
质量：	2.8千克（6.2磅）
枪管长度：	47厘米（18.9英寸）
口径：	0.22英寸

在鲁格10/22型步枪上加装一个一体化的抑制器之后，该型步枪便可以在相对近战环境中发射轻型子弹。全火力子弹可能会造成间接伤害。

► **格洛克17型手枪**

时期：	1982年
来源地：	奥地利
质量：	0.6千克（1.3磅）
枪管长度：	11.4厘米（4.5英寸）
口径：	9×19毫米

格洛克17型手枪因其全塑料枪身而闻名于世。它是一种领先的现代自动手枪，在手枪握把内配备含有17发子弹的弹匣。

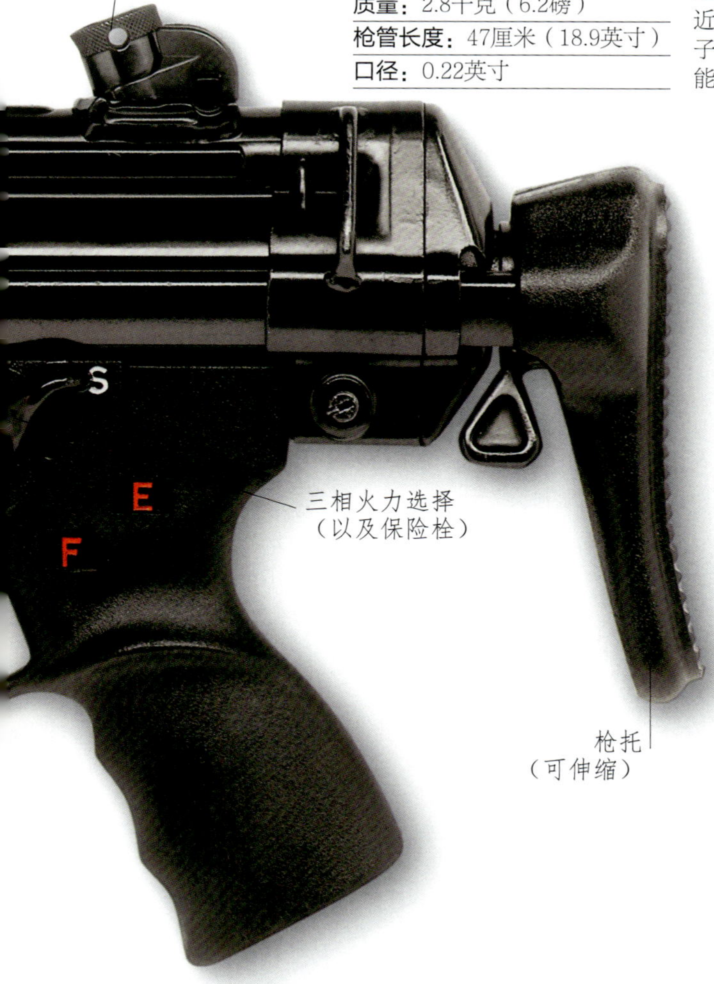

▲ **斯太尔SPP特种手枪**

时期：	1993年
来源地：	奥地利
质量：	1.3千克（2.9磅）
枪管长度：	13厘米（5.1英寸）
口径：	9×19毫米

这是斯太尔TMP冲锋枪的短款（或称特种手枪），仅能半自动击发，在握把内装有一个15发子弹或30发子弹的弹匣。

▲ **黑克勒-科赫MP7型冲锋枪**

时期：	2001年
来源地：	德国
质量：	1.9千克（4.2磅）
枪管长度：	18厘米（7.1英寸）
口径：	4.6×30毫米

MP7型枪与FN90型枪的概念类似，是一种个人防护武器，发射一种新一代的口径更小的高速率子弹，图片所示枪型使用的是4.6×30毫米子弹。MP7型枪的设计对于左撇子和右撇子都适用。

▼ **FN P90型冲锋枪**

时期：	1990年
来源地：	比利时
质量：	2.68千克（5.9磅）
枪管长度：	26.3厘米（10.4英寸）
口径：	5.7×28毫米

这是倚重开创性的个人防护武器，FN90非机械机身部件全部由塑料压模制成。由于它的水平供弹模式，其弹匣可以整合在机匣内。

现代勋章

殖民帝国纷纷瓦解，新的民族国家不断崛起，令冲突呈现了新的形式，战争界限开始模糊，这是战斗员所需要认识到的。一些军事行动如朝鲜和科索沃，涉及代表国际组织的军事力量，而非颁发勋章的国家。虽然战争性质在不断改变，但传统的英勇行为也为颁发存在已久的勋章提供了依据。

◀ **辽西奖章**

时期： 1950年

来源地： 中国

战事： 朝鲜战争

这一造型独特的铜质辽西奖章是朝鲜战争中为中国人民志愿军抗美援朝作战而颁发的。奖章的搪瓷正面展示了一幅包含朝鲜半岛和部分中国的地图。

▲ **埃塞俄比亚&刚果奖章**

时期： 1964年

来源地： 埃塞俄比亚

战事： 刚果危机

1960—1964年间，部分埃塞俄比亚人在联合国的领导下参与了刚果危机的处置工作。埃塞俄比亚帝国卫队大约3 000名士兵以及一支空军中队的部分力量执行了维和行动。

▶ **联合国朝鲜勋章**

时期： 1950年

来源地： 英国/联合国

战事： 朝鲜战争

这是颁发给各参战国士兵的联合国朝鲜勋章的一种版本，但所有版本勋章的丝带都是一样的。英国勋章（如图所示）被颁发给至少在朝鲜参战一个整天的英军和英联邦士兵。

▲ **通用服役奖章**

时期： 1962年

来源地： 英国

这一奖章是为没有达到全面战争尺度的小型作战行动和战役设立的。面向所有英国部队服役人员。共有13枚加叙勋章被颁发。在1969—2007年间，颁发了13万枚附有北爱尔兰勋扣（如图所示）的奖章。

▲ **空军优秀服役奖章**

时期： 1960年

来源地： 美国

这一奖章的中心是一枚代表天空的蓝宝石，其四周被旭日形图案所包围。一般而言，这一奖章是颁发给高级军官的，因为他们在战斗或非战斗任务中，“承担独特任务或巨大职责，并发挥了特别值得称赞的作用”。

◀ **红星秩序奖章**

时期： 1930年

来源地： 苏联

红星奖章是颁发给在苏联国防事业（和平时期与战时皆可）中在以下方面做出成就的人，如国家安全、军事科学、武器研发以及战斗中所表现出来的勇气。超过400万人获得了红星奖章。1991年颁发了最后一枚红星奖章。

▲ **越南服役奖章**

时期：1965年

来源地：美国

战事：越南战争

奖章描绘了东方龙和战场中的竹林场景。该奖章被授予在1965年7月4日至1973年3月28日期间，在越南、老挝、泰国或柬埔寨参加战斗或支援行动的人们。

▲ **越南奖章**

时期：1968年

来源地：澳大利亚/新西兰

战事：越南战争

这是澳大利亚设计和生产的第一枚作战服役奖章。这一奖章将被授予那些在1964年5月到1973年1月间在越南服役的人们。

▼ **科索沃北约服役奖章**

时期：1999年

来源地：北大西洋公约组织

战事：科索沃战争

图中刻有被橄榄叶围抱的北约星徽奖章被首次授予科索沃战争期间（1998—1999年）在科索沃连续参加行动30天的人们。

▲ **南大西洋勋章**

时期：1982年

来源地：英国

战事：马岛战争

南大西洋勋章被授予1982年参加将南乔治亚岛和马尔维纳斯岛从阿根廷手中“解放”出来的战争的所有官兵。马岛纹章在图中勋章背面出现。勋章绶带上的玫瑰花饰代表了战斗区域内的部队。

◀ **伊拉克勋章**

时期：2004年

来源地：英国

战事：伊拉克战争

该勋章被授予2003年至2011年所有参与英国伊拉克行动（“终点作战”）的军人和文职人员。那些从2003年3月19日参加战斗的人员被授予了一个银色玫瑰花饰绶带。勋章背面展示了“人头飞牛雕像”。

◀ **卓越服役十字勋章**

时期：1918年

来源地：美国

这是仅次于荣誉勋章的第二等级军事勋章，授予那些在战争中极度勇敢且冒着生命危险的美国军人。越南战争中，仅仅有1 000余人获得了卓越服役十字勋章，其中400人是牺牲之后被追授该勋章。

▶ **卓越飞行十字勋章**

时期：1927年

来源地：美国

图中的铜制勋章被授予“空战行动中表现出英勇气概或取得突出成就的”机组人员。自其问世，便用于美国所有的大型战争中，最近被用在伊拉克战争和阿富汗战争中。

关键发展

当代

近期，军事技术最为重要的进展并不在于火力的不断提高，而是将电子设备和计算机整合入武器系统。许多现代的战争冲突见证了这些技术带来的巨大优势。

第二次世界大战末期，精确制导武器（“灵巧”炸弹）的发展终于迈出了第一步。然而，直至20世纪末期，这些技术才真正地改变了军事环境。计算机科学的重大进展，加之过去数十年电子技术的成熟，使得含有自我制导系统的炮弹不断发展，不仅射程更远，且精度更高。源自于雷达和热寻的制导系统的程序目前在导弹技术、弹壳、地面发射火箭及便携式投掷武器方面已经十分普遍。

现代军用飞机配备有大量电子设备以提高导弹精度，在帮助对抗防空武器的同时，还要获取目标。将远程控制制导技术拓展到武器系统中，“无人机”或“无人驾驶飞行器”就是这样的例子。远程控制飞机可以在敌方上空飞行以提供详尽的照相侦察资料，甚至开展打击行动，无须承担飞行员被射杀或被抓捕的风险。

音频和视频

过去一些年里，战场通信得到了大幅度改善。“战争迷雾”障碍——阻止将军们对战场情况进行了解，已经成为过去时，军官和部队可以借助无线电直接通信。指挥员还可借助全球定位卫星保持对基地的控制，根据对巡逻活动或装甲车位置和战场能力的稳定实时更新，对相关活动进行监视。对于位于前线的部队，激光测距机则有助于提高武器的精确度，夜色再也不是阻挡军事行动的障碍。夜视设备最初以笨重的红外视镜为基础，但诸如可增强光线的星光镜的出现，使得夜视设备得到了极大改善，从而使得24小时战场的想法成为现实。

1991年海湾战争证明了这些技术的宝贵性。美国领导的部队使用最先进的战场技术，轻易地将伊拉克军事独裁者萨达姆·侯赛因的部队赶出

关键**袭击**

“基地”组织袭击美国

2001年9月11日

2001年，“基地”组织针对美国本土的袭击暴露了公开社会在面临袭击时的脆弱性。恐怖分子仅仅凭借刀具就能劫持4架民航客机，并驾驶其中两架撞向世界贸易中心大楼，另一架撞向五角大楼。

▲这是第二架撞入世界贸易中心大楼的飞机。当天的袭击活动共造成2977名平民死亡。

▼ **阿富汗**

2012年早期，美军一架CH-47支奴干直升机在阿富汗霍斯特省提供空中安全保障。

◂ **2003年3月的巴格达**

这一末日来临般的图片表现了美军带领的多国部队攻击初期巴格达的熊熊大火。美军的电子干扰装置完全压制了伊拉克的防空体系，使得城市设施直接面临攻击行动。

关键事件

20—21世纪

■ **1943年9月** 一枚空射无线电控制的德国炸弹（Fritz-X）攻击了意大利军舰罗马号，这是首次在战斗中使用制导武器。

■ **1972年4—5月** 美国飞机用激光制导炸弹摧毁了北越的清化大桥，这座大桥经受了之前800拨次常规炸弹的轰炸。

■ **20世纪60年代** 美军在越南战争中使用了第一批夜视设备。

■ **1991年** “沙漠风暴”行动中，针对伊拉克境内的军事目标首次大规模使用了精确制导弹药，包括激光制导炸弹。

■ **1995年7月** 美国捕食者无人机列装，某些武装恐怖分子将其视为21世纪空战的未来发展趋势。

■ **21世纪** 全景夜视仪研发成功，并被配发给美国空军机组人员。佩戴者可以借助该设备观察到90%的视野。

科威特。数年之后，美军和多国部队完美配合，进入伊拉克，与武器装备处于绝对劣势的伊拉克军队交战，从而再次证明了先进武器的重要性。对先进武器技术的掌握，使得这些先进的国家，尤其是美国，对其他装备水平较低的国家具有极大的优势。

然而，装备最简单武器的恐怖分子还是能够在西方社会制造恐慌，如2001年对美国的恐怖袭击。在伊拉克，从废墟中成长起来的反对派团体针对占领军队开展了持续的攻击行动。在阿富汗，武器装备占据极大优势的美军部队及其盟军根本就不能击败塔利班军事力量。反对派武装使用经典的游击战术，对薄弱环节发起致命攻击，随后迅速融入当地民众之中，或者在交火过程中将平民作为人体盾牌。虽然西方军队拥有所有的先进技术，但他们也很难战胜装备简单、意志坚强的反对派分子，某些反对派分子宁愿战死也不愿投降。

◂ **长剑”地对空导弹发射器**

“长剑”地对空导弹因其精确度和快速的反应时间而闻名于世。它被9个国家作为地对空防空设备使用，包括瑞士、土耳其和伊朗。轨道移动式的“长剑”地对空导弹版本同样也被列装。

“我们的部队将拥有**全世界最好的支援**，也不会要求他们在**作战时有所顾虑**。”

美国总统乔治·老布什，1991年

战斗机与攻击机

自从首批两架亚声速战机在朝鲜战争中交锋以来，战斗机就进入了一种被改造的过程。当前，它们有能力以两倍于声速的速度飞行，还可携带大量导弹、火箭和炸弹，甚至超过了第二次世界大战中的B-17轰炸机的载弹量。近期最新的进步在于航空设备的改善上。最新的线控飞行设备使得以往借助常规机械手段不可能完成的机动成为现实，还可以高度的精确性将武器引导至它们的目标处。

▲ **北美F-86佩刀战斗机**

时期：1949年　**来源地：**美国
翼展：11.93米（39.1英尺）
长度：11.84米（38.8英尺）
最高速度：1 114千米/时（692英里/时）
发动机：26.3千牛（5 910磅）通用电气J73-GE-3D发动机

F-86是美国空军的第一架后掠翼式飞机，它也可以成为一种成功的战斗机，相比于米格-15具备一定优势。包含所有的改型飞机在内，共生产了9 000架该型飞机。这比西方国家的任何飞机都要多。

▲ **米格-15战斗机**

时期：1949年　**来源地：**苏联
翼展：10.08米（33.1英尺）
长度：10米（32.8英尺）
最高速度：1 100千米/时（689.7英里/时）
发动机：26.5千牛（5 950磅）克里莫夫VK-1涡轮喷气发动机

在朝鲜战场上，苏联推出了其先进的米格-15型战斗机。中国、捷克斯洛伐克和波兰也生产了米格-15战斗机。

▲ **通用动力F-16C战隼战斗机**

时期：1978年　**来源地：**美国
翼展：9.96米（32.7英尺）
长度：15.06米（49.4英尺）
最高速度：2 410千米/时（1 500英里/时）
发动机：76.3千牛（17 155磅）F110-GE-100涡轮风扇发动机

为了满足美国空军对于轻型战斗机的需求，研发并生产了F-16型机。这是首批使用线控飞行的飞机之一，它速度奇快，机动性极高。

▼ **BAE鹞Ⅱ式GR9A攻击机**

时期：1989年　**来源地：**英国
翼展：9.25米（30.3英尺）
长度：14.12米（46.3英尺）
最高速度：1 065千米/时（662英里/时）
发动机：96.7千牛（21 750磅）罗尔斯-罗伊斯“飞马”Mk105定向涡轮风扇发动机

GR9A是所有鹞式飞机（始于1969年）中最为先进的型号，是一种垂直/短距起降的喷气式飞机。该型飞机通常被当作轻型攻击机使用。

▲ 苏霍伊设计局苏-27型战斗机

时期：1984年　**来源地：**苏联
翼展：14.7米（48.2英尺）
长度：21.9米（71.9英尺）
最高速度：2 500千米/时（1 553英里/时）
发动机：双75.22千牛（16 910磅）土星/留里卡AL-31F涡轮风扇发动机

为应对美国F-15型战斗机，苏联研发了苏-27型战斗机。它是一种大型双发多用途飞机，装备了先进的航电系统。为了将质量控制在最小，苏-27的大部分部件都由钛制成。

◀ 达索公司幻影-2000D战斗机

时期：1995年　**来源地：**法国
翼展：9.13米（30英尺）
长度：14.55米（47.7英尺）
最高速度：2 338千米/时（1 453英里/时）
发动机：64.3千牛（14 500磅）SNECMA M53-p2涡轮风扇发动机

幻影-2000D型战斗机是相对于装备核武器的“幻影-2000N”的常规战斗机。该型飞机发动机为单发，使用了先进的航电设备，并参与了南斯拉夫、阿富汗和利比亚的军事行动。

▲ 欧洲台风战斗机

时期：2003年
来源地：德国/英国/意大利/西班牙
翼展：10.95米（35.9英尺）
长度：15.96米（52.4英尺）
最高速度：2 500千米/时（1 553英里/时）
发动机：双60千牛（13 000磅）EJ-200涡轮风扇发动机

“台风”是一种双发多用途战斗机，设置了一对前鸭式机翼。先进的线控人工稳定技术使得该飞机机动十分简单。

▼ 洛克希德·马丁F-35闪电Ⅱ型战斗机

时期：2006年　**来源地：**美国
翼展：10.7米（35.1英尺）
长度：15.67米（51.4英尺）
最高速度：1 930千米/时（1 200英里/时）
发动机：125千牛（28 000磅）普拉特·惠特尼F135涡轮风扇发动机

装备有先进隐形技术的F-35型战斗机有3种不同版本：F-35A（常规起降）；F-35B（短距和垂直起降）；F-35C（航母机载战斗机）。

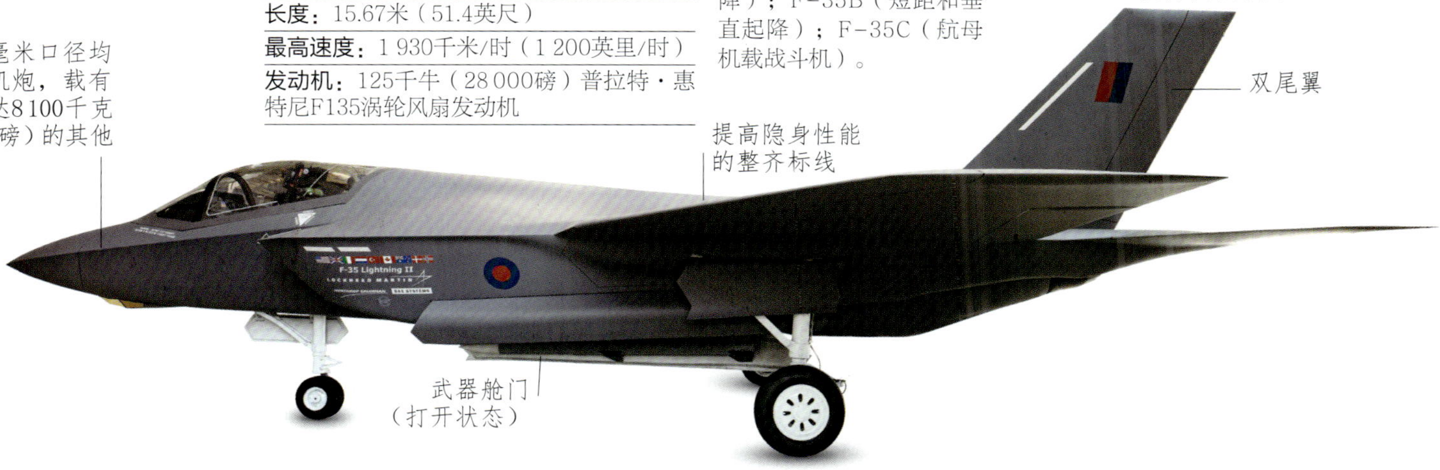

洛克希德F-117夜鹰战斗机

F-117战斗机是第一种以隐形技术为设计核心的机型。为降低雷达信号特征，它采用了小面化——锐角表面，这样该型飞机就可以对防守严密的目标实施悄无声息的攻击。

F-117型机是洛克希德1975年开始研发的试验隐形机“海弗兰”的直接派生物。1982年，美国空军接收了第一架F-117型机。然而直至1988年之前，该型机都是高度机密。尽管以“F”（战斗机）定型，但“夜鹰”是一种对地攻击飞机。一般而言，它可在其内部武器舱内携带两枚910千克（2 000磅）激光制导炸弹，但该型机缺乏空对空攻击能力。1991年的海湾战争中，F-117型机共执行了40%的战略空袭任务。2008年，该型机退出现役。

隐形技术使得F-117型机的雷达特征几乎与小鸟相同。其锐角的表面将雷达波散射开来，而不是将其反射至其源头。此外，暗黑色雷达吸收涂层材料进一步降低了雷达特征。为了避免被探测到，该型机未使用雷达，因此导航由全球定位系统和惯性导引系统完成。为了躲避热寻的导弹，该型机进行了特殊设计，内容包括：撤掉发动机后燃室，使尾气通过衬里为吸热材料的长管道从而将尾气冷却。

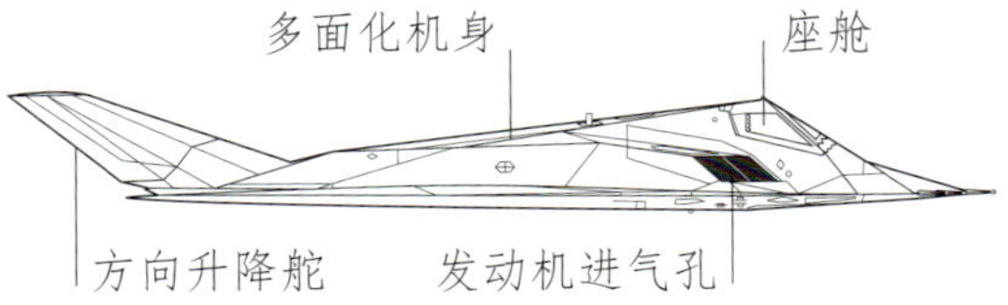

侧视图

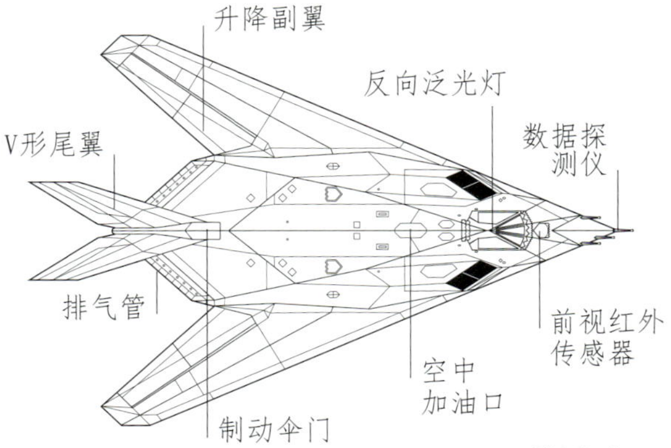

俯视图

▲ 洛克希德F-117夜鹰战斗机

这种战斗机长约20.1米（65.9英尺），翼展约13.2米（43.3英尺），其发动机采用通用电气F404无后燃室涡轮风扇喷气发动机。

数据传感器

▲ 数据探测仪

在夜鹰战斗机前端的尖头处有4个短短的探测仪，可以搜集关于飞机以及迎角的数据。

▲ 红外传感器

F-117型机的前向红外传感器被用来对目标进行定位。在飞机前起落架旁边还有一个朝向下方的传感器。

► 飞行中

隐形对飞行能力产生影响：F-117型机的飞行速度仅能达到声速，其外形令其飞行稳定性被削弱。它的绰号为“颤地恶魔”，但仅能借助计算机控制的电传系统飞行。

机身与机翼

▲ **带尖角的机窗**
机窗上有一层薄薄的金色涂层以便将雷达能量吸收入机身。机窗、顶盖边缘、其他开口以及面板上的犬齿形状有助于干扰雷达反射。

◀ **降落伞**
机翼上有升降副翼，但没有襟翼，因此飞机着地时速度非常快。该型机将借助制动伞以缩短降落滑跑的距离。

◀ **从尾翼向前看的景象**
在夜间，座舱顶盖上的朝向后方的探照灯照亮飞行加油口（中央面板位于灯光正下方）。制动伞门位于方向升降舵的基底处。

▲ **前轮**
F-117型机借鉴了其他机型的零部件，如前起落架便是从洛克希德“雷霆”A-10型机借鉴而来的。

▲ **V形尾翼**
V形尾翼有时会被人称为“方向升降舵”，尾翼的两个叉子结合了方向舵和升降机的功能。

▲ **进气栅状分配器**
发动机进气孔上方的细筛孔栅格将防止雷达波从压缩机叶片处反射。

座舱内部

▲ **抬头显示屏**
抬头显示屏位于仪表板顶部，在飞行员直视方向的挡风玻璃上提供关键信息。

▲ **仪表盘**
F-117型机座舱包含一个红外成像的中央屏幕、一对展示飞行和武器数据的多功能彩色显示屏，以及一套数字移动地图系统。

电子战与侦察飞机

无论是借助米格-21还是OV-1“莫霍克”开展战术级的情报搜集，还是借助U-2或SR-71开展战略级情报搜集任务，空中侦察都将发挥十分关键的作用。随着空中预警飞机的问世，这些“空中之眼”的复杂水平又达到了一个新的高度。它们可以从很远的距离对敌人的移动勾勒出电子图片。这些飞机又发展进化成了机载预警与控制系统飞机，可提供全天候指挥、通信和侦察能力。

▲ 洛克希德P-3C猎户座飞机

时期： 1962年　**来源地：** 美国
翼展： 30.4米（99.7英尺）
长度： 35.6米（116.8英尺）
最高速度： 750千米/时（466英里/时）
发动机： 4台3 700千瓦（4 962马力）阿利森T56-A-14涡轮螺旋桨发动机

猎户座飞机由伊莱克特商用客机发展而来，主要执行海上侦察和反潜任务。其磁异探测器臂被用来探测下潜的潜艇。

▶ 洛克希德U-2型飞机

时期： 1957年　**来源地：** 美国
翼展： 31.4米（103英尺）
长度： 19.2米（63英尺）
最高速度： 805千米/时（500英里/时）
发动机： 8 618千克（19 000磅）通用电气F118-101涡轮风扇发动机

U-2型飞机为战略级侦察飞机，可以飞行在21 000米（68 900英尺）的高度上，被美国中央情报局作为间谍飞机使用。当一架U-2型机1960年在苏联空域被击落后，它便声名狼藉了。

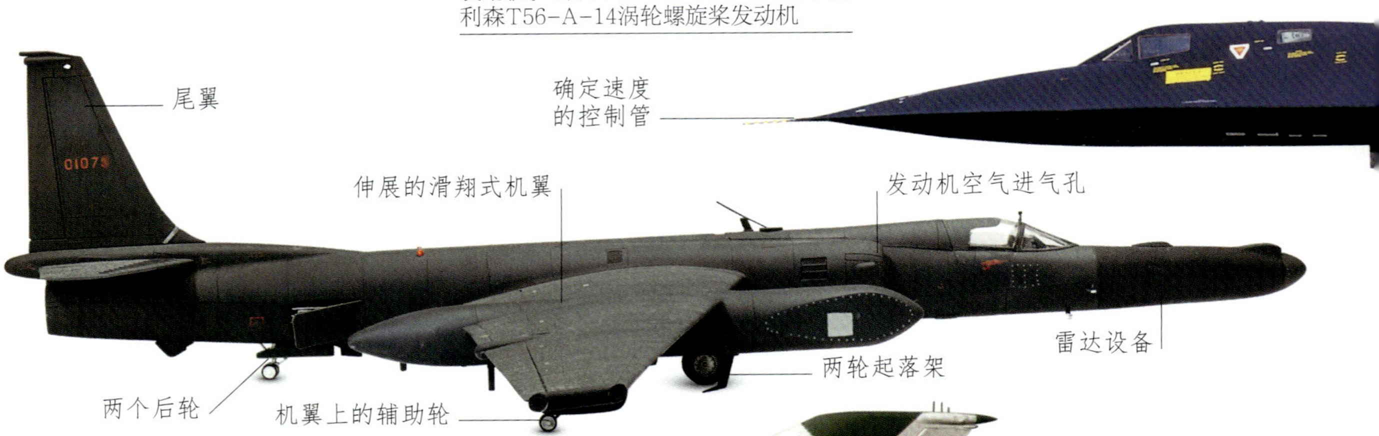

▲ 米格-21R型飞机

时间： 1959年　**来源地：** 苏联
翼展： 7.15米（23.5英尺）
长度： 15.76米（51.7英尺）
最高速度： 2 230千米/时（1 386英里/时）
发动机： 6 600千克（14 550磅）图曼斯基R-13-300涡轮喷气发动机

米格-21R型飞机是苏联生产的数量最多的飞机，其战略侦察机改型上的机炮被光学与红外照相机所取代，既可以安装在机身内，也可以悬挂在外部机翼吊舱上。

◀ 格鲁曼OV-1莫霍克型飞机

时期： 1959年　**来源地：** 美国
翼展： 14.63米（48英尺）
长度： 12.5米（41英尺）
最高速度： 724千米/时（450英里/时）
发动机： 双1 044千瓦（1 400马力）莱康明T53-L-701涡轮螺旋桨发动机

莫霍克型飞机的设计用途为战场侦察，装备有光学照相机和侧视机载雷达，可以拍摄敌方地面行动的详细图片。

▸ 格鲁曼E-2C鹰眼预警机

时间：1964年　**来源地**：美国
翼展：24.56米（80.6英尺）
长度：17.54米（57.5英尺）
最高速度：602千米/时（374英里/时）
发动机：双3 663千瓦（4 912马力）阿利森T56-A-425涡轮螺旋桨发动机。

E-2C“鹰眼”是首架真正的空中预警机，它独具特色的天线罩可以发现并追踪敌方飞机，并指引友军飞机进行攻击或拦截。

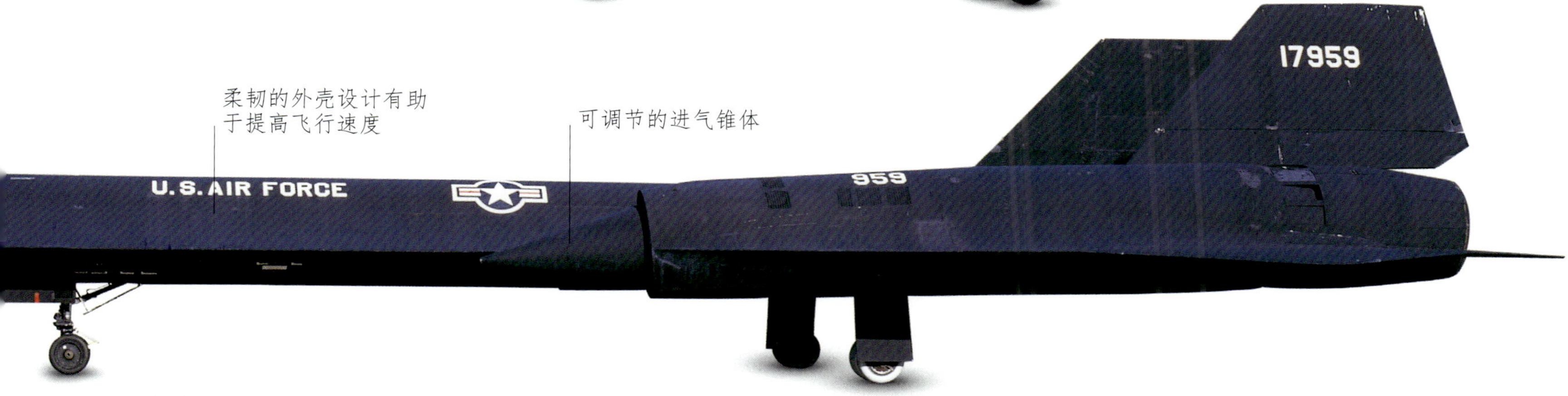

▴ 洛克希德SR-71黑鸟侦察机

时期：1966年　**来源地**：美国
翼展：16.94米（55.6英尺）
长度：32.74米（107.4英尺）
最高速度：3 661千米/时（2 275英里/时）
发动机：双14 742千克（32 500磅）普拉特·惠特尼J58-1涡轮喷气发动机

这是一种战略侦察飞机，在越南战争中得到广泛应用。SR-71型机不仅是世界上最快的飞机，它还创造了29 929米（98 192英尺）的最高飞行高度纪录。

▾ 波音E-3A哨兵（AWACS）预警机

时期：1977年　**来源地**：美国
翼展：44.4米（145.7英尺）
长度：46.6米（152.9英尺）
最高速度：853千米/时（530英里/时）
发动机：4台9 540千克（21 032磅）普拉特·惠特尼TF33-PW-100涡轮风扇发动机

美国空军机载预警和控制系统飞机由波音707飞机改造而来。可旋转的盘状天线可以探测395千米（245英里）范围内的飞机。机载计算机可对威胁进行评估，并对处于防御状态的友军飞机实施控制。

▾ 波音E-6B“水星”型飞机

时期：1989年　**来源地**：美国
翼展：45.2米（148.3英尺）
长度：45.8米（150.3英尺）
最高速度：970千米/时（603英里/时）
发动机：4台150千牛（34 000磅）CMFI CFM56-2A-2涡轮风扇发动机

E-6B“水星”是一座飞行的指挥所和通信中继飞机，其设计用途是在核战争时期地面控制失效时对美国的核力量进行控制。

战后坦克

1945年后，出现了一种新的装甲坦克：主战坦克。其装甲更加厚重，发动机更为强劲，装备的火炮比第二次世界大战之前的威力更大。虽然轻型和中型坦克仍在生产，但主战坦克成为了生产线的主流，也主导了坦克战术。在这期间，主要的设计突破是引入了新的装甲类型。传统的钢制装甲对于高爆反坦克炮弹较为脆弱，为了解决这个问题而引入了复合装甲。在这其中，被用于挑战者和艾布拉姆斯坦克中的乔巴姆复合装甲是知名度最高的。

▲ T-72型坦克

时期： 1971年　**来源地：** 苏联
质量： 41.5吨（45.7短吨）
长度： 6.95米（22.8英尺）
最高速度： 60千米/时（37.3英里/时）
发动机： 12缸582千瓦（780马力）柴油发动机

T-72型坦克乘员3人，性能十分高效。如果坦克不是十分先进，那么乘员一般为4人，多出的一人便于装填弹药。T-72型坦克被广泛出口到世界各国。

◄ AMX-13型坦克

时期： 1952年　**来源地：** 法国
质量： 14.5吨（15.9短吨）
长度： 4.88米（16英尺）
最高速度： 60千米/时（37英里/时）
发动机： 8Gxb型8缸190千瓦（250马力）汽油发动机

根据设计特点可以看出，AMX-13型坦克是一种空运型轻型坦克，用以支援空降部队。其特点是不同寻常的由两部分组成的炮塔和两个6转弹仓，其乘员3人。

► T-62型坦克

时期： 1961年　**来源地：** 苏联
质量： 40吨（44.1短吨）
长度： 6.63米（21.8英尺）
最高速度： 50千米/时（31.1英里/时）
发动机： V-55型12缸433千瓦（581马力）柴油发动机

T-62型坦克由T-55型坦克发展而来，配备有红外夜视设备。该型坦克乘员4人：指挥官、驾驶员、炮手和装填手。这是装备有无膛线主炮的第一架现代坦克。

▼ Stridsvagn103型坦克

时期： 1966年　**来源地：** 瑞典
质量： 39吨（43短吨）
长度： 9米（29.5英尺）
最高速度： 50千米/时（31.1英里/时）
发动机： 罗尔斯-罗伊斯360千瓦（490米制马力）柴油/履带燃气涡轮发动机

该型坦克也就是我们所熟知的S型坦克，这是一种炮塔极小的坦克，装备有固定炮管。通过操作左右履带来摆动固定炮管，通过调节车身悬架来调节炮管高度。该型坦克乘员3人。

▸ 挑战者1型主战坦克

时期：1983年 **来源地**：英国	
质量：62吨（68.3短吨）	
长度：11.5米（37.7英尺）	
最高速度：56千米/时（34.8英里/时）	
发动机：罗尔斯-罗伊斯12缸895千瓦（1 200马力）柴油发动机	

该型坦克乘员4人，挑战者1型主战坦克是第一批使用乔巴姆陶瓷复合装甲的装甲车。相对于动力不足的奇伏坦克，该型坦克的进步巨大，目前已经被挑战者2型坦克所取代。

◂ M1A1艾布拉姆斯主战坦克

时期：1986年 **来源地**：美国	
质量：61.3吨（67.6短吨）	
长度：7.93米（26英尺）	
最高速度：67千米/时（41.6英里/时）	
发动机：霍尼韦尔1 120千瓦（1 500马力）多燃料涡轮发动机	

该型坦克乘员4人，是美国陆军的主战坦克，参与了1991年的海湾战争和2003年美国入侵伊拉克的战争。较之于M1坦克的105毫米口径主炮，M1A1的主炮等级有所提高。

◂ 豹式C-2型坦克

时期：2000年 **来源地**：西德	
质量：42吨（46.3短吨）	
长度：8.29米（27.2英尺）	
最高速度：65千米/时（40.4英里/时）	
发动机：MB838型10缸610千瓦（818马力）多燃料发动机	

20世纪60年代在西德研发的豹式1型坦克被证明是一种高效的主战坦克。豹式坦克的一些型号被用于出口，如图中改进版的C-2，就是加拿大陆军所采用的。

◂ T90型主战坦克

时期：1993年 **来源地**：俄罗斯	
质量：47.5吨（52.4短吨）	
长度：9.63米（31.6英尺）	
最高速度：65千米/时（40.4英里/时）	
发动机：V-84型12缸618千瓦（840米制马力）柴油发动机	

该型坦克是以T-72型坦克为基础的一种革命性设计坦克，乘员3人，是俄陆军的主战坦克。它包含一种新的主炮、一系列增设的电子设施及防护能力大大改善的装甲。

步兵军装与装备

20世纪后半段，防护服作为步兵基本装备被所有发达国家广泛应用。新的合成材料，如凯夫拉（Kevlar）和斯派克特（Spectra）被用来制作防护服，具备防御小型武器的作用；由陶瓷或复合材料制作的板材可以被插入防护服的特殊插袋中用来保护身体脆弱的地方免受高速武器的伤害。先进技术同样也影响了军装的发展，例如增加了阻燃甚至防疟疾的材料。

▲ **先进的防爆服**

时期：20世纪90年代

来源地：英国

材料：高熔点芳香族聚酰胺、凯夫拉、泡沫、装甲板等

防爆服是由多层装甲材料制成的，其设计目的是为了防护爆炸碎片和炸弹冲击波。为了将体内温度控制在最低水平，图中的防爆服自带冷却系统。

▸ **MK-6头盔**

时期：1986年

来源地：英国

材料：弹道尼龙

图中是为英国陆军所研发的改善了防护能力的头盔。可以在装甲车内等多种环境中使用该头盔。

▸ **沙漠迷彩服**

时期：1990年

来源地：英国

材料：棉、尼龙

图中的沙漠迷彩服是为了满足在伊拉克和阿富汗作战环境的需求而制造的。这种双色混搭模式材料制成的沙漠迷彩服融合了高效的迷彩性能和高温环境中使用的材料。

▼ **6B5防弹衣**

时期：1986年

来源地：苏联

材料：尼龙、凯夫拉、钛/陶瓷板

图中的防弹衣在20世纪90年代车臣冲突中得到广泛应用。该型防弹衣由凯夫拉板制成，加之插入的陶瓷或钛片，使得该型防弹衣的射击防护能力得到提高。

▼ **沙漠靴**

时期：20世纪90年代

来源地：英国

材料：绒面革、考杜拉高强力粘胶丝、橡胶等

轻型巡逻靴被设计出来以满足高温环境中的使用需求。英国部队曾在伊拉克和阿富汗作战环境中广泛使用图中的沙漠靴。

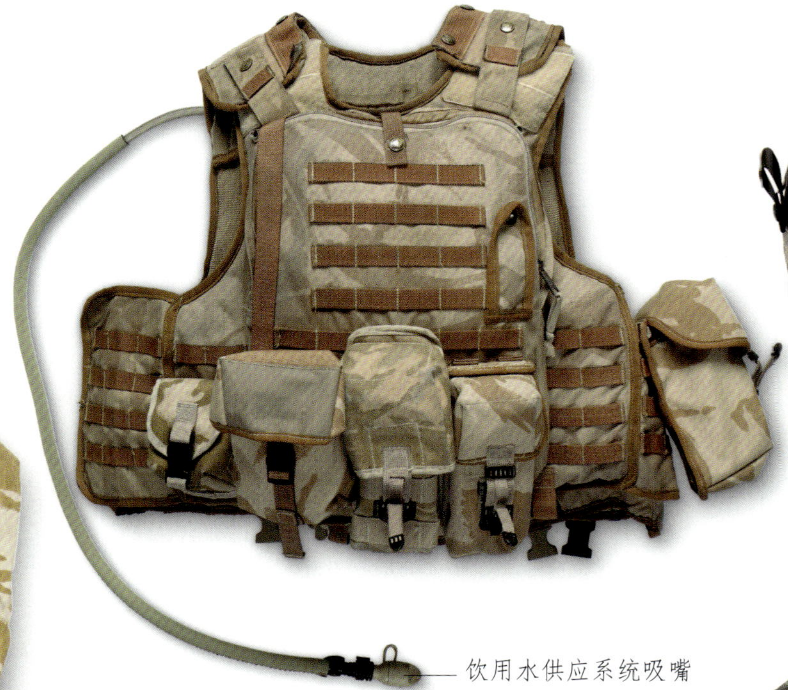

▲ **鱼鹰防护背心**

时期：2006年

来源地：英国

材料：凯夫拉、陶瓷片

鱼鹰防护背心是作为一种模块化系统而研发的，它增添了对上肢、颈部和喉部进行保护的元素，其主防护衣可以对躯干实施防护。

◀ **美国陆军高级战斗头盔**

时期：2003年

来源地：美国

材料：弹道纤维

图中的高级战斗头盔是美国陆军PASGT头盔的代替物。该型头盔与美国陆战队轻型头盔十分相似。与陆战队轻型头盔类似，高级战斗头盔比其前任质量更轻、规格更小，并纳入了最为先进的弹道材料科技。

◀ **美国陆战队轻型头盔**

时期：2004年

来源地：美国

材料：弹道装甲

该型头盔为美国陆战队所使用，有复杂的悬挂和帽带配置，比其前任PASGT更为舒适，质量也更小。

▲ **陆军迷彩服**

时期：2002年

来源地：美国

材料：棉/尼龙混合材料

陆军作战服广泛使用了尼龙搭扣扣件。图中陆军迷彩服的纺织物材料既能防火又具备杀虫作用。

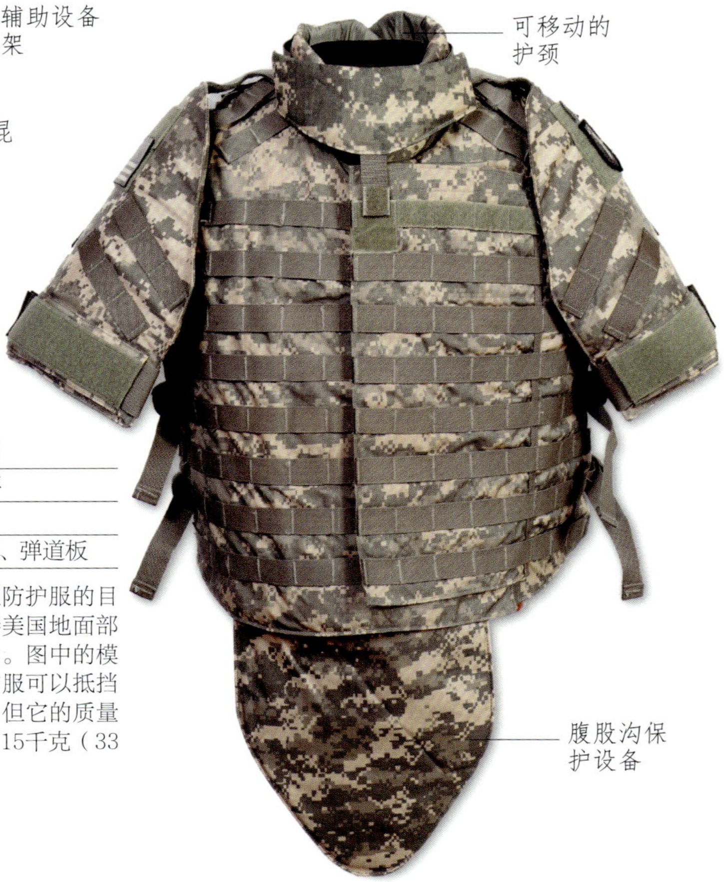

▶ **拦截防护服**

时期：2007年

来源地：美国

材料：凯夫拉、弹道板

研发该型防护服的目的是为了改善美国地面部队的防护能力。图中的模块化拦截防护服可以抵挡大多数子弹，但它的质量较大，达到了15千克（33磅）。

狙击步枪

从传统来讲，军用狙击步枪主要从两种枪而来：第一，改进的军用步枪，配备望远镜瞄准具，发射的是竞赛级弹药；第二，猎枪，它虽然精度很高，但杀伤力较弱，难以满足战场需求。20世纪60年代末期，小型武器设计者最终开始设计专门用来狙击的步枪。M-40和SS-69狙击步枪开创了这个时代，随后许多精度极高的狙击步枪相继问世，如L96A1。近期的发展包括50口径的重型狙击步枪，以及0.300温彻斯特和0.338拉普·马格南狙击步枪，它们正在逐步取代北约7.62毫米标准狙击枪。

▲ 德拉贡诺夫狙击步枪

时期：1963年
来源地：苏联
质量：4.3千克（9.5磅）
枪管长度：61厘米（24英寸）
口径：7.62×54R

德拉贡诺夫狙击步枪在20世纪60年代末期被华沙条约组织国家作为狙击手排的支援武器所使用。它的4倍放大率PSO-1望远镜瞄准具限制了红外能力。

▲ M40狙击步枪

时期：1966年
来源地：美国
质量：3.1千克（6.8磅）
枪管长度：61厘米（24英寸）
口径：7.62×51毫米

M40狙击步枪是雷明顿700型运动步枪的军用版本，首次为美国海军陆战队在越南战争中所使用。其随后的版本配备了玻璃纤维枪托以及10倍放大率的翁厄特尔望远镜。

▼ 斯泰尔SSG69狙击步枪

时期：1969年
来源地：奥地利
质量：3.9千克（8.6磅）
枪管长度：65厘米（25.6英寸）
口径：7.62×51毫米

斯泰尔SSG69狙击步枪本来是为奥地利陆军研发的，但它在警察部队中也广受欢迎。斯泰尔SSG69狙击步枪的不同寻常之处是它的5发旋转卷轴弹匣位于枪体内部。

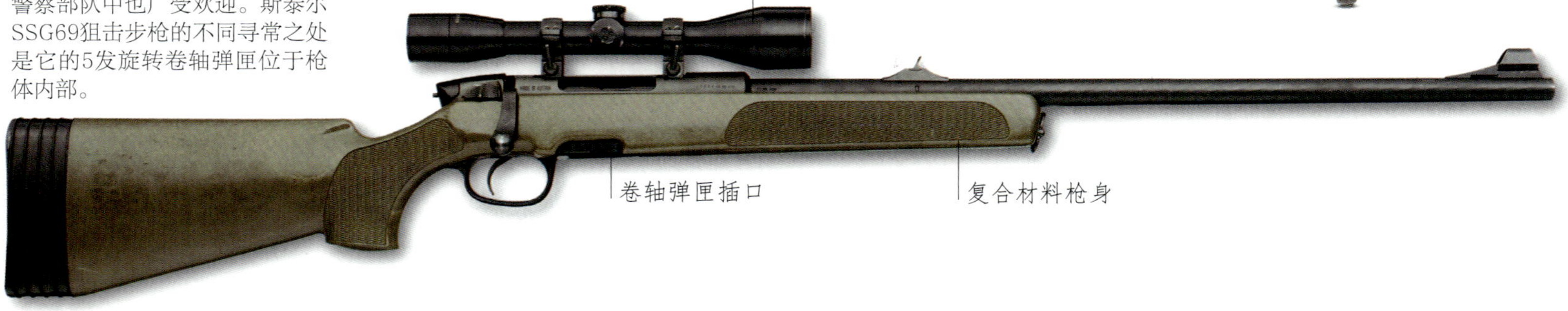

▶ **瓦尔特WA2000型狙击步枪**

时期： 1978年
来源地： 德国
质量： 6.95千克（15.3磅）
枪管长度： 65厘米（25.6英寸）
口径： 0.300温彻斯特·马格南弹/7.62毫米

WA2000型狙击步枪主要为警用。它采用了“无托结构”以及由弹仓（6发子弹）半自动装填的方式。1988年，因其生产费用高昂而停产。

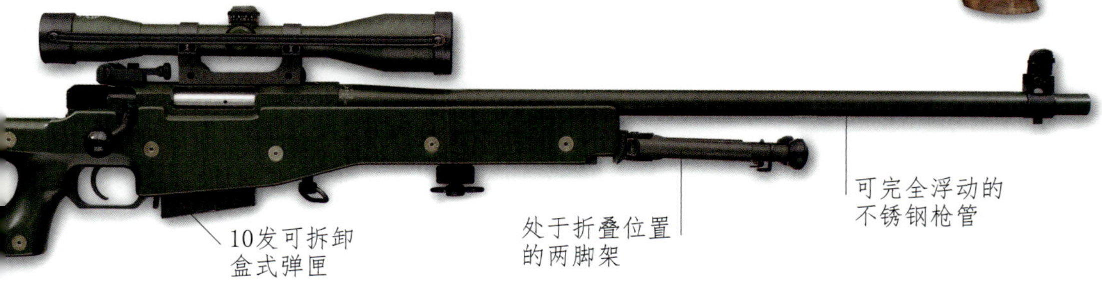

◀ **L96A1型狙击步枪**

时期： 1984年 **来源地：** 英国
质量： 6.5千克（14.3磅）
枪管长度： 65.5厘米（25.8英寸）
口径： 7.62×51毫米

英国陆军的L96A1型枪是第一种专门为狙击而设计的枪械，它成为了包含各种口径在内的全系列狙击步枪的先行者。

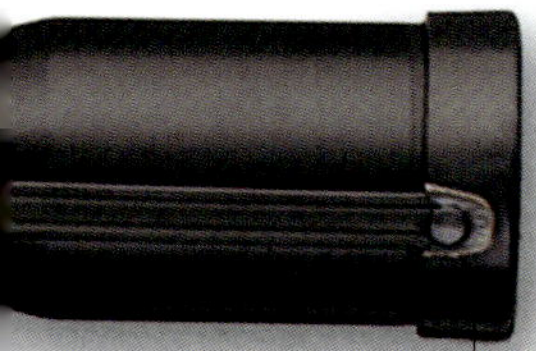

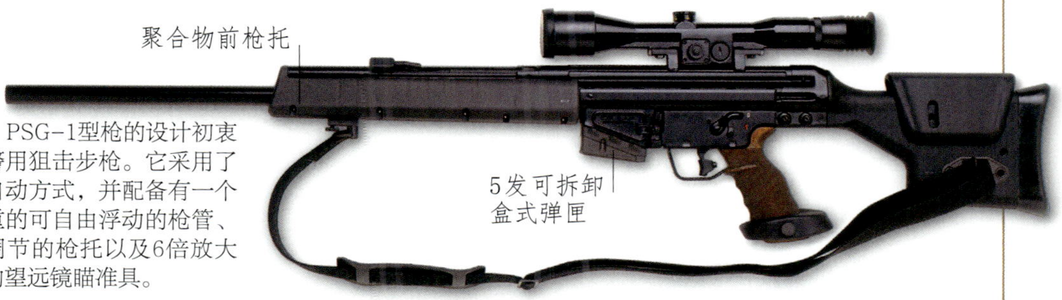

▶ **黑克勒-科赫PSG-1狙击步枪**

时期： 1985年 **来源地：** 德国
质量： 8.1千克（17.9磅）
枪管长度： 65厘米（25.6英寸）
口径： 7.62×51毫米

PSG-1型枪的设计初衷为警用狙击步枪。它采用了半自动方式，并配备有一个沉重的可自由浮动的枪管、可调节的枪托以及6倍放大率的望远镜瞄准具。

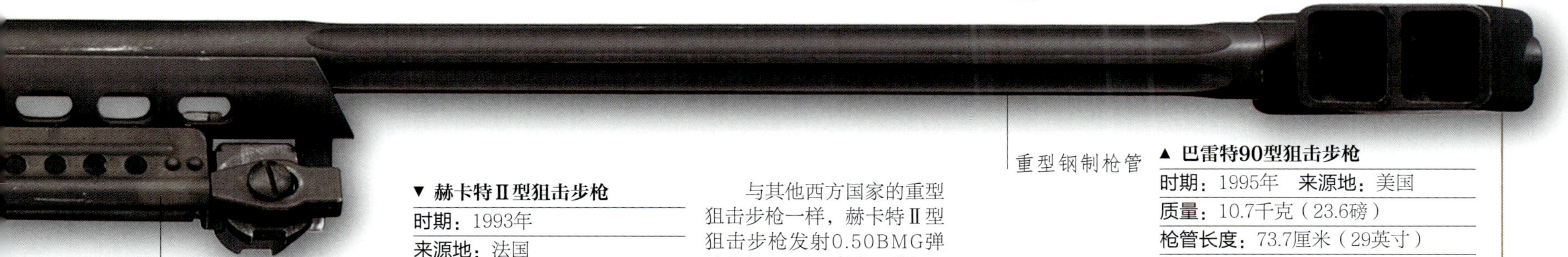

▲ **巴雷特90型狙击步枪**

时期： 1995年 **来源地：** 美国
质量： 10.7千克（23.6磅）
枪管长度： 73.7厘米（29英寸）
口径： 0.50BMG弹

20世纪80年代，罗尼·巴雷特（Ronnie Barrett）开创了反器材狙击步枪的先河。图中的巴雷特90型狙击步枪因其紧凑的“无托式结构”而闻名。该型狙击步枪射程极大，可以对距离超过1 800米（约5 900英尺）的目标进行射击。

▼ **赫卡特Ⅱ型狙击步枪**

时期： 1993年
来源地： 法国
质量： 13.8千克（30.4磅）
枪管长度： 70厘米（27.6英寸）
口径： 0.50BMG弹

与其他西方国家的重型狙击步枪一样，赫卡特Ⅱ型狙击步枪发射0.50BMG弹（北约12.7×99毫米子弹）。该型狙击步枪以赫卡特金属框架为基础，配备有一个高能枪口制退器。

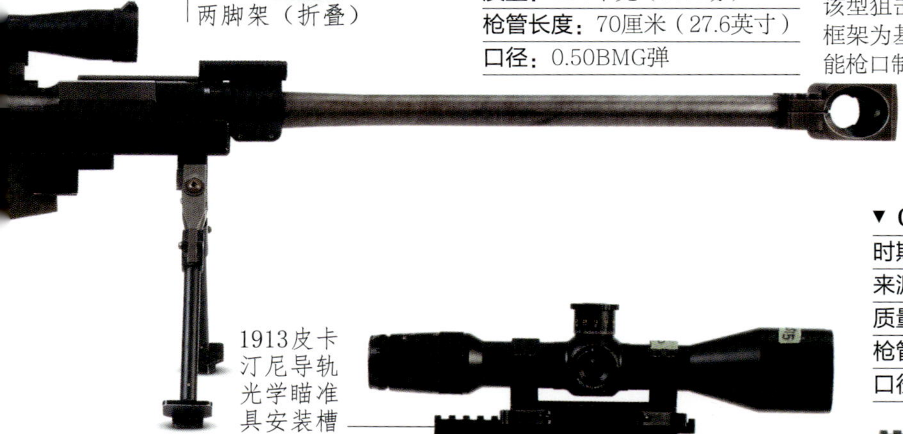

▼ **C14森林狼狙击步枪**

时期： 2005年
来源地： 加拿大
质量： 6.8千克（15磅）
枪管长度： 66厘米（26英寸）
口径： 0.338拉普·马格南弹

森林狼狙击步枪追寻当前杀伤性狙击步枪设计的潮流，其使用弹药为0.338拉普·马格南弹，可以将射程扩展到1 200米（约3937英尺）以上。

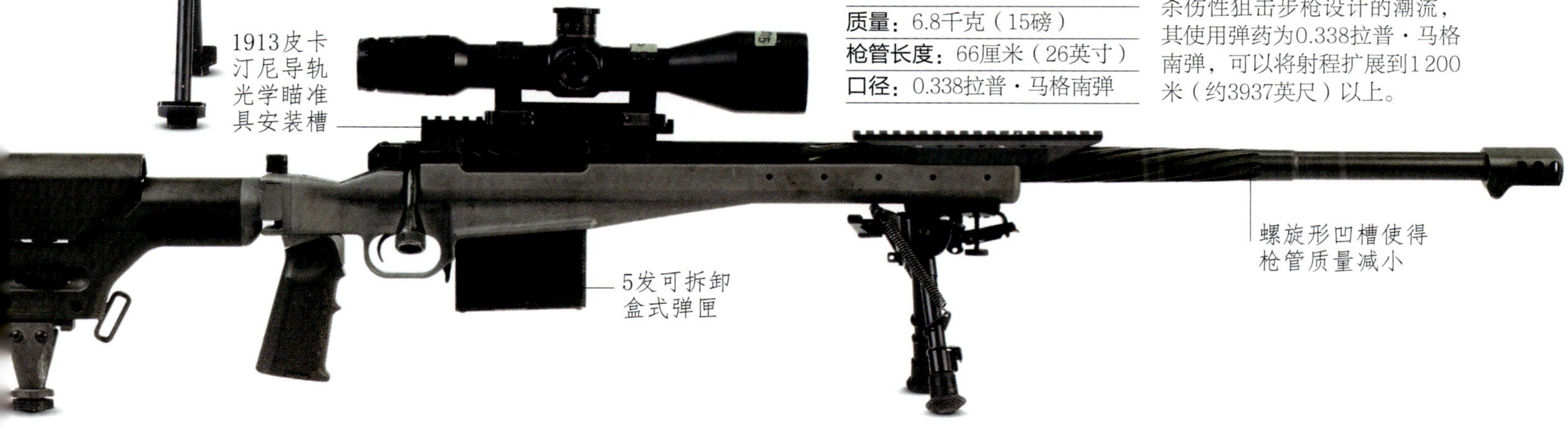

现代护卫舰与驱逐舰

虽然航空母舰和核动力潜艇是现在大部分海军力量的主力舰艇，但相对较小的护航舰船也一如既往地具备存在的必要性。后冷战时期，护卫舰与驱逐舰之间的差异日趋模糊。驱逐舰（较大）和护卫舰（较小）都将制导导弹选作主要武器，它们的舰炮排列也不约而同地以制导导弹为优先选择。护航舰通常被划分为防空或反潜舰种，但它们中的大部分也能执行一系列任务。

▲ **美国海军赫伯特·J·托马斯号**

入役：1945年　来源地：美国
排水量：3 460吨
长度：119米（390英尺）
最高速度：36.8节

赫伯特·J·托马斯号是98艘防空驱逐舰的代表，在3个炮塔上配备有6门5英寸口径舰炮，其设计用途是在太平洋海域开展远程巡逻。它参加了朝鲜战争和越南战争。

▸ **皇家钻石号**

入役：1952年　来源地：英国
排水量：3 580吨
长度：119米（390英尺）
最高速度：30节

皇家钻石号是英国皇家海军中最后一艘以舰炮为主战武器的勇敢级驱逐舰，随后它们的主战武器被替换成制导导弹。

▸ **皇家兰开斯特号**

入役：1992年
来源地：英国
排水量：4 200吨
长度：133米（436英尺）
最高速度：32节

兰开斯特号是23型护卫舰，可以开展多重任务。它配备有海狼防空导弹、鱼叉反舰导弹及黄貂鱼反潜鱼雷。

▲ **新西兰皇家海军坎特伯雷号**

入役：1971年　来源地：英国
排水量：2 960吨
长度：113.4米（372英尺）
最高速度：28节

皇家坎特伯雷号是一种宽体利安德级护卫舰，在新西兰皇家海军服役。该舰船多次参与太平洋和波斯湾的维和行动。

▼ **皇家谢菲尔德号**

入役：1975年
来源地：英国
排水量：4 350吨
长度：125米（410英尺）
最高速度：30节

皇家谢菲尔德号是42型制导导弹驱逐舰，参加了1982年的马尔维纳斯群岛战斗。谢菲尔德号在马尔维纳斯群岛沿岸巡逻时被阿根廷海军飞机发射的飞鱼导弹击沉。

◀ **美国海军帕里斯号**

入役：1974年　来源地：美国
排水量：4 070吨
长度：133.5米（438英尺）
最高速度：27节

帕里斯号下水时为诺克斯级驱逐舰，随后被改造为护卫舰。根据设计用途，它将开展反潜行动，配备有反潜火箭弹和鱼叉导弹。

▲ **美国海军佩里号**

入役：1977年　来源地：美国
排水量：3 485吨
长度：133米（436英尺）
最高速度：28节

佩里号护卫舰是佩里级护卫舰的旗舰。根据设计，它可执行通用的护航任务，对商船实施保护或加入航母战斗大队编组。

◀ **美国海军阿利·伯克号**

入役：1991年　来源地：美国
排水量：8 375吨
长度：154米（505英尺）
最高速度：30节

阿利·伯克号是第一艘装备“宙斯盾”导弹系统的驱逐舰。此外，该军舰还纳入了最为先进的隐形技术。阿利·伯克号是阿利·伯克级导弹驱逐舰的旗舰。

▶ **加拿大皇家海军范库弗峰号**

入役：1993年
来源地：加拿大
排水量：4 750吨
长度：134米（440英尺）
最高速度：30节

范库弗峰号是加拿大海军装备的第二艘哈里法克斯级护卫舰。它是一种现代多用途护卫舰，可以应对水面和天空威胁，同时还具备完全的反潜能力。

美国航空母舰

美国海军乔治·华盛顿号

航空母舰是海上力量的终极象征。乔治·华盛顿号是美国海军10艘尼米兹级航空母舰的代表，而尼米兹级航空母舰是有史以来驶入海洋的最大型军舰。

乔治·华盛顿号于1992年入役，可以搭载包括战斗机、攻击机、运输机、预警机和直升机在内的85架飞机，也是6 000名官兵的海上家园。虽然尼米兹级航母的主要设计用途是提供实施进攻性打击的能力，但它也配备了相应防御能力，如防空和反导武器系统及20毫米口径速射舰炮。

站在乔治·华盛顿号航母右舷朝甲板望去，呈现在我们面前的是岛屿状的上部结构——航母的指挥和控制中心，这是舰桥和主要的飞行控制区域所在地。在该区域，军官们谨慎地观察着巨大的飞行甲板。甲板面积大约为1.8公顷（4.45英亩）——大约为两个半足球场的面积。在执行飞行任务时，甲板就像蜂巢一样充满活力，飞机不断起降、调动、加油并装填武器。飞机由4个弹射装置组推进起飞，其中两个位于以一定角度倾斜的甲板的前端，另外两个位于船首。降落甲板朝左侧倾斜，以便飞机返回航母时不对其他活动造成干扰。飞机降落时，飞行员必须确保飞机的尾钩钩住4条高张力钢丝止动器中的一条。这些止动器将迅速降低飞机的速度，并使其在两秒钟内停止。

当不执行任务时，大部分飞机都被储存在飞行甲板下的巨大机舱内。机舱长度几乎与航母长度一致。甲板下方则是航母船员的生活区域。

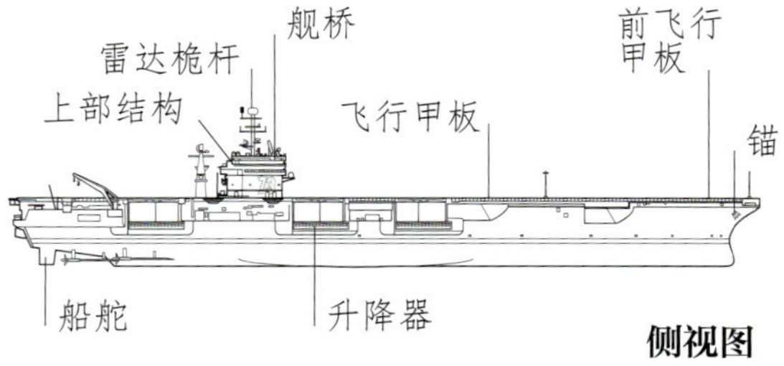

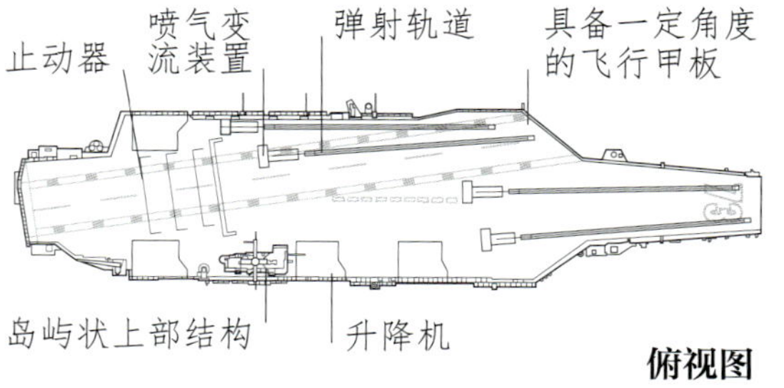

▲ **美国海军乔治·华盛顿号**
乔治·华盛顿号是第6艘尼米兹级航空母舰，长度为333米（1 092英尺），排水量为10.3万吨。其动力来源于两个核反应堆。

▼ **起飞前准备工作**
甲板工作人员将诺斯罗普·格鲁曼公司的E-2C鹰眼预警机固定在弹射滑梭上。

起飞和降落

▲ **弹射控制分离舱**
图中的观察舱部分位于甲板下方。船员可在该观察舱内安全地避开移动的飞机及其尾气，对弹射起飞实施控制。

▲ **弹射滑梭**
在弹射起飞时，弹射滑梭被附着在飞机起落架上，沿着蒸汽活塞推动的轨道向前运动。

▲ **滑动轨道**
弹射滑梭沿着航母飞行甲板上的轨道运行。

▲ **喷气变流装置**
位于麦道F/A-18大黄蜂飞机后的黄色变流挡板防止飞机起飞时的尾气对人或设备造成损害。变流挡板由海水冷却。

▲ **格鲁曼F-14雄猫飞机降落**
与甲板接触的一刹那，飞行员加大油门。这样的话，即使飞机未能钩住止动钢索，它也有再次起飞的足够速度，并可以尝试再次降落，这种做法被称为“蜻蜓点水”。

在甲板周围

▲ **飞机武器**

乔治·华盛顿号上大部分的可怕的武器都是为飞机所使用的。机载武器包括炸弹、火箭弹、制导导弹和鱼雷。

▲ **升降机**

升降机由4台液压起重机组成，其中一台升向左舷，另外3台升向右舷，以便在机舱和飞行甲板之间运送飞机。还可借助升降机将货物或零部件从机舱运进运出。

▶ **直升机维护**

航空母舰上的直升机可执行多种任务，包括反潜、救援和人员运送等。

▲ **岛屿状上部结构**

包括雷达和卫星通信设备在内的大部分电子设备位于上部结构。航母编号涂在上部结构的一侧。

▼ **浮动的飞机跑道**

诸如乔治·华盛顿号的航空母舰可以充当移动战略打击平台，在国际海域中的任何地区开展行动，从而带来一定的战略优势。

乔治·华盛顿号内部和下部

众多的控制室位于岛屿状上部结构的内部和甲板下的边边角角。除了飞机机舱之外，下甲板区域还包含了弹射和止动器的机械设施、44个弹药库、发电区域和轮机室。数千名船员和飞行员的生活设施，如食堂、医疗设施和健身场馆都位于下甲板区域。

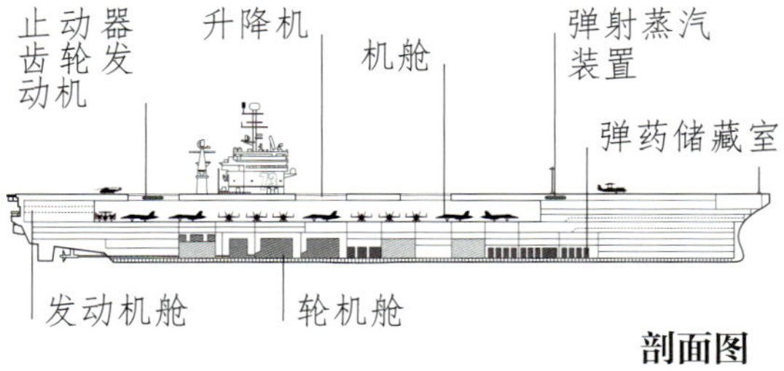

剖面图

发射和捕捉

▲ **止动齿轮活塞**

当止动钢索钩住降落速度高达240千米/时（149英里/时）的飞机时，位于乔治·华盛顿号飞行甲板下方的大型液压活塞为控制止动钢索提供巨大动力。

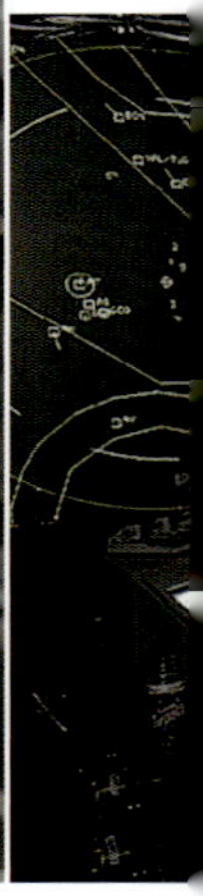

▲ **仪表盘**

仪表展示了弹射装置内的蒸汽压力值。乔治·华盛顿号可以在1分钟内弹射4架飞机。

控制室

▲ **主飞行控制室**

主飞行控制室可俯瞰甲板。航母上的航空部队领导人负责协调航母上所有飞机的起降。主飞行控制室的窗户呈一定角度，以降低眩光。

▲ **舰桥**

在舰桥上可以全景观测天空和海洋。在舰桥中，舰长或值班驾驶员对导航和航向进行控制。

飞机机舱

▲ **反应堆控制室**

在反应堆控制室内可以对反应堆进行遥控。凭借一瓶软饮大小的燃料球芯块，乔治·华盛顿号航母可以航行一年。航母上的核燃料可以使得航母运行18年不停歇。

◀ **3号泵室**

JP5航油通过3号泵室被泵吸到飞行甲板。为了降低火灾的风险，JP5航油比商业燃油的燃点更低。

甲板下的生活

▲ **操作室**

船员通过监视器屏幕对飞机在飞行甲板上的起飞、降落和其他活动进行监控，并借助雷达指挥飞机。当遭遇攻击时，在操作室对防御系统进行指挥。

◀ **传动轴**

图中一名工程师正在对一条传动轴进行检查。该条传动轴来自于4个推进器中的一个。这4个推进器借助航母核反应堆的动力推动航母前进。这4个五叶片的推进器使得乔治·华盛顿号航母的速度达到30节以上。

▼ **面包房**

乔治·华盛顿号上的厨房与面包房每天大约须提供18 000份餐食。从背景中可以看到巨大的烤箱。

◀ **机舱**

在机舱内对飞机进行维修。机舱内的每一名工作人员都有一件特定颜色的夹克以区分他们的工作任务。如一般维护人员穿着绿色夹克，褐色夹克则代表着飞机队长，负责对特定种类飞机进行维修保养。

▶ **锚链**

乔治·华盛顿号航母上有一对重达30吨的无锚杆的锚。当锚处于未使用状态时，锚链穿过船头。每一条锚链的质量大约为160千克（360磅）

▼ **发动机舱**

对于发动机的维护、测试和储存都发生在发动机舱。图中发动机舱内可看见一台F-14“雄猫”的发动机，而背景则是F/A-18“大黄蜂”的发动机。

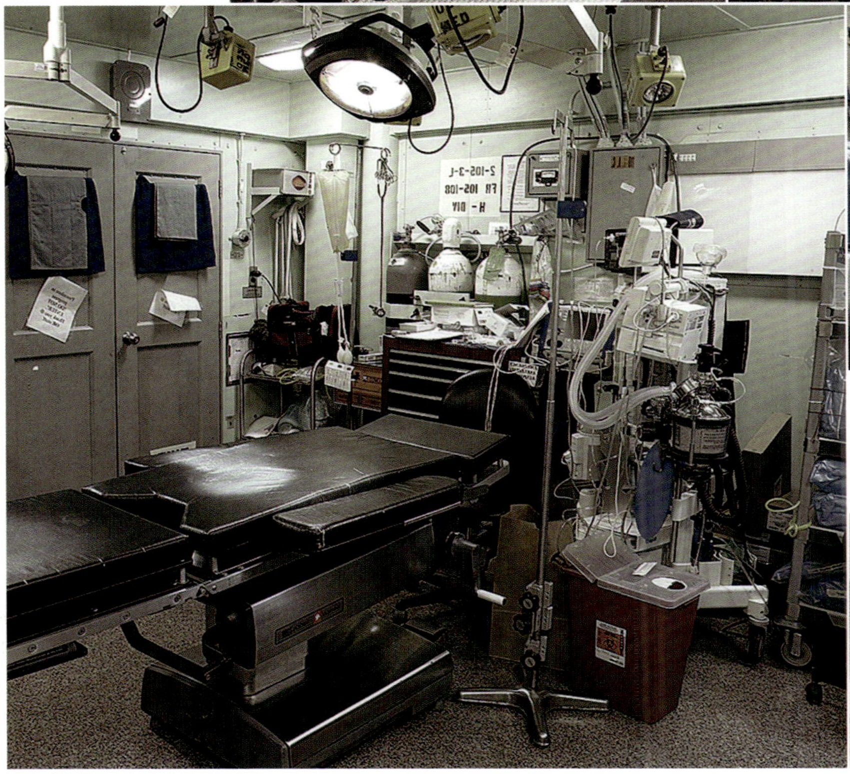

▲ **手术室**

航母上的医疗部必须做好准备以应对绝大部分的疾病、事故或战斗伤亡。医疗小队平均每年接诊的病人超过10 000名，拍摄大约3 000次X光片，并开展100多次外科手术。

▲ **简报室**

在简报室下达飞行指令。每一个座位都有对应的飞行员。

▲ **自动饮水器**

蒸馏设备每天需要从海水中提取出150万升（33万英制加仑）淡水。

关键行动

“海神之矛”行动

2011年5月2日

2011年5月2日，由美国海豹突击队实施的猎杀“基地”组织首脑本·拉登行动的成功，要得益于情报与科技的保障。首先，通过卫星发现了本·拉登在巴基斯坦的藏身之处，随后借助秘密的“哨兵”隐形无人机进行验证。利用隐形的UH-60黑鹰直升机将海豹突击队员运送至行动地点。他们携带了包括压制步枪、夜视仪和防护衣在内的先进装备。

▲奥萨马·本·拉登是“基地”组织的创始人。“基地”组织是一个伊斯兰军事组织，制造了2001年的“911”事件。

关键发展

高科技战场

不懈地追求高科技以改善战场上的表现，这是当前发展日益迅猛的一种趋势。当前，在美国的引领下，其他所有的军事大国正在不断地将科学技术最新的发展纳入他们的武器系统中。

无人机的发展对于作战方式产生了极为深远的影响。临近20世纪末期，无人机就已经为自己确立了不可多得的侦察工具的地位。特别是RQ-4全球鹰无人机、捕食者无人机、死神无人机的出现，对于搜集战略和战术情报而言是一次革命性的变革。2000年以后，无人机也逐步承担了“猎杀”的任务，可以配备多达14枚地狱火导弹和2枚铺路者Ⅱ型激光制导炸弹。在阿富汗，无人机得到了广泛应用。在9 600千米之外的美国内华达空军基地，操作人员通过实时卫星链接对阿富汗的无人机进行操控。无人机的另一项优势是其出色的滞空续航能力，比如以色列的“埃坦”无人机系统可以滞空70个小时。

陆地上的无人驾驶车辆

作为美国领导的朝向“自动化战场”发展的一部分，在陆地上也开始使用无人驾驶的车辆。它们最初是遥控拆爆机器。然而，最近出现了一些尺寸更大且更为复杂的无人驾驶车辆，包括以M2布雷德利步兵战车为基础的遥控黑武士坦克。一个比较有趣的研发项目是以色列的遥控机器蛇。遥控机器蛇被用来在狭小的敌方环境中开展侦察活动，它配备了照相机和麦克风。将隐形技术应用到标准前线飞机（如美国的F-35型机）中取得的一定进步也得到了延伸，逐步应用到战舰和装甲车之中。适应性迷彩方面的进展使得诸如主战坦克一类的易暴露目标可以躲避红外线传感器的侦测。此外，我们也逐步走进了从前的科幻领域，对Metaflex（超弯曲材料）进行了一定的研究，这种材料可以让士兵躲在“隐形”斗篷后面。

激光武器的发展则进入了两个截然不同的领域。如美国TRS和PHASR一类的激光步枪可以短暂致盲，此类武器意在打击敌方士气而非杀伤敌人。第二个领域则包含十分强劲的激光武器，如试验性的激光复仇者，根据设计它将击落来袭的导弹。

▼ **XM25榴弹发射器**

图中美军士兵正在测试XM25榴弹发射器。XM25榴弹发射器采用计算机光学瞄准具，发射25毫米口径榴弹炮。榴弹炮将在半空中或接近目标的区域爆炸。

“我们的精神力量与我们部队的实力和高科技武器同等重要。”

罗伯特·里奇（Robert Reich），美国前劳工部长，2004年7月

对于战场上的士兵而言，阿富汗战场则是他们试验所有新武器的地点。可将M-26型LSS激光霰弹枪装配在M4或M16型突击步枪上，以用于破门或近战行动，也可发射非杀伤性武器，如催泪弹等。另一项创新是H&K XM25型防遮蔽目标打击武器。它是一种口径为25毫米的半自动榴弹发射器，借助“灵巧”激光测距仪确保榴弹在1 000米之外的目标处精确引爆。榴弹通过计算其自身旋转的次数来衡量其飞行的距离。

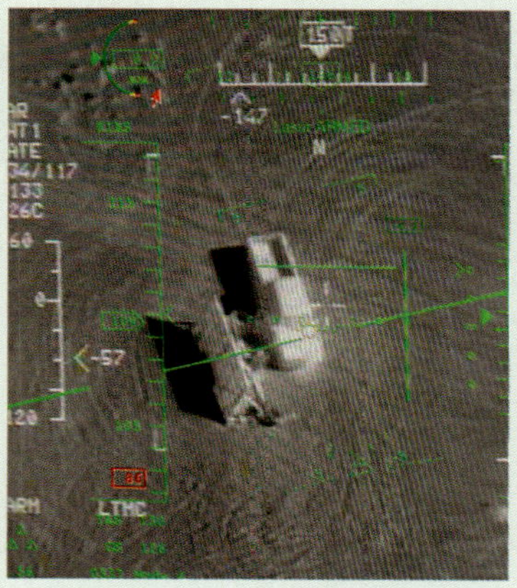

▲ MQ-9死神无人机摄制图像

此处的图片为美国某空军基地内地面控制站显示屏所展示的MQ-9死神无人机在一次训练任务中拍摄的图片。

关键事件

1970年至今

- 1972年　英国陆军独轮手推车爆炸物处理机器人研发成功，被用于北爱尔兰地区。
- 1982年　洛克希德·马丁公司研发的世界上首架隐形技术飞机F-117问世，并被美国空军所采用。
- 1994年　捕食者无人机首飞。根据设计，其用途仅为侦察。
- 2001年　死神无人机研制成功。较之于捕食者无人机，它的尺寸更大，用途更为广泛。
- 2006年　带有隐身技术的F-35雷霆Ⅱ喷气式战斗机投产。
- 2007年　死神无人机开始在阿富汗空域执行作战任务。
- 2009年　单兵空爆武器系统在阿富汗和伊拉克得到试验。
- 2010年　Metaflex“隐身”材料研发。

◄ “鹰爪”3B机器人

在巴林的一次训练演习中，“阔刀”地雷被一个“鹰爪”3B机器人从沙丘上移除。“鹰爪”3B机器人的设计用途为发现并摧毁临时简易爆炸装置。技术人员通过监控器和视频设备对该机器人进行遥控。

制导导弹驱逐舰

美国海军唐纳德·库克号

美国海军制导导弹驱逐舰唐纳德·库克号参加了美军在伊拉克的行动。2003年3月，该驱逐舰根据部署参加了伊拉克自由行动。它是第一批向伊拉克目标实施打击的军舰。

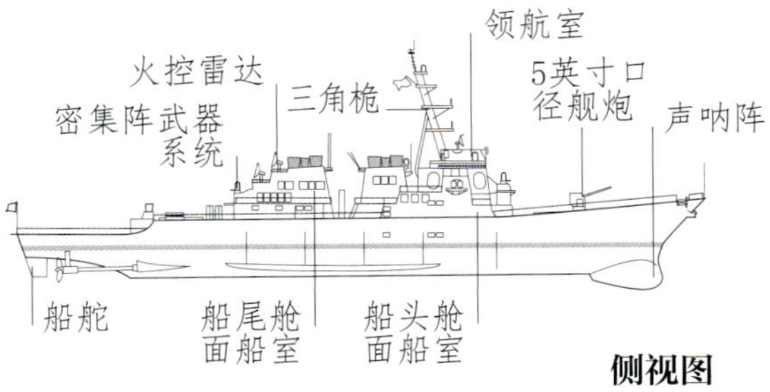

侧视图

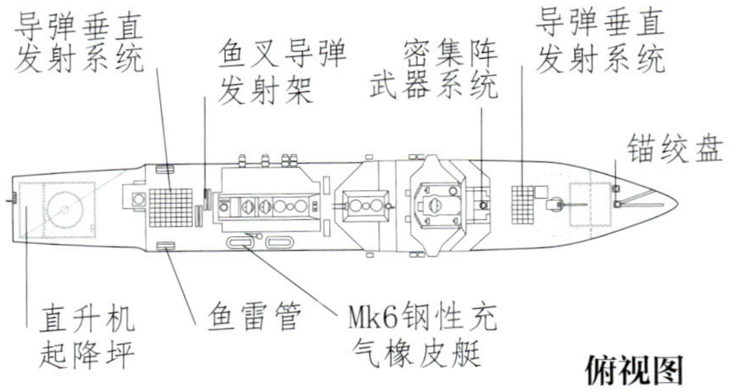

俯视图

▲ **美国海军唐纳德·库克号**
尽管被归为驱逐舰，但唐纳德·库克号的长度超过150米（492英尺），排水量为8 400吨，大小与许多第二次世界大战时期的巡洋舰相似。

唐纳德·库克号和其他阿利·伯克级驱逐舰是当前在役的最先进水面舰船之一。它于1997年下水，是该等级驱逐舰中的第25艘。唐纳德·库克号隶属于第二舰队，较之于之前同等级的舰船，它在武器和电子设备方面有着重大的进步。它装备了多种武器，令其具备了美国海军所谓的“可执行多种攻防行动的能力”。该舰攻击能力的关键在于两套MK41垂直发射系统，可发射防空导弹、反潜导弹、对舰导弹及攻击地面目标的巡航导弹。此外，在该舰上还有一个可供攻击直升机起降的甲板。

根据设计，该驱逐舰能够最大限度地保证自身的生存能力。阿利·伯克级驱逐舰是第一批纳入隐形技术的军舰，其埋入式烟囱设计和成角度的外形设计降低了它自身的雷达反射，还可以使其抑制红外散射。该等级的驱逐舰同样也是美国的首批全钢战舰。在船体结构中使用钢材而非铝材可以在遭受导弹攻击时减轻损毁。唐纳德·库克号上共有30名军官和300名士兵。

甲板特征

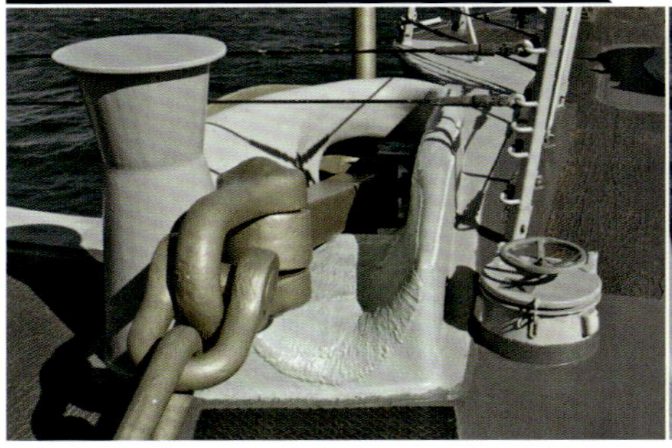

▲ **锚链**
图中的两套船锚被小心固定在位，以防止其在上升或下降时撞击船体上的大型声呐鼓。

▲ **直升机降落灯**
绿灯代表可顺利降落，琥珀色则是发出警告，红色则意味着进入的直升机高度太低。闪烁的红色则告诉飞行员中止降落。

▲ **直升机起降坪**
该舰可以搭载执行搜寻和攻击任务或运输人员和货物的西科尔斯基SH-60型海鹰直升机，并为它们加油。

▲ **箔条诱饵发射器**
干扰弹发射架系统发射箔条和红外诱饵以诱导敌方导弹和火控系统。

▼ **甲板轮廓**
排列紧凑的武器装备，其中一些被遮挡住，使得甲板看起来光秃秃的。随后同等级的其他舰船则在停机坪前方增设了一个隐蔽的机库。

武器系统

▲ **25毫米口径链式炮**

Mk38链式炮可由一种电控链式装备自动装填弹药，可以对巡逻船或漂浮的水雷实施防御。

▲ **20毫米口径旋转加农炮**

图中的两套密集阵近战武器系统使用雷达自动控制加农炮，以识别、跟踪并摧毁来袭的导弹。

▲ **鱼雷管**

图中有两套Mk32型3筒鱼雷管。借助鱼雷管尾部烧瓶中的压缩空气来发射鱼雷。

◄ **5英寸口径舰炮**

Mk45舰炮被用来攻击水面舰船或飞机，还可以对海岸实施轰炸。

甲板内部和下方

作战信息中心对战斗行动实施协调。而这都是由以计算机为基础的“宙斯盾”战斗系统所控制的，它可同时对空中、水面及水下目标实施攻击。钢制隔离壁贯穿于整个船体以防止撞击。此外，还利用凯夫拉挡板对重要设备实施防护，还有一套空气过滤系统以防止核、生物和化学攻击。

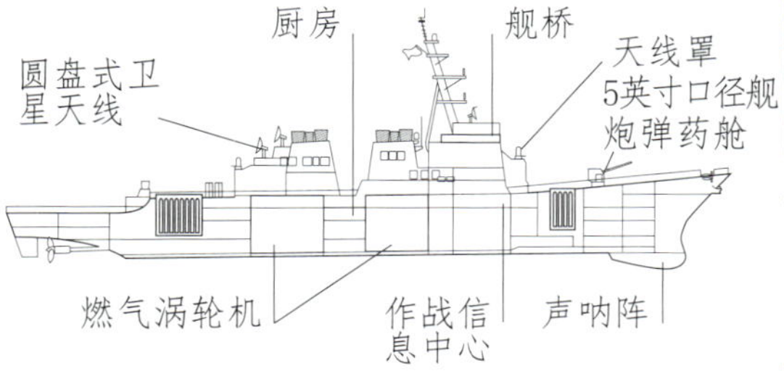

侧视图

控制和作战

▲ **舰桥**

舵手移动位于舰桥中心位置的舵柄。这也同样是一个自动的数字操舵系统，可以输入一定的程序，并使得操舵过程完全自动化。

发电装置

▲ **燃气涡轮机**

图中的4套LM2500燃气涡轮机来自于使用在飞机上的发动机，如波音747，使得该舰速度达到30节以上。

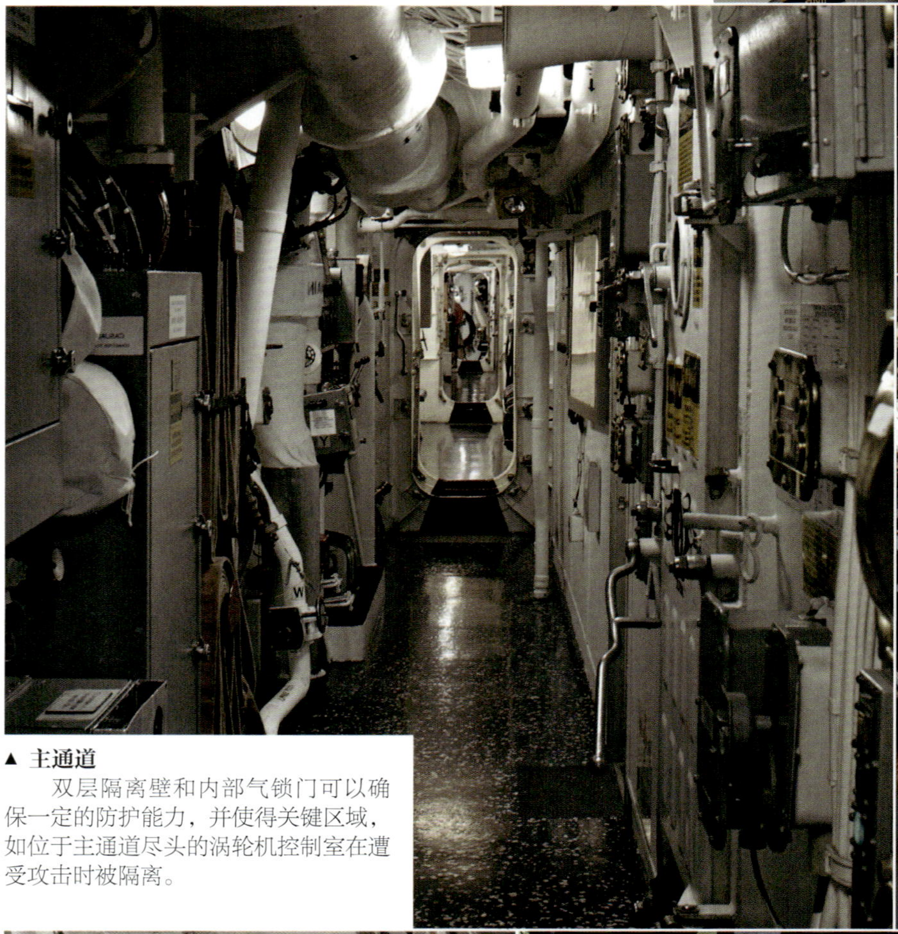

▲ **主通道**

双层隔离壁和内部气锁门可以确保一定的防护能力，并使得关键区域，如位于主通道尽头的涡轮机控制室在遭受攻击时被隔离。

▲ **主轮机舱**

两套净化系统位于两个主轮机舱内，将固体污染物和水从油料中移除。

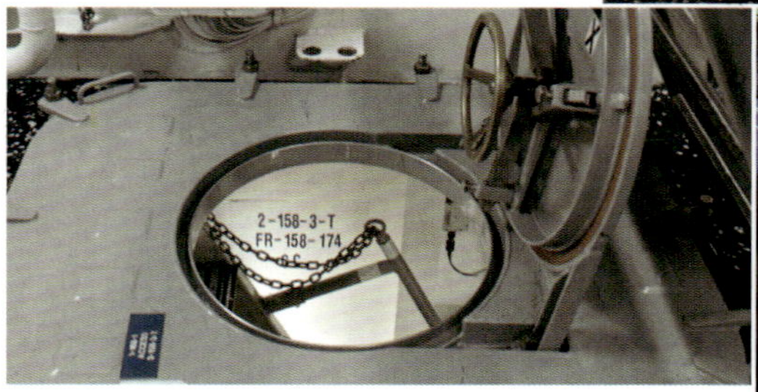

▲ **舱口**

密封舱口将舰船划分为各种区域，防止生物或化学媒介的污染。

▲ **战术信息协调员**

作战信息中心由一群专业人员组成，他们每人都有特定的责任。如图中的战术信息协调员就负责处理来自友军的战术数据。

弹药系统

◄ **弹药装填系统**

在战斗环境中，在5英寸口径舰炮弹药舱内有一小队人员负责操作计算机化的装填系统。该系统确保能向甲板上的Mk45舰炮源源不断地输送炮弹。

▲ **战斗室**

战斗室位于作战信息中心内，“宙斯盾”作战系统掌控并协调舰船的武器和电子干扰设备。

◄ **作战信息中心屏幕**

“宙斯盾”系统整合并展示了来自雷达、声呐和卫星系统的数据。AN/SPY相控阵雷达可以同时追踪成千上万个目标。

▲ **5英寸口径舰炮弹药舱**

唐纳德·库克号的5英寸口径舰炮弹药舱位于Mk45炮座下方，能够储存680发炮弹。弹壳外部的黄色标记表明这些炮弹是高爆弹。

▲ **推进剂储存室**

便于Mk45舰炮发射炮弹的推进剂粉末也储藏于这一弹药舱内。该舰炮每分钟可以发射20发炮弹。

船上生活

▲ **厨房**

舰上厨师可借助唐纳德·库克号上宽敞且设备良好的厨房，为舰上330名男女官兵准备一日3顿种类丰富的热食。

◄ **餐桌**

战士们在厨房旁边的非正式自助餐厅内就餐。

◄ **消防设施**

在甲板的各个角落都有配备了软管、防护服和呼吸辅助设备的消防站。

战后潜艇

据称，核动力潜艇及其潜射弹道导弹是有史以来最为强大的武器。藏匿于水波之下，这些潜艇在毫无征兆的情况下发射致命的导弹，而又不会遭受敌人的报复性打击。它们高度的隐蔽能力还会使其获得宝贵的第二次打击能力。越来越多的常规攻击潜艇，无论是核动力还是柴油动力的，会参与到攻击水面舰船或猎杀其他潜艇的行动中。

▲ 美国海军鹦鹉螺号潜艇

入役：1954年　来源地：美国
排水量：3 535吨（水下4 090吨）
长度：98.8米（324英尺）
最高速度：22节（潜航25节）

鹦鹉螺号潜艇是世界上首艘作战核动力潜艇，也是首艘穿过北极水下的潜艇。

▼ 美国海军马里兰号潜艇

入役：1992年　来源地：美国
排水量：16 000吨（水下18 700吨）
长度：171米（561英尺）
最高速度：20节（潜航25节）

马里兰号是俄亥俄级战略导弹核潜艇，是美国核威慑的最前沿。它配备的24枚三叉戟导弹中的任意一枚都可以携带12枚弹头，射程可高达11 300千米（7021英里）。

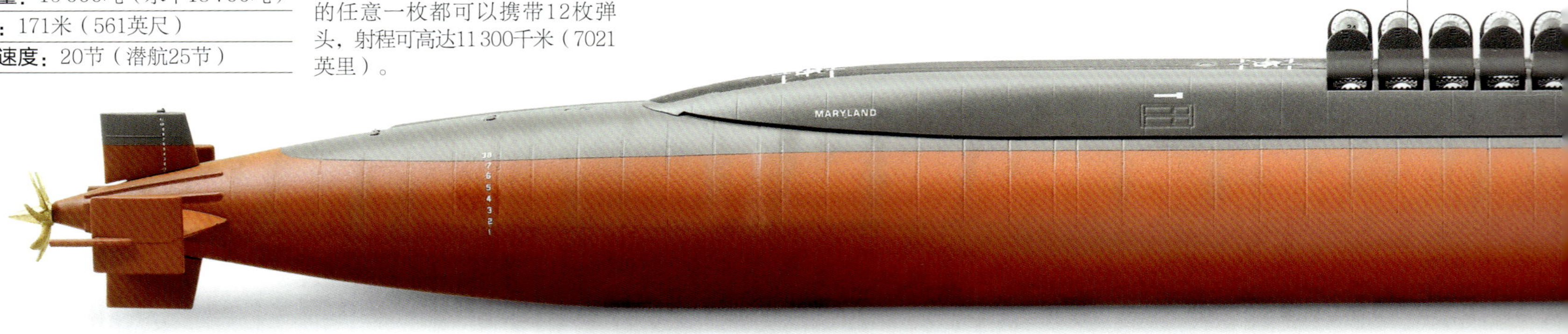

▶ 新西比尔斯克号（B-401）潜艇

入役：1984年　来源地：苏联
排水量：2 325吨（水下3 075吨）
长度：67米（220英尺）
最高速度：15节（潜航24节）

新西比尔斯克号为基洛级柴电攻击潜艇，装备有布雷装置和常规鱼雷，以及反舰和防空导弹。

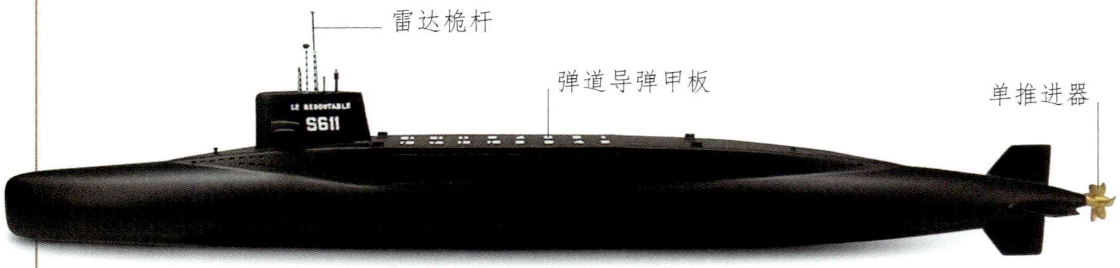

◀ 可畏号（S611）潜艇

入役：1971年　来源地：法国
排水量：8 045吨（水下8 940吨）
长度：128米（420英尺）
最高速度：18节（潜航25节）

可畏号是可畏级的第一艘潜艇，也是法国第一艘弹道导弹潜艇。它最初配备的M1导弹射程为2 000千米（1 243英里），可携带一枚450千吨弹头。

▲ 阿库拉级潜艇

入役：1981年　来源地：苏联
排水量：18 500吨（水下25 000吨）
长度：175米（574英尺）
最高速度：22节（潜航27节）

俄罗斯阿库拉级（鲨鱼）潜艇的北约代号为“台风”，是迄今为止建造的最大潜艇。根据设计，它们可以躲藏在北冰洋冰面下发射潜射弹道导弹。

▲ **皇家前卫号（S28）潜艇**

入役： 1993年　**来源地：** 英国

排水量： 15 160吨（水下16 190吨）

长度： 150米（492英尺）

最高速度： 潜航25节

前卫号是前卫级核潜艇的第一艘，配备有16枚三叉戟潜射弹道导弹，每枚都包含12枚弹头。它还具备4根旗鱼制导鱼雷的鱼雷管。

▼ **凯旋号（S616）潜艇**

入役： 1997年　**来源地：** 法国

排水量： 12 640吨（水下14 335吨）

长度： 138米（453英尺）

最高速度： 20节（潜航25节）

凯旋号是第一艘凯旋级潜艇（法国海军可畏级的替代品）。它装备有16枚M45潜射弹道导弹，每枚都包含6个弹头，射程高达6 000千米（3 728英里）。

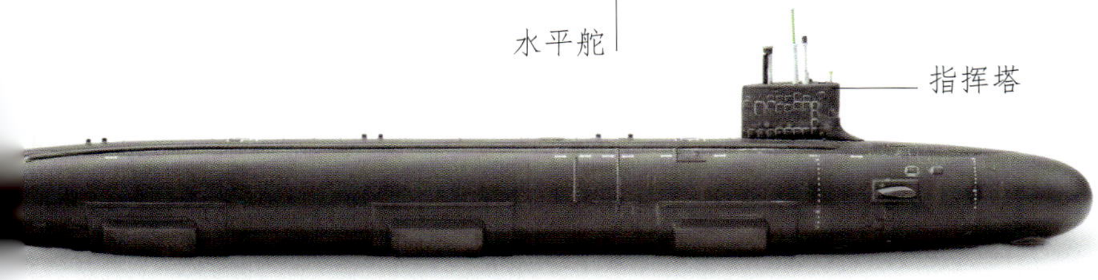

◀ **美国海军弗吉尼亚号（SSN-74）潜艇**

入役： 2004年　**来源地：** 美国

排水量： 6 455吨（水下7 101吨）

长度： 115米（377英尺）

最高速度： 25节（潜航32节）

弗吉尼亚号是第一艘弗吉尼亚级核动力攻击潜艇，装备有马克48型制导鱼雷和战斧巡航导弹。当其下潜时，海豹突击队员可以从其压力舱中潜出。

▶ **皇家机敏号（S119）潜艇**

入役： 2010年　**来源地：** 英国

排水量： 7 130吨（水下7 535吨）

长度： 97米（318英尺）

最高速度： 20节（潜航30节）

机敏号是英国皇家海军第一艘机敏级核动力攻击潜艇。该潜艇不仅配备了常规的鱼雷，还配备有旗鱼制导鱼雷和战斧巡航导弹。

◀ **尤里·多尔格鲁吉号**

入役： 2012年　**来源地：** 俄罗斯

排水量： 14 490吨（水下23 620吨）

长度： 170米（558英尺）

最高速度： 15节（潜航29节）

尤里·多尔格鲁吉号是最新的北风之神级核动力潜艇，装备有16枚RSM-56布拉瓦潜射弹道导弹，每一枚导弹都包含6枚弹头，射程高达10 000千米（6 214英里）

在阿富汗的战斗

在阿富汗境内与塔利班分子作战的国际安全援助部队的士兵能够使用21世纪初期最为先进的军事武器。但是，2010年2月的“共同”行动则证明，即便如此，步兵依然容易遭受伤害。

“共同”行动是对阿富汗南部赫尔曼省塔利班控制地区所发动的一次大规模攻势。大约15 000名美国、英国、加拿大和阿富汗陆军部队参与争夺地区控制权的行动，试图摧毁罂粟种植和毒品走私网络，并在相关地区树立政府统治。叛乱分子藏身于民，占据着马尔亚镇和绍尔镇。

国际安全援助部队装备着最为先进的夜视光学仪器，因此可以在夜色的掩护下发起攻击。已经先行潜入目标区域的小股特种部队——英国特种空勤团和美国海军海豹突击队则引导捕食者无人机和阿帕奇攻击直升机对塔利班据点的目标进行打击。在黎明前大约两个小时，超级种马直升机和支奴干直升机在直升机机炮的掩护下将部队空运至目标城镇附近的着陆场。战士们小心翼翼地穿过散布着简易爆炸装置（国际援助部队伤亡的三分之二要“归功于”简易爆炸装置）的地面。借助便携式铝制桥梁，他们得以通过无数的灌渠，以便绕开现有的桥梁，因为桥梁上面肯定埋有爆炸物。当空运过来的部队接近塔利班控制的城镇时，另外的美国部队也开始从基地出发经陆路进入塔利班控制的领土。M1突击破障车在布满爆炸物和饵雷的道路上开路，不时发射装填塑料爆炸物的火箭弹以引爆前方所有隐藏的爆炸装置。

行动的第一天十分高效也取得了巨大成功，塔利班的多次抵抗均被巧妙化解。美国陆战队在马尔亚镇内建立据点，英国军队也进入了绍尔镇。在这一阶段，塔利班部队或许已经离开了这些区域，但区域内大量的抵抗活动则构成了十足的威胁。塔利班装备的典型武器为AK-47突击步枪、RPG-7火箭推进榴弹发射器、PK机关枪及栓式狙击枪。在充满隐蔽场所的环境中，塔利班上述武器的威力与国际安全援助部队武器的威力相当。

人群之中的战争

逐屋清理城镇是一项十分费力的工作。美国和英国希望将伤亡水平控制在最小，因此他们最为明显的战术就是确认塔利班所占据的建筑物，并呼叫空袭或使用地对地导弹将其摧毁。在大多数情况下，现代武器能够确保对特定目标实施高精度打击。然而，这可能会造成平民伤亡，从而具备极大的政治风险。的确，在行动第二天，美国高机动性火箭炮系统（卡车运载的多管火箭炮发射器）所发射的两枚导弹就致使马尔亚镇内包括儿童在内的12人死亡。

虽然在行动开始后的12天内，主要的城镇被阿富汗政府所掌控，但低强度的战斗一直在进行，狙击枪和简易爆炸装置一如既往地给国际安全援助部队和阿富汗士兵带来伤亡。最终，这样的行动是不会有结果的。

清理道路

在“共同”行动中，一辆美国M1突击破障车引爆马尔亚镇附近的线装炸药。在前进车辆前爆炸的线装炸药内含有795千克（1 753磅）炸药，足以清除道路沿途的所有地雷或简易爆炸装置。

术语表

扁斧/Adze 一种斧形武器，斧刃与柄成直角。

加力燃烧室/Afterburner 喷气发动机的一个组件，可以利用废气燃烧额外的燃料以增加推力。

副翼/Aileron 飞机机翼的铰接表面，用于控制飞机的水平定向。

活动头盔/Armet 15世纪欧洲出现的一种有活动脸罩的头盔。

火绳钩枪/Arquebus 15世纪到17世纪使用的一种前装火器，是18世纪滑膛枪的前身。

阻拦索（钢丝止动器）/Arrestor wire 航空母舰使用的绳索，用于帮助飞机在甲板上降落时减速。

突击步枪/Assault rifle 一种使用中间型威力弹药的弹匣供弹自动步枪。

自动武器/Automatic weapon 扣下扳机将持续装弹和射击的火器。

辅助部队/Auxiliaries 支持军队主体的其他人员，任何形式的支持部队。

护面甲/Aventail 中世纪欧洲保护颈部和肩部的锁甲帘。

古代石弩/Ballista 古罗马一种用于攻城战的远程武器。

倒钩/Barb 箭头上的刺钩，让箭头嵌入体内后变得很难移除。

炮塔/Barbette 一种保护火炮或火炮部件的装甲结构。

护面头盔/Barbuta 一种带面甲的钢制头盔，最初于15世纪面世，属于一种轻便头盔。

长柄斧/Bardiche 一种东欧武器，末端是长且类似劈刀的刃。

马铠/Barding 马匹盔甲。

骑士佩剑/Baselard 中世纪晚期的短剑。

轻钢盔/Basinet 一种中世纪有面甲的头盔。

营/Battalion 一个包括300～1200名士兵的军事单位。

炮组/Battery 一组火炮，通常包括4～8门炮。

战列巡洋舰/Battlecruiser 第一次世界大战之前研发的一种重度武装的高机动战列舰。

战列舰/Battleship 舰队中最大的武装船只。

刺刀/Bayonet 一种在火枪枪口末端、上方、下方或周围安装的刀片，可以将火枪变成近战武器。

护腋甲/Besagew 保护肩部的圆形甲板，也称为圆甲片（rondel）。

喇叭口前膛枪/Blunderbuss 一种具有短喇叭形枪口的前装火枪。

栓式枪机/Bolt action（步枪） 一种手动拉拽枪栓以弹出空弹壳并装填新子弹的枪械。

枪管/炮膛/Bore 枪管的口径（内径），传统上用454克（1磅）铅铸造的铅粒数表示。

船艏/Bow 舰船的前部。

后膛/Breech 枪械或火炮的后部。

旅/Brigade 由若干个步兵或坦克营组成的军事单位。

锁子铠/Brigandine 中世纪的一种铠甲，通过在织物上缝合小金属板制成。

排炮/Broadside 军舰同时发射舷侧的部分或全部枪炮。

无托式步枪/Bullpup 一种将发射机制设置在抵肩机匣中的步枪，可以让相对较短的武器使用正常长度的枪管。

轻盔/Burgonet 16世纪欧洲广泛使用的一种面部开放式头盔。

枪托/Butt 步枪抵在肩部的部分，手枪握在手中的部分。

口径/Calibre 武器枪/炮管的内径，也可以用于描述特定的弹药类型。

主力舰/Capital ship 海军中最强级别的军舰。

卡宾枪/Carbine 一种短枪管的步枪或滑膛枪，口径通常比步枪小，最初是为骑兵设计的武器。

大帆船/Carrack 15世纪欧洲建造的三桅或四桅帆船。

近距臼炮/Carronade 一种短炮管的短程火炮，由苏格兰卡隆炼铁厂在1770年左右研制。

弹药/Cartridge 包含弹丸和火器使用的推进剂。

炮塔/Casemate 为部队设计的防御工事；军舰上的炮台。

弹射器/Catapult（航空母舰） 一种用于从航空母舰甲板上发射飞机的履带和活塞系统。

箔条/Chaff 通常由飞机释放的金属或塑料条，用于干扰敌方雷达。

链枪/Chain gun 机枪的一种，通过使用外部动力的链条装填和发射弹药，而非反冲机制。

膛/Chamber 火器发射弹药的部分。

刀鞘包铜/Chape 请参见刀鞘。

轻步/骑兵/Chasseur 法国轻型步兵或轻型骑兵，训练有素且高度机动。

共轴机枪/Coaxial gun 坦克的一种二级武器，与主炮一起使用。

复合弓/ Composite bow 多层材料制成的弓，例如木材与骨骼、角或筋绞合。

托臂/Corbel 石质拱形结构，用于支撑城墙较高的部分。

军团/Corps 包括2～3个师的军事群体。

轻武装快舰/Corvette 一艘小型轻量武装船只。

护肘/Couter 保护肘部的一块铰接盔甲或甲板。

垛口/Crenel 城垛或城墙上的敞开空间或缺口。

马颈甲/Crinet 保护马颈部的铠甲。

弩/十字弓/Crossbow 一种发射木制或金属弩箭的机械弓。

十字护手/Crossguard 请参见锷叉。

胸甲骑兵/Cuirassier 因为金属护胸/背板（或“胸甲”）而得名的一种骑兵。

腿甲/Cuisse 保护大腿的中世纪盔甲。

刀/Dao 中国的一种单刃砍削兵器。

驱逐舰/Destroyer 快速的轻度装甲军舰，配备火炮和反潜武器。

短剑/Dirk 通常由海军军官使用的匕首。

杯式掷弹器/Discharger cup 固定在步枪末端的杯子，用于放置并发射手榴弹或投掷武器。

龙骑兵/Dragoon 训练有素的骑兵或步兵军事单位。

无畏舰/Dreadnought 一种涡轮驱动的战列舰级海军舰艇，装备有统一口径的重炮。

无人机/Drone 通常用于侦察的遥控飞机。

电子对抗/Electronic countermeasure 一种旨在干扰敌方雷达或声呐的电子装置。

升降舵/Elevator 飞机机翼上的铰接表面，用于控制飞机的垂直定向。

升降副翼/Elevon 飞机机翼上的操纵面，结合了副翼和升降舵的功能。

椭圆机翼/Elliptical wing 一种飞机机翼设计，可以最大限度地减少阻力。

纵射/Enfilade 瞄准敌方侧翼的炮火。

护航航空母舰/Escort carrier 第二次世界大战期间用于运载飞机的改装商船，通常搭载6～35架飞机，远远少于大型舰队航空母舰搭载的飞机的数量。

退壳器/Extractor 火器的移动部件，用于在射击后从枪膛移除废弃的弹壳。

隼炮/Falconet 一种轻型中世纪炮。

护甲裙/Fauld 保护腰部和臀部的铠甲。

野战炮/Field gun 便携式而非固定式火炮。

撞针/Firing pin 某些枪械和爆炸装置中用于引爆装药的击发结构部件。

射击台阶/Fire step 在战壕的墙壁上建造或凿出的台阶，使士兵能够越过战壕的边缘射击。

一等舰/First-rate ship 英国皇家海军对在役最大舰船的称呼，较小的舰船称为二等或三等舰船。

侧甲/Flanchards 保护马侧腹的铠甲。

消焰器/Flash suppressor/hider 一种可以减少枪械射击时气体燃烧产生闪光的装置。

舰队航空母舰/Fleetcarrier 与海军主要舰队一起作战的航空母舰。

燧发/Flintlock 一种击发机构，利用燧石撞击钢表面并产生火花，以点燃装药。

护卫舰/Frigate 具有完整双层甲板的18世纪或19世纪战舰，或者具有反潜能力的20世纪战舰。

凹槽/Fuller 刻在刀身上的凹条，以减轻质量。

雷汞/Fulminate 一种对震动敏感的炸药。

机身/Fuselage 一架飞机的主体。

帆船/Galleon 16世纪到18世纪欧洲（尤其是西班牙）常见的三桅横帆船。

护手/Gauntlets 铁制长手套。

万向节/Gimbal 一种装置，能够在船只航行时确保罗盘保持水平。

长柄刀/Glaive 欧洲的一种武器，包括长柄和末端的单刃刀。

颈甲/饰领/Gorget 一种保护喉咙的领甲。

GPMG 通用机枪。

护胫套/Greave 从膝盖到脚踝的小腿护甲。

炮眼/Gunport 帆船战舰侧舷的方形孔，火炮/枪通过这些孔发射。

半履带车/Half-track 前部为车轮、后部有坦克履带的车辆。

挂剑/Hanger 一种刃短而宽的剑，常用于海上。

锁子甲/Hauberk 一种等身长度的铠甲。

抬头显示器/Head-up display 透明的数据显示屏，可以在观看前方事物的同时查看数据，例如透过飞机的窗口。

重型巡洋舰/Heavy cruiser 比战列舰小的一类战舰，主要武器通常为8英寸口径炮。

重型机关枪/Heavy machine-gun 一种使用比步枪子弹更大口径弹药的机枪，通常使用12.7毫米子弹；使用固定支架的机枪。

剑柄/Hilt 剑的手持部分，包括握柄、护手和柄首。

马力/Horsepower 功率单位，表示1秒钟内将250千克（550磅）物体升高30厘米（约1英尺）所需的能量。

榴弹炮/Howitzer 用于摧毁防御工事和壕沟系统的高仰角火炮。

液压气动反冲装置/Hydro-pneumatic 使用充气减震器的反冲系统，常见于现代速射固定枪炮。

祖鲁刺矛/Iklwa 一种平刃祖鲁刺矛，也称为南非长矛（assegai）。

燃烧弹/Incendiary shell 用于引火的炮弹。

惯性导航/Intertial navigation 一种使用航位推测法计算移动物体位置的高科技导航系统，无需外部参考。

中间型弹药/Intermediate cartridge 主要用于突击步枪的中等强度弹药。

铁甲舰/Ironclad 19世纪中期的战舰，船体由铁板制成或外覆保护铁甲板。

剑/Jian 中国冷兵器，具有长而直的双刃。

武士刀/Katana 日本武士携带的长刀。

节/Knot 用于测量船速的单位，1节表示每小时1海里。

板层甲/Lamellar 一种由小块甲板缝制的盔甲。

卡口弹簧（郎结）/Langet 沿木制武器长度固定的金属条，用以加固木材。

轻型巡洋舰/Light cruiser 通常配备6英寸口径火炮的巡洋舰。

轻型机关枪/Light machine-gun 一种使用步枪同口径弹药的机枪，但无法持续射击。

战列/Line of battle 舰队进入战斗之前组成的队形，通常为一条线。

前车/Limber 一种连接枪炮架的简单拖车。

狼牙棒/Mace 中世纪武器，末端是尖刺或凸起的粗棍。

马赫数/Mach number 飞机速度与声速的比值。例如，2马赫表示2倍于声速。

堞口/Machicolation 城堡城墙上的开口，可以用来向入侵的敌人投掷投射物。

机关枪（机枪）/Machine-gun 用于提供持续火力的自动武器。

全自动手枪/Machine pistol 能够自动或选择击发方式的手枪。

弹匣/弹药库/Magazine 枪械存放弹药的部分，建筑物或舰船的弹药储存区。

投石机/Mangonel 一种中世纪的攻城弩。

火绳枪/Matchlock 一种使用绳子（或"火绳"）点火机构的火枪，扣动扳机时火绳会点燃火帽。

中型机枪/Medium machine-gun 一种使用步枪同口径弹药的机枪，能够持续射击。

水雷/地雷/Mine 埋入地下或漂浮在水面或正好淹没在水中的爆炸物。

扫雷舰/艇/Minesweeper 用于清理海中水雷的船舶。

燧发枪/Miquelet 16世纪末至19世纪中期地中海地区常见的使用簧式燧发机构的火枪。

慈悲短剑/Misericorde 一种中世纪时期的细长匕首，用于向重伤骑士提供"怜悯击杀"。

高顶头盔/Morion 16世纪的一种无面甲头盔，帽檐平坦或上翘，帽顶沿中心线有冠，或者顶点有"梨茎"。

迫击炮/Mortar 一种高仰角短程火炮。

枪口/Muzzle 枪械枪管的前端开口。

火枪/滑膛枪/Musket 最初表示大而重需要使用支架射击的枪支，18世纪之后表示滑膛长枪管火枪。

薙刀/Naginata 具有弯曲刃的日本步兵长柄武器。

光学瞄准器/Optical sight 一种瞄准装置，提供单点瞄准，通常具有一定的放大倍数。

大炮/Ordnance 各种火炮的集合名词。

下层甲板/Orlop deck 船只的最下层甲板。

战略情报厅/OSS 第二次世界大战期间的美国秘密情报部门。

扫雷器/Paravane 一种用船拖着来摧毁水中水雷的装置。

枪旗/Pennon 骑兵长矛上的旗子或横幅。

火帽/Percussion cap 一种击发机构，使用包含雷汞的小帽作为前装枪的引物。

方阵/Phalanx 手持长矛的古希腊重装步兵组成的队形。

矛/Pike 一种步兵武器，通常为末端固定金属尖头的一根长木杆。

板甲/Plate armour 金属板铰接而成的铠甲。

柄首/Pommel 剑柄末端的配重。

袖珍战列舰/Pocket battleship 特指德国3艘小型但全副武装的巡洋舰：斯佩伯爵号（Graf Spee）、德意志号（Deutschland）和舍尔海军上将号（Admiral Scheer）。

护膝甲/Poleyn 中世纪和文艺复兴时期的盔甲组件，用于保护膝盖。

前无畏舰/Pre-dreadnought 一类混合了重型和中型主炮的战列舰。

引物/Primer 由击发机构引燃的少量爆炸物，用于点燃枪管的主装药。也可以表示火帽。

私掠船/Privateer 在战争期间劫掠敌方航运物资的私人船只。

镗叉/Quillons 剑或刀刃两侧护手的延长，用于保护手部。

雷达/Radar 一种通过发射和监测无线电波来定位物体的装置。

西洋剑/Rapier 通常为细长的双刃剑，适合戳刺。

连发步枪/Repeating rifle 可以连续多次射击而无须装弹的步枪。

转轮枪/Revolver 一种通过可旋转转轮装载弹药的枪械。

步枪/Rifle 一种长枪管火器，枪膛有螺旋槽线。

徐进弹幕/Rolling barrage 连续发射的炮弹。

圆甲片/Rondel 请参见护腋甲。

圆头匕首/Rondel dagger 中世纪晚期的欧洲匕首，带有圆形护手和手柄圆头。

多管旋转炮/Rotary cannon 一种可以旋转的多管炮，能够提供比同口径单膛炮更高的射速。

动索/Running rigging 帆船的索具的一部分，用于控制帆的移动。

护脚甲/Sabaton 覆盖足部的铠甲。

撒雷轻盔/Sallet 15世纪的头盔，头盔后部的长尾可以保护颈部。

武士/Samurai 日本工业化之前的军事和政治贵族成员。

坑道/Sap 用于接近或破坏敌人阵地的深而窄的壕沟。

工程兵/Sapper 参加战斗的工兵。

剑鞘/Scabbard 剑的外鞘，末端为金属包头。

弯刀/Scimitar 刀身弯曲的伊斯兰武器。

萨克逊匕首/Scramasax 请参见Seax。

萨克逊匕首/Seax 盎格鲁-撒克逊人和法兰克人作为武器和工具的单刃刀片。

马面铠/Shaffron 马头部的防护铠甲。

筒形（或锥形）有檐军帽（沙科帽）/Shako 欧洲和美国士兵佩戴的高大帽子，饰有羽毛或绒球。

舍施尔弯刀/Shamshir 16世纪开始从波斯流传开来的一种军刀，刀身弯曲并逐渐变细。

一线作战军舰/Ship of the line 帆船战舰，通常是一艘装有74门炮的三等舰船。另请参见一等舰。

榴霰弹/Shrapnel shell 包含许多小弹子的炮弹，可以在撞击前爆炸。

消音器/Silencer 可以抑制（但无法完全消除）枪炮发射时的声音、闪光和反冲的装置，因此也称为抑制器。

散兵/Skirmisher 以非常规方式骚扰敌人的一名步兵或骑兵。

单桅帆船/Sloop 配有单桅杆和纵帆的帆船；任何次级军舰。

智能武器/Smart weapon 通过激光或GPS引导打击目标的精确制导弹药。

滑膛/Smooth-bore 没有内部膛线的枪/炮管。

簧式燧发/Snaphaunce 早期的燧发机构，具有单独的钢制旋转击打面和滑动式平底盖。

声呐/sonar 一种主要由潜艇使用并用于定位物体的电子设备。

突出炮座/Sponson 坦克侧面的半圆形炮塔。

长杆兵器/Staff weapon 一种具有长木质或金属杆的兵器。

固定索具/Standing rigging 支撑船帆的固定绳索。

枪托/Stock 射击者握持的部分；枪托与保险栓固定，承托击发机构和枪管，枪管是炸药驱动弹丸或子弹行进的空间，也可以引导子弹的方向。

列板/Strakes 形成维京长船船体架的长木板。

战略轰炸/Strategic bombing 摧毁特定目标的计划，旨在削弱敌国的经济和士气。

冲锋枪/Submachine-gun 一种手持式自动武器，使用与手枪同口径的弹药。

塔瓦弯刀/Talwar 刀身弯曲的印度兵器。

柄芯/Tang 剑或刀延伸入手柄内的部分。

短刀/Tanto 日本传统短剑或匕首。

印第安战斧/Tomahawk 北美印第安人的战斧；美国战斧巡航导弹。

曳光弹/Tracer bullet 显示方向和射程的发光子弹。

抛石机/Trebuchet 攻城机械，使用人力或配重来投射物品。

3层桨战船/Trireme 古希腊或古罗马战船，两侧都有3层桨。

涡轮增压器/Turbocharger 一种向发动机燃烧室输送压缩空气以提高动力和效率的装置。

龟船/Turtle ship 16世纪的朝鲜装甲战舰，船身覆盖铁盖，可以防止敌方船员登船。

U型潜艇（Unterseeboot） 一种德国潜艇。

臂甲/Vambrace 14世纪欧洲用于保护前臂的铠甲；从15世纪开始发展成为覆盖整条手臂的设计。

钩棍/Vervelles 用于将面甲固定到头盔上的金属钉。

面甲/Visor 与头盔连接并保护眼睛的面部防护。

齐射枪或炮/Volley gun 一种多管枪炮，可以同时发射多发子弹。

胁差/Wakizashi 日本武士携带的30～60厘米（12～24英寸）的短剑。

战锤/Warhammer 中世纪的近战兵器，配有不同长度的手柄。

弹头/Warhead 火箭、导弹、炸弹或鱼雷携带的爆炸物质。

簧轮枪/Wheellock 第一支自动点火的火器，配有摩擦轮，可以在扣动扳机时产生点燃装药的火花。

狼群战术的作战单位/Wolf pack 第二次世界大战期间表示一组德国潜艇的术语。

帆桁/Yard 垂直于桅杆的圆木杆，用于悬挂船帆。

日本长枪/Yari 日本传统直刃长矛。

齐柏林飞艇/Zeppelin 齐柏林公司制造的飞艇；表示飞艇的通用术语。

致谢

Dorling Kindersley感谢以下顾问和撰稿人：

英国皇家军械博物馆顾问团

Thom Richardson
盔甲和东方藏品管理员

Robert C Woosnam-Savage
欧洲刃物武器馆馆长

Jonathan Ferguson
火器馆馆长

Mark Murray-Flutter
火器馆高级馆长

Trevor Weston
现代军事火器经理

Karen Watts
盔甲与艺术馆高级馆长

Nicholas Hall
火炮馆管理员

Philip Magrath
火炮馆馆长

其他顾问

Brian Lavery是格林尼治国家海洋博物馆海军历史馆馆长，著有多部图书。作为一位备受尊敬的海洋历史学家，他曾担任电影Master and Commander: The Far Side of the World的顾问，并为库克船长的奋进号的复制品提供建议。

Stephen Woolford是世界顶级航空博物馆之一的IWM Duxford的解释和收藏主管，他在那里创建了屡获殊荣的展览空间，讲述了英国和英联邦航空的故事。他是DK出版社Flight, and 100 Years of Aviation一书的顾问。2009年，他因对文化遗产的贡献而获得大英帝国勋章。

测量信息
在这本书中，大部分测量数据都提供了公制和英制两种数值，除了以下例外（根据惯例）：

- **口径（武器）**
以毫米或英寸表示，取决于制造商提供的规格。

- **排水量（船只）**
以长吨为单位，相当于“满载/深水”排水量，或船舶满负荷排水量。

- **排水量（潜艇）**
以长吨表示：首先给出水上排水量，水下的排水量用括号表示。

主要撰稿人

R G Grant是许多关于军事冲突方面的书籍的作者，包括DK出版社的Battle, Battle at Sea, Soldier（美国版：Warrior）和Commanders。他是DK出版社History of the World一书的顾问，也是ITV Visual History of the Twentieth Century栏目的主要撰稿人。

撰稿人

Philip Parker是DK出版社Eyewitness Companion Guide to World History的作者，也是DK畅销书Battle, Explorers, History of Britain and Ireland和Mountaineers的作者。他目前正在写一本关于维京人的新书。

Ian Bottomley在加入英国皇家军械博物馆之前是一名继续教育讲师，曾任东方武器与盔甲馆馆长，现为名誉馆长。他的贡献是为《英国皇家军械博物馆年鉴》撰写关于印度盔甲的文章，还写了几本关于日本武器和盔甲的书。

Charles Phillips是30多本书的作者，内容包括阿兹特克和玛雅的历史，还有一部关于十字军东征和骑士时代的两卷记叙文。他著有多本关于军用飞机的畅销书，以及TimeLife的Mythand Mankind系列。

Roger Ford是几十本关于军事、海洋和航空历史与技术的书籍的作者，包括DK出版社的Weapon。他写了两卷关于盟军特种部队在解放法国中的作用的著作，被认为是该领域的杰作。

Adrian Gilbert写了大量关于军事历史和武器技术的文章——从DK出版社的Weapon到狙击手和战俘的专业书籍，以及The Imperial War Museum Book of the Desert War。他目前正在写1914年英国陆军的历史。

自2006年以来，Malcolm Claridge一直领导着Dreweatts拍卖行的勋章相关部门，专门研究20世纪的战争，对欧洲的第二次世界大战尤其感兴趣。

DK出版社感谢其他个人和组织对本书的制作给予的慷慨帮助：

Peter Armstrong，开发总监；Graeme Rimer，学术主任；Alison Watson，策展经理；Chris Streek，图片管理员；Natasha Roberts，东方藏品策展助理；Victoria Adams，文档助理；Claire Lambert，文档助理；Suzanne Kitto，环境保护经理；和Nyssa Mildwaters，英国皇家军械博物馆管理员(www.royalarmouries.org)；史密森尼(www.si.edu)的Ellen Nanney和Kealy Wilson；Marc Farrance，海军火力博物馆(www.explosion.org.uk)；Alexandra Geary，英国皇家海军潜艇博物馆（www.submarine-museum.co.uk）；国防部的Peter Laidler上尉和Belinda Alley；Martin Langford, David Willey，坦克博物馆 (www.tankmuseum.org)；Sean Penn，英国皇家空军博物馆伦敦分部 (www.rafmuseum.org.uk/london)；英国皇家空军博物馆Cosford分部员工 (www.rafmuseum.org.uk/cosford)；Clive McPherson和Richard Wooldridge，综合军事博物馆(www.cmsm.co.uk)；Paul Evans, Mark Smith, Leslie Smith, Steve Hookins和Wendy Best，皇家炮兵博物馆 (www.firepower.org.uk)；Scale Model World(www.smwshow.com)员工；Wendy Hodkinson, Bryan Sitch, Phyllis Stoddart和Henry McGhee，曼彻斯特博物馆(www.museum.manchester.ac.uk)；David Hill，海军航空兵博物馆(www.fleetairarm.com)；Laura Iles，英国皇家国际航空展示会(www.airtattoo.com)；Jacqui Curtis, Hop Farm (www.the-hopfarm.co.uk)；Rex Cadman, War and Peace Show (www.warandpeaceshow.co.uk)；Peter Vallance, Gatwick航空博物馆 (www.gatwick-aviation-museum.co.uk)；约克郡航空博物馆员工(www.yorkshireairmuseum.org)；Claire Bowers, Claire Cordier, Romaine Werblow, Martin Copeland, Susie Peachey, Fergus Muir, DK Images；Karl Stange在字体方面的帮助；David Roberts和Rob Laidler在数据库方面的工作；Hugh Schermuly和Cathy Meeus在额外的设计和编辑方面的工作；Karen Self和Phil Gamble，设计助理；Kajal Mistry，编辑助理；以及Victoria Khroundina，产品编辑助理.

DK出版社还想感谢以下人士许可复制他们的照片：

缩写：
(a–above; b–below/bottom; c–centre; f–far; l–left; r–right; t–top) (Agency key: Ancient Art & Architecture-AAA; Dorling Kindersley-DK; National Maritime Museum, Greenwich, London-NMM; The Bridgeman Art Library-BAL; The Board of Trustees of the Armouries-RA)

1 DK: Courtesy of the Royal Artillery Historical Trust. **2–3 RA. 10–11 The Trustees of the British Museum. 12 akg-images:** Erich Lessing (br). **The Art Archive:** Egyptian Museum Cairo / Gianni Dagli Orti (bl). **Corbis:** Michael Freeman (bc). **12–13 The Art Archive:** National Museum Bucharest / Collection Dagli Orti (t). **13 The Art Archive:** Musée Archéologique Naples / Gianni Dagli Orti (bl). **Corbis:** Nathan Benn / Ottochrome (br). **Getty Images:** National Geographic / O. Louis Mazzatenta (bc). **14 Corbis:** Mark Karrass (cla). **DK:** The Trustees of the British Museum (bl). **14–15 The Art Archive:** Egyptian Museum Cairo / Gianni Dagli Orti (tc). **15 The Art Archive:** British Museum / Gianni Dagli Orti (tr). **16 The Trustees of the British Museum:** (tr). **DK:** Museum of London (cra); Museum of London (fbl). **16–17 DK:** Science Museum, London (cb). **17 DK:** American Museum of Natural History (c); Museum of London (cla, t). **18 akg-images:** (cl). **AAA Collection:** Ronald Sheridan (tr). **The Trustees of the British Museum:** (bl). **Getty Images:** G. Dagli Orti / De Agostini (cra). **18–19 AAA Collection:** (tc). **19 The Trustees of the British Museum:** (b). **DK:** The Board of Trustees of the Royal Armouries (cra, crb). **20–21 akg-images:** Erich Lessing. **22 DK:** The Trustees of the British Museum (tr, cla, b). **22–23 DK:** The Trustees of the British Museum (c). **23 akg-images:** Bible Land Pictures (ca). **Corbis:** Sandro Vannini (br, clb). **DK:** The Trustees of the British Museum (t). **24 The Art Archive:** Pella Museum Greece / Collection Dagli Orti (bl). **Mary Evans Picture Library:** (cla). **24–25 The Art Archive:** Musée Archéologique Naples / Gianni Dagli Orti (bc). **26 Corbis:** (cla). **DK:** The Trustees of the British Museum (bl, br, tr). **27 BAL:** Shefton Collection, Newcastle University, Great North Museum: Hancock, UK / © Tyne & Wear Archives & Museums (cra). **DK:** Courtesy of 4hoplites (l, br); The Board of Trustees of the Royal Armouries (tr). **28–29 Getty Images:** Leemage. **30–31 DK:** Hellenic Maritime Museum. **The Trireme Trust:** (bc). **32–33 akg-images:** Pietro Baguzzi. **32 DK:** Simon James (cra). **33 The Art Archive:** National Museum Bucharest / Collection Dagli Orti (bc). **BAL:** Museum of Antiquities, Newcastle upon Tyne, UK (tr). **34 DK:** Ermine Street Guard (tr); British Airways Archive Museum Collection (cla); Ermine Street Guard (bl); University Museum of Newcastle (cr). **35 DK:** The Trustees of the British Museum (tl, ca); Ermine Street Guard (br); Ermine Street Guard (tr, bl). **36–37 Alamy Images:** Independent Picture Service. **36 DK:** The Trustees of the British Museum (bl). **37 Corbis:** Nathan Benn / Ottochrome (tc); Araldo de Luca (br). **38–39 DK:** Sharon Spencer / Tyne and Wear Museum. **40 DK:** The Trustees of the British Museum (l, crb). **41 akg-images:** Archiv Gerstenberg / ullstein bild (crb); Museum Kalkriese (tr). **The Trustees of the British Museum:** (fbl). **DK:** The Board of Trustees of the Royal Armouries (cb). **hunarchery.com:** (c). **42 The Art Archive:** Museo di Villa Giulia Rome / Collection Dagli Orti (bl). **Corbis:** Asian Art & Archaeology, Inc. (cla). **42–43 Corbis:** Michael Freeman (b). **43 Corbis:** Asian Art & Archaeology, Inc. **44–45 Getty Images:** National Geographic / O. Louis Mazzatenta. **46–47 DK:** The Board of Trustees of the Royal Armouries. **48 Corbis:** The Gallery Collection. **Getty Images:** Robert Harding World Imagery / Walter Rawlings (bc). **Photo SCALA, Florence:** White Images (br). **48–49 Corbis:** Alfredo Dagli Orti / The Art Archive. **49 akg-images:** Erich Lessing (br). **Corbis:** Burstein Collection; Alfredo Dagli Orti / The Art Archive (bc). **50 Corbis:** The Gallery Collection (cla). **50–51 Getty Images:** BAL. **51 akg-images:** (tr). **52–53 DK:** The Board of Trustees of the Royal Armouries (tc). **52 AAA Collection:** (br). **DK:** Danish National Museum (tr, cra); Vikings of Middle England (cla); Universitets Oldsaksamling, Oslo (clb). **53 DK:** Museum of London (cl, bl); The Board of Trustees of the Royal Armouries (cla, ca). **54 The Viking Ship Museum, Roskilde, Denmark:** (clb, cb, crb, br). **55 The Viking Ship Museum, Roskilde, Denmark:** (l, tr, cra, crb, br). **56 Corbis:** The Gallery Collection (cl). **DK:** Museum of London (cla); The Board of Trustees of the Royal Armouries (clb, bc). **57 RA:** (bl). **The Art Archive:** Ashmolean Museum (fcla). **Ashmolean Museum, Oxford:** (cla). **DK:** Museum of London (t, cra, crb); Vikings of Middle England (clb). **58–59 Getty Images:** Robert Harding World Imagery / Walter Rawlings. **60 Corbis:** Gianni Dagli Orti (cla). **DK:** Wallace Collection, London (bl). **60–61 Corbis:** Alfredo Dagli Orti / The Art Archive (b). **61 Corbis:** Gianni Dagli Orti (tr). **62 RA:** (cr). **63 DK:** The Trustees of the British Museum (tr); The Board of Trustees of the Royal Armouries (tl); Warwick Castle, Warwick (cra); Wallace Collection, London (br). **64–65 DK:** The Board of Trustees of the Royal Armouries. **65 Getty Images:** DeAgostini (br). **66 DK:** The Board of Trustees of the Royal Armouries (tr, cl, clb, crb). **67 DK:** The Board of Trustees of the Royal Armouries (l, tc); Wallace Collection, London (ca, cr, br). **68–69 akg-images:** British Library. **70 akg-images:** Hermann Historica (cla); Erich Lessing (c). **RA:** (br). **BAL:** Germanisches Nationalmuseum, Nuernberg (tr). **70–71 akg-images:** Interfoto (cb). **71 DK:** The Board of Trustees of the Royal Armouries (fcla, ca, c, b); Wallace Collection, London (tr, fclb). **72 Getty Images:** Hulton Archive / Stringer. **72–73 The Art Archive:** British Library. **73 Getty Images:** Hulton Archive (br). **74–75 DK:** Wallace Collection, London (b). **74 RA:** (cb, cl). **DK:** The Board of Trustees of the Royal Armouries (clb). **75 RA:** (ca/two-handed sword). **DK:** The Board of Trustees of the Royal Armouries (c, crb). **76 DK:** The Board of Trustees of the Royal Armouries (cla, cla/rondel dagger, clb). **77 DK:** The Board of Trustees of the Royal Armouries (cra, r, bc); Wallace Collection, London (l/crossbow and arrows); Robin Wigington, Arbour Antiques, Ltd., Stratford-upon-Avon (br). **78–79 DK:** The Board of Trustees of the Royal Armouries. **80–81 The Art Archive:** Bibliothèque Nationale Paris. **82 akg-images:** (cra). **83 akg-images:** Erich Lessing (br). **85 The National Trust Photo Library ©NTPL:** Alasdair Ogilvie (tr, cra). **86–87 Corbis:** Alfredo Dagli Orti / The Art Archive. **87 akg-images:** Erich Lessing (tc). **TopFoto.co.uk:** The Granger Collection (crb). **88 DK:** The Trustees of the British Museum (crb); Order of the Black Prince (cr).

89 DK: Royal Museum of the Armed Forces and of Military History, Brussels (cl). **90 AAA Collection:** (cla). **90–91 Bibliothèque nationale de France, Paris. 91 Alamy Images:** The Art Gallery Collection (br). **Corbis:** Werner Forman (tr). **92 akg-images:** Interfoto (l). **Photo SCALA, Florence:** Metropolitan Museum of Art (cla, r, bc). **93 Alamy Images:** World History Archive (cra). **RA:** (br). **94–95 akg-images:** Interfoto (tc). **RA:** (cb). **DK:** The Board of Trustees of the Royal Armouries (c). **94 akg-images:** Interfoto (cla). **RA:** (clb). **DK:** Wallace Collection, London (cra). **Photo SCALA, Florence:** Metropolitan Museum of Art (cla/b). **By kind permission of the trustees of the Wallace Collection, London:** (b). **95 BAL:** Deutsches Historisches Museum, Berlin / DHM (tr). **DK:** The Board of Trustees of the Royal Armouries (r). **Photo SCALA, Florence:** Metropolitan Museum of Art (cla/a). **96 Getty Images:** DEA / C. SAPPA / De Agostini (bl); MPI (cla). **96–97 The Art Archive:** Edinburgh University Library. **97 Corbis:** Burstein Collection (tc). **98 DK:** The Trustees of the British Museum (clb); The Board of Trustees of the Royal Armouries (armour and helmet). **99 DK:** The Trustees of the British Museum (cra); The Board of Trustees of the Royal Armouries (t, crb). **100–101 Photo SCALA, Florence:** White Images. **102 AAA Collection:** (bl). **Photo SCALA, Florence:** Metropolitan Museum of Art / Art Resource (r). **103 Alamy Images:** XenLights (tc). **RA:** (ca). **DK:** The Board of Trustees of the Royal Armouries (cb, b). **104–105 Getty Images:** Vetta / Ilya Terentyev. **106 DK:** CONACULTA-INAH-MEX. Authorized reproduction by the Instituto Nacional de Antropología e Historia (b). **106–107 BAL:** Bibliotheque Nationale, Paris, France (t). **107 Getty Images:** DEA / G. DAGLI ORTI / De Agostini (bc); DEA PICTURE LIBRARY / De Agostini (br). **108–109 DK:** CONACULTA-INAH-MEX. Authorized reproduction by the Instituto Nacional de Antropología e Historia (c). **108 AAA Collection:** (bc). **Corbis:** Werner Forman (cra, l). **109 DK:** CONACULTA-INAH-MEX. Authorized reproduction by the Instituto Nacional de Antropología e Historia (tr, ca/flint knife, ca/atlatl); Trustees of the National Museums Of Scotland (cl); Michel Zabe (br). **110–111 Getty Images:** BAL. **114 BAL:** Topkapi Palace Museum, Istanbul, Turkey / BAL (bc). **DNP Art Image Archives:** Tokugawa Art Museum (br). **Getty Images:** Leemage (bl). **114–115 akg-images:** Rabatti – Domingie. **115 akg-images:** Nimatallah (bc); (br). **The Art Archive:** National Maritime Museum London / Harper Collins Publishers (bl). **116–117 The Art Archive:** Basilique Saint Denis Paris / Gianni Dagli Orti. **116 DK:** Courtesy of the English CIvil War Society (tr/a, tr/b, tr/c). **117 akg-images:** Rabatti – Domingie (t). **Wikipedia:** (br). **120 RA:** (cl, cla). **DK:** Courtesy of the Wallace Collection, London (c). **121 RA:** (cra, cr). **DK:** The Board of Trustees of the Royal Armouries (t); Wallace Collection, London (cl). **122–123 DK:** The Board of Trustees of the Royal Armouries. **123 Corbis:** Bettmann (tr). **124–125 akg-images:** Nimatallah. **126 akg-images:** (cla). **DK:** The Board of Trustees of the Royal Armouries (bl). **126–127 akg-images:** (tc). **127 The Art Archive:** Cromwell Museum (br). **129 DK:** Warwick Castle, Warwick (crb). **130 Alamy Images:** Ilian Photo (tr). **Getty Images:** Danita Delimont (bc); Leemage (br). **131 akg-images. 132 RA:** (b). **DK:** The Board of Trustees of the Royal Armouries (tc, cl). **132–133 DK:** The Board of Trustees of the Royal Armouries (c). **133 RA:** (tr). **DK:** The Board of Trustees of the Royal Armouries (tl, crb, cb, b). **134–135 BAL:** Topkapi Palace Museum, Istanbul, Turkey / BAL. **136 RA:** (bl). **DK:** The Board of Trustees of the Royal Armouries (tc, r, cla/scabbard). **137 DK:** The Board of Trustees of the Royal Armouries (cla, fcla, bl, bc, br). **138 AAA Collection:** Europhoto (bl). **138–139 DNP Art Image Archives:** Tokugawa Art Museum. **139 BAL:** British Library Board. All Rights Reserved (tr). **Corbis:** Bettmann (br). **140 DK:** The Board of Trustees of the Royal Armouries (cra, ca/sword and scabbard). **141 RA:** (b, cr). **DK:** The Board of Trustees of the Royal Armouries (cra/tanto and scabbard). **142 RA:** (cb, b). **DK:** The Board of Trustees of the Royal Armouries (ca). **143 RA:** (crb). **DK:** The Board of Trustees of the Royal Armouries (cb, b). **144–145 DK:** The Board of Trustees of the Royal Armouries (c). **144 RA:** (bc). **DK:** The Board of Trustees of the Royal Armouries (bl, cr, br, tr). **145 DK:** The Board of Trustees of the Royal Armouries (tl, cl, cr, br). **146–147 Werner Forman Archive:** Kuroda Collection, Japan. **148 Corbis:** (cla). **148–149 The Art Archive:** National Maritime Museum London / Harper Collins Publishers (tr). **149 NMM:** (tr). **150–153 DK:** Barcelona Maritime Museum. **151 SuperStock:** Stock Connection. **154–155 NMM. 156–157 DK:** The Board of Trustees of the Armouries. **158 BAL:** Chateau de Versailles, France / Flammarion Giraudon (bc); Delaware Art Museum, Wilmington, USA / Howard Pyle Collection (br). **Photo SCALA, Florence:** BPK, Bildagentur fuer Kunst, Kultur und Geschichte, Berlin (bl). **158–159 The Art Archive:** Musée du Château de Versailles / Gianni Dagli Orti (t). **159 akg-images:** (bc). **Corbis:** Derek Bayes – Art / Lebrecht Music & Arts (bl). **National Gallery Of Victoria, Melbourne:** Elizabeth Thompson, English 1846–1933 The 28th Regiment at Quatre Bas 1875 detail.; Oil on canvas 97.2 x 216.2 cm National Gallery of Victoria, Melbourne. Purchased 1884 (br). **160 BAL:** Private Collection (b). **DK:** Courtesy of David Edge (clb). **Getty Images:** Hulton Archive (cla). **161 BAL:** Delaware Art Museum, Wilmington, USA / Howard Pyle Collection. **162 Alamy Images:** Interfoto (tc). **Getty Images:** (r). **The State Hermitage Museum, St Petersburg:** Vladimir Terebenin, Leonard Kheifets, Yuri Molodkovets (cl). **163 akg-images:** Interfoto (tl); (br). **DK:** Courtesy of Warwick Castle, Warwick (tr). **National Army Museum:** (tc). **164–165 RA:** (c). **DK:** The Board of Trustees of the Armouries (b). **164 DK:** Wallace Collection, London (ca). **165 RA:** (t, cra, ca). **DK:** The Board of Trustees of the Armouries (cb). **166–167 DK:** The Board of Trustees of the Armouries (c, t). **167 DK:** Courtesy of the Board of Trustees of the Royal Armouries. (cra). **168–169 DK:** Courtesy of the Board of Trustees of the Royal Armouries (t, ca, cb). **168 DK:** Courtesy of the Board of Trustees of the Royal Armouries (ca, cb). **169 DK:** Courtesy of the Board of Trustees of the Royal Armouries (t, cb, b). **170–171 BAL:** Chateau de Versailles, France. **172 DK:** Courtesy of Queen's Rangers (cl, clb, bc, cr). **173 DK:** Courtesy of Queen's Rangers (cla, cra, cl, br). **174 DK:** Courtesy of Queen's Rangers (cl, bl, cb, cr, crb). **175 RA:** (ca). **DK:** Courtesy of the Board of Trustees of the Royal Armouries (t). **176 Alamy Images:** The Art Gallery Collection (cl). **www.historicalimagebank.com:** (bl). **176–177 The Art Archive:** Musée du Château de Versailles / Gianni Dagli Orti (b). **177 Photo SCALA, Florence:** BPK, Bildagentur fuer Kunst, Kultur und Geschichte, Berlin (ca). **178 DK:** Courtesy of Robin Wigington, Arbour Antiques, Ltd., Stratford-upon-Avon (cla). **179 DK:** Courtesy of the Peter Chadwick (c) Museum of Artillery, The Rotunda, Woolwich, London (cla). **180–181 BAL:** Chateau de Versailles, France / Flammarion Giraudon. **182 Getty Images:** SuperStock (cla). **182–183 akg-images:** (bc). **183 Corbis:** The Gallery Collection (br). **Getty Images:** SSPL (tr). **184–185 DK:** Courtesy of David Edge (c). **184 DK:** The Board of Trustees of the Armouries (cb); Courtesy of the Musee de l'Emperi, Salon-de-Provence (l); Courtesy of David Edge (cra). **185 DK:** Courtesy of the Musee de l'Emperi, Salon-de-Provence (tc, tr, bc, br). **186 DK:** Courtesy of 1er Chasseurs a Cheval de la Lighne, 2e Compagnie (cla, ca, cra, br); Courtesy of John Norris (clb, bc). **187 DK:** Courtesy of David Edge (bl, cra, cl); Courtesy of the Board of Trustees of the Royal Armouries (br). **188 DK:** Courtesy of the 68th Durham Light Infantry (clb, cr, tr, crb, cb); Courtesy of the 95th Rifles and Re-enactment Living History Unit (c, bl). **189 DK:** Courtesy of the 68th Durham Light Infantry (tl, cl); David Edge (crb). **190 DK:** The Board of Trustees of the Armouries (tl, ca, cb, b). **191 DK:** The Board of Trustees of the Armouries (tr, ca, cb); Courtesy of David Edge (tl). **192–193 DK:** The Board of Trustees of the Royal Armouries. **192 DK:** Courtesy of the 95th Rifles and Re-enactment Living History Unit (tr/b); The Board of Trustees of the Royal Armouries (tr, br). **193 DK:** The Board of Trustees of the Royal Armouries (tr, clb, bc). **194–195 National Gallery Of Victoria, Melbourne:** Elizabeth Thompson, English 1846–1933 The 28th Regiment at Quatre Bas 1875 detail.; Oil on canvas 97.2 x 216.2 cm National Gallery of Victoria, Melbourne. Purchased 1884. **196 Getty Images:** BAL / Sir William Beechey (cl). **196–197 NMM:** (tc). **197 BAL:** Private Collection (tr). **200–201 DK:** The Board of Trustees of the Armouries (tc). **200 Statens Maritima Museer:** (cla). **201 DK:** (tl). **Getty Images:** SSPL (cr). **202 Corbis:** Austrian Archives (tr). **DK:** National Maritime Museum, Greenwich, London (bc). **202–203 DK:** National Maritime Museum, Greenwich, London (bc). **203 DK:** Dave King (a, c/br, d/br); National Maritime Museum, Greenwich, London (tl, cla, c). **NMM:** (clb). **204–205 NMM:** (tc, c, cb). **204 RA:** (cb). **NMM:** (cla). **205 RA:** (cb). **NMM:** (ca, bc). **206–207 Corbis:** Derek Bayes – Art / Lebrecht Music & Arts. **208 DK:** Board of Trustees of the Royal Armouries (cl); Courtesy of the Board of Trustees of the Royal Armouries (bc, c, tr). **208–209 DK:** Courtesy of the Board of Trustees of the Royal Armouries (c, cb). **209 DK:** Courtesy of the Royal Armouries (cl, clb, tr, c, bc, br). **210 DK:** The Board of Trustees of the Armouries (bl); Judith Miller, Judith Miller / Gorringes (clb). **NMM:** (tc, cl). **210–211 NMM:** (c). **211 NMM:** (cl, bl, ca, r). **212 DK:** HMS Victory, Portsmouth Historic Dockyard (bl, crb); Royal Navy Museum, Crown Copyright / Queen's Printer (cl, bc, br). **213 DK:** HMS Victory, Portsmouth Historic Dockyard (br); Royal Navy Museum, Crown Copyright / Queen's Printer (tl, tr, tc, c, bl). **214 DK:** HMS Victory, Portsmouth Historic Dockyard (tr, bc); Royal Navy Museum, Crown Copyright / Queen's Printer (bl). **214–215 DK:** HMS Victory, Portsmouth Historic Dockyard (tc); Royal Navy Museum, Crown Copyright / Queen's Printer (c, bc). **215 DK:** HMS Victory, Portsmouth Historic Dockyard (tc, cl); Royal Navy Museum, Crown Copyright / Queen's Printer (tr, cr, r, bc, br). **218–219 Getty Images:** Alexander Gardner / Buyenlarge. **218 The Art Archive:** Musée Carnavalet Paris / Gianni Dagli Orti (bc). **Corbis:** (br). **Library Of Congress, Washington, D.C.:** (bl). **219 The Art Archive:** (bc). **BAL:** Walker Art Gallery, National Museums Liverpool (bl). **TopFoto.co.uk:** The Granger Collection (br). **220–221 Library Of Congress, Washington, D.C.:** (b). **220 DK:** Courtesy of the Board of Trustees of the Royal Armouries (cl). **Getty Images:** Time Life Pictures / Mansell / Time Life Pictures (cla). **221 The Art Archive:** Musée Carnavalet Paris / Gianni Dagli Orti (tr). **222–223 DK:** Courtesy of the Board of Trustees of the Royal Armouries (ca, c, b). **222 DK:** Courtesy of the Board of Trustees of the Royal Armouries (c). **223 DK:** Courtesy of the Board of Trustees of the Royal Armouries (t, c, cb, b). **224 DK:** Courtesy of the Board of Trustees of the Royal Armouries (tr, c, clb, crb, bl). **224–225 DK:** Courtesy of the Board of Trustees of the Royal Armouries (ca, c). **225 DK:** Courtesy of the Board of Trustees of the Royal Armouries (tl, tr, cra, cr, clb, bl); Courtesy of the Gettysburg National Military Park, PA (cb, br). **226 DK:** Courtesy of the Gettysburg National Military Park, PA (tr); Courtesy of the Board of Trustees of the Royal Armouries (ca, bl). **228–229 DK:** Courtesy of the Board of Trustees of the Royal Armouries (t, cb). **228 DK:** Courtesy of the Board of Trustees of the Royal Armouries (ca). **229 DK:** Courtesy of the Board of Trustees of the Royal Armouries (cla, ca, cb, clb, b). **230–231 Getty Images:** BAL / Courtesy of the Council, National Army Museum, London, UK. **231 DK:** Christopher Seidler / Judith Miller (tc). **Getty Images:** DEA / G. Cigolini (tl, br, bc). **232–233 Getty Images:** Alexander Gardner / Buyenlarge. **234–235 DK:** Courtesy of the Civil War Library and Museum, Philadelphia (tc); Courtesy of the Gettysburg National Military Park, PA (c). **235 Corbis:** Tria Giovan (cl). **DK:** Courtesy of the Southern Skirmish Association (tc, cra, cb, bl, br); Courtesy of the Civil War Library and Museum, Philadelphia (crb). **236–237 DK:** Courtesy of the Confederate Memorial Hall, New Orleans (c); Courtesy of the Board of Trustees of the Royal Armouries (cb). **236 DK:** Courtesy of the Board of Trustees of the Royal Armouries (cb, crb, b). **237 DK:** Courtesy of the Gettysburg National Military Park, PA (t, ca); Courtesy of the Board of Trustees of the Royal Armouries (tl, cb, b). **240–241 Corbis:** Stapleton Collection (b). **240 DK:** By kind permission of The Trustees of the Imperial War Museum, London (bl). **241 Getty Images:** De Agostini Picture Library (tc); Universal History Archive (crb). **242–243 DK:** Courtesy of the Royal Artillery Historical Trust (t, ca). **242 DK:** Courtesy of the Board of Trustees of the Royal Armouries (cb). **243 DK:** Courtesy of the Board of Trustees of the Royal Armouries (ca, cb). **244 DK:** Royal Artillery Museum, Courtesy of Firepower, The Royal Artillery Museum, Royal Artillery Historical Trust (cl). **245 RA:** (clb). **DK:** Courtesy of the Royal Artillery Historical Trust (tl); By kind permission of The Trustees of the Imperial War Museum, London (tr). **246 The Art Archive:** (bc). **DK:** Courtesy of the Royal Artillery Historical Trust (cla). **246–247 DK:** Courtesy of the Royal Artillery Historical Trust (c). **250–251 DK:** The Board of Trustees of the Royal Armouries (ca). **250 BAL:** Private Collection / Photo Heini Schneebeli (cb). **DK:** Courtesy of the Powell-Cotton Museum, Kent (cr, bl). **251 DK:** Courtesy of the University Museum of Archaeology and Anthropology, Cambridge (clb); The Board of Trustees of the Royal Armouries (t, cla, bc, br). **252–253 BAL:** Walker Art Gallery, National Museums Liverpool. **254–255 DK:** The Board of Trustees of the Royal Armouries (t). **254 DK:** The Board of Trustees of the Royal Armouries (clb, cr, bl, br). **255 DK:** The Board of Trustees of the Royal Armouries (cra, cr, br, bl). **256–257 The Art Archive. 258 DK:** Courtesy of the Royal Green Jackets Museum, Winchester (tc, c). **Dreweatts, The Fine Art Auction Group:** (ftr, fcl, bl, bc, cr). **259 DK:** Courtesy of Spink and Son Ltd, London (tc); Duxford / By kind permission of The Trustees of the Imperial War Museum, London (clb); Courtesy of the Royal Green Jackets Museum, Winchester (br, fcrb). **Dreweatts, The Fine Art Auction Group:** (fcl). **neateauctions.co.uk / neatemedals.co.uk:** (cb). **260–261 Corbis. 261 Corbis:** Bettmann (br); (cra). **The Royal Navy Submarine Museum, Gosport:** (cr). **262 NMM:** (tr, cla, crb, clb). **262–263 NMM:** (b). **263 NMM:** (tr, cla, crb). **264–265 TopFoto.co.uk:** The Granger Collection. **266–269 DK:** Mikasa Preservation Society. **270 NMM:** (tr, cla, cr). **270–271 NMM:** (b). **271 NMM:** (t, c, b). **272 NMM:** (tr, cla, cl, br). **272–273 NMM:** (c, cb, b). **273 NMM:** (tl, tr). **276 Getty Images:** Galerie Bilderwelt (br); Hulton Archive (bl). **TopFoto.co.uk:** (bc). **276–277**

Getty Images: MPI (t). **277 Corbis:** (bl); Hulton-Deutsch Collection (bc). **The US National Archives and Records Administration:** (br). **278 Getty Images:** Hulton Archive (cla). **278–279 The Art Archive:** Australian War Memorial (b). **279 Corbis:** Bettmann (tl). **Getty Images:** SSPL. **280 DK:** Courtesy of the Royal Artillery Historical Trust (tr); John Pearce (cla, c, bl); The Board of Trustees of the Armouries (clb); Gary Ombler / "Collection of Jean-Pierre Verney" (br). **281 DK:** Gary Ombler / "Collection of Jean-Pierre Verney" (l, crb). **282–283 Alamy Images:** Interfoto. **DK:** Gary Ombler / "Collection of Jean-Pierre Verney" (bc). **282 DK:** The Board of Trustees of the Armouries (bl). **283 RA:** (bc). **DK:** The Board of Trustees of the Armouries (tr, crb). **284 RA:** (cla). **284–285 RA:** (cb). **DK:** The Board of Trustees of the Royal Armouries (tc). **285 DK:** The Board of Trustees of the Royal Armouries (crb). **286–287 Peter Gombeir:** Bayernwald Trench. **288 DK:** Courtesy of the Royal Artillery Historical Trust (cl); By kind permission of The Trustees of the Imperial War Museum, London (br). **288–289 DK:** Courtesy of the Royal Artillery Historical Trust (c). **289 DK:** Courtesy of the Royal Artillery Historical Trust (tr). **290 RA:** (cr). **DK:** Board of Trustees of the Royal Armouries (cla, bl); Board of Trustees of the Royal Armourie (cl). **290–291 DK:** Board of Trustees of the Royal Armouries (t); Gary Ombler / "Collection of Jean-Pierre Verney" (c, cb). **291 DK:** Board of Trustees of the Royal Armouries (cra); Courtesy of the RAF Museum, Hendon (b); Courtesy of the Imperial War Museum, London (cr, crb). **292–293 TopFoto.co.uk**. **294 RA**. **DK:** By kind permission of The Trustees of the Imperial War Museum, London (cla). **295 Alamy Images:** Maurice Savage (crb). **298–299 Imperial War Museum**. **298 DK:** Courtesy of the South Staffordshire Regiment (cl); National Maritime Museum, Greenwich, London (tr). **Imperial War Museum:** (cr, bl). **299 Australian War Memorial:** (cla, br). **DK:** By kind permission of The Trustees of the Imperial War Museum, London (tl, crb); Gary Ombler / "Collection of Jean-Pierre Verney" (tr). **300 Corbis:** Hulton-Deutsch Collection (bc). **300–301 Getty Images:** (b). **301 DK:** Courtesy of Tim Parker (cra, tr). **Getty Images:** Hulton Archive (br). **302 The Flight Collection:** (clb). **303 Alamy Images:** Susan & Allan Parker (crb). **304 Alamy Images:** Airpix (cb). **Canada Aviation and Space Museum:** (bl). **Royal Air Force Museum, Hendon:** (cla). **TopFoto.co.uk:** RIA Novosti / Igor Mikhalev (tr). **304–305 National Air and Space Museum, Smithsonian Institution:** (ca). **305 National Air and Space Museum, Smithsonian Institution:** (cr). **306–307 The Aviation Picture Library:** Austin Brown (bc). **307 Alamy Images:** BG Motorsports (cra). **aviation-images.com:** K Tokunaga (br). **308–309 DK:** Musée de l'Air et de l'Espace / Le Bourget. **309 National Air and Space Museum, Smithsonian Institution:** (tr). **310–311 DK:** Courtesy of Lincolnshire Aviation Heritage Centre. **311 DK:** Texas Parks and Wildlife Department (c); York Museums Trust (Yorkshire Museum). Reproduced by courtesy of the Yorkshire Museum (ca). **313 Richard Vandervord:** (tr). **314–315 Global Aviation Resource / Karl Drage:** Glenn Beasley (bc). **314 DK:** By kind permission of The Trustees of the Imperial War Museum, London (cl); By kind permission of The Trustees of the Imperial War Museum, London (bc); By kind permission of The Trustees of the Imperial War Museum, London (c); By kind permission of The Trustees of the Imperial War Museum, London (bl). **315 Alamy Images:** Nic Hamilton (tl, tc). **DK:** (ca, br); By kind permission of The Trustees of the Imperial War Museum, London (cra); By kind permission of The Trustees of the Imperial War Museum, London (cr). **316 DK:** By kind permission of The Trustees of the Imperial War Museum, London (bl); By kind permission of The Trustees of the Imperial War Museum, London (br). **316–317 DK**. **319 DK:** Courtesy of the Bradbury Science Museum, Los Alamos (bc, cl). **National Air and Space Museum, Smithsonian Institution:** (tl). **320 Alamy Images:** Graham Mulrooney (cla). **322 DK:** By kind permission of The Trustees of the Imperial War Museum, London (bl). **Military Wireless Museum:** Ben Nock (ca). **322–323 DK:** By kind permission of The Trustees of the Imperial War Museum, London (c). **323 DK:** H. Keith Melton, spymuseum.org (c); By kind permission of The Trustees of the Imperial War Museum, London (tl, clb); Royal Signals Museum, Blandford Camp, Dorset (br). **324 DK:** By kind permission of The Trustees of the Imperial War Museum, London (tc); By kind permission of The Trustees of the Imperial War Museum, London (cr). **Dreweatts, The Fine Art Auction Group:** (fcla, crb, fcr). **Wikipedia:** Ian Watts / Pagan (cla). **325 DK:** Courtesy of Andrew L Chernack (fcr). **Dreweatts, The Fine Art Auction Group:** (tl, tc, c, br). **Imperial War Museum**. **326–327 Getty Images:** MPI (bc). **326 Bovington Tank Museum:** (bl). **327 Corbis:** (br). **TopFoto.co.uk:** (tc). **328 NMM:** (bl). **SD Model Makers:** (cl). **328–329 SD Model Makers:** (cb). **329 SD Model Makers:** (t, cb, b). **330 DK:** Texas Parks and Wildlife Department (cl, c, bc, cb). **330–331 DK:** Texas Parks and Wildlife Department (b). **331 DK:** Texas Parks and Wildlife Department (tl, tr, cl, cr, crb, br). **332 DK:** Texas Parks and Wildlife Department (tc, tr, ca, c, cl, bc, bl). **332–333 DK:** Texas Parks and Wildlife Department (bc). **333 DK:** Texas Parks and Wildlife Department (tl, tc, ca, c, cr, bc, br). **334 NMM:** (t, cl). **SD Model Makers:** (bl). **334–335 NMM:** (t). **SD Model Makers:** (cb). **335 SD Model Makers:** (cb). **336 NMM:** (tr, ca). **337 SD Model Makers:** (t, c). **338 NMM:** (clb, bc). **SD Model Makers:** (tr, ca). **339 SD Model Makers:** (cra). **340–341 Getty Images:** Time Life Pictures / US Army Air Force. **342 Corbis:** Hulton-Deutsch Collection (cla). **342–343 The US National Archives and Records Administration:** (tc). **343 Cody Images:** (tr). **344–345 SD Model Makers:** (t). **344 SD Model Makers:** (c, b). **345 SD Model Makers:** (t, c, bl). **346 Alamy Images:** Jeremy Cozannet (crb); Transtock Inc. (cla). **aviation-images.com:** K Tokunaga (bl). **Corbis:** Skyscan (tr). **347 Alamy Images:** CS-Stock (crb); Tony Hobbs (tl). **DK:** Old Flying Machine Company (br). **348–349 Corbis**. **350–351 Getty Images:** Galerie Bilderwelt (b). **350 Corbis:** Bettmann (bl). **DK:** Royal Signals Museum, Blandford Camp, Dorset (tl). **351 Mary Evans Picture Library:** Robert Hunt Library (tc). **358 DK:** Courtesy of the Royal Artillery Historical Trust (tr); The Board of Trustees of the Armouries (cl); Courtesy of the Ministry of Defence Pattern Room, Nottingham (clb). **358–359 DK:** Courtesy of the Royal Artillery Historical Trust (c). **359 DK:** Courtesy of the Royal Artillery Historical Trust (cr); The Board of Trustees of the Armouries (tl, ca). **360–361 Alamy Images:** John Cairns (ca). **DK:** Courtesy of Neill Bruce and Peter Roberts (b). **361 DK:** By kind permission of The Trustees of the Imperial War Museum, London (br). **362 RA:** (crb). **DK:** Courtesy of the Michael Butler Collection (tr, cra); By kind permission of The Trustees of the Imperial War Museum, London (l); By kind permission of The Trustees of the Imperial War Museum, London (br). **363 RA:** (tr). **DK:** Courtesy of Adrian Stevenson – Second Guards Rifles Division (br); Courtesy of Tim Parker (tl, bl). **364 DK:** By kind permission of The Trustees of the Imperial War Museum, London (cra); The Board of Trustees of the Royal Armouries (tr, cla, cr, clb). **364–365 DK:** The Board of Trustees of the Royal Armouries (bc). **365 DK:** The Board of Trustees of the Royal Armouries (t, ca, c, br). **366 DK:** The Board of Trustees of the Royal Armouries (tr, ca/Thompson M1921 and round drum magazine, b); Second Guards Rifles Division (cl). **367 DK:** The Board of Trustees of the Royal Armouries (tr, ca, cra, fclb). **369 DK:** Courtesy of the Royal Artillery Historical Trust (cra); The Board of Trustees of the Royal Armouries (tl, c, br). **370 DK:** Courtesy of the Royal Artillery Historical Trust (crb). **371 DK:** Courtesy of the Royal Artillery Historical Trust (cr, b); By kind permission of The Trustees of the Imperial War Museum, London (tr). **372–373 Getty Images:** Popperfoto. **374 DK:** Courtesy of Tim Parker (tc, cr). **375 RA:** (bl). **DK:** Courtesy of Tim Parker (tl); The Board of Trustees of the Royal Armouries (fcra). **376 DK:** Imperial War Museum, London (r); Royal Signals Museum, Blandford Camp, Dorset (bc). **377 RA:** (tl, tl/sheath, b). **DK:** Ministry of Defence Pattern Room, Nottingham (crb); RAF Museum, Hendon (tr); The Board of Trustees of the Royal Armouries (cla). **378–379 Corbis:** Hulton-Deutsch Collection. **382 akg-images:** (bc). **Corbis:** Sergei Chirikov / epa (bl). **Global Aviation Resource / Karl Drage:** (br). **382–383 Corbis:** Mohammed Khodor / Reuters (t). **383 Corbis:** Sean Adair / Reuters (bl); Patrick Robert (bc); Bryan Denton (br). **384–385 Corbis:** Bettmann (b). **384 Corbis:** Sergei Chirikov / epa (tl). **385 Cody Images:** (tr). **386–387 Alamy Images:** Matthew Harrison (tc). **The Aviation Picture Library:** Austin Brown (c). **DK:** By kind permission of The Trustees of the Imperial War Museum, London (bc). **386 Alamy Images:** Airpix (cla); Allstar Picture Library (bl). **387 aviation-images.com:** P Foster (cb). **Corbis:** Bettmann (c). **Global Aviation Resource / Karl Drage:** Lindsay Peacock (t). **388–389 The US National Archives and Records Administration:** (b). **390–391 Corbis:** Bettmann (t). **390 Corbis:** Mohammed Khodor / Reuters (bl); Swim Ink (br). **391 DK:** The Board of Trustees of the Royal Armouries (br). **392–393 DK:** The Board of Trustees of the Royal Armouries (tc, c). **392 DK:** The Board of Trustees of the Royal Armouries (cl, clb, br). **393 DK:** The Board of Trustees of the Royal Armouries (ca, b). **394–395 DK:** The Board of Trustees of the Armouries (tc, bc, c). **394 Alamy Images:** Stocktrek Images, Inc. (cb). **DK:** The Board of Trustees of the Armouries (bl). **395 DK:** The Board of Trustees of the Armouries (t, cr). **396 DK:** Vietnam Rolling Thunder (tr). **397 DK:** The Board of Trustees of the Royal Armouries (ca, clb, b). **398–399 akg-images**. **400 Alamy Images:** Richard Wareham Fotografie (br). **Andrew Dent:** (tc). **401 Alamy Images:** Andrew Chittock (cra); Antony Nettle (crb). **DK:** Army Base Dishforth, North Yorkshire, 9th Regiment Army Corps (bl). **402–403 DK:** Crown Copyright / MOD. **Global Aviation Resource / Karl Drage:** (t). **404 DK:** Ministry of Defence Pattern Room, Nottingham (cra); The Board of Trustees of the Royal Armouries (tr, clb, bl). **405 DK:** The Board of Trustees of the Royal Armouries (bl, fcra, crb). **406 Dreweatts, The Fine Art Auction Group:** (cl, c). **medal-medaille.com:** (tc, fcla). **Hugh Schermuly:** Schermuly Design Co. (cr). **www.historicalimagebank.com:** (fbl). **407 Dreweatts, The Fine Art Auction Group:** (ftr, cr). **Ministry of Defence Picture Library:** MOD 2012 / Steve Dock LBIPP / Crown Copyright (cb). **National Air and Space Museum, Smithsonian Institution:** (ftl, fbl, br). **Spink and Son Ltd, London:** (tl). **408 Corbis:** Sean Adair / Reuters (cra). **408–409 US Army**. **409 Corbis:** Patrick Robert (t). **410 Alamy Images:** David Osborn (tr). **DK:** RAF Hendon (cla). **412–413 Global Aviation Resource / Karl Drage:** Kevin Jackson. **412 AirTeamImages.com:** (cl). **Dr Séan Wilson / www.primeimages.co.uk:** (clb). **413 aviation-images.com:** Mark Wagner (ca). **Burkhard Domke:** (c, cl). **DK:** Gary Ombler / Courtesy of Lockheed Martin (br). **Global Aviation Resource / Karl Drage:** Karl Drage (tc, cr). **Courtesy of Lockheed Martin Corporation:** (tl). **Dr Séan Wilson / www.primeimages.co.uk:** (bl). **414 Alamy Images:** Airpix (bl). **Global Aviation Resource / Karl Drage:** Lindsay Peacock (clb). **414–415 Alamy Images:** Kevin Maskell. **415 aviation-images.com:** P Foster (tr). **416–417 Dreamstime.com:** Vladj55 (b). **417 Alamy Images:** Stocktrek Images, Inc. (ca). **418 Alamy Images:** Élan Images (l); Military Images (crb). **DK:** The Board of Trustees of the Armouries (tr, br). **418–419 DK:** The Board of Trustees of the Armouries (tc, bc). **419 Dreamstime.com:** Mediaimage (tr, cl, bl). **420–421 DK:** The Board of Trustees of the Royal Armouries (tc, c). **421 DK:** Ministry of Defence Pattern Room, Nottingham (cr); The Board of Trustees of the Royal Armouries (tr, cla). **422 NMM:** (b). **SD Model Makers:** (tr, clb). **423 NMM:** (tl). **SD Model Makers:** (tr, clb, br). **425 NAVY.mil:** Photographer's Mate 3rd Class Summer M. Anderson (b). **428 Corbis:** US Army / Handout (bl). **Getty Images:** AFP (cl). **428–429 Corbis:** U.S. Navy – digital version copy (b). **429 Getty Images:** (tr). **430 NAVY.mil:** (br, cr). **430–433 DK:** USS *Donald Cook*. **434 SD Model Makers:** (tr, clb, bc). **436–437 Corbis:** Bryan Denton. **213. 213 DK:** Royal Navy Museum, Crown Copyright / Queen's Printer (bc). **2236 DK:** Courtesy of the Board of Trustees of the Royal Armouries (tr).

Jacket images: *Front and Back: Front:* **akg-images:** 43; **Alamy Images:** David J. Green 37, Susan & Allan Parker 33, Photos 12 39, Stocktrek Images, Inc. 38; **Ancient Art & Architecture Collection:** 11; **The Board of Trustees of the Armouries:** 14, 15, 16, 19, 23, 27; **The Bridgeman Art Library:** Private Collection / Photo © Agnew's, London, UK 45; **Corbis:** 47, Bettmann 48, Araldo de Luca 41, Skyscan 35; **DK:** The Board of Trustees of the Armouries 21, Courtesy of 4hoplites 18, Courtesy of Andrew L Chernack 6, Courtesy of Spink and Son Ltd, London 2, 5, By kind permission of The Trustees of the Imperial War Museum, London 3, Courtesy of the Royal Artillery Historical Trust 29, Museum of London 17, The Board of Trustees of the Royal Armouries 12, 20, Second Guards Rifles Division 24, Christopher Seidler 13, Wallace Collection, London 10; **Getty Images:** The Bridgeman Art Library / Sir William Beechey 46, Imagno 44, MPI 42; **National Air and Space Museum, Smithsonian Institution:** 8; **RMN:** Paris – Musée de l'Armée 26; **Hugh Schermuly:** Schermuly Design Co. 7; *Back:* **akg-images:** 43; **Alamy Images:** David J. Green 37, Susan & Allan Parker 33, Photos 12 39, Stocktrek Images, Inc. 38; **Ancient Art & Architecture Collection:** 11; **The Board of Trustees of the Armouries:** 14, 15, 16, 19, 23, 27; **The Bridgeman Art Library:** Private Collection / Photo © Agnew's, London, UK 45; **Corbis:** 47, Bettmann 48, Araldo de Luca 41, Skyscan 34; **DK:** 1, The Board of Trustees of the Armouries 21, Courtesy of 4hoplites 18, Courtesy of Andrew L Chernack 6, Courtesy of Spink and Son Ltd, London 2, 5, By kind permission of The Trustees of the Imperial War Museum, London 3, Courtesy of the Royal Artillery Historical Trust 29, Museum of London 17, The Board of Trustees of the Royal Armouries 12, 20, Second Guards Rifles Division 24, Christopher Seidler 13, Wallace Collection, London 10; **Getty Images:** The Bridgeman Art Library / Sir William Beechey 46, Imagno 44, MPI 42; **National Air and Space Museum, Smithsonian Institution:** 8; **RMN:** Paris—Musée de l'Armée 26; **Hugh Schermuly:** Schermuly Design Co. 7; *Spine:* **The Board of Trustees of the Armouries:** 2; **Corbis:** 4; **DK:** The Board of Trustees of the Armouries 3, Courtesy of Spink and Son Ltd, London 1, Courtesy of the Royal Artillery Historical Trust; **Getty Images:** The Bridgeman Art Library / Sir William Beechey 5.

所有其他图片© Dorling Kindersley
更多信息请见：
www.dkimages.com